Meyrowitz · Die Fernseh-Gesellschaft

PSYCHOLOGIE HEUTE
Buchprogramm

Joshua Meyrowitz

Die Fernseh-Gesellschaft

Wirklichkeit und Identität im Medienzeitalter

Aus dem Amerikanischen übersetzt
von Michaela Huber

Titel der Originalausgabe: No Sense of Place.
The Impact of Electronic Media on Social Behaviour.
Oxford University Press, Inc.

CIP-Kurztitelaufnahme der Deutschen Bibliothek

Meyrowitz, Joshua:
Die Fernseh-Gesellschaft ; Wirklichkeit u.
Identität im Medienzeitalter / Joshua Meyrowitz.
Aus d. Amerikan. übers. von Michaela Huber. –
Weinheim ; Basel : Beltz, 1987.
(Psychologie heute : Bewusstsein)
Einheitssacht.: No sense of place ‹dt.›
ISBN 3-407-85075-1

verlegt bei Beltz · Weinheim und Basel
Lektorat: Heiko Ernst
Satz: Fotosatz R. Schneider, 6900 Heidelberg
Druck und buchbinderische Verarbeitung: Druckhaus Beltz, 6944 Hemsbach
Umschlaggestaltung: Studio Sign, Frankfurt/M.
Printed in Germany

ISBN 3 407 85075 1

Inhaltsverzeichnis

Vorwort

Am 24. November 1963 erschoß Jack Ruby den mutmaßlichen Mörder von Präsident John F. Kennedy, Lee Harvey Oswald. Die tödlichen Schüsse wurden live in Millionen amerikanischer Haushalte übertragen. Die Zuschauer, die das Geschehen vor dem Bildschirm verfolgten, würden wahrscheinlich heute noch jederzeit behaupten, sie wären Augenzeugen des Mordes gewesen – sie wüßten „aus erster Hand", wie es passiert ist. Ob man nun das Fernsehen mit „Erfahrungen aus erster Hand" auf eine Stufe stellt oder nicht – eines ist offensichtlich: Das Fernsehen und die elektronischen Medien allgemein haben die Bedeutung der physischen Präsenz für das Erleben sozialer Ereignisse ganz gewaltig verändert.

Das war früher anders. Früher mußte man physisch anwesend sein, um Erfahrungen aus erster Hand machen zu können. Wer zum Beispiel den amerikanischen Präsidenten sehen und hören wollte, wie er in seinem Arbeitszimmer mit seinen Beratern spricht, mußte sich zum Zeitpunkt des Ereignisses in dessen Arbeitszimmer befinden. Die Worte des Präsidenten in der Zeitung oder ein Bericht darüber von jemandem, der wirklich dabei war, lieferten bestenfalls Informationen aus zweiter Hand. Direkte und vermittelte Kommunikation waren früher zwei völlig verschiedene Dinge. Das ist nicht länger der Fall.

Durch die Weiterentwicklung der Medien hat sich die Bedeutung der physischen Präsenz für das Erleben anderer Menschen und Ereignisse verringert. Man kann heute Zeuge eines sozialen Ereignisses sein, ohne selbst anwesend zu sein; man kann „direkt" mit anderen kommunizieren, ohne sich mit ihnen am selben Ort zu treffen. Infolgedessen haben auch die stabilen physikalischen Grenzen, die einst unsere Gesellschaft in viele unterschiedliche „Orte" der Kommunikation zerteilten, erheblich an sozialer Bedeutung verloren. Die häuslichen vier Wände beispielsweise sind nicht länger mächtige Barrieren, die eine Familie vollkommen von der sie umgebenden Gemeinde und der Gesellschaft insgesamt trennen. Die Wohnung ist heute eine weniger abgegrenzte und einzigartige Umgebung, weil jedes Familienmitglied zu anderen Orten und anderen Menschen durch die Medien Radio, Fernsehen und Telefon Zugang hat (oder wenigstens die Zugangs*möglichkeit*).

Selbst innerhalb der Wohnung haben die Medien die soziale Bedeutung individueller Räume neu gestaltet. Früher konnten Eltern ihr Kind dadurch disziplinieren, daß sie es auf sein Zimmer schickten – eine Form der *Ex*-Kommunikation: der Entzug sozialer Interaktion. Heute hat eine solche Handlung eine völlig andere Bedeutung, zumindest dann, wenn das Kinderzimmer mit der Außenwelt durch Fernsehen, Radio, Telefon und Computer verbunden ist.

Traditionell haben Nachbarschaften, Gebäude und Räume die Menschen nicht nur körperlich, sondern auch emotional und psychisch eingegrenzt. Heute sind an physische Grenzen gebundene Orte weniger wichtig geworden, da Information ja durch Wände fließen und über große Entfernungen vom Sender zum Empfänger eilen kann. Was man persönlich weiß und erlebt, hat daher immer weniger damit zu tun, *wo* man sich befindet. Die elektronischen Medien haben die Bedeutung von Ort und Zeit für die zwischenmenschliche Interaktion total verändert. Sicher, die körperliche Anwesenheit und der direkte sinnliche Kontakt bleiben wesentliche Erlebnisformen. Doch die gesellschaftlichen Sphären, die durch Wände und Tore definiert werden, sind heute nur *eine* Art von Umgebung, in der Interaktion stattfindet. Selbst die Mauern des mächtigsten Bollwerks können heute keine soziale Szenerie wirklich von der Außenwelt trennen, sobald eine Kamera, ein Mikrophon oder auch nur ein Telefon vorhanden sind.

Die elektronischen Medien sind an fast allen physikalischen Orten in den USA präsent. Fast jeder amerikanische Haushalt besitzt wenigstens ein Telefon und ein Fernsehgerät.[1] Es gibt mehr Radios im Land als Menschen.[2] Elektronische Medien werden als Notwendigkeiten betrachtet, nicht als Luxus, und zwar auch von Häftlingen oder Familien, die von Sozialhilfe leben.[3] Im Durchschnitt läuft in jedem amerikanischen Haushalt fast fünfzig Stunden in der Woche das Fernsehen.[4] Unsere Präsidenten haben die Möglichkeit, auf Monitor-Wänden simultan die Nachrichtensendungen aller drei großen Fernsehgesellschaften zu verfolgen;[5] auch Charles Manson verfügt in seiner Gefängniszelle über ein Fernsehgerät.[6] Und Computer sind heute in jedem sozialen Raum zu finden – vom Kinderzimmer bis zum Konferenzsaal.

Auf vielfältige Weise haben die elektronischen Medien Orte und Erfahrungen gleichgeschaltet und verbinden uns alle miteinander, unabhängig davon, welchen Status und welche „Position" wir jeweils haben.

Da selbst solch geschlossene Gesellschaften wie Gefängnisse, Klöster, Familien, Nachbarschaften, Chefetagen, Universitäten und das Weiße Haus von elektronischen Medien durchdrungen sind, müssen wir annehmen, daß sich ein fundamentaler Wandel vollzieht in der Art und Weise, wie wir unsere Gesellschaft, unsere Autoritätsfiguren und uns selbst wahrnehmen. Wie sieht dieser Wandel im einzelnen aus? Es genügt nicht, die Präsenz elektronischer Medien in verschiedenen sozialen Situationen lediglich zu beschreiben. Wir müssen weitergehen und fragen: Auf welche Weise haben früher die jeweils einzelnen, von anderen *isolierten* Situationen das zwischenmenschliche Verhalten bestimmt? Wenn wir nicht herausfinden, wie die *Begrenzung* sozialer Interaktion sich auf das Verhalten auswirkt, können wir auch nicht verstehen, wie sich der Wegfall solcher Grenzen oder ihre Veränderung auswirken.

Dieses Buch versucht, Medien und Verhaltensweisen „situativ" zu beschreiben, um so die Auswirkungen neuer Muster sozialer Kommunikation zu untersuchen. Schon längst haben Soziologen festgestellt, daß Menschen sich in unterschiedlichen sozialen „Situationen" sehr verschieden verhalten, und zwar unabhängig davon, *wo* sie jeweils sind und *mit wem* sie sich dort befinden. Ein solcher Ansatz enthält auch die Vorstellung, daß das Verhalten in einer bestimmten Situation auch davon beeinflußt wird, wo man *nicht* ist und *mit wem* man *nicht* dort ist. Ein situativer Ansatz bedeutet im Grunde, sich mit Grenzen und Beschränkungen zu beschäftigen. Viele Soziologen aber betrachten die jeweiligen sozialen Situationen einer Gesellschaft als relativ stabil. Außerdem werden Situationen gewöhnlich in Beziehung zu *physischen* Umgebungen definiert: Orten, Zimmern, Gebäuden und so weiter. In der hier entwickelten Theorie werden nicht nur statische Situationen untersucht, sondern auch veränderliche; nicht nur physisch definierte Umgebungen werden analysiert, sondern auch soziale Umwelten, die von den Kommunikations-Medien neu geschaffen werden.

Dieses Buch handelt von den Rollen, die wir und andere täglich spielen. Es handelt von den „Aufführungen", die vor immer neuen Zuschauern und an neuen Schau-Plätzen in Szene gesetzt werden – vor „Zuschauern", die nicht physisch präsent sind und auf „Schau-Plätzen", die in Zeit und Raum nicht existieren. Es handelt davon, wie einzelnen Menschen und Gruppen ihr Verhalten diesen neuen Situationen anpassen.

Der situative Ansatz, wie er hier vertreten wird, beschreibt, wie sich elektronische Medien auf soziales Verhalten auswirken: nicht kraft ihrer Inhalte, sondern indem die sozialen Umwelten, in denen Menschen sich zueinander verhalten, neu gestaltet werden und die einstmals starke Beziehung zwischen physischem Ort und sozialem „Ort" geschwächt wird. Es soll deutlich werden, daß die Zusammensetzung unserer sozialen Umwelt ein Schlüssel dafür ist, erklären zu können, wie sich Gruppen-Zugehörigkeiten im Übergang von einer Rolle zur anderen und innerhalb sozialer Hierarchien wandeln. Dieses Buch beschreibt, wie wir – indem wir unseren alten „Ortssinn" verlieren – neue Vorstellungen darüber entwickeln, wie angemessenes soziales Verhalten und wie unsere Identität aussehen sollte. Es versucht nachzuweisen, daß viele der Trends, Ereignisse und sozialen Bewegungen der letzten drei Jahrzehnte ein gemeinsames Merkmal haben: die *Veränderung des umweltabhängigen Verhaltens.* Mit dieser Analyse neuer Situationen oder „Informations-Systeme", wie sie durch neue Medien hervorgerufen werden, ist nicht beabsichtigt, eine vollständig neue Erklärung zu liefern für sozialen Wandel oder für sämtliche zeitgenössische Merkmale unserer Gesellschaft. Sondern sie soll dem Gedanken nachgehen, daß die Veränderung der Medien viel mehr mit den jüngsten sozialen Trends zu tun haben, als man gemeinhin annimmt. Darüber hinaus soll dieses Buch einen neuen Ansatz bieten, sowohl die Auswirkungen von Massenmedien als auch soziale Veränderungen zu untersuchen – und zwar nicht nur in der Gegenwart, sondern auch für die Vergangenheit und Zukunft.

Zunächst werden in diesem Buch allgemeine Prinzipien über die Beziehung zwischen Medien, Situationen und Verhaltensweisen entwickelt; dann werden die möglichen Auswirkungen des Wechsels von „gedruckten" zu „elektronischen" Situationen untersucht, und zwar auf ein breites Spektrum sozialer Rollen. Und schließlich werden drei ausführliche „Fallstudien" geschildert; sie handeln von den geänderten Vorstellungen über Männlichkeit bzw. Weiblichkeit, über Kindheit bzw. Erwachsensein und über politische Führungsfiguren. Das erste Kapitel liefert eine Einführung in die wichtigsten Argumente; das letzte Kapitel faßt die Theorie zusammen und untersucht ihre Auswirkungen auf die Zukunft.

Mit diesem Buch sollen sowohl allgemein interessierte Leserinnen und Leser als auch Wissenschaftler und Studenten unterschiedlicher Fachrichtungen angesprochen werden. Die verschiedenen Gruppen werden sich dem Buch jeweils auf andere Weise nähern. Manche lesen vielleicht zunächst das erste Kapitel, gehen dann zu den

„Fallstudien" über und kehren danach zu früheren Kapiteln zurück, um nachzuvollziehen, wie die Argumentation entwickelt wird. Obwohl die Fallstudien aus den früheren Kapiteln entstanden sind und auf ihnen aufbauen, habe ich versucht, sie so zu verfassen, daß sie aus sich heraus verständlich sind. Da ich die unterschiedlichen Bedürfnisse der verschiedenen Leser-Schichten schon beim Schreiben im Kopf hatte, habe ich auch die Anmerkungen in zwei Gruppen eingeteilt. Die Fußnoten, die jeweils unten auf den Seiten stehen, gekennzeichnet durch ein *, sind allgemeine Kommentare, Beispiele oder Forschungs- und Umfrageergebnisse, die den größten Teil der Leser interessieren könnten. Die viel zahlreicheren wissenschaftlichen Querverweise, Einordnungsversuche und sonstigen Kommentare sind in den Anmerkungen am Schluß des Buches enthalten.

Ich glaube, meine Eltern haben, ohne es zu wollen, in mir die ersten Ideen zu diesem Buch reifen lassen, als sie es kategorisch ablehnten, sofort das neue „Spielzeug" anzuschaffen – ein Fernsehgerät –, zu einem Zeitpunkt, als immer mehr Familien in unserer Nachbarschaft eins kauften. Anscheinend hatte fast jede Familie, die wir kannten, schon vor uns einen Fernseher, doch meine Eltern weigerten sich, einen anzuschaffen, mit der Begründung: „Er ist noch nicht ausgereift". (Bis zum heutigen Tage haben meine Eltern keinen Farbfernseher gekauft, aus genau demselben Grund.) Wie das Schicksal es wollte, war das Gerät, das wir dann schließlich doch bekamen – eingebaut in eine große Konsole, mit Türen, die den Bildschirm verdeckten, so daß man das Ganze für einen Plattenschrank halten konnte – ein ausgesprochenes „Montags-Modell", das sämtliche Befürchtungen meiner Eltern bestätigte. Es war fast genau so oft defekt wie heil, und meine Eltern beeilten sich nie, es reparieren zu lassen.

Da ich als Kind also nur hin und wieder fernsehen konnte, wurde ich empfindsam dafür, wie verschieden die Welt für ein Kind „mit Fernsehen" aussieht im Vergleich zu einem „ohne". Obwohl ich mir damals keine großen Gedanken darüber machte, war das Fernsehen für mich eine Art „Geheimnis-Enthüllungs-Maschine"; es verschaffte mir Ansichten und Einsichten über die Welt der Erwachsenen, die mir sonst verborgen geblieben wären. Meine wichtigste Reaktion auf das, was ich im Fernsehen sah, war *nicht*, das dort gezeigte Verhalten zu imitieren; genausowenig ließ ich mich überreden, all die Dinge dringend zu brauchen, für die in Werbespots geworben wurde. Es war eher so, daß die Information über zwischenmenschliches Verhalten, die ich durch das Fernsehen erhielt, meine Bereitschaft veränderte, alle Verhaltensweisen und Behauptungen anderer Menschen für bare Münze zu nehmen. Das Fernsehen lehrte mich und meine Freunde einiges über das Leben der Erwachsenen, was dazu führte, daß wir unseren Eltern manch traditionelles Verhalten nicht länger „durchgehen ließen". Es beeinflußte uns auch in unserer Meinungsbildung über das andere Geschlecht oder beispielsweise über Lehrer, Polizisten, Politiker und andere „Autoritäten". So dümmlich viele Fernsehsendungen auch waren, sie brachten mir fremde Menschen und Orte nahe. So hatten sie einen erheblichen Einfluß darauf, wie ich das Sozialverhalten von Menschen beurteilte, die ich kannte oder im Laufe meines Lebens kennenlernen sollte. Das Fernsehen veränderte die Art, wie ich soziale Erfahrungen sammelte und hob die Begrenzung der Erfahrungen durch meine häuslichen vier Wände auf.

Viele Jahre später, als ich begann, mich auf meinen „Masters"-Abschluß vorzubereiten, beschäftigte ich mich intensiver mit dem Verhältnis von Medien und zwischenmenschlichem Verhalten. Überrascht stellte ich fest, daß die beiden Gebiete in der wissenschaftlichen Forschung ganz unabhängig voneinander untersucht wurden. Sicher, man sah sich an, wie sich die Medien auf alltägliches Verhalten auswirkten und welchen Zusammenhang es gab zwischen diesem Verhalten und dem Medien-Inhalt. Doch es gab nur wenige theoretische Überlegungen dahingehend, daß beide Arten zu kommunizieren vielleicht ein Kontinuum darstellen statt zwei völlig verschiedene Bereiche. Am meisten beschäftigten sich die einschlägigen Forschungsarbeiten damit, wie sehr Versuchspersonen das im Fernsehen gesehene Verhalten *imitierten;* oder sie untersuchten, inwieweit das Fernsehen die Wirklichkeit angemessen *widerspiegelte.* Das wirkliche Leben also als *Gegensatz* zu den Medien. Nur wenige Untersuchungen betrachteten beide, die Medien *und* das zwischenmenschliche Verhalten, als Teile desselben „Verhaltens"-Systems oder als Reaktion auf die Handlungen anderer Menschen. Nur wenige Leute schienen sich mit der Art und Weise zu beschäftigen, wie der Zugang zu Informationen über soziales Verhalten die Fähigkeit der Menschen beeinflussen könnte, veraltete Rollenmuster beizubehalten oder abzulegen.

Im ersten Kapitel beschreibe ich, wie einige der Grundlagenwerke, mit denen ich mich auf dem College beschäftigte, mir die Möglichkeit eröffneten, eine solche Theorie zu entwickeln. In meiner Masters-Arbeit am Queens College unternahm ich einen ersten Versuch, eine Brücke zu bauen zwischen der Medientheorie und den Theorien über zwischenmenschliches Verhalten; ich betrachtete darin die strukturellen Ähnlichkeiten in den Regeln für zwischenmenschliches Verhalten und den Gepflogenheiten bei Fernseh-Produktionen.[7] 1976 begann ich an der allgemeineren Theorie zu arbeiten, die ich in diesem Buch vorstelle; eine erste Fassung habe ich 1978 als Doktorarbeit an der Universität von New York vorgelegt. Danach ließ ich die Ideen noch eine Weile „gären“ und begann dann 1981 mit der Überarbeitung und Ausweitung des Themas für das vorliegende Buch.

Viele Menschen haben zu dieser Studie beigetragen, und ich möchte einige von ihnen hier erwähnen. Die konkreteste Hilfe erhielt ich von Kollegen, die das Manuskript ganz oder teilweise gelesen und kommentiert haben. Jan Alberghene, Larry Baron, Bill Beeman, John Kelly, Tom Kochman, Jack Lannamann, Paul Levinson, Sheila McNamee, Bob Mennel, Ed Wachtel und Mark West haben ausgesprochen wichtige und hilfreiche Kommentare dazu abgegeben und Verbesserungsvorschläge gemacht. Meine zahlreichen Debatten und Diskussionen mit der Psychologin Carolyn Mebert trugen dazu bei, daß die Argumente in Kapitel 13 präziser formuliert wurden. David Leary gebührt besonderer Dank, weil er das Manuskript durchgelesen und seine Anmerkungen dazu gemacht, mich in die Welt der „Word-processors“ eingeführt hat und immer wieder ein anfeuernder Kollege und eine große Unterstützung für mich war.

Susan Rabiner, meine Lektorin bei Oxford University Press, lieferte zahlreiche kluge Vorschläge und Hinweise und war mit ausgesprochener Begeisterung bei dem Projekt. Als Forschungsassistenten haben Joanne Hollands, Russ Lawson und Thomas Zack mehr Geduld mit mir gehabt als ich umgekehrt hätte aufbieten können, indem sie hinter Büchern und Artikeln zum Thema herjagten. Und die Mitarbeiter der Diamond-Bibliothek an der Universität von New Hampshire – einschließlich der so wichtigen Fernleihe – haben glücklicherweise meine häufigen und manchmal exotischen Anfragen nie abschlägig beschieden. Auch drei meiner früheren Studenten möchte ich danken: Karen Reisch, Deirdre Wilson und besonders Tad Ackman, weil sie mehrere Manuskript-Entwürfe kritisiert und eine Anzahl interessanter Literaturhinweise ausgegraben haben, mit denen ich dieses Buch anreichern konnte. Laura Lee Leonard, Rhonda Mann, Beth Orzechowski und Rosemarie Thomas haben beim Korrekturlesen geholfen. Dutzende anderer Freunde und Kollegen – zu zahlreich, um sie alle zu erwähnen, aber auch zu hilfreich, um sie zu vergessen –, haben Tips, Hinweise und Ideen beigetragen, die dieses Buch in den acht Jahren, in denen ich daran gearbeitet habe, ständig verbessert haben.

Die Forschungsarbeiten für dieses Buch wurden im Endstadium gefördert durch ein Stipendium des *Central University Research Fund* an der Universität von New Hampshire und durch einen Forschungsauftrag, den ich an der Sommer-Fakultät der Graduierten-Abteilung an der genannten Institution bekam. Dean Stuart Palmer und die Dekane Wilburn Sims und Jean Brown haben dieses Buch auf weniger greifbare, aber ebenso wichtige Art erst möglich gemacht, indem sie eine Arbeits-Umgebung entstehen ließen, in der Kreativität und persönliches Wachstum gedeihen können.

Vor allem jedoch möchte ich meiner Frau Candice Leonard und meiner Tochter Janna danken, die mir Liebe und Unterstützung geben und mir ständig vor Augen halten, wie wichtig Menschen sind im Vergleich zum geschriebenen Wort. Candice hat überdies ausführliche Kritik und Vorschläge, zahlreiche literarische Querverweise und Ideen beigetragen. Und Janna, die in der angespannten Zeit geboren wurde, als ich das letzte Kapitel fertigstellte, hat mir eine Vielfalt neuer Gefühle und Erfahrungen ermöglicht, die ich nicht geahnt hatte und vorher auch nicht verstehen konnte. Candy und Janna gemeinsam geben mir einen sicheren Ortssinn und das Gefühl für Kontinuität in einer sich ständig verändernden Welt.

Somersworth, N.H.
Oktober, 1984
J.M.

1
Einführung: Das Verhalten und sein Ort

Während meiner Studienzeit in den späten 60er Jahren verbrachte ich einmal einen dreimonatigen Urlaub in Europa. Ich machte dort eine Fülle neuer und aufregender Erfahrungen, und als ich nach Hause zurückkehrte, versuchte ich, diese Erfahrungen meinen Freunden, meiner Familie und anderen Menschen, die ich kannte, mitzuteilen. Doch nicht alle erhielten von mir genau den gleichen Reisebericht. Meine Eltern bekamen einiges über die sicheren und sauberen Hotels zu hören, in denen ich gewohnt hatte, und ich erzählte ihnen, daß ich seit dem Europatrip nicht mehr so pingelig beim Essen wäre. Ganz im Gegensatz dazu bekamen meine Freunde eine mit Abenteuern und romantischen Erlebnissen gespickte Reiseschilderung zu hören. Meine Professoren erfuhren einiges über den „Bildungs-"Aspekt meiner Reise: Besuche in Museen, Kirchen, an historischen Stätten und Beobachtungen über kulturelle Verhaltensunterschiede. Jede Gruppe meiner Zuhörer bekam eine andere Geschichte zu hören. Diese Geschichten waren nicht nur inhaltlich, sondern auch stilistisch verschieden. Die Zahl der umgangssprachlichen Worte variierte ebenso wie grammatische Konstruktionen und die Aussprache fremdländischer Begriffe. Das Tempo meines Vortrages, meine Mimik, Gestik und Körpersprache waren in jeder Erzählsituation verschieden. Jede einzelne Beschreibung enthielt eine eigene Mischung aus Späßen und ernsthafter Erzählung. Meinen Freunden gab ich beispielsweise einen Bericht voller Sarkasmen und saloppper Ausdrücke.

Habe ich irgend einen meiner Zuhörer „belogen"? Eigentlich nicht. Doch ich erzählte ihnen verschiedene Wahrheiten. Ich tat das, was die meisten von uns täglich im Umgang mit anderen machen: Ich betonte bestimmte Aspekte meiner Persönlichkeit und meiner Erfahrungen und verbarg andere.

Zum Zeitpunkt meiner Reise war mir nicht einmal klar, daß mein Verhalten so variabel war. Wie die meisten Menschen hielt ich mich für ein einheitliches „Ganzes", das sich stets auf die ungefähr gleiche Weise verhält. Dabei konzentrierte ich mich, wie ich inzwischen erkannt habe, lediglich auf das, was an meinem Verhalten über verschiedene Situationen hinweg *konstant* war. Ich konzentrierte mich auf meine Entscheidungen in einer gegebenen Situation statt auf die Zwänge, die jeweils herrschten. Ich dachte beispielsweise an mein Spektrum möglicher Bemerkungen in einem Seminar und ließ dabei außer acht, daß ich als Student nicht die Möglichkeit hatte, aufzustehen und die Diskussion zu leiten (genauso wenig wie ich jetzt, als Professor, die Wahlfreiheit habe, mich eine Stunde lang vollkommen bewegungs- und ausdruckslos ins Seminar zu setzen). Ich überlegte nicht, daß es in einigen Situationen für mich normal war, schweigsam und passiv irgendwo herumzusitzen (etwa bei einem Gottesdienst), und daß dasselbe Verhalten in einer anderen Situation (etwa bei einem Essen mit einem Freund) als fremdartig oder gar feindselig interpretiert werden würde. Obwohl ich wie alle Leute, die ich kannte, unbewußt mein Verhalten von einer Situation zur anderen veränderte, dachte ich (und meine Zeitgenossen sicher ebenso), daß nur solche Menschen im sozialen Alltag „Rollen spielen", die entweder unehrlich sind oder sich nicht in Kontakt mit ihrem „wirklichen Selbst" befinden.

Die Art, wie ich mein eigenes Verhalten und allgemein zwischenmenschliche Interaktionen wahrnahm, veränderte sich im nächsten Semester, als ich mit der Arbeit des Soziologen Irving Goffman bekannt wurde. Goffman beschreibt das soziale Leben als eine Art Theaterstück auf vielen Bühnen. Jeder von uns spielt unterschiedliche Rollen in unterschiedlichen sozialen Umgebungen und ist dabei abhängig von der Art der Situation, unserer jeweiligen Rolle darin und der Zusammensetzung des Publikums. Goffmans Arbeit liest sich wie eine anthropologische Studie, doch statt auf eine fremde oder primitive Kultur beziehen sich seine Beobachtungen auf unsere eigene Gesellschaft und unser Verhalten. Goffman machte mir Wahrnehmungen und Handlungen bewußt, die normalerweise intuitiv und unbewußt ablaufen. Er rief mir Dinge, die ich kannte, ins Bewußtsein, von denen ich aber nicht wußte, daß ich sie wußte.

Obwohl Goffman mir also eine völlig neue Perspektive bot, aus der ich soziales Verhalten betrachten konnte, hatte ich das Gefühl, daß seine Betrachtung des sozialen Lebens unvollständig war. Wir befanden uns damals auf dem Höhepunkt der turbulenten 60er Jahre, und Goffmans allgemeine Theorie – die er in den 50er Jahren entwickelt hatte – war nicht in der Lage, die *Veränderung* der sozialen Rollen zu erklären, die in den 60er Jahren stattfand.

Allgemein stellt Goffman Menschen so dar, als ob sie aktiv an vielen verschiedenen Theaterstücken beteiligt wären: Die Leute wechseln bei ihm dauernd Kostüme und Rollen, lernen ein kompliziertes konventionelles Verhaltensmuster und arbeiten dann hart daran, ihr Verhalten in jeder Situation beizubehalten, ohne ihr *verschiedenes* Verhalten in *anderen* sozialen Situationen zu ändern oder zu gefährden. Goffmans soziales Szenario wirkt bei flüchtiger Betrachtung sehr dramatisch. Doch die *Dynamik* beruht für gewöhnlich auf der Aktivität, die erforderlich ist, um sich an eine relativ stabile soziale Ordnung *anzupassen* – eine Ordnung mit festgelegten Regeln, Rollen, sozialen Schlüsselsituationen und Institutionen. Die einzelnen Menschen müssen die jeweiligen sozialen Konventionen in sich aufnehmen, sie ausprobieren, üben, ihr Verhalten beibehalten, doch die Drehbücher und Bühnen verändern sich fast nicht. In Goffmans sozialer Welt besteht die Dynamik größtenteils in der Projektion von Figuren auf einen statischen Hintergrund. Das Verhalten mag sich von Ort zu Ort ändern, doch die Art und Weise, wie es sich ändert, und die Situationen, für die es sich ändert, werden als konstant betrachtet.

Das soziale Leben als stabil zu betrachten stimmte jedoch nicht mehr mit den Ereignissen der Zeit überein. Die Menschen in den späten 60er Jahren „spielten" immer noch Rollen, doch es waren nicht dieselben Rollen wie vorher. Mit Goffmans Worten: Die Darsteller schienen ihr Verhalten und ihre Interaktionsstile zu vermischen. Dinge, die man einmal im „nicht-öffentlichen" Teil des Lebens verborgen hatte – wie Sex und Drogen – wurden jetzt auf die öffentliche Bühne gezerrt. Die Menschen kleideten sich und sprachen in der Öffentlichkeit, als wären sie zu Hause. Viele Journalisten und Wissenschaftler gaben das vorher proklamierte öffentliche Ideal der „Objektivität" auf und bezogen ihre persönlichen Erfahrungen und Gefühle in ihre Arbeit mit ein. Es gab einen gesellschaftlichen Schub in die Richtung, überkommene Verhaltens-Trennungen und das jeweils auserlesene „Stamm-Publikum" aufzugeben; statt dessen Menschen verschiedenen Geschlechts, Alters, unterschiedlicher Rasse und verschiedener Berufe ähnlich zu behandeln. Nonnen legten ihre Gewänder ab und gingen aus den Klöstern heraus in die Gemeinden. Sekretärinnen weigerten sich plötzlich, für ihren Chef Kaffee zu kochen. Eine „Jugendkultur" entstand quer durch Rassen und Klassen, über religiöse und sogar nationale Grenzen hinweg. Kinder nannten ihre Eltern und Lehrer beim Vornamen, als wären es Freunde. Männer und Frauen gaben alte Formen des Umgangs miteinander auf. Der Präsident der Vereinigten Staaten zeigte seine Operationsnarbe der Nation, als wären alle Menschen im Lande seine engsten Freunde. Es entstand ein neues Mißtrauen gegenüber Regierungen, Politikern und Unternehmen. Zentralisierte Autorität schien einer „gemeinschaftlichen Kontrolle" zu weichen. Wer Zeuge dieser und vieler anderer Veränderungen wurde, dem mußte Goffmans Forderung nach einem „minimalen Modell des Akteurs", das uns erlauben sollte, ihn unter Gleichgesinnte zu stecken und ihn geregelte Verhaltensabläufe hervorbringen zu lassen, illusionär erscheinen.[1]

Ein anderer Theoretiker, dem ich im Studium begegnete, Marshall McLuhan, bot eine Erklärung für die durchgreifenden Veränderungen des Sozialverhaltens an: die neuen Kommunikationsmedien. McLuhans Werk liest sich eher wie epische Poesie denn wie traditionelle wissenschaftliche Analyse, aber auf seine Art sagte McLuhan die Verhaltensveränderungen in den späten 60er Jahren besser voraus als Goffman. McLuhan entwarf 1961 und 1963 ein überraschend zutreffendes Bild dessen, was sich in den Straßen von New York, San Francisco, Washington und anderen amerikanischen und europäischen Städten zwischen 1967 und 1972 abspielen würde. Er schrieb über ein breites Spektrum sozialer Veränderungen: über „Sippenbildung", über nationalistische Strömungen, über die Forderungen seitens der Jugend, der Minderheiten und anderer Gruppen nach „Integration", und über das Mißtrauen gegenüber Amts-Autoritäten. Die langen Haare, Bärte, die Nacktheit, die „Stammesmusik", die Gesänge gegen das „Establishment" schienen McLuhans Prophezeiungen zu erfüllen.

McLuhan schrieb solche Veränderungen dem breiten Einsatz elektronischer Medien zu. Doch *wie* die elektronischen Medien diesen allgemeinen sozialen Wandel hervorbringen, das arbeitete er nicht klar heraus. McLuhan beschreibt die Medien als Erweiterungen der Sinnesorgane und behauptet, die Einführung eines neuen Mediums in einer Kultur verändere das „sensorische Gleichgewicht" der Menschen ebenso wie ihr Bewußtsein. Doch er liefert nur wenige Hinweise darauf, warum Menschen mit unterschiedlichem sensorischen Gleichgewicht sich verschieden verhalten.

Als Student versuchte ich, all das, was ich lernte, miteinander in Einklang zu bringen. So war ich verstört von der Unvollständigkeit dieser beiden Theorien und doch beeindruckt von den beiden Visionen einer neuen sozialen Ordnung. Goffman und McLuhan liefern jeder für sich einen anderen Aspekt für das Verständnis sozialen Verhaltens. Goffman bietet einen Faktor an, der zwischenmenschliches Verhalten formen könnte: die „Definition der Situation", wie sie in spezifischen Umwelten und Gruppen gebildet wird. Doch Goffman ignoriert ausdrücklich die *Veränderungen* von Rollen und der sozialen Ordnung insgesamt. McLuhan andererseits weist auf breite Änderungen sozialer Rollen hin, wie sie durch den Einsatz elektronischer Medien hervorgerufen werden, aber er bietet keine einleuchtende Erklärung dafür an, *wie* und *warum* elektronische Medien eine solche Veränderung hervorbringen könnten.

Dieses Buch ist entstanden, weil ich mich mehr als ein Jahrzehnt darum bemüht habe, diese beiden Theoriestränge zu einem Ganzen zu verflechten. Ich gehe davon aus, daß Goffman und McLuhan komplementäre Stärken und Schwächen haben: Goffman konzentriert sich nur auf direkte zwischenmenschliche Interaktion und ignoriert die Einflüsse und Auswirkungen von Medien auf die Variablen, die er beschreibt; McLuhan konzentriert sich auf die Auswirkungen von Medien und ignoriert die strukturellen Aspekte einer Interaktion von Mensch zu Mensch. Dieses jeweilige Ver-Sehen mag aus der traditionellen Ansicht heraus entstanden sein, zwischenmenschliches Verhalten und Medien-Kommunikation seien vollkommen verschiedene Arten von Interaktion – „das wirkliche Leben" versus „die künstlichen Medien". Dieses Buch beschreibt den gemeinsamen Nenner sowohl der Untersuchungen über zwischenmenschliche Interaktion als auch der über Medien-Wirkungen: die Struktur sozialer „Situationen". Ich vermute, daß der Mechanismus, wie elektronische Medien sich auf soziales Verhalten auswirken, kein mystisches „sensorisches Gleichgewicht" ist, sondern eine sehr klar erkennbare Umstrukturierung der sozialen „Bühnen", auf denen wir unsere Rollen spielen und die sich daraus ergebende Veränderung dessen, was wir für „angemessenes Verhalten" halten. Denn wenn sich die Zusammensetzung des Publikums ändert, dann verändert sich auch das Sozialverhalten.

Betrachten wir beispielsweise, was aus meinen unterschiedlichen Schilderungen über meine Ferien in Europa geworden wäre, wenn meine Eltern bei meiner Rückkehr entschieden hätten, eine Überraschungsparty zu geben, zu der sie alle meine Freunde, Verwandten, Professoren und Nachbarn eingeladen hätten. Was wäre aus meinem Reisebericht geworden, wenn ich meine Zuhörer nicht in Gruppen hätte aufteilen können? Wenn meine Eltern mich zum Zentrum eines großen Kreises aus all diesen unterschiedlichen Menschen gemacht und mich gebeten hätten, 15 Minuten über meine Reise zu erzählen, was hätte ich gesagt?

Mit der Beschreibung der „sicheren Hotels" anzufangen, die ich für meine Eltern reserviert hatte, hätte bedeutet, meine Freunde zu langweilen, vielleicht hätten sie sogar gegrinst. Meine gefährlichen oder romantischen Abenteuer hätten vielleicht meine Eltern und die Nachbarn peinlich berührt. Sicherlich wäre bei fast jeder Schilderung, die jeweils für ein spezifisches Publikum bestimmt war, ein Teil des gemischten Publikums unangenehm berührt oder gelangweilt gewesen. So hätte ich möglicherweise kein Wort herausgebracht – oder ich hätte mich schnell an die neue Situation angepaßt und eine ganz andere Version meiner Reiseerlebnisse zusammengestellt: ein Bericht, der jedem Teil des Publikums etwas geboten hätte, aber doch „sauber" genug war, um niemanden zu verletzen. Doch was auch immer ich gesagt hätte, die Situation wäre grundlegend verschieden gewesen von dem Vortrag, den ich für die jeweils getrennten Zuhörer-Gruppen entworfen hatte.

Der entscheidende Punkt ist: Wenn verschiedene soziale Situationen miteinander kombiniert werden, kann ein früher angemessenes Verhalten plötzlich unangemessen werden. Wird eine besonders private Situation öffentlich, weil sie mit anderen Situationen vermischt wird, dann muß sich auch der Verhaltensstil entsprechend verändern. Eine Kombination von Situationen verändert das Rollenverhalten und die Struktur sozialer Wirklichkeit. Die Situation, der ich mich ausgesetzt gesehen hätte bei einer solchen Willkommensparty, dient hier als grobe Analogie für die Situationen, die von elektronischen Kommunikationsmedien geschaffen werden.

Die Verknüpfung vieler verschiedener Zuhörergruppen kommt in der direkten zwischenmenschlichen Interaktion selten vor; und selbst wenn sie vorkommt (beispielsweise bei einer Hochzeit), können die Beteiligten normalerweise sehr schnell zu privaten Einzel-Unterhaltungen zurückkehren. Doch die elektronischen Medien haben viele soziale Situationen so umgestaltet, daß sich die meisten Menschen jetzt auf völlig neue Weise zueinander verhalten müssen. Und anders als die vermischten Situationen in der persönlichen Unterhaltung sind die kombinierten Situationen, die durch elektronische Medien geschaffen werden, relativ stabil und unausweichlich. Daher haben sie eine größere Auswirkung auf das Sozialverhalten. Hätte ich beispielsweise dem gemischten Publikum bei meiner Heimkehrparty *auf keinen Fall* entkommen können, dann hätte ich all die Dinge, die ich nur meinen Freunden erzählen wollte, irgendwann in Gegenwart meiner Eltern und Professoren sagen müssen – oder sie niemals gesagt. Und weiter: Hätten meine Eltern und Lehrer niemals das gemischte Publikum der Party verlassen können, dann hätten meine

Freunde und ich wahrscheinlich irgendwann Verhaltensweisen an ihnen entdeckt und Dinge von ihnen gehört – Streitigkeiten, Krankheiten, Zweifel, Ängste, Sexualität usw. – die sie bis dahin vor uns verborgen hatten. Die neuen Verhaltensmuster des gemischten Publikums hätten vielleicht die Extreme der vorher getrennten Begegnungen nicht mehr enthalten, dafür aber viele neue Verhaltensweisen, die früher als unangemessen für eine „zusammengewürfelte" Gruppe gegolten hätten.

Ganz ähnlich argumentiere ich in diesem Buch: Die elektronischen Medien, besonders das Fernsehen, haben – obwohl es immer noch viele private „Auftritts-Orte" gibt – dazu geführt, daß sich viele soziale Bereiche überlappen, die einst voneinander getrennt waren. Im Gegensatz zu Gesprächen und Büchern erschweren es z.B. Radio und Fernsehen heute den Erwachsenen, „unter sich" zu sein, weil Kinder oft „mithören". Die elektronischen Medien haben auch das Wissen von Männern und Frauen über die sozialen Verhaltensweisen des jeweils anderen Geschlechts bereichert. Außerdem hat die Tatsache, ein gemischtes Publikum aus unterschiedlichen Gruppen in unterschiedlichen Lebens-Situationen anzusprechen, es den Politikern einer Nation schwer gemacht, im Radio oder Fernsehen sehr spezifische Dinge zu jeweils einzelnen Menschengruppen zu sagen oder sich in unterschiedlichen sozialen Situationen verschieden zu verhalten. Die hier vertretene Theorie geht davon aus, daß eine solche Umstrukturierung der sozialen „Bühnen" und sozialer Verhaltensweisen zumindest teilweise der Grund für die gegenwärtigen sozialen Trends sind. Zu diesen Trends gehört unter anderem, daß die Vorstellungen von Kindheit und Erwachsensein sowie von Männlichkeit und Weiblichkeit verschwimmen und daß die politischen Führer auf das Niveau des Durchschnittsbürgers herabgeholt werden.

Vereinfacht ausgedrückt ist der grundlegende Gedankengang dieses Buches folgender: Viele der traditionellen Unterschiede zwischen Menschen verschiedener sozialer Gruppen, Entwicklungsstufen und Autoritäts-Grade wurden dadurch gestützt, daß die Menschen in sehr verschiedenen Erfahrungs-Welten lebten. Diese Trennung brachte unterschiedliche Welt-Sichten hervor. So haben wir scharf unterscheiden gelernt zwischen solchem Verhalten, das wir in der Öffentlichkeit („auf der Bühne") beobachten konnten und anderem Verhalten, das privat im „Hintergrund" blieb. So konnten wir entsprechend unterschiedliche, einander ergänzende Rollen spielen. Die historische Trennung nach Lebensbereichen wurde verstärkt durch die Verbreitung des Lesens. Früher waren die Menschen in verschiedene „Informations-Welten" getrennt, weil auch die Fähigkeit, lesen und schreiben zu können, unterschiedlich verbreitet war, ebenso die Schulbildung und das Interesse an bestimmten Arten von Literatur. Diese Trennungen oder Unterscheidungen wurden noch verstärkt durch die Isolation verschiedener Menschen an verschiedenen Orten. Das wiederum erzeugte unterschiedliche soziale Identitäten aufgrund der ganz spezifischen und begrenzten Erfahrungen, die an dem jeweiligen Ort gemacht werden konnten. Indem sie nun viele verschiedene Klassen von Menschen am selben „Ort" „versammelten", haben die elektronischen Medien viele vorher unterschiedliche soziale Rollen ineinander verschwimmen lassen. Die elektronischen Medien beeinflussen uns also nicht nur durch ihren Inhalt, sondern auch dadurch, daß sie die „Situations-Geographie" unseres Lebens entscheidend verändern.

Die vielleicht beste Analogie für den Veränderungsprozeß, wie er in diesem Buch beschrieben wird, entstammt der Architektur. Stellen Sie sich vor, zahlreiche Wände, die verschiedene Räume, Büros und Häuser voneinander tennen, würden plötzlich versetzt oder ganz entfernt, so daß viele früher getrennte Situationen plötzlich ineinander übergehen. So schwindet zwar vielleicht die Trennung zwischen unserem privaten und öffentlichen Leben und zwischen den verschiedenen „Ichs", die wir in bestimmten Situationen darstellen, nicht völlig, aber ganz sicher würde sich vieles ändern. Vielleicht gelänge es uns immer noch, verschiedenen Menschen gegenüber jeweils unterschiedliche Rollen zu spielen, doch unsere Fähigkeit, die Begegnungen voneinander zu trennen, wäre stark eingeschränkt. Wir könnten nicht länger je nach Situation ganz verschiedene Rollen spielen, weil die klare räumliche Trennung dieser Situation nicht länger existierte.

In einer großen „offenen" sozialen Situation würden Schüler beispielsweise ihren Lehrer sehen, wie er vor dem Fernseher einschläft, Arbeiter würden sehen, wie ihr Chef von seinen eigenen Kindern angeschrieen wird, Wähler würden mitbekommen, wie Politiker ein Glas zuviel trinken, Frauen würden zuhören, wie Männer sich darüber verständigen, welche Strategien sie Frauen gegenüber anwenden, Kinder würden das manchmal kindische Verhalten ihrer Eltern beobachten. Und so würden viele Verhaltensweisen, die früher selbstverständlich waren, plötzlich „unmöglich". Es wäre zum Beispiel schwierig, sich Strategien auszudenken, mit bestimmten Menschen umzugehen, während diese Menschen anwesend sind. Wir hätten Probleme damit, verschiedenen Personen gegenüber eine jeweils ganz andere Darstellung unserer Persönlichkeit abzugeben, wenn gleichzeitig soviel zusätzliche Information über uns mitvermittelt wird.

In dieser neuen Situation entstünden bestimmte Verhaltensmuster, die es niemals zuvor gab. In der „offenen" Situation wären wir gezwungen, im Angesicht anderer Dinge zu sagen und zu tun, die sonst als ungehörig oder brutal betrachtet worden wären. Das Verhalten, das in dieser Gesamt-Situation zum Vorschein käme, enthielte viele Handlungselemente von früher getrennten Begegnungen, diese Elemente gingen aber eine neue Synthese ein und ergäben ein neues Muster – ja, sie brächten eine neue soziale Ordnung hervor.

Ein Beobachter aus der früheren sozialen Ordnung müßte glauben, die Menschen in diesem neuen sozialen System hätten das Gefühl für richtiges Benehmen verloren, vielleicht sogar ihre Moral oder ihre geistige Gesundheit. In Wirklichkeit würde er jedoch erleben, welche Auswirkungen es hat, wenn verschiedene soziale Situationen miteinander vermischt werden.

Natürlich hinkt der Vergleich zwischen architektonischen „Durchbrüchen" und den Auswirkungen elektronischer Medien. Wände, Türen, Tore und Entfernungen begrenzen und isolieren zwischenmenschliche Begegnungen nach wie vor. Doch die elektronischen Medien haben immer stärker die zwischenmenschlichen Situationen in physisch begrenzten Umgebungen beeinflußt. Mehr und mehr ähnelt die Form der Medien-Kommunikation der eines Gesprächs von Angesicht zu Angesicht. Immer stärker machen uns die Medien zu „direkten" Zuschauern von Ereignissen, die an anderen Orten geschehen und gestatten uns einen Zugang zu anderen Menschengruppen, die nicht physisch präsent sind.

Während Goffman und viele andere Soziologen soziale Rollen immer im Zusammenhang betrachten mit den *Orten,* an denen sie dargestellt werden, behaupte ich, daß die elektronischen Medien die traditionelle Beziehung zwischen physischen und sozialen Umgebungen zerstört haben. Die elektronischen Medien haben neue Situationen geschaffen und alte ausgelöscht. Einer der Gründe, warum viele Menschen anscheinend nicht länger „ihren Platz auf der Welt kennen" ist, daß sie nicht länger im traditionellen Sinne „einen Platz" *haben;* sie verfügen nicht länger über ein Muster von Verhaltensweisen, das an physische Orte gebunden ist und an das Publikum, das sie dort jeweils vorfinden.

Dieses Buch entwickelt eine neue Vorstellung von sozialen Situationen. Diese neuen Situationen schließen sowohl physische Situationen, wie Räume und Gebäude, als auch „Informations-Umwelten" ein, die von Medien geschaffen werden; denn Medien schließen wie physische Orte alle Teilnehmer ein oder aus. Medien können wie Wände und Fenster etwas oder jemanden verbergen oder zur Schau stellen. Sie können ein Gefühl der Zusammengehörigkeit schaffen oder auch das Gefühl, ausgeschlossen oder isoliert zu sein. Sie können ein „Die-sind-gegen-uns"-Gefühl verstärken oder es abbauen helfen. Dieses Buch versucht zu beschreiben, wer und was wir werden, wenn sich unsere sozialen Situationen verändern und wenn als Reaktion darauf unser Verhalten neue Formen und Bedeutungen annimmt.

Der erste Teil des Buches (Medien verändern die Umwelt) entwirft den theoretischen Rahmen dafür, die Auswirkung von Medien auf soziale Veränderungen zu untersuchen. Kapitel 2 beschreibt die Grenzen einer Forschung, die traditionell ihren Schwerpunkt auf die Auswirkungen von Medien*inhalten* legt, und diskutiert dann zwei scheinbar unvereinbare Perspektiven, von denen jede einen Schlüssel für die Untersuchung von Medien-Effekten liefert: die „Mediumtheorie" (von McLuhan und anderen) und der „Situationismus" (von Goffman und anderen).

Kapitel 3 verwendet das Konzept der „Informationssysteme" als gemeinsamen Nenner, der den Forschungsbereich zum Thema Medien-Umwelten mit dem über zwischenmenschliche Begegnungen verbindet. Das Kapitel skizziert auf allgemeine Weise, wie sich soziales Verhalten ändert, wenn neue Medien Informationssysteme miteinander verschmelzen lassen oder sie trennen. Von den Begriffen „Hintergrund"- und „Bühnen"-Verhalten ausgehend beschreibe ich, wie die Vermischung vorher getrennter Situationen dazu führt, daß sich ein „Nebenschauplatz", eine Art „Seitenbühne" oder „ein Verhalten in einem mittleren Bereich" bildet, und wie die Aufspaltung einer Situation in zwei oder mehr Situationen zu „Verhalten tief im Hintergrund" und „Verhalten am vorderen Bühnenrand" führt.

Kapitel 4 geht näher auf „Verhalten" ein, indem es drei allgemeine Rollen-Kategorien diskutiert: Gruppengefühle (Gruppenidentität), Rollenwandel (Sozialisation) und Autorität (Hierarchie). Jede dieser Kategorien, so wird gezeigt, ist abhängig von einer bestimmten Anordnung von Informationssystemen. Ich behaupte, daß die Anzahl verschiedener Gruppenidentitäten, Sozialisations-Stadien und Autoritäts-Ebenen in einer Gesellschaft abhängt von der Anzahl unterschiedlicher öffentlicher Bereiche, der unterschiedlich scharfen Trennung zwischen nicht-öffentlichem und öffentlichem Verhalten und der Stärke der Beziehung zwischen physischem Ort und sozialer Erfahrung.

Teil II des Buches (Von gedruckten zu elektronischen Situationen) beschreibt im Detail drei verschiedene Arten, wie die elektronischen Medien die Informationssysteme in einer Gesellschaft verändern, in der vorher die Printmedien dominierten. Kapitel 5 beschreibt, wie

Unterschiede im „Zugang“, in „physischen Eigenschaften“, in „Bedingungen der Beteiligung“ und in dem Ausmaß, in der Information ausdrücklich erhältlich ist, dazu führen, daß die Printmedien getrennte Informationssysteme fördern. Auf diese Weise sind heute viele Informationen, die früher, in einer durch Druckmedien beherrschten Kultur, technisch betrachtet „öffentlich“, doch für den größten Teil der Bevölkerung fast unzugänglich waren, heute fast allen Menschen mit Hilfe der elektronischen Medien zugänglich. Kapitel 6 beschreibt, wie unterschiedliche Arten von Information (zum Beispiel Bilder versus gedruckte Worte) und Unterschiede in der Art, Nachrichten zu verschlüsseln und entschlüsseln zu können, dazu geführt haben, daß sich die Printmedien in Richtung auf eine mehr formale, unpersönliche Kommunikation entwickelt haben, während die elektronischen Medien dazu neigen, informelle, intime und ausdrucksstarke „Botschaften“ zu verbreiten. Die elektronischen Medien stellen daher viele Verhaltensweisen in den Vordergrund, die früher im „Hintergrund“, im nicht-offiziellen Bereich des sozialen Lebens gehalten wurden. Kapitel 7 geht der Frage nach, wie die elektronischen Medien die traditionelle Gleichung zwischen physischer und sozialer Mobilität auflösen, „live“-Informationen an jene liefern, die nicht „anwesend“ sind und soziale Erfahrung nicht länger an den physischen Ort binden. Die elektronischen Medien zwingen uns also dazu, unsere Vorstellungen von sozialen „Positionen“ und sozialen „Orten“ neu zu definieren.

Die Kapitel in Teil III (Die neue soziale Landschaft) verbinden die in Teil I und II gewonnenen Prinzipien zu einer allgemeinen Theorie über die Auswirkungen der „gegenwärtigen Medien-Landschaft“ auf drei Jahrzehnte sozialen Wandels. Ich vertrete darin die Ansicht: Da die elektronischen Medien früher getrennte Bereiche miteinander verknüpfen, verschwindet die Trennungslinie zwischen privatem und öffentlichem Verhalten, und die traditionelle Verbindung zwischen physischem Ort und sozialem „Ort“ wird aufgehoben; daraus ergibt sich, daß sich Gruppen-Zugehörigkeiten auflösen, unterschiedliche Sozialisations-Stadien sich vermischen und Hierarchien eingeebnet werden.

Teil IV (Drei Dimensionen sozialen Wandels) testet die Plausibilität der allgemeinen Theorie, indem detailliert die jüngsten Veränderungen in drei Rollenkategorien untersucht werden, die das ganze Buch hindurch analysiert worden sind: Männlichkeit und Weiblichkeit (Gruppenidentität), Kindheit und Erwachsensein (Sozialisation), politische Führer und Gefolgschaft (Hierarchie). Alle drei Analysen kommen zu dem Ergebnis, daß die elektronischen Medien vorher strikt getrennte Rollen ineinander übergehen lassen.

Teil V (Schlußfolgerung) faßt die Argumente des Buches zusammen, bietet einige Hinweise darauf, wie die beschriebenen Veränderungen bewertet und zukünftige Entwicklungen vorhergesagt werden könnten und geht dem Gedanken nach, daß – in unserer „Orts-ungebundenen Kultur“ – viele unserer neuen Verhaltensnormen jenen der nomadischen Jäger und Sammler ähneln.

Leser, die Studien über Medien*wirkungen* kennen, in denen es vor allen Dingen um Inhaltsaspekte der *Medien* geht, mögen sich darüber wundern, daß dieses Buch seinen Schwerpunkt darauf legt, die Struktur *zwischenmenschlichen* Verhaltens zu beschreiben. Die Untersuchung der Dynamik zwischenmenschlicher Begegnungen ist aus meiner Überzeugung entstanden, daß sich ein Großteil der Medienforschung bislang darauf beschränkt hat, eng definierte Reaktionen auf Medieninhalte zu betrachten (wie Imitation oder Überredung); größtenteils haben die Wissenschaftler dabei jene Aspekte des alltäglichen Sozialverhaltens ignoriert, die dieses Verhalten sehr anfällig machen für Veränderungen, wenn neue Medien verändern „wer was über wen weiß“. Indem das Buch den veränderten Zugang zu Informationen betrachtet, kommt es zu der Schlußfolgerung, daß die weit verbreiteten elektronischen Medien eine wichtige Rolle bei den meisten sozialen Bewegungen der letzten Zeit gespielt haben, darunter die soziale Explosion der 60er Jahre, die zahlreichen Bewegungen zur „Integration“ von Minderheiten (Schwarze, Frauen, Alte, Kinder, Behinderte etc.), die häufigeren Verstöße gegen das Berufsethos, die Einrichtung von „offenen“ Häusern für Gefangene und geistig kranken Menschen, der Niedergang der Kleinfamilie, die Friedensbewegung und der Trend zum Alleinleben sowie zum „Zusammenleben“ Unverheirateter. Die Theorie behauptet, daß zahlreiche, scheinbar chaotisch verlaufende soziale Veränderungen tatsächlich zum Teil eine geordnete, verstehbare Anpassung des Verhaltens an neue Situationen darstellt, die erst durch die elektronischen Medien geschaffen werden.

Teil I
Medien verändern die Umwelt

2
Medien und Verhalten: Das fehlende Bindeglied

Jeder, der sich mit elektronischen Medien beschäftigt hat, ob als gelegentlicher Beobachter oder als Wissenschaftler, mußte feststellen, daß sie die Fähigkeit haben, Kommunikations-Grenzen zu überwinden. Die elektronischen Medien haben die Bedeutung von Ort, Zeit und physischen Barrieren als Einflußgrößen der Kommunikation nachhaltig verändert. Wir können heute mit jemandem in Alaska sprechen, während wir uns in Florida sonnen; wir können weit entfernte Ereignisse miterleben, im selben Augenblick, in dem sie sich ereignen; wir können aktuell Bilder, Handlungen und Stimmen von Menschen sehen und hören, die schon lange tot sind; und wir können in irgendeinem Raum irgend eines Hauses irgendwo im Lande sitzen und ein übles Fußballfoul aus nächster Nähe beobachten.

Doch weder die Verbreitung der elektronischen Medien noch die Tatsache, daß sie offensichtlich wundersame Eigenschaften besitzen, konnte die Wissenschaft dazu bewegen, ihre Analyse auf die Bedeutung solcher neuen Muster des Informationsflusses für das soziale Verhalten zu erweitern. Die überwältigende Mehrheit der Fernsehstudien, die etwa in den USA durchgeführt wurden, folgt der vorherrschenden Tradition der Forschung über frühere Massenmedien und hat sich hauptsächlich mit dem *Inhalt der Botschaft*[1] beschäftigt.

Die Konzentration auf Medien-Inhalte erwuchs aus der früher gewonnenen Erkenntnis, daß Propaganda, die durch die Massenpresse oder über den Rundfunk verbreitet wurde, fast universelle Auswirkungen auf die Konsumenten hat und zu einer Massenreaktion oder -panik führen konnte. Die Tatsache, daß es den Forschern im allgemeinen nicht gelungen ist, klare und direkte Auswirkungen von Medieninhalten auf soziales Verhalten nachzuweisen, führte in den letzten 60 Jahren zu vielen Modifikationen der jeweiligen theoretischen Ansätze. Die alte – in den 20er Jahren populäre – Theorie von der „hypodermischen Nadel“, die von einer direkten und universellen Reaktion auf einen Stimulus – der Botschaft – ausging, wurde von fast allen Forschern aufgegeben. Statt dessen hat man immer neue Variablen zwischen den Stimulus und die Verhaltens-Reaktion gesetzt. Zwischenmenschliche und Gruppenunterschiede, die Rolle von Freundes- und sonstigen Bezugsgruppen, die Stadien der kognitiven Entwicklung und andere soziale und psychologische Variablen können die Wirkungen der Medien-Inhalte beeinflussen. Doch letztlich basieren die neuen Medientheorien immer noch auf dem alten Konzept einer Reaktion auf die „Medien-Botschaft“.[2]

Gleichgültig, wie viele intervenierende Faktoren noch in Rechnung gestellt werden, die große Mehrheit der Medienstudien entfernt sich nur wenig von den ursprünglichen Annahmen, daß die Medien etwas in die Menschen hinein-„injizieren“ und daß die Analyse der Medienwirkung daher zunächst das analysieren müssen, *was* injiziert wird. Bei ihrer Konzentration auf den Medieninhalt haben die Fernsehstudien untersucht: was die Leute sehen; wieviel sie sehen; wie sie das wahrnehmen und verstehen und auffassen, was sie sehen; und wie das, was sie sehen, sich auf ihr späteres Denken und Handeln auswirkt.

Selbst einige Studien, die von sich behaupten, die „Fernseh-Umwelt“ zu berücksichtigen, bleiben doch letztlich auf den Inhalt fixiert. George Gärtners „Kultivations-Analyse“ betrachtet beispielsweise das Fernsehen als eine symbolische Umwelt, die in uns eine bestimmte Weltsicht kultiviert.[3] Doch *der* Aspekt der Umwelt, der Gärtner und seine Kollegen am meisten beschäftigt, ist das Bild der Wirklichkeit, wie es in den Fernseh-Inhalten entworfen wird. Die Kultivations-Analyse betrachtet nicht mehr als die Art und Weise, wie die Gesamtheit des Medieninhaltes Mythen bildet, etwa über Frauen, Minderheiten oder Kriminalität, die daraufhin die Wahrnehmung des Betrachters ebenso formen wie seine Reaktion innerhalb seiner „wirklichen“, alltäglichen Umwelt. Enttäuscht über die mageren Erkenntnisse, die aus all den verschiedenen „Wirkungs-Modellen“ gewonnen wurden, haben eine Reihe von Forschern in den letzten beiden Jahrzehnten eine andere Perspektive ins Auge gefaßt: den Ansatz „Nutzung und Gratifikation“.[4] Nach diesem Modell sind alle Menschen – selbst kleine Kinder – nicht passive Empfänger von Medienreizen; sondern sie wählen bewußt solche Medien-Inhalte aus, die ihre persönlichen Bedürfnisse erfüllen (solche Bedürfnisse können z.B. sein: „Wichtige Ereignisse nicht versäumen" oder „Der Langeweile entfliehen"). Dieser Ansatz stellt das alte Reiz-Reaktions-Modell auf den Kopf. Es legt nahe, daß sich weniger die Medien auf die Menschen auswirken, als daß die Menschen selektiv die Medien nutzen und daher auf sie einwirken. Nach diesem Modell müssen die Medien wie Zeitungen oder Rundfunksender oder auch bestimmte Genres wie Seifenopern oder Komödien, um zu überleben, sich an die Bedürfnisse der Menschen anpassen. Dieses Modell revidiert zwar viele der alten Annahmen, ist jedoch in einer entscheidenden Hinsicht den traditionellen Studien sehr ähnlich: Es konzentriert sich immer noch auf den Medien-Inhalt. Es fragt, warum das Publikum bestimmte Inhalte auswählt, welche Funktion verschiedene Medien-Inhalte erfüllen. Selbst wenn diese Studien untersuchen, welches Medium die Menschen nutzen, um irgend eines ihrer Bedürfnisse zu erfüllen, wird nur selten auf die besonderen Merkmale der verschiedenen Kommunikationsmedien eingegangen.

Eine Reihe von politisch und ökonomisch argumentierenden Kritikern an den Medien-Institutionen (auch an der „Mainstream-Medienforschung") stellen ganz andere Fragen: Wer kontrolliert die Verbreitung von Informationen in einer Gesellschaft? Und wie sind die Medien strukturiert, damit sie ihre ideologischen, ökonomischen und politischen Ziele verfolgen können?[5] Aber auch diese Kritiken kreisen letztlich wieder um die Inhalte: Sie fragen, was im Fernsehen zu sehen ist und was nicht. Das sind legitime und ausgesprochen wichtige Fragen, aber auch sie übersehen häufig die je besonderen Eigenschaften verschiedener Medien. Es wird nur selten darüber diskutiert, daß ein und dasselbe politische und ökonomische System durch verschiedene Medien ganz unterschiedlich betroffen sein kann, oder daß der Versuch, den Inhalt von Zeitungen zu zensieren und der Versuch, den Inhalt von Fernsehsendungen zu zensieren, sich total voneinander unterscheiden können.

Während alle diese Untersuchungen über Medien-Inhalte durchaus von gesellschaftlicher Bedeutung sind, ist es doch erstaunlich, daß anders geartete Fragen über die Medien so selten gestellt werden.[6] Tatsächlich ignorieren die meisten Studien über die Medien-Wirkungen – die Medien selbst. Inhalt und Kontrolle des Fernsehens werden auf die gleiche Art untersucht wie Inhalt und Kontrolle von Zeitungen, Comics, Kinofilmen oder Romanen untersucht worden sind. Das Medium selbst wird als neutrales Übermittlungssystem von Kommunikation betrachtet.

Wissenschaftler, die die Auswirkungen neuer Technologien untersuchen, haben selten eine solch ausgesprochen einseitige Perspektive eingenommen. Nur wenige der Forscher, die sich beispielsweise mit den sozialen Auswirkungen der industriellen Revolution beschäftigt haben, würden behaupten, das Wichtigste, was man untersuchen müßte, sei, welche Waren man mit neuen Maschinen produzieren kann. Statt dessen haben Historiker, Soziologen und andere Wissenschaftler deutlich gemacht, daß das, worauf man bei der Industrialisierung achten muß, die Auswirkungen der neuen Produktionsmittel selbst sind, etwa auf das Gleichgewicht zwischen dörflichem und städtischem Leben, auf die Arbeitsteilung, das Ausmaß sozialen Zusammenhalts, die Familienstruktur, den Moral-Kodex, die Wahrnehmung von Raum und Zeit, die Klassenstruktur oder das Ausmaß sozialen Wandels.

Die Fernsehforschung ist bisher so sehr beschränkt, daß sie das elektronische Medium lediglich als neue Verbindung zwischen schon vorher existierenden Umwelten betrachtet. Eine solche Forschung ignoriert die Möglichkeit, daß elektronische Medien, wenn sie einmal weit verbreitet sind, neue soziale Umwelten schaffen können. Solche Umwelten können unser Verhalten völlig verändern, und zwar unabhängig von den jeweiligen Medien-Inhalten. Zum Beispiel hat sich die Medienwirkungs-Forschung in großen Teilen auf die Auswirkung gewalttätiger oder sexistischer Inhalte von Fernsehsendungen auf das Verhalten von Kindern konzentriert. Dabei wurde der Möglichkeit kaum Beachtung geschenkt, daß *unterschiedliche* Arten der Verbreitung kultureller Inhalte zu verschiedenen sozialen Wahrnehmungen führen können, etwa was die Vorstellung von „Kindheit" und „Erwachsensein" oder „Männlichkeit" und „Weiblichkeit" angeht. Wie Zuschauer, die sich nach der Programmzeitschrift richten, beschäftigen sich solche Forscher, die sich nur auf Medieninhalte konzentrieren, mehr damit, was die Medien „ins Haus" bringen, als mit der Möglichkeit, daß neue Medien das Zuhause selbst verändern und neue soziale Umwelten schaffen.

Bevor wir eine solche Möglichkeit näher untersuchen können, müssen wir zunächst zwei Fragen beantworten: 1. Wie kann die Veränderung der Medien-Landschaft soziale Umwelten verändern?, 2. Welche Auswirkungen könnte eine Veränderung der sozialen Umwelt auf das zwischenmenschliche Verhalten haben? Dieses Buch verknüpft zwei Theoriestränge, die sich mit diesen Fragen beschäftigen: 1. Die „Medium-Theorie" – die historische und interkulturelle Untersuchung der unterschiedlichen kulturellen Umwelten, wie sie verschiedene Kommunikationsmedien schaffen; und 2. den „Situationismus" – die Untersuchung, wie Verhalten durch und in „sozialen Situationen" geformt wird. Diese beiden Forschungsgebiete sind unabhängig voneinander entstanden, und die

Fragen, mit denen sie sich beschäftigen, waren von jeher weit entfernt von den wichtigsten Themen der meisten Massenkommunikationsforscher. Doch jedes dieser Forschungsgebiete liefert Anhaltspunkte für eine detaillierte Theorie über die Auswirkung von elektronischen Medien auf soziales Verhalten. Der Rest dieses Kapitels faßt diese beiden Ansätze zusammen, schildert ihre Stärken und Schwächen und lotet die Lücke zwischen ihnen aus, die gefüllt werden muß, bevor wir erkennen können, wie sich Veränderungen der Medien auf das alltägliche Verhalten auswirken.

Medien als kulturelle Umwelten

Während Sozialwissenschaftler sich vorwiegend der Untersuchung von Medien-Inhalten widmeten, haben einige Wissenschaftler aus Gebieten außerhalb von Kommunikationsforschung, Soziologie und Psychologie einen eher historischen und interkulturellen Ansatz entwickelt. Sie versuchten, die Aufmerksamkeit auf die potentiellen Auswirkungen von Medien zu lenken, unabhängig vom jeweiligen Medien-Inhalt. Ich verwende hier den Singular: „Medium-Theorie", um diese Forschungsrichtung zu beschreiben, denn was sie von anderen „Medien-Theorien" unterscheidet, ist ihre Konzentration auf die besonderen Eigenschaften des einzelnen Mediums.

Die Beobachtungen der „Medium-Theoretiker" sind oft unvollständig, schwierig zu analysieren oder praktisch anzuwenden, und doch sind sie von großer Bedeutung für die vorliegende Untersuchung, weil sie nahelegen, daß Medien nicht nur Kanäle sind, durch die Informationen zwischen zwei oder mehr Regionen geleitet und ausgetauscht werden, sondern daß die Medien selbst Umwelten darstellen. Die bekanntesten und umstrittensten dieser Theoretiker sind Harold Adams Innis und Herbert Marshall McLuhan.

Als gelernter Politökonom wandte Harold Adams Innis die Prinzipien der Monopolwirtschaft auch auf die Untersuchung von Informationsmonopolen an.[7] Wer die Kontrolle über Kommunikationsmedien besitze – so Innis –, verfüge über ein wirksames Mittel, soziale und politische Macht auszuüben (etwa wenn eine Priesterkaste den Schriftverkehr in einer Region kontrolliert). Neue Medien können jedoch alte Monopole brechen. Das mittelalterliche Monopol der Kirche über religiöse Information (und daher darüber, wessen Seele wie gerettet werden konnte), wurde durch die Erfindung der Druckerpresse gebrochen. Die Druckerzeugnisse brachen das Monopol der Kirchenschreiber, und plötzlich waren die Bibel und andere religiöse Bücher überall erhältlich. Derselbe Inhalt also – in diesem Fall die Bibel – hatte unterschiedliche soziale Auswirkungen, je nach dem Medium, durch das er übermittelt wurde.

Innis vertritt die Ansicht, daß verschiedene Medien unterschiedliche Möglichkeiten der Kontrolle beinhalten. Ein Medium, das es nur selten gibt, oder das eine besondere Fähigkeit erfordert, Inhalte zu verschlüsseln oder zu entschlüsseln, wird wahrscheinlich von einer herrschenden Klasse ausgebeutet werden, da diese über die Zeit und die entsprechenden Ressourcen verfügt, um sich dieses Medium anzueignen. Und umgekehrt: Ein Medium, das für alle Bürger leicht zugänglich ist, wird wahrscheinlich eine Kultur demokratisieren.

Innis behauptet außerdem, daß jedes Kommunikationsmedium eine spezifische Stärke hat: entweder überdauert es eine lange Zeit oder es kann leicht große Entfernungen überwinden. Er vertritt die Ansicht, die jeweilige Ausprägung des dominanten Mediums einer Kultur beeinflusse die Stabilität dieser Kultur und ihre Fähigkeit, ein großes Territorium einzunehmen und zu beherrschen. Ein „zeit-überdauerndes" Medium wie etwa steinerne Hieroglyphen schafft seiner Meinung nach relativ kleine, stabile Gesellschaften. Steinmetz-Arbeiten kann man jedenfalls nur schwer mehrmals überarbeiten, und ihre eingeschränkte Mobilität macht sie ungeeignet, um mit weit entfernten Orten in Verbindung zu treten. Im Gegensatz dazu ermöglichten es die „räumlich-beweglichen" Papyrusrollen den Römern, ein großes Reich zu errichten und zu erhalten, dessen Zentralregierung ihre Autorität bis in die entferntesten Provinzen „tragen" konnte. Doch das Kommunikationsmittel Papyrus bewirkte auch soziale Umwälzungen und größere Instabilität.

In *Empire and Communications* und *The Bias of Communication,* schreibt Innis eine neue Geschichte der Kommunikation: als Geschichte der Kommunikationsmedien. Er beginnt mit der Wiege der Zivilisation in Mesopotamien und Ägypten und endet mit dem britischen Empire und den Nazis.

Unter den Menschen, die Innis vor seinem Tod 1952 stark beeinflußt hat, befand sich ein Wissenschaftler, der sich damals mit mittelalterlicher Literatur beschäftigte: Herbert Marshall McLuhan. McLuhan fügt Innis' Konzepten „Informationsmonopol" und „spezifische Stärke" von Medien die Vorstellung des „sensorischen Gleichgewichts" hinzu. Er analysiert Medien als Erweiterungen der menschlichen Sinnesorgane und nimmt an, daß die Verwendung verschiedener Medien-Technologien den Aufbau und die Funktionsweise der menschlichen Sinnesorgane beeinflußt.[8] McLuhan teilt die Geschichte in drei wichtige Perioden ein: mündliche Überlieferung, Schreiben-Drucken und Elektronik. Jede Periode ist nach McLuhan charakterisiert durch ein besonderes Zusammenspiel der Sinne und daher durch eigene Formen des Denkens und der Kommunikation.

Orale Gesellschaften, so McLuhan, leben in einer „Ohr-Kultur" der Gleichzeitigkeit und Zirkularität. Die orale „Stammeswelt" des Hörens ist eine „geschlossene Gesellschaft", die durch hohe gegenseitige Abhängigkeit und einen Mangel an Individualität gekennzeichnet ist. Menschen in oralen Kulturen haben nach McLuhan ein mystisches „Tiefen-Erleben", an dem alle Sinne in Harmonie beteiligt sind. Nach McLuhan brachen die Schrift (das Alphabet) und noch stärker die Druckerzeugnisse in die Stammeskultur ein und zerstörten ihr Gleichgewicht. Sie gaben den mündlich kommunizierenden Menschen „ein Auge für ein Ohr" und machten den Gesichtssinn zum dominanten Sinnesorgan. So entfremdeten sie die Menschen von Geräuschen, Berührungen und direkten Reaktionen. Der Bruch mit der Tradition, sich auf mündlich überlieferte Kommunikation zu verlassen, ermöglichte es den Menschen, introspektiver, rationaler und individualistischer zu werden und ein abstraktes Denken zu entwickeln. Aus der zirkularen Welt des Klanges, der runden Hütten und runden Dörfer entfernten sich die Menschen allmählich in Richtung auf ein lineares Ursache-Wirkungs-Denken, zu gitterförmig angelegten Städten in einer Welt, in der man nur ein Ding zu einem Zeitpunkt tut und eines nach dem anderen. Sie traten in eine Welt ein, in der man die eindimensionalen Linien der Schriftbilder oder gedruckten Zeilen nachahmt. So wandelt sich die Treue zu Menschen, mit denen man lebt und die man hören, sehen und berühren kann, in die Treue zu einer abstrakten „Nation" oder der „Bruderschaft" einer bestimmten Religion. Laut McLuhan können viele Merkmale westlicher Rationalität und „zivilisierten" Verhaltens dem Einfluß der Druckerpresse zugeschrieben werden.

McLuhan hält die elektronischen Medien für Erweiterungen unseres Nervensystems, die den gesamten Planeten umfassen. Elektronische Sensoren machen die Welt zu einem globalen Dorf. Infolge der weitverbreiteten Anwendung elektronischer Medien ist jede Person in die Angelegenheit jeder anderen einbezogen, und die von den Druckerzeugnissen verbreitete Vorstellung von delegierter Autorität schwindet ebenso wie nationalistisches und lineares Denken.

Innis wie McLuhan versuchten auf ihre ganz besondere Weise, zahlreiche geschichtliche und kulturelle Ereignisse zu erklären. Andere Medien-Theoretiker haben sich jeweils spezifische Medieneffekte herausgesucht und sie gesondert analysiert. J.C. Carothers, Jack Goody und Ian Watt, Eric Havelock, A.R. Luria und Walter Ong haben verschiedene Aspekte des Wandels von der oralen zur literarischen Gesellschaft untersucht.[9] Sie haben überzeugend dargelegt (sogar viel überzeugender als Innis und McLuhan), daß Literarität und Oralität mit völlig verschiedenen Zuständen des Bewußtseins einhergehen.

Sie beschreiben, welche Veränderung die Einführung der Schrift auf soziale Organisationen, die soziale Bedeutung von Wissen, die Vorstellung über das Individuum und sogar bestimmte Arten von Geisteskrankheiten hatte.

H.L. Chaytor und Elizabeth Eisenstein untersuchten, wie sich der Wandel vom Handgeschriebenen zum Gedruckten gesellschaftlich auswirkte.[10] Das Drucken wird oft nur als die „mechanisierte" Form des Schreibens betrachtet, doch Chaytor wies nach, daß die Druckerzeugnisse den literarischen Stil änderten, eine neue Vorstellung von „Autorenschaft" und geistigem Eigentum schufen, nationalistische Strömungen förderten und das psychologische Wechselspiel von Worten und Gedanken modifizierten. Eisenstein präsentiert zusätzlich eine enorme Menge von Belegen und stichhaltiger Analysen für die These, die Druckerzeugnisse hätten Westeuropa revolutioniert, indem sie die Reformation und die moderne Wissenschaft hervorbrachten.

Walter Ong, Edmund Carpenter, Toni Schwartz und Daniel Boorstin beschäftigten sich mit den Auswirkungen der elektronischen Medien auf Denkmuster und soziale Organisationen.[11] Schwartz und Carpenter folgen inhaltlich, methodisch und stilistisch McLuhan. Ong und Boorstin jedoch liefern eher traditionelle wissenschaftliche Analysen, die McLuhans grundlegende Argumentation unterstützen, aber doch über sie hinausgehen. Ong beschreibt die Unterschiede zwischen der „primären Oralität" präliterarischer Gesellschaften und der „sekundäreren Oralität", die aus der Einführung elektronischer Medien in alphabetisierte Gesellschaften entstand. Er untersucht die psychologische Bedeutung der Rückkehr „des Wortes" in elektronischer Form. Boorstin beschreibt, wie neue Medien massenhaft „den Augenblick" produzieren, Erfahrung „wiederholbar" machen und durch viele andere neuere technologische Erfindungen ergänzt werden, die „Zeiten und Orte nivellieren". Boorstin vergleicht politische mit technologischen Revolutionen und diskutiert die Bedeutung neuer Technologien – einschließlich der elektronischen Medien – auf unsere Vorstellung von Nationalität, Geschichte und Fortschritt.[12]

Die Medium-Theoretiker behaupten nicht, Kommunikationsmittel prägten Kultur und Persönlichkeit *vollständig,* doch sie weisen darauf hin, daß Veränderungen in den Kommunikationsmustern ein sehr wichtiger Bestandteil sozialen Wandels sind – und daß dies bislang übersehen worden war. Ihre Medienanalysen und ihre Untersuchung sozialen Wandels lassen auch vermuten, daß die jeweiligen Veränderungen nicht plötzlich vor sich gehen oder vollständig sind. Es gibt immer eine „kulturelle Spanne" – so William Ogburn –, in der Teile einer Kultur dem Rest voraus sind.[13] Die Dichter nach Homer hatten beispielsweise den Vorteil eines Schriftsystems zur Verfügung, mit dessen Hilfe sie Gedichte zusammenstellen konnten, aber sie schrieben weiterhin für ein Publikum, das ihre Gedichte nicht las, sondern sie nur hörte, und sie betrachteten nach wie vor das – damals weit verbreitete – Auswendiglernen ihrer Werke als ihre Chance, unsterblich zu werden.[14]

Obwohl die neuen Medien nach diesen Theorien Kultur und Bewußtsein verändern, geschieht das so, daß sie dem Spektrum der Kommunikationsformen *hinzugefügt* werden, statt alte Kommunikationsmittel zu zerstören.[15] Das Schreiben hat also nicht den mündlichen Diskurs zerstört, aber die Bedeutung von Sprache und Gedächtnis verändert. Ähnlich hat das Fernsehen nicht die Bedeutung des Bücherlesens zerstört, und auch das Telefon hat nicht dazu geführt, daß keine Briefe mehr geschrieben werden. Doch wenn ein neues Medium in einer Kultur eingesetzt wird, verändert es die Bedeutung und die Auswirkung früherer Medien. Das Telefon hat beispielsweise sicherlich die Funktion und Häufigkeit des Briefeschreibens beeinflußt. Historiker und Biografen beklagen heute sogar, wie sehr die persönliche Korrespondenz zwischen Menschen abgenommen hat und daß es immer weniger persönliche und soziale Aufzeichnungen von Bedeutung gibt. Man kann diese Entwicklung vergleichen mit der Industrialisierung einer Gesellschaft, die sich deutlich auf die sozialen Organisationen und die Arbeitsformen auswirkte und ein Ende der „Agrar"-Gesellschaft brachte, ohne jedoch unsere grundlegende Abhängigkeit von Nahrungsmitteln zu beseitigen. Wenn ein neuer Faktor in eine alte Umgebung eingebracht wird, dann – so lernen wir aus der Systemtheorie und der Ökologie – ist das Ergebnis nicht die alte Umwelt plus der neue Faktor, sondern eine neue Umwelt. Wie „neu" die Umwelt wird, hängt natürlich davon ab, wie sehr der neue Faktor wichtige Kräfte im alten System verändert, doch auf jedenFall ist die neue Umwelt mehr als die Summe ihrer Teile.

Einfach ausgedrückt: Die Medium-Theoretiker vertreten die Auffassung, daß die Form der menschlichen Kommunikation eine Wirkung hat, unabhängig davon, um welche spezifischen Inhalte es geht. Natürlich hat die Wahl von Inhalten *innerhalb* eines kulturellen Milieus ihre Bedeutung. (McLuhan selbst brachte beispielsweise deutlich seine Vorliebe für bestimmte Fernsehsendungen zum Ausdruck [„Es gibt bestimmte Dinge, die ich einfach nicht missen möchte, das ist alles"], während ihm andere Filme wie zum Beispiel „Krieg der Sterne" „verdammt egal" waren.[16]) Diese Theoretiker sind vor allem an einer interkulturellen und historischen Perspektive interessiert.

Auf anderen Gebieten ist eine solche Analyse nur selten umstritten. Wenn ein Historiker behaupten würde, es spiele häufig kaum eine Rolle, was der Regierungschef eines Landes in seiner Ansprache sagt, es sei wichtiger, ob er demokratisch gewählt oder etwa ein Monarch ist, der seinen Thron geerbt hat, dann würden wenige Leute auch nur mit der Wimper zucken. Und ein barfuß laufender Bauer würde es vielleicht vorziehen, ein Paar Schuhe zu bekommen statt einen Hammer – gleichgültig ob die Schuhe und der Hammer handgemacht oder massenproduziert sind. Dennoch wird ein Wirtschaftshistoriker notieren, wie sich der Wandel von manueller zu mechanischer Produktion aller Güter auf viele Aspekte der Gesellschaft auswirkt, einschließlich des Anteils der Bevölkerung, der barfuß geht.

Doch aus einer Reihe von Gründen ist es der Medium-Theorie nicht gelungen, tief in das wissenschaftliche Denken oder das Bewußtsein der Öffentlichkeit einzudringen. Einerseits wird die Medienforschung großenteils aus Quellen finanziert, die daran interessiert sind, die bestehenden Medieninstitutionen weiterarbeiten zu lassen oder mit der Regulierung und Kontrolle der Medien öffentlich Politik zu machen. Andererseits hat die Suche – vor allem in den USA – nach „wissenschaftlichen" Belegen von Medien-Wirkungen die meisten Forscher dazu veranlaßt, hauptsächlich Daten zu sammeln, die statistisch analysiert werden können. Da die Medium-Theoretiker mit ihren Vergleichen und Widersprüchen zum Thema Medien-Umwelt nicht viel darüber sagen können, wie Medien *innerhalb* einer spezifischen technologischen Umgebung betrieben oder kontrolliert werden können, und da es schwierig, wenn nicht unmöglich ist, die globalen historischen und kulturellen Theorien der Medium-Theoretiker durch Vergleiche, direkte Beobachtung oder Experimente zu „testen", hat sich der größte Teil der Medienforschung auf viel engere Fragestellungen beschränkt. Ein weiterer Grund dafür, warum die Medium-Theoretiker kein langfristiges allgemeines Interesse wecken konnten, ist die Tatsache, daß sie versucht haben, Qualitätsurteile zu vermeiden; damit aber stehen sie in scharfem Widerspruch zur öffentlichen

Meinung, die der Ansicht ist, daß Bücherlesen etwas Gutes ist und Fernsehen auf jeden Fall etwas Schlechtes.

Außerdem hatten viele Menschen, einschließlich zahlreicher Wissenschaftler und Forscher, die Neigung, Auswirkungen unsichtbarer Medienumwelten zu ignorieren oder sogar zu leugnen, einfach weil sie unsichtbar sind. Die meisten Menschen sind bereit anzuerkennen, daß es soziale und psychologische Auswirkungen aufgrund „handfester" physischer und materieller Ursachen gibt (wie die Industrialisierung, neue Transportmittel, Stadt-Land-Bewegungen, Kriege und ökonomische Krisen). Es scheint einfacher zu sein, sich beispielsweise die Auswirkungen einer 10prozentigen Ölpreis-Krise vorzustellen, als die Auswirkungen einer 10fachen Steigerung in der Speicherkapazität von Computerchips. Materielle Veränderungen sind konkret und vorstellbar; Veränderungen der Informations-Systeme erscheinen abstrakt und geheimnisvoll. Und selbst was Informations-Veränderungen angeht, können die meisten Menschen wahrscheinlich mehr mit solchen Aspekten der Informationsumwelt anfangen, die sichtbar sind, nämlich besondere Inhalte. Doch wenn wir uns in der öffentlichen wie der wissenschaftlichen Aufmerksamkeit vor allem auf den *Inhalt* von Kommunikationen konzentrieren, gleicht das dem hypothetischen Versuch, die Bedeutung des Automobils zu verstehen, indem man ignoriert, daß es ein neues Transportmittel gibt, und sich statt dessen auf eine detaillierte Untersuchung der Namen und Gesichter von Passagieren konzentriert.

Doch die medium-theoretischen Arbeiten selbst hatten auch ihre inhaltlichen Probleme. Innis und McLuhan stellen beispielsweise einige kühne Behauptungen auf über die Bedeutung verschiedener Medien, aber es gelingt ihnen nicht, klare Argumentations-Stränge zu entwickeln und Belege beizubringen. Ihre Bücher scheinen geschrieben worden zu sein, während die Erkenntnisprozesse noch abliefen, mit der Begeisterung und Ungeduld, die blendende Geistesblitze hervorbringen. Die beiden Autoren interessieren sich nicht für Einzelheiten, werfen die Logik über Bord, als wären sie sicher, daß die Leser ihnen in ihren Siebenmeilenstiefeln folgen und zum selben Ergebnis kommen würden.

Innis schreibt obskur, verdichtet Absätze in Sätze, kommt zu Schlußfolgerungen während er einzelne Argumente und stützende Behauptungen ausläßt. McLuhans Arbeit lebt stark von Aphorismen, Wortspielen und Metaphern. Tatsächlich bleiben einige der großartigsten Einsichten von McLuhan dem Leser verborgen, der nicht schon zu seinen „Jüngern" gehört, da er seinen persönlichen, nicht-linearen Stil als Beweis für die Stärke der oralen Form des Denkens darbietet. Innis' und McLuhans Analysen sind vor allem dann attraktiv für die Leser, wenn diese schon an deren grundlegende Argumente glauben. Und selbst sie mögen Schwierigkeiten damit haben, die Argumentation anderen gegenüber in eigenen Worten wiederzugeben. Wie eine Religion erscheint der McLuhanismus jenen als unumstößliche Wahrheit, die an ihn glauben, und denjenigen als reiner Blödsinn, die nicht daran glauben.

Innis und McLuhans „Ergebnisse" sind in ungewöhnlicher Form verfaßt und können daher nicht ohne weiteres in eine andere theoretische Forschungsarbeit einbezogen werden. Der Ton, in dem sie ihre Beobachtungen vortragen, klingt apodiktisch, deklamatorisch und endgültig; das erleichtert es, ihre Gedanken entweder völlig zu akzeptieren oder vollkommen abzulehnen, aber erschwert es, sie weiterzuentwickeln oder näher zu untersuchen. McLuhan hat beispielsweise behauptet, daß die elektronischen Medien „soweit es unseren Planeten betrifft, Raum und Zeit aufgehoben" haben.[17]

Unterdessen, so argumentiert er weiter, haben wir die Fähigkeit verloren, unsere Rollen zu teilen, eine jeweils bestimmte Ansicht einzunehmen; statt dessen sei die Welt, „elektrisch zusammengezogen... nur mehr ein Dorf."[18]

Seine Schilderungen von Medienwirkungen sind poetisch und anrührend, doch sie lassen den Verstand unbefriedigt. Die kraftvolle Form der Aussagen läßt sie zwingend erscheinen, doch schon das kleinste qualifizierte Gegenargument oder ein entsprechender empirischer Beleg läßt das Gedankengebäude McLuhans absurd erscheinen. Wurden Zeit und Raum beispielsweise wirklich „aufgehoben"? Oder wurden sie einfach nur „degradiert": von früher bestimmenden Maßen für jeden direkten zwischenmenschlichen Verkehr auf lediglich die bestimmenden Elemente ganz bestimmter Formen der Interaktion?[19]

McLuhan behauptet, traditionelle wissenschaftliche Analysen gingen von der falschen Voraussetzung aus, daß lineares Denken die einzige Art und Weise des Denkens sei – eine Annahme, die von der Linearität des Schreibens und Druckens geprägt sei und heute durch die elektronischen Medien widerlegt würde. Wissenschaftler, die McLuhans Arbeit bewerten, sind daher mit einem merkwürdigen Widerspruch konfrontiert: Sie müssen ihre traditionelle, rationale, kritische Fähigkeit herbeibemühen, eine Arbeit zu kritisieren, die die Notwendigkeit und den universellen Wert einer solchen Fähigkeit in Frage stellt. Ironischerweise, aber voraussehbar, war die Reaktion vieler Kritiker emotional, feindselig und sogar zeitweise „ir"-rational.[20]

McLuhans provozierende Äußerungen und sein ungewöhnlicher Stil machten ihn eine gewisse Zeit lang populär. 1967 strahlte der amerikanische Sender NBC ein einstündiges Porträt McLuhans aus. Im März 1969 wurde er vom *Playboy* interviewt. McLuhan wurde mit verschiedenen Prädikaten bedacht: „Orakel des elektronischen Zeitalters", „Weiser im Zeitalter des Wassermanns" und „Dr. Spock der Popkultur". Seine Schlagworte und seine Terminologie („Das Medium ist die Botschaft" „globales Dorf", „heiße" und „kalte" Medien) wurden weltberühmt. Die Debatten darüber, ob überhaupt jemand seine nicht-lineare, von Wortspielen geprägte Prosa verstand, verarbeitete Woody Allan in seinem Film *„Annie Hall"*. Allan gewann McLuhan für eine Szene, in der er einem sich lange windenden „Deuter" seiner – McLuhans – Theorien erklärte, „daß Sie nichts von meiner Arbeit verstanden haben".[21]

Doch McLuhans Stern verglühte so schnell wie er aufgegangen war. Die Aufmerksamkeit von Fernsehen und Rundfunk, Büchern und Zeitschriften für McLuhans Theorien war eine zweischneidige Sache. Sie brachte die Idee der nicht auf den Inhalt fixierten Medienanalyse einem großen Teil der Bevölkerung in den späten 60er und frühen 70er Jahren näher, doch die Gleichung: „Untersuchung von Medienwirkungen = McLuhan", hielt viele Wissenschaftler davon ab, sich dem Thema ernsthaft zu widmen. Als McLuhan 1980 starb, hatte er an beiden Fronten verloren: Viele seiner Schlagworte hallen in den populären Medien immer noch wider – aber ohne große Wirkung; und sein konzeptionelles Werk wurde aus den meisten wissenschaftlichen Diskussionen verbannt.

Im Gegensatz zu Innis und McLuhan sind die Arbeiten von Carothers, Harlock, Ong, Chaytor, Goody und Watt, Eisenstein und anderen zum größten Teil traditionelle wissenschaftliche Arbeiten, die starke und überzeugende Argumente entwickeln und sich auf historische und Feldforschungs-Daten stützen. Doch vielleicht weil sie so eng umgrenzte Studien sind, die sich aus verschiedenen Disziplinen heraus entwickelt haben (Geschichte, Psychiatrie, Englisch, Religion, Anthropologie etc.) sind diese Arbeiten nicht sonderlich bekannt und außerdem werden sie nicht als Teile einer einheitlichen Literaturgattung betrachtet. Mit Ausnahme von Ong bringen die meisten dieser Wissenschaftler nicht ausdrücklich zum Ausdruck, daß *alle* Medien stark prägende Kräfte der Kultur und unseres Bewußtseins sind. Statt dessen konzentrieren sie sich auf Probleme ganz bestimmter Medien: Die Auswirkungen der Alphabetisierung, die Unterschiede zwischen verschiedenen Schriftsystemen usw. Da ihre Fragestellungen so eng umgrenzt sind und die meisten der daraus entstandenen oder ins Detail gehenden Arbeiten – Ongs spätere Bücher und Eisensteins riesige Untersuchungen über die Printmedien – erst geschrieben wurden, nachdem McLuhans bereits allgemein abgelehnt wurde, haben diese Wissenschaftler kein Publikum für die Verbreitung ihrer Forschungsergebnisse gefunden.

Doch das vielleicht größte Problem mit den Arbeiten zur Medium-Theorie ist folgendes: Letztlich liefern sie eher eine *Perspektive* für das Studium von Medienwirkungen auf soziales Verhalten, als daß sie eine detaillierte *Theorie* lieferten. Die Einsichten, Beobachtungen und Belege, die sie zusammenstellen, weisen auf ihr Bemühen hin, Medienumwelten zu untersuchen und nicht nur Medien-Inhalte, doch sie können nicht zeigen, wie Medien ein bestimmtes Verhalten formen. McLuhans Bemerkungen über das sensorische Gleichgewicht enthalten zahlreiche Einsichten und Geistesblitze, und vieles spricht dafür, daß sie zutreffen; Ong fügt überzeugende Belege über die Veränderung unserer Sinneswahrnehmung und unseres Bewußtseins hinzu. Doch die Erörterung über die „einseitige Ausrichtung" (bias) von Medien, das „sensorische Gleichgewicht" und „neue Arten des Bewußtseins" sind sehr abstrakt. Sie arbeiten wichtige Mechanismen klar heraus, aber schließlich mystifizieren sie die Auswirkung der Medien genauso wie sie versuchen, diese Wirkungen zu erklären. Wie genau wirkt sich ein Sinnesorgan oder eine neue Art von Bewußtsein auf das Verhalten eines Menschen aus? Eisenstein bietet eine konkrete Analyse der Auswirkungen der neuen Verbreitung von Information an, die von der gedruckten Presse verursacht wird. Doch ihre ausführliche Diskussion der Reformation und der wissenschaftlichen Revolution bietet uns weder viele Hinweise darauf, wie Medien sich *allgemein* auf die Kultur auswirken, noch darauf, welche spezifischen Auswirkungen die Presse auf das Verhalten von einzelnen Menschen hat.

Und schließlich sind die Studien über die Auswirkungen der Schriftsysteme und der Druckerzeugnisse – vielleicht weil eine bestimmte Umwelt am besten erkennbar ist, wenn man sich außerhalb von ihr befindet – tendenziell viel detaillierter und wissenschaftlicher als die Untersuchungen über die Auswirkungen elektronischer Medien. McLuhans schwierige Mosaikarbeiten bleiben die reichhaltigste Quelle für Hypothesen, besonders über die Auswirkungen von Telefon, Rundfunk und Fernsehen. Letztlich liefert die Literatur der Medium-Theorie jedoch nur wenig, das mit den gängigen Inhaltsanalysen von Fernsehsendungen konkurrieren könnte, was konkrete, nachvollziehbare Wirkungen elektronischer Medien auf *alltägliches Sozialverhalten* angeht.

Eine Frage blieb bis heute unbeantwortet: Warum und

wie führen Technologien, die lediglich neue *Verbindungen* zwischen Menschen und Orten schaffen, zu einem grundlegenden Wandel in der Struktur einer Gesellschaft und einer Änderung des Sozialverhaltens? Eine Antwort auf diese Frage ist möglich, wenn man sich ansieht, wie sehr die soziale Wirklichkeit durch *Un*verbundenheit (die Trennung sozialer Situationen und Interaktionen) geprägt wird.

Die hier in diesem Buch entwickelte Theorie versucht daher, die Lücke zu schließen zwischen der Medium-Theorie und der soziologischen Theorie über die Beziehung zwischen ,,sozialen Situationen" und sozialen Rollen, wie sie im nächsten Abschnitt entwickelt wird. Zunächst mag es so erscheinen, als hätte die Diskussion darüber, wie Situationen unser Verhalten bestimmen, nichts zu tun mit den Auswirkungen elektronischer Medien; und tatsächlich haben die meisten Wissenschaftler, die diese Theorie entwickelt und geprüft haben, wenig oder nichts über Medien ausgesagt. Doch sie beschreiben, welche soziale Bedeutung es hat, wenn Menschen nur einen *begrenzten* Zugang zueinander haben, weil Situationen *getrennt* ablaufen, und so liefern die Situationisten einen Rahmen, der mit einigen Änderungen übernommen werden kann, wenn wir die Auswirkungen solcher neuartigen Interaktionsmuster untersuchen wollen, wie sie durch neue Medien entstehen.

Situationen und Verhalten

Soziale Situationen bilden den verborgenen Untergrund für unsere Sprach- und Handlungs-Figuren. Wenn wir davon sprechen, ,,wo" etwas sich abgespielt hat, oder zu jemandem sagen, ,,Du hättest dabei sein sollen" oder der Ansicht sind, daß jemand Verhalten ,,aus dem Kontext heraus" interpretiert, dann sind das alles Anspielungen auf die schwer faßbare Variable ,,soziale Situation". Ähnlich ist es, wenn wir jemand tadeln, weil er oder sie sich ,,unangemessen" verhält: Wir zahlen dann indirekt Tribut an die ungeschriebenen Verhaltensregeln für die Situation, in der wir uns gerade befinden.

Zu Beginn dieses Jahrhunderts hat der Soziologe W.I. Thomas den Widerspruch sozialer Situationen beschrieben: ,,Wenn Menschen Situationen als real beschreiben, sind sie in ihren Konsequenzen real".[22] Mit anderen Worten: *Wir* konstruieren soziale Situationen, doch die Tatsache, daß wir unsere Situations-Definitionen *willkürlich* treffen, macht sie nicht weniger verbindlich für uns.

Situations-Regeln sind teils objektiv, teils subjektiv. Innerhalb einer kulturellen Gruppe oder Untergruppe erscheinen Situations-Regeln und Rollen ,,objektiv" real, da die Beteiligten häufig gemeinsame Erwartungen hegen. Die Regeln haben jedoch nur eine geringe oder gar keine ,,natürliche" Verankerung und würden Angehörige anderer Kulturen oder anderen Gruppen nicht unbedingt sinnvoll erscheinen. Gleichzeitig sind die Situations-Definitionen nicht nur ,,subjektiv". Da sie für die meisten Menschen innerhalb derselben Kultur oder Gruppe durchaus real sind, wird diese gemeinsame soziale Bedeutung ,,*inter*subjektiv genannt".[23]

Jede definierte Situation enthält bestimmte Regeln und Rollen. Eine Beerdigung verlangt nach Verhaltensweisen, die sich von denen bei einer Hochzeit unterscheiden; auf einer Party herrschen andere Regeln als in einem Hörsaal; ein Einstellungsgespräch enthält Rollen, die sich deutlich unterscheiden von jenen in einer Psychotherapie. Wer glaubt, daß Situations-Definitionen und situativ definierte Rollen keine ,,Realität" besitzen, sollte einmal versuchen, sich in der ersten dieser genannten Situations-Paare so zu verhalten, wie man sich normalerweise in der zweiten verhalten würde.

Jede Situations-Definition beschreibt und schreibt vor, ob die Beteiligten bestimmte Rollen einnehmen müssen. Wenn ein Patient zum Psychiater kommt, verlangt die Situation ein Spektrum von Verhaltensweisen von jedem der beiden Akteure. Nur einer von beiden ,,darf" zum Beispiel weinen. Und ein Priester muß sich bei einer Beerdigung ganz anders verhalten als die Verwandten des Verstorbenen.

Wenn Menschen in eine bestimmte Form der Interaktion eintreten, müssen sie daher als erstes die ,,Definition der Situation"[24] kennen. Die Definition der Situation ist ein einfaches Konzept, das verwendet wird, um die komplexe Dynamik von Begegnungen und den in ihnen herrschenden Regeln zu beschreiben. Wie Erving Goffman in seiner *Rahmen-Analyse* vorschlägt, können die Definitions-Varianten von Situationen recht kompliziert sein. Eine Situation kann einen ,,primären Rahmen" haben (so wie ,,kämpfen") und doch von verschiedenen ,,Modulationen" überlagert werden (,,spielerisch kämpfen" oder sogar ,,Schauspieler, der einen spielerischen Kampf darstellt").[25] Die Wahrnehmung der Definition seitens der erwachsenen Mitglieder einer Gesellschaft oder Gruppe ist zwar analytisch komplex, doch die Definition wird offenbar intuitiv und direkt verstanden. Tatsächlich fällt es Wissenschaftlern oft sehr viel schwerer, Situations-Definitionen zu identifizieren und zu studieren, als es für den Durchschnittsbürger ist, sich in den Situationen geschickt und jeweils ,,angemessen" zu bewegen.

Einer der Wege, uns an soziales Leben anzupassen,

besteht darin, die Sammlung aller Situations-Definitionen unserer Kultur zu erlernen. Zu dem Zeitpunkt, an dem wir in einer bestimmten Gesellschaft erwachsen werden, müßten die meisten von uns unbewußt und in groben Zügen viele, wenn nicht die meisten Situations-Definitionen unserer Gesellschaft beherrschen. Und „nicht richtig erzogen" zu sein, bedeutet, teilweise unfähig zu sein, die Anforderungen verschiedener Situationen zu erkennen. Ein Arbeiter, der sich seinem Chef gegenüber wie zu einem Kollegen verhält, eine Person, die bei einer Beerdigung Witze erzählt oder während einer Trauung anfängt, Karten zu spielen, solche Menschen sind entweder unfähig, die Situations-Definitionen zu erkennen – oder sie sind vielleicht so genau über sie im Bilde, daß sie den Eindruck haben, sie müßten sie radikal in Frage stellen. Im Laufe einer „normalen" Sozialisation passen sich die meisten von uns halb bewußt an die jeweiligen Situationen an, ohne viel Gedanken daran zu verschwenden. Untersuchungen haben gezeigt, daß Kinder schon im Alter von vier Jahren unterschiedliche Sprachstile zur Verfügung haben, je nachdem, in welcher Situation oder vor welchem „Publikum" sie agieren.[26]

Es gibt in jeder Gesellschaft ein konventionelles und begrenztes Repertoire an sozialen Situationen. Man muß das allgemeine Spektrum angemessener und unangemessener Verhaltensweisen für die meisten Situationen erkennen, indem man ihnen kurze Bezeichnungen verleiht, wie „Erste Begegnung", „Geburtstagsparty", „Betriebsausflug" usw. Und man kann das Spektrum von Verhaltensweisen einengen, indem man verschiedene Bezeichnungen miteinander kombiniert (zum Beispiel „Geburtstagsparty im Büro eines Kollegen, dem ich meinen Aufstieg verdanke"). In gewissem Sinne gibt es für jede Situation ein „Drehbuch", obwohl für informelle Zusammenkünfte wie Parties oder „Fahrten ins Blaue mit Freunden" die heimlichen Drehbücher häufig die Maßgabe enthalten, daß es keine formellen oder ausdrücklichen Drehbücher gibt.

Wir verschwenden an gegebene Situations-Abläufe wenig Gedanken – bis etwas schiefgeht: Ein Rechtsanwalt beginnt während einer Scheidung, ein Liebeslied zu singen; eine Frau beginnt plötzlich mit ihrer besten Freundin zu reden, als sei sie eine ihrer Angestellten. Auch wenn einmal etwas schiefgeht mit der Umsetzung der Situations-Verhaltens-Anforderung, dann schreiben wir wahrscheinlich unser Befremden der jeweils handelnden Person zu und nicht der Definition der Situation.[27] Sich auf die Person zu konzentrieren, wenn ein Problem auftritt, ist besonders in kulturübergreifenden Begegnungen problematisch, in denen nicht selten die Beteiligten mit den besten Absichten aufeinander zugehen und am Ende der Interaktion doch zu der Überzeugung kommen, die Angehörigen der anderen Kultur seien unzivilisiert oder verrückt.[28] Die Auswirkungen von Situations-Definitionen (und die Gründe für ihre allgemeine Unsichtbarkeit) kann man sich klarer machen, indem man an drei Kategorien von Verhalten denkt: Verhalten, das fast *immer* in einer gegebenen Situation gezeigt wird; Verhalten, das fast *nie* in der Situation vorkommt; und Verhalten, das *manchmal* in einer Situation auftaucht. Bei einem Einstellungsgespräch stellt der Personalchef dem Bewerber fast immer einige Fragen. Doch so gut wie nie spielen die beiden in dieser Situation eine Partie Schach oder umarmen sich in sexueller Absicht. Aber es gibt eine dritte Kategorie von Verhaltensweisen, die manchmal in solchen Gesprächen vorkommen können: Witze werden erzählt, manchmal kommt es auch zu einem Flirt, ein Job oder ein Bewerber wird bewußt schlecht gemacht.

Einer der Gründe, warum die Situationsbestimmungen des Verhaltens oft unbewußt oder unbeachtet bleiben, ist der, daß wir dazu neigen, uns mehr auf die dritte Kategorie zu konzentrieren – Dinge die *manchmal* in gegebenen Situationen passieren – als daß wir auf die Dinge achten, die „fast immer" oder „fast nie" geschehen. Wir nehmen die Anforderungen einer Situation eher als gegeben hin und konzentrieren uns statt dessen auf das Spektrum von Wahlmöglichkeiten innerhalb der allgemeinen Einschränkungen.

Ein weiterer Grund dafür, daß die „Macht" der Situationen für uns überwiegend unsichtbar bleibt, ist der, daß die meisten Menschen sich selbst als Analyseeinheit in unseren sozialen Erlebnissen betrachten. Wir konzentrieren uns darauf, was in unserem Verhalten von Situation zu Situation gleich bleibt und sind uns selten der Tatsache bewußt, daß wir unser Verhalten je nach Situation verändern. Wenn wir beispielsweise aussuchen, was wir anziehen oder in einer bestimmten Situation sagen oder tun wollen, dann überlegen wir mehr, wofür wir uns *entscheiden* sollen, als welche *Grenzen* es für unsere Entscheidungen in der gegebenen Situation gibt. Freiheit innerhalb eines Spektrums von Wahlmöglichkeiten wird daher oft fälschlich für absolute Freiheit gehalten.[29] In gewissem Sinne haben wir alle in verschiedenen Situationen unterschiedliche Persönlichkeiten, doch wir tendieren dazu, uns als Gesamt-Persönlichkeit zu sehen, als umfassende Einheiten all der Strategien, die wir gelernt haben, um uns an unterschiedliche Situationen anzupassen.

Wir sind natürlich nicht hilflos den von unserer Kultur vorgegebenen Situationen ausgeliefert. Da Situationen von uns geschaffen werden, können wir sie auch ändern. Wir alle, vor allen Dingen aber Menschen in Autoritäts-Positionen, können neue Situationen definieren. Gesetzgeber, Richter und Bürokraten tun das häufig. Ähnlich schließen Einzelpersonen häufig miteinander Verträge, in denen sie ihre Interaktionen definieren oder neu definieren. Nichtsdestoweniger sind wir – wenn wir einmal eine Situation definieren, etwa eine Hochzeit oder eine Arbeitsbeziehung – auch an diese Definition gebunden. Außerdem kann nur ein geringer Teil der Situationen, denen wir im täglichen Leben ausgesetzt sind, von Einzelpersonen geändert werden, auch wenn jeder von uns *manche* Situationen definieren oder umdefinieren kann. Die meisten Situationsveränderungen in einer Gesellschaft geschehen langsam und unbewußt (etwa Änderungen im Verhalten der Geschlechter zueinander). Und ich behaupte in diesem Buch, daß sich soziale Situationen häufig als unbeabsichtigte Konsequenz technologischer Neuerungen entwickeln. Selbst wenn eine Situation ganz plötzlich durch ein Gesetz oder andere Maßnahmen verändert wird (so etwa in den USA das Ende der Rassentrennung in Schulen), muß die neue Situation durch mehrere folgende Generationen „weiter vererbt" werden, bis sie als natürlich oder so „normal" betrachtet wird, daß man sie kaum noch wahrnimmt.[30]

Wir beklagen uns häufig darüber, verschiedene soziale „Verpflichtungen" erfüllen oder bestimmten Ritualen in sozialen Situationen folgen zu müssen (etwa beim Smalltalk mit Menschen, die wir nicht leiden können; bei Arbeitsessen oder beim Smoking-Ausleihen für eine Hochzeit). Gleichzeitig aber haben die meisten von uns es gar nicht gern, wenn Situationen *zu* mehrdeutig oder unsicher sind. Wir möchten lieber in unsere Stammkneipe gehen oder eine ganz bestimmte Hotel-Kategorie buchen, weil wir relativ sicher sind, was uns dort erwartet. Wenn wir ein Restaurant aussuchen, in das wir essen gehen wollen, dann wissen wir ungefähr, ob dort Kinder plärren oder Hunde bellen und dadurch unsere Unterhaltung gestört würde (oder wir haben eine Ahnung, wie andere Gäste auf *unser* Kind oder Haustier reagieren). Wenn uns nach einem „wilden Abenteuer" ist, suchen wir uns eine Umgebung aus, wo solch ein Abenteuer – im Gegensatz zu „Routine-Tätigkeiten" – sich wahrscheinlich ereignen wird. Nur wenige Menschen fühlen sich wohl, wenn sie in Situationen geraten, die ihnen vollkommen fremd sind. Wie Gruselromane und Krimis zeigen, kann eine größtenteils undefinierte Situation zur Quelle großer Spannungen und Ängste werden.

Soziales Verhalten und Kommunikation erfordern also viel mehr als nur Menschen, die „Botschaften" aneinander richten. Größtenteils wird Verhalten geformt und modifiziert durch die sozial definierten Situationen, in denen sich die Beteiligten gerade befinden. Weil den meisten Menschen die ganze Situation nicht in vollem Ausmaß bewußt ist, forderten solche Situationen – bis vor kurzem wenigstens – nur zu einem geringen Ausmaß eine soziale Fragestellung heraus. In der Sozialpsychologie beispielsweise ist die Analyseeinheit gewöhnlich das Individuum und sein Verhalten. Um Verhalten zu untersuchen, haben Sozialpsychologen häufig Menschen aus sozial definierten Situationen herausgenommen und sie in die „kontrollierte Umgebung" des Labors gebracht. Der Zweck war, bestimmte Aspekte des Verhaltens zu isolieren, um sie genauer beobachten und analysieren zu können.

In den letzten Jahren haben viele Kritiker diese Laborpsychologie bemängelt, daß nicht das „ursprüngliche Verhalten" in Isolation von externen Variablen untersucht wird, sondern die Anpassungsleistung von Menschen in einer neu definierten Situation (der Situation des psychologischen Experiments). Experimente haben beispielsweise gezeigt, daß Versuchspersonen sich bemühen, dem Versuchsleiter zu gefallen; daß freiwillige Teilnehmer an Experimenten sich in einer Reihe wesentlicher Merkmale von der allgemeinen Population unterscheiden; und daß die Erwartungen des Versuchsleiters häufig unbewußt die Resultate eines Experiments und seine Interpretation der Ergebnisse beeinflussen.[31] Ursprünglich betrachtete man einige dieser Untersuchungen als Mittel zum Zweck, die Methodenlehre des sozialpsychologischen Experiments zu perfektionieren, doch je unvermeidlicher die Auswirkungen der experimentellen Situation erschienen, desto mehr wurde ein solches Vorgehen der Kritik der Methode selbst unterworfen, weil sie (bis zum fast vollständigen Ausschluß anderer Methoden) auf die Untersuchung vieler Aspekte sozialen Verhaltens angewandt wurde. Der Psychologe Ralf Rosnow beispielsweise verlangt nach einer „pluralistischeren" Sozialpsychologie, die eine Vielfalt von Methoden und Ansätzen umfassen sollte, einschließlich „Kontext"-Studien, die untersuchen, „wo, wann und vor wem das jeweilige Verhalten gezeigt wird".[32]

In den letzten Jahren hat es einen deutlichen Anstieg von Untersuchungen sozialer „Episoden", „settings" und „Kontexte" gegeben.[33] Studien, Theorien und Kritiken haben die Ansicht vertreten, daß Persönlichkeits-Tests und -Messungen oft schlechte Vorhersagen für das alltägliche Sozialverhalten liefern, und daß Verhaltensweisen wie beispielsweise Angstreaktionen größtenteils durch Situationsfaktoren bestimmt werden.[34] Eine irritierende Untersuchung stellte fest, daß normale Studenten, die nach dem Zufallsprinzip als „Wachen" in einer simulierten Gefängnissituation eingesetzt wurden, ihre „Gefangenen“ ungewöhnlich grausam, ja sadistisch behandelten.[35] Wissenschaftler haben auch damit begonnen zu untersuchen, wie Situations-Definitionen den Akzent, das Vokabular und andere sprachliche Ausdrucks-Möglichkeiten eines Menschen beeinflussen.[36] Psychologen haben damit experimentiert, Menschen zu trainieren, ihre Zwänge und Abhängigkeiten zu kontrollieren, indem sie auf die situativen Hinweisreize achten, die das Verhalten auslösen. Dieser Ansatz wurde bei der Therapie von Eßsucht, Drogenabhängigkeit, Alkoholismus und Rauchen angewandt.[37] Andere Forschungsarbeiten und Theorien legen nahe, daß auch Persönlichkeitseigenschaften wie „Kompetenz“ und „Fähigkeit“ situativ definiert werden.[38] Der Ethnomethodologe Harold Garfinkel hat eine Methode entwickelt, die Konventionen, die in einer Situation herrschen, sichtbar zu machen, indem die Regeln der Situation durchbrochen werden und dann das sich daraus entwickelnde Chaos und der daraufhin einsetzende Neuaufbau der Situation beobachtet werden.[39] Der Philosoph Rom Harré und der Psychologe Paul Secord sind der Ansicht, daß das Ausmaß, in dem Menschen sich selbst verantwortlich fühlen für die Regeln sozialer Situationen, als neuer wissenschaftlicher Ansatz für die Untersuchung sozialen Verhaltens betrachtet werden könnte.[40] Obwohl die Psychologie sich lange darauf konzentriert hat, individuelle Eigenschaften oder Reaktionen auf isolierte Reize zu untersuchen, haben Adrian Furnham und Michael Argyle in ihren Untersuchungen vorgeschlagen, infolge der „Desillusionierung und des begrenzten Erfolgs“ der alten Theorien und Methoden, die „soziale“ Situation statt der individuellen als neue Einheit psychologischer Forschung zu etablieren.[41] Der Situationist, dessen Ansatz indirekt die meisten Hinweise liefern könnte auf die Bedeutung neuer Medien für soziale Rollen, ist E. Goffman. Er beschreibt das gesellschaftliche Leben mit der Metapher des Theaters.[42] Goffman sieht uns alle in einer Vielzahl von Rollen auf unterschiedlichen sozialen Bühnen agieren. Für jedes „Publikum“ bieten wir eine etwas andere Version unserer selbst dar.

Goffman ist der Ansicht, ein solches Rollenspiel sei notwendig, damit unser soziales Leben auf normale, ruhige Weise ablaufen kann. In jeder beliebigen Interaktion müssen wir wissen, was wir voneinander zu erwarten haben. Wir wollen nicht, daß ein Notarzt uns erzählt, es sei ihm gerade nicht danach, unsere Verletzung heute in Augenschein zu nehmen; genau so wenig wollen wir, daß sich in einem Restaurant der Kellner zu uns an den Tisch setzt und mit uns ißt. Wir erwarten, daß Menschen den Definitionen von Situationen gehorchen und der Rolle entsprechen, die sie in diesen Situationen einnehmen. Selbst von unseren Freunden erwarten wir eine gewisse Konsistenz in Stil und Verhalten. Doch jede Person muß sehr verschiedene Verhaltensweisen in verschiedenen Umgebungen zeigen. Psychiater würden schon als merkwürdig betrachtet, wenn sie detailliert über ihre eigenen emotionalen Probleme mit ihren Patienten sprechen würden; gleichzeitig würden sie ihre Freunde und Partner ärgern, wenn sie *nicht* über ihre eigenen Probleme und Gefühle reden würden.

Goffman ist der Meinung: Wenn wir in eine bestimmte soziale Umwelt geraten, wollen und müssen wir etwas wissen über die Situation und die anderen Beteiligten. Wir müssen wissen, ob die Situation formell oder informell ist, der Anlaß fröhlich oder traurig. Wir müssen wissen, welche verschiedenen Rollen die anderen spielen, wen wir ansprechen sollen und wen meiden, und ob wir willkommen sind in der Situation oder nicht. Umgekehrt müssen die anderen Beteiligten etwas über uns wissen. Warum sind wir hierher gekommen? Welche Rolle werden wir in dieser Situation spielen?

Goffman stellt fest, daß ein Großteil dieser Information nicht auf „natürliche“ Weise erhältlich ist. Es mag Jahre dauern, bis man eine Person ganz kennt, die wirklichen Zusammenhänge einer bestimmten sozialen Situation versteht oder weiß, welche Rolle eine bestimmte Gruppe oder bestimmte Menschen in einer spezifischen sozialen Institution einnehmen. Und doch erfordern die meisten sozialen Interaktionen ständig Urteile, Anpassungsleistungen und spezifische Handlungen. Daraus ergibt sich – so Goffman – daß Menschen dauernd ihre Energie mobilisieren, um sozial bedeutungsvolle „Eindrücke“ zu hinterlassen. Durch Kleidung, Gestik, Körperhaltung und das Arrangement von Möbeln und anderen Accessoires gestalten wir das Bühnenbild unseres Lebens und definieren allgemeine Rollen für uns selbst und andere Menschen.

Wenn wir also in ein Geschäft, ein Büro oder eine Schule gehen, sind wir normalerweise fähig, einen unmittelbaren Sinneseindruck der Gesamtstruktur dieser Situation zu gewinnen, und davon, wer darin welche Rolle einnimmt.

Selbst eine Person, die scheinbar „nichts tut“, ist normalerweise dabei – so Goffman –, ihre Energien auf bestimmte Weise zu mobilisieren. In der Gegenwart anderer haben Menschen oft einen „Interaktionstonus“, der darauf hinweist, daß sie bereit sind, in eine Interaktion einzutreten, sollte sie notwendig werden. Auch kontrollieren sie häufig sorgfältig ihre Haltung und ihren Blick und vermeiden damit den Eindruck, bedrohlich, gefährlich oder merkwürdig auszusehen. Eine vollkommen entspannte Haltung oder der ins Nichts gerichtete Blick wird – besonders, wenn dieser Blick lange ausgehalten wird („starren") – oft als Zeichen von Feindseligkeit oder Verrücktheit betrachtet.

Für Goffman ist das Ausagieren einer sozialen Rolle buchstäblich eine „performance", das heißt, eine ausgewählte Darstellung von Verhalten, das bewußt wie unbewußt geplant und geübt werden muß. Und wie in einem Theaterstück muß auf der Bühne alles richtig arrangiert sein, die Akteure müssen ihre Handlungen sorgfältig kontrollieren, und die Rollen in dem einen Stück müssen sich von denen in anderen Stücken deutlich unterscheiden.

Die Metapher des Theaters führt Goffman weiter: Jedes Verhalten eines Individuums in einer bestimmten Umgebung könne in zwei grundlegende Kategorien eingeteilt werden: Verhalten, das „nicht-öffentlich", sozusagen „im Bühnen-Hintergrund" hinter den Kulissen bleibt, und Verhalten, das „im Rampenlicht" oder auf der Bühne abläuft. Auf den Bühnen sind die Darsteller sich ihres „Publikums" bewußt, und sie spielen eine relativ ideale soziale Rolle. Kellner befinden sich beispielsweise im Rampenlicht, während sie die Gäste im Restaurant bedienen. Auf der „Bühne" verhalten sich die Kellner gewöhnlich höflich und respektvoll. Ihr Auftreten und ihr Benehmen sind eindeutig und effizient. Sie beteiligen sich nicht an den Unterhaltungen der Gäste und geben keine Kommentare über deren Tischmanieren ab. Selten, wenn überhaupt, nehmen sie ihre Mahlzeiten in Sichtweite der Gäste ein.

Wenn die Kellner jedoch aus dem Gastraum in die Küche gehen, überqueren sie eine unsichtbare Linie. In der Küche sind die Kellner auf einem Territorium, das vor dem Publikum verborgen ist und das sie mit anderen teilen, die dieselben oder ähnlichen Rollen gegenüber dem Publikum einnehmen. Hier machen die Kellner durchaus untereinander Bemerkungen über das „merkwürdige Verhalten der Leute an Tisch sieben", sie imitieren vielleicht einen Gast oder geben sich gegenseitig Tips über die beste Methode, ein gutes Trinkgeld zu bekommen. In der Küche wird das Essen vielleicht mit etwas weniger Respekt behandelt und anders darüber gesprochen als im Speiseraum, und die Kellner ziehen vielleicht ihr „Kostüm" aus oder sitzen in lässiger Haltung da.

Während ein Kellner in unserer Gesellschaft einen relativ niedrigen Status hat, ist dieselbe Unterscheidung der Verhaltensweisen auch charakteristisch für Positionen mit höherem Status wie Arzt, Rechtsanwalt oder Richter. Ärzte verbergen „auf der Bühne" ihre Zweifel, ihre Wissenslücken, ihre Resignation oder sexuelle Reaktion angesichts eines nackten Patienten; dennoch machen sie, wenn keine Patienten dabei sind, ihre Witze etwa gegenüber der Krankenschwester über die physische Erscheinung oder Persönlichkeit eines Patienten, fordern eine Schwester auf, sie nie in Hörweite von Patienten zu korrigieren (eine „Regieanweisung"), oder telefonieren mit einem Kollegen, um sich Rat zu holen über eine ungewöhnliche Kombination von Symptomen. So gut wie alle Darsteller haben einen nicht-öffentlichen Bereich, wo sie und ihre „Kollegen" (diejenigen, die dieselbe Rolle spielen oder daran arbeiten, den gleichen Eindruck zu hinterlassen) sich entspannten, üben, Strategien entwickeln für zukünftiges Verhalten und sich über ihr Bühnenverhalten lustig machen.

Solch nicht-öffentliches Verhalten mag oberflächlich „wirklicher" oder „ehrlicher" als das Verhalten auf der Bühne erscheinen, aber die Sache ist doch nicht so einfach. Eine Frau ist vielleicht „wirklich" eine gute, engagierte Lehrerin, und kann sich doch bei ihren Kollegen wegen Arbeitsüberlastung beklagen und laut fragen, ob sie nicht lieber in die Werbung hätte gehen sollen oder sich über den plötzlichen Drang lustig machen, einen bestimmten Schüler zu erwürgen. Fast jeder Mensch zeigt widersprüchliches Verhalten in unterschiedlichen Situationen. Man mag sogar das Verhalten hinter der Bühne ebenfalls als eine Art Rollenspiel bezeichnen, weil die Kollegen es nicht dulden, wenn jemand den gleich formellen Stil wie auf der Bühne zeigt. Soziale Wahrheit ist ein flüchtiges und „relatives" Konzept.

Viele Leute sind der Ansicht, es sei unehrlich oder unmoralisch, eine „Charaktermaske" zu tragen oder eine „Rolle zu spielen"; Goffman aber ist der Meinung, dies sei eine naive Überzeugung. Sicherlich wollen manche bewußt einen falschen Eindruck erwecken (Heiratsschwindler, Spione, Geheimagenten), aber *alle* Menschen *müssen* irgendwelche Eindrücke hinterlassen. Wenn also ein unehrlicher Richter vorgibt, ein ehrlicher zu sein, dann muß auch ein ehrlicher Richter die Rolle des „ehrlichen Richters" spielen. Alle Richter – ehrliche und unehrliche – müssen es vermeiden, sich an fragwürdigen Orten mit fragwürdigen Menschen zu treffen, auch wenn sich dort „wirklich" nichts Unangemessenes abspielt. Auch ehrliche Richter müssen sich angemessen kleiden und verhalten, wenn sie „auf der Bühne" sind, indem sie schwarze – nicht etwa hellblaue – Roben tragen und hinter dem Richtertisch sitzen, statt mit übereinandergeschlagenen Beinen auf dem Fußboden zu Füßen der Schöffen.

„Eindrucks-Bildung" ist also eine Art sozialer Kurzschrift, mit deren Hilfe Menschen sich selbst identifizieren und erwartungsgemäß handeln – sowohl anderen wie sich selbst gegenüber. Was ehrliche von unehrlichen Darstellern unterscheidet, ist laut Goffman nicht das Bedürfnis nach Darstellung, sondern eher die Einstellung des Darstellers zu seiner eigenen Rolle. Ehrliche Menschen sind also in gewisser Hinsicht diejenigen, die am wenigsten an ihr eigenes Verhalten glauben, die sich am wenigsten als die Charaktere fühlen, die sie darstellen.

Außerdem ist die Darstellung auf der Bühne nicht notwendig damit verbunden, „das Publikum zu belügen", denn zum großen Teil *will* das Publikum nur eine begrenzte „Darbietung" des Akteurs. Von dem breiten Spektrum an Verhaltensweisen, über das jede Person verfügt, erwarten und akzeptieren wir nur einen sehr schmalen Teil von Audrucksformen innerhalb einer gegebenen sozialen Situation. Wir erwarten, in einem Restaurant anders behandelt zu werden als im Sprechzimmer eines Arztes. Wir erwarten, daß der Arzt vertrauenswürdig, besorgt, geduldig und professionell handelt – und uns etwas überlegen ist. Wir erwarten, daß eine Kellnerin tüchtig ist, uns respektvoll behandelt und sich nicht einmischt. Und wir erwarten diese Unterschiede im „Charakter" selbst dann, wenn die Kellnerin Medizin studiert.

Die Stabilität sozialer Interaktionen, die auf Eindruck und Ausdruck beruht, wird dadurch verstärkt, daß wir alle einen Eindruck von uns selbst durch die Beziehungen zu anderen Menschen bekommen. Wir betrachten uns selbst gern als autonome Individuen, die ihr Schicksal in die Hand nehmen, und doch sind die meisten unserer Selbstdefinitionen relativ und sozial orientiert. Wir betrachten uns als groß oder klein, klug oder dumm, sorgfältig oder nachlässig, kompetent oder inkompetent, höflich oder direkt, und in all diesen Selbstbeschreibungen müssen wir uns mit anderen vergleichen. Tatsächlich sehen wir uns selbst dann, wenn wir uns vorstellen, in einer bestimmten sozialen Situation zu sein, oder uns an eine Situation erinnern, immer aus der Sicht der anderen. Wenn Sie sich beispielsweise an eine Situation erinnern, in der Sie vor etwas Bedrohlichem geflohen sind oder einen öffentlichen Auftritt absolviert haben, werden Sie sich selbst wahrscheinlich in der Szene agieren sehen. Wenn wir tatsächlich die Straße entlangrennen, können wir unser Gesicht oder unseren Körper nicht sehen; was wir sehen, sind „auf- und abhüpfende" Häuser und Autos. Doch wir vergessen unsere Sinneseindrücke häufig und erinnern uns statt dessen an die soziale Szene, wie wir sie hätten beobachten können.[43]

Die verschiedenen „Ichs", die wir darstellen, sind nicht nur Masken, in die wir schlüpfen, sondern Persönlichkeiten, mit denen uns viel verbindet. Je länger wir eine bestimmte Rolle spielen, desto echter erscheint sie, nicht nur unseren Zuschauern, sondern auch uns selbst. Wenn ein Referendar das erste Mal in einer Klasse unterrichtet, fühlt er sich häufig als Hochstapler. Doch wenn das Verhalten gut „ankommt", vor allen Dingen wenn es die ganze Referendarzeit über so geht, dann gewinnt er allmählich den Eindruck: „Jawohl, ich *bin* ein Lehrer!" Wie Peter Berger beobachtet hat, „ist es sehr schwierig, in dieser Welt etwas vorzugeben. Normalerweise werden wir das, was wir darstellen."[44]*

Während manche vielleicht der Meinung sind, der Schlüssel zur Freiheit bestehe darin, keine sozialen Rollen zu spielen, betrachten andere Freiheit als die Möglichkeit, Rollen *auszuwählen*, die Zuschauer für unsere Darbietung auszusuchen und zu sein, wer immer wir sein wollen, wo und wann wir es wünschen. Der Kontrast zwischen diesen beiden Ansichten von Freiheit und Entfaltung mag erklären, warum Goffmans Werk sowohl als Leugnung von Individualität verstanden worden ist als auch als ihr Gegenteil.[47] Wie alle sozialen Theorien erklärt der Situatismus, wie er von Goffman und anderen präsentiert wird, nur einen Teil der komplizierten Geschichte des sozialen Lebens. Viele Situationisten spielen spontane Aspekte des Selbst herunter, die neue Wirklichkeiten schaffen und den Zwängen sozialer Konventionen und Rollen widerstehen.[48] Doch man kann den situativen Ansatz als Gegengewicht betrachten zum allgemeinen Glauben an die relative Autonomie des Selbst – und als Gegengewicht zu der Forschungstra-

* Es gibt zweifellos viele Ausnahmen für diese Regel, aber auch viele dramatische Bestätigungen dafür. Im November 1981 wurde beispielsweise ein Mann in Louisville/Kentucky wegen Ladendiebstahls verhaftet und gab seinen Namen mit Pat Salamone an. Es stellte sich aber später heraus, daß er Patrick Livingston hieß und FBI-Agent war. Fünf Jahre lang hatte er so getan, als ob er in Miami pornografische Literatur unter dem Ladentisch verkaufte; in dieser Zeit wurde Livingston die Person, die er zu sein vorgab. Er stellte sich immer als Salamone vor, verhielt sich immer wie Salamone und hatte Bankkonten auf dieses Pseudonym eingerichtet.[45]

Ein Beitrag in einer Nachrichtensendung wies auf einen unveröffentlichten FBI-Bericht hin, der einen ähnlichen Trend bei anderen Geheimagenten festgestellt hatte. Ähnlich erging es Patty Hearst, nachdem sie gekidnappt worden war: Sie behauptet seither, daß sie zunächst nur *vorgab*, der „symbionetischen Befreiungsarmee" (ihren Kidnappern) beizutreten, „doch irgendwo auf dem Weg ging ich verloren. Ich wurde ... gefangengenommen von dem was sie taten ... meine Wirklichkeit wurde ihre Wirklichkeit."[46] In dem Jahr, als sie sich den Nachforschungen des FBI entzog, verpaßte Hearst viele Gelegenheiten zu entkommen; einmal feuerte sie sogar mit einem Maschinengewehr in die Luft, um zwei ihrer „Genossen" die Flucht zu erleichtern. Als sie festgenommen wurde, ballte sie die Faust zum verächtlichen Gruß und gab als ihren „Beruf" an: „Stadtguerilla".

dition, soziales Verhalten zu untersuchen, indem man Persönlichkeitsmerkmale beobachtet oder Reaktionen auf einen isolierten „Stimulus" mißt.

Die neueren Erkenntnisse über das Verhalten von Menschen in sozialen Situationen haben zu dem merkwürdigen Zustand geführt, daß viele Sozialwissenschaftler heute meinen, es sei notwendig, soziale Phänomene unter natürlichen Bedingungen zu untersuchen, aber nur relativ wenige es tatsächlich auch tun.[49] Der Grund liegt zum Teil darin, daß der situative Ansatz wenig methodologische Alternativen zum Laborexperiment bietet, an das sich die gängige Sozialpsychologie so gewöhnt hat.[50] Selbst einfache Situationen sind so komplex und enthalten so viele unterschiedliche Variablen, daß sie Forschern als unglaublich „chaotisch" erscheinen, wenn sie gewohnt sind, einige wenige Faktoren zu isolieren und zu manipulieren.

Die Erforschung sozialer Situationen hat bis heute eher die Plausibilität des Situationismus gestützt, als daß sie zu einer allgemeinen Theorie über Situationen und Verhalten fortgeschritten wäre. Obwohl es viele empirische und analytische Situations-Studien gibt, hat sich der größte Teil dieser Arbeiten darauf konzentriert, situationsspezifische Verhaltensweisen zu beschreiben, wie sie zu einer bestimmten Zeit in einer gegebenen Kultur existieren. Es gibt relativ wenige Arbeiten, die den Prozeß erklären, wie ganz allgemein Situationen das Verhalten beeinflussen; es gibt nur wenige Vorschläge für Vorhersagen, warum und wie sich soziale Situationen verändern; und es gibt buchstäblich keine Analysen darüber, wie sich Verhalten ändert, wenn sich Situationen verändern. Tatsächlich gibt es immer noch keine klare Übereinstimmung darin, wie man eine „Situation" definieren oder ihre Elemente beschreiben soll.[51]

Goffmans Arbeit ist in dieser Hinsicht ganz besonders frustrierend. Er hat seine Theorie mit solch reichhaltigen Beobachtungen, minutiösen Details und klugen Analysen entwickelt, daß sie aus sich selbst heraus plausibel erscheint. Doch es hat überraschend wenig Anwendung von Goffmans Prinzipien in anderen Arbeiten gegeben. Der Grund dafür ist vielleicht, daß Goffman eine reichhaltige Quelle für Daten über Verhalten liefert, er aber trotz unzähliger Beobachtungen nur wenig integrierendes theoretisches Material anbieten kann. Es ist sehr schwer, Prinzipien aus Goffmans Schriften zu abstrahieren, die von manchen als stilistische Mischung aus wissenschaftlicher Monographie und Roman betrachtet werden.[52] Und tatsächlich bleiben seine wichtigsten Prinzipien häufig implizit oder werden am Ende von Kapiteln flüchtig gestreift. Um die Sache noch komplizierter zu machen, integriert Goffman nur selten eine neue Arbeit in seine früheren Werke und die meisten seiner Bücher haben kein Sachregister. Als er 1982 starb, war Goffman dabei, neue gesellschaftliche Bereiche unter die Lupe zu nehmen. Er bemühte sich nicht, sein Lebenswerk der Nachwelt zu erläutern.

Doch so problematisch der Situationismus heute noch ist, er liefert doch eine klare, nützliche und interessante Perspektive, aus der man soziale Rollen und Regeln betrachten kann. Außerdem liefert Goffmans Theater-Modell zum Teil viele indirekte Hinweise auf die Auswirkungen von neuen Medien auf soziales Verhalten. Denn das Modell legt nahe: Um eine bestimmte Person zu „sein", braucht man die jeweils angemessene soziale Situation und das richtige Publikum. Irgendeine Bedingung, durch die soziale Bühnen umgebaut werden oder ein soziales Publikum sich neu zusammensetzt, hätte daher eine große Auswirkung auf soziales Verhalten. Wenn soziale Wirklichkeit in *unterscheidbaren* Verhaltensmustern besteht, wenn „Wahrheit" situationsgebunden ist, wenn wir umso weniger klar erkennen können, wer die Menschen „sind", die uns in einer gegebenen Situation gegenüberstehen, je mehr wir über Menschen im allgemeinen wissen – mit welch einer grundlegenden Veränderung der „Ichs" müssen wir uns auseinandersetzen, wenn die Situationen unseres Lebens radikal umgestaltet werden!

Die theoretische Lücke: Medien und Situationen

Es gibt eine Reihe von Schwierigkeiten, wenn man versucht, die Arbeit der Medium-Theoretiker und die der Situationisten ineinander zu integrieren. Oberflächlich betrachtet sind die beiden Ansätze überhaupt nicht miteinander zu vereinbaren. Jeder behauptet etwas anderes über soziale Ordnung, und sie überschneiden sich nicht. Die Medium-Theoretiker beschreiben, wie Medien große Gebiete kultureller Umgebungen und institutioneller Strukturen neu formen, aber sie sagen uns nicht viel darüber, wie die Medien spezifische soziale Situationen oder sogar das alltägliche Sozialverhalten umformen. Die Situationisten wiederum sind mehr damit beschäftigt, Situationen und situatives Verhalten zu beschreiben, so wie sie in einer Gesellschaft *gegeben* sind, als damit, zu analysieren, wie und warum sich Situationen *entwickeln.* Solch ein statischer, deskriptiver Ansatz ist nicht besonders brauchbar, um soziale Veränderungen zu analysieren oder vorherzusagen. Außerdem konzentrieren sich die Situationisten fast ausschließlich auf die Interaktion von Angesicht zu Angesicht und ignorieren solche Interaktionen, die durch Medien vermittelt werden.[53]

Doch unter der Oberfläche enthalten beide Theorien gemeinsame Elemente. Sowohl die Medium-Theoretiker als auch die Situationisten lehnen es ab, nur minimale Variationen innerhalb eines Systems zu untersuchen (wie beispielsweise minimale Änderungen am Inhalt eines Mediums oder am Verhalten von einzelnen Menschen innerhalb einer Situation). Statt dessen konzentrieren sie sich beide auf die allgemeinen Auswirkungen größerer Strukturen in der Umwelt. Und noch wichtiger, die Medium-Theoretiker und die Situationisten behandeln implizit dasselbe Thema: *Zugangsmuster.* Die Situationisten sagen etwas darüber aus, wie unsere spezifischen Handlungen und Worte geprägt werden durch unser Wissen darüber, wer Zugang zu ihnen hat, und die Medium-Theoretiker sind der Ansicht, daß neue Medien solche Zugangsmuster verändern.

Das größte Problem dabei, diese beiden Perspektiven zu integrieren, ist die theoretische Lücke in unserem Verständnis über die Beziehung zwischen Medien und Situationen. Die Medium-Theoretiker diskutieren über Medien, als hätten diese wenig zu tun mit der Dynamik zwischenmenschlicher Interaktion, und die Situationisten nehmen kaum wahr, daß Medien überhaupt existieren. Um diese beiden Ansätze in eine Theorie über die Auswirkung von Medien auf soziales Verhalten zu integrieren, müssen wir einen gemeinsamen Nenner entwickeln, ein Konzept, das die Diskussion über Medien mit der Diskussion über ortsgebundene Situationen verbindet. Wir brauchen außerdem einen Rahmen, der die Beschreibung von relativ festen Rollenverhaltensweisen in statischen Situationen erweitert auf die Analyse von situativen und Verhaltens-*Änderungen.* Und schließlich müssen wir herausfinden, wie soziale Rollen sich allgemein durch Veränderungen in Medien und Situationen wandeln. Dieser Aufgabe gehen die beiden folgenden Kapitel nach.

3
Medien, Situationen und Verhalten

Situationen als Informations-Systeme

Situationen werden gewöhnlich so definiert, daß Verhalten an physischen Orten beschrieben wird. Goffman beispielsweise beschreibt eine Verhaltens-Region als „einen *Ort*, der bis zu einem gewissen Grad durch Wahrnehmungsschranken begrenzt ist".[1] Roger Barker betrachtet „Verhaltens-Settings" als „begrenzte, *physikalisch-zeitliche Lokalitäten*".[2] Lawrence Pervin definiert eine Situation als einen „spezifischen *Ort,* in den meisten Fällen sind bestimmte Menschen, eine bestimmte Zeit und bestimmte Aktivitäten beteiligt".[3]*

Es ist nicht überraschend, daß die meisten Wissenschaftler, die die Auswirkungen von Situationen auf Verhalten untersucht haben, sich mit Bewegungen beschäftigen, die sich an bestimmten Orten abspielen. Bis vor kurzem war die an einem bestimmten Ort stattfindende Interaktion von Angesicht zu Angesicht die einzige Möglichkeit, einen „direkten", sinnlichen Zugang zum Verhalten eines anderen Menschen zu bekommen. Die physischen Barrieren, die Grenzen in Form von Wänden, Zäunen und Durchgängen (Türen, Flure), bestimmten Richtungen, Ausmaß, Anzahl und die Intensität von Begegnungen.

Außerdem haben solche physischen Umwelten charakteristische Merkmale. Ein Zimmer beispielsweise gewinnt eine spezifische Bedeutung, weil seine Wände und Türen und seine gesamte Lokalisation die Menschen, die sich dort befinden, auf bestimmte Weise in die Situation einschließen und andere Menschen ausschließen. Die Zimmerwände ermöglichen eine konzentrierte Interaktion zwischen den Anwesenden und hemmen die Teilnahme anderer, die in der Wohnung anwesend sind. Die Größe einer physikalischen Umwelt setzt eine minimale und maximale Anzahl von Teilnehmern fest. Ein Fußballfeld ist wohl kaum romantisch genug für die intime Begegnung zweier Liebender; eine Telefonzelle eignet sich nicht für eine Aufsichtsratssitzung. Die Dicke von Türen und Wänden, die Größe und Lokalisation von Fenstern (und die An- oder Abwesenheit von Jalousien) und die Entfernung von anderen Begegnungsstätten dienen dazu, verschiedene mögliche Definitionen der Situation zu stützen oder zu unterminieren.*

Obwohl es viele logische Gründe dafür gibt, daß man sich traditionell auf ortsgebundene Situationen konzentriert hat, taucht die Frage auf: *Müssen* Verhaltens-Umwelten Orte sein? Das heißt, ist es wirklich der *Ort*, der das Verhalten größtenteils bestimmt, oder ist es etwas anderes, das traditionell an den Ort gebunden war und daher mit ihm untrennbar verbunden schien oder verwechselt wurde? Es gibt noch einen anderen wesentlichen Faktor neben dem Ort, der in Goffmans Definition von Verhaltensregionen erwähnt wird, dann aber in den meisten seiner Arbeiten und auch in denen anderer Situationisten nicht mehr vorkommt: die „Wahrnehmungsschranken". Tatsächlich zeigt eine nähere Untersuchung der dynamischen Eigenschaften von Situationen und Verhalten, daß der Ort selbst wirklich ein untergeordnetes Merkmal eines Wahrnehmungsfeldes ist. Denn während Situationen gewöhnlich danach definiert werden, wer sich an welchem Ort befindet, geht es eigentlich um das Verhalten, daß für die Wahrnehmung durch andere Menschen zugänglich ist.

---

* Natürlich können Situationisten viele andere Merkmale von Situationen in Betracht ziehen, darunter Ziele, Aufgaben, Regeln, Rollen, Traditionen, Zeitfaktoren (Jahreszeit, Monat, Tag, Uhrzeit und Dauer der Begegnung), Eigenschaften der anwesenden Menschen (Anzahl, Alter, Geschlecht, Status, Nationalität, Rasse, Religion, Bekanntheitsgrad) und subjektive Wahrnehmung der Teilnehmer. Doch der „Ort" ist oft ein impliziter oder expliziter Bestandteil der Situations-Definitionen, vielleicht deshalb, weil die Situationisten feststellen, daß viele andere Faktoren durch eine grundsätzliche Veränderung der physikalischen Umwelt oder ihrer Grenzen betroffen wären.

* Andere physikalische Variablen *innerhalb* eines gegebenen Raumes – wie beispielsweise die Stellung der Möbel, Licht und Temperatur – beeinflussen das Verhalten ebenfalls. In einem Klassenraum zum Beispiel ermöglichen im Kreis aufgestellte Stühle eine ganz andere Interaktion zwischen den Anwesenden, als ein Frontalunterricht, der quasi erzwungen wird, wenn Tische vor einem Lehrerpult in Reihen auf den Fußboden fixiert sind. Ähnlich kann die Entfernung zwischen dem Empfangstresen und dem Stuhl eines wartenden Hotelgastes bestimmen, ob der Portier und der Gast das Gefühl haben, miteinander interagieren zu „müssen" oder nicht.[4]

Goffman beschreibt beispielsweise, Kellner befänden sich in einer „vorderen Region", wenn sie *in* einem Speiseraum agieren, und in einem „Hintergrund"-Bereich, wenn sie *in* der Küche sind. Die Beziehung zwischen Vordergrund und Hintergrund in Goffmans Analysen ist oft direkt mit physikalischen Orten verbunden. Doch es geht nicht wirklich um den Ort. Wenn beispielsweise keine Gäste im Lokal sitzen (etwa kurz vor oder nach der Öffnungszeit) dann könnte der Gastraum sicherlich als ein „Hintergrund"-Bereich dienen, nämlich zur Vorbereitung, zum Üben des professionellen Verhaltens und zur Entspannung. Und andersherum: Wenn ein Gast in die Küche kommt, würde sich die Küche eine Zeitlang in einen öffentlichen Raum verwandeln. Ganz ähnlich ist es, wenn zwei Kellner im Gastraum heimlich Blicke austauschen und sich über die Gäste, die sie bedienen, lustig machen, oder wenn sie einander „Regieanweisungen" zuflüstern, während sie aneinander vorbeigehen – dann haben sie eine Interaktion vorgenommen, die dem nicht-öffentlichen Bereich entstammt, obwohl sie physisch „auf der Bühne" sind.

Es ist nicht die physikalische Umgebung selbst, die die Interaktion bestimmt, sondern die Muster des Informationsflusses. Man kann sogar die Diskussion über die Situations-Definitionen vollständig vom Thema „physische Präsenz" trennen, indem man sich nur auf den *Zugang* zu Informationen konzentriert. Wenn beispielsweise die Gegensprechanlage der Küche aus Versehen angeschaltet bleibt und ein paar Gäste die Bemerkungen ihrer Kellner mithören, wird die Situationsdefinition sich ändern, auch wenn keine Veränderung des physikalischen Ortes oder seiner Bestimmungsgrößen stattgefunden hat. In ähnlicher Weise können soziale Situationen und Verhaltensweisen in einer Gesellschaft allgemein dadurch verändert werden, daß neue Kommunikationsmedien eingeführt werden. Wenn z.B. die Kenntnis einer Fremdsprache es Eltern ermöglicht, miteinander zu reden, ohne daß ihre kleinen Kinder etwas davon verstehen, dann haben die Eltern einen „nicht-öffentlichen Bereich". Selbst wenn die Kinder im gleichen Raum sind. Ähnlich ist es, wenn zwei Teenager miteinander telefonieren: Sie können die physische Distanz überbrükken und sich einen „Hintergrund-Bereich" schaffen, der sich vollkommen von dem der Erwachsenen, mit denen sie leben, unterscheidet.

Um zwischenmenschliche Begegnungen, die durch Medien beeinflußt werden, in die Untersuchung situativer Einfluß-Faktoren einzubeziehen, müssen wir die Vorstellung aufgeben, daß soziale Situationen nichts weiter sind als Begegnungen von Angesicht zu Angesicht, zu festgelegten Zeiten und an festgelegten Orten. Wir müssen uns die allgemeinere, mehr Situationen umfassende Vorstellung zu eigen machen, daß es „Zugangsmuster zu Informationen" gibt.

„Information" wird hier in einem speziellen Sinn verwendet und bedeutet *soziale* Information: All das, was Menschen über ihr eigenes Verhalten und das der anderen wissen können. Der Begriff bezieht sich auf jenen nebulösen „Stoff", den wir lernen, wenn wir miteinander kommunizieren. Aus diesem Stoff sind die Nachrichten, Klatschgeschichten, politische Kampagnen, Flirtversuche und alle persönlichen wie beruflichen Beziehungen gemacht. Er ist auch der heimliche Lehrplan der frühkindlichen Erziehung. Er nimmt viele Gestalten an: Worte, Gesten, Ausdrucksweisen, Haltungen, Kleidung und „Action". Im Grunde handelt es sich im wesentlichen um soziales Verhalten bzw. den Zugang zum Sozialverhalten des oder der anderen Menschen.

Diese Definition von Information unterscheidet sich von der üblichen Verwendung des Begriffes, wonach es sich um Fakten handelt oder um solche Quiz-Trivialitäten wie „Was ist die Hauptstadt von Portugal?" oder „Wer war der erste weibliche Parlamentsabgeordnete?" Sie bezieht sich auch nicht auf objektive Aussagen über die Funktionsweise des Universums, wie es vor und außerhalb der Menschheit existiert. „Information" bezieht sich hier auf die soziale, nicht auf die natürliche Ordnung. Wir beschäftigen uns mehr mit „sozialen Erfahrungen" als mit allgemeinem „Wissen".*

Eine andere Sicht sozialer Situation ist, sie als „Informationssystem" zu betrachten, also als Zugangs-Muster zu sozialen Informationen und zum Verhalten anderer Menschen. Diese Definition steht nicht im Widerspruch zu denen der meisten Situationisten, sondern sie erweitert die Untersuchung sozialer Situationen auf solche, die jenseits der orts-gebundenen Umwelten stattfinden.

Die Vorstellung, daß Situationen Informationssysteme sind, ermöglicht es, die willkürliche Trennung zwischen privaten Dialogen und der durch Medien vermittelten Kommunikation aufzuheben. Die Vorstellung von Informationssystemen legt nahe, daß physische Umwelten und „Medien-Umwelten" zwei Seiten einer Medaille sind und nicht völlig verschiedene Dinge. Sowohl Orte wie Medien lassen zwischenmenschliche Interaktionsmuster entstehen und soziale Informationen fließen.

* Wie in Kapitel vier gezeigt wird, stellt sich beim sogenannten Wissen, den „objektiven Fakten", häufig heraus, daß es da doch sehr stark um Menschen, Verhalten und die soziale Ordnung geht. Als Galilei beispielsweise den Himmel betrachtete, stieß er auf „Fakten", die die katholische Kirche und die soziale Rollenverteilung seiner Zeit bedrohten. Technisches Wissen ist also oft verkleidete soziale Information.

Während Orte also eine bestimmte Art von Informationssystem herstellen – die lebendige Begegnung –, gibt es viele andere Situationen, die durch andere Kommunikationskanäle entstehen. Diese allgemeinere Sicht – Situationen als Informationssysteme statt als Orte – ist besonders relevant für die Untersuchung *elektronischer* Medien. Denn die elektronischen Medien vermindern tendenziell die Unterschiede zwischen der unmittelbaren und der medien-vermittelten Interaktion. Sprache und äußere Erscheinung anderer Menschen sind jetzt auch für Leute „sichtbar", also zugänglich, die sich nicht am selben Ort befinden. Die Ausbreitung elektronischer Medien läßt zahlreiche neue soziale Situationen entstehen.

Neue Medien, neue Situationen

Wir wissen alle aus Erfahrung, daß die elektronischen Medien die Grenzen und Situations-Definitionen, wie sie von physischen Umwelten aufrechterhalten wurden, überwinden können. Wenn zwei Freunde miteinander telefonieren, ist die Situation, „in" der sie sich befinden, nur annähernd mit ihrer jeweiligen physischen „Ver-Ortung" verbunden. Tatsächlich bringt das Telefon zwei Menschen einander in mancher Hinsicht näher als andere Menschen in ihrer physischen Umgebung. Das erklärt die fast eifersüchtige Reaktion von jemandem, der sich im selben Zimmer mit einem Menschen befindet, der gerade telefoniert. Typische Fragen sind dann „Wer ist das?", „Was sagt sie?", „Was ist so lustig?" oder „Nun mach mal Schluß!" Oder er versucht, am Gespräch teilzunehmen, indem er aus dem Hintergrund Zwischenbemerkungen macht, um eine Reaktion des Teilnehmers am anderen Ende der Leitung hervorzurufen. Ironischerweise muß der „Zuhörer" häufig, um ganz am Telefongespräch der Person, „mit" der er lebt, teilzunehmen, in einen anderen Raum gehen und einen Zweitapparat benutzen.

Es gibt viele Parallelen zwischen dem Informationsfluß durch Medien und dem Informationsfluß in physischen Umwelten. Ein Vertreter, der an einer Tür klingelt und dann schnell überprüft, ob sein Haar oder seine Krawatte richtig sitzen, befindet sich in einer vergleichbaren Situation wie sein Kollege, der eine Telefonnummer wählt und sich räuspert, bevor am anderen Ende jemand abhebt. Bevor die Tür geöffnet und der Telefonhörer abgehoben wird, bleibt der Vertreter im „Hintergrund", im nicht-öffentlichen Bereich. Die Trennungslinie zwischen Hintergrund und „Bühne", also dem öffentlichen Bereich, ist informell und nicht zwangsläufig physisch definiert.

Die meisten medien-vermittelten Interaktionen lassen sich mit Hilfe einer zwischenmenschlichen Analogie beschreiben.[5] Fernsehen ist etwa vergleichbar damit, Menschen durch einen Einwegspiegel in einer Situation zu beobachten, in der alle Beteiligten wissen, daß sie von Millionen von Menschen in isolierten Quadern beobachtet werden; Radio zu hören ist, wie Menschen durch eine Tür oder Wand zu lauschen, die sich bewußt sind, daß sie „abgehört" werden. Der Punkt ist: Während durch Medien vermittelte und lebendige Begegnungen offensichtlich sehr verschieden sind, kann man sie doch analysieren, indem man ähnliche Prinzipien anwendet. Die Muster des Informationsflusses, ob sie direkt sind oder vermittelt, helfen uns, die Situation und die Vorstellungen über angemessenen Stil und angemessenes Verhalten zu definieren.

Wenn wir uns in einer bestimmten Umgebung befinden, fragen wir häufig unbewußt „Wer kann mich sehen, wer kann mich hören?" oder „Wen kann ich sehen, wen kann ich hören?"* Die Antworten auf diese Fragen helfen uns bei der Entscheidung, wie wir uns verhalten sollen. Früher wurden diese Fragen vollständig durch das Arrangement einer physischen Umgebung beantwortet, heute erfordern sie auch eine Einschätzung der Medien-Umwelt.

Als „Informationssysteme" statt als physische Umwelten können die sozialen Situationen in einer Gesellschaft verändert werden, ohne daß man Wände und Korridore bauen oder entfernen muß und ohne daß Bräuche und Regeln über den Zugang zu bestimmten Orten verändert werden müßten. Die Einführung und Verbreitung neuer Kommunikationsmedien können dazu führen, daß ein breites Spektrum von Situationen umstrukturiert und neues soziales Verhalten erforderlich werden.

Natürlich sind die Interaktionsumgebungen selbst nicht nur Quellen von Situationsdefinitionen. Das Selbstverständnis, sich einig zu sein über die Bedeutung bestimmter Situationen, entwickelt sich mit der Zeit und durch soziale Traditionen. Religiöse Rituale, soziale Bräuche und gesetzliche Regelungen bestimmen die

* Bei persönlichen Begegnungen fragen wir uns auch häufig: „Wer kann mich berühren oder verletzen?" Und tatsächlich ist das einer der Unterschiede zwischen vermittelter und unmittelbarer Kommunikation, denn in der durch die Medien vermittelten Kommunikation fehlt das Risiko, körperlich verletzt zu werden oder sich mit jemandem körperlich auseinandersetzen zu müssen. Der aggressive oder erotische Stil mancher Telefon- und CB-Funk-Gespräche sind vielleicht der merkwürdigen Mischung von Intimität und Distanz zuzuschreiben, die diese Medien erfordern.

Anzahl von Situationsdefinitionen und regeln die Nutzung der verfügbaren Umwelten. Ein Umgebungswandel wird daher keine unmittelbare oder durchgreifende soziale Veränderung mit sich bringen. Nichtsdestoweniger sind angemessene „Bühnen" notwendig, auf denen die sozialen Dramen aufgeführt werden können, während sich die gesellschaftlichen „Drehbücher" aus vielen Quellen speisen. Wenn Umgebungen sich vermischen, trennen oder ganz verschwinden, wird es unmöglich, die alten Situationsdefinitionen aufrechtzuerhalten.

Vielleicht ist einer der Gründe, warum Sozialforscher soziale Situationen als relativ stabil betrachteten, der, daß es extrem selten eine plötzliche und durchgreifende Veränderung an Wänden und Türen in der Geografie einer Stadt oder anderer architektonischer und geografischer Struktur gibt. Doch die Veränderung der Situationen und Verhaltensweisen, die dann auftreten, wenn Türen geöffnet oder geschlossen und Wände gezogen oder entfernt werden, sind vergleichbar mit der Situation, wenn heute ein Mikrofon ein- und ausgeschaltet, ein Fernsehgerät an- oder ausgestellt oder ein Telefonhörer abgenommen wird.

Um die möglichen Auswirkungen elektronischer Medien auf das zwischenmenschliche Verhalten besser zu verstehen, müssen wir uns die Beziehung zwischen Verhalten und der „Trennung von Situationen" näher ansehen, um anschließend zu betrachten, was mit dem Verhalten geschieht, wenn die situativen Schranken aufgehoben werden.

Neue Situationen, neues Verhalten

Während Sie dasitzen und dieses Buch lesen, gibt es wahrscheinlich irgendwo Menschen, die gerade jetzt Ihre Hilfe oder Ihren Rat sehr gut gebrauchen könnten. Ein älterer Verwandter hätte vielleicht gern, daß Sie vorbeikommen und eine Lampe reparieren. Eine depressive Freundin wäre möglicherweise glücklich, Ihre Stimme zu hören. Wenn Sie über eine spezielle Ausbildung verfügen, gibt es zweifellos viele Menschen, die dringend Ihre beruflichen Fähigkeiten benötigen. Wäre irgendeiner dieser Menschen mit Ihnen im *selben Raum*, würden Sie wahrscheinlich dieses Buch weglegen und sich mit ihm beschäftigen. Doch da Sie sich an einem Ort *entfernt* von den Menschen und den Situationen befinden, in denen Ihre Hilfe gebraucht wird, können Sie sich viel eher auf eine Weise verhalten, die als unangemessen, brutal oder gar feindselig betrachtet werden würde, wenn die Menschen, die Ihre Hilfe brauchen, sich am selben Ort mit Ihnen befänden.*

Wahrhaft unterschiedliches Verhalten erfordert wahrhaft unterschiedliche Situationen. Dieses Prinzip erklärt, warum es Restaurantbesitzern oft schwerfällt, in ihr eigenes Restaurant essen zu gehen. Denn selbst wenn sie theoretisch „außer Dienst" sind, ist ihnen zu sehr bewußt, welche Probleme auftauchen könnten, und das läßt sie nicht zur Ruhe kommen. Ähnlich ergeht es Krankenschwestern, die auch nicht, wenn sie lesen oder essen wollen und gerade keinen Dienst haben, diesen Aktivitäten in der Ecke einer Notfall-Ambulanz nachgehen. Am selben Ort mit einem blutenden Patienten fällt es schwer zu sagen (und Patienten wollen es auch nicht hören): „Tut mir leid, ich kann Ihnen jetzt nicht helfen, ich bin außer Dienst". Menschen wollen in ihrer Freizeit normalerweise auch „an einem freien Ort" sein.

Die Fähigkeit, einander in bestimmten Rollen und in einer gegebenen Situation zu akzeptieren, hängt oft davon ab, daß wir einander in *anderen* Situationen nicht kennen. Ein Mann wäre beispielsweise sehr beunruhigt, wenn er entdecken würde, daß der Eheberater, den er und seine Frau aufsuchen, der gleiche ist, bei dem er schon mit anderen Frauen war. Anderes Beispiel: Eine junge Frau wird sich vermutlich nur sehr zögernd und unwillig vor einem Arzt ausziehen, den sie als den Jungen wiedererkennt, der in der Schule in sie verliebt war. Da in diesen Fällen eine alte und eine neue Situation nicht genügend voneinander getrennt sind, fällt es den Beteiligten schwer, die neue Definition als „wirkliche" zu akzeptieren. Aus diesen Gründen ist es oft beiden Beteiligten peinlich, wenn sie sich in einer Situation kennengelernt haben und in einer völlig anderen wieder begegnen. Was sagt man, wenn man seinen Psychiater auf einer Cocktail-Party trifft?

Es ist sehr schwer, in einer Situation so zu reagieren, als handle es sich um eine andere. Wenn Eltern darauf bestehen, ihr Kind müsse alles, was auf dem Teller ist, aufessen, „weil es in Afrika Kinder gibt, die verhungern", dann haben sie damit oft wenig Erfolg. Denn nur selten schaut ein verhungerndes afrikanisches Kind gleichzeitig zum Fenster herein. Die Trennung von Situationen ermöglicht die Trennung von Verhaltensweisen. Durch diese Trennung sind sogar die engagiertesten Ärzte und

* Ironischerweise sind wir jedoch, je länger und besser wir Menschen kennen, umso leichter in der Lage, sie zu ignorieren, auch wenn sie sich am selben Ort wie wir befinden. Wie wir später sehen werden, kann das eine Analogie sein für die Langzeiteffekte unseres elektronisch gehobenen – und abgestumpften – Bewußtseins für nationale und internationale Probleme.

Lehrer in der Lage, sich zu bestimmten Zeiten und an bestimmten Orten auszuruhen, fröhlich und unbeschwert zu sein – auch wenn es *anderswo* sicher Patienten gibt, die aus Mangel an Fürsorge sterben und Kinder, die nie Lesen und Schreiben lernen.

In jedem Moment unseres Lebens geschehen irgendwo Dinge, die uns aufregen und lange beschäftigen würden, unsere Energien und Gefühle auf sich ziehen würden. Es gibt so viel mehr Dinge, auf die wir „hier und jetzt" reagieren müßten, als in einen einzigen Tag hineinpassen.

Die Trennung von Situationen jedoch wirkt als psychosozialer Puffer. Indem wir uns selektiv bestimmten Ereignissen und Menschen aussetzen, kontrollieren wir den Fluß unserer Handlungen und Gefühle. Mitleid, Empathie und selbst Moralvorstellungen sind vielleicht viel stärker an Situationen gebunden, als wir oft denken.[6] Aber was würde aus unserem eingeübten Sozialverhalten, wenn sich plötzlich zentrale Situationen in unserer Gesellschaft verändern würden?

Leider haben die Wissenschaftler, die solche Situationen untersucht haben, dazu wenig zu sagen. Goffman und viele andere Situationisten halten Situationen und die mit ihnen verbundenen Rollen für relativ stabil. Die Grenzen von Situationen werden manchmal verwischt, aber das wird als ungewöhnlich und vorübergehend betrachtet. Jemand mag etwas Unangemessenes sagen oder tun, inkonsistentes Verhalten stiftet Verwirrung und Verlegenheit, oder zwei voneinander getrennte Situationen vermischen sich vielleicht zeitweilig – doch letztlich werden die alten Definitionen wieder bestätigt.[7] Ein kleines Kind wacht beispielsweise nachts auf, läuft aus seinem Zimmer und gerät mitten hinein in eine Party seiner Eltern; es ruft dadurch ein verlegenes Schweigen bei den Erwachsenen hervor, die das Gefühl haben, das Kind habe vielleicht schon länger zugehört oder etwas beobachtet, das normalerweise „nicht für Kinder-Ohren bestimmt" ist. Oder einer jungen Angestellten ist es vielleicht sehr peinlich, wenn ihre Eltern sie im Büro besuchen kommen und jedem, der es hören oder nicht hören will, erzählen, welch „niedliche Streiche" sie anderen als Kind gespielt hat. Doch wenn einmal das Kind wieder ins Bett gegangen ist und die Eltern das Büro der Angestellten verlassen haben, treten wieder die alten Situations-Definitionen in Kraft.

Selbst in extremen Fällen, wenn einzelne Akteure sich lächerlich machen oder für immer an Glaubwürdigkeit verlieren, bleiben doch ähnliche Situationen mit ähnlichen Verhaltensweisen unverändert. Wenn also ein angesehener Professor auf einer Konferenz erscheint und zu betrunken ist, um die Eröffnungsrede zu halten, bleiben Konferenzen und Professoren allgemein doch davon unberührt. Auch ist es nicht so, daß unprofessionelle Bemerkungen oder Verhaltensweisen auf seiten einiger weniger Angestellten, Ärzte oder Richter die sozial definierten Grundfeste von Unternehmen, Krankenhäusern und Gerichten erschüttern.

Was viele Situationisten bis zum heutigen Tage interessiert, ist, wie die Situationsdefinitionen von solchen Zerstörungen verschont bleiben und wie solche Situationen, die sich doch verändern, wieder repariert werden. Was wir aus solchen Analysen nicht erfahren können, ist, was mit dem Verhalten geschieht, wenn die situativen Veränderungen relativ *dauerhaft* sind. Das aber müssen wir wissen, wenn wir die Auswirkung neuer Medien auf das Verhalten untersuchen, indem wir ihre Auswirkung auf die Grenzen von Situationen untersuchen.

Um die Auswirkungen von Medien auf Verhalten zu erforschen, müssen wir das statische und deskriptive Modell situativen Verhaltens in ein variables umwandeln, aus dem sich Vorhersagen ableiten lassen. Wir müssen einige allgemeine Prinzipien entwickeln, die es uns ermöglichen, die *Dynamik* von Situationen und Verhaltensweisen zu beschreiben. Im Rest dieses Kapitels werden einige solcher Prinzipien entwickelt: Die Bedeutung von „Situationsmustern" im Gegensatz zur „Verhaltens-Summe", die allgemeine Notwendigkeit, eine einzige Definition für eine Situation zu finden, das Entstehen eines „tief im nicht-öffentlichen liegenden" Bereiches, einer „Vorderbühne" und eines „mittleren Bereiches", die situatives Verhalten trennen oder vermischen.

Variables Situations-Muster

Soziale Wirklichkeit ist nicht die *Summe* menschlicher Verhaltensweisen. Sie entsteht aus dem allgemeinen Verhaltens-„Muster" in Situationen. Wenn also die Trennungslinie zwischen zwei unterschiedlichen Situationen verschwimmt oder ganz verschwindet, verändert sich die soziale Wirklichkeit. Im Gegensatz zu dem, was der Großteil der situationistischen Literatur oft anzunehmen scheint, ist das Muster der Situations-Trennung und -Integration variabel und nicht nur ein statischer Aspekt im Leben eines einzelnen oder einer Gesellschaft; und es gibt potentiell unendlich viele Grade und Muster, wie sich Situationen ineinanderschieben oder überlappen. Die Muster der Situations-Trennung und -Integration können modifiziert werden durch individuelle Lebensentscheidungen, durch Zufall und durch andere Kräfte, wozu auch der Einsatz von Medien in einer Gesellschaft gehört.

Wir beurteilen Situationen in der Regel danach, was geschieht und wer anwesend ist; doch Situationen sind auch dadurch definiert, was *nicht* geschieht und wer *nicht* anwesend ist. Das Verhalten in einer bestimmten Umwelt wird durch die Muster geformt, wie soziale Information, die in dieser Umgebung erhältlich ist, zugänglich oder nicht zugänglich ist. Die Art und Weise, wie männliche Schüler sich z.B. in einem Umkleideraum miteinander unterhalten, hängt nicht nur von der Anwesenheit anderer männlicher Schüler ab, sondern auch von der Abwesenheit weiblicher Schüler, Eltern, Lehrer und Schulleiter.

Ein Schlüsselfaktor für das Ausmaß, wie sehr eine Situation isoliert ist von anderen Situationen, ist die Art der *Grenz-Linie,* die die Situation von anderen Situationen trennt. Die Membranen, die eine soziale Situation umgeben, beeinflussen das in der Situation gezeigte Verhalten nicht nur, weil sie häufig bestimmte Teilnehmer ganz einschließen oder ausschließen, sondern auch weil sie andere Beteiligte teilweise einschließen oder ausschließen können. Eine Person mag beispielsweise visuell von einer Situation durch eine Wand getrennt und doch auditiv eingeschlossen sein, weil die visuelle Barriere so dünn ist. Auf dieselbe Weise könnten vielleicht Medien die Definition von Situationen beeinflussen, indem sie traditionelle physische Beschränkungen des Informationsflusses überwinden. Richard Nixon mußte z.B. feststellen, daß ein im Weißen Haus mitgeschnittenes Tonband dazu führte, daß seine privaten „Umkleideraum"-Gespräche als öffentliche Erklärungen gewertet wurden.

Indem sie die Begrenzungen sozialer Situationen verändern, geben uns die elektronischen Medien nicht nur einen schnelleren Zugang zu immer mehr Ereignissen und Verhaltensweisen. Sie verschaffen uns vor allem neue Einsichten und lassen neue Verhaltensweisen entstehen.

McLuhan schreibt zum Beispiel: „Jack Ruby erschoß Lee Oswald inmitten von Wachleuten, die von den Fernsehkameras wie gelähmt waren."[8] Obwohl McLuhan das nicht weiter ausführt, meint er vielleicht, daß die Wachen in der Situation nicht rechtzeitig reagieren konnten, weil die Fernsehkameras die Funktion der Wachen und die Identität ihrer „Zuschauer" miteinander vermischten. Spielten sie ihre Rolle für die Anwesenden oder für die Fernseh-Zuschauer? Waren sie da, um die Menge einzuschüchtern und schnell auf physische Unruhe zu reagieren? Oder waren sie da als unbewegliche Symbole rigider Autorität für eine Art Fernsehcollage?

Das Beispiel ist extrem, doch es ist ein Hinweis auf die Situationen, denen sich viele Amerikaner gegenübersehen, wenn sie feststellen, daß sie sich in einer neuen Arena befinden, neue Zuschauer sie betrachten und daß sie Zugang zu anderen haben und andere Zugang zu ihnen auf völlig neue und verwirrende Weise. Von dieser Veränderung bleibt niemand verschont.

Als der Blackpower-Anwalt Stokely Carmichael in den späten 60er Jahren feststellte, daß er die Aufmerksamkeit der Medien auf sich zog, erwies sich dieser Zugang zu einer größeren sozialen Bühne eher als Fluch denn als Segen. In der Fernseh- und Rundfunk-Arena stellte er fest, daß er sich gleichzeitig mindestens zwei unterschiedlichen Zuhörergruppen gegenüber sah: Sein primäres Publikum von Schwarzen und eine „heimlich lauschende" Zuhörerschaft von Weißen. Bei Live-Auftritten (ohne Anwesenheit von Medien) war er in der Lage gewesen, zwei vollständig verschiedene Reden über Black Power vor jeweils schwarzen oder weißen Zuhörern zu halten. Doch das gemischte Forum der elektronischen Medien zwang ihn, sich zwischen einem weißen oder einem schwarzen Rhetorik-Stil zu entscheiden. Hätte er einen „weißen" Stil gewählt, dann hätte er sein wichtigstes Publikum befremdet und sein Ziel verraten, Schwarzen einen neuen Stolz und ein neues Selbstwertgefühl zu vermitteln. Doch hätte er „schwarze" Rhetorik verwendet, dann hätte er die Weißen befremdet, einschließlich vieler Liberaler, die die Integration der Schwarzen befürworteten. Da es keine eindeutige Lösung gab und Carmichael nicht in der Lage war, die Zuhörergruppen auseinanderzuhalten, entschied er sich dafür, in seinen über Medien ausgestrahlten Reden einen schwarzen Sprachstil zu verwenden. Während er sein wichtigstes Publikum zu Begeisterungsstürmen hinriß, erfüllte er sein zweitwichtigstes mit Abscheu und Angst und zog sich den Haß der weißen Machtelite zu.[9]

Wenn ein Reporter den Präsidenten und seine Frau vor den Fernsehkameras interviewt, wie sollen sich der Präsident und die First Lady verhalten? Ist dieses Zusammentreffen eine intime soziale Begegnung zwischen drei Menschen oder ein öffentlicher Auftritt vor der Nation? Die Antwort ist: Natürlich ist es beides, und daher ist es nichts von beidem. Der Präsident kann sich nicht verhalten, als wären er und seine Frau ganz allein mit dem Reporter, noch kann er so tun, als ob er vor dem Parlament eine Grundsatzrede über die Lage der Nation hielte. Diese neue Situation führt dazu, daß sich neue Handlungsweisen entwickeln, um mit bestimmten sozialen Situationen fertig zu werden. In dieser Hinsicht erleben die Zuschauer nicht nur eine neue Situation, sondern auch einen neuen Präsidenten und – auf längere Sicht – eine neue Art von Präsidentschaft.

Aber was geschieht mit der Definition alter Situationen, wenn sich das Muster von Situationen ändert? Wenn sich Situationen mischen oder für eine gewisse Zeit trennen, bekommen wir dann vollständig neue Verhaltensmuster oder nur die Teile von alten? Vielleicht ergibt sich überhaupt keine bedeutsame Veränderung. Oder wir landen im reinen Chaos. Ein Schlüssel zu den Antworten auf diese Fragen liegt in unserem offensichtlichen Bedürfnis nach einer *einzigen* Definition für die meisten sozialen Situationen.

Das Bedürfnis nach einer einzigen Definition

Wie in Kapitel zwei beschrieben wird, wollen Menschen, wenn sie zu einer Party, einer Feier oder einer anderen sozialen Zusammenkunft eingeladen sind, wissen, ob es sich um eine ernste oder lustige, eine formelle oder lockere, eine geschäftliche oder private Situation handelt und/oder ob die Interaktion zwischen Vorgesetzten und Untergebenen oder unter Gleichgestellten stattfinden wird. Das ist nicht nur eine Frage der Neugier. Die „Definition der Situation" hilft den Teilnehmern, ihre Kleidung, Haltung, Stimmung, ihr Sprachmuster und Energie-Level, ihren persönlichen Stil usw. festzulegen. Auch wenn die Situations-Definition von den Beteiligten häufig unbewußt vorgenommen wird, dient sie doch als Bindeglied für viele Elemente einer Interaktion. Jeder Teilnehmer muß sich in einer konsistenten Art und Weise kleiden, sprechen und verhalten; es scheint also ein Bedürfnis nach einer *einzigen* primären Definition für jede soziale Situation zu geben.

Dieses Bedürfnis dient uns als Schlüssel zum Verständnis dessen, was geschieht, wenn sich Situationen vermischen oder trennen. Wenn zwei Situationen sich vermischen, bekommen wir selten eine einfache Kombination von Situationen. Statt dessen entsteht eine einzigartige neue Situation mit einem einzigartigen neuen Regelsystem und neuen Rollen. Wenn zwei Paare sich zu einem doppelten Rendezvous treffen, ist die entstehende Situation zum Beispiel nicht die Summe der beiden einzelnen Begegnungen, sondern eine neue, dritte Situation. Denn zum Interaktionsmuster bei einem solchen doppelten Rendezvous gehört auch, daß sich die beiden Männer und die beiden Frauen miteinander unterhalten. Wenn ein verliebtes Pärchen zusammenzieht, bekommen sie nicht nur ihren Alltag einerseits und ihre Verliebtheit andererseits, sondern ein völlig neues interaktives System: Sowohl ihr Liebes- wie Ihr Zahlungs-Verhalten werden beeinflußt und verändert.

Es gibt einen großen Unterschied zwischen den Auswirkungen solcher Situationen, die sich nur kurze Zeit vermischen und solcher, die für lange Zeit ineinander übergehen. Ein plötzliches, zeitweiliges Vermischen sehr verschiedener Situationen ruft eine Unterbrechung des Verhaltens hervor. Ohne eine klare Definition für die Situation mag Peinlichkeit, Konfusion oder Ärger entstehen. Wenn jemand bei einer Party beispielsweise die Tür eines Badezimmers öffnet und feststellt, daß schon jemand auf der Toilette sitzt, der vergessen hat, die Tür abzuschließen, ist das in der Regel für beide Beteiligten ein peinlicher Augenblick.

Während eine vorübergehende Mischung von Situationen nur zu Konfusion und Unterbrechungen führt, entstehen bei lange gemischten Situationen neue Verhaltensmuster. Wenn mehrere Menschen beispielsweise viele körperliche Funktionen in derselben physikalischen Umgebung ausüben, muß eine neue, stabile Definition für die Situation entstehen.

Das geschah beispielsweise einem Fußballteam aus Peru, dessen Flugzeug in den Anden zerschellte. In dem Buch *Alive*, das ihr Schicksal schildert, werden auch Gespräche wiedergegeben, in denen die Gruppe beispielsweise ausführlich ihre Darmtätigkeit durchdiskutierte.[10] Ähnliche Situationen spielen sich zwischen Menschen ab, die lange Zeit dasselbe Zimmer teilen oder Paaren, die viele Jahre zusammenleben.

Es gibt eine bestimmte „kulturelle Logik" für die Art, wie sich Situationen vermischen. Manchmal macht die neue Definition für eine kombinierte Situation sogar so viel „Sinn", daß wir oft nicht sehen, daß die früheren Situationen nicht länger existieren und eine dritte Situation entstanden ist. Doch in der neuen Situation kommt es gewöhnlich zu vielen Verhaltensweisen, für die in den zwei vorher getrennten Situationen kein Platz war, und umgekehrt. Ein Unternehmer, der eine seiner Angestellten heiratet, wird beispielsweise feststellen, daß es in der Ehe-Situation genau so viele plötzlich neu erlaubte Verhaltensweisen gibt wie Forderungen, die nicht länger gestellt werden dürfen und Verhaltensweisen, die nicht länger als angemessen gelten können. Die neue Beziehung ist weder nur ein „Ehemann-Ehefrau"-Verhältnis noch das klassische „Chef-Angestellten"-Verhältnis.* Zu Be-

---

* Weil Situationsvermischungen alte Definitionen zerstören, gibt es viele implizite und explizite Regeln darüber, wie Situationen getrennt zu halten sind. Psychiater sollen sich weder emotional noch sexuell mit ihren Patienten einlassen. Beim Militär wird „Fraternisierung" – freundliche oder erotische Beziehungen zwischen Vorgesetzten und Untergebenen – streng geahndet. Ähnlich wird von Lehrern erwartet, daß sie sich nicht privat mit Schülern treffen. Es gibt viele Sprichwörter darüber, wie unklug es sei, wenn Kollege und Kollegin sich ineinander verlieben. Denn ob die Beziehung nun gut gehen oder nicht, es wird auf jeden Fall schwierig, wenn nicht unmöglich, die alten kollegialen Beziehungen

ziehungen zwischen Verwandten, Freunden und Kollegen gehören gelegentlich Klatschgeschichten, Beschwerden und Witze über Abwesende – ein Verhalten, das unangemessen oder grob wäre, wenn diejenigen, über die da hergezogen wird, auch anwesend wären. Dieselben Prinzipien gelten für Situations-Vermischungen und -Trennungen, wie sie durch Medien hervorgerufen werden.

Wir sagen zwar oft, wir wollten, daß Menschen sich „konsistent", also immer auf die gleiche Weise verhalten, meinen damit aber eigentlich, daß sie sich „in Situationen immer gleich verhalten sollen". Das heißt, wir wollen von anderen *innerhalb* einer Situation immer auf die gleiche Art behandelt werden, machen uns aber weniger Gedanken darüber, ob wir *über Situationen hinweg* unterschiedlich behandelt werden. Ein Kunde wird es beispielsweise durchaus tolerieren, an einem Tag mehr für eine Ware bezahlen zu müssen als am nächsten. Er wird es sogar hinnehmen, verschiedene Preise für dieselbe Ware am selben Tag in verschiedenen Geschäften bezahlen zu müssen. Doch er ist ganz bestimmt nicht damit einverstanden, wenn von ihm ein höherer Preis als von anderen Kunden am selben Ort zur selben Zeit verlangt wird. Ein weiteres Beispiel: Studenten akzeptieren gewöhnlich die Tatsache, daß Professoren die Anforderung für Ihre Seminare von Semester zu Semester ändern, aber es gäbe einen Aufstand, würde ein Professor verschiedene Anforderungen für verschiedene Studenten in derselben Klasse aufstellen. Verändert sich die Grenze zwischen Situationen, dann ändert sich auch die Wahrnehmung der Beteiligten darüber, was Gleichheit, Gerechtigkeit und Fairness betrifft – und das kann zu sozialer Unruhe führen. Auf diese Weise können zum Teil solche jüngsten sozialen Ereignisse wie die Entstehung eines feministischen und anderen „Minderheiten"-Bewußtseins mit erklärt werden; darauf komme ich später noch zurück.

Allgemein kann man sagen:

1. *Für bestimmte Verhaltensmuster gibt es so viele einzelne Definitionen wie es unterschiedliche Situationen gibt, in denen sie auftreten.*
2. *Wenn zwei oder mehr Situationen sich vermischen, dann mischen sich ihre getrennten Definitionen zu einer neuen Definition.*

Diese Prinzipien verweisen darauf, daß die Dynamik sozialer Systeme zumindest in einer Hinsicht der Dynamik physikalischer Systeme sehr ähnlich ist: So ist es möglich, in zwei getrennten, ineinander übergehenden Räumen sehr unterschiedliche Temperaturen aufrechtzuhalten, etwa 40 Grad und 4 Grad. Wird die Wand zwischen den beiden Räumen entfernt, dann wird sich der gesamte Raum nach kurzer Zeit bei einer relativ konstanten Temperatur einpendeln. Die Temperatur wird jedoch nicht 44 Grad betragen (die Summe der beiden unterschiedlichen Temperaturen), sondern irgendetwas zwischen 4 und 44 Grad. Ähnlich gilt: Menschen können getrennte Verhaltensmuster in zwei getrennten Situationen entwickeln; wenn aber die beiden Situationen sich vermischen, bekommen sie oft eine neue, synthetische Definition. Die physikalische Analogie kann man noch weitertreiben. Denn genau so wie es einige Variationen gibt in der Temperatur von der Decke bis zum Boden eines Zimmers und von der Mitte in die Ecken, so erscheint die Definition einer sozialen Situation in unterschiedlicher Weise verbindlich. Bei einer Hochzeit beispielsweise wird es Leute geben, die innerlich sehr stark an dem Ritual beteiligt sind und andere, die wenig Anteil nehmen und ihren eigenen Gedanken und Gefühlen nachhängen.

Verhalten „in der Mitte", „tief im Hintergrund" und „ganz vorne"

Wenn der Gedanke richtig ist, daß das Vermischen vorher verschiedener Situationen zu einer neuen, einzigartigen Situation führt, gibt es dann eine Möglichkeit, die neue Situation in ihrer Beziehung zur alten zu beschreiben? Welcher Art ist dann die Beziehung zwischen den alten Verhaltensweisen und den neuen?

Während Goffmans Theater-Modell eine statische Bühne beschreibt und in seiner Aussagekraft auf persönliche, direkte Interaktion begrenzt ist, können die darin enthaltenen Prinzipien so verändert werden, daß sie die Veränderungen von Situationen und Verhaltensweisen, wie sie durch neue Medien hervorgerufen werden, ebenfalls beschreiben. Denn in dieser Theorie ist die Vorstellung enthalten, daß Hintergrund (der „nicht-öffentliche Bereich") und Bühne zusammenhängen und voneinander abhängig sind. Die Menschen auf der Bühne zeigen ein Verhalten, das abhängig ist von der Existenz eines Bereiches hinter der Bühne, isoliert vom Publikum,

---

aufrechtzuerhalten. Abgesehen von dem moralischen Problem bei manchen Rollenvermischungen sind die Beziehungen vielschichtig und die Motive der Beteiligten oft widersprüchlich. So liegt eine Erklärung für das Inzesttabu darin, daß es eine sehr spezifische, eindeutige Beziehung ermöglicht – eine liebevolle und fürsorgliche Verbindung, die nicht sexuell begründet ist.[11] Natürlich brechen Menschen oft explizite und implizite Regeln. Als Ergebnis vergangener und gegenwärtiger Liebes-Beziehungen ist oft beispielsweise das Betriebsklima in vielen Unternehmen durch Animositäten gekennzeichnet oder sogar vergiftet, und es existiert oft ein ganzes Netzwerk ungeschriebener Regeln und Verhaltensmuster, die auf keinem Personalbogen auftauchen.

in dem die Akteure ihre Rollen lernen, sie proben, mit Kollegen Strategien austüfteln oder einfach entspannen oder sich in Ausdruckslosigkeit fallen lassen können. Wenn also die Akteure die Fähigkeit verlieren, ihr Hintergrund-Verhalten zu trennen von ihrem Verhalten auf der Bühne, dann verlieren sie nicht nur Aspekte ihrer Privatheit, sondern auch die Fähigkeit, bestimmte Teile ihrer Bühnenrollen zu spielen. Wenn die Schauspieler keinen Ort haben, wo sie für sich den Text proben können, dann kann keine Darstellung dabei herauskommen, die das Publikum bewegt und begeistert. Menschen, die zusammenleben, helfen sich zum Beispiel oft gegenseitig dabei, Bühnenverhalten für *andere* soziale Bühnen zu üben, doch sie haben oft wenig privaten Raum und Zeit, um zu üben, sich gegenseitig zu beeindrucken.

Diese Entweder/Oder-Vorstellung von den dramatischen Aspekten sozialer Auftritte – entweder gibt es einen Bereich „hinter der Bühne" oder es gibt ihn nicht – kann man erweitern zu einem kontinuierlichen und variablen Modell der Interaktion zwischen den Verhaltensstilen auf der Bühne und im Hintergrund. Im allgemeinen gilt: *Wenn Teile der Probe für das Publikum sichtbar werden, müssen sie in das Spiel selbst eingebaut werden; wenn Raum und Zeit für einen „Hintergrund" bleibt, kann er, der Bereich, immer noch dazu benutzt werden, den Auftritt zu perfektionieren.* Verändert sich die Trennungslinie zwischen Bühnen- und Hintergrund-Verhalten in die eine oder andere Richtung, dann verändert sich auch das Theaterstück entsprechend. Je mehr Proberaum verlorengeht, desto mehr ähnelt das Drama auf der Bühne einer außerordentlichen Probe; wenn sich die Bühne vergrößert, kann das Verhalten auf der Bühne noch formeller werden.

Nimmt man die Vorstellung von Hintergrund und Bühne als Grundlage, dann könnte man das neue Verhalten, das dadurch entsteht, daß sich Situationen vermischen, ein Verhalten „im mittleren Bereich" nennen. Umgekehrt könnte man die beiden neuen Arten von Verhaltensweisen, die aus der Trennung von Situationen entstehen, „Verhalten im tiefen Hintergrund" bzw. „auf vorderster Bühne" nennen. Das Verhalten in der Mitte entsteht, wenn Teile des Publikums eine Sicht „auf die Seitenbühne" bekommen. Das heißt, sie sehen Teile des traditionellen Bereiches hinter der Bühne gleichzeitig mit Teilen der traditionellen Bühne; sie sehen, wie sich der Akteur vom Hintergrund auf die Bühne und zurück in den Hintergrund bewegt. Der erfahrene Akteur paßt seine soziale Rolle entsprechend an, so daß sie konsistent wird mit der neuen Information, die für das Publikum erhältlich ist. Ein Verhalten „im mittleren Bereich" oder „auf der Seitenbühne" enthält sowohl Elemente des früheren Bühnen- wie des früheren Hintergrund-Verhaltens, aber ohne deren Extreme. Verhalten „tief im Hintergrund" und „vorne am Bühnenrand" entwickelt sich, wenn die Schauspieler sich deutlich von ihrem Publikum isolieren. Die Trennung von Situationen ermöglicht sowohl einen groberen Hintergrund-Stil als auch eine unverfälschte Aufführung auf der Bühne.

Das Verhalten im mittleren Bereich verliert die Extreme des vorherigen Bühnenverhaltens, weil die Darsteller nicht länger Zeit und Raum hinter der Bühne lassen müssen; die Kontrolle über Proben und Pausen – die wichtig war für die alte Bühnenrolle – wird geschwächt. Den neuen Verhaltensweisen fehlen oft die Extreme des vorherigen Bühnenverhaltens, weil der neu entstandene mittlere Bereich Dramen erlaubt, die öffentlich sind (das heißt, vor einem Publikum gespielt werden) und sich daher die Akteure soweit wie möglich an die Anwesenheit eines Publikums gewöhnen und anpassen können, aber dennoch verstecken sie, was (noch) verborgen bleiben kann.

Wenn Kinder beispielsweise zu einer Party der Erwachsenen hinzukommen, dann werden normalerweise alle Gespräche über Themen wie Tod, Sex und Geld „ausgesetzt", bis die Kinder den Raum wieder verlassen haben. Bleiben die Kinder jedoch lange Zeit im Raum, wird wahrscheinlich ein Kompromiß geschlossen, so daß die „Erwachsenen-Themen" auch in Gegenwart der Kinder diskutiert werden, doch weder mit der lockeren Art einer Party unter Erwachsenen noch mit der unschuldig-braven, die als angemessen gilt, wenn Erwachsene ein Kinderfest ausrichten. Je länger die Erwachsenen und die Kinder zusammenbleiben, desto mehr werden die Kinder die kindische Seite der Erwachsenen mitbekommen, Erwachsenen-Themen ausgesetzt sein und mitreden. Wie wir später sehen werden, ist die eine Analogie dafür, was mit den Rollen von Kindern und Erwachsenen geschieht, wenn die elektronischen Medien kindliche und Erwachsenen-Informationssysteme zu vermischen beginnen.

In gewisser Hinsicht sind die Verhaltensweisen im mittleren Bereich einfach *neues Bühnenverhalten.* Doch wenn wir sie nur als Bühnenverhalten betrachten, verlieren wir die Fähigkeit, Art und Richtung der Verhaltensänderung im Blick zu behalten. Indem wir von neuem Verhalten „auf der Seitenbühne" sprechen, können wir die neuen Verhaltensweisen mit den alten vergleichen und das synthetische neue Theaterstück betrachten. Außerdem erklärt die Idee eines Verhaltens auf der Seitenbühne, wie neue öffentliche Verhaltensweisen entstehen: Durch eine Veränderung der Trennungslinie zwischen traditionellem Hintergrund- und traditionellem Bühnenverhalten.

Der Stil auf der Seitenbühne scheint dem im Hintergrund zu ähneln. Dies zum Teil deshalb, weil die Hintergrund-Bereiche unseres Lebens Dinge enthalten, die entscheidend zu unserem Dasein gehören: Schlafen, Essen, Körperausscheidungen, sexuelle Aktivität, Depressionen, Ängste und Zweifel. Das Verhalten auf der Bühne ist im Gegensatz dazu flexibler und variabler. Während jeder von uns sehr verschiedene Bühnenstile entwickeln kann, enthalten die Bereiche hinter der Bühne viele Dinge, die uns allen gemeinsam sind. Ein weiterer Grund, warum die Hintergrund-Aspekte der Seitenbühne sehr ins Auge fallen, ist, daß es immer leichter fällt, das zu erkennen, was neu hinzugekommen ist, als das, was gerade vor kurzem verschwand. Wer zum ersten Mal im Haus eines neuen Freundes übernachtet, bemerkt wahrscheinlich eher, daß der Freund schnarcht oder rülpst, als daß er Veränderungen in den formellen Aspekten seines Sprachstils wahrnimmt.

Die „einseitige Ausrichtung auf den Hintergrund" im Verhalten auf der Seitenbühne wird mit der Zeit immer deutlicher. Für kurze Zeit kann der in die Öffentlichkeit gezerrte Hintergrund in ein relativ traditionelles Bühnenverhalten verwandelt werden. Je weniger jedoch die Darsteller kontrollieren können, wer ihnen alles zusieht, desto mehr muß ihr nicht-öffentliches Verhalten ins Rampenlicht geraten. Ein normalerweise schlampiger Teenager räumt vielleicht sein Zimmer auf, wenn die Tante am Ostersonntag zum Essen kommt. Aber wenn Tante Maria sechs Monate bleibt, wird sie unzweifelhaft Zeugin eines anderen Dramas werden. Ein ähnliches Beispiel: Kamerafahrten durchs Weiße Haus enthüllten vorher für die Öffentlichkeit unsichtbare Räume und Szenen, die eine Zeitlang in Bühnen- und Theaterstücke verwandelt werden können (wie beispielsweise Eisenhowers inszenierte und gefilmte „Kabinettstreffen"[12]). Doch wenn das Fernsehen einen ganzen Tag von „Live"-Ereignissen aus dem Weißen Haus überträgt, muß sich der Eindruck vom Verhalten der Offiziellen ändern. So bekamen die Zuschauer bei einer Fernseh-Sondersendung über Präsident Carter und das Weiße Haus mit, wie Jimmy Carter dem ägyptischen Präsidenten Anwar el Sadat mitteilte, es werde sich um eine lange Konferenz handeln und Sadat möge doch vielleicht zuerst die Toilette aufsuchen. Je länger und genauer Menschen beobachtet werden, entweder persönlich oder per Kamera und Mikrofon, desto mehr wird ihr Verhalten von seinen Symbolen und „zur Schau getragenen" Einstellungen „freigelegt".

Wenn sich eine Situation in zwei oder mehr verschiedene Bereiche aufteilt, findet genau das Gegenteil statt: Das Verhalten in jedem Bereich wird spezifischer und extremer. Wenn Kinder beispielsweise aus dem Haus ihrer Eltern ausziehen, bieten die dann getrennten Wohnungen sowohl den Eltern wie den Kindern die Möglichkeit, private Verhaltensstile zu entwickeln, die ihnen mehr entsprechen, und sich auch nach außen hin anders, „sauberer" zueinander zu verhalten. Ähnlich gilt: Je mehr Privatleben sich politische Führungsfiguren bewahren können, desto schärfer ist der mögliche Kontrast zwischen einem informellen Stil im nicht-öffentlichen Bereich und ihrem Bühnenverhalten, wo sie die „souveräne Führungsfigur" spielen. Wenn das dominante Kommunikations-Medium in einer Gesellschaft viele unterschiedliche Informationssysteme fördert, dann fördert es auch tendenziell Bühnen- und Hintergrund-Verhaltens-Stile.

Einer der Gründe, warum die Dynamik der verschiedenen Verhaltensweisen und der Auswirkungen der Medien auf dieses Verhalten beim alltäglichen Umgang miteinander fast unsichtbar bleiben, ist der, daß Menschen sich sehr schnell an neue Situationsdefinitionen anpassen. Im allgemeinen kontrollieren die Akteure jede mögliche Hintergrund-Information.

Wenn doch einmal für die Akteure gefährliche Information, die aus dem nicht-öffentlichen Bereich stammt, auf die Bühne gelangt, wird sie häufig in die Darstellung integriert. Wenn beispielsweise ein Gast früher als erwartet zum Abendessen kommt, in einen Streit hineinplatzt zwischen den Gastgebern und ihren Kindern und feststellt, daß gerade noch in letzter Minute versucht wird, das Haus zu putzen und das Abendessen vorzubereiten, dann können die Gastgeber unmöglich dasselbe Bühnenverhalten zeigen, das sie gezeigt hätten, wäre der Gast pünktlich gekommen. Also werden sie Kommentare auf einer Art „Seitenbühne" abgeben, etwa: „Verdammt schwer, heute Kinder zu erziehen" oder etwas murmeln über die Unmöglichkeit, ein großes Haus sauberzuhalten. Da die Vorstellung, es dürfe keinen kalkulierten „Auftritt" geben, selbst Teil vieler sozialen Auftritte ist, kommt es darauf an, daß dem Publikum nicht zu deutlich bewußt wird, wie sehr die Darsteller versuchen, Hintergrund-Informationen zu verstecken.

Der Prozeß, durch den der „tiefe" Hintergrund und die „vordere" Bühne entstehen, ist für die Zuschauer noch weniger sichtbar als die Entwicklung der Verhaltensweisen auf der „Seitenbühne" – denn schon von der Definition her kann das, was nicht mehr zu sehen ist, nicht untersucht werden. Wenn neue private Verhaltensweisen sich entwickeln, dann verschwenden die Leute gewöhnlich wenig Gedanken an die Auswirkungen der strukturellen Veränderungen; statt dessen werden die neuen Verhaltensweisen häufig den Veränderungen der jeweiligen Persönlichkeit oder ihrer Motivation zugeschrieben. Wenn junge Erwachsene von zu Hause „weggehen", etwa auf die Universität, dann beginnt ihre Familie und die Nachbarschaft vielleicht, sie als „reifer" zu betrachten. Ganz ähnlich erscheinen Bundespolitiker, die zeitweilig in die „Privatheit" der Lokalpolitik zurückkehren, „ministrabler", wenn sie später auf die nationale Bühne zurückkehren.

Bedeutsame und folgenreiche Veränderungen können in den Mustern sozialer Interaktion als Ergebnis des Einsatzes neuer Kommunikationsmedien entstehen, ohne daß sich die Menschen über den Grad oder die Art der Veränderung voll bewußt wären. In jeder gegebenen Interaktion haben die Beteiligten das Gefühl, daß sie sich nur an die Erfordernisse der Situation anpassen, in der sie sich jeweils befinden. Die Leute wundern sich vielleicht, warum bestimmte Verhaltensmuster sich offenbar verändert haben (oder eher, warum sich „die Leute" verändert haben), und sind sich dabei überhaupt nicht der Tatsache bewußt, daß sich die Trennungslinie zwischen „Hintergrunds-" und „Bühnenverhalten" verändert hat.

Alle Verhaltens-Systeme sind voneinander abhängig

Das Modell Hintergrund-Bühne wird gewöhnlich benutzt, um Verhalten in einer bestimmten Umgebung zu untersuchen, etwa einem Restaurant oder Krankenhaus. Jenseits dieser Örtlichkeit ist es schwierig, das Modell wörtlich anzuwenden. Die Hintergrund-Bühnen-Unterscheidung ist zu einfach. Wie sieht beispielsweise die Beziehung aus zwischen verschiedenen, nach Bereichen unterschiedlichen Verhaltensweisen derselben Menschen?

Das Theater-Modell kann noch weiter entwickelt werden, um *alle* Verhaltensweisen und Umgebungen in ihrer gegenseitigen Abhängigkeit einzubeziehen. Das Verhalten eines Akteurs in einer bestimmten Rolle ist schließlich ein indirektes Hintergrund-Verhalten für andere Rollen. In mancher Hinsicht ist jedes Verhalten auf der Bühne abhängig von einer Vielzahl von Bühnen und Hintergründen. Die Fähigkeit eines Menschen, etwa als Rechtsanwalt vor Gericht angemessen zu agieren, hängt nicht nur vom Verhalten im Gerichtssaal ab und von einem Hintergrund-Bereich, wo die Plädoyers vorbereitet und mit Kollegen Strategien durchdiskutiert werden, sondern auch von der gegenwärtigen und schon früher bestehenden Fähigkeit, sich in anderen Rollen relativ gut (und unauffällig) zu verhalten, etwa als Student, Steuerzahler, Elternteil, Liebespartner usw. Keine dieser Rollen ist vielleicht so eindeutig und direkt mit dem Stil im Gerichtssaal so vergleichbar wie eine Strategie-Besprechung mit Kollegen, doch die Verhaltensweisen als Rechtsanwalt hängen nach wie vor von diesen anderen Rollen ab. Die Glaubwürdigkeit eines Rechtsanwalts in den Augen von Richtern und Schöffen wird geschwächt, wenn negative Informationen, etwa über seine Verkehrssünden, seine außerehelichen Beziehungen oder seine Probleme mit den Kindern „durchsickern".

Da die meisten von uns versuchen, sich jedem Publikum als relativ stabile Persönlichkeit zu präsentieren, muß jede Information, die das Publikum über unser Verhalten aus anderen Situationen bekommen hat, in Rechnung gestellt werden, bevor wir eine bestimmte Interpretation unserer Rolle abliefern. Die Vorstellung, daß es ein Verhalten auf der „Seitenbühne" gibt, kann daher so erweitert werden, daß es nicht mehr nur um die Vermischung von Hintergrund- und Bühnenverhalten für eine einzelne Rolle geht. Beim Verhalten im „mittleren Bereich" kann es sich um solches Verhalten handeln, das sich aus der Vermischung von zwei oder mehr vorher getrennter Situationen ergibt. Umgekehrt kann sich Verhalten „tief im Hintergrund" und „am vorderen Bühnenrand" entwickeln, wann immer sich eine Situation in zwei oder mehr Situationen aufteilt oder es eine größere Distanz zwischen Situationen gibt. Verhalten auf der Seitenbühne ergibt sich daraus, daß sich Situationen oder Zuschauergruppen überschneiden, und Verhalten im tiefen Hintergrund und auf der Vorderbühne ergibt sich aus der neuen Möglichkeit, daß sich „reineres" oder extremeres Verhalten in spezialisierteren und isolierteren Zusammenhängen ermöglicht.

Im allgemeinen gilt: *Je größer die Distanz zwischen zwei oder mehr Situationen, desto mehr kann das Verhalten eines Menschen von einer Situation zur nächsten variieren.* Umgekehrt gilt: *Je geringer die Distanz zwischen Situationen, desto ähnlicher ist das in ihnen zur Schau gestellte Verhalten.*

Nehmen wir beispielsweise den Unterschied zwischen der Rolle eines Schülers und der eines Lehrers. Ein Mensch kann nicht gleichzeitig ein devoter Schüler und ein strenger Lehrer sein. Doch nicht selten wird eine Person aufgefordert, beide Rollen zu spielen. Wenn ein sehr fähiger Schüler, nennen wir ihn Klaus, von Frau Schmidt, der Lehrerin, gebeten wird, die Diskussionsleitung in der Klasse zu übernehmen, während die Lehrerin an einer Konferenz teilnimmt, muß Klaus eine neue, synthetische Rolle entwickeln. Als „Schüler-Lehrer" muß er jetzt eine Rolle spielen, die weder der des Schülers unter seinesgleichen entspricht, noch der Rolle, die ein

„wirklicher“ Lehrer spielt. Würde Klaus in Abwesenheit seiner Lehrerin nur seine alte Schülerrolle spielen, würde er seiner Aufgabe, die ihm von der Lehrerin übertragen wurde, nicht gerecht. Würde er aber einen „richtigen“ Lehrer mimen, dann würde man sich wahrscheinlich über ihn lustig machen, oder seine Klassenkameraden würden ihn ablehnen, weil sie viel zu viel über ihn wissen, um ihn in dieser Rolle zu akzeptieren. (Hier wird ironischerweise seine Bühnenrolle als guter Schüler zum potentiell schädlichen Hintergrund-Verhalten, wenn er versucht, den „Lehrer“ zu spielen.)

Diese Situation kann man variieren, um zu illustrieren, wie das Ausmaß der Distanz zwischen Situationen sich auf das Verhalten auswirkt. Wenn Frau Schmidt Klaus bittet, eine andere Klasse in derselben Schule zu übernehmen, kann Klaus dort die Rolle des Lehrers etwas vollkommener spielen. Und wenn Frau Schmidt selbst Schülerin in einer anderen Art von Schule ist, dann kann die Trennung zwischen ihrer Lehrerrolle und ihrer Schülerrolle sehr groß sein. Die Distanz zwischen Situationen legt fest, wie sehr es möglich ist, Verhaltensstile zu trennen. Solche „Distanz“ wird sowohl durch die Zeit wie durch Orte bestimmt. Alle Lehrer waren zum Beispiel einmal Schüler, aber die große zeitliche Distanz trennt diese beiden Rollen sehr säuberlich.

Solche Veränderungen in Situationen der persönlichen Begegnung und den in ihnen dargestellten Verhaltensweisen kann man als Analogie betrachten für die Art, wie neue Medien soziale Veränderungen herbeiführen helfen, indem sie soziale Situationen vermischen oder trennen. Neue Medien, die bestehende soziale Informationssysteme eher trennen, erlauben es den einzelnen Menschen, sowohl Verhalten „tief im Hintergrund“ als auch Verhalten „am vorderen Bühnenrand“ zu entwickeln; neue Medien, die bestehende Informationssysteme vermischen, werden eher zu „Seitenbühnen“-Verhalten im „mittleren Bereich“ führen.

Wir wollen im folgenden untersuchen, welche Auswirkungen Veränderungen in den Medien auf alltägliches Sozialverhalten haben können. Wir müssen dazu mehr als nur die Veränderung der individuellen Verhaltensweisen in spezifischen Umgebungen betrachten, sondern überlegen, wie und warum sich soziale Rollen allgemein ändern, wenn alle oder zumindest die meisten sozialen Situationen in einer Gesellschaft einem weitverbreiteten und systematischen Wandel unterliegen.

4
Neue Medien schaffen neue Rollen

Menschen mit demselben Status in einer Gesellschaft haben im allgemeinen Zugang zu ähnlichen Situationen oder Informationssystemen. Menschen von unterschiedlichem sozialen Status haben in der Regel Zugang zu verschiedenen Situationen. Kindern wird beispielsweise der Zugang zu bestimmten Situationen verwehrt. Männer und Frauen halten sich traditionell in getrennten sozialen Bereichen auf. Die Tatsache, daß sich soziale Umwelten durch den Einsatz neuer Medien (oder durch andere Faktoren wie Industrialisierung, Kriege oder Naturkatastrophen) so grundlegend verändert haben, wirkt sich nicht nur auf das Verhalten vieler einzelner Menschen aus, sondern auch auf das ganzer Gruppen. Wenn man die Situationen verändert, zu denen jede soziale Gruppierung Zugang hat, dann könnten neue Medien unsere Vorstellungen über eine ganze Reihe von sozialen Rollen verändern.

Es wäre zum Beispiel unmöglich, jede soziale Rolle in einem einzelnen Kapitel zu diskutieren. Also analysiere ich drei große Rollen-*Kategorien:* Rollen, die sich aus der Zugehörigkeit zu anderen Menschen ergeben oder aus dem „Sein" (Gruppenidentität), Rollen, die sich aus dem Wandel oder dem „Werden" ergeben (Sozialisation); und Rollen aufgrund von Autorität (Hierarchie).

Im alltäglichen Leben überlappen sich diese drei Arten von Rollen. Die meisten Menschen leben gleichzeitig in allen drei Kategorien: Sie identifizieren sich mit mehreren Gruppen, befinden sich in unterschiedlichen Stadien der Sozialisation, um in neue Rollen hinein „zuwachsen", und gleichzeitig haben sie einen Rang oder verschiedene Ränge innerhalb einer oder mehrerer Hierarchien inne. Weiterhin überlappen sich die Kategorien selbst, und eine bestimmte Rolle paßt vielleicht nicht genau in eine bestimmte Schublade. Ein „Neuling" zu sein, ist vor allen Dingen eine Funktion der Sozialisation, aber es betrifft auch Gruppenidentitäten und Hierarchien. Mitglied einer Elite zu sein, enthält sowohl Elemente von Hierarchie als auch von Gruppenidentität.

Obwohl die Rollenkategorien zusammenhängen, hat doch jede ihre besonderen Eigenschaften. Anders als andere Kategorien ermöglicht es die Gruppenidentität, einen Status zu haben, der „getrennt, aber gleich" ist, das heißt, Mitglieder unterschiedlicher Gruppen stehen in keiner besonderen hierarchischen oder durch Entwicklung gekennzeichneten Beziehung zueinander. Die Sozialisation ist deshalb einzigartig unter den drei Kategorien, weil sie den Prozeß des „Werdens" beinhaltet, das heißt den Übergang von einer Rolle zur anderen. Anders als Mitglieder getrennter Gruppen (Ärzte gegenüber Rechtsanwälten zum Beispiel) wird von einem Kind erwartet, daß es sich in einen Erwachsenen verwandelt, von einem Medizinstudent, daß er Arzt wird. Und im Gegensatz sowohl zur Gruppenidentität wie zur Sozialisation enthalten hierarchische Rollen die Dimension: „getrennt und ungleich".

Diese drei Rollenkategorien wurden ausgewählt, weil sie zusammen fast jede Facette des täglichen Lebens und der sozialen Rollen abdecken. Werden Gruppenidentitäten, Sozialisationsstadien und Hierarchieränge neu geordnet, dann verändert sich die gesamte Struktur des sozialen Lebens.

Dieses Kapitel stellt eine relativ traditionelle Sicht sozialer Rollen vor, mit einer sehr wichtigen Ausnahme: Sie übersetzt die Eigenschaften jeder Rollen-Art in Begriffe des im letzten Kapitel diskutierten Konzeptes der Informationssysteme. Während Rollen häufig nur als statische Muster von „angemessenem" oder „erwartetem" Verhalten analysiert werden, beschreibt dieses Kapitel Rollen in Beziehung zum Wissen der Menschen und zu dem, was sie im Vergleich zu anderen Menschen erfahren. Jede Rollenkategorie – Zugehörigkeit, Wandel, Autorität – wird diskutiert im Hinblick auf drei Variablen: Dem relativen Zugang zu sozialer Information, der Trennung zwischen Hintergrund und Bühne und dem Zugang zu physischen Orten. Indem ich beschreibe, wie alle drei Arten von Rollen von diesen situativen Variablen abhängen, versuche ich zu zeigen, daß die Struktur der sozialen Rollen in einer Gesellschaft der Veränderung unterworfen ist, wenn sich Kommunikationsmedien wandeln. Dieses Kapitel stellt keine detaillierte Analyse der Auswirkungen elektronischer Medien auf soziale Rollen vor. Das wird in späteren Kapiteln geschehen. Der wichtigste Zweck besteht hier darin, den „Mechanismus" oder Prozeß zu beschreiben, wie sich ein Wandel in der

Medien-Landschaft auf soziales Verhalten auswirken kann, und die allgemeine Richtung anzuzeigen, in die sich Rollen verändern, wenn sich die Medien-Landschaft verändert.

Gruppen-Identität: Gemeinsame, aber geheime Information

Gemeinsames, aber geheimes Verhalten hält jede Gruppe in einer Verschwörung zusammen.
Germaine Greer[1]

„Unsere" Erfahrungen - „ihre" Erfahrungen

Viele Abenteuer-, Spionage- und Gruselfilme basieren auf einem gemeinsamen Thema. Ein Mann und eine Frau, die sich nicht kennen, geraten in eine Situation extremer Gefahr. Zuerst kümmern sie sich nicht besonders umeinander; häufig können sie sich sogar überhaupt nicht leiden. Doch mitten während ihres dramatischen Kampfes ums Überleben, bei dem Versuch, mißtrauische oder gleichgültige Außenstehende zur Hilfeleistung zu bewegen, oder mitten in ihrem Abwehrkampf gegen eine soziale Gefahr – verlieben sie sich ineinander für immer und ewig.

Dieses bekannte Szenario ist vielleicht mystisch in seiner Dimension und in den jeweiligen Details, aber es wirft auch ein Licht auf ein wesentliches Motiv aller menschlichen Gruppierungen und Zusammenkünfte: das Bedürfnis nach einer gemeinsamen und doch sehr besonderen Erfahrung.

Eine Gruppe wird durch das zusammengehalten, was an ihr besonders ist. Und diese „Besonderheit" besteht aus Informationen, die die Mitglieder untereinander teilen, aber nicht mit Mitgliedern anderer Gruppen. Während wir häufig Gruppen so definieren, daß sich Menschen – zumindest gelegentlich – zur selben Zeit und am selben Ort treffen, spielen die gleichen Informations-Faktoren auch dann eine Rolle für das Gefühl jedes einzelnen, wie sehr er oder sie sich mit der Gruppe identifiziert, wenn diese sich niemals als Ganzes trifft. Zum Beispiel teilen die Vietnam-Veteranen die Erfahrung, Soldat in einem ungeliebten Krieg gewesen zu sein. Diese Erfahrung eint sie und trennt sie gleichzeitig von anderen Menschen.

Unglücklicherweise beinhaltet Gruppenidentität allerdings auch fast immer die Vorstellung, „anders" zu sein als jene, die nicht der Gruppe angehören und nicht die gleiche Situation teilen. Für eine Gruppe muß es ein „Die da" geben, damit es ein „Wir hier" geben kann. Simone de Beauvoir hat zum Ausdruck gebracht, wie leicht und häufig solche, die eigene Person einschließende bzw. ausschließende Gruppengefühle entstehen: „Wenn drei Reisende zufällig dasselbe Abteil betreten, reicht das, um aus dem ganzen Rest der Passagiere im Zug vage als feindselig empfundene andere zu machen."[2]

Jede gemeinsame Erfahrung, Information oder Rolle, die zwei oder mehr Menschen von anderen trennen, gibt ihnen ein Gefühl gemeinsamer Identität. Doch weil soziale Erfahrungen, Informationen und Rollen situativ gebunden sind, verändern sich Gruppenidentitäten, wenn sich Situationen ändern oder wenn sich die Perspektive der Teilnehmer ändert, was „Insider" und „Outsider" angeht. Zwei Münchner, die sich in Hamburg treffen, haben vielleicht ein unmittelbares Gefühl der Zugehörigkeit zueinander, das sie „gegen" alle Einwohner von Hamburg eint. Zur gleichen Zeit können jedoch ein Hamburger und ein Münchner, die sich in Italien treffen, eine ähnliche Verbundenheit empfinden, weil sie beide Deutsche sind. In beiden Fällen kann es sein, daß sich die Unterhaltung auf chauvinistische Gruppenthemen beschränkt: Man schwärmt von „Zuhause" und lästert über die „Ausländer". Ähnlich ist es, wenn zwei Schwarze sich streiten und ein weißer Passant eine rassistische Bemerkung fallen läßt: Dann fühlen sich die beiden Schwarzen wahrscheinlich plötzlich zusammengehörig. Umgekehrt kann sich eine kleine Gruppe in Fraktionen spalten, nachdem viele neue Mitglieder hinzugekommen sind.

Gruppenidentitäten überlappen häufig. Ärzte sehen sich sicher ganz anders als Krankenschwestern, doch angesichts eines Patienten auf dem Operationstisch empfinden sich sowohl Ärzte wie Krankenschwestern als Teil eines „Operations-Teams". Angehörige der Marine, Armee oder Luftwaffe rivalisieren untereinander, haben aber ein Gefühl der Zusammengehörigkeit gegenüber Zivilisten. Sogar feindliche Soldaten fühlen sich mitunter als zusammengehörig, weil sie ähnliche Rollen füreinander spielen.[3] Ähnliche Gruppen-Verbindungen können auftreten zwischen Rechtsanwälten und Staatsanwälten, Sekretärinnen konkurrierender Firmen oder Kindern aus Familien, die einander befehden.

Weder durch die Zusammensetzung der sich überlappenden Gruppen noch durch die Art, wie schnell und leicht zeitweilige Koalitionen und Neugruppierungen entstehen können, wird die Existenz solcher Gruppen weniger real oder bedeutsam. Alle Gruppenprozesse sind insofern einander ähnlich, als sie ihre Mitglieder gleichzeitig aneinanderbinden und auseinandertreiben. Die mehr oder weniger festen Bindungen und Assoziationen hängen vom Zugang zu ähnlichen Situationen und Erfahrungen zusammen.

Wir neigen zwar dazu, unsere Gruppenzugehörigkeiten einfach danach zu bestimmen, „wer" wir sind, doch unsere Identität wird auch dadurch bestimmt, wo wir sind und wer sich „bei" uns befindet. Verändert sich die Struktur von Situationen – als Ergebnis einer gewandelten Medien-Landschaft oder aufgrund anderer Faktoren – dann verändert sich auch das Gefühl, wer „wir" sind und wer „sie" sind. Wenn man die Auswirkungen neuer Medien auf Gruppenidentitäten vorhersagen will, muß man also genau betrachten, wie sich ein neues Medium ändert, wer mit wem ein bestimmtes soziales Wissen teilt. Denn genauso, wie sich soziale Informationssysteme vermischen oder trennen, mischen oder trennen sich Gruppenidentitäten.*

Das Team im Hintergrund

Die gemeinsame Erfahrung als Grundlage der Gruppen-Zugehörigkeit kann auch davon beeinflußt werden, wie sich Hintergrund- und Bühnen-Verhalten unterscheiden. Mitglieder derselben Gruppe übernehmen tendenziell dieselben Rollen und befürworten dasselbe Verhalten. Die Macht eines gemeinsamen Hintergrundes kann man selbst in spontan entstehenden Gruppen beobachten. Um Simone de Beauvoirs Beispiel weiterzuführen: Die Fahrgäste in einem Zugabteil stammen vielleicht aus verschiedenen Ländern und haben unterschiedliche Berufe, und doch teilen sie sich die gemeinsame Rolle der „Passagiere in Abteil sieben". Die Reisenden würden „zwangsläufig" eine Front bilden, wenn sie beschuldigt würden, sie wären zu laut, oder wenn ein betrunkener Mann versuchen würde, in ihr Abteil einzudringen.

Die Reisenden werden zu einem „Team" in Goffmans Sinne. Mitglieder eines Teams unterscheiden sich von Angehörigen des Publikums durch die Perspektive, die sie in der Situation einnehmen.[6] Die Mitglieder des Teams wissen mehr über die Darstellung als das Publikum, denn sie haben Zugang sowohl zum Hintergrund als auch zu den Verhaltensweisen auf der Bühne. Die Mitglieder des Teams helfen sich gegenseitig während ihres Auftritts und arbeiten darauf hin, die Definition der Situation zu schützen. Sehr starke „Team"-Bindungen entwickeln sich naturgemäß zwischen Menschen, die lange Zeit zusammen leben oder arbeiten.

Die Vorstellung eines „Teams" kann man erweitern und sie als Analogie für alle Gruppen betrachten, sogar solche, deren Mitglieder nicht denselben Hintergrund teilen. Alle Priester verfügen beispielsweise über ungefähr ähnliche Informationen, was ihre Religion und ihre Rolle angeht, auch wenn sie nicht in derselben Pfarrei praktizieren.

Wenn eine Gruppe oder ein Team einen gemeinsamen Hintergrund hat und zusammen oder in ähnlicher Art und Weise arbeitet, dann erfordern die Handlungen der Gruppe „auf der Bühne", also in der Öffentlichkeit, daß Angehörige anderer Gruppen oder das „Publikum" *keinen* Zugang zu den Proben und Entspannungspausen der Gruppe hat. Komplementäre Rollen erfordern, daß der Zugang zu Hintergrund-Situationen und den dort erhältlichen Informationen begrenzt ist. Wenn zwei Menschen Zugang zur selben „Bühnen"-Information haben, ist es viel schwieriger für sie, sehr verschiedene Rollen füreinander zu spielen. Eine traditionelle Beziehung zwischen Rechtsanwalt und Klient hängt beispielsweise davon ab, daß Klient und Rechtsanwalt verschiedene Gruppenidentitäten haben. Auch eine Lehrer-Schüler-Beziehung hängt von solchen Unterscheidungen ab. Daher ist ein Rechtsanwalt für einen anderen Rechtsanwalt ein „schlechter" Klient. Er weiß zuviel über das Bühnenverhalten, das zur Rechtsanwaltsrolle gehört, um sich von dem Ritual beeindrucken zu lassen. Ähnlich ist es, wenn ein erfahrener Lehrer ein Seminar besucht, das von einem anderen Lehrer abgehalten wird; dann fühlen sich in der Regel beide unbehaglich.

Eine Veränderung der Medien kann die Gruppenidentität in einer Gesellschaft völlig neu ordnen, indem sie das Hintergrund-Verhalten vieler Gruppen öffentlich macht oder abschottet.

* Charles Horton Cooleys Vorstellung eines „gespiegelten Selbst" und George Herbert Meads Konzept des „generalisierten Anderen" helfen uns bei der Erklärung, wie wichtig der Zugang zu Informationen und die Verbindung von Wissen und persönlicher Identität ist. Individuen entwickeln demnach ihr soziales Ich jeweils dadurch, daß sie die Ansichten anderer in sich aufnehmen und sich selbst so beurteilen, wie andere sie beurteilen würden.[4] Die Werte und Standards *der Menschen, die uns umgeben,* haben daher eine große Auswirkung auf unsere Selbstwahrnehmung. Bücher, Filme und elektronische Medien liefern auch Informationen über alternatives Rollenverhalten, das mit anderen Informationen konkurriert, die in persönlichen Begegnungen gelernt wurden: zu Hause, in der Gemeinde oder in der Schule. Der Einfluß widersprüchlicher sozialer Wahrnehmungsfelder ist so groß, daß selbst Opfer von Entführungen sich auf die Dauer selbst mit den Augen ihrer Kidnapper sehen.[5]

„Unser“ Ort – „ihr“ Ort

Aufgrund der traditionellen Beziehung zwischen Ort und Situation waren Gruppenidentitäten gewöhnlich auch eng mit physisch definierten Orten verbunden. Die Beziehung zwischen Gruppenidentität und physischem Ort erklärt, was die ansonsten verwirrende Aussage bedeutet: „Ich bin so froh, daß *wir* endlich *allein* sind ...“

Die merkwürdige Macht der gemeinsamen Erfahrung, die daraus erwächst, daß man längere Zeit dieselbe Umgebung teilt, ist auch bei relativ kurzfristigen Treffen zu spüren: bei Konferenzen, auf Campingplätzen und an „Zufluchtsorten“. Diese Situationen bringen Menschen ebenso plötzlich wie zufällig zusammen, dennoch gelingt es in dieser kurzen Zeit, aus Fremden eine Gruppe zu bilden und sie gleichzeitig von der Außenwelt zu trennen.

Die Beziehung zwischen Gruppenidentität und Gruppenterritorium ist eng verbunden mit der traditionellen Beziehung zwischen Ort und Informations-Zugang. Um „in“ einer Gruppe zu sein – ihre Erfahrungen und Informationen zu teilen –, mußte man sich früher „am richtigen Ort“ befinden. Dadurch, daß sie am selben Ort oder an ähnlichen Orten zusammen isoliert waren, lebten die Gruppenmitglieder in ihrer eigenen Informationswelt.

Was ein neues Medium für die Gruppenidentität bedeutet, läßt sich daran ablesen, wie das Medium die traditionellen Beziehungen zwischen verschiedenen physischen Orten und isolierten Informationssystemen stärkt oder schwächt. Da sie die traditionelle Verknüpfung zwischen physischem Ort und sozialer Situation aufheben, können die elektronischen Medien beispielsweise vorher getrennte Gruppenidentitäten vermischen. Sie erlauben es ihren Mitgliedern, informationshalber aus örtlich definierten Gruppen zu „entkommen“, und ermöglichen es Außenseitern, in das Gruppenterritorium „einzudringen“, ohne daß sie es jemals betreten müßten.

Rollen-Übergänge: Kontrollierter Zugang zu Gruppen-Informationen

Jeder Mensch erlebt bei seiner ersten Reise in ein fremdes Land, in dem er weder die Einwohner noch ihre Sprache kennt, eine Art zweiter Kindheit.

Shulamith Firestone[7]

Wir erzählen es dir, wenn du älter bist

Sozialisation ist der Prozeß des „Werdens“, der Übergang von einer Rolle zur nächsten. Sozialisation ist daher eng verbunden mit den Informations-Merkmalen von Gruppenidentitäten, wie sie oben diskutiert wurden. In gewisser Hinsicht ist das Ziel jedes Sozialisationsprozesses, die „gemeinsame, aber besondere“ Information der Bezugsgruppe zu erwerben.[8] Das Individuum, das in eine Gruppe hineinsozialisiert wird, bleibt zunächst vom gesamten Informationskomplex der Gruppe ausgeschlossen. Ein Kind wird beispielsweise von vielen „Geheimnissen“ des Erwachsenenlebens ausgeschlossen, dazu gehört auch die Definition dessen, was „erwachsen sein“ überhaupt heißt. Was das Individuum, das in eine Gruppe hineinsozialisiert wird, dennoch von einem vollständigen Außenseiter unterscheidet, ist, daß es von den Gruppengeheimnissen nicht absolut oder permanent ausgeschlossen ist. Wer sozialisiert wird, *erhält* Zugang zu der Information der Gruppe, doch der Zugang wird gewöhnlich erst nach und nach gestattet und ist zeitlich sorgfältig begrenzt.

Die Sozialisation dauert das ganze Leben. Alle Sozialisationsprozesse – vom Junggesellen zum Ehemann, von der Ehefrau zur Mutter, vom Einwanderer zum Staatsbürger, vom Studenten zum diplomierten Akademiker usw. – setzen das Individuum stets neuen Situationen und neuer Information aus. Die Sozialisation erfordert, daß Umfang und Geschwindigkeit, in der der Aspirant die Gruppeninformationen erfahren soll, *geregelt* wird. In jeder Gruppe wird daher unterschieden zwischen der Rolle des Gruppen-Anwärters, der des Außenseiters (Mitglied einer anderen Gruppe) und der Rolle eines echten Gruppenmitglieds. Die Teilnehmer an einem Verkaufstrainings-Programm einer Firma werden beispielsweise eher wie Betriebsangehörige behandelt als die Kunden oder die Verkäufer einer anderen Firma. Der Zugang zu vielen „Geheimnissen“ des Unternehmens wird ihnen aber erst dann gewährt, wenn sie festangestellte Betriebsangehörige sind.

Die Methode, dem Anwärter erst allmählich Zugang zum Gruppenwissen zu verschaffen, ist eine soziale Konvention. Um Gruppenmitglied zu werden, muß das Individuum vielleicht eine Menge kompliziertes Wissen erwerben (etwa ein Ingenieur oder Wirtschaftswissenschaftler). Die Komplexität und die Menge technischer Daten kann „natürlich“ eine Sozialisationsperiode von einigen Jahren erfordern. Die geistige und physische Kapazität des Gruppen-Anwärters setzt vielleicht der

Menge und Geschwindigkeit des Lernens gewisse Grenzen. Ein Sportstudent, der als Boxer für die Olympischen Spiele trainiert, muß besondere physische Kraft und Ausdauer entwickeln. Und in der Sozialisation eines Kindes wird die Entwicklung des Individuums bedingt durch physische Reife und kognitives Wachstum, das nicht immer durch situative Faktoren beschleunigt werden kann.

Dennoch sind die Komplexität der Aufgabe und die begrenzte Kapazität des Individuums nur Teilerklärungen dafür, warum Sozialisationsprozesse und -rituale so lange dauern. Die spezifischen Stadien und die genaue Länge der Sozialisationsperiode werden häufig durch zufällig oder willkürlich entstandene Konventionen bestimmt. Diese Konventionen sollen die Gruppe schützen. Durch die Sozialisation neuer Mitglieder sichert oder stärkt die Gruppe ihre Existenz. Doch neue Mitglieder stellen auch eine Bedrohung dar. Sie teilen vielleicht nicht alle Überzeugungen und Wertvorstellungen, die der Gruppe wichtig sind. Sie verraten vielleicht die besondere Information der Gruppe an Außenstehende. Die Sozialisationsperioden sind ein Kompromiß zwischen dem Bedürfnis nach neuen Mitgliedern und dem Wunsch, die „Besonderheit" der Gruppe beizubehalten. Um die Gruppe zu schützen, sind Sozialisationsperioden viel mehr als nur „Erziehungs"-Erfahrungen. Der Ritus des Übergangs vom Außenseiter zum Eingeweihten wird als persönliche Veränderung dargestellt und nicht als simpler Zugang zu neuen Informationen.

Die Sozialisationsstadien und der Aufstieg von einem Stadium zum nächsten formen die Identität des Individuums selbst dann, wenn die Stadien nur zufällig gesellschaftlich festgelegt sind. Der Punkt, an dem die Medizinstudenten „Arzt werden", ist ein willkürlich festgesetzter Punkt in ihrer Entwicklung. Dennoch erkennen die meisten Menschen eine Veränderung in den Eigenschaften und der Identität eines Studenten – angefangen bei seinen Eltern, die jetzt stolz verkünden können: „Mein Kind ist Arzt!" bis zum Autoverkäufer, der „dem Mediziner" eine andere Wagenklasse andient. Die Veränderung ist „real" in der Hinsicht, daß alle sozialen Verhaltensweisen und Einstellungen real sind. Diese Art des sozialen Wandels wird jedoch fälschlicherweise oft als Veränderung im Wesen des Individuums betrachtet. Die willkürlich gesetzten situativen Bedingungen, die die Veränderung erst herbeiführen, bleiben dagegen unsichtbar.

Auch solche Riten, die sicher auf biologischen Entwicklungsstadien beruhen, sind doch zumindest teilweise konventionell bedingt. Die besonderen Stadien, die als dauerhafte Stadien auserkoren werden, die Anzahl solcher auserwählter Stadien und die besonderen Rituale, die jeweils den Übergang von einem Stadium zum anderen kennzeichnen, sind sämtlich sozial definiert. Die Zahl und Art der Stadien innerhalb der Kindheit und des Erwachsenseins variieren beispielsweise über Kulturen hinweg und innerhalb derselben Kultur über die Zeit. Auch die zeitliche Festlegung solcher Übergänge, wie sie Pubertätsriten darstellen, die scheinbar auf einem biologischen Zeitplan beruhen, sind teilweise willkürlich gesetzt. In seiner klassischen Studie der „Übergangsriten" unterscheidet Arnold van Gennep zwischen „physiologischer Pubertät" und „sozialer Pubertät" und vertritt die Ansicht, Initiationsriten könne man nicht als „Pubertätsriten" bezeichnen, weil beide „nur selten übereinstimmen".[9]

Ashley Montagu geht sogar noch einen Schritt weiter, indem er behauptet, daß „Begriffe wie Embryo, Fötus, Baby, Kleinkind, Kind, Jugendlicher, Reife und Greisenalter sehr willkürlich festgelegte Bedeutungen enthalten, die weder mit der biologischen noch mit entwicklungsbedingten Realitäten übereinstimmen".[10] Wenn wir uns „Entwicklung" vorstellen – so Montagu –, nehmen wir zwar an, daß es sich um kontinuierliche und sich teilweise überlappende „Phasen" handelt, die wir aber willkürlich in scharf getrennte „Stadien" umdefinieren. Infolgedessen halten wir kulturell definierte Situationen fälschlich für natürliche. Wir trennen Menschen, die vielleicht sehr ähnlich sind, in verschiedene soziale Welten mit unterschiedlichen Verpflichtungen, Rechten und Rollen (18jährige und 17jährige beispielsweise) und vereinen Menschen, die sehr verschieden sind, in einer Kategorie (zum Beispiel ein pubertierendes Mädchen und eine voll entwickelte Frau).[11] Solche willkürlichen Unterscheidungen mögen notwendig sein, damit eine Gesellschaft reibungslos funktioniert, doch sie machen uns blind für das kontinuierliche individuelle Wachstum und das Potential für breite Veränderungen, die in Sozialisationsstadien enthalten sind.

Wir können die Bedeutung eines neuen Mediums für Sozialisationsrollen vorhersagen, indem wir untersuchen, wie das Medium Menschen unterschiedlichen Alters und Hintergrunds in verschiedene Informations-Welten aufteilt. Je mehr der Zugang zu Gruppeninformation von Menschen geteilt werden kann, desto größer ist die Zahl der möglichen Sozialisationsstadien in Richtung auf das Erwachsensein und die Zugehörigkeit zu anderen sozialen Gruppen. Umgekehrt gilt: Je mehr die Menschen dazu neigen, sehr ähnliche Information miteinander zu teilen, desto weniger getrennte Sozialisationsstadien gibt es.

Hinter die Kulisse sehen

Sozialisation ist der immer leichtere Zugang zu den „nicht-offiziellen", den Hintergrund-Verhaltensweisen einer Gruppe. Die „Grundausbildung" für neue Rollen besteht häufig aus schwierigen, zeitraubenden – und vergleichsweise unbedeutenden – Arbeiten. Diese erste Sozialisationsphase zwingt die Anwärter in die Gruppenverhaltensweisen und -Perspektiven hinein, ohne daß zunächst allzu viel Hintergrund-Information der Gruppe preisgegeben würden. Und die Aufgaben-Schwierigkeit ist so beschaffen, daß jene Aspiranten ausgesiebt werden, die nicht der Gruppe beitreten wollen.

Durch die meisten Sozialisationsprozesse werden die einzelnen in die neue Gruppe integriert, schon bevor sie über genügend Hintergrund-Informationen verfügen, um die Gruppe eventuell diskreditieren zu können. Und zu dem Zeitpunkt, an dem die Anwärter über genügend Informationen verfügen, um wirklich Schaden anrichten zu können, würde jeder Versuch, die Gruppe in Verruf zu bringen oder Geheimnisse zu verraten, auch ihren eigenen Status untergraben. Während beispielsweise Jurastudenten im dritten Studienjahr selbst noch keine Rechtsanwälte sind, wissen sie schon genug, um Rechtsanwälte in peinliche Situationen bringen zu können. Damit würden sie aber auch ihren eigenen Status als „Jurastudenten" gefährden und ihren zukünftigen Status als „Rechtsanwälte" infragestellen.

Neue Medien beeinflussen daher möglicherweise den Sozialisationsprozeß, indem sie bei vielen Gruppen den Grad der möglichen Kontrolle verändern, jemandem Zugang zu ihrem Hintergrund-Verhalten zu verschaffen. Je mehr bis dahin „private" Hintergrund-Informationen ein Medium verbreitet und auf diese Weise allgemein verfügbar macht, desto mehr fördert es langsam aufeinander folgende Sozialisationsstadien. Je mehr Gruppenaktivitäten, die eigentlich privater Natur sind, ein Medium entlarvt, desto mehr unterminiert es die langsam aufeinanderfolgenden Sozialisationsprozesse.

Ort und Vorwärtskommen

Die Beziehung zwischen einem veränderten Status und dem Zugang zu neuer Information erklärt, weshalb sozialer und physischer Wandel traditionell miteinander verbunden waren. Früher war die gemeinsame, besondere Information einer Gruppe vor allem jenen zugänglich, die sich an einem gemeinsamen, besonderen Ort befanden. Die Sozialisation in eine Gruppe hinein war daher damit verbunden, neuen Zugang zum Territorium der Gruppe und zur dort verfügbaren Information zu gewinnen. Der Ausbildungsgang von Schülern bringt es mit sich, daß sie von Klassenraum zu Klassenraum und von Schule zu Schule wechseln. Und angehende Mediziner erhalten einen immer größeren Aktionsradius im Krankenhaus, je weiter sie voranschreiten: vom Praktikanten zum Medizinstudenten zum Assistenten zum Stationsarzt . . .

Doch eine neue Ver-Ortung betrifft den sozialen Status nur in dem Ausmaß, wie sich Menschen tatsächlich von der einen sozialen Welt in eine neue bewegen. Das „Debütieren" war beispielsweise früher für junge Frauen Kennzeichen sowohl eines physischen Wandels wie eines bestimmten Wissensstandes.[12]

Die Statusveränderungen werden verstärkt und erhalten physische Realität durch neue Kleidung, neue Namen, neue Aktivitäten und Spiele, neue angemessene Gesten und Haltungen. Eine Frau mag zu unterschiedlichen Stadien ihrer Sozialisation folgende Namen zu hören bekommen: Ulrike, Uli, Fräulein Schmidt, Ulrike Schmidt-Schulze und Rechtsanwältin Schmidt. Als Studentin darf Uli sich durchaus auf ihrem Sessel lümmeln, bemalte und fleckige Jeans tragen und Grimassen schneiden über die Bemerkung eines Kommilitonen. Als Rechtsanwältin fühlt sich Ulrike Schmidt-Schulze vielleicht bemüßigt, aufrecht zu sitzen, saubere und seriös wirkende Kleidung zu tragen und auf jede Frage und jeden Kommentar eines Klienten ernsthaft zu antworten.

Die Zahl unterschiedlicher Rollenübergänge in einem Sozialisationsprozeß wird teilweise bestimmt von der Anzahl unterschiedlicher „Orte", an denen Menschen als Gruppe isoliert werden können. Damit jemand von einem Stadium zum anderen „passieren" kann – wobei es für jedes Stadium unterschiedliche Verhaltensweisen gibt – müssen die Situationen, in denen er seine Rollen spielt, voneinander getrennt werden. Es ist unmöglich, eine klare Trennung zwischen Fünft- und Sechstklässlern aufrechtzuerhalten, wenn die beiden Klassen nicht in verschiedenen Räumen unterrichtet werden. Es ist unmöglich, scharf zu trennen zwischen der Sprache eines Kindes und der eines Erwachsenen, wenn Kinder und Erwachsene sich immer an den gleichen Orten aufhalten. Jedes Sozialisations-Stadium hat seine eigene Definition, eigene angemessene Sprache, Kleidung und Verhaltensweisen. In diesem Sinn kann Ulrike nicht „Studentin" und „Rechtsanwältin Schmidt" in derselben Situation zur selben Zeit „sein".

Medien beeinflussen die Sozialisation, indem sie die traditionelle Beziehung zwischen physischem Ort und dem Zugang zu sozialer Information mitbestimmen.

Autorität: Geheimnistuerei und Geheimniskrämerei

Hierarchie basiert immer auf der Vorstellung von Exklusivität, und wenn wir unsere hierarchischen Positionen in der Gesellschaft einnehmen, hängen wir doch gleichzeitig großenteils hierarchischen Mystifikationen an, um jene zu beeindrucken, die unter uns stehen und nicht teilhaben an unserer erhabenen Glorie.

Hugh Dalziel Duncan[13]

Eine Art, eine Gesellschaft zu betrachten, ist die, sie als Interaktion zwischen Vorgesetzten, Untergegebenen und Gleichgestellten zu sehen.[14] Wir meinen zwar oft, daß ein hoher gesellschaftlicher Status eng mit Reichtum, Besitz oder angeborenen besonderen Fähigkeiten von Menschen einhergeht. Doch die hierarchische Rangordnung hat mitunter mehr mit Kommunikationsmustern in bestimmten Situationen zu tun. Menschen bewegen sich nicht nur durch ihre lebenslange Sozialisation von einem Status zum anderen, ihr Status verändert sich auch in unterschiedlichen Situationen; und zwar täglich. Der Geschäftsführer eines Unternehmens beispielsweise nimmt unterschiedliche Statuspositionen ein, wenn er mit seinen Angestellten redet oder mit seiner Frau oder seinen Kindern, Freunden und Eltern. Solche Statusunterscheidungen sind möglich, weil Situationen getrennt und die Menge an verfügbarer Information für verschiedene „Zuschauergruppen" begrenzt werden. Die meisten Rollen, die mit einem hohen Status verbunden sind, haben mehr mit bestimmten Verhaltensweisen und bestimmten Eindrücken zu tun, als damit, jemand zu *sein* und Befehle zu erteilen. Tatsächlich deuten neuere Studien über Führungsverhalten darauf hin, daß „Führung" vielleicht gar nicht der richtige Ausdruck ist. Denn das Wort suggeriert fälschlich, der Führer sei frei, seinen Stil und seine Handlungen beliebig zu wählen, und andere würden ihm einfach deshalb folgen, weil er, der Führer, eine so überragende Persönlichkeit sei, über besondere Intelligenz oder spezifische Eigenschaften verfüge. Der Sozialwissenschaftler Murray Edelman vertritt dagegen die Ansicht, man müsse vor allem die „Bereitschaft von Gefolgsleuten" untersuchen, „sich anleiten zu lassen".[15]

Es scheint einen großen Unterschied zu geben zwischen „Macht" und „Autorität".[16] Macht bezieht sich auf die Fähigkeit, andere (durch physische, ökonomische und andere Mittel) zu zwingen, den eigenen Wünschen zu gehorchen. Man kann Machtmittel *besitzen:* physische Kraft, Waffen oder Geld. Doch Autorität muß *ausgeübt* werden. Autorität bezieht sich auf die Fähigkeit, Vertrauen und den freiwilligen Gehorsam anderer zu gewinnen. Während Macht auf Einschüchterung beruht, lebt Autorität durch Inspiration.

Um als große „Führerfigur" wahrgenommen zu werden, genügt es nicht, „großartig" zu *sein,* man muß sich „großartig" *verhalten.* Führungsqualitäten sind nichts, was ein Individuum „hat" oder nicht hat. Sie erweisen sich in spezifischen Interaktionen und Ritualen in bestimmten sozialen Situationen. Wir haben keine andere Möglichkeit, Führungsqualitäten zu sehen und zu erfahren.

Exklusives Wissen

Ein hoher Status wird dadurch demonstriert und aufrechterhalten, daß der Inhaber der Statusposition die für seine Rolle wesentlichen Kenntnisse, die Fähigkeiten und Erfahrungen beherrscht und wo immer möglich für sich behält. Der hohe Status von Ärzten ist zum Beispiel größtenteils abhängig davon, daß sie Unmengen von Wissen über Anatomie, Krankheiten, Tests und Behandlungsformen angehäuft haben. Der Status von Botschaftern im Ausland basiert vor allem auf ihren Informationen über die politischen Strategien und Absichten ihrer Regierungen; im eigenen Land hängt ihr Status umgekehrt davon ab, wie vertraut ihnen ausländische Regierungen sind. Die Autorität eines Kraftfahrzeugmechanikers beruht – um ein anderes Beispiel zu wählen – auf seinem besonderen Wissen über Autos.

Eine spezifische Situation definiert oft die relative Bedeutung verschiedener Arten von sozialem Wissen und so definiert sie auch den Status der Anwesenden. Ein Mechaniker mit Magenschmerzen hat einen geringeren Status als der Arzt, den er aufsucht. Doch umgekehrt ist auch der weltberühmte Neurochirurg, wenn sein Mercedes 450 SEL streikt, auf Gedeih und Verderb auf den nächstbesten Mechaniker angewiesen. Wissen allein reicht nicht aus, um Autorität zu rechtfertigen. Man muß *mehr* Informationen haben als die anderen Beteiligten in der jeweiligen Situation. Die Begrenzung der Situation kennzeichnet schließlich die relative Autorität eines Menschen, indem sie festlegt, wer sonst noch „da" ist und mit wem es zu konkurrieren gilt.

Der Status eines Vorgesetzten kann untergraben werden, wenn seine Untergebenen Zugang zu seinem „Herrschaftswissen" bekommen. Ein Hypochonder übertrifft vielleicht seinen Arzt, was die Kenntnisse über medizinische Forschungsergebnisse zu den vom Arzt vorgeschlagenen Behandlungsmethoden angeht, und dadurch durchbricht er die typische Arzt-Patient-Beziehung. Ähnlich ist es, wenn ein Arzt einen Mechaniker dadurch verärgert, daß er ihm Ratschläge erteilt, welche Reparatur an seinem Auto notwendig und welche Kosten für Ersatzteile und Arbeitszeit angemessen wären. Um den jeweiligen Status aufrechtzuerhalten, wird das relevante Wissen oft durch einen Spezialisten-Jargon geschützt. Im allgemeinen wird die Autorität eines Menschen gestärkt, wenn die Informationssysteme streng voneinander getrennt sind; Autorität wird geschwächt, wenn sich Informationssysteme mischen.

Wir können zwar unterscheiden zwischen den Konzepten „soziale Information" (Information über Verhalten und Rollenanweisungen) und „technisches Wissen" (Tatsachen und Daten über allgemeine Dinge), doch beide sind eng miteinander verbunden. Die Kontrolle über technisches Know-How ist selbst Bestandteil sozialer Informationen; das heißt, die Kontrolle über das relevante Wissen gibt jemandem das „Recht", eine bestimmte Rolle auszuüben.

Ein hoher Status, der nicht darauf basiert, daß das jeweils relevante Wissen sorgfältig kontrolliert wird – ein solcher Status wird häufig als willkürlich betrachtet, und dagegen regt sich oft Widerstand. Möglicherweise hat die katholische Kirche im 15. Jahrhundert eine solche Entwicklung geahnt, als sie Bibel-Übersetzungen in die jeweilige Landessprache verbot. Die Kirche war damals weit mehr mit der Verfolgung von Bibel-Übersetzungen und häretischer Schriften beschäftigt, als etwa damit, gegen Obszönität vorzugehen.[17] Luther und Calvin machten sich das zunutze und verbreiteten ihre Reformideen, indem sie die Leute dazu ermutigten, die Bibel selbst zu lesen. Wie Harold Innis beschrieben hat, halfen neue Kommunikationstechnologien dabei, das Gleichgewicht der Macht zwischen Monarchen, Priestern und anderen Bevölkerungsgruppen zu verschieben.[18]

Aufgrund der Informationskontrolle ist es im allgemeinen die Person mit dem jeweils höheren Status, die Interaktionen mit Untergebenen initiiert. Lehrer beginnen den Unterricht, nicht die Schüler; Ärzte fangen mit der Befragung oder Untersuchung ihrer Patienten an. Das Recht, Information einzufordern, ohne als Gegenleistung dafür Information geben zu müssen, erhöht den Status noch, da es die relative Kontrolle über das relevante Wissen noch weiter verstärkt. Ein Lehrer kann einem Schüler Fragen stellen, die der Schüler umgekehrt nicht stellen darf; ein Arzt hat das Recht, intimste Details aus dem Leben eines Patienten zu erfragen und ihn körperlich zu untersuchen, ohne sich einer ähnlichen Befragung oder Untersuchung auszusetzen. Nur im Kinderspiel sind die Rollen von Arzt und Patient austauschbar.*

Der Übergang von nicht umkehrbaren zu umkehrbaren Interaktionen spiegelt im allgemeinen eine Veränderung wider im relativen Status und hinsichtlich der erhältlichen Information. Die Interaktion zwischen einem Elternteil und einem Kind wird beispielsweise immer häufiger umkehrbar, je älter das Kind wird. Ähnliche Entwicklungen finden in einigen Lehrer-Schüler- und Chef-Arbeiter-Interaktionen statt, wenn der Schüler Abitur macht, ein Lehrerstudium beginnt und Kollege wird; oder wenn ein Arbeiter zum Vorarbeiter oder Meister aufsteigt. So ist die Tatsache, daß Männer heutzutage nicht mehr wie früher alleine bei Annäherungsversuchen zwischen den Geschlechtern den Anfang machen, ein wichtiges Anzeichen für den Wandel der Geschlechtsrollen.

Je mehr ein Kommunikationsmedium das, was verschiedene Menschen in einer Gesellschaft wissen, in einzelne exklusive Wissens-Bereiche aufspaltet, desto mehr ermöglicht es die Entstehung zahlreicher Autoritäten; je mehr ein Kommunikationsmedium die Informations-Welten miteinander vermischt, desto mehr fördert es egalitäre Formen der Interaktion.

Den Hintergrund verbergen

Mehr als bei jeder anderen Rolle sind gute Darstellungen hierarchischer Rollen darauf angewiesen, daß die Proben und Pausen, die sich im Hintergrund-Bereich abspielen, verborgen bleiben. Ärzte beispielsweise lesen in der Regel vor ihren Patienten nicht in medizinischen Lehrbüchern nach, noch sind sie bereit, ihre Empfindungen oder Zweifel, Ängste oder sexuelle Erregung zur Schau zu stellen. Richter, Rechtsanwälte und politische Führungsfiguren versuchen auf ähnliche Weise, ihren nichtoffiziellen Lebensbereich zu schützen. Je größer die Fähigkeit ist, zu verbergen, welche Zeit und Mühe es kostet, die mit einem hohen Status verbundene Rolle zu spielen oder sich davon zu erholen, desto größer erscheint die eigene Macht und Omnipotenz. Das Bedürfnis nach einer sorgfältig stilisierten Rolle wird in vielen „Handbüchern" für Berufe mit hohem Status zum Ausdruck

---

* Ein nicht umkehrbarer Zugang zu Informationen kann de facto bestimmten Menschen, die offiziell keine hohe Status-Position innehaben, in bestimmten Rollen eine gewisse Autorität zubilligen. Auf diese Weise gewinnen sogar Automechaniker einen hohen Status, insoweit nämlich, wie sie das Recht haben, Kunden über ihr Fahrverhalten zu befragen. Ähnlich erlangen Sekretärinnen, Empfangschefs und Krankenschwestern oft eine größere Macht, als ihr Gehalt und ihre Berufsbeschreibung vermuten ließen.

gebracht. Balthasar Gracian, der Gründer des Jesuiten-Ordens riet beispielsweise im 17. Jahrhundert den Priestern, „ein wenig Geheimnis in alles hineinzumischen", denn ein Mysterium „erweckt Verehrung".[19] Machiavelli gab den Fürsten den Rat, sich darum zu bemühen, wie ein Fürst *zu erscheinen* – denn die meisten Fürsten könnten ja nicht alle idealen Eigenschaften ihrer Klasse besitzen.[20]

Menschen mit großer Autorität müssen ihr Image so sorgfältig kontrollieren, daß es so wirkt, als ob sie ihr Image überhaupt nicht beachten. Hierarchisch geordnete Rollen haben daher eine etwas andere Beziehung zu Informationen als Gruppenidentität und sozialisationsbedingte Rollen. Gruppenidentität und Sozialisation beruhen auf einer *expliziten* Informations-Kontrolle. Viele von uns realisieren, daß ein Mitglied einer Gruppe oder ein Gruppen-Anwärter Zugang zu Wissen und Erfahrung hat, die vor einem „Außenseiter" geheimgehalten werden. Dieser spezielle Zugang gilt zwar auch für Personen mit hohem Status, die Hierarchie beinhaltet aber auch oft eine „Meta-Kontrolle", das heißt, die Kontrolle über das Bedürfnis nach Kontrolle. Hierarchisch definierte Rollen verlangen nach einer metaphysischen Dimension; das heißt, sie erfordern den *Anschein* angeborener Eigenschaften, die weit über das Maß gewöhnlicher Sterblicher ausgeprägt sind. Die Kluft zwischen Übergeordneten – besonders Übergeordneten mit sehr hohem Status – und Untergegebenen wird so scheinbar viel mehr als nur ein Unterschied an Wissen und Erfahrung. Informationen, über die Menschen mit sehr hohem Status verfügen, müssen so erscheinen, als wären sie nicht nur „unbewußt" angeeignet worden, sondern als *könne* man sie sich gar nicht aneignen. So erfordern hierarchische Rollen sowohl ein Geheimnis wie auch „Geheimniskrämerei".*

* Die hierarchische Mystifikation ist sehr gefährlich. Sie kann dazu verwendet werden, diktatorische Regierungen an der Macht zu halten und unfähige Menschen in einflußreichen Positionen zu belassen. Schon die Diskussion über Verschleierungs-Techniken kann unter diesen Umständen störend und unmoralisch erscheinen. Für seine diesbezüglichen Ratschläge ist Machiavelli zum Synonym für politische Tücke und Intrige geworden. Doch solche Techniken sind für die Machterhaltung notwendig, wenn nicht sogar entscheidend. Demokratische Regierungen und fähige Menschen müssen sie genauso anwenden. Wenn wir die Wirkungsweise solcher Techniken nicht untersuchen oder sie ignorieren, kann es in Fällen von Machtmißbrauch böse Überraschungen geben. Der Sozialwissenschaftler Hugh Duncan meinte dazu: „Wir müssen lernen, uns mit der geheimnisvollen Macht von Hierarchien zu *konfrontieren.* Wenn uns das gelingt, ist es vielleicht möglich, Hierarchie bewußt für gute Zwecke einzusetzen. Nicht alle Magie ist schwarz."[21]

Die Fähigkeit, eine übergeordnete hierarchische Rolle zu spielen, hängt größtenteils davon ab, daß das verfügbare Wissen beschränkt ist und die unteren Ränge der Hierarchie nur zu einigen wenige Situationen Zugang haben. Je höher der Status, desto größer das Bedürfnis nach einer solchen Kontrolle. Um sich den Respekt ihrer Gefolgschaft zu sichern, müssen Führungsfiguren oft ihre exzentrischen Eigenschaften und Schwächen verbergen, ebenso wie Fehler, körperliche Besonderheiten und Gebrechen. Bei hierarchisch geordneten Rollen muß das Hintergrund-Verhalten nicht nur „privat" bleiben, sondern die Existenz eines Hintergrundes selbst wird oft geleugnet.

Alle Menschen sind in einem bestimmten Sinn „gewöhnlich". Jemand kann jedoch sein Image von „Größe" aufrechterhalten, indem er oder sie es sich nicht gestattet, etwas von dieser seiner Gewöhnlichkeit in Erscheinung treten zu lassen. Anders ausgedrückt: Es gibt „große Menschen", doch ihre Größe zeigt sich nur in ihrem kontrollierten Sozialverhalten in angemessenen sozialen Situationen.

Ein hoher Status hängt von bewußten oder unbewußten Strategien ab, mit denen Situationen kontrolliert werden. Eine Person mit hohem Status kann diesen nur aufrechterhalten, indem sie sorgfältig den Informationsfluß kontrolliert und gleichzeitig die Techniken der Kontrolle verbirgt. Doch wenn ihre Kontroll- und Selbstdarstellungs-Strategien offengelegt werden, verliert sie das Image, „bedeutend" zu sein. Alle Techniken, die Achtung und Ehrfurcht wecken sollen, bergen daher die Gefahr der „Schande" – eine Abwertung der eigenen Person, verursacht durch die Enthüllung der Techniken der Machterhaltung.

Hierarchien werden von solchen Medien gestützt, die eine klare Trennung zwischen den privaten Verhaltensweisen einer Autoritätsfigur und ihren öffentlichen Handlungen fördern. Umgekehrt werden Hierarchien unterminiert, wenn neue Medien zeigen, was früher ausschließlich Teil der Privatsphäre der Autoritätsfiguren war.

Autorität und ihr Ort

Daß Autoritätsfiguren das Bedürfnis haben, Geheimnisse für sich zu behalten, erklärt die traditionelle Beziehung zwischen Status und Kontrolle über das „eigene" Territorium. Landbesitz mag Reichtum symbolisieren, aber er erlaubt es auch, physisch isoliert zu leben. Je weiter jemand „weg" ist, desto wichtiger wird die symbolische Abstraktion seiner sozialen Rolle gegenüber seiner konkreten (und „gewöhnlichen") physischen Präsenz.

Da jemand mit hohem Status das Bedürfnis hat, nur das „richtige“ Image von sich zu bieten, müssen die ihr untergeordneten Personen von jeder Situation ferngehalten werden, in der er sich möglicherweise selbst imageschädlich verhält. „Image-schädlich“ kann es schon sein, wenn jemand sich entspannt, Karten spielt oder unkontrolliert lacht. Menschen mit einem mäßig hohen Status, wie etwa Chirurgen, müssen sich nur in bestimmten Situationen derart kontrollieren. Ein Chirurg muß sich im Krankenhaus auf eine ganz bestimmte Weise verhalten und kann dennoch bei einer Party oder in der Freizeit ganz anders sein. Von Personen mit sehr hohem Status, etwa Päpsten und Staatspräsidenten, erwartet man jedoch, daß sie sich zu jeder Zeit und in allen Situationen „in Übereinstimmung mit ihrem Charakter“ verhalten.

Menschen in hohen Status-Positionen legen im nichtöffentlichen Bereich selbstverständlich ein anderes Verhalten an den Tag als im öffentlichen, aber diese Tatsache bleibt der Öffentlichkeit in der Regel verborgen.

Unzugänglichkeit als Maß für den Status-Rang spiegelt sich wider in der Büro-Hierarchie. Ein eigenes Büro zu haben, ist ein größeres Statussymbol als ein Büro, das man mit anderen teilt. Der relative Status zweier Menschen kann oft nicht nur daran gemessen werden, über wie viele Mitarbeiter sie jeweils die Aufsicht haben, sondern auch daran, wieviel Zugang jeder zum Territorium des anderen hat. Wenn Sie mein Büro betreten können, ohne anzuklopfen, aber ich einen Termin vereinbaren muß, um Sie zu sehen, haben Sie einen höheren Status als ich. Die Kontrolle über das Territorium und der Besitz von Eigentum ermöglichen es nicht nur, den Zugang zur eigenen Person zu begrenzen, sondern auch, selbst leicht Zugang zu jedem anderen innerhalb des eigenen Territoriums zu bekommen.

Obwohl ein hoher Status traditionell verbunden war mit der Kontrolle über ein Territorium, ist es nicht das „Territorium“ an sich, das soziale Autorität fördert, sondern eher die traditionell damit einhergehende Informations-Kontrolle. Die Idee, daß der Zugang zu Informationen die weitergehende Bedeutung hat, wird durch die ungeschriebenen Gesetze des Augenkontaktes bestätigt: Eine Person mit hohem Status hat oft das Recht, eine Person mit niedrigem Status lange Zeit anzusehen, sie sogar von oben bis unten zu mustern, während umgekehrt erwartet wird, daß die Person mit niedrigerem Status dem Blick der anderen ausweicht. Daß dieser Informationsfluß zwischen verschiedenen Status-Rängen nicht umkehrbar ist, spiegelt sich auch in der Sitzordnung wider. Der „Kopf“ eines rechteckigen Tisches ist eine Position mit hohem Status, denn wer dort sitzt kann alle anderen beobachten, die am Tisch sitzen, ohne den Kopf drehen zu müssen.[22] Auch gibt es eine Parallele zwischen dem Gebot des alten Testaments, Gott dürfe man nicht ins Antlitz sehen, und der traditionellen Position der psychoanalytischen Couch. Der hohe Status den sowohl Gott wie der Psychotherapeut innehaben, wird durch die „Unsichtbarkeit“ geschützt.

Veränderungen in den Medien beeinflussen also möglicherweise die Hierarchien, indem sie die Zugänglichkeit von Personen mit hohem Status verändern. Solche Kommunikations-Medien, die die Beziehung zwischen physischer Isolation und sozialer Unzulänglichkeit stützen, unterstützen auch die Mystifikation von Hierarchien und umgekehrt: Medien, die jene Beziehung unterbrechen, bewirken möglicherweise, daß viele Rollen ihren hohen Status verlieren.

Teil II
Von gedruckten zu elektronischen Situationen

Unabhängig davon, wie neue Medien eine Gesellschaft verändern, muß die neue soziale Ordnung sich aus der alten ergeben. Neue Medien haben ihre Wirkung deshalb, weil sie Aspekte der Gesellschaft verändern, die von früheren Kommunikationsmitteln gestaltet wurden. Die Druckerpresse konnte zum Beispiel sowohl die Reformation wie die wissenschaftliche Forschung fördern, weil sie das Informations-Monopol der langsam arbeitenden Schreiber durchbrach.[1] Die Macht eines neuen Mediums entsteht nicht nur aus seinem Einsatz und seinen charakteristischen Eigenschaften, sondern auch aus der Art und Weise, wie es den Einsatz und die Eigenschaften früherer Medien außer Kraft setzt oder sie umgeht. Dieselben Medien können daher in verschiedenen Gesellschaften unterschiedliche Auswirkungen haben. Die Bedeutung elektronischer Medien ist in vielen Ländern der Dritten Welt, in denen noch längst nicht alle Menschen lesen und schreiben können, zweifellos sehr verschieden von den Auswirkungen elektronischer Medien in hochzivilisierten Ländern.[2]

Zwar werden neue Medien nur Teil des bereits existierenden Spektrums vorhandener Kommunikations-Medien, aber wie wird die „Medien-Landschaft" in einer bestimmten Gesellschaft verändert, wenn ein neues Medium hinzukommt?

Zur Kategorie der Printmedien zähle ich Bücher, Zeitungen, Zeitschriften und Flugblätter. Zur Kategorie der elektronischen Medien zähle ich solche technischen Systeme wie Fernsehen, Rundfunk, Telegramm, Telefon, Tonband und Computer. Es ist natürlich unmöglich, jedes dieser Medien in diesem Buch zu untersuchen. Ich habe mich daher auf das wichtigste Medium innerhalb jeder Kategorie konzentriert: das Buch und das Fernsehen. In mancher Hinsicht sind diese beiden Medien die wesentlichen Repräsentanten ihrer jeweiligen Kategorie. Es ist das Buch, das den Konservativen die Bedrohungen durch die neuen Medien vor Augen führt; und unter den elektronischen Medien ist es das Fernsehen, das nach wie vor der stärksten Kritik ausgesetzt ist. Doch da alle Kommunikations-Medien einer Gesellschaft miteinander interagieren, und weil alle Printmedien bestimmte gemeinsame Eigenschaften aufweisen, die sie von allen elektronischen Medien unterscheiden, bringe ich auch einige zentrale Beispiele aus anderen Medien mit hinein.

Wie im Rest des Buches wird auch hier die Auffassung vertreten, daß die Medien eine bestimmte Art sozialer Umwelt darstellen, die Menschen auf bestimmte Weise einschließt oder ausschließt, vereint oder trennt. Die Diskussion über eine Veränderung der Medien-Landschaft ist daher vergleichbar mit der Untersuchung architektonischer oder geographischer Veränderungen oder der Auswirkungen von Migration und Landflucht. Ich konzentriere mich darauf, wie ein neues Medium soziale Situationen neu strukturiert, ähnlich wie der Bau oder Abriß von Wänden oder die Tatsache, daß man Menschen physisch an einen neuen Ort bringt, sie entweder in verschiedenen Situationen isoliert oder sie in der gleichen oder einer ähnlichen Situation zusammenbringt. Bei dieser situativen Analyse der Unterschiede zwischen Print- und elektronischen Medien sind die wichtigsten Fragen: Wer hat in einer Gesellschaft Zugang zu dieser Informations-Umwelt und wer nicht? In welchem Ausmaß haben Menschen unterschiedlichen Alters, Geschlechts, verschiedener Rasse und Ausbildung durch dieses Medium Zugang zu denselben oder anderen Informationssystemen? Wie unterscheidet sich die Art von Information, die in dieser Umgebung erhältlich ist, von den Informationen, die in anderen Situationen zur Verfügung stehen? Und generell: Auf welche Weise beeinflußt der breite Einsatz dieses Mediums „was wer über wen weiß"?

In Teil I wurde beschrieben, wie sich Verhalten ändert, wenn die Grenzen von Situationen sich ändern. Außerdem haben wir gesehen, daß die Anzahl verschiedener Gruppenidentitäten, Sozialisationsstadien und Hierarchisierungen eng verbunden ist mit der Anzahl unterschiedlicher sozialer Informationssysteme, mit dem Ausmaß, in dem „Hintergrund"-Verhalten getrennt wird von „Bühnen-Verhalten" und der relativ starken Verbindung zwischen physischem Ort und sozialer Erfahrung. Dieser Teil des Buches ist daher in Kapitel aufgeteilt, die sich mit den drei wichtigen Fragen beschäftigen:

1. In welchem Ausmaß trennt oder vereint das Medium Menschen in unterschiedlichen oder ähnlichen Informations-Welten?
2. In welchem Ausmaß erlaubt das Medium größere Unterscheidungen zwischen den informellen, privaten „Hintergrund-Verhaltensweisen" von Menschen und ihren formellen, öffentlichen „Bühnen"-Verhaltensweisen?
3. In welchem Ausmaß unterstützt oder schwächt das Medium die traditionelle Beziehung zwischen sozialen Situationen und physischen Orten?

Es geht darum, wie die elektronischen Medien viele – früher getrennte – soziale Situationen miteinander vermischen, die Trennungslinien zwischen privatem und öffentlichem Verhalten verwischen und die einst als naturgegeben betrachtete Verbindung zwischen dem Ort der physischen Position, und der sozialen „Position" aufheben.

5
Öffentliche Bereiche vermischen sich

Die vielleicht wichtigste Eigenschaft jedes Mediums ist seine Fähigkeit, unsere Sinneswahrnehmungen zu beeinflussen und einen Kontakt herzustellen zu unseren Gedanken und Ausdrucksformen. Wenn niemand zu einem Medium Zugang hat, kann niemand dessen Botschaften aussenden oder empfangen; das ist offensichtlich. Weniger offensichtlich ist jedoch die damit verbundene Tatsache, daß die Art des Zugangs und die notwendigen Schritte dahin für verschiedene Medien ganz unterschiedlich sind. Verschiedene Medien etablieren eine unterschiedliche Art und Anzahl sozialer Informationssysteme. Die Verbreitung eines neuen Mediums kann daher die „Gemeinsamkeit" sozialer Information erhöhen oder verringern. Ein bestimmtes Medium ist etwa in der Lage, getrennte Informationssysteme für verschiedene Menschen zu schaffen; ein anderes Medium schließt vielleicht viele verschiedene Menschen in einer gemeinsamen Situation ein. Dieses Kapitel beschreibt und diskutiert solche Eigenschaften bei elektronischen Medien, besonders dem Fernsehen, die tendenziell die Trennung von Informationssystemen für verschiedene Teile der Bevölkerung aufheben.

Wie eine Reihe von Medienkritikern beobachtet hat, ist das Fernsehpublikum zum Teil deshalb so heterogen, weil das Fernsehen – ökonomisch betrachtet – als Werbeträger benutzt wird und die Zuschauer an Werbeagenturen „verkauft" werden.[1] Während die Zuschauer oft Fernsehprogramme als „Produkte", sich selbst als „Konsumenten" und Werbung als den „Preis" betrachten, den sie bezahlen müssen, um fernsehen zu können, funktioniert das Fernseh-Business in Wirklichkeit ganz anders. Die „Produkte" sind die Zuschauer, sie werden den Werbeagenturen verkauft. Je mehr Zuschauer ein Programm anzieht, desto mehr Geld sind die Unternehmen bereit, für die Ausstrahlung ihrer Werbespots zu zahlen. Aufgrund dieses Systems haben die Sendeanstalten wenig Interesse daran, Programme zu entwickeln, die dem speziellen Bedürfnis von Minderheiten innerhalb des Publikums entsprechen.

Eine Grundregel der Programmgestaltung nennt man im Amerikanischen das „Least Objectionable Programming" (LOP). Das heißt, entscheidend für die Programmgestaltung ist, dafür zu sorgen, daß so wenig Zuschauer wie möglich *abschalten*, und nicht, daß Zuschauer dazu gewonnen werden, ein Programm gezielt auszusuchen. Jedenfalls wird jede Sendung, die sich nur bei einem Teil der Bevölkerung großer Beliebtheit erfreut (Oper, Automechanik für Fortgeschrittene, harte Pornografie, Shakespeare, Einführung in Quantenphysik usw.) wahrscheinlich von der Mehrzahl der Zuschauer abgeschaltet. Und wenn die Kosten für die Ausstrahlung des Programms und der Werbesendungen das übersteigen, was Werbeleute bereit sind zu zahlen, um die Anzahl von Zuschauern zu erreichen, die das Programm einschalten (oder wenn ein anderes Programm, das gleich viel kostet, eine höhere Einschaltquote hat), dann wird das Programm mit fast absoluter Sicherheit abgesetzt. Die meisten Fernsehsender versuchen daher bewußt, Programme zu entwerfen, die so viele Zuschauer wie möglich erreichen.

Die ökonomische Struktur der Sendeanstalten erklärt jedoch nicht vollständig, warum das Fernsehpublikum so heterogen ist, verglichen mit der Bevölkerungsgruppe, die Bücher liest. Ohne die schlechte Qualität der Fernsehunterhaltung oder die zweifelhafte Nutzung öffentlich-rechtlicher Sendeanstalten zu entschuldigen, können wir doch noch andere Faktoren in Betracht ziehen, die bei den elektronischen Medien zu derart heterogenen Informations-Systemen führen.

„Schlüssel" für die Medien

Die Fähigkeit und Ausbildung, die es erfordert, die Botschaften eines Mediums zu verschlüsseln und zu entschlüsseln, bestimmen größtenteils, wer das Medium in einer Gesellschaft nutzen kann. Selbst innerhalb einer Kommunikations-Art, wie etwa der Schrift, können verschiedene Verschlüsselungs-Systeme unterschiedliche soziale Konsequenzen haben. Komplizierte Schrift-„Codes" stützen die Machterhaltung einer schriftkundigen Elite, die das kulturelle Wissen und die damit verbundenen Rituale kontrolliert. Die Chinesen verwenden zum Beispiel eine „logografische" Schrift, bei der ein Zeichen ein ganzes Wort symbolisiert. Dieses System bedeutet, daß der Grundwortschatz ungefähr 5.000 Zeichen umfaßt, und die Beherrschung von 20.000 Symbolen erst wissenschaftliche Arbeit ermöglicht. Ein solches System begrenzt selbstverständlich die Anzahl der Menschen, die vollen Zugang zu diesem Medium haben.[2]

Andere Codierungen, etwa die Silbentabellen der Phoenizier und Hebräer, sind einfacher zu lernen; da sie aber keine Vokale enthalten, erfordern sie spezielle Lesefertigkeiten. In einer Silbentabelle kann dieselbe geschriebene Silbe, etwa „B", auf ganz verschiedene Weise ausgesprochen werden, unter anderem „ba", „be" und „bo". Eine Reihe geschriebener Buchstaben kann völlig verschiedene Wörter mit unterschiedlicher Aussprache und Bedeutung darstellen. Um diesen Code richtig lesen zu können, muß man schon einige Vorkenntnisse über den Text und seinen Inhalt haben.

Je mehrdeutiger ein Schriftsystem ist, oder je mehr Symbole man sich einprägen muß, desto weniger Menschen können es beherrschen. Silbentabellen sind also „demokratischer" als eine logografische Schrift, aber „elitärer" als rein phonetische Alphabete. Außerdem kann – wenn das schriftliche Material nur begrenzt erhältlich ist, weil es langsam oder teuer produziert werden muß – nur eine begrenzte Anzahl von Menschen vollen Zugang zu der Kommunikation haben, die das Schriftsystem bietet.

Das phonetische Alphabet verringert die Mehrdeutigkeit vieler Schrift-Codierungen, und die Erfindung der Druckerpresse machte Bücher auch jenen zugänglich, die sich handgeschriebene Manuskripte nicht leisten konnten. Doch trotz der zahlreichen billigen Bücher verschaffte erst die Fähigkeit, lesen und schreiben zu können, den Leuten Zugang zu sozialem Wissen. In einer von Druck-Medien beherrschten Gesellschaft muß jemand gut lesen und schreiben können, um vollen Zugang zum Wissensstand und den Kommunikations-Netzwerken einer Gesellschaft zu bekommen. Selbst ein Groschenroman erfordert gewisse Lesefertigkeiten; für eine kurze Nachricht an einen Freund braucht man mindestens Grundkenntnisse in Rechtschreibung und Grammatik. Da wir schon als Kinder anfangen, lesen und schreiben zu lernen, vergessen wir oft, daß beides sehr umfangreiche Fähigkeiten sind, die jahrelange Ausbildung und Praxis erfordern.[3]

Lesen und Schreiben erfordert die Beherrschung eines abstrakten Codes semantisch bedeutungsloser Symbole, die im Gedächtnis gespeichert, internalisiert und dann vergessen werden müssen – vergessen in dem Sinne, daß man Buchstaben des Alphabetes aneinanderreiht und dabei *die Worte hört,* statt sich auf Form und Umfang der schriftlichen Symbole zu konzentrieren.[4]

Außerdem ist es unmöglich, „sofort" lesen zu können; man muß es jahrelang üben und viele verschiedene Stadien der Lesefertigkeit durchlaufen. Die Abfolge der verschiedenen Stadien basiert auf ansteigenden linguistischen, grammatikalischen und stilistischen Schwierigkeiten. Man muß einfache Bücher lesen, bevor man schwierige Bücher lesen kann. Selbst bei den Erwachsenen der zivilisiertesten Gesellschaften hat die Alphabetisierung niemals 100% erreicht.* Und von jenen, die lesen und schreiben können, erreicht nur ein kleiner Prozentsatz das Stadium der souveränen Beherrschung beider Techniken. *Jedes* Schriftsystem ist selektiver und exklusiver als die gesprochene Sprache.

Die zum Lesen und Schreiben notwendigen Fähigkeiten beeinflussen den Zugang zu gedruckten Informationen in zweifacher Weise: Die Kommunikation durch Schrift und Bücher wird „automatisch" auf jene beschränkt, die den „Schlüssel" dazu haben, und selbst innerhalb der Gruppe, die über Grundkenntnisse verfügt, ist es möglich, Nachrichten gezielt verschiedenen Gruppen zukommen zu lassen, indem der Schwierigkeitsgrad der verschlüsselten Botschaft variiert wird. Kleine Kinder und Analphabeten sind daher von jeder schriftlich verbreiteten Kommunikation ausgeschlossen, und die Gesellschaft wird auf der Grundlage unterschiedlicher Lesefähigkeit in viele verschiedene Informations-Systeme getrennt.

Im Gegensatz zum Lesen und Schreiben erfordert Fernsehen keine besonderen Fähigkeiten. Das Fernsehen stellt keineswegs die „Wirklichkeit" dar, aber es sieht der Wirklichkeit viel „ähnlicher" und hört sich viel „wirklicher" an als Zeilen und Absätze in einem Text. Schon Zweijährige gewinnen mühelos Zugang zum Fernsehen, ein Grund, warum dieses Medium so oft als „Babysitter" eingesetzt werden kann. Kinder im Alter zwischen zwei und fünf sehen in den USA mehr als 25 Stunden pro Woche fern.[6] Diese aktiven Fernsehzuschauer sind in einem Alter, wo ihnen die Buchstaben des Alphabetes noch als merkwürdige Kreise und Linien erscheinen – mit Ausnahme vielleicht der dynamischen Buchstaben, die ihnen in der „Sesam-Straße" nahegebracht werden.

Das Fernseh-Code elektronischer Signale bildet Alltags-Ansichten und -Klänge ab und enthält im Grunde nur einen einzigen Schwierigkeitsgrad. Wenn man einmal weiß, wie man ein Fernsehprogramm sehen und hören kann, weiß man, wie „Fernsehen geht" und kann jede

* Nach Schätzungen sind zwischen 23 und 72 Millionen der amerikanischen Erwachsenen „funktionelle Analphabeten"; das heißt, sie sind nicht in der Lage, eine Anzeige zu lesen, einen Fahrplan zu verstehen, einen Antrag auszufüllen oder einen Brief zu adressieren.[5]

beliebige Sendung verstehen. Vielleicht versteht man vom Inhalt her nicht alles, aber man muß keinen vorgeschalteten, schwierigen Filter gedruckter Symbole passieren, um in die Kommunikations-Situation „eindringen" zu können.*

Viele Fernseh-„Techniken" basieren auf Alltags-Erfahrungen. Wenn die Kamera zum Beispiel ein Objekt von unten nach oben aufnimmt (zu ihm „aufsieht"), gewinnt dieses beim Betrachter an Dominanz und Macht. Das ist sicher kein Zufall. Als Kinder mußten wir uns alle den Hals verrenken, um die Erwachsenen betrachten zu können, die wir liebten, respektierten und fürchteten – Menschen, zu denen wir im wahrsten Sinne des Wortes „aufsahen". Es gibt viele andere starke Beziehungen zwischen der Struktur von Fernseh-Sequenzen und der Struktur von persönlichen Begegnungen im alltäglichen Leben.[8] Solche Beziehungen verweisen darauf, daß es weitaus einfacher ist, die Fernsehaufnahmen verstehen zu lernen, als die willkürlich festgelegten Lese- und Schrift-Codierungen zu begreifen.

Im allgemeinen müssen Fernseh-Sendungen nicht in einer bestimmten Reihenfolge angesehen werden. Man braucht nicht erst „einfache" Sendungen zu sehen, um zu „schwierigen" überzugehen. Erwachsene, die erst seit wenigen Monaten fernsehen, verstehen die Sendungen vermutlich genauso gut wie Leute, die schon seit vielen Jahren fernsehen. Selbst wenn es Unterschiede zwischen ihnen geben sollte, sind sie verschwindend gering, verglichen mit den Unterschieden zwischen erwachsenen Analphabeten und erwachsenen Lesern. Es gibt keine besonderen „Voraussetzungen", um eine bestimmte Fernsehsendung verfolgen zu können – so wie es Voraussetzungen gibt, um einen Roman wie *Ulysses* lesen zu können. Die Komplexität des *Inhalts* von Fernsehsendungen mag zwar verschieden sein, doch die Art, wie der Inhalt in verschiedenen Fernseh-Programmen *verschlüsselt* wird, bleibt relativ konstant: Bilder und Klänge. Das Verständnis der Bilder hat nichts mit der Fähigkeit zu tun, lesen und schreiben zu können.[9]

Es ist nicht verwunderlich, daß Menschen aller Altersgruppen, verschiedener Bildungsschichten und Einkommensgruppen dieselben Fernsehsendungen einschalten. In den letzten Jahren war zum Beispiel die Serie „Dallas" bei Kindern sehr beliebt, und Erwachsene liebten die Kindersendung „Muppet-Show". Im Jahre 1980 gehörten diese beiden Serien zu den beliebtesten Sendungen bei *allen* amerikanischen Altersgruppen, einschließlich der Kinder von zwei bis elf Jahren.[10]

Die Codierung in den Printmedien entscheidet mit über die Information, die Kindern zugänglich gemacht wird; sie formt aber auch auf subtile Weise die Organisation des Wissens und der Erfahrung Erwachsener. Die unterschiedlichen Schwierigkeitsgrade des Gedruckten bieten eine scheinbar „natürliche" Möglichkeit, Informationen getrennt zu vermitteln. In allen Bereichen des Wissens gibt es „Einführungs"-Bücher und -Texte. Diese Bücher muß man im allgemeinen zuerst lesen, bevor man zu „mittelschweren" und „Fortgeschrittenen"-Texten übergehen kann. Das Wissen wird in einzelne Bereiche aufgegliedert, die Leser dadurch voneinander getrennt. Wer in einem Bereich Experte ist, kann Nachrichten an andere Experten desselben Bereiches senden, indem er einfach seine Botschaften in komplizierten Kürzeln verfaßt, die niemand verstehen kann, der nicht vorher eine Spezialausbildung genossen hat und sie lesen kann. Mit der steigenden Komplexität des Inhalts geht oft die Verwendung von längeren Wörtern, kleineren Schrifttypen, weniger Bildern und komplizierteren grammatikalischen Konstruktionen einher. Ich erinnere mich daran, daß ich als Kind frustriert versuchte, die Vorworte meiner Schulbücher zu entziffern; sie waren „an den Lehrer" adressiert, klein gedruckt und enthielten viele lange Wörter, was es mir schwer machte, sie zu entschlüsseln.

Was in der zwischenmenschlichen Kommunikation unhöflich erscheinen würde – sich nur an einen Teil des Publikums zu wenden – wird in den Printmedien zur

---

* Es gibt einige Fernsehtechniken, die mehr Training erfordern als andere. So muß man sich an Rückblenden, Schnitte und Schwenks zwischen simultan ablaufenden Handlungen erst gewöhnen. Auch merken Kleinkinder – wie Untersuchungen gezeigt haben – nicht immer, daß ein Objekt, das in einer Nahaufnahme erscheint, identisch ist mit dem, was sie vorher in der Totalen gesehen haben.[7] Doch selbst diese Konventionen werden eher als „Gestalt" gelernt und nicht in verschiedenen aufeinanderfolgenden Lernstadien. Wenn man einmal die Idee der „Rückblende" verstanden hat, versteht man alle Rückblenden. Wenn man einmal gelernt hat, daß ein Schnitt symbolisieren soll, daß einige Zeit vergangen ist oder der Ort des Geschehens jetzt ein anderer ist, braucht man das Verständnis anderer Filmsequenzen, in denen die gleiche Technik angewandt wurde, nicht zu „üben". Die entscheidenden Punkte sind: *verglichen mit dem Schrift-Code* sind die Schlüssel-Elemente des Fernsehens zahlenmäßig begrenzt, man muß nicht mehrere Jahre zur Schule gehen, um sie beherrschen zu lernen und – das ist das Wichtigste – man kann das Fernsehen „erleben", ohne seine Funktionsweise und den Code ganz zu verstehen. Im Gegensatz zum Inhalt von Büchern sind alle im Fernsehen gezeigten Verhaltensweisen und Worte für die meisten Menschen zugänglich, unabhängig davon, wie alt die Zuschauer sind und welche Ausbildung sie haben. Natürlich muß beim Fernsehen ebenso wie bei den Druckmedien „der Inhalt entschlüsselt werden"; das können die strukturellen Elemente verschiedener Genres und Formen sein, die sich dem unmittelbaren Verständnis auch dann noch entziehen, wenn man Grundkenntnisse über das Medium hat.

Regel, als wirkungsvoller und angemessener Kommunikationsstil. Die Schwierigkeit des Codes und die nötige Anstrengung, die man aufbringen muß, ihn zu entschlüsseln, bringen manche Bücher nur einigen Menschen näher. Bücher „versammeln" bestimmte Leser in spezifischen Informations-Systemen.

Die Kommunikationsmuster, die durch die Printmedien entstehen, erschweren es beispielsweise Experten der einen Disziplin, mit Experten anderer Disziplinen zu kommunizieren. Außenseiter, die Zugang zu einer Disziplin bekommen wollen, müssen oft noch einmal von vorn anfangen und eine neue Leiter eines spezialisierten Informations-Systems hinaufklettern. Zeit und Stolz sind mächtige Barrieren, die Menschen innerhalb der Begrenzungen ihres eigenen „Feldes" bleiben lassen. Ein solches System ermöglicht viele Interaktionen, die man „privatöffentlich" nennen könnte, das heißt, die Situationen sind technisch betrachtet öffentlich, aber funktionell den Mitgliedern einer einzelnen Gruppe vorbehalten. Medizinische Experten können sich zum Beispiel mit anderen medizinischen Spezialisten unterhalten, ohne daß selbst andere Ärzte „mithören" können.*

Die Komplexität des gedruckten Codes trennt daher Informations-Systeme sowohl innerhalb wie zwischen Gruppen verschiedenen Alters. Die jeweils erforderlichen Ausbildungs-Stadien des Lernens, um komplizierte gedruckte Information verarbeiten zu können, stützen die Aufrechterhaltung vieler voneinander getrennter Gruppen, vieler Sozialisations-Stadien und vieler Status- und Autoritätsränge. Obwohl wir mit diesem System vertraut sind, ist an solchen Aufteilungen und Stadien des Wissens nichts „Natürliches". Im normalen Gespräch gibt es zum Beispiel keine klare Aufeinanderfolge von Schwierigkeits-Graden. Die Idee von Stadien und Lehrbuch-Folgen war eine Erfindung, die auf die Verbreitung gedruckter Schriften folgte.[11] In oralen Kulturen gibt es in der Ausbildung relativ wenige „Abschnitte", und nur selten werden Menschen in verschiedene Gruppen aufgrund von Lebensalter und Ausbildungsstand aufgeteilt. Die Schulsysteme in alphabetisierten Gesellschaften sind jedoch gewöhnlich darauf eingerichtet, Kinder beispielsweise in bestimmte Gruppen einzuteilen, je nach Lesefähigkeit. Wie gut man lesen kann, gilt als Hinweis für die Intelligenz und die Fähigkeit, neues Gedankengut aufnehmen zu können. Dieses System ist in einer von Printmedien beherrschten Kultur sinnvoll, aber es ist nicht die einzige logische Möglichkeit, Information zu gliedern oder Menschen zu taxieren. Die elektronischen Medien, einschließlich Telefon, Radio, Fernsehen und sogar Computer, enthalten weniger Wissens-Stadien und -Einteilungen. Wenn man nicht den Inhalt des gedruckten Materials direkt in diese anderen Medien übersetzt, sind die Botschaften elektronischer Medien näher an der nichtlinearen Information von Klängen, Bildern und Handlungen.

Manche Informationen, die nur in „Büchern für Fortgeschrittene" zu finden sind, etwa in medizinischen Lehrbüchern, können im Fernsehen in eine Form gebracht werden, die sie einem breiten Publikum verständlich macht. Neulich sah ich eine Dreißig-Minuten-Sendung, in der ganz detaillierte Informationen über Herzmassage geboten wurden: verbal, in Bildern und Spielszenen. Der in der Sendung zu Wort kommende Arzt betonte mehrmals, daß man im Gegensatz zu früher heute in der Medizin der Ansicht sei, es seien keine speziellen Vorkenntnisse nötig, um eine Herzmassage ausführen zu können. Sie sei so einfach, meinte er, daß selbst ein Kind sie lernen könnte – und tatsächlich beherrschte seine Tochter die Technik bereits.

Ich behaupte nicht, daß eine Fernsehsendung über Herzmassage mit der Lektüre eines entsprechenden medizinischen Lehrbuches vergleichbar ist. Die Sendung über Herzmassage wird in ein Vakuum ausgestrahlt. Die Information ist nicht an medizinisches Grundwissen geknüpft und kein Schritt in die Richtung, in der Bevölkerung umfangreichere medizinische Kenntnisse zu vermitteln. Die logische Verbindung von Informations-Bruchteilen zu größeren, komplexeren und untereinander verbundenen Theorien bleibt nach wie vor den Printmedien vorbehalten.[12]

In diesem Sinne ist die Fernsehsendung über Herzmassage einer gedruckten Instruktion derselben Technik weit unterlegen. Doch was in einem Buch schwierige Ver- und Entschlüsselungen erfordert, kann im Fernsehen einfacher vermittelt und direkter aufgenommen werden. Informationen, die bislang Experten vorbehalten waren, sind jetzt für den Durchschnitts-Fernsehzuschauer zugänglich.

Bücher und Fernsehen haben ihre spezifischen Stärken

* Dieses System geteilten Wissens ist so in unserem Bewußtsein verankert, daß neue, interdisziplinäre Untersuchungsbereiche wie „Amerikanische Studien", „Pop-Kultur" und „Kommunikation" manchmal als Gegenstands-los betrachtet werden, weil sie nicht versuchen, ein isoliertes Feld zu beackern oder Wissen exklusiv anzuhäufen, und weil die gestellten Fragen für Angehörige anderer Disziplinen nur allzu leicht verständlich sind. Traurigerweise haben einige Wissenschaftler in diesen Disziplinen – um sich gegen solche Angriffe zu verteidigen – ihren eigenen Spezialjargon und eng begrenzte Methoden entwickelt, um in den Augen anderer Forscher eine geheimnisvolle – und daher wertvolle – Arbeit zu verrichten. Doch solche Verteidigungsstrategien zerstören den originären Wert und Nutzen des interdisziplinären Ansatzes.

und Schwächen. Der komplizierte, Schritt für Schritt aufgebaute Inhalt des Gedruckten ermöglicht die Entwicklung ausführlicher und untereinander verbundener Beschreibungen und Analysen, schafft aber tendenziell auch strikte Trennungen in jene, die zu einem bestimmten Informations-System Zugang haben und anderen, die davon ausgeschlossen sind. Die lineare Struktur des gedruckten Codes führt zu Spezialisierungen, je nach den Gedanken-„Strängen", die die jeweiligen Fachleute verfolgen. Das Fernsehen reißt die Barrieren zwischen diesen ganzen Fachgebieten ein, dafür vermittelt es aber nur einzelne „Informations-Brocken", statt untereinander verbundener Argumente und systematische Analysen.

In der bisherigen Geschichte erscheinen den meisten Menschen die „Gefäße", in denen Gedanken aufgebaut und aufbewahrt wurden, als Form des Wissens selbst. Doch um die Auswirkungen neuer Medien verstehen zu können, müssen wir unterscheiden zwischen der bestimmten Ideen und Prozessen innewohnenden Komplexität einerseits und der aufgesetzten Komplexität der Mittel andererseits, mit denen wir sie verschlüsseln und beschreiben. Wenn der einzige Weg, sich die Schnürsenkel binden zu lernen, darin bestehen würde, eine schriftliche Beschreibung des Vorgangs zu lesen, dann würde sicherlich das Binden von Schnürsenkeln als eine Fähigkeit betrachtet werden, die „von Natur aus" gut ausgebildeten Leuten vorbehalten wäre.

Aufgrund der entscheidenden Unterschiede in der Verschlüsselung haben die elektronischen Medien zu einem Zusammenbruch spezialisierter und getrennter Informations-Systeme geführt, wie sie vom gedruckten Material gebildet und gefördert worden waren. Heute befinden sich breite Teile der Bevölkerung im Hinblick auf große Themenkreise auf demselben Informationsstand. Was die Leute durch die elektronischen Medien lernen und erfahren, hat relativ wenig zu tun mit ihrem Alter, ihrer traditionellen Ausbildung und ihrer aktuellen sozialen Position. Was den Inhalt und die Dauer des Fernsehkonsums angeht, so sind die Ähnlichkeiten zwischen verschiedenen Altersgruppen, Rassen, Geschlechtern und Klassen viel auffälliger als die Unterschiede.*

Anders als die Printmedien bietet das Fernsehen seinen Inhalt allen Teilen der Bevölkerung an. Das Fernsehen unterminiert so die Aufrechterhaltung einer Wissens-Elite, die die Interpretation der in einer Gesellschaft verfügbaren Information kontrolliert; und es verhindert die Entwicklung getrennter Sprach-Stile je nach Wissensgebiet. Nach wie vor ist es möglich, daß mächtige ökonomische und politische Kreise den Inhalt von Sendungen kontrollieren und manipulieren. Doch die Kontrolle über das Fernsehen hat nicht dieselbe Bedeutung wie die Kontrolle oder Zensur schriftlichen Materials. Verschiedene Menschen lesen verschiedene Bücher, doch was immer im Fernsehen gezeigt wird, ist für jeden zugänglich, der sich seinen Reim darauf machen will. Anders als Bücher kann das Fernsehen nicht ohne weiteres von einer Elite dazu verwendet werden, nur unter sich zu kommunizieren.

Genauso wie Fernseh-Inhalte für die Zuschauer leicht zu entschlüsseln sind, so ist es relativ einfach, Informationen für die Präsentation im Fernsehen zu verschlüsseln . Wenn einmal die technisch komplizierten Randbedingungen geschaffen sind, ist die Darbietung der Inhalte relativ einfach. Und fast jeder kann sich vor eine Fernsehkamera oder ein Aufnahme-Mikrofon stellen und „eine Botschaft aussenden". Wohl nicht zufällig hat sich in den letzten Jahren sogar das teuerste Fernseh-„programm" – die Werbespots – mehr und mehr der Technik der „versteckten Kamera" bedient, um „den Mann und die Frau auf der Straße" zu befragen, und Werbefilme hergestellt, in denen die Unternehmensleiter selbst ihre Produkte anpreisen. Viele Shows arbeiten ebenfalls nach dem Prinzip, daß Fähigkeiten und Verhaltensweisen von talentierten, aber „ganz normalen" Menschen gezeigt werden.

Diese Werbefilme und Programme werden von Profis produziert und ausgestrahlt, doch die Inhalte können fast von jedem Erwachsenen oder Kind hergestellt werden. Der entscheidende Punkt ist: Während Gedrucktes von Menschen verschlüsselt wird, die eine besondere Ausbildung genossen haben, können Radio- und Fernseh-Botschaften von „jedermann" hergestellt werden, von jeder Frau und selbst von jedem Kind. Die Durchschnitts-

* Jüngste Erhebungen zeigen zum Beispiel, daß in amerikanischen Haushalten mit einem Einkommen unter 10.000 Dollar im Durchschnitt 47 Stunden und drei Minuten pro Woche der Fernseher läuft; in Haushalten mit einem Einkommen über 30.000 Dollar sind es 47 Stunden und 50 Minuten pro Woche. Die Zuschauer mit College-Ausbildung verbringen annähernd 90% der Zeit vor dem Fernseher, die auch vom Durchschnitt der Bevölkerung genannt wird; Männer und Frauen sehen annähernd gleich viel fern. Die größten Unterschiede in den Sehgewohnheiten bestehen zwischen den Altersgruppen. Teenager sehen am wenigsten fern: im Durchschnitt „nur" 22 Stunden und 30 Minuten pro Woche; am größten ist dagegen der Fernseh-Konsum bei über 50jährigen: durchschnittlich 35 Stunden und 6 Minuten pro Woche. Doch selbst hier ist der entscheidende Punkt, daß in *jeder* Altersgruppe – von Zweijährigen bis zum Greis – sehr viel ferngesehen wird, nämlich mehr als 22 Stunden pro Woche. Und viele Sendungen werden von allen Altersgruppen und Schichten gesehen.

bürger werden sogar oft Schauspielern vorgezogen, weil sie so „authentisch" wirken. Aus diesem Grund wurde vielleicht auch die Straßen-Befragung mit Mikrofon und Kamera zu einem der Grundpfeiler von Nachrichten- und Dokumentar-Sendungen. Viele Fernsehreporter sind ständig unterwegs, um zu aktuellen Themen kurze Umfragen durchzuführen; während die Zeitungs- und Zeitschriften-Journalisten sich eher „Experten" suchen und „Statements" offizieller Politik einfangen. Wer sich als Leser für Eßstörungen oder Scheidungs-Probleme interessiert, wird wahrscheinlich Bücher lesen, die von Ärzten, Psychiatern und Juristen geschrieben wurden; doch der interessierte Fernsehzuschauer bekommt häufig Menschen zu sehen, die solche Probleme „am eigenen Leib" erfahren haben.

Eine Kamera oder ein Mikrofon bedeuten für die Aufzeichnung von Ereignissen auch etwas ganz anderes als die Verwendung von Bleistift und Papier. Zwar gibt es große Unterschiede zwischen einem Amateurfilm über eine Hochzeit und einem professionellen Dokumentarfilm darüber, doch diese Unterschiede sind nicht so groß wie die zwischen einem Brief über eine Hochzeit, den ein Siebenjähriger verfaßt und der Sozialreportage eines Schriftstellers über das gleiche Ereignis. Schon ein kleines Kind kann mit einer Video-Kamera umgehen und damit viele Aspekte der Wirklichkeit „einfangen". Eine automatische Kamera in einem Supermarkt oder einer Bank kann sogar ohne *jegliche* menschliche Intervention Handlungsabfolgen aufnehmen.

Obwohl das Fernsehen den Zuschauern viele Informationen liefert, hat doch der Durchschnittsmensch selten Gelegenheit, mit anderen per Fernsehen zu kommunizieren. Der Verschlüsselungs-Code des Fernsehens hat daher mehr Auswirkungen auf die Botschaften, die der gewöhnliche Zuschauer erhält, als auf die Kanäle, durch die er Botschaften aussendet. Die verstärkte Nutzung interaktiver Fernseh-Systeme oder von CB-Funk, Heimvideo-Anlagen und Computern verändert jedoch dieses Verhältnis. Inzwischen hat die unterschiedliche Codierweise nicht nur zu großen Unterschieden zwischen Fernsehen und Printmedien, sondern auch zu ähnlich starken Unterschieden zwischen Telefon und Briefeschreiben geführt. Wie das Fernsehen Menschen aller Altersgruppen und Klassen in ein einziges Informations-System „einspeist", so ermöglicht das Telefon beispielsweise jungen Leuten oder etwa Analphabeten eine neue soziale „Mobilität". Nicht selten erlauben Eltern schon ihren Kleinkindern, Anrufe entgegenzunehmen, ja sogar, selbst jemanden anzurufen; dagegen können Kleinkinder unmöglich an der privaten oder geschäftlichen Korrespondenz ihrer Eltern teilnehmen.

Die Botschaft erhalten

Physische Merkmale

Zwischen einem Buch und seiner Botschaft besteht eine ganz bestimmte Beziehung: Das Buch ist nicht nur ein Kommunikationsmittel, sondern es stellt auch ein eigenständiges physisches Objekt dar. Bücher müssen *individuell* gekauft oder ausgeliehen werden. Jeder Inhalt muß aktiv ausgesucht und aktiv nach Hause getragen werden.

Obwohl das Gleiche für einige elektronische Botschaften gilt (Audio- und Videokassetten, Schallplatten und Musik-Kassetten) herrscht bei den elektronischen Medien in der Regel eine gänzlich andere Beziehung zwischen Medium und Botschaft. Tausende verschiedener elektronischer Nachrichten können durch ein einziges, einmal erworbenes Objekt geleitet und empfangen werden, wie etwa durch Radio, Fernsehen oder Computer. Ein Fernsehgerät sieht immer gleich aus, unabhängig davon, ob es einen Zehn-Sekunden-Werbespot ausstrahlt oder eine zehnstündige Fassung von *Krieg und Frieden*. Fernsehprogramme werden nicht als physische Objekte mit eigenständigen physikalischen Dimensionen wahrgenommen. Wer ein Fernsehgerät, ein Telefon oder ein Radio besitzt, muß keine spezifischen Nachrichten kaufen oder ausleihen. Wenn erst einmal diese elektronischen Medien in der Wohnung installiert sind, können die Inhalte dauernd und „an einem Stück" fließen.*

Die Tatsache, daß man Bücher und Zeitschriften individuell aussuchen und dafür Zeit und Kosten aufbringen muß, führt zu einer äußerst selektiven Zusammenstellung der jeweiligen Informations-„Kost". Man sucht sich nur solche Printmedien aktiv aus, deren Inhalt den Aufwand wert ist. Die eigene Bibliothek enthält häufig ausgesuchte Inhalte, die mühsam und zeitaufwendig gesammelt wurden. Die Privatbibliothek isoliert daher den einzelnen eher von anderen Gruppen und deren Wissen. Da man nach einzelnen Büchern suchen muß, „findet" man auch eher Bücher über Themen, in denen

* Was physische Merkmale angeht, ähnelt das Kino mehr einem Buch als einem Fernseh- oder Radioprogramm. *Jeder* Film ist eine eigenständige physikalische Einheit. Man muß sich einen bestimmten Film heraussuchen und an einen bestimmten Ort gehen, um ihn zu sehen. Es ist relativ einfach, ein Buch oder einen Film aus einem Gefängnis oder einem Kino zu verbannen, aber es ist schon sehr viel schwerer, eine entsprechende Sendung aus dem Radio oder Fernsehen für Gefangene zu zensieren. Obwohl also Kino- und Fernsehfilme einen ähnlichen visuellen Code haben, kann das Fernsehen in einem Ausmaß soziale Wirkungen erzeugen, wie es das Kino nie kann.

man sich schon etwas auskennt und für die man sich ohnehin interessiert.

Die meisten elektronischen Botschaften werden weitaus weniger aufmerksam und sorgfältig ausgewählt. Wir verbringen oft mehr Zeit damit, das Modell unseres Radio- oder Fernsehgerätes auszusuchen als eine bestimmte Sendung. Man wählt eher eine *Zeitspanne* zum Fernsehen, als bestimmte Programme auszuwählen.[14] In den USA ergab jüngst eine Studie, daß mehr als die Hälfte der Zuschauer sich spontan dafür entscheidet, eine Sendung anzusehen, und daß nur ein Drittel der Zuschauer von einstündigen Sendungen diese bis zum Ende verfolgt.[15] Studien in Großbritannien und den USA haben auch gezeigt, daß zwar die Einschaltquoten bei den Sendungen von einer Folge zur anderen relativ konstant bleiben, aber sich die Zusammensetzung des Publikums dramatisch verändert. „Im Durchschnitt sieht nur *die Hälfte* des Publikums, das die Sendung an einem bestimmten Tag gesehen hat, auch die nächste Folge."[16] Dieses massive Abwandern und Einschalten von Zuschauern ist sogar dann der Fall, wenn es sich um einen zweiteiligen Krimi handelt, bei dem die Auflösung erst am Schluß zu erwarten ist. Solche „inhaltliche Untreue" ist wahrscheinlich bei Rundfunksendungen noch stärker. Diese Gewohnheit der Zuschauer verweist darauf, daß sie beim Fernsehen viel eher außerhalb ihrer traditionellen Interessengebiete „wildern", als wenn sie Bücher oder Zeitschriften lesen.

Die verschiedenen physischen Merkmale von Büchern und Fernsehsendungen haben in der Codierung ihre größte Auswirkung auf Kinder. Ein Kind wird in vieler Hinsicht davon abgehalten, bestimmte Bücher zu lesen: weil die Bücher zu groß sind oder zu teuer, weil das Kind herausfinden muß, daß es sie gibt, wo in einer Bibliothek oder Buchhandlung sie zu finden sind und wen es fragen muß, um es in die Hand zu bekommen. Selbst die Höhe eines Bücherregals kann für ein Kind den Zugang zu gedruckten Informationen eindeutig und nachhaltig begrenzen. *Jedes* Buch enthält seine eigene, besondere Information. *Jedes* Fernsehgerät ist dagegen in der Lage, einem Kind ein breites Spektrum an „Erwachsenen"-Informationen zugänglich zu machen.

Die Beziehung zwischen Inhalt und Medium wurde in der Regel von solchen Wissenschaftlern übersehen, die sich ganz traditionell mit Medien-Inhalten beschäftigen. Der Historiker Theodore Roszak zum Beispiel hat McLuhan vorgeworfen, dieser interessiere sich mehr für die Medien als für die Botschaften, und ihm unter anderem den Ausspruch Jean Harlows entgegengehalten: „Schenken Sie mir kein Buch, ich hab schon eins".[17] Doch Roszak kann mit seiner eigenen Waffe geschlagen werden: Beim Fernsehen wäre Frau Harlows Bitte ausgesprochen logisch: „Kaufen Sie mir keinen Fernseher, ich hab' schon einen". Medien haben verschiedene Auswirkungen darauf, „wer was über wen weiß", da das Ausmaß, in dem jemand Zugang hat zu einer Art von Medium (*ein* Buch oder *ein* Fernsehgerät) den Zugang zu entweder einer oder verschiedenen Arten von Inhalten eröffnet.

Der Faktor Zusammenschluß

Als Objekt ist ein Buch mehr als ein Kommunikations-Medium; es ist oft auch Kunstwerk und Besitz. Es dient nicht nur als Informations-Kanal, sondern ist auch Symbol für die eigene Identität. Genau so wie wir unseren Kleidungsstil nicht nur aus Nützlichkeitsgründen wählen, so wählen wir Bücher auch danach aus, inwieweit sie unser Selbstbild und unser Zugehörigkeits-Gefühl zu bestimmten Gruppen „angemessen" widerspiegeln.

Jedes Buch, mit dem wir uns „zusammenschließen", wird Teil unserer physischen Umwelt. Es muß in die Wohnung transportiert und irgendwo untergebracht werden, auf einem Bücherbrett, einem Kaffeetisch oder unter der Matratze. Ein Buch ist ein Besitztum. Obwohl auch Schallplatten, Tonbänder und Videokassetten in diesem Sinne Besitztümer sind, ist das bei Fernsehprogrammen und Rundfunksendungen anders: Sie sind flüchtig, hinterlassen keine physische Spur. Eine Fernsehsendung zu verfolgen, ähnelt einem Spaziergang durch einen Park, bei dem man irgendwo stehen bleibt, um einem dort stattfindenden Ereignis zuzusehen. Man muß das Ereignis nicht mit nach Hause nehmen, es seinem Eigentum hinzufügen und zum Bestandteil der eigenen Identität machen. Um fernzusehen braucht man sich sogar noch weniger zusammenzuschließen als bei der Beobachtung eines Ereignisses in einem Park, da letzteres eine öffentliche Geste bedeutet – man muß sich dort hinbegeben, wo etwas sich abspielt –, während das Fernsehen ein häufig rein privater Akt ist, der keiner öffentlichen Übereinkunft und keiner Unterstützung bedarf.

Im Fernsehen sehen sich Menschen Dinge an, über die sie so gut wie nie etwas in einem Buch oder einer Zeitschrift nachlesen würden oder für die sie kein Geld ausgeben würden, um sie sich im Kino anzusehen. Vielen Leuten wäre es sehr unangenehm, zum Zeitschriftenhändler zu gehen und ein Magazin über Transvestiten zu kaufen, aber sie haben keinerlei Bedenken, sich eine Fernsehsendung über Transvestiten anzusehen. Viele Talkshows machen sich diesen Doppeleffekt – unterschiedliche Reaktion des Publikums auf den gleichen Inhalt in verschiedenen Medien – zunutze.

Die Beziehung zwischen Botschaft und Printmedium verleiht bestimmten Arten von Büchern und Zeitschriften spezifische Situations-Definitionen. Wir beschreiben ein bestimmtes Buch als „ernst“ oder „belanglos“, eine bestimmte Zeitschrift als „gut“ oder „schlecht“. Doch ein Fernsehgerät ist jungfräuliches Territorium, bis ein bestimmter Inhalt durch es hindurchgeleitet wird und uns erreicht. Das erklärt vielleicht, warum Jerry Falwell, Sprecher der amerikanischen „Moral Majority“, das Magazin *Penthouse* auf zehn Millionen Dollar Schadenersatz verklagt hat, und zwar wegen des Abdrucks eines Interviews, das Falwell zwei freien Mitarbeitern des Blattes gab.[18] Aber wie selbstverständlich hat Falwell keinerlei Bedenken dagegen, das gleiche Fernseh-Forum mit „unmoralischen“ Menschen zu teilen – einschließlich der Herausgeber solcher Zeitschriften und der Frauen, die für das Magazin posieren. (Falwell im *Penthouse* – das ist, als ob man ihn im Bordell anträfe, ihm jedoch im Fernsehen zu begegnen, bedeutet, ihn in einer metaphysischen Arena anzutreffen, die sich weder „hier“ noch „dort“ befindet.)

Dabeisein ist alles

Ein Buch zu lesen, verlangt mehr persönliche Anteilnahme, als eine Videokassette oder einen Fernsehfilm anzusehen. Man muß das Buch in der Hand halten und sich aktiv damit beschäftigen. Den Fernsehschirm jedoch kann man kurz betrachten und sich dann wieder anderen Dingen zuwenden; die Bilder strömen während dessen ins Wohnzimmer.

Auch für den geübten Leser ist der Vorgang des Lesens mühevoll. Die schwarzen Zeichen auf dieser Seite zum Beispiel müssen erst einmal entziffert werden, Wort für Wort, Zeile für Zeile, Absatz für Absatz. Es kostet Mühe, den Inhalt des Textes zu verstehen. Um diese Worte lesen zu können, mußten sich ihre Augen daran gewöhnen, Zeilen entlangzufahren wie das Druckwerk einer Schreibmaschine. Am Ende jeder Zeile müssen ihre Augen zum linken Rand hinüberwandern und die nächste Zeile im Blick erfassen. Wie Musiker oft die Noten mitsummen, die sie auf einem Notenblatt sehen, so sprechen viele Leser den Text, den sie lesen, leise mit. Weil es einige Energie kostet, liest man nicht jedes Buch, das einem in die Hände fällt. Sondern man sucht sich ganz bestimmte Bücher aus, für die man sich besonders interessiert und für die sich die Anstrengung des Lesens lohnt. Elektronische Bilder und Klänge überschwemmen jedoch unsere Umwelt, ohne daß wir dafür etwas aufwenden müßten, und die Inhalte sind ohne große Anstrengung verständlich. In mancher Hinsicht muß man gedruckten Botschaften „nachjagen“, während elektronische Botschaften uns erreichen und „einfangen“. So setzt man sich bei den elektronischen Medien viel öfter und regelmäßiger Informationen aus, die man nie in einem Buch nachlesen würde.

Bei den elektronischen Medien kann man sich höchstens durch den Typ des Gerätes anderen präsentieren (oder durch die Tatsache, daß man *keines* hat), aber nicht durch die Art der Sendungen, die durch dieses Gerät ins Haus übertragen werden.

Viele Leute glauben zwar, daß Zuschauer, die nur wenig fernsehen, selektiver vorgehen bei der Auswahl der Sendungen, als andere, die sehr viel fernsehen. Doch das stimmt nicht: Wer wenig fernsieht, schaut sich in der Regel die gleichen Sendungen an wie „jedermann“; diejenigen aber, die sehr viel fernsehen, sehen sich auch die Minderheitenprogramme an – einfach, weil der Fernseher dauernd läuft.[19] Wie der Massenkommunikationsforscher Dennis Howitt erläutert, „muß ein Programm, das sehr populär sein will, Menschen anziehen, die speziell deshalb einschalten. Ein Minderheiten-Programm gewinnt die Zuschauer einfach aus der Gruppe derjenigen, die sich nicht die Mühe machen, abzuschalten.“[20]

Da der Zugang zu Bücher-Inhalten selektiv ist, werden die verschlüsselten Botschaften der Printmedien in der Regel nur zwischen Mitgliedern eines bestimmten Bevölkerungssegmentes ausgetauscht. Oder anders gesagt: der selektive Informationsfluß *schafft* möglicherweise „Segmente“ innerhalb der Bevölkerung, indem er die Menschen in sehr verschiedenen Informations-Systeme aufteilt. Wer nichts von den Dingen weiß, die Sie wissen, über die Sie etwas schreiben oder lesen, scheint ihnen fremd und „ganz anders“ zu sein als Sie. Obwohl Rundfunk und Fernsehen das Verständnis für viele Themen nicht wirklich wecken, machen sie doch die verschiedenen Bevölkerungssegmente wenigstens oberflächlich mit einem breiten Spektrum an Themen und mit Menschen in jeweils ganz anderen Lebenssituationen vertraut.* Diese Vertrautheit verringert das Gefühl, daß andere Menschen „Fremde“ sind.

---

* In einer typischen amerikanischen Talkshow – der „Donahue-Show“ – wurden in der letzten Zeit unter anderem folgende Themen behandelt: Männer, die gern Frauenkleider anziehen; Bischöfe gegen den Atomkrieg; Wunderkinder; Jugendalkoholismus; Porno-Filmstars; männliche Striptease-Tänzer; und Patienten mit Herpes. Durch solche Sendungen haben die Zuschauer Menschen aus diesen und vielen anderen sozialen Gruppierungen „getroffen“, ihnen zugehört und sie so „kennengelernt“.

Es gibt zwar viele Ausnahmen, aber in der Regel handelt die Lektüre von solchen Dingen, die jeweils die persönliche und Gruppen-Identität des Lesers widerspiegeln. Inhalt und Stil eines Buches begrenzen die Zahl der Leser. Ein Buch, das von skandalösen Zuständen in einem staatlichen Krankenhaus handelt, wird wahrscheinlich hauptsächlich von Spezialisten und solchen Menschen gelesen, die mit dem Thema näher zu tun haben. Ein Buch über die Erlebnisse von Juden in Konzentrationslagern der Nazis wird wahrscheinlich nur von einer recht kleinen Gruppe von Interessierten gelesen. Das Fernsehen dagegen teilt seine Zuschauer nur selten in so klare Gruppen ein. So erreichte 1972 ein Dokumentarfilm in den USA über ein New Yorker Krankenhaus eine hohe Einschaltquote, bewirkte eine breite öffentliche Diskussion und war die Ursache für Reformen im Gesundheitswesen. Und die Serie „Holocaust" erreichte 120 Millionen Amerikaner, von denen die meisten nie ein Buch über dieses Thema gelesen hatten.[21]

Manche Bücher sind so populär geschrieben und für sie wird so intensiv geworben, daß sie eine breite Leserschaft erreichen, weit über diejenigen hinaus, die ohnehin am Thema interessiert sind. Doch selbst Bestseller erreichen nur eine relativ kleine Auflage. Ein Buch kann in den USA unter den „Top 25" der bestverkauften Bücher *des Jahres* stehen und es sind nicht mehr als 115.000 Exemplare verkauft[22] – damit wurde nicht mehr als ein Zwanzigstel der amerikanischen Bevölkerung erreicht. Eine Serie in der Hauptsendezeit kann dagegen *bei jeder einzelnen Folge* zwischen 25 und 40 Millionen US-Bürger vor den Fernseher locken,[23] das sind zwischen 11 und 18 Prozent der Bevölkerung. Selbst das Programm mit den niedrigsten Einschaltquoten erreicht immer noch mehr Leute, als sich die meisten Buchautoren als Leser auch nur träumen lassen.

Selbst die größten Buch-Bestseller erreichen nur einen Bruchteil der Zuschauer, die sich eine Sendung zum gleichen Thema im Fernsehen anschauen würden. Vierzig Jahre dauerte es, bis 21 Millionen Exemplare des Romans *Vom Winde verweht* in den USA verkauft waren; aber über 55 Millionen Amerikaner sahen die erste Hälfte des Films *an einem einzigen Abend*.[24] Ein weiteres Beispiel: 1976 sahen 130 Millionen US-Zuschauer in nur acht Tagen die Fernsehserie „Roots".[25] Doch trotz der Verkaufshilfe durch diese Serie konnten nur fünf Millionen Exemplare des gleichnamigen Buches in acht Jahren abgesetzt werden.[26]

Es gibt so gut wie kein Buch, das in der Lage wäre, so viele Leser anzuziehen wie ein durchschnittliches Abendprogramm im Fernsehen. Am ehesten wohl noch die Bibel – und selbst sie ist in vielen Haushalten mehr symbolisch vorhanden, als daß sie wirklich noch gelesen würde.* Und schließlich: Selbst wenn Millionen von Menschen mit der Zeit das gleiche Buch lesen würden, wäre die Auswirkung auf ein Gefühl der Gruppen-Zugehörigkeit verschwindend gering im Vergleich zu der Bedeutung, die es hat, wenn ein Ereignis *gleichzeitig* von vielen Menschen im Fernsehen verfolgt wird. In den letzten Jahren hat eine ganze Reihe von Sendungen jeweils mehr als achtzig Millionen Amerikaner erreicht. Die letzte Episode von M.A.S.H. zum Beispiel sahen 130 Millionen US-Bürger – das sind fast 60 Prozent der Bevölkerung.[28] Nach solchen „Ereignissen" ist es wahrscheinlich, daß mehr als jeder zweite Mensch, den man auf der Straße sieht, am Vorabend das gleiche Fernseh-Erlebnis hatte. Und während manche Kritiker diese „Gleichschaltung" der Informationsaufnahme ausschließlich darauf zurückführen, daß das ökonomische und politische System das Wachstum der Fernseh- und Rundfunk-Stationen fördere, übersehen sie häufig die Tatsache, daß eine derart weit verbreitete Informations-Aufnahme durch die Printmedien so gut wie unmöglich wäre.

Es gibt Frauenbücher und Männerbücher, Kinderbücher und Bücher für Erwachsene. Sogar für jede Altersgruppe innerhalb der Geschlechter gibt es verschiedene Arten von Büchern. So lebt jede Altersgruppe jedes Geschlechts in einer eigenen Informations-Welt. Es ist peinlich, wenn man mit einem Buch gesehen wird, das nicht der „entsprechenden" Altersgruppe entstammt oder für das andere Geschlecht verfaßt wurde. Vor noch nicht allzu langer Zeit wurde ein Junge, der ein Buch wie „Nesthäkchen" oder „Heidi" las, von seinen Spielkameraden verspottet und vielleicht sogar beschuldigt, in seiner sexuellen Orientierung verwirrt zu sein. Solche geschlechtstypischen Aufteilungen gibt es im Fernsehen so gut wie nicht. Jungen sehen „Heidi", wie Mädchen verfilmte Abenteuergeschichten sehen, die traditionell in „Jungen-Büchern" zu finden sind. Das Fernsehen wirkt sich also auf viele Gruppenidentitäten, Sozialisationsstadien und Autoritätsränge aus, indem es den Zugang zu Informationen verändert, der bislang durch Lesegewohnheiten bestimmt wurde.

Die gemeinsame Fernseh-Umwelt schafft viele neue Probleme und führt zu sorgenvollen Neu-Betrachtungen

---

* In Umfragen aus den 50er Jahren stellte sich zum Beispiel heraus, daß 85% der Männer und 81% der Frauen noch nie die Bibel von Anfang bis Ende durchgelesen hatten; 51% der Befragten wußten nicht, wie das erste Buch der Bibel heißt; 79% konnten nicht einen einzigen Propheten benennen; und 53% konnten sich an keine der Bezeichnungen der ersten vier Bücher des Neuen Testaments erinnern.[27]

des Medieninhalts. Ein im Buch widerspruchslos akzeptierter Inhalt, der auf eine ganz bestimmte Leserschicht zielt, kann zum Gegenstand heftiger Kritik werden, wenn er im Fernsehen gezeigt wird. Wenn das Fernsehen die vorherrschende und „normale" weiße Mittelschichts-Kultur porträtiert, protestieren Minderheiten und Angehörige von Subkulturen gegen ihren Ausschluß. Und wenn im Fernsehen Sendungen ausgestrahlt werden, in denen Minoritäten zu Wort kommen, befürchtet die Mehrheit, ihre Kultur werde durch „Eindringlinge" gefährdet. Werden Homosexuelle zum Beispiel in stereotyper und negativer Weise dargestellt, dann protestieren Schwulengruppen. Werden Homosexuelle aber als „ganz normale" Menschen gezeigt, die einfach nur eine andere sexuelle Vorliebe haben, hagelt es Zuschauer-Proteste, das Fernsehen „rechtfertige" oder „idealisiere" homosexuelle Verhalten.

Auch kann das Fernsehen nicht ausschließlich Sendungen ausstrahlen, die inhaltlich auf Kinder zugeschnitten sind, da Erwachsene ernsthaftere und „reifere" Unterhaltung und Nachrichtensendungen erwarten. Doch wenn wirklich „erwachsene" und „reife" Sendungen ins Programm gehoben werden, beschweren sich viele Eltern, ihre Kinder würden „verdorben". Ironischerweise kommt es in vielen Talkshows zu Diskussionen darüber, was eine angemessene Kindersendung ist; doch diese Shows selbst erscheinen „unangemessen", weil sie Kindern viele Geheimnisse der Erwachsenen enthüllen (inklusive dem Geheimnis, daß Erwachsene sich verwirrt und ängstlich fragen, wie sie ihre Kinder erziehen sollen.)

Selbst die Wahl zwischen einem Happy End und einem „realistischen" Filmschluß wird im Fernsehen kontrovers diskutiert. Gehen Filme gut aus, dann bemängeln die Kritiker, wieder einmal werde ein ernsthaftes Thema dadurch trivialisiert, daß in 30 oder 60 Minuten „Kochrezepte" zur Lösung von Problemen angeboten würden. Hat ein Film aber ein realistisches Ende – ein Verbrecher entkommt oder „gute" Menschen müssen unnötig leiden –, dann attackieren andere Kritiker den Sender, er würde den Kindern nicht die Ideale und Werte unserer Kultur nahebringen.

Alles in allem wird deutlich, daß die Kontroverse um den Inhalt von Fernsehsendungen größtenteils nicht wirklich im Inhalt begründet ist, sondern in den Problemen eines Systems, das jedem jederzeit alles mitteilt.

Als Bestandteil unserer gemeinsamen Umwelt schließt das Fernsehen von jeder Facette unserer Kultur einige Aspekte ein. Auf Märchen folgen mutige Enthüllungen über Korruptionsskandale. Das Wort zum Sonntag erscheint im gleichen Programm wie eine Sendung über Transvestiten. Schriftsteller und Prostituierte nehmen an der gleichen Talkshow teil. Schauspieler und Journalisten kämpfen um Einschaltquoten. Doch die im Fernsehen präsentierte Information enthält wenig Neues; das einzig Neue ist lediglich, daß früher getrennte Informations-Systeme integriert werden. Was früher nur Leute einer einzelnen Altersgruppe, Schicht, Religion, eines Geschlechts, Berufes oder einer Subkultur als Wissen miteinander teilten, wird jetzt auf eine einzige große Bühne gezerrt – und nur wenige sind mit dem Aufführungs-Mischmasch insgesamt zufrieden.

Inzwischen sollte klar sein, daß das Fernsehen Informations-Systeme integriert, und zwar auf vielfältige Weise. Von einer Reihe von Faktoren reicht jeder einzelne aus, um einen Unterschied im Vergleich zu Printmedien hervorzurufen; die Interaktion all dieser Faktoren bewirkt, daß die im Fernsehen ausgestrahlten Botschaften mehr Menschen erreichen als die Inhalte von Printmedien.

In Unkenntnis all dieser Faktoren haben manche Beobachter die Auffassung vertreten, daß uns die neuen Technologien bald in die getrennten Informations-Welten der Vergangenheit zurückkehren lassen werden. Diese Vorhersagen basieren auf der Überzeugung, daß die relativ einheitliche „Kost" der elektronischen Medien vor allem durch die begrenzte Anzahl von Fernseh-Kanälen und die geringe Wahlmöglichkeit von Programmen zusammengestellt werde und daher durch die neuen, expandierenden Medien mit ihren Wahlmöglichkeiten in ein reichhaltigeres Menü verwandelt würde. Es stimmt: Kabelfernsehen, Videokassetten und Videospiele haben das Spektrum der Wahlmöglichkeiten erweitert. Und die Glasfaserkabel, direkte Satelliten-Übertragungen und die Zusammenschaltung von Computer, Fernsehen und Telefon werden unzweifelhaft den Prozeß noch intensivieren. Doch es ist unwahrscheinlich, daß wir als Ergebnis all dessen zu *demselben* getrennten System des Diskurses zurückkehren werden, das es in der von Printmedien dominierten Kultur gab.

Schon allein die Nutzungsweise verschiedener Medien verweist darauf, daß selbst hunderte von Fernsehprogrammen keine Familie in die von anderen getrennte Situation zurücktransportieren wird, wie sie das traditionelle Bild von Mutti, Vati, Heidi und Klaus widerspiegelt, die alle in der Wohnung ihr jeweils ganz eigenes Buch lesen. Die Interaktion mit einem Buch, einer Zeitung oder Zeitschrift ist sehr persönlich und privat. Man hält ein solches Printmedium nahe vor sich hin, berührt seine Seiten und schreibt manchmal etwas an den Rand. Niemand, nicht einmal jemand, der einem über die Schulter sieht, weiß dann sicher, welches Wort oder welche Zeile Sie gerade lesen. Ein Fernsehgerät jedoch kann man nicht in der Hand halten, und eine über das Fernsehen vermittelte Botschaft bekommt in der Regel jeder im Raum Anwesende mit.

Selbst wenn jedes Familienmitglied in sein eigenes Zimmer geht (oder eine Fernseh-Armbanduhr betrachten würde), gibt es immer noch keinen komplizierten Verschlüsselungs-Code, der Ihre kleinen Kinder davon abhalten könnte, „Erwachsenen"-Sendungen zu sehen. Und weiter: Das Fehlen eines starken „Zusammenschluß-Faktors" in vielen elektronisch übermittelten Botschaften führt auch in Zukunft dazu, daß die Menschen traditionelle Informations-Grenzen überschreiten.

Und selbst wenn der Inhalt der elektronischen Medien so spezialisiert ist wie ein Fachbuch-Inhalt, erreicht er immer noch ein größeres allgemeines Publikum als der gleiche Buchinhalt. Eine der unveröffentlichten Tatsachen über Kabel-Fernsehprogramme ist die, daß viele Sendestationen, die sehr spezielle Inhalte anbieten, gar kein spezielles Publikum erreichen. Einer ausführlichen Marktstudie zufolge zieht zum Beispiel der US-Sender ABC/Hearst Daytime – der Ernährungs-, Mode- und Kochtips speziell für Frauen sendet – zu einem Drittel männliche Zuschauer an.[29] (Das Ergebnis wiegt noch schwerer, wenn man sich vergegenwärtigt, daß tagsüber ohnehin weitaus mehr Frauen als Männer fernsehen.) Sportzeitungen – so ein weiterer Befund – werden zwar zum größten Teil von Männern gelesen. Doch ein amerikanischer „Sport und Unterhaltungs"-Sender hat zu einem Drittel weibliche Zuschauer.[30] Und während die Leser des *Playboy* fast ausschließlich Männer sind, setzt sich das Publikum des amerikanischen *Playboy*-Senders zu 40 Prozent aus männlich-weiblichen Paaren zusammen, die gemeinsam fernsehen; und – noch erstaunlicher – zu 20% aus Frauen, die das Programm allein anschauen.[31] Als Konsequenz aus diesen Ergebnissen versuchen die Produzenten des *Playboy*-Senders inzwischen, die Sendungen so zu verändern, daß noch mehr Frauen einschalten – die Männer aber nicht vergrault werden.[32] Zeitschriften wie *Cosmopolitan* oder *Playboy* geben dauernd Tips und Ratschläge an das jeweilige Lesergeschlecht, wie man das andere behandeln (oder „herumkriegen") könne. Im Fernsehen könnten sich solche Tips als Bumerang erweisen, da jeweils zahlreiche Mitglieder des anderen Geschlechts zuschauen und mithören.

Neue Technologien brechen daher sicherlich die monolithische Macht der öffentlich-rechtlichen Fernsehsender, aber sie spalten die Zuschauer keineswegs in klare und schon gar nicht in die traditionellen Gruppierungen nach Alter, Geschlecht, Religion, Schicht und Bildungsstand auf. Die Eröffnung zusätzlicher elektronischer Informationsquellen läßt uns nicht in die getrennten sozialen Systeme der von Printmedien beherrschten Kultur zurückfallen, da fast jeder Mann und jede Frau in der Lage sein wird, leicht zu fast jeder dieser Quellen Zugang zu gewinnen. Neue Subkulturen können entstehen, aber sie werden weniger eindeutig festgelegt, weniger stabil und weniger auf den ersten Blick erkennbar sein.

Vielleicht übersehen diejenigen, die eine Rückkehr zu getrennten Informations-Systemen vorhersagen, daß das Fernsehen nicht nur einfach eine schlechtere Alternative ist zu den vorher gängigen Informations-Lieferanten. Und daß es auch mehr ist als nur ein Wirtschaftssystem, dazu entwickelt, Waren (Informationen) zu verteilen. Ob zufällig oder geplant, das Fernsehen hat auch eine neue „gemeinsame Arena" geschaffen. Und die hat ihre eigenen Gesetzmäßigkeiten, unabhängig von den spezifischen Inhalten der Fernsehsendungen. Die Öffentlichkeit des Fernsehens in Verbindung mit der Tatsache, daß Fernsehsendungen keine physische Qualität besitzen, keinen Raum in der Wohnung einnehmen und nicht aktiv aufgenommen, sondern passiv konsumiert werden, haben dazu geführt, daß das Fernsehen „unpersönlich" genutzt wird – womit es sich vom Bücherlesen unterscheidet.

Viele Menschen lesen Bücher, um zu einer bestimmten Gruppe von „Eingeweihten" zu gehören und um ihre besondere Identität zu bestärken. Das heißt, sie lesen Dinge, für die sie sich besonders interessieren. Obwohl das auch für das Fernsehen gilt, schalten viele auch sehr häufig nur deshalb das Gerät ein, weil es sie interessiert, was „andere Leute" interessiert oder was diese gerade tun.* John Murray hat zum Beispiel in seiner Zusammenfassung mehrerer Studien zum Thema „Mediennutzung und Gratifikation" festgestellt, daß Bücher häufig ganz bestimmten Bedürfnissen genügen, die etwas mit der „persönlichen Identität" zu tun haben, Fernsehen und Radio jedoch allgemeinere Bedürfnisse befriedigen wie: der Langeweile entfliehen, die Zeit totschlagen, ein gemeinsames Thema für Gespräche mit anderen haben oder mit den wichtigsten Ereignissen in der Welt in

* Viele lesen auch Zeitung, um über äußere Ereignisse auf dem laufenden zu sein, doch selbst da gibt es einen Unterschied zum Fernsehen. In der Regel ist es den Leuten sehr wichtig, *welche* ganz bestimmte Tageszeitung ins Haus kommt. Der Sprachstil, die Typografie, das Format, die Werbung und so weiter werden insgesamt genau daraufhin betrachtet, ob sie der persönlichen Identität des Lesers entsprechen. Außerdem haben Umfragen in den letzten beiden Jahrzehnten gezeigt, daß die Amerikaner das Gefühl haben, daß sie „die meisten" Nachrichten – und die „vertrauenswürdigsten" Nachrichten – aus dem Fernsehen erfahren.[33]

Verbindung bleiben.[34] In dieser Hinsicht dient das Lesen oft dazu, die *eigene* Realität zu bestärken und klarer herauszuarbeiten, das Fernsehen jedoch wird eingesetzt als Mittel, *externe* Realität widerzuspiegeln und sich darüber zu vergewissern. Obwohl viele Funktionen von Fernsehen und Bücherlesen ähnlich sind, hat doch das Fernsehen die Tendenz, Menschen aus unterschiedlichen Lese-Zirkeln in einen gemeinsamen öffentlichen Raum „einzuklinken".[35]

Das Fernsehen ist auf den Medienmarkt gedrungen und hat sich dort etabliert als ein weiterer Umwelt-Bestandteil, auf den man achten muß, aber mit dem man sich nicht notwendigerweise identifizieren muß. Auch wenn viele Menschen allein fernsehen, ist das Fernsehen doch in der Lage, ihnen ein Gefühl der Verbundenheit mit der Außenwelt zu verschaffen und gleichzeitig ein Gefühl der Zusammengehörigkeit mit den anderen Zuschauern. Die Leute übernahmen viel weniger „Verantwortung" für das, was sie im Fernsehen sehen, als für das, was sie in Büchern lesen. Beim Fernsehen haben die meisten Zuschauer den Eindruck, daß sie lediglich beobachten, was in der Welt „da draußen" vorgeht. Es ist gar nicht ungewöhnlich, daß jemand intensiv den Inhalt einer Fernsehsendung verfolgt und zwischendurch etwas ausruft wie: „Mein Gott, ich kann es nicht glauben, was für eine Welt!" Ironischerweise ermöglicht die Fähigkeit der Zuschauer, sich vom Inhalt von Fernsehsendungen zu distanzieren, die größte Gemeinsamkeit an Informationen in der Geschichte der Zivilisation.

Die soziale Bedeutung des Fernsehens mag daher zum Teil weniger darin liegen, was „im" Fernsehen zu sehen ist, als vielmehr in der Tatsache, daß es sich beim Fernsehen um eine einzige große Bühne handelt. Das Fernsehen ermöglicht die größte simultane Verbreitung einer Nachricht, die in der Geschichte jemals möglich war. Durch das Fernsehen erfahren Reiche und Arme, Jugendliche und alte Leute, Wissenschaftler und Analphabeten, Männer und Frauen, Menschen aller Altersgruppen, Berufe, Schichten und Religionen dieselbe oder eine sehr ähnliche Information im selben Augenblick. Durch das Fernsehen gehen die Amerikaner eine merkwürdige Gemeinschaft miteinander ein. In Krisenzeiten – ob es sich um ein Attentat handelt oder um die Gefangennahme amerikanischer Geiseln – sitzen Millionen von Amerikanern im Schein ihres Fernsehschirms und betrachten dasselbe Informationsmaterial wieder und wieder, vielleicht in dem Versuch, Trost zu finden, einen Sinn darin zu erkennen und sich mit anderen gesichtslosen Zuschauern eins zu fühlen.

Solche Zeiten gleichzeitiger, vielmillionenfacher Informationsaufnahme sind vielleicht selten, nicht häufiger als ein paar Mal im Jahr, doch das Wissen um die Existenz einer solchen gemeinsamen Arena ist in mancher Hinsicht vergleichbar mit dem Wissen um die Existenz eines „familiären Zuhauses", wo Verwandte sich spontan – in Krisenzeiten – oder zu feierlichen Anlässen versammeln können. Eine solche Gelegenheit muß nicht jeden Tag wahrgenommen werden, um dauernd präsent zu sein.*

Das Fernsehen als öffentliche Arena – dieser Gedanke löst einige Rätsel im Verhalten von Fernsehzuschauern, die sonst nicht zu erklären wären: Warum beklagen sich die meisten Leute so bitterlich über den Inhalt von Fernsehsendungen, sehen aber dennoch auch weiterhin so viel fern? Warum sagen viele Zuschauer, sie würden „die meisten" Nachrichten aus dem Fernsehen beziehen – obwohl es, objektiv betrachtet, äußerst wenig Nachrichtensendungen im Fernsehen gibt**? Und warum stellen Menschen, die sich einen Videorecorder angeschafft haben, so häufig fest, daß sie gar kein besonderes Interesse daran haben, sich eine „Videothek" ihrer Lieblingssendungen zuzulegen?[37]

Das Fernsehen bietet eine Arena für die Proklamation und Bestätigung, daß Ereignisse „wirklich" sind. Proteste, Skandale und Katastrophen, über die im Radio und Fernsehen nicht berichtet wurde, scheinen nicht „passiert" zu sein. Der Watergate-Skandal wurde nicht dann „real", als die *Washington Post* ihre Stories darüber veröffentlichte, sondern erst, als die *Washington Post* in den Fernsehnachrichten zitiert wurde. Auch Bürgerrechts-Demonstrationen und Vietnam-Proteste wurden

* Aus diesem Grund ist es ein großer Unterschied, ob Sie eine Tonband-Kassette beim Autofahren hören oder ob Sie Radio hören; denn das Kassetten-Gerät schneidet Sie von der Außenwelt ab, während der Radiosender Sie „in Kontakt" bringt. Selbst wenn Sie einen lokalen Radiosender eingeschaltet haben, sind Sie „in Reichweite" aller wichtigen Nachrichten über nationale und internationale Ereignisse. Unsere Radio- und Fernsehantennen sind wie Fühler, die wir ausstrecken, um unsere größere Umwelt abzutasten. Selbst „triviale" Fernseh- und Radiosendungen enthalten wichtige Botschaften, die implizit zum Ausdruck bringen: „Wir befinden uns nicht im Krieg, kein Politiker wurde erschossen, es haben sich keine Katastrophen ereignet ..." Vielleicht liegt einer der Gründe dafür, daß die Amerikaner so viel Vertrauen in die Fernsehnachrichten haben und doch nicht dafür sind, daß die Nachrichtensendungen von 30 auf 60 Minuten ausgedehnt werden, darin, daß die „wirklichen Nachrichten" in den ersten Sekunden oder Minuten einer Sendung kommen. Ist die Topmeldung nicht „weltbewegend", können sich die Amerikaner mit dem Gedanken trösten, daß sich die Erde vermutlich noch einen weiteren Tag drehen wird.

** So nimmt der Inhalt aller Abendnachrichten-Sendungen zum Beispiel – wenn man ihn geschrieben sieht – nicht mehr Platz ein als zwei Spalten auf der Titelseite der *New York Times*.[36]

erst dann zur sozialen Wirklichkeit, als man die Tumulte im Fernsehen beobachten konnte – keineswegs schon, als die Demonstranten auf die Straße gingen. Trotz der Entstellungen, die jede noch so kurze Nachrichtenmeldung erfährt, ist die Wirklichkeit der Fernsehnachrichten eine Art sich selbst erfüllender Prophezeiung. Als Walter Cronkite (ehemaliger Chef-Sprecher der CBS-Nachrichten, A.d.Ü.) am Ende jeder Nachrichtensendung jeweils sein „And that's the way it is" („Und genau so ist es") sagte, traf er mit seiner Aussage insofern ins Schwarze, als das, was gleichzeitig von so vielen Menschen wahrgenommen wird, einfach soziale Realität *wird* – unabhängig davon, ob es etwas mit „objektiver" Realität zu tun hat oder nicht. Die Zuschauer verfolgen daher auch Sendungen im Fernsehen, die von Themen handeln, über die sie normalerweise keine Bücher, Zeitungen oder Zeitschriften kaufen würden; denn so haben sie das Gefühl, in Kontakt mit ihren Mitbürgern und mit dem zu stehen, „was da draußen los ist".[38]

Indirekter – direkter Zugang

Es gibt einen letzten kleinen, aber sehr wichtigen Punkt, der erwähnt werden muß, wenn es um den unterschiedlichen Zugang zu Informationen durch verschiedene Medien geht: Ein Wandel in der *Direktheit* oder Ausdrücklichkeit, mit der Informationen verschiedenen Teilen der Bevölkerung zugänglich gemacht werden, wirkt sich auf das zwischenmenschliche Verhalten selbst dann aus, wenn ansonsten inhaltlich dieselben Informationen verbreitet werden.

Man könnte meinen, die elektronischen Medien hätten den Zugang zu Informationen, wie er in der durch Printmedien beherrschten Kultur bestand, nicht sonderlich verändert. Denn obwohl die Printmedien bestimmte Informationen jeweils nur bestimmten Gruppen zugänglich machen sollen und anderen vorenthalten, können diese Hindernisse doch überwunden werden, und sie werden auch oft überwunden. Ein cleveres Kind weiß, wie es Bücher oder Zeitschriften mit „Erwachsenen"-Themen in die Hand kriegt, ein Spezialist auf einem Gebiet liest vielleicht auch Bücher aus einem anderen Fachgebiet. Frauen lesen gelegentlich eine Zeitschrift, die sich an Männer richtet, und ein Schwarzer bekommt vielleicht ein Pamphlet weißer Rassisten in die Hände. In einer Printmedien-Kultur sind die Informations-Systeme daher nicht ganz „sicher" voneinander isoliert. Selbst als es verschiedene „Sprachen" für Erwachsene und Kinder, Männer und Frauen gab, wußten in Wirklichkeit doch viele Kinder und Frauen eine ganze Menge über die „verbotenen" Themen.

Was jedoch bei dieser Argumentation nicht bedacht wird, ist die unterschiedliche Bedeutung, die die Leichtigkeit des Zugangs zu Informationen hat. Es ist entscheidend, ob Sie wissen, daß *andere* viel leichter an ein bestimmtes Wissen herankommen als Sie selbst. Ein neuer Zugang zu Informationen beeinflußt noch nicht unbedingt die soziale Interaktion – das geschieht erst, wenn alle Beteiligten über diesen neuen Zugang Bescheid wissen. Oder, anders ausgedrückt: Das Wissen um den Zugang zu Informationen ist selbst ein wesentlicher Teil der sozial verfügbaren Information.

Wenn Kinder sich zum Beispiel ein Buch über Sexualität besorgen und es lesen, wird das nicht unbedingt zu Diskussionen zwischen Eltern und Kindern führen. Erst wenn die Eltern *wissen,* daß die Kinder das Buch gelesen haben (etwa, wenn sie das Buch im Kinderzimmer finden), findet die Diskussion statt. Und selbst dann tritt noch keine dramatische Änderung ein; die Kinder müssen erst wissen, daß die Eltern jetzt wissen, daß sie das Buch gelesen haben (etwa indem sie dabei sind, wenn die Eltern das Buch finden). Ohne sich dessen ganz bewußt zu sein, gibt vielleicht jeder Beteiligte jedem anderen die „Chance möglichen Unwissens" und vermeidet es, das Thema in die offene Diskussion zu bringen.

Traditionelle Abgrenzungen zwischen den Informations-Systemen für beide Geschlechter und für unterschiedliche Altersgruppen haben zahlreiche verschiedene Verhaltensmuster entstehen lassen. In den Beziehungen zwischen Erwachsenen und Kindern gab es drei verschiedene „Bühnen", auf denen „agiert" wurde: Auf der einen ging es ausschließlich um die Interaktion zwischen Erwachsenen, auf der anderen um die Interaktion zwischen Kindern und auf der dritten um die zwischen Kindern und Erwachsenen. In Mann-Frau-Beziehungen gab es ebenfalls drei getrennte Arten des Verhaltens: rein weibliches, rein männliches und gemischt-geschlechtliches. Da keine Gruppe so recht wußte, was die Mitglieder der anderen Gruppe jeweils wußten, wurde die Trennung in erwachsenes und kindliches, männliches und weibliches Verhalten aufrechterhalten. Eltern wußten nicht, was ihre Kinder wußten, und Kinder hatten keine Ahnung, inwieweit die Erwachsenen über das, was sie wußten, informiert waren. Die Angehörigen des einen Geschlechts konnten nie sicher sein, was die Angehörigen des anderen wußten. Kinder, Erwachsene, Männer und Frauen haben jeweils untereinander in ihrer eigenen Gruppe geflucht und über Tabuthemen gesprochen, doch gegenseitig haben sie sich das nicht verraten.

Das Fernsehen unterminiert solche Verhaltens-Trennungen, da es Männer und Frauen, Kinder und Erwachsene genauso wie alle anderen sozialen Gruppen in einer einzigen Informations-Umwelt einschließt. Es liefert nicht nur ähnliche Informationen an alle, sondern – noch wichtiger – es liefert sie öffentlich und oft gleichzeitig an die verschiedenen Gruppierungen.

Das Fernsehen läßt niemanden länger daran zweifeln, über welche Themen Kinder oder Erwachsene Bescheid wissen. Jedes Thema, das einmal in einer Komödie, Talkshow, Nachrichtensendung oder Werbung angesprochen wurde – zum Beispiel Tod, Homosexualität, Abtreibung, Strichjungen, Operationen zur Geschlechtsumwandlung, politische Skandale, Inzest, Vergewaltigung oder „der BH mit dem Zauberkreuz" – kann am nächsten Tag zum Gesprächsthema in der Schule, beim Mittagessen oder bei einem Rendezvous werden, nicht nur weil jeder jetzt über solche Themen Bescheid weiß, sondern auch weil jeder weiß, daß die anderen Bescheid wissen, und jeder weiß, daß jeder weiß, daß jeder weiß ... Es scheint sogar manchmal merkwürdig, wenn man über solche Themen *nicht* redet oder schreibt. Die öffentliche, alles und jeden einschließende Informations-Verbreitung durch das Fernsehen führt tendenziell dazu, daß früher getrennte Situationen zu einer einzigen verschmolzen werden. In einer Gesellschaft, die geprägt ist durch die von Printmedien geschaffenen unterschiedlichen Wissensbereiche, diskutieren die Leute vielleicht heimlich über ein Tabuthema; aufgrund des Fernsehens geht aber jeder Gedanke daran verloren, es könne überhaupt „Tabuthemen" geben.

Im Vergleich zu den Printmedien schließt das Fernsehen Menschen aller Altersgruppen, Bildungsschichten, Geschlechter, Berufe, Religionen, Einkommens- und ethnischer Gruppen in eine relativ ähnliche Informations-Welt ein. Die Unterschiede zwischen bestimmten „Arten" von Menschen werden eingeebnet.

6
Öffentliches und privates Verhalten vermischen sich

Die Auswirkungen der elektronischen Medien auf soziale Situationen ist nicht darauf beschränkt, daß sie bereits „öffentlich erhältliche" Informationen umgestalten. Die elektronischen Medien nehmen nicht nur die Informationen auf, die vorher nur gedruckt erhältlich waren und machen sie neuen Zuhörern und Zuschauern zugänglich. Sie unterscheiden sich auch von den Printmedien in der *Art* der Information, die sie übermitteln.

Die elektronischen Medien integrieren Informationssysteme auch dadurch, daß sie früher rein private oder rein öffentliche Situationen vermischen. In den Begriffen der Theater-Vorstellung, wie wir sie in den früheren Kapiteln diskutiert haben, bedeutet der Wandel von gedruckten zu elektronischen Medien einen Wandel von der formellen Bühneninformation (also solcher, die im „öffentlichen Bereich" erhältlich ist) zur Information, die informell (im nicht-öffentlichen Hintergrund-Bereich) ausgetauscht wird: Es gibt also einen Wandel von abstrakten, unpersönlichen Botschaften zu konkreten, persönlichen. Und diese Veränderung hat nicht nur damit zu tun, welche „Themen" behandelt werden oder welche besonderen Menschen vor Mikrofonen oder Kameras agieren, sondern sie ist Ausdruck grundlegender Unterschiede in der *Form* der präsentierten Information.

Verschiedene Arten von Information

Die Unterschiede zwischen den Informationen, die durch elektronische Medien übermittelt werden, und denen aus Printmedien kann man in drei Gegensatzpaare fassen: Kommunikation versus Ausdruck, Diskurs versus Präsentation und digitale versus analoge Übermittlung.

In einer seiner Studien über zwischenmenschliche Kommunikation trifft Erving Goffman die Unterscheidung zwischen „Ausdruck" und „Kommunikation".[1] Goffman nutzt diese Unterscheidung, um zu verdeutlichen, was an direkten persönlichen Interaktionen so einzigartig ist. Hier soll uns diese Dichotomie dazu nutzen, die Unterschiede zwischen den Informationen, die durch verschiedene Medien übermittelt werden, herauszuarbeiten.

Als „Ausdruck" bezeichnet Goffman all die Gesten, Zeichen, Verbalisierungen, Bemerkungen und Bewegungen, die durch *simple Anwesenheit* einer Person in ihrer Umgebung sichtbar und hörbar werden. Die Ausdrucksformen des Individuums stellen keine ausdrückliche „Stellungnahme", kein „Argument" dar, sondern sie liefern Informationen über den anwesenden Menschen. Der Tonfall und die Mimik einer Person, die gerade befragt wird, gibt uns beispielsweise Hinweise darauf, wie sie sich fühlt. Diese Information über Ausdrucksformen ist immer untrennbar verbunden mit der Person, die sie zum Ausdruck bringt und mit dem spezifischen Ereignis, das gerade stattfindet. Die Ausdrucksformen eines Individuums waren früher vor allem jenen zugänglich, die sich in seiner unmittelbaren physischen Gegenwart befanden.*

Im Gegensatz dazu definiert Goffman „Kommunikation" sehr eng. Der Begriff bedeutet bei ihm lediglich die Verwendung von Sprache oder sprachähnlicher Symbole für die bewußte Übertragung einer „Botschaft". In diesem speziellen Sinn enthält „Kommunikation" bewußte symbolische oder schriftliche Äußerungen über Dinge, Ereignisse und Ideen. Anders als der Ausdruck kann Kommunikation abstrakt sein. Ein Schriftsteller kann in seinem Buch beispielsweise über Ereignisse in anderen Ländern berichten, über Ereignisse aus der Vergangenheit oder Pläne für die Zukunft; er kann auch über unbeobachtbare Abstraktionen schreiben wie „Freiheit" und „Glück".

Aus dieser Unterscheidung ergibt sich: Man kann beginnen und aufhören zu kommunizieren, wie man es gerade will, aber man kann nicht aufhören, sich auszudrücken. Kommunikationen werden bewußt „von sich geben", Ausdrucksformen aber unbewußt. Ausdrucksformen sind relativ konstant und viel weniger kontrollierbar als Kommunikationsformen. Außerdem handeln Ausdrucksformen in einem sehr bedeutsamen Sinn immer „über" das Individuum, das sie von sich gibt –

* Einige wenige Ausnahmen für die Notwendigkeit direkter physischer Anwesenheit ist beispielsweise der Duft, den ein Tier oder eine Person hinterläßt, Fußabdrücke im Sand oder die Handschrift in einem Brief – all das kann ebenfalls Informationen über den emotionalen Zustand eines Wesens liefern.

während Kommunikationen über alles Mögliche stattfinden können. Ausdruck ist persönlich und unverwechselbar. Wir beobachten ihn, um zu entdecken, wie eine Person empfindet und „wie" er oder sie „ist". Aus diesem Grund hängen die meisten wichtigen Entscheidungen über Beziehungen sehr viel mehr von Ausdrucksformen ab als von Kommunikationen. Nur wenige Betriebe stellen neue Angestellte ein, ohne sie zuerst persönlich gesehen zu haben, und nur äußerst selten heiratet jemand eine andere Person nur auf der Grundlage einer Schilderung oder einer Schriftprobe. Kommunikationen liefern wichtige „Fakten", doch expressive Information dient dazu, einen grundlegenden „Eindruck" zu gewinnen.*

Goffman sah keine Verbindung zwischen Kommunikation versus Ausdruck einerseits und der Unterscheidung zwischen Hintergrund und „Bühne" andererseits. Doch zwischen beiden Gegensatz-Paaren gibt es einen deutlichen Zusammenhang. Die Kommunikation – weil sie kontrollierbarer und manipulierbarer ist –, ist auf den öffentlichen oder „Bühnen"-Bereich ausgerichtet, während der persönliche Ausdruck – weil er private Empfindungen enthüllt – eine Sache des „Bühnen-Hintergrundes" ist.

Einer der wichtigsten Unterschiede zwischen Printmedien und elektronischen Medien ist der, daß die Printmedien nur Kommunikationsformen enthalten, während die meisten elektronischen Medien auch persönliche Ausdrucksformen übermitteln. Die elektronischen Medien geben ein ganzes Spektrum von Informationen preis, die einst auf private Interaktionen beschränkt waren. Sie „enthüllen" Informationen, die früher nur zwischen Menschen ausgetauscht wurden, die sich „von Angesicht zu Angesicht" gegenübertraten. In diesem Sinne sind die Printmedien „systematisch auf die Bühne" oder die Öffentlichkeit ausgerichtet, während die elektronischen Medien systematisch auf den Hintergrund oder den nichtöffentlichen Bereich orientiert sind. Eine Anzahl von Heiratsvermittlungs-Instituten machen sich diese Eigenschaft elektronischer Medien zunutze, indem sie Videofilme von ihren Klienten herstellen, damit diese für andere Kunden attraktiver werden. Im Vergleich zwischen Print- und elektronischen Medien gibt es eine starke Parallele zwischen Goffmans Unterscheidung zwischen Ausdruck und Kommunikation und einer anderen Dichotomie, die von der Philosophin Susanne Langer beschrieben wird: Diskursive versus präsentative Symbole.[2]

Langer unterscheidet zwischen diskursiven Symbolen, wie etwa Sprache, und präsentativen Symbolen, beispielsweise Bildern. Die Beziehung zwischen einem diskursiven Symbol und dem, wofür es steht, ist immer verschieden von der Beziehung zwischen einem präsentativen Symbol und ihrem Bezugsobjekt. Diskursive Symbole sind abstrakt und willkürlich; sie haben keinerlei physische Ähnlichkeit mit den Objekten und Ereignissen, die sie beschreiben. Das Wort „Hund" beispielsweise sieht nicht aus wie ein Hund. Außerdem sind diskursive Symbole zusammengesetzt aus getrennten Einheiten – etwa Worten –, von denen jede eine unabhängige Bedeutung von dem besonderen Arrangement der Elemente hat. Dasselbe Wort kann in verschiedenen Sequenzen Unterschiedliches bedeuten („Der Hund beißt die Katze" oder „Die Katze beißt den Hund"). Damit irgendeine Zusammenstellung von Worten einen Sinn macht, muß es eine Übereinstimmung geben hinsichtlich der Grammatik, die wenig zu tun hat mit den beschriebenen Dingen selbst. Wenn ich etwa versuche, zwei Ereignisse mit Worten zu beschreiben, die gleichzeitig geschehen, muß ich dennoch eines davon nach dem anderen erwähnen („Die Katze biß den Hund im selben Augenblick, als der Mann aus dem Haus ging"). Es gibt eine Struktur für diskursive Symbole, die nichts zu tun hat mit der Struktur von Wirklichkeit.

Langer stellt die Form diskursiver Symbole der Form präsentativer (oder nicht-diskursiver) Symbole gegenüber, etwa Bilder oder Fotografien. Das präsentative Symbol hat eine direktere Verbindung mit dem Ding, von dem es handelt. Ein Foto über ein Objekt sieht aus wie das Objekt; es enthält eine direkte physische Ähnlichkeit. Das Bild imitiert Aspekte der wirklichen Welt: Formen, Proportionen, Schatten, Farben und Strukturen. Sogar Holzschnitte von menschlichen Figuren sehen mehr wie Menschen aus als das Wort „Menschen". Bilder von Menschen und das Wort „Menschen" sind keine äquivalenten Symbole.

Die Elemente, aus denen ein Bild besteht, sind viel zahlreicher als die Elemente der Sprache, aber die Elemente eines Bildes haben keine vom Bild unabhängige Bedeutung. Isoliert betrachtet, sind helle und dunkle Flecken auf Fotopapier nichts weiter als „Kleckse". Die dunklen und hellen Flecke gewinnen nur dann „Bedeutung", wenn sie in einem Raster angeordnet sind, das die Form *wirklicher* Objekte oder Menschen annimmt. Sätze haben im Gegensatz dazu nur dann eine Bedeutung, wenn sie nach den *willkürlichen* Regeln eines gegebenen grammatischen Codes angeordnet sind.

* Die meisten Kommunikationstheoretiker benutzen den Ausdruck „Kommunikation" so, daß er beide Arten von Information enthält. Also benutze ich den Ausdruck – obwohl ich mich Goffmans besonderer, begrenzter Vorstellung von Kommunikation in diesem Buch anschließe – den Begriff in dem eher typischen, verallgemeinerten Sinn.

Da präsentative Symbole eine Form annehmen müssen, die der Wirklichkeit ähnelt, sind sie viel weniger „veröffentlichungsfähig" als diskursive Symbole. Man kann eine Landschaft mit vielen verschiedenen Worten und Sätzen beschreiben, aber man würde normalerweise wohl kaum ein Landschaftsbild zerschneiden und es in einem anderen Muster neu zusammensetzen, um ihm einen anderen Ausdruck zu verleihen.

Da eine Fotografie nicht aus getrennten Einheiten zusammengesetzt ist, die in einer linearen Reihe bedeutungsvoller Stücke ausgerichtet werden, verstehen wir sie nicht, wenn wir ein Element nach dem anderen in einer gegebenen Sequenz betrachten. Die Fotografie wird in einem einzigen Akt des Sehens „verstanden"; sie wird als „Gestalt" wahrgenommen.

Die Bedeutung von Wörtern und Sätzen kann man mit anderen Wörtern und Sätzen erklären, aber die „Bedeutung" eines Bildes kann man nicht erklären, indem man ein anderes Bild betrachtet. Worte können andere Dinge beschreiben (einschließlich Bildern und anderer Worte); Bilder präsentieren sich lediglich selbst. Die amerikanische Unabhängigkeitserklärung kann zitiert und sogar in andere Sprachen übersetzt werden, aber die Essenz von Bildern wie die Mona Lisa oder die Amerikanischen *Marines,* wie sie ihre Flagge auf Iwo Jima hissen oder der kleine John Kennedy junior, wie er vor der Urne mit der Asche seines Vaters bei der Beerdigung salutiert, oder auch ein Familienschnappschuß – solche Bilder lassen sich nur unzulänglich mit Worten beschreiben. „Zitieren" ist eine Eigenschaft der Sprache. Man kann dieselben Gedanken in unterschiedlichen Worten ausdrücken. Doch es ist schwierig, dasselbe Bild auf verschiedene Weise zum Ausdruck zu bringen. Jedes Bild übermittelt eine einzigartige Botschaft. Obwohl ich mit meinen eigenen Worten Langers Worte erklären kann, wäre es unmöglich, mein eigenes Bild zu veröffentlichen, um ein Bild von Frau Langer zu übermitteln.

Ein präsentatives Symbol kann man nicht dazu verwenden, eine spezifische abstrakte Idee zu „diskutieren". „Respekt", „Patriotismus" oder die Theorie der Schwerkraft kann man andererseits nur schwer im Bild darstellen. Wenn wir ein Bild betrachten, werden in uns vielleicht bestimmte Vorstellungen geweckt (d.h. die Bilder bringen uns möglicherweise bestimmte *Worte* in den Sinn), aber wir brauchen in erster Linie die Sprache, um ein Wort zu übermitteln.

Langer behauptet, eine diskursive Sprache sei nicht unsere einzige Ausdrucksform der Kommunikation. Nicht-diskursive Symbole sind eine andere wichtige Form mentaler Aktivität und eine andere, „intellektuelle" Art, die Realität zu beschreiben. Präsentative Symbole werden jedoch oft in ihrer Bedeutung abgewertet, so Langer, weil sie nicht direkt in diskursive Sprache übersetzt werden können. Symbole wie Bilder, Klänge und Musik „stellen einfach Gefühle dar", ohne den Vorteil von Worten.

Die Trennung diskursiv – präsentativ bietet eine uns weitere Möglichkeit, zwischen Print- und elektronischen Medien zu unterscheiden. Gedruckte Zeilen sind Botschaften, losgelöst von den meisten ihrer präsentativen Formen; sie überliefern nur diskursive Information. Doch die meisten elektronischen Medien übermitteln eine Vielfalt präsentativer Information gleichzeitig mit den diskursiven Symbolen. Das Radio übermittelt Klänge und Sprache, das Fernsehen fügt visuelle Formen hinzu. Wie Ausdrucksformen sind auch präsentative Formen direkt an bestimmte Objekte oder Menschen in spezifischen Zusammenhängen gebunden. Mehr als die Printmedien neigen elektronische Medien dazu, Sender und Empfänger in ein intimes Netz persönlicher Erfahrung und Gefühle zu verweben.

Die Unterscheidung präsentativ – diskursiv ähnelt einer anderen Dichotomie – digital versus analog –, wie sie von Paul Watzlawick, Janet Beavin und Don Jackson in *Menschliche Kommunikation* diskutiert wird.[3] Die digitalen Symbole sind getrennte Einheiten aus Zahlen oder Worte. Digitale Systeme basieren auf Diskontinuitäten: entweder – oder. Eine Zahl ist entweder eine Drei oder eine Vier aber nicht beides. Ein Wort ist entweder ein ganz bestimmtes Wort oder ein anderes Wort. Demgegenüber sind analoge Botschaften kontinuierlich; sie basieren auf dem Prinzip: mehr oder weniger.

Der Unterschied zwischen digital und analog wird an den zwei Arten von Uhren deutlich, zwischen denen man heute wählen kann. Eine Digitaluhr zeigt die Zeit in getrennten Einheiten. Es ist entweder 12:57 oder 12:58 (oder irgendeine spezifische Zeiteinheit dazwischen, etwa 12:57 und 10 Sekunden im Gegensatz zu 12:57 und 11 Sekunden). Auf dem Zifferblatt einer Analog-Uhr erscheint die Zeit jedoch kontinuierlich. Wer „12:57 und 10 Sekunden" auf einer Digitaluhr abliest, mag „kurz vor eins" auf einer Analog-Uhr ablesen. Einen ähnlichen Unterschied gibt es zwischen einem Digitalrechner und einem Rechenschieber. Ein Rechenschieber ist hervorragend dazu geeignet, „Annäherungen" vorzunehmen, aber mit ihm kann man keine präzisen digitalen Zahlen erhalten.

Menschliche Kommunikation kann in digitaler oder analoger Weise verlaufen. Wenn wir bestimmte Worte aussprechen oder in einem Brief schreiben, senden wir digitale Botschaften aus. Wörter und Sätze sind getrennte Einheiten mit recht spezifischen Bedeutungen. Die

Leerstelle in dem Satz: „Ich... Fisch“ kann zum Beispiel mit den Begriffen „mag keinen“ oder „liebe“ gefüllt werden, also mit dem einen *oder* dem anderen Begriff. Doch eine Umarmung, ein Händedruck oder ein Lächeln beinhalten analoge Ausdrucksformen. In einem Lächeln finden sich keine vereinzelten Merkmale, die in ihrer Bedeutung voneinander unabhängig sind; es gibt keine verschiedenen Grade von Ehrlichkeit in einem Händedruck. Paul Watzlawick und seine Kollegen vertreten die Ansicht, daß die digitalen Kommunikationsformen „Inhalts“- Botschaften übermitteln, während analoge Ausdrucksformen „Beziehungs“-Botschaften zum Ausdruck bringen. Das heißt: Digitale Kommunikation kann allgemein von Dingen handeln, während analoge Botschaften eher enthüllen, wie die Person, von der die Botschaft ausgeht, gefühlsmäßig auf Menschen und Dinge um sie herum oder angesichts digitaler Botschaften, die sie spricht oder hört, reagiert.

Diese Kennzeichnung hilft auch, zwischen Informationen zu unterscheiden, die durch Print- oder elektronische Medien übermittelt werden. Gedrucktes überträgt digitale Information; die meisten elektronischen Medien übermitteln sowohl digitale wie analoge Information.

Persönliche – unpersönliche Reaktion

Die gerade genannten Unterscheidungen können erklären, warum unser Verhalten so unterschiedlich ist, je nachdem, ob wir auf Inhalte von Printmedien oder auf solche elektronischer Medien reagieren. Gedruckte Botschaften sind kommunikativ-diskursiv-digital, die elektronischen Medien sind expressiv-präsentativ-analog; beide Arten haben verschiedene Möglichkeiten und Grenzen.

Die gedruckten Botschaften und die elektronisch übermittelten handeln von ganz verschiedenen Dingen. Das Fernsehen beispielsweise kann ein Objekt oder eine Person auf eine Art und Weise „präsentieren“, wie es verbale Beschreibungen niemals könnten. Wenn also zum Beispiel die Polizei darauf hofft, einen Flüchtigen festzunehmen, wäre, um den Verdächtigen zu identifizieren, eine verbale Beschreibung viel weniger hilfreich als ein Videoband. Ein anderes Beispiel: Nur wenige Menschen würden die einzige Fotografie eines verlorenen geliebten Menschen für ein Gedicht über ihn tauschen. Doch die präsentativen Botschaften sind in ihrer Wirkung stark begrenzt, weil sie keine abstrakte Vorstellungen oder Konzepte übermitteln können.

So kann man die *Vorstellung* von einem „Flüchtigen“ oder von „Gerechtigkeit“ nicht per Videofilm übermitteln. Es ist selbstverständlich möglich, zwei Menschen zu fotografieren, die gemeinsam an einem Tisch sitzen und essen, aber es ist unmöglich, die Vorstellung von „Sympathie“, „Freundschaft“ oder „Liebe“ auf der Fotografie mit zu übermitteln. Es ist möglich, ein Bild *einer* bestimmten Frau zu entwerfen, aber es ist unmöglich, „Weiblichkeit“ darzustellen. Man kann ein Bild eines Balls oder eines Eheringes zeichnen, aber die Vorstellung von „Spielzeug“, „Rundheit“ oder „Kontinuität“ muß man in Worte fassen, um sie „zum Ausdruck“ zu bringen. Die abstrakte Vorstellung einer „großen Führerfigur“ kann man sprachlich fassen, aber eine Fotografie des Präsidenten ist nur das Bild einer bestimmten Person.

Außerdem sind die Bedeutungen von Worten oft mehrdeutig, es sei denn, sie werden dazu benutzt, Ausdrucksformen und präsentative Symbole zu erklären. Botschaften, wie sie in einer Ausdrucksform enthalten sind, beinhalten keine Anweisungen darüber, welche von mehreren möglichen Interpretationen die richtige ist. „Es gibt Tränen des Schmerzes und Tränen der Freude, die geballte Faust kann Drohung oder Selbstbeherrschung bedeuten, ein Lächeln Sympathie oder Verachtung ausdrücken, Zurückhaltung als Takt oder Gleichgültigkeit ausgelegt werden.“[4] In ähnlicher Weise verläßt man sich oft auf eine verbale Bild-Beschreibung, wenn man die besondere Bedeutung eines Bildes bestimmen will.

Ironischerweise sind die analogen Botschaften, wie sie die elektronischen Medien liefern, sowohl direkter als auch mehrdeutiger, „natürlicher“ und doch weniger präzise. Die analoge Botschaft kommt direkt vom Sender-Subjekt; sie läßt vermuten, wie sich der Sender – das Subjekt – „wirklich fühlt“. Doch man kann keinen Vertrag allein auf ein Lächeln oder einen Händedruck gründen. Es müssen Worte gewechselt werden, damit man die exakte Bedeutung der Botschaft erfassen kann.

Für die Art, wie elektronische Medien ihre Botschaften präsentieren, gibt es kein Äquivalent in unserer linguistischen Grammatik oder der syllogistischen Logik. Gesten oder Tonfall eines Menschen können nicht umarrangiert oder „redigiert“ werden, im Gegensatz zu Worten, denn Gesten und Tonfall sind nicht in getrennte Einheiten aufteilbar. Botschaften, die in Gestalt von Ausdrucksformen übermittelt werden, haben untereinander keine logischen Verbindungen oder Zusammenhänge nach der Art „wenn – dann“ oder „entweder – oder“. Expressive Botschaften kann man nicht benutzen, zwischen Vergangenheit, Gegenwart und Zukunft zu unterscheiden, und man kann sie nicht einsetzen, um Absichtserklärungen abzugeben, die sich auf ihren Wahrheitsgehalt hin überprüfen ließen (etwa bei Aussagen wie: „Es wird morgen regnen" oder „Ich habe drei Hände").

Doch die diskursiven Mittel, mit deren Hilfe die Autoren ihre Botschaften weitergeben, sind im höchsten Grade „unpersönlich". Die Worte auf dieser Seite sagen Ihnen beispielsweise sehr wenig über mich als Privatperson. Möglicherweise habe ich einen Sprachfehler oder einen merkwürdigen Akzent. Ich schiele vielleicht oder spreche dauernd Wörter falsch aus. Ich bin vielleicht besonders groß oder klein, jung oder alt, lustig oder nüchtern. Sie können nichts davon den Worten entnehmen, die ich hier schreibe. Selbst ein merkwürdiger Satz oder ein falsch buchstabiertes Wort können nicht direkt mir zugeschrieben werden. Vielleicht hat ein Lektor oder Setzer den Fehler gemacht. Alles, was gedruckt ist, wurde in gemeinsamer Verantwortung hergestellt, so kann eine Druckseite ein Schutzschild sein, hinter dem sich menschliche Schwächen verstecken lassen. Würden Sie mich jedoch auch nur dreißig Sekunden von Angesicht zu Angesicht erleben (oder im Fernsehen sehen), dann wüßten Sie Dinge über mein *Privat*leben, die Sie sonst nicht in Erfahrung bringen könnten, selbst wenn Sie alles lesen würden, was ich jemals geschrieben habe.

Die Tatsache, daß es unmöglich ist, viele der präsentativen Botschaften des Fernsehens in diskursive Sprache zu übersetzen, erklärt vielleicht, warum das Fernsehen von vielen Intellektuellen so abschätzig betrachtet wird. Doch die meisten Botschaften in Unterhaltungssendungen sind zwar kaum „realistisch" oder „von erzieherischem Wert", jedenfalls was die konventionellen (diskursiven) Vorstellungen angeht, doch sie übermitteln den Zuschauern realistische Bilder und Geräusche von Menschen und Orten. Diese präsentativen Symbole füttern uns mit „Erfahrungen" statt mit diskursivem Wissen, Argumenten und Vorstellungen.

Die Botschaften des Fernsehens „handeln" von etwas völlig anderem als die Printmedien. Unsere Reaktion auf eine verbale Botschaft (etwa eine Rede, die von einer Zeitung abgedruckt wird) ist oft, daß wir uns fragen, ob sie wahr oder falsch ist, ob die Argumente logisch und gut formuliert sind. Gedruckte Botschaften können sich auf „Themen" oder Konzepte beziehen. Doch die ausdrucksstarken Botschaften des Fernsehens rufen oft eine andere Reaktion hervor. Sie sind persönlicher und stärker an den Sprecher gebunden. Ausdrucks-Botschaften erzählen uns dauernd etwas über die privaten Ansichten der Person, die sich gerade in der gezeigten Situation äußert; sie erzählen uns, wie sie sich fühlt und welche emotionale Reaktion ihr Verhalten hervorruft. Eine übliche Zuschauer-Reaktion auf die Ansprache eines Politikers im Fernsehen ist daher, über die *Person* des Politikers nachzudenken statt über den Inhalt seiner Rede. Häufige Gedanken oder auch Äußerungen von Zuschauern sind in einer solchen Situation zum Beispiel: „Er scheint nervös zu sein"; „Gleich fängt er an zu weinen"; „Ich traue ihm nicht"; oder „Die ist ganz schön hart!"

Selbstverständlich ist es möglich, über sehr persönliche Dinge zu schreiben – von Augustinus' *Bekenntnissen* bis zu den Leserbriefen an den *Playboy* gibt es dafür genügend Beispiele –, doch anders als bei präsentativen Medien ist man in der Regel physisch abwesend, wenn die Botschaft ankommt. Selbst wenn gedruckte Worte die intimsten Dinge behandeln, ist doch die Form, in der die Botschaft übermittelt wird, unpersönlich und abstrakt. Über die lebendige Person wird in Printmedien relativ wenig ausgesagt. Im Fernsehen dagegen kann man über sehr unpersönliche Dinge sprechen und dabei gleichzeitig nicht verhindern – ob man will oder nicht –, mit der abstrakten Äußerung zum „Thema" eine Fülle von persönlichen Hinweisen „mitzuliefern".

Viel stärker als die Printmedien erfüllt das Fernsehen die öffentliche Arena mit privater Atmosphäre. Das Fernsehen bietet eine Art von Information, die wir unter Familienangehörigen und Freunden austauschen. Im Vergleich zur Zeitschrift beispielsweise liefert das Fernsehen ein reichhaltiges Persönlichkeitsprofil des Kommunikators gleich mit. Die Trennungslinie zwischen privater Emotion und öffentlicher Kommunikation verwischt. Ein plötzliches Ringen nach Luft, das Schimmern von Tränen in den Augen, eine Stimme, die vor Trauer bricht oder sich durch eine schmerzliche Nachricht hindurchquält – das sind Informationen, die nicht diskursiv, digital oder kommunikativ sind, sondern präsentativ, analog und expressiv.

Ein gutes Beispiel für die unterschiedliche Bedeutung verbaler und nonverbaler Botschaften in unterschiedlichen Medien stammt von George E. Reedy, Pressesprecher unter Präsident Johnson. In einem Artikel über Jimmy Carters Umgang mit dem Fernsehen schrieb Reedy 1977, Carter habe „zumindest demonstriert, daß man keine Worte braucht, um recht schwierige Punkte deutlich zu machen". Reedy vertritt die Ansicht, das beste Beispiel dafür sei Carters „Kamingespräch" über die Energiekrise:

„Ich habe über das Kamingespräch mit zahlreichen Amerikanern in vielen Teilen des Landes diskutiert, und abgesehen von Nachrichtenredakteuren und Reportern, die eine Geschichte darüber schreiben mußten, oder Politikern, die darauf reagieren mußten, habe ich niemanden gefunden, der sich an irgend etwas erinnert, was er sagte. Die Tatsache, daß er bei diesem Gespräch einen Pullover trug, wurde jedoch legendär, und eigenartigerweise hat jeder, mit dem ich darüber sprach, dieser Pullover-Geschichte eine besondere Bedeutung beigemessen."[7]

Die Präsentation von Ereignissen im Fernsehen wirkt sich darauf aus, wie wir angesichts von politischen Auseinandersetzungen und Wahlen reagieren. Die Fernsehsendungen über Parteitage handeln nur selten von Sachfragen; statt dessen gehen sie ausführlich auf einzelne Politiker-Persönlichkeiten und deren Eigenschaften ein. Infolgedessen spielen Medienberater oft eine größere Rolle in Wahlkämpfen als politische Berater und Redenschreiber. Im allgemeinen ist es für Politiker äußerst ratsam, sich nicht aufzuregen oder während der Fernsehauftritte sichtbar wütend zu sein. Der Fernsehauftritt eines Politikers ist oft wichtiger als seine politischen Programme. In der Nacht der Carter-Reagan-Debatte schob James Baker, ein Wahlhelfer Reagans, diesem eine Karteikarte zu, auf der ein Wort stand: „Kichern!"[8] Wenn sich die meisten Menschen an solche Fernsehdebatten erinnern, dann fallen ihnen der allgemeine Stil und die emotionale Verfassung der Beteiligten viel eher ein als die verbalen Argumente der einen oder anderen Seite.

Warum man sich auf expressive Aspekte der Fernsehbotschaften konzentriert, ist kein Geheimnis. Das Fernsehen zwingt genauso zur Konzentration auf expressive Informationen wie etwa persönliche Begegnungen. Die Studie des Anthropologen Albert Mehrabian über nonverbales Verhalten legt nahe, daß das relative Gewicht, das man pesönlichen Begegnungen beimißt, zu 7 Prozent dem verbalen, zu 38 Prozent dem stimmlichen und zu 55 Prozent dem Gesichtsausdruck zugeschrieben wird.[9] Wenn diese Zahlen ungefähr stimmen, dann sind mehr als 90 Prozent der Bedeutung einer Botschaft den Ausdrucksformen zuzuschreiben und nicht den inhaltlichen „Kommunikationen". .

Ohne nonverbale Hinweise muß man sorgfältige verbale Umschreibungen wählen und den Text immer wieder überarbeiten, um die richtige „Stimmung" wiederzugeben. Sarkasmus, Spott und andere Bedeutungsnuancen werden in Briefen und Büchern oft übersehen. Deshalb haben selbst Liebesbriefe tendenziell eine „formale" Dimension, während viele geschäftliche Begegnungen oder Telefongespräche recht intim und persönlich erscheinen.

In direkten persönlichen Begegnungen steht die Bedeutung der verbalen Botschaft in umgekehrtem Verhältnis zur Menge der erhältlichen stimmlichen und gestischen Information. Ist die nonverbale Information schwach oder nicht vorhanden, wird die verbale Information in ihrer Bedeutung stärker. Die Aufmerksamkeit für die verbalen Botschaften eines Sprechers variiert daher mit der zwischenmenschlichen Distanz. Je geringer der Abstand zwischen zwei Menschen ist, desto weniger Aufmerksamkeit wird der verbalen Botschaft geschenkt.[10] Die Unterhaltung einer Clique von Freunden, die an einem gemeinsamen Tisch im Restaurant sitzt, wird man kaum verstehen, wenn man nur die gesprochenen Worte aufschreiben würde. In vertrauter Runde werden Sätze nicht vervollständigt, gibt es Sprünge in der Wahl der Zeitausdrücke und zahlreiche grammatische Fehler. Stehen andere Informationsquellen zur Verfügung, wird weniger Sorgfalt darauf gelegt, den richtigen verbalen Ausdruck zu finden, Sätze zu konstruieren oder zuzuhören.

Es gibt verschiedene Gründe, warum im Fernsehen der Schwerpunkt noch mehr bei expressiven Botschaften liegt als in persönlichen Begegnungen. In zwischenmenschlichen Begegnungen ist eine große physische Nähe eher die Ausnahme als die Regel, beim Fernsehen ist es genau umgekehrt. Es gibt wenige Menschen, vielleicht gar keine, die bei einem Zuschauer eine emotionale Reaktion auslösen und dabei nicht in Großaufnahme zu sehen sind. Außerdem erlaubt die einseitige Richtung des Informationsflusses dem Betrachter etwas, das man in der persönlichen Interaktion gewöhnlich als unhöflich betrachten würde – denjenigen, der gerade spricht, *anzustarren.* Und schließlich kann man in persönlichen Begegnungen nicht seine gesamte Energie darauf verwenden, das Verhalten der anderen zu beobachten, weil man so stark damit beschäftigt ist, über Ausdrucksformen und Kommunikationen nachzudenken, selbst welche hervorzubringen und zu beobachten, wie die anderen auf das eigene Verhalten reagieren. Doch beim Fernsehen kann sich der Zuschauer in seinen Sessel lümmeln und sich ausschließlich auf das expressive Verhalten der Akteure konzentrieren. Der Zuschauer bleibt unbeobachtet und relativ unexpressiv. (Übrigens kann das Fernsehen aus all diesen Gründen sogar ein Auslöser gewesen sein für die in jüngster Zeit festgestellte Zunahme nonverbaler Kommunikationsformen.)

Aufgrund der reichhaltigen Expressivität des Fernsehens sind Interviews in diesem Medium etwas völlig anderes als in Printmedien. Im Fernsehen ist selbst eine Nicht-Äußerung wie „Kein Kommentar" oder eine lange Pause aussagekräftig und durchaus eine „bedeutungsvolle Antwort". Sie zeigt die Reaktion des Sprechers auf die Situation und den Inhalt der Frage, wenn auch diese Reaktion im wesentlichen nonverbal ist. Eines der populärsten Programme im amerikanischen Fernsehen, „60 Minutes", verwendet Techniken, die den Befragten zeigen, wie er zwischen zwei Worten innehält oder zu stottern beginnt. Der Interviewte wird in Großaufnahme gezeigt, so daß er mit jeder Kopfbewegung aus der Situation zu fliehen scheint. Solche Kameraeinstellungen suggerieren, der Interviewte habe etwas zu verbergen oder sei unehrlich (in gewisser Hinsicht ist die Verwendung solcher Kameraeinstellungen selbst eine Art gezielter Täuschung, denn eine plötzliche Kopfbewegung oder der expressive Ausdruck von Unzufriedenheit kann einfach ein Ausdruck von Aufregung oder Nervosität angesichts einer Kamera, Müdigkeit, einer vorübergehenden Gedächtnisstörung oder Magenbeschwerden sein).

Beobachter der neuen „privaten" Darstellung, wie sie politische Führungsfiguren abliefern, unterstellen den Journalisten und Kameraleuten eine bestimmte Absicht. Doch es ist viel wahrscheinlicher, daß die systematische Verzerrung durch die Eigenschaft elektronischer Medien hervorgerufen wird, persönliche Eigenschaften „einzufangen". Es scheint jetzt sogar fair (und notwendig) zu sein, die Persönlichkeit einer Führungsfigur regelrecht herauszustellen, da er in der Lage ist, aussagekräftiges Verhalten zu produzieren; und im Gegensatz zu Zitaten in einer Zeitung, kann expressives Verhalten nicht so leicht umarrangiert oder redigiert werden, erscheint damit „authentisch".* Wenn ein Politiker mitten im Satz zu weinen beginnt, muß man das in einem Printmedium nicht unbedingt erwähnen, aber man kann kein Tonband oder Videoband mit dem Satz abspielen, ohne daß gleichzeitig das Weinen mit zu hören ist. Es ist also wirklich zutreffend, daß man im Jargon der Rundfunkjournalisten die Bänder von Reportagen und Interviews „O-Töne (Original-Töne)" nennt; die Ausdrucksformen können für sich selbst „sprechen".

* Filme und Videobänder können natürlich in dem Sinne „redigiert" werden, daß Handlungsteile durch die Schnitt-Technik zusammenmontiert oder auseinandergeschnitten werden. Doch man kann nicht die Handlungen und das Sprachverhalten einer Person im Videoband oder Film so beliebig manipulieren, wie man die Worte auf einer geschriebenen Seite redigieren kann. In Printmedien kann ein Redakteur Worte hinzufügen, löschen oder streichen, die Interpunktion verändern und vielleicht sogar die Wortwahl (in gewissem Sinne den „Akzent" des Autors) abwandeln. Bei Film und Videoband merkt man es dagegen häufig sofort, wenn ein Wort weggeschnitten wurde; es ist so gut wie unmöglich, ein Wort hinzuzufügen; und ein Schnitt mitten im Satz läßt den Satz hörbar „unvollendet". Um später einen ganzen Satz oder eine ganze Passage herausschneiden zu können, müssen die Kameraleute oft einen Positionswechsel vornehmen (etwa auf den Interviewer schwenken, der gerade nickt); denn sonst entstehen „Sprünge" in der Aufnahme des Interviewten: Zwischen zwei Sätzen „springen" Kopf, Oberkörper oder Hände plötzlich in eine neue Position. Doch selbst die sorgfältigste Redigier-Arbeit kann nicht den Sprachrhythmus einer Person verändern oder den Tonfall, der eine Lüge oder Unsicherheit verrät.

Aus einer Reihe von Gründen sind die Rundfunk- oder Fernsehfeatures über eine Person völlig anders als ein Porträt über diese Person in einer Zeitung, das Zitate von ihr enthält. Wenn ich mitbekomme, daß ein Politiker flucht, und ich die Worte im Original abdrucke, dann bin ich ebenso für die Worte verantwortlich, so scheint es zumindest. Wenn ich jedoch die Worte mit einem Tonbandgerät oder einer Videokamera aufzeichne und sie dann ausstrahle, scheinen sie direkt vom Sprecher zu kommen und meine Verantwortlichkeit (obwohl sie eigentlich gleich sein könnte) erscheint stark vermindert zu sein.

So haben die Herausgeber einer Zeitschrift, die 1976 ein Bild veröffentlichte, auf dem man sehen konnte, wie Vizepräsident Nelson Rockefeller als Reaktion auf Zwischenrufe eine obszöne Geste in Richtung Publikum machte, die Verantwortung dafür Rockefeller zugeschrieben. Hätte jedoch kein Fotograf das Ereignis im Film festgehalten, dann wäre es unwahrscheinlich gewesen, daß dieselben Herausgeber ein Bild eines Künstlers über die Geste oder eine detaillierte verbale Beschreibung davon abgedruckt hätten. Die Fähigkeit, persönliche Ausdrucksformen mit Kameras und Mikrofonen festzuhalten, erhöht die Wahrscheinlichkeit, daß diese Ausdrucksformen in der Öffentlichkeit aufgezeichnet und gezeigt werden.

Die Tatsache, daß elektronische Botschaften expressiv sind, bietet eine Erklärung dafür, warum die Öffentlichkeit nicht länger wütend auf die Eröffnung reagiert, daß ein bestimmter Politiker einen oder mehrere „Ghostwriter" hat. Präsidenten und Politiker schrieben früher alle ihre Reden selbst (oder behaupteten es zumindest). Schließlich wird der größte Teil der Bevölkerung, wenn er nur *lesen* kann, was sie zu sagen haben, eher der Überzeugung zuneigen, daß sie diese Worte wirklich selbst geschrieben haben. Hätte jemand anderes sie verfaßt, gäbe es keine direkte Botschaft von ihnen oder über sie. Die Ausdrucksformen, die eine vom Rundfunk oder Fernsehen ausgestrahlte Ansprache begleiten, sind jedoch so persönlich und entlarven so viel über den Redner, daß die Frage nach der Authentizität der Worte heute kaum noch gestellt wird.* Tatsächlich würde ein

* Ich habe mich zwar auf solche Medien wie Radio und Fernsehen konzentriert, doch auch die Lautsprecher-Anlage in großen Sälen hat den Stil öffentlicher Ansprachen verändert. Mit einem Mikrofon und einem Verstärker kann ein Redner zum Beispiel sanfter, leiser – „intimer" sprechen und mehr Nuancen von Ausdrucksformen vermitteln. Es ist wahrscheinlich kein Zufall, daß der erste Einsatz einer Lautsprecheranlage bei einer Präsidenten-Rede, die Geburt des Rundfunks und die offizielle Einführung eines „Stenografen" beim Mitarbeiterstab des Präsidenten im selben Jahr stattfanden.[12]

Politiker wahrscheinlich selbst dann dem Fernseh-Publikum gefallen, wenn er eine Sammlung von Zitaten aus Essays oder Gedichten anderer Autoren vorlesen würde, die seine eigenen Ideen widerspiegeln. Umgekehrt könnte der Politiker vielleicht sein Publikum vor den Kopf stoßen, indem er jemand anderen beauftragt, eine seiner Reden im Fernsehen oder Rundfunk zu *sprechen* – selbst wenn dieser die Rede selbst geschrieben hätte. Im Fernsehen dominieren die Ausdrucksformen gewöhnlich über die Worte.

Die persönliche und emotionale Reaktion auf expressive Hinweisreize im Fernsehen erklärt einige sonst nur erstaunliche Befunde aus politischen Umfragen. In den letzten Jahren stellten Meinungsforscher eine Spaltung fest zwischen den politischen Ansichten der Wähler und ihren persönlichen Empfindungen gegenüber den Politikern. Im Februar 1982 stimmten nur 47 Prozent der Bevölkerung in den USA der „Art, wie Ronald Reagan seine Aufgabe als Präsident erfüllt" zu, doch 70 Prozent fanden ihn „als Person" gut.[13] In einer anderen Umfrage war fast ein Drittel der Befragten mit Ronald Reagans Politik nicht einverstanden, „mochte" ihn jedoch persönlich.[14] Im elektronischen Zeitalter ist es durchaus möglich, daß viele Leute Kandidaten wählen, mit denen sie politisch einige Differenzen haben, oder sich gegen Kandidaten entscheiden, die ihre eigenen politischen Ansichten vertreten. Solches Wahlverhalten wäre undenkbar, wenn die Wähler nur schriftliches Material über den Kandidaten hätten; es ist nur damit zu erklären, daß die Wähler offenbar das Gefühl haben, die Kandidaten persönlich zu „kennen".

Die erfolgreichsten Fernsehsendungen enthalten zum Großteil eher expressive als kommunikative Inhalte. Die Abschriften von Gesprächen in Talkshows und Quizsendungen sind absolut langweilig und nichtssagend. Talkshows sind nicht deshalb erfolgreich, weil geredet wird. Und trotz der allgemeinen Überzeugung, daß Quizsendungen im traditionellen Sinne „Bildung vermitteln", wird in diesen Shows wenig oder nicht „kommuniziert". Quizsendungen sind jedoch sehr reichhaltig an Ausdrucksformen. Die Teilnehmer werden in Streßsituationen versetzt und reagieren darauf. (Tatsächlich werden die Kandidaten nach der Stärke ihrer Ausdrucksformen ausgewählt.[15]) Was in diesen Sendungen „gelernt" wird, sind vor allem die „Wahrheit" und „Wirklichkeit" menschlichen Verhaltens und menschlicher Erfahrungen.

Die teuersten Fernsehsendungen – Werbespots – verlassen sich sehr viel stärker auf Ausdrucksformen als auf Kommunikation. Nur sehr wenige Produkt-Kampagnen liefern irgend ein formales, logisches, verbales „Argument" dafür, das Produkt zu kaufen. Statt dessen stellen sie Menschen dar in sehr expressiven Situationen: wie sie lächeln, lachen, einander umarmen, sich küssen, singen, laufen, spielen oder ins Wasser tauchen (dies häufig in Zeitlupe). Das unterschwellige nonverbale Argument lautet: Wenn Sie dieses Produkt kaufen, vermittelt es Ihnen ein gutes Gefühl, läßt Sie liebenswerter erscheinen, und Sie werden sich neu verlieben. Selbst wenn verbale Botschaften verwendet werden, treiben sie die diskursive Botschaft so weit wie möglich in Richtung der nichtlinearen Botschaften der Präsentation („Ich und mein ..."; „Ich hab' heut Lust auf McDonalds", „Coca Cola is it!"). Die expressiven Botschaften der Werbung sind unmöglich zu kontrollieren. Als nicht-diskursive Darstellungen können sie sich nicht als wahr oder falsch „erweisen". Wenn eine Werbeaussage über ein Mineralwasser direkt behaupten würde: „Trink es, und Du wirst schön sein, schöne Freunde haben und mit ihnen Volleyball am Strand spielen", dann würde die Konkurrenz sofort die Mineralwasserfirma wegen Falschaussage anzeigen. Doch Werbung stellt selten solche verbalen Behauptungen auf. Sie appelliert nicht an die Rationalität, sondern an Emotionen und die Sinne.

Daß die Werbung rationale Argumente vermeidet, wundert niemanden, aber daß die Nachrichtensendungen und Dokumentarfilme im Fernsehen oft nach genau demselben Prinzip vorgehen, ist nicht so offensichtlich. Abschriften von Nachrichtensendungen enthalten oft verblüffend wenig „Information" und scheinen auf seltsame Weise informell zu sein, verglichen mit Zeitungsreportagen. Der Stil von Fernsehnachrichten paßt eher zum kumpelhaften Umgang in einer Stammkneipe als zu einer Zeitungskolumne.* Auch wenn man Nachrichtensen-

* Ich erinnere mich noch, wie überrascht ich war, als ich das erste Mal eine Abschrift der „CBS Evening News mit Walter Cronkite" las (die früher beliebteste Nachrichtensendung im amerikanischen Fernsehen, A.d.Ü.). Die Nachrichtensendung vom 25. Oktober 1972 begann wie folgt: „Guten Abend. Nordvietnam verstärkte heute seinen Propagandakrieg zum Thema Frieden. Hanoi sagte, Präsident Nixon sei ein raffinierter Betrüger und das wahre Hindernis für den Frieden in Indochina, nicht Präsident Thieu von Südvietnam. Währenddessen verlautbarte der Vietkong in Paris, ein Waffenstillstand könne innerhalb von Stunden zustandekommen, aber erst, wenn Nixon entweder Thieu fallen ließe oder ihn dazu bringe, die Koalitionsregierung anzuerkennen." Diese Worte *klingen* gut, wenn sie laut verlesen werden, doch sie unterscheiden sich sehr vom Reporterstil angesehener Zeitungen. Man bemerke die informellen Konstruktionen und die Verwendung von Worten wie „raffinierter Betrüger", „fallenlassen" und „dazu bringen". In derselben Sendung moderierte Cronkite eine andere ernste Nachricht so an: „Es sind noch mehr jener tödlichen kleinen Briefbomben heute angekom-

dungen auf ihre visuellen Botschaften hin untersucht, stellt man fest, daß sie häufig mehr Ausdrucksformen als Kommunikation enthalten. Das Gesicht eines Überlebenden einer Flugzeugkatastrophe – ausspioniert von Kamera und Mikrofon; das Gesicht einer Mutter, die soeben erfahren hat, daß ihr Sohn getötet wurde – sie übermitteln sehr wenig Sach-Information, aber bieten den Betrachtern eine reichhaltige Quelle für Ausdrucksformen.

Wenn Ausdrucksformen, wie wir gesehen haben, mehrdeutig und unpräzise sind, warum verlassen sich dann so viele Fernsehsendungen, einschließlich der Nachrichten, größtenteils auf sie, und warum sind die Zuschauer offensichtlich nur allzu bereit, sie zu akzeptieren? Ausdrucksformen sind so eindrucks- und wirkungsvoll, weil sie natürlicher und realer erscheinen als Worte. Ausdrucksformen entstammen direkt von einem menschlichen Wesen, und der Absender hat bedeutend weniger Kontrolle über sie als über verbale Kommunikationen. Eine Person kann verbal viel leichter lügen als nonverbal.[17] Ein unmoralischer Mensch könnte sagen oder schreiben: „Ich liebe Dich", ohne es zu meinen. Aber es ist sehr viel schwieriger, dasselbe Gefühl nonverbal *auszudrücken* – besonders über längere Zeit –, es sei denn, es ist oder wird zur Wahrheit. Selbst jenseits der Frage nach Wahrheit und Lüge haben die Zuschauer das tief empfundene Gefühl, die Personen, die sie im Fernsehen vorgeführt bekommen, zu „treffen" und danach zu „kennen", denn sie werden ja Zeuge der privaten Ausdrucksformen der Personen.

Die Tatsache, daß es relativ schwierig ist, expressive Botschaften zu kontrollieren oder zu erzwingen, erklärt, warum elektronische Medien intimer und persönlicher sind und warum sie mehr enthüllen als Printmedien. Das reichhaltige Spektrum expressiver Informationen in Fernsehsendungen ist vielleicht ein Grund dafür, daß viele Amerikaner behaupten, das Fernsehen sei für sie das „glaubwürdigste" aller Nachrichtenmedien.* Denn selbst wenn die Fernsehnachrichten oft genau dieselben Quellen benutzen wie Zeitungen und Rundfunk, spricht doch zumindest jemand „von Angesicht zu Angesicht" mit ihnen, den sie „persönlich" kennen. Die Macht expressiver Botschaften ist wahrscheinlich auch der Grund für die Glaubwürdigkeit von Ereignissen, die mit „versteckter Kamera" aufgenommen wurden, und von Interviews mit dem Mann und der Frau auf der Straße.

Die verschiedenen elektronischen Medien unterscheiden sich hinsichtlich des Spektrums expressiver Hinweisreize, das sie ausstrahlen. Der Rundfunk zum Beispiel übermittelt nur vokale Ausdrucksformen. Wer in der Lage ist, seine Stimme stark zu kontrollieren, kann das Medium effektiv nutzen – selbst wenn gleichzeitig andere Ausdrucksformen nicht unter Kontrolle sind. Ein nervöser Rundfunksprecher mag vielleicht seine Stimme unter Kontrolle halten können, gleichzeitig aber nervös mit dem Fuß wippen oder wild gestikulieren. Das Radio ist entlarvender als die Printmedien, aber es filtert auch noch alle visuellen expressiven Hinweisreize aus.

Der Trend von den Printmedien zu den elektronischen Medien (und vom Radio zum Fernsehen) ist daher ein Trend von formellen und sozialen Botschaften der „Bühne" zu informellen und persönlichen Botschaften „aus dem Hintergrund". Die Printmedien präsentieren kunstvoll arrangierte Botschaften, während elektronische Medien spontane und natürliche Botschaften übermitteln. Selbst wenn der „Inhalt" von Nachrichten und Unterhaltungssendungen strikt geplant und genau nach Drehbuch umgesetzt wird, stellen die Ausdrucksformen der an der Darstellung Beteiligten ein „Stück Leben" dar, das nicht vergleichbar ist mit gedruckten Nachrichten oder Reportagen. Selbst wenn alle anderen Bedingungen gleich sind – die elektronischen Medien vermischen persönliche und öffentliche Bereiche.

Diese Mischung hat einen doppelten Effekt auf die Informationssysteme von Menschen aus verschiedenen Alters- und Berufsgruppen und Bildungsschichten. Die Expressivität der elektronischen Kommunikationsmedien vereinheitlicht den *Zugang* zu Informationen und vermischt die allgemeinen Bilder, die von verschiedenen Menschen in die öffentliche Szene hinein-*projiziert* werden.

Expressive Botschaften sind eher für alle zugänglich als

---

men." Am nächsten Tag berichtet die *New York Times* über dieselben Ereignisse völlig anders. Die Klagen Nordvietnams waren in einer Geschichte über den möglichen Waffenstillstand verborgen; die entsprechende Passage begann wie folgt; „Die Äußerungen der Kommunisten aus verschiedenen Lagern liefen auf eine Warnung hinaus . . . sie würden bis zum Sieg weiterkämpfen, wenn kein Waffenstillstand erzielt werden könnte. Sie erneuerten ihre Anklage, die Friedensberichte seien ein ‚politischer Trick' der Vereinigten Staaten und dazu da, ‚die öffentliche Meinung zu täuschen'." Eine der beiden Zeitungsgeschichten über die Briefbomben begann so: „Explosivstoffe, die mit der Post verschickt wurden, haben hier heute einen arabischen Briefträger und eine Sekretärin schwer verletzt; die anderen Briefbomben explodierten in Algerien, Lybien und Ägypten; einige konnten rechtzeitig abgefangen werden."[16]

---

* Nach den Roper-Studien gilt seit 1961 das Fernsehen als die glaubwürdigste Nachrichtenquelle. Seit 1968 wird es doppelt so oft als besonders glaubwürdig gewertet wie die nächstglaubwürdige Quelle, die Zeitungen.[19]

verbale und gedruckte Botschaften. Wie Watzlawick und seine Kollegen feststellen, können Kleinkinder, geistig Patienten und Tiere die allgemeine Bedeutung von Ausdrucksformen auch dann entziffern, wenn die sprachlichen Hinweise ihnen nichts bedeuten.[20] Zwei Forscher nonverbalen Verhaltens, Paul Ekman und Wallace Friesen, haben festgestellt, daß die Interpretation expressiver Botschaften durch Laien häufig mit der Deutung durch Experten übereinstimmt.[21]

Niemand könnte eine Fremdsprache lernen, indem er oder sie nur ein Buch in dieser Sprache liest. Doch aus Fernsehsendungen im Ausland kann man durchaus etwas über die vermittelte Information entnehmen, selbst wenn man die Landessprache nicht beherrscht. Die „Sprache“ von Handlungen, stimmlichen Darstellungen und Interaktionen ist reich an bedeutungsvollen Ausdrucksformen. Lech Walesa, Führer der polnischen Gewerkschaft Solidarität, wurde durch das Fernsehen international ein Held, auch wenn viele seiner Bewunderer weder seine Worte verstehen konnten, noch die Vielschichtigkeit der Themen, mit denen sich seine Gewerkschaft beschäftigte. Der Durchschnittsbürger versteht auch nicht unbedingt die Bedeutung der politischen Aussagen eines Politikers, aber jeder kann die„Bedeutung“ einer Werbekampagne verstehen, die einen Politiker zeigt, wie er mit seiner Familie am Frühstückstisch sitzt, und jeder kann die Bedeutung eines FBI-Filmes verstehen, der einen Politiker zeigt, wie er Geld in seine Taschen stopft.

Ein Buch über ein psychiatrisches Krankenhaus mag spezielle diskursive Daten enthalten, die nur von jenen verstanden werden können, die sich in Psychiatrie auskennen. Aber während eine Fernsehshow ähnlich spezialisierte Themen *behandeln* kann, *präsentiert* die Sendung gewöhnlich auch sehr unspezifische Informationen. In gewissem Sinn handeln alle Fernsehprogramme, die das Verhalten von Menschen darstellen, von derselben Sache: von menschlichen Gesten, Gefühlen und Leidenschaften. Die expressive Qualität des Fernsehens macht fast jedes noch so spezialisierte Fernsehprogramm auch für den durchschnittlichen Fernsehzuschauer zugänglich.

Die Tatsache, daß sich die elektronischen Medien sehr stark auf Ausdrucksformen stützen, ebnet die Botschaften verschiedener Menschen ein. Manche Menschen haben eine angenehmere oder überzeugendere expressive Art als andere, doch es gibt keine deutlichen Unterschiede an expressiver Kompetenz. Man lernt an keiner Universität, „sich auszudrücken“. Selbst Tiere und Kinder können sich wirkungsvoll ausdrücken – wenn auch oft nicht so, wie sie es beabsichtigt haben. Es gibt bestimmte Techniken, die man Menschen beibringen kann, damit sie sich gefälliger ausdrücken, aber unser Erziehungssystem hält solche Verhaltensformen für selbstverständlich.*

Jeder Organismus hat seine eigenen Ausdrucksformen; und Kinder oder Analphabeten können in ihren Ausdrucksformen zeitweilig angenehmer sein als Wissenschaftler, Schauspieler und Richter. Die Schreibstile von Menschen verschiedenen Alters und unterschiedlicher Bildung differieren auf eine viel vorhersagbarere Weise als ihr Aktionsstil. Während Essays, Artikel und Bücher von gelernten „Autoren“ (Schriftstellern, Journalisten) zusammengestellt werden müssen, kann der Inhalt eines Video-„Essays“ von fast jedem Passanten, von jeder Frau, jedem Kind, jedem Mann, jedem Tier dargestellt werden. In diesem Sinne gibt es bei allen Botschaften, die von Menschen im Fernsehen geäußert und übermittelt werden, eine grundsätzliche Ähnlichkeit, die in keiner anderen Kommunikationsform existiert – außer der von Angesicht zu Angesicht. Heutzutage sind ganze Gruppen von Menschen, die vom öffentlichen Forum, das von Printmedien geschaffen wurde, ausgeschlossen waren, weil sie die erforderlichen Fähigkeiten nicht besaßen, in der Lage, an öffentlichen Ereignissen teilzunehmen, die von elektronischen Medien geschaffen werden.

Es gibt natürlich expressive „Superstars“, Menschen, deren persönlicher Stil großen Teilen der Bevölkerung gefällt, Menschen, die nnicht nur *fähig* sind, sich auszudrücken (wie wir alle), sondern die es auf solche Weise tun, daß viele Menschen davon fasziniert sind. Showstars wie in Deutschland Hans-Joachim Fuchsberger, Rudi Carrell oder Hans-Joachim Kulenkampff sind in ihren Shows oft nur Gastgeber, dennoch haben sie offensichtlich solch expressive Fähigkeiten, daß sie selbst Persönlichkeiten des öffentlichen Lebens werden.

Doch selbst solche Menschen, die sich hervorragend ausdrücken können, sind nicht notwendigerweise exzellente „Kommunikatoren“. Der charismatische Lech Walesa zum Beispiel ist, wenn man ihn persönlich oder im Fernsehen erlebt, einer, der sich hervorragend ausdrücken kann; aber er würde wohl niemanden durch

* Schauspieler gehören zu den wenigen Menschen, die Ausdrucksformen bewußt studieren. Im Gegensatz zur Bühnen-Darstellung ist jedoch die Darstellung im Fernsehen häufig damit verbunden zu lernen, wie man sich „natürlich“ verhält und so tut, als sei keine Kamera in der Nähe. Viele Manager und Firmenchefs trainieren inzwischen, vor Fernsehkameras zu sprechen, damit sie ihre Angestellten per Videofilm erreichen (oder in den Fernsehspots ihrer Firma auftreten) können. Doch ein wichtiger Teil ihres Trainings besteht auch hier wieder darin zu lernen, sich in Gegenwart einer Kamera durchaus wohlzufühlen. Wir wissen aus Fernsehsendungen wie „Verstehen Sie Spaß“, wie gut viele unbewußt agierende Menschen im Fernsehen sein können.

seine schriftlich niedergelegten Reden oder Bücher faszinieren. Das *Time*-Magazine berichtet über ihn:

„Sein Arbeiter-Polnisch ist rauh und oft grammatikalisch falsch ... Seine Reden enthalten häufig verquere Analogien und Bilder; die Führer der „Solidarität" geben zu, daß Walesa ... eher intuitiv als verstandesmäßig handelt. Er behauptet trotzig, niemals in seinem Leben ein ernsthaftes Buch gelesen zu haben.

Doch Walesa hat seinen Landsleuten eine hoffnungsvolle Botschaft übermittelt. Ein Warschauer Journalist meinte: ‚Manchmal ergibt das, was er sagt, nicht mal einen Sinn, aber er wirkt immer so bestärkend.' "[22]

Die Tatsache, daß Ausdrucksformen viel zugänglicher sind als elitäre Gespräche, mag erklären, warum die meisten Menschen das Gefühl haben, daß sie keine politischen Experten brauchen, die ihnen die Reden, die sie im Fernsehen hören und sehen, zu interpretieren. Und die „Wahrheit" und „Wirklichkeit" aller expressiven Botschaften erklärt wiederum, warum die im Fernsehen übertragenen Reaktionen des Mannes und der Frau auf der Straße sogar in Nachrichten- und Dokumentarsendungen akzeptiert werden.

Die informative Form elektronischer Medien verändert unsere Wahrnehmung der Welt und unserer Mitmenschen. Und mit Hilfe elektronischer „Dokumente" werden zukünftige Generationen einmal Vergangenheit ganz anders erleben. „Geschichte" war einmal ein diskursives Skript, das von den Reichen, Mächtigen und Gebildeten verfaßt und ausagiert wurde. Aufgrund ihrer diskursiven Art enthielten historische Quellen auch eine Fülle von Argumenten, Vorschlägen, Ideen und Idealen. Die wachsenden Archive aus Ton- und Videobändern jedoch lassen die Geschichte auch von Durchschnittsmenschen handeln; gleichzeitig enthüllen sie, was an unseren Führungsfiguren durchschnittlich ist. Und die „Sprache" dieser Aufzeichnungen ist die expressiv-präsentativ-analoge Form von Gestik, Gefühlen und Erlebnissen. Es ist daher nicht erstaunlich, daß in den letzten drei Jahrzehnten viele Historiker ein neues Vakuum in unserem Geschichtsverständnis entdeckt haben – die Alltagserfahrung des gewöhnlichen Menschen, der seine Gedanken nicht aufschrieb und der keine Geschichte machte, obwohl er zahlenmäßig dominierte. Eine neue Historien-Industrie hat sich entwickelt; sie spürt Dokumente aus Pfarreien oder Friedhöfen auf und geht allen möglichen anderen Spuren nach, mit dem Ziel, eine „verlorene Welt" wiederzuentdecken.[23]

„Abbilden" oder – „Darüber berichten"

Alle Medien filtern Aspekte der „Wirklichkeit" aus; doch jedes Medium ist ein anderer Filter. Je abstrakter, aufwendiger und langsamer der Verschlüsselungs-Prozeß ist, desto weniger ähneln die Botschaften den Dingen, von denen sie handeln. Und je weniger die Botschaften der Wirklichkeit ähneln, desto mehr kann das Medium dazu benutzt werden, stilisierte und idealisierte Bilder von Ereignissen zu liefern. Und umgekehrt: Je mehr das Medium einfach das „einfängt", was sich in einer Situation abspielt, ohne daß die Beteiligten eine besondere Anstrengung dazu unternehmen müßten, desto ähnlicher werden die Botschaften dem Verhalten, von dem sie handeln. Und je mehr die Botschaften an wirkliches Verhalten und tatsächlich ablaufende Ereignisse gebunden sind, desto weniger können sie manipuliert und „zensiert" werden.

Schriftliche und gedruckte Botschaften sind tendenziell formeller als elektronisch übertragene. Sich hinzusetzen, um einen Brief zu schreiben, erfordert die Beherrschung und Anwendung eines abstrakten Codes. Es ist schwer, das dazwischentretende Medium zu vergessen, weil man Informationen in dessen Form „übersetzen" muß. Doch vor einem Mikrofon oder einer Fernsehkamera zu sitzen, erfordert keine komplizierten Aufzeichnungs-Fähigkeiten und -Handlungen. Man „verhält" sich einfach, und die „Botschaft" wird automatisch „verstanden".

Die informelle Note elektronisch übermittelter Nachrichten wird noch deutlicher, wenn das Medium in zwei Richtungen genutzt werden kann. Mit jemandem zu telefonieren ist zum Beispiel so natürlich, daß wir oft beinahe vergessen, daß dazwischen ein Medium geschaltet ist. (Wir sagen häufig: „Ich habe gestern abend mit ... gesprochen" und vergessen hinzuzufügen, daß es sich um ein Telefongespräch gehandelt hat. Doch nur selten benutzen wir die Redewendung „Ich sprach mit ...", wenn wir zum Ausdruck bringen wollen, daß wir jemandem einen Brief geschrieben haben.) Aufgrund der Unauffälligkeit des Mediums und seiner Verschlüsselung ist ein Telefongespräch viel spontaner und viel weniger „gekünstelt" als die meisten Briefe. Selbst der Brief an einen guten Freund ist oft stilisierter als das Telefongespräch mit einem Fremden. Ein Brief wird oft mehrere Male neu geschrieben, aber am Telefon kommt kaum jemand auf die Idee, dem Gesprächspartner zu sagen: „Lassen Sie mich diese Unterhaltung noch einmal von vorn beginnen."

Diese Analyse erklärt auch, warum ein bestimmtes „Post-Printmedium“ – der Telegraf – noch formeller und weniger expressiv ist als ein Printmedium. Die Morse-Zeichen sind ein Verschlüsselungs-Code für einen Verschlüsselungs-Code. Der Brief einer Studentin, die ihre Eltern um Geld bittet, enthält weniger expressive Information als ein Telefonanruf, in dem es um dasselbe Anliegen geht. Doch ein Telegramm enthält am wenigsten expressive Information. Es ähnelt einer Ansammlung von Hieroglyphen, von kommunikativen Zeichen, die eines nach dem anderen gesetzt werden und jeweils ein Stück Information enthalten („BRAUCHE GELD STOP SCHICKT BITTE FÜNFHUNDERT MARK STOP ALLES LIEBE CLAUDIA“). Der auffallende Unterschied in dem Grad an Formalität zwischen Telegraf und Telefon wird illustriert durch die ersten Sätze, die jemals mit Hilfe dieser Medien übermittelt wurden. Moses erstes Telegramm war entweder „What Hath God Wrought?“ („Was hat Gott geschaffen?“) oder „Attention Universe!“ („Achtung, Universum!“). Beides sind äußerst formelle und abstrakte Botschaften, die ganz deutlich aus dem „Bühnen-Bereich“ stammen. Sie verraten wenig Persönliches, wenig Emotionen. Im Gegensatz dazu lautet die vermutlich erste telefonisch übermittelte Botschaft „Watson, kommen Sie her, ich brauche Sie“ – eine persönliche Botschaft „aus dem Hintergrund“.

Wenn der Inhalt eines Mediums komplizierte Verschlüsselungstechniken erfordert, dann braucht der Codierende Zeit und muß sich anstrengen, die Botschaft zu formulieren. Die zum Verschlüsseln nötige Energie und Zeit ziehen den Sender aus der lebendigen, gerade stattfindenden Situation heraus. In lebendigen Interaktionen kann man sich mit dem Koch während des Essens über die Qualität der Mahlzeit unterhalten; wenn man jedoch darüber schreiben will, muß man in der Regel warten bis nach dem Essen.

Die Bürde des Schreibens ist jedoch oft auch ein Vorteil. Die Zeit, die sich eine Person nehmen *muß*, um etwas aufzuschreiben, kann dazu verwendet werden, an der Botschaft zu feilen und sie auszuarbeiten. Man kann Fehler ausmerzen, Widersprüche klären und die Tatsache verbergen, daß man Zeit brauchte, um die Botschaft zu entwerfen und herauszugeben. So haben wir den Eindruck, daß die Postkarte, die wir unseren Gastgebern eine Woche nach dem Besuch schreiben, besser unsere Gedanken und Empfindungen über ihre Gastfreundschaft zum Ausdruck bringt, als das gemurmelte Dankeschön beim Abschied.

Die großen Traumata des Schreibens bleiben Außenstehenden großenteils verborgen, weil das Medium „private“ Zeit beansprucht. Einen Aufsatz ins Reine zu schreiben und Korrektur zu lesen, kann lange dauern. Die Ängste, Änderungen, Zweifel, Schweißausbrüche und Flüche verschwinden in dieser zeitlichen Pufferzone. Das Schreiben schließt nicht nur jedes expressive Verhalten aus, es verbirgt auch den physischen Prozeß, der hinter der Botschaft steckt. Ein fertiger Aufsatz kann also zuversichtlich im Ton sein und „sagt“ nichts mehr über die Zweifel des ersten Entwurfes.

Je zeitaufwendiger Botschaften codiert, ausgesandt und empfangen werden, desto formeller ist typischerweise ihr Inhalt. „Langsame“ Botschaften müssen Ereignisse zusammenfassen; spontane Botschaften können eine „Übersetzung“ oder ein „Abdruck“ des Ereignisses sein. Ein aus dem Augenblick heraus abgegebener „Live“-Bericht ist weniger organisiert, enthält mehr bedeutungslose Einzelheiten und zahlreiche Verhaltensaspekte, die die Darsteller bestimmter Rollen oft lieber geheimhalten würden.

Wenn Sie zum Beispiel einen Brief an einen nahen Freund schreiben, fassen Sie wahrscheinlich die Ereignisse der letzten Wochen oder Monate zusammen. Sie berichten Ihrem Freund vielleicht, wie das Wetter war, daß Ihr Kind zu sprechen begonnen hat oder daß Sie jetzt Ihr eigenes Gemüse ziehen. Doch wenn mitten im Briefeschreiben Ihr Freund bei Ihnen anruft, verändert sich oft die Art der übermittelten Information. Während der Brief eine allgemeine Zusammenfassung vergangener Ereignisse darstellt, handelt das Telefongespräch oft von den spezifischen Ereignissen der Gegenwart. Sie schauen vielleicht beim Telefonieren aus dem Fenster und machen eine Bemerkung darüber, daß der Wind gerade Ihre Gartenstühle umwirft, oder Sie legen während des Gespräches einen Moment den Hörer hin und gehen in das benachbarte Zimmer, wo Sie Ihr Kind auffordern, etwas weniger Lärm zu machen. Am Telefon verrät Ihre Stimme möglicherweise, daß Sie heute müde sind, und Sie fühlen sich genötigt zu erklären, daß Sie Magenbeschwerden haben, weil Sie etwas Verdorbenes gegessen haben. Selbst wenn das Thema von Brief und Telefongespräch dasselbe ist – Sie und Ihr Leben –, bietet der Brief eine eher formelle Sicht auf Ihren „Bühnen“-Bereich, während das Telefongespräch informelle, spontane Hintergrund-Erfahrungen einschließt.

Auf dieselbe Weise liefert das Fernsehen mehr „Hintergrund“-Berichte als Zeitungen. Fernsehfilme über den Zustand von Geiseln, über Attentats-Versuche, Gewerkschafts-Verhandlungen und Flugzeug-Katastrophen schließen die Weitergabe von Gerüchten, Vermutungen, Unschlüssigkeiten, Ängsten und falschen Annahmen ein.

Als John W. Hinckley Jr. versuchte, Präsident Reagan zu erschießen, zeigte der am Tatort aufgenommene

Video-Film das Durcheinander und das Handgemenge um Täter und Opfer. In den Fernsehnachrichten hieß es dann, Pressesprecher James Brady sei tot, anschließend wurde eine Erklärung von Alexander Haig gesendet, er werde verfassungsgemäß bis zur Rückkehr des Vizepräsidenten dessen Posten im Weißen Haus einnehmen. Später hieß es in den Fernsehnachrichten, James Brady lebe und Haig habe keinen Anspruch auf die Stellvertretende Vizepräsidentschaft. Und dann wurden die Falschmeldungen und Fehl-Interpretationen auf seiten der Journalisten und Politiker selbst zum Gegenstand von Nachrichtensendungen.[24]

Die meisten Fernsehnachrichten werden nicht „live" gesendet, doch im Gegensatz zu anderen Medien hat das Fernsehen permanent die Möglichkeit, unmittelbar vor Ort visuell und akustisch „dabei" zu sein. In Krisenzeiten erwarten wir daher vom Fernsehen, daß es diese Möglichkeit auch wahrnimmt. Der Videofilm über Hinckleys Attentats-Versuch wurde vier Minuten, nachdem Hinckley den ersten Schuß abgefeuert hatte, gesendet.[25] Die Geschwindigkeit, mit der Nachrichten verbreitet werden können, erfordert es, schnell zu reagieren. Nach späteren Berichten hatte sich Alexander Haig deshalb ja so beeilt, vor die Presse zu treten, weil er befürchtete, daß ein Schweigen seitens der Regierung im In- und Ausland als Zeichen von Verwirrung und Führungslosigkeit betrachtet werden würde. Deshalb rannte er buchstäblich ins Pressezentrum, und so trat er vor die Kameras: außer Atem und schwitzend, wobei er genau den Eindruck hervorrief, den er vermeiden wollte.[26] Ähnlich fühlten sich die Fernsehreporter unter dem Druck, sie müßten das Gerücht von Bradys Tod schnell bestätigen oder widerlegen. Plötzlich sah die CBS-Korrespondentin Lesley Stahl Angestellte aus dem Weißen Haus „in Tränen ausbrechen", was – wie sie den Zuschauern nahelegte – darauf hinwies, daß Brady *tatsächlich* gestorben war. Was sie nicht wußte: Die Mitarbeiter Bradys hatten gerade zuvor die Falschmeldung über den Tod ihres Chefs auf einem anderen Fernsehkanal gehört![27]

In gewisser Hinsicht erzeugte die Live-Berichterstattung des Fernsehens einige dieser „Ereignisse" erst. Früher hätte der langsamere Reportage-Stil viele dieser Geschichten ausgefiltert. Das Gerücht, daß James Brady gestorben war, wäre vielleicht nie verbreitet worden, und dann wäre sicherlich auch die Tatsache, daß es Falschmeldungen über Bradys Tod gab, nicht selbst zu einer wichtigen Nachricht geworden. Die kleinen Details, Fehler und Verwirrungen wären verborgen und vergessen im unsichtbaren Hintergrund geblieben. Und da die Regierungsvertreter technisch nicht in der Lage wären, der Nation eine blitzschnelle Antwort zu geben, könnte auch ein Aufschub von einigen Stunden nicht als Zeichen von Verwirrung interpretiert werden.

Langsamkeit ist natürlich noch keine Garantie für Genauigkeit, doch die Geschwindigkeit der Nachrichtenverschlüsselung im Fernsehen, verbunden mit dem breiten Spektrum an vermittelbaren nonverbalen Informationen, erzeugt eine Flut von Details und Unsicherheiten, die traditionell – etwa in Zeitungsberichten – herausgefiltert wurden. Was früher zum Hintergrund-Bereich des Lebens zählte, wird heute als „Nachricht" präsentiert.*

Während also ein Großteil des Nachrichten-*Inhalts* durch journalistische Entscheidungen und durch politische wie ökonomische Faktoren beeinflußt wird, entspricht die *Form* der Nachrichten oft der Art des Mediums. Denn ob man nun glaubt, daß die Fernsehnachrichten voller Vorurteile oder objektiv sind, zensiert oder unzensiert gesendet werden – ihr Stil unterscheidet sich von gedruckten Nachrichten fundamental.

Die Geschwindigkeit, mit der Botschaften heute vom Sender zum Empfänger gelangen können, begrenzt für viele soziale Akteure die Probe- und Vorbereitungszeit (und macht offensichtlicher, welche Hintergrund-„Auszeit" *tatsächlich* gebraucht und genommen wird). Selbst wenn man sich hinsetzt und einen Brief „unmittelbar" nach einem Ereignis verfaßt, kann es mehrere Stunden dauern, bis die Botschaft verschickt wird. Doch wenn man am Telefon, im Radio oder Fernsehen interviewt

* Kinofilme befinden sich in einer mittleren Position zwischen Print- und elektronischen Medien: Ein Film muß entwickelt werden, bevor er ausgestrahlt werden kann. Wochenschau-Berichte und Interviews kann man sich „im Hintergrund" ansehen und sie bearbeiten, da solche Verzögerungen unumgänglich sind. Doch Telefon, Radio und Fernsehen ermöglichen (und verlangen in mancher Hinsicht daher auch) die unmittelbare „Live"-Übertragung. Wäre John Hinckleys Attentatsversuch gefilmt worden statt auf Video aufgenommen zu werden, dann hätten sich Geheimdienst und FBI den Film zuerst anschauen können, bevor er im Fernsehen gezeigt wurde. Es hätte genug Zeit gegeben, in der von offizieller Seite um eine Verzögerung der Ausstrahlung gebeten oder angeordnet werden könnte, Teile daraus dürften nicht im Fernsehen gezeigt werden. Und die Öffentlichkeit hätte nicht einmal von solcher Kontrolle und Zensur erfahren brauchen, weil Film ja *nie* sofort gesendet werden können. Da elektronische Bilder in derselben Sekunde gesendet werden können, in der sie aufgenommen werden, wird jeder Versuch der Kontrolle oder Zensur schwierig und offensichtlich. Das gilt sogar für Länder, in denen die Presse von der Regierung streng überwacht wird. Als der Papst 1983 Polen besuchte – unter anderem, um die dortige Regierung zu kritisieren –, schien allein die *Möglichkeit* einer Live-Sendung tatsächlich wenigstens einige Minuten der Live-Übertragung zu erzwingen. Und so hörte das polnische Volk harte Worte der Kritik über die Regierung – im regierungseigenen Rundfunk und Fernsehen.

wird, muß man in der Regel spontan formulieren. Der Anfang eines Satzes muß ausgesprochen werden, bevor das Satzende sich im Kopf ganz gebildet hat. Die scheinbare Unfähigkeit vieler unserer heutigen Führungsfiguren, sich richtig auszudrücken, mag mehr mit dieser Medien-Veränderung zu tun haben als mit dem Niedergang der politischen Intelligenz.

Unabhängig von dem spezifischen Symbol-System, das verwendet wird, trennen alle schriftlichen Botschaften das Verhalten von *Berichten* über das Verhalten. Die elektronischen Medien präsentieren das Verhalten und die Reaktion darauf viel unmittelbarer. Viele von uns wollen ihren Freunden ausführlich, verbal oder schriftliche Erfahrungen mitteilen. Doch wir wollten nicht unbedingt, daß unsere Freunde in all den Situationen, die wir beschreiben, anwesend sind. Ähnlich dürften nur wenige von uns den Wunsch hegen, ihre Freunde (und seien es die besten) dauernd unser Verhalten und unsere Interaktion per Video- oder Tonband mitverfolgen zu lassen.

Ein schriftlicher oder mündlicher Bericht über ein Ereignis kann „neu verpackt" oder „bereinigt" werden. Ein Manager erzählt vielleicht seinem Partner, daß sein Führungs-Training „sehr gut" lief. Dabei vergißt er vielleicht zu erwähnen, daß er einmal zwischendurch über einen Stuhl gefallen ist. Und er ist sich vielleicht gar nicht bewußt, daß er herumgestottert hat, im Raum unruhig auf- und ablief und unlogisch argumentierte. Was er später über das Ereignis *erzählt,* ist also keineswegs mit einer Situation vergleichbar, in der sein Partner das Ereignis direkt beobachten kann. Selbst bei einem – technisch betrachtet – „öffentlichen" Auftritt wie einer Rede vor den Mitarbeitern kann es viele Ungereimtheiten oder Fehler „aus dem Hintergrund" geben, die ein Darsteller nicht gern publik machen möchte. Ein Videofilm über das Verhalten des Managers während der Schulung würde allerdings solche Situations-spezifischen Verhaltensweisen über den Augenblick hinaus konservieren.

Die elektronischen Medien „präsentieren" ein Ereignis natürlich nicht nur. Wann immer man eine Kamera oder ein Mikrofon in eine Richtung lenkt, läßt man zum Beispiel alles außer acht, was sich in jeder anderen Richtung abspielt. Doch die elektronischen Aufzeichnungen von Ereignissen ermöglichen keine klare Trennung zwischen dem „Verhaltensfluß" in einer Situation und der Information über die Situation, über die all jene verfügen können, die nicht physisch anwesend sind. (In der Tat kann ein Videofilm sogar die Beteiligten an der gefilmten Situation später schockieren und entsetzen, weil sie vielleicht nicht gewohnt sind, sich selbst so zu betrachten, „wie andere sie sehen".) Wie viele Politiker in der jüngsten Zeit festgestellt haben, ist es unmöglich, Zitate zu leugnen, wenn sie einmal auf einem Tonband oder Videoband festgehalten sind.

Zweifellos sind es diese Gründe, die viele Richter und Gesetzgeber daran zweifeln lassen, ob es gut ist, den Fernseh-Berichterstattern die Erlaubnis zu geben, bei Gerichts- und Gesetzgebungsverfahren zu filmen. Eine schriftliche Aussage oder ein kurzer öffentlicher Auftritt ermöglichen eine sehr stark kontrollierte Darstellung. Dagegen ist es schon sehr viel schwieriger, einen guten „Bühnen"-Auftritt zu absolvieren, wenn das Auge der Kamera während der ganzen zermürbenden Stunden oder Wochen des Verfahrens wachsam ist. Bei solchen Ereignissen fängt eine Kamera zum Beispiel ein, wie bekannte Persönlichkeiten des öffentlichen Lebens wütend werden, gähnen, sich kratzen, in der Nase bohren oder sichtlich mit ihren Gedanken woanders sind. Es ist ein interessanter Gedanke, sich einmal vorzustellen, wie unser Bild von großen politischen Persönlichkeiten der Vergangenheit sich verändern würde, wenn wir tausende von Videobändern von ihnen hätten, statt nur die Abschriften ihrer Reden und leuchtende (bereinigte) Schilderungen ihrer Großtaten.

Daß elektronische Kommunikationen tendenziell „live" sind, macht es viel schwieriger (und manchmal unmöglich), den öffentlichen Erfahrungsbereich vom privaten zu trennen. Die elektronischen Medien zeigen uns ein breites Verhaltensspektrum. Emotionen aller Art „dringen" aus dem Fernseh-Gerät auf uns ein. Ein depressiver Mensch mag in der Lage sein, einen fröhlich wirkenden Brief zu schreiben, aber er schafft es wahrscheinlich nicht, ein Telefongespräch lang einen fröhlichen Eindruck zu machen. Nicht nur lassen uns die elektronischen Medien vergessen, daß unser Verhalten durch ein Medium hindurch zu anderen Menschen gelangt; sie verringern auch unsere Möglichkeiten, unser Verhalten je nach Situation anders zu gestalten. Denn wenn die Kamera registriert, wie Sie sich verhalten, dann ist das Verhalten, das Sie *für das Auge der Kamera* auswählen, identisch mit dem Verhalten, das Sie *tatsächlich* zeigen. . . . Wenn eine Hochzeit auf Video aufgenommen oder die Begrüßung freigelassener Geiseln durch die Angehörigen im Fernsehen übertragen wird, ist die Aufzeichnung des Ereignisses identisch mit dem Verhalten, das dort gezeigt wurde. Das heißt, es gibt bei den elektronischen Medien eine Beziehung zwischen privatem Verhalten und öffentlicher „Botschaft", die es bei Printmedien nicht gibt.

Entsprechend den Prinzipien, wie sie in Teil I entwickelt wurden, zeigt diese Diskussion, warum das

Fernsehen und andere elektronische Medien das soziale Verhalten dramatisch verändern können.

Die elektronischen Medien erzwingen eine Form der Interaktion, die einst ausschließlich in unmittelbaren physischen Kontakten vorkam. Alles, was bisher gesagt wurde, bringt uns also zum Thema des letzten Kapitels in diesem Teil des Buches. Wenn elektronische Medien Informationen liefern, die früher nur dann erhältlich waren, wenn Menschen sich am selben Ort zur gleichen Zeit trafen – dann definieren die elektronischen Medien den Begriff „Ort“ selbst neu.

7
Sozialer und physischer Ort werden getrennt

In der *Genesis* wird beschrieben, wie Gott Abraham und Sarah besucht; beide sind alt und kinderlos. Gott sagt zu Abraham, innerhalb eines Jahres werde Sarah einen Sohn gebären. Sarah hört dieses Versprechen aus dem Inneren ihres Zeltes mit und lacht in sich hinein, da sie schon weit über die Wechseljahre hinaus ist. Da Sarah in ihrem Zelt allein ist, nimmt sie an, daß ihr Gelächter nicht bemerkt wird. Doch Gott fragt Abraham sofort: „Weshalb lachte Sarah?... Gibt es irgend etwas, das für den Herrn nicht möglich ist?" Sarah ist so überrascht, daß ihr privates Verhalten nach außen gedrungen ist, daß sie sogar leugnet, gelacht zu haben.[1] Im Zeitalter elektronischer Medien lösen solche Großtaten des Mithörens kaum noch Ehrfurcht oder Verwunderung aus. An einem bestimmten Ort „allein" zu sein, hat einmal bedeutet, sich vollkommen außerhalb der Reichweite auch der Sinnesorgane anderer Menschen zu befinden. Um sich gegenseitig direkt zu erleben, mußte man eine bestimmte Strecke durch den Raum zurücklegen, eine Zeit vergehen lassen und durch Türen und Eingänge in Räume und Gebäude eingelassen werden. Und diese Regeln des physikalischen Ortes galten gleichermaßen für Zelte wie für Paläste.

Obwohl sich die Kulturen, in denen mündliche und gedruckte Nachrichten ausgetauscht werden, stark voneinander unterscheiden, war beiden gemeinsam, daß der physische Ort und der soziale Ort untrennbar miteinander verbunden waren. Die Printmedien veränderten, wie alle neue Medien, den Informationsfluß *zu* und *von* Orten. Infolgedessen veränderten sie auch den relativen Status und die Macht jener, die sich an unterschiedlichen Orten befanden. In der Vergangenheit haben sich Veränderungen der Medien-Landschaft immer auf die Beziehung *zwischen* bestimmten Orten ausgewirkt. Sie betrafen die Information, die Menschen an Orte *bringen,* und die Information, die Menschen *an* bestimmten Orten erhalten. Die elektronischen Medien jedoch gehen noch einen Schritt weiter: Sie trennen den physischen vom sozialen „Ort" vollständig. Wenn wir per Telefon, Radio, Fernsehen oder Computer miteinander kommunizieren, hat der Ort, an dem wir uns physisch befinden, nichts mehr damit zu tun, wo und wer wir – sozial gesehen – sind.

Physischer und sozialer Übergang

Die Beziehung zwischen physischem Ort und sozialer Situation erscheint uns immer noch so selbstverständlich, daß wir physische Orte nach wie vor mit den Verhaltensweisen, die dort ablaufen, verwechseln. Die Begriffe „Schule" und „Zuhause" werden zum Beispiel sowohl dazu verwendet, bestimmte Gebäude zu bezeichnen als auch bestimmte soziale Interaktionen und Verhaltensweisen.

Vor der Entwicklung elektronischer Medien gab es Gründe genug, den Unterschied zwischen physischen Orten und sozialen Situationen zu übersehen. Orte definierten die meisten sozialen Informationssysteme. Eine bestimmte Ort-Situation war räumlich und zeitlich von anderen Ort-Situationen entfernt. Es dauerte eine gewisse Zeit, um von einer Situation zur anderen zu gelangen und die Distanz war ein Maß für soziale Isolation. Da man Räume und Gebäude nur durch bestimmte Pforten betreten kann, konnten Menschen früher auf deutlich beobachtbare und vorhersagbare Weise in Situationen ein- oder aus ihnen ausgeschlossen werden. Die elektronischen Medien greifen jedoch entscheidend in Situationen ein, die früher durch die physische Lokalisation bestimmt waren.

Kommunikation und Reise waren einst synonym. Die Kommunikations-Kanäle unseres Landes waren Straßen, Wasserwege und Eisenbahntrassen. Das Tempo des Reisens bestimmte das Tempo der Kommunikation. Der legendäre Pony-Express zum Beispiel brauchte zehneinhalb Tage, um eine Nachricht von Missouri nach Kalifornien zu übermitteln.[2] Die Erfindung des Telegrafen brachte den ersten Einbruch in die Regel, daß die Informationsübermittlung an die physikalische Bewegung gekoppelt ist. Denn zum ersten Mal konnten komplizierte Botschaften schneller transportiert werden, als ein Bote sie tragen konnte.[3] Mit der Erfindung und Verwendung des Telegrafen begannen die Informations-Unterschiede zwischen verschiedenen Orten sich aufzulösen.

Wie Studenten heute weniger ängstlich sind, sich weit von ihrem Elternhaus entfernt in eine Universität einzuschreiben, weil ihr Zuhause nur ein Telefongespräch weit weg ist, so hat der Telegraf sehr viel dazu beigetragen, daß die westliche Grenze Amerikas immer schneller erreicht und befestigt wurde. Der Telegraf brachte Ost und West – was den Informations-Austausch angeht – näher zusammen. Die physische Distanz als soziale Barriere wurde allmählich immer unwichtiger, da die Kommunikations-„Distanz" immer kürzer wurde. Da sich der Osten und der Westen gegenseitig beobachten konnten, erschien das Land kleiner und andere Orte und Menschen näher.

Wenn man sich früher von Situation zu Situation und von einem sozialen Status zum anderen begeben wollte, mußte man sich auch von einem Ort zum anderen bewegen. Ein Ort definierte eine getrennte Situation, da seine Grenzen die Wahrnehmung und Interaktionsmöglichkeiten einschränkten. Wie alle elektronischen Medien überwindet der Telegraf nicht nur die einst durch örtliche Distanz gesetzten Grenzen, sondern er umgeht auch den sozialen Ritus des „Übergangs", das heißt den Akt, sich sowohl physisch wie sozial von einer „Position" zur anderen zu begeben.

Wenn sich Menschen in verschiedenen sozialen Situationen sehr unterschiedlich verhalten müssen, brauchen sie eine eindeutige Form der Fortbewegung von einer Situation zur nächsten. Wenn ein Fest und eine Beerdigung sich am selben Ort zur gleichen Zeit abspielen, kann es kein getrenntes Verhalten für beide Situationen geben. Die Eingänge und die Riten, die mit ihnen verbunden sind, seien sie formell (eine Braut über die Schwelle tragen) oder informell („Bitte klopf an, bevor Du mein Zimmer betrittst"), ermöglichten früher ordentliche Übergänge von einer Situation zur anderen und von einem Verhaltensmuster zum anderen.

Die Grenzen, die von Wänden, Türen und Stacheldraht gebildet und durch Gesetze, Wachen und scharfe Hunde verstärkt werden, definieren nach wie vor Situationen, indem sie die Beteiligten einschließen oder ausschließen. Doch heutzutage funktionieren solche Grenzen nur noch dann, wenn die physische Beschränkung auch den Zugang zu Informationen behindert. An einen Großteil sozialen Wissens kann man immer noch ausschließlich dadurch herankommen, daß man sich an einen bestimmten Ort begibt oder Menschen von Angesicht zu Angesicht trifft, doch die früher eindeutige Beziehung zwischen dem Zugang zu Informationen und dem Zugang zu Orten ist abgeschwächt worden, vor allem durch die jüngsten Veränderungen der Medien-Landschaft.

Die Botschaften aller frühen Medien – Stein, Lehm, Papyrus, Pergament und Papier – haben ein bestimmtes physikalisches Gewicht und Volumen. Wenn sie schwer oder unbeweglich sind, muß man sich an einen bestimmten Ort begeben, um die Neuigkeiten zu erfahren. Selbst wenn die Nachrichten „tragbar" sind, müssen sie immer noch physisch von Ort zu Ort transportiert werden, und sie bewegen sich mit den Menschen, die sie besitzen. Sie müssen an Orte getragen, dort aufbewahrt und wieder von ihnen entfernt werden. Diese Menschen sind, wie die Menschen, die sie bei sich tragen, den Beschränkungen des sozialen und physischen Übergangs unterworfen.

Die elektronischen Medien jedoch stehlen sich an Orte wie Diebe in der Nacht. Die „Gäste", die ein Kind durch elektronische Medien empfängt, lassen sich nicht länger an der Tür aufhalten, wo sie der Hausherr und die Hausfrau begutachten könnten. Wenn erst einmal ein Telefon, Radio oder Fernseher im Hause ist, haben die räumliche Isolation und das Bewachen des Eingangs keine Auswirkung mehr auf den Informationsfluß. Elektronische Botschaften durchdringen Wände und überspringen große Distanzen. Wären wir tatsächlich nicht so gewöhnt daran, daß Fernseh-, Radio- und telefonische Botschaften in unser Haus eindringen, dann könnten sie die Ursache von Alpträumen und Horrorfilmen sein. Ob die Auswirkungen solcher Medien auf unsere Gesellschaft nun gut, schlecht oder neutral sind – eines ist klar: Die Tatsache, daß unsere physische und soziale Umwelt durch sie vollständig neu gestaltet wird, ist revolutionär.

Die elektronischen Medien strukturieren soziale Situationen und Identitäten vollkommen um, indem sie die informativen Eigenschaften von Orten verändern. Die soziale Bedeutung von „Gefängnis" beispielsweise ist durch die elektronischen Kommunikationsmedien verändert worden. Gefängnisse waren früher mehr als nur Orte physischer Einkerkerung; hier wurden die Menschen auch von Informationen isoliert. Ein Gefangener war nicht nur in seiner Bewegung eingeschränkt, sondern auch von der Gesellschaft „ex-kommuniziert". Die Ver-Ortung von Gefangenen an einem sicheren, isolierten *Ort* führte früher dazu, daß sie sowohl physisch wie informativ von der Gesellschaft getrennt waren. Heute jedoch teilen viele Gefangene mit der Gesellschaft die Privilegien, Radio, Fernsehen oder Telefon benutzen zu können.[4] Ob das gut oder schlecht ist, sei dahingestellt, aber es ist eine wichtige Veränderung.

Der Zugang zur Außenwelt verändert die soziale Umgebung sowohl innerhalb wie außerhalb des Gefängnisses. Wer sich außerhalb des Gefängnisses befindet, kann das Fernsehen nicht als „privates" Forum nutzen, indem er Probleme der Kriminalität und Verbrechensverhütung diskutiert. Eine Untersuchung an 208 amerikanischen Häftlingen erbrachte, daß 9 von 10 Gefangenen „durch Kriminalfilme neue Tricks gelernt und ihre kriminelle Fähigkeit verbessert haben“.[5] Besondere Veröffentlichungen wie Gefangenenzeitschriften sollen den Insassen helfen, an Gesetzesbücher heranzukommen, Rechtsberatung einzuholen und einen Job zu finden.[6]

Gleichgültig ob das besser oder schlechter als früher ist, auf jeden Fall sind die Gefangenen, die Zugang zu elektronischen Medien haben, nicht länger vollständig von der Gesellschaft isoliert. Die Verwendung elektronischer Medien führte zu einer Neudefinition von „Haft“ und de facto zu einer Revision des Klassifikationssystems von Gefängnissen: Die Kommunikationsvariablen: Gefängnisse mit „hohem Informationswert“ und solchen mit „niedrigem Informationswert“, gibt es jetzt zusätzlich zu den physischen Variablen „Hochsicherheitstrakt“ und „Freigänger“.

Das Beispiel der Gefängnisse ist vielleicht extrem, aber die Bedeutung elektronischer Medien für Gefangene geht einher mit den Auswirkungen elektronischer Medien auf Kinder, Frauen, Arme, Behinderte und andere Gruppen, deren sozialer Ort einst zumindest teilweise durch physische Isolation von der restlichen Welt gekennzeichnet war.

Die elektronischen Medien transportieren Informationen und Erfahrungen von einem Ort zu jedem anderen Ort. Öffentliche Begräbnisse, Kriege, Geiseldramen und Raumflüge sind Schau-Spiele, die auf der Bühne jedes Wohnzimmers aufgeführt werden können. Und die Charaktere in diesen Dramen werden fast so erlebt, als ob sie auf dem Wohnzimmersofa säßen.

Medien-„Freunde“

Der Übergriff elektronischer Medien auf den Ort wird durch ein Klischee der Unterhaltungsindustrie illustriert: „Diese Show kommt *live* zu Ihnen aus ...“ Früher war physische Anwesenheit nötig, um ein Ereignis „live“ erleben zu können. Man „mußte dort sein“, um eine informelle und intime Interaktion zu erleben. Der Ort definierte einst eine sehr spezielle Kategorie der Kommunikation. Die elektronischen Medien haben jedoch die relative Bedeutung von „live“- und anderen Begegnungen verändert, die von Medien übertragen werden. Durch die elektronischen Kommunikationsmedien „gehen“ jetzt die sozialen Akteure dorthin, wohin sie nicht reisen würden oder könnten.

Welche Art von Beziehung entsteht zwischen Menschen, die einander durch elektronische Medien erleben? In einem anschaulichen Artikel haben Donald Horton und R. Richard Wohl berichtet, daß auch dann, wenn die Kommunikation nur in eine Richtung geht, wie es beim Radio und Fernsehen der Fall ist, sich eine besondere Beziehung entwickelt, die bei den Printmedien nicht existierte und auch nicht hätte existieren können. An den neuen Massenmedien sei so ungewöhnlich, daß sie die Illusion einer Begegnung von Angesicht zu Angesicht anbieten, und zwar auch mit Prominenten, mit Schauspielern und Politikern. „Die Reaktionen auf den Darsteller sind analog jenen in einer Primärgruppe. Die meisten weitentfernten und illustren Menschen trifft man, als *wären* sie mitten im Kreis der eigenen Freunde anwesend.“[7]

Horton und Wohl sind der Ansicht, daß die neuen Medien zu einer Art von Beziehung führen, die sie „parasoziale Interaktion“ nennen. Obwohl diese Art der Beziehung durch Medien vermittelt sei, ähnele sie psychologisch der Interaktion von Angesicht zu Angesicht. Die Zuschauer hätten schließlich das Gefühl, die Menschen zu „kennen“, die sie im Fernsehen „treffen“, genau so, wie sie ihre Freunde und Bekannten kennen. Tatsächlich glauben viele Zuschauer, daß sie einen bestimmten Darsteller besser kennen als alle anderen Zuschauer. Paradoxerweise ist ein para-sozialer Akteur in der Lage, „Intimität mit Millionen“ zu erreichen.

Horton und Wohls theoretische Arbeit erklärt die Popularität von Talkshow-Gastgebern wie in Amerika etwa Jack Parr, Johnny Carson und Dick Cavett. Das sind, laut Horton und Wohl, Menschen, die keine traditionelle schauspielerische Fähigkeit besitzen; sie sind weder Sänger, Musiker, noch Schauspieler, nicht einmal Komiker von besonderer Qualität. Der Inhalt ihrer „Performance“ besteht fast ausschließlich aus small talk und Gags. Doch sie sind nett und interessant – auf dieselbe Weise, wie enge Freunde einem Menschen nett und interessant erscheinen. Der Zuschauer kann sich darauf verlassen, daß sie „sie selbst“ sind. Horton und Wohl meinen, daß der reine para-soziale Darsteller einfach „bekannt ist, weil er bekannt ist“. So gesehen erscheint es verständlich, daß Berichte wie etwa die über Johnny Carsons Drohung, sich aus der „Tonight“-Show zurückzuziehen, seine Verhaftung, weil er angeblich betrunken Auto fuhr, und die Regelung seiner Scheidung in den Nachrichten seines Senders und in den Schlagzeilen von Tageszeitungen erschienen.

Selbst Darsteller mit traditionellen Schauspiel-Fähigkeiten beuten oft die „Intimität“ der neuen Medien aus. Weil sie ständig von nahem und ganz genau beobachtet werden können, beurteilt man heute Sportler, Musiker, Journalisten und Politiker nicht mehr nur nach ihrem

„Talent“, sondern auch nach ihrer „Persönlichkeit“. Der para-soziale Rahmen mag erklären, warum manche Gesangstars sich im Laufe ihrer Karriere immer persönlicheren Themen zuwenden, und warum Menschen, die sich längere Zeit öffentlicher Aufmerksamkeit erfreuen, oft immer häufiger private Information in ihre öffentlichen „Ansprachen“ einfügen, je bekannter sie werden. Die Theorie läßt sich auch auf solche Schauspieler ausweiten, die fiktive Rollen spielen. Für viele Zuschauer sind Darsteller aus Seifenopern und anderen Fernsehspielen wirklich das, was sie darstellen. Während seiner fünfjährigen Fernseh-„Praxis“ erhielt der fiktive „Doktor Marcus Welby“ Briefe von einer Viertelmillion Menschen, die meisten davon fragten um medizinischen Rat.[8]

Horton und Wohl gehen in ihrer Theorie zwar nicht auf die Bedeutung elektronischer Medien für physikalische Orte ein, aber sie liefern wichtige Beobachtungen, die meine bisherige Argumentation stützen. Sie stellen beispielsweise fest, daß die para-soziale Beziehung ihre größte Auswirkung auf die „sozial Isolierten, auf Alte und Invaliden, auf die Schüchternen und Zukurzgekommenen“ hat.[9] Da die elektronischen Medien die Art von Interaktion und Erfahrung liefern, die früher intimen Begegnungen vorbehalten war, ist nachvollziehbar, daß sie ihre größte Wirkung auf jene hat, die physisch oder psychisch von der alltäglichen sozialen Interaktion ausgeschlossen sind. Ein Forscher hat festgestellt, daß die Stärke para-sozialer Beziehungen mit dem Alter des Zuschauers ansteigt. Viele ältere Menschen betrachten die Nachrichtensprecher als Freunde, und manche alten Leute reden mit ihnen und geben ihnen „Antwort“.[10] Selbst bei „Durchschnitts“-Menschen nimmt die para-soziale Beziehung einen wichtigen Platz in den alltäglichen „live“-Interaktionen ein. Tatsächlich reden „wirkliche“ Freunde und Familienangehörige oft über die Eigenschaften ihrer para-sozialen Freunde.

Die para-soziale Theorie hilft uns eine Reihe von Phänomenen zu erklären, die Horton und Wohl nicht direkt angesprochen haben. Sie erklärt zum Beispiel, warum Millionen von Menschen einen persönlichen Verlust empfinden, wenn ein „Medien-Freund“ wie Elvis Presley, John F. Kennedy oder John Lennon stirbt oder getötet wird. Das Gefühl ist oft genau so groß (und sogar größer), als ihre Trauer beim Tod eines Verwandten oder Freundes. Selbst wer den para-sozialen Mechanismus kennt, kann dieser „Manie“ nicht entkommen; der Tod von John Lennon war zum Beispiel für mich und meine Kollegen an der Universität, die wir ihn „gekannt“ hatten und „mit“ ihm aufgewachsen waren, auf merkwürdige Weise schmerzlich. Die Soziologin Candice Leonard hat die Ansicht vertreten, daß solche von Medien vermittelten Beziehungen zu einer „neuen Art menschlicher Trauer“ geführt haben.[11]

Anders als der Verlust eines wirklichen Freundes oder Verwandten bieten sich beim Tod eines Medienfreundes keine traditionellen Rituale an, mit deren Hilfe man den Verlust verarbeiten könnte. Tatsächlich hat die Trauer über einen para-sozialen Freund etwas Paradoxes und Hilfloses. Wer versucht, die Familie des Toten mit Worten oder Blumen zu trösten, dringt als Fremder in deren Gefühlswelt ein. Und die eigene, intensiv empfundene Trauer wird gleichzeitig verstärkt und gemildert, wenn man sie mit der Menge teilt. Um die Dämonen von Trauer und Hilflosigkeit zu bannen, gehen daher tausende von Menschen auf die Straße, halten Mahnwache vor dem Haus oder an der Todesstätte ihres para-sozialen Freundes ab.

Ironischer liefern die elektronischen Medien ritualisierte Trauerhandlungen: Rundfunk und Fernsehen bringen Sondersendungen und Retrospektiven. Und viele Menschen nutzen das Telefon, um wirkliche Freunde zu kontaktieren, die mit ihnen den para-sozialen Freund „gekannt“ haben. Doch die äußerste Ironie besteht darin, daß der para-soziale Darsteller eigentlich *nicht* stirbt. Denn das *einzige* Mittel, durch das ihn die meisten Menschen kennengelernt haben (Platten oder Filme) ist nach wie vor erhältlich. Die Beziehung ist nur eingefroren. Zerstört ist lediglich die Hoffnung auf noch größere Intimität – und die Tatsache, daß man die Beziehung nie mehr „live“ erleben kann.

Para-soziale Beziehungen haben auch eine neue Form von Mord, ein neues Mordmotiv erzeugt. Gewöhnlich unterscheidet die Polizei zwischen zwei Arten von Morden: Solche, die von einer Person begangen werden, die das Opfer kennt, und solche, die ein Fremder begeht. Doch es gibt jetzt noch eine dritte Kategorie: den para-sozialen Mord. Als die Medien und die Polizei feststellten, daß zum Beispiel John Lennons Mörder ein „absolut Fremder“ war – das heißt die beiden waren sich niemals physisch begegnet –, übersahen sie die starken para-sozialen Bindungen zwischen Täter und Opfer. Mark David Chapman kannte John Lennon so gut, daß er eine Zeit lang glaubte, er *wäre* John Lennon.[12] Eine ähnlich bizarre Beziehung existierte zwischen dem Attentäter John Hinckley, der versuchte, Präsident Reagan zu erschießen, und der Schauspielerin Jodie Foster. Hinckley beging seine „historische Tat“, um seine „persönliche“ Beziehung zu Foster zu zementieren.[13]

Liebe oder Haß, normal oder bizarr – die para-soziale Beziehung ist eine völlig neue Form der Interaktion. Sie enthält etwas von der Qualität lebendiger Begegnungen, aber auch etwas von der Beziehung, wie sie zwischen Leser und Autor entsteht. Und doch ist sie anders als diese beiden Arten der Kommunikation.

Der Medientheoretiker Paul Levinson hat die lange Evolution der Medien detailliert beschrieben.[14] Er behauptet, der Trend gehe in Richtung einer vollständigen Umformung der Kommunikationsmittel. Sie näherten sich den Formen an, die es gab, *bevor* Medien und Technologie entstanden. Levinsons Theorie bestärkt unsere Vermutung, daß ein Medium „besser" ist als andere. Die Tatsache, daß die Stimme zum Telegrafen hinzugefügt wurde, der Klang zum Stummfilm oder die Farbe zum Fernsehen, wird als eine „Verbesserung" wahrgenommen. Und zwar einfach deshalb, weil das Medium immer weniger ein Medium ist, sondern „dem wirklichen Leben" immer ähnlicher wird.

Levinson weist in seiner theoretischen Arbeit die Kritik vieler Sozialkritiker zurück, daß Medien die menschlichen Lebensbedingungen entstellten, indem sie uns weiter und weiter von der „Realität" entfernen. Er ist statt dessen der Ansicht, daß Menschen die Medien jeweils so benutzen, daß sie das „natürlichste" und „menschlichste" Kommunikationsmittel, das es jeweils gibt, einsetzen und damit gleichzeitig überkommene, vortechnologische Kommunikationsgrenzen aufheben (etwa die Unmöglichkeit, Ereignisse dauerhaft aufzuzeichnen oder über große Distanzen zu sprechen).

Levinsons faszinierende Beschreibung der Mediengeschichte zeigt, wie eine frühe Form eines Mediums Aspekte der „wirklichen Welt" aufgibt, um eine räumliche oder zeitliche Grenze zu überschreiten, und wie spätere Formen des Mediums dann Aspekte der natürlichen Kommunikation wieder aufnehmen. Der Telegraf zum Beispiel gab die Sprache auf, um schnell den Kontinent und den Globus überqueren zu können; aber dann entwickelte sich der Telegraf zum Telefon, das die menschliche Stimme wiedergewann.

Ein Hauptproblem bei Levinsons Arbeit jedoch ist, daß er nicht berücksichtigt, wie die ursprünglichen räumlichen und zeitlichen „Grenzen" dazu beitragen, soziale Interaktionen zu definieren. Da er der Ansicht ist, daß Medien die Wirklichkeit neu erschaffen, definiert er „Wirklichkeit" als sensorische Funktion der Kommunikation – sehen, hören, sprechen. Er ignoriert, welche substanzielle Veränderung in menschlichen Interaktionen stattfindet, wenn die Grenzen zwischen Situationen aufgehoben werden.

Die Theorien von Levinson und von Horton und Wohl sind in unserem Zusammenhang hilfreich, weil sie eine Interaktion von Angesicht zu Angesicht nicht länger als die einzige Bestimmungsgröße für direkte und intime Interaktion betrachten. Die Evolution der Medien hat begonnen, die Unterschiede zwischen Unbekannten und Freunden, zwischen Menschen, die „hier" sind und solchen, die „irgendwo anders" sind, zu verwischen. Diese Theorien legen die Auffassung nahe, daß elektronische Medien insofern einzigartig sind, daß sie die Unterschiede zwischen direkter und indirekter Kommunikation verdecken. Was in diesen Theorien jedoch fehlt, ist eine Einschätzung, wie sich soziales Verhalten ändert, wenn Menschen in der Lage sind, so zu kommunizieren, „als ob" sie am selben Ort wären, obwohl sie tatsächlich an verschiedenen Orten sind.

Die Verbindung von Botschaft und Kontext

Die bisherige Diskussion läuft auf das Argument hinaus, die elektronischen Medien *schwächten* die Bedeutung des physischen Ortes als Bestimmungsgröße für soziale Situationen. Interessanterweise *stärken* viele elektronische Medien jedoch auch in einer bestimmten Hinsicht die Beziehung zwischen Botschaften und physischen Orten. Denn genauso, wie expressive und präsentative Botschaften immer etwas über die Person aussagen, von der sie ausgehen, so sind sie auch an die physische Lokalisation des Senders gebunden. Zitate in einer Zeitung haben vielleicht nichts zu tun mit dem Ort, an dem die Worte gesprochen wurden, doch die Rundfunk- oder Fernseh-Übertragung einer Rede erfaßt und übermittelt auch Aspekte der physischen Umwelt, in der die Rede gehalten wurde.

Theodore Roosevelt sprach des öfteren mit Vertretern der Presse, während er sich im Weißen Haus gerade rasieren ließ.[15] Wenn er wollte, konnte Roosevelt in dieser Situation ein offizielles, unpersönliches „Statement" formulieren, das für die Veröffentlichung in der Presse bestimmt war. Eine solche öffentliche Äußerung war diskursiv und enthielt keinerlei persönliche Bemerkungen. Sie war vollkommen losgelöst vom Kontext (das heißt in diesem Fall: von der Situation, rasiert zu werden). Elektronische Botschaften sind jedoch gewöhnlich an den Kontext gebunden. Der amerikanische Präsident kann im Bett liegen und von da aus eine offizielle Verlautbarung formulieren, die an eine Zeitung geschickt werden soll; doch um eine ähnliche Verlautbarung für das Fernsehen zu verfassen, würde der Präsident wahrscheinlich aufstehen, sich waschen und ankleiden. Für das Fernsehen muß auch immer ein bestimmter Hintergrund gewählt werden – ein Büro oder ein Kaminfeuer oder ein nationales Monument. Selbst Rundfunk und Telefon übermitteln Hintergrundgeräusche aus der Umgebung des Senders. Die Kommunikation über elektronische Medien ähnelt daher den direkten zwischenmenschlichen Begegnungen auch in der Hinsicht, daß sie sowohl die Menschen wie ihre Botschaften an die Umwelt bindet, von der die Botschaften ausgehen. Und genauso wie die Zuschauer vielleicht das Gefühl haben, daß sie einer Person, die sie im Fernsehen betrachtet haben, „begegnet" sind, so bekommen sie vielleicht den Eindruck, daß sie die Orte, die man ihnen zeigt, „besucht" haben. (Tatsächlich können die zahllosen „Fernseh-Erlebnisse", durch die jeder von uns Dinge, Orte und Menschen „kennengelernt" hat, die Ursache zahlreicher *Déjà-vu-Erlebnisse* sein, die wir in unserem „wirklichen Leben" haben.)

In einem Zeitungs- oder Zeitschriften-Interview befinden sich der Interviewer und die interviewte Person am selben Ort, das Interview wird an einem anderen „Ort" vorgestellt und an wieder anderen Orten „konsumiert". In einem Interview, das für ein Printmedium bestimmt ist, kann der Befragte zwischen solchen Äußerungen unterscheiden, die „offiziell" sind, und solchen, die nicht für die Veröffentlichung bestimmt sind; er oder sie kann eine bestimmte Interaktion mit dem Interviewer eingehen und eine ganz andere mit den Lesern des Interviews.[16]

Der „Ort", an dem sich Fernseh-Interviews abspielen, ist in der Regel derselbe, den die Zuschauer wahrnehmen. Der Befragte muß gleichzeitig zum Interviewer und zu den Zuschauern sprechen, und es entsteht dadurch eine neue Situation und ein neuer Verhaltensstil. Die merkwürdige Mischung aus Formalität und Lockerheit, aus Intimität und Distanz bei Fernseh-Interviews ist das Ergebnis der Vermischung früher getrennter sozialer Situationen.

Printmedien ermöglichen die Trennung von Situationen. Das, was man gerade im Moment erlebt, und das, worüber man schreibt, sind verschiedene Dinge. Die Printmedien erhalten die Unantastbarkeit des Ortes und die deutliche Trennung verschiedener Verhaltensweisen. Die elektronischen Medien „spielen" jedoch auf eine seltsame Art mit dem Ort. Sie verletzen seine Grenzen und verändern seine soziale Bedeutung, doch sie verwenden den Ort auch als Hintergrund.

Teil III
Die neue soziale Landschaft

Dieser Teil des Buches untersucht die möglichen Veränderungen eines breiten Spektrums von Rollen als Folge der Umgestaltung sozialer Situationen durch die elektronischen Medien. Er webt die Theoriestränge zusammen, die in den Teilen I und II entwickelt wurden. Jede der drei Rollen-Arten, wie sie in Kapitel 4 dargestellt wurden (Gruppenidentität, Sozialisation und Hierarchie), wird nach den drei Haupteigenschaften elektronischer Situationen analysiert, die in Kapitel 5, 6 und 7 entwickelt wurden (Öffentliche Bereiche verschwimmen ineinander, der nicht-öffentliche Hintergrund wird öffentlich, und der „Ort" spielt keine Rolle mehr). Diese Analyse führt zu einer Neuinterpretation vieler sozialer Konflikte und Rollen-Veränderungen.

Die ersten drei Kapitel beschäftigen sich mit dem Wandel in jeder der drei Rollenkategorien. Das vierte Kapitel bringt eine Analyse, wie die Bedeutung elektronischer Medien sichtbar gemacht und verstärkt wird: durch die Anpassung der Menschen an Vorstellungen von „angemessenem" Verhalten, durch den Medieninhalt und durch die Zugangsbedingungen zu physischen Orten. Diese Analyse von „Wirkungs-Schleifen" geht dem Gedanken nach, daß solche Anpassungen – während sie häufig als spontane *Ursachen* sozialer Veränderungen wahrgenommen werden – in Wirklichkeit *Auswirkungen* der Veränderungen von Medien und sozialen Situationen sind.

Das Fernsehen ist gegenwärtig das mächtigste Medium, das öffentliche Bereiche miteinander vermischt, „Hintergrund"-Verhalten sichtbar macht und physische Orte von sozialen trennt. Der Schwerpunkt liegt daher auf den letzten drei Jahrzehnten sozialen Wandels, wie sie von der „zeitgenössischen Medien-Landschaft" beeinflußt wurden, eine Landschaft, die vom Fernsehen dominiert wird.*

Sich ausschließlich mit dem Fernsehen zu beschäftigen, würde jedoch dessen Wirkungen verzerrt darstellen und andere elektronische Medien ignorieren, die oft zusammen mit dem Fernsehen wirksam werden. Da Telefon und Radio nach wie vor Teile der gegenwärtigen Medien- Landschaft sind, und da der Computer sich anschickt, die Medienerfahrungen von Millionen von Menschen neu zu gestalten, spielen diese Medien bei dieser Analyse ebenfalls eine Rolle.

In mancher Hinsicht ist es absurd, nur die soziale Auswirkung einer einzigen Variablen in Isolation von anderen zu betrachten. Die Welt ist komplex, tausende wichtiger Faktoren wirken zusammen und beeinflussen jede individuelle und jede Gruppen-Handlung. Doch die Isolation von Variablen und die Suche nach Ursache-Wirkungs-Zusammenhängen sind der Kern der meisten wissenschaftlichen Analysen, aber auch der nicht-wissenschaftlichen Neugier. In einem Labor kann man Variablen isolieren und den stärksten empirischen Beweis für Ursache-Wirkungs-Zusammenhänge antreten. Doch die Stärke solcher Laborbefunde ist auch eine große Schwäche. Denn wenn man experimentelle Studien interpretiert, muß man die unnatürliche Situation des Experiments in Rechnung stellen: die simple Tatsache, daß es im wirklichen Leben keine isolierten Variablen gibt. Wenn man die Ursache-Wirkungs-Zusammenhänge in experimentellen Befunden verteidigen will, muß man den Satz hinzufügen, diese gelten nur dann, „wenn alle anderen Bedingungen konstant bleiben". Ähnlich lautet die Vorbemerkung jedes analytisch vorgehenden Forschers, will er ernstgenommen werden.

Meine Analyse behauptet – indem sie logisch die Variablen: Medien, Situationen und soziale Rollen isoliert –, daß elektronische Medien bestimmte Auswirkungen auf soziales Verhalten haben. Ich skizziere die *Richtung* von Veränderungen, die durch die breite Nutzung der elektronischen Medien hervorgerufen werden – wenn alle anderen Bedingungen konstant sind. Doch andere Bedingungen sind niemals konstant, und ich leugne nicht, daß viele Faktoren die Situationen, die ich beschreibe, beeinflußt haben. Ich weiß, daß andere Faktoren viele der Auswirkungen elektronischer Medien rückgängig machen oder abändern.

Die meisten Leser werden wahrscheinlich Lieblingstheorien und -überzeugungen haben, was den Ursprung vieler Verhaltensweisen, Bewegungen und Trends angeht, die ich in diesem Teil des Buches untersuche. Ich bitte Sie lediglich, die Möglichkeit zu akzeptieren, daß die situativen Veränderungen, die ich beschreibe, diese Ereignisse vielleicht ebenso beeinflussen.

Doch das Thema ist hier nicht „soziales Verhalten und all seine Ursachen", sondern „elektronische Medien und das Spektrum ihrer sozialen Auswirkungen". Meine „Ergebnisse" sollten auf dieselbe Weise interpretiert werden, wie man Ergebnisse über ein Experiment interpretieren würde, in dem die Auswirkung eines chemischen Wirkstoffes, der kürzlich überall im Land dem Trinkwasser zugefügt wurde, untersucht wird. Diese Chemikalie mag vielleicht den Blutdruck oder den Stoffwechsel beeinträchtigen, aber solch eine Tatsache bedeutet nicht, daß es keine anderen Wirkstoffe gibt, die denselben Effekt haben, und es bedeutet auch nicht, daß

* Ein vernünftiger Ausgangspunkt für die Untersuchung einer vom Fernsehen dominierten Medien-Landschaft ist 1954, das erste Jahr, in dem mehr als die Hälfte der Haushalte in den USA ein Fernsehgerät besaß.[1]

es keine anderen Nahrungsmittel oder Wirkstoffe oder persönliche Angewohnheiten gibt, die die Auswirkungen dieses chemischen Wirkstoffes dämpfen oder außer kraft setzen können.

In diesem Teil des Buches versuche ich, ein Bild des jüngsten sozialen Wandels zu zeichnen. Das Bild muß man jedoch durch die Linse der situativen Theorie betrachten, wie sie in den Teilen I und II dargestellt wurde. Stilistisch wäre es sehr krampfhaft, in jedem Satz ein „vielleicht", „möglicherweise" oder „vorausgesetzt, daß obiges stimmt" hinzuzufügen. Obwohl meine Sätze daher zum großen Teil im Indikativ stehen, geht es um eine vorläufige Theorie, die keine vorschnellen Schlüsse erlaubt.

8
Neue Gruppen-Identitäten

Gruppen-Erfahrungen vermischen sich

Wie in Teil I diskutiert, basiert eine Gruppen-Identität auf „gemeinsamen, besonderen" Informationen. Je größer die Zahl unterschiedlicher sozialer Informationssysteme, desto größer die Anzahl verschiedener Gruppen; je kleiner die Zahl getrennter Informations-Systeme, desto kleiner die Anzahl unterschiedlicher Gruppen-Identitäten. Wenn sich viele früher getrennte Situationen mithilfe der elektronischen Medien vermischen, haben sie vermutlich eine homogenisierende Auswirkung auf Gruppen-Identitäten.

Ein Ergebnis der breiten Nutzung des Fernsehens ist beispielsweise: Das soziale Wissen, zu dem heute eine Ghettofamilie Zugang hat, gleicht mehr als früher dem Wissen, das auch eine Familie aus der Mittelschicht erwirbt. Informationen, die heute Frauen erreichen, ähneln mehr als früher dem Wissen, das Männern „vorbehalten" war. Früher getrennte Gruppen teilen nicht nur sehr ähnliche Erfahrungen über die Gesellschaft allgemein, sondern erfahren auch übereinander mehr – und zwar Dinge, die einst „Eingeweihte" von „Außenseitern" trennten. Infolgedessen werden traditionelle Gruppen-Bindungen geschwächt und die Unterscheidung zwischen Gruppen wird zum Teil aufgehoben.

Wissen, das früher den gebildeten Schichten vorbehalten war, ist jetzt allen zugänglich. Das führt zu zwei komplementären Erscheinungen: Die traditionellen Gruppenbindungen werden immer unwichtiger, dementsprechend werden andere zwischenmenschliche Zusammenhänge immer wichtiger.

Die Informationsnetzwerke, die von den elektronischen Medien geschaffen werden, bieten den einzelnen Benutzern einen vergleichsweise vollständigen Blick auf die Gesellschaft. Sie sind außerdem ein weiteres Feld, auf dem sie ihre Umwelt einschätzen können. Um George Herbert Meads Begriff zu verwenden: Die elektronischen Medien verändern den jeweils „verallgemeinerten Anderen" – den Gesamt-Eindruck dessen, wie andere Menschen denken und die eigenen Handlungen bewerten. Der „durch Medien vermittelte verallgemeinerte Andere" schließt Standards, Wertvorstellungen und Überzeugungen *außerhalb* der traditionellen Gruppen-Reichweite ein und präsentiert daher den Menschen eine neue Perspektive, aus der sie ihre eigenen Handlungen und Identitäten betrachten können. Der neue, durch die Medien vermittelte verallgemeinerte Andere umgeht die persönlichen sozialen und Familien-Beziehungen und wird als neue Perspektive von Millionen anderer Menschen geteilt.

Ein Ergebnis dieser gemeinsamen Perspektive ist, daß die Mitglieder früher isolierter und getrennter Gruppen jetzt „gleiche" Rechte und Behandlung fordern. Darin liegt eine mögliche Erklärung für den „Minoritäten-Boom" in jüngster Zeit. Minderheiten artikulieren sich und erkennen sich als wichtige soziale und politische Kräfte. Schwarze, Frauen, Farbige, Eingeborene, Schwule, Kinder, Gefangene, Behinderte – das sind einige der Gruppen, die jetzt ihr Gefühl der Unfreiheit, Benachteiligung und Isolation ausdrücken und gleiche Rechte einklagen.

Das heutige Minoritätenbewußtsein ist auf gewisse Weise paradox: Viele Menschen sind auf neue Weise stolz auf ihre besondere Identität, doch die Tatsache, daß sie ein gestärktes Bewußtsein ihrer Andersartigkeit haben, ist eine Folge davon, daß sie sich selbst von außerhalb der Gruppe betrachten können, das heißt, es ist das Ergebnis davon, nicht länger nur *in* der Gruppe zu sein. Die Mitglieder heutiger Minoritäten eint das Empfinden, von bestimmten Rechten und Erfahrungen *ausgeschlossen* zu sein. Sie haben das Gefühl, daß sie einer Minderheit angehören, da sie sich ausgeschlossen fühlen von der größeren Bezugsgruppe. Die diminutive Bedeutung des Begriffs „Minorität" bezieht sich nicht darauf, daß es sich um eine kleine Anzahl von Menschen handelt, sondern eher auf den begrenzten Zugang, den die Mitglieder zur größeren Gesellschaft zu haben glauben. Der Begriff „Minderheit" wird ja manchmal sogar auf Frauen[1] angewandt – die Mehrheit der Bevölkerung.

Die Bedeutung der Informations-Beschränkung für die Entstehung einer Gruppenidentität ist am deutlichsten zu erkennen in extremen Beispielen von „Minderheiten", etwa den Familien von verschollenen Soldaten, oder den Zusammenschlüssen von Adoptivkindern, deren Mitglieder die Identität ihrer wirklichen Eltern herausfinden wollen.[2] Wie bei vielen Minoritäten sind die Mitglieder dieser Gruppen geeint in ihrem „besonderen" Bedürfnis danach, sich im Hauptstrom aufzulösen – zu wissen, was jeder andere weiß und zu erfahren, was alle anderen erfahren.

In diesem Sinne proklamieren viele Minderheiten bewußt ihre besondere Identität, in der unbewußten Hoffnung, zumindest einen Teil davon zu verlieren. Wenn Homosexuelle beispielsweise öffentlich fordern, vor dem Gesetz gleich behandelt zu werden, wozu auch das Recht gehört, unterrichten zu dürfen und heiraten zu können, dann sagen sie damit nicht nur: „Ich bin anders und stolz darauf" sondern auch: „Ich will behandelt werden, als wäre ich so wie alle anderen". Auf diese Weise ist es ein paradoxer Appell.

Ironischerweise ist das Bewußtsein für die Einschränkungen, denen sie unterworfen sind, bei vielen „Mitgliedern" von Minoritätengruppen erst das Ergebnis eines plötzlich *verstärkten* Zugangs zu einer größeren, mehr Menschen einschließenden Informations-Umwelt. Denn Orte kennenzulernen, sie dauernd sehen – aber nicht hingehen zu können, das gibt den Ausgeschlossenen erst das Gefühl, isolierter zu sein als jemals zuvor. Mein Onkel hat mir viele Male erzählt, daß er als junger Mann nicht wußte, wie arm seine Familie war, weil alle Leute, die er kannte, arm waren. Durch das Fernsehen haben die heutigen Ghettokinder mehr Bezugspunkte und bessere Vergleichsmöglichkeiten. Sie sehen, was man ihnen vorenthält, in jeder Fernsehsendung und in jedem Werbespot.

Die Integration der Information läßt soziale Integration möglicher und wünschenswerter erscheinen. Ein unterschiedlicher Status erfordert normalerweise Unterscheidungen im Zugang zur Situation. Je mehr Menschen ähnliche Informationen erhalten, desto größer wird ihre Forderung nach Gleichbehandlung.

Vermischte Informations-Systeme führen aber keineswegs gleich dazu, daß Minderheiten sofort integriert werden oder gesellschaftliche Harmonie eintritt. Das erste Ergebnis der Informations-Integration sind eher soziale Spannungen. Die Informations-Integration erhöht zunächst das Bewußtsein für physische, soziale und gesetzliche Unterschiede. Die früher Ausgeschlossenen akzeptieren nicht länger „den ihnen zugewiesenen Platz"; sie wollen gleichgestellt werden, während viele Privilegierte versuchen, ihre „Exklusivität" zu behalten. Es überrascht daher nicht, daß die Auseinandersetzungen über Fragen der rassischen und anderer Formen der Integration zugenommen haben und einen Höhepunkt erreichten, als das Fernsehen die amerikanischen Haushalte vollständig durchdrungen hatte.*

Diese Analyse legt nahe, daß das „soziale Bewußtsein" der 60er Jahre teilweise ein durch Medien vermitteltes Bewußtsein war. Früher lokal begrenzte Ereignisse wurden durch das Fernsehen zu nationalen Problemen. Wenn isoliert voneinander ablaufende Situationen plötzlich auf einer gemeinsamen öffentlichen Bühne präsentiert werden, haben die Zuschauer oft das Gefühl, daß sie dazu Stellung beziehen müssen. Wenn zum Beispiel Eltern eine ambivalente Einstellung zum Thema vorehelichen Verkehr haben, umgehen sie das Thema wahrscheinlich in Gesprächen mit ihren Kindern. Doch wenn sie mit einschlägigen Informationen über die Sexualität von Jugendlichen konfrontiert sind – besonders, wenn die Informationen vor den Augen ihrer Kinder, Freunde oder Nachbarn ausgegeben werden –, fühlen sie sich vielleicht genötigt, dazu eine Verhaltensmaßregel zu formulieren. Entsprechend kann man die nationale Disharmonie der Amerikaner in den 60er Jahren auch so interpretieren, daß die Menschen sich gezwungen sahen, sich bei vielen sozialen Problemen, die früher „unter dem Teppich" blieben, öffentlich auf die eine oder andere Seite zu schlagen.[4] Ironischerweise mag das Ergebnis eines neuen vereinigten Informationssystems – *Un*einigkeit sein. Der Satz „Und die ganze Welt sieht zu" – skandiert von Demonstranten beim berüchtigten nationalen Kongreß der Demokraten in Chicago 1968 – beschreibt die Bedeutung des Fernsehen für die moralische und politische Meinungsbildung.

Die gemeinsame Informations-Umwelt, wie sie elektronische Medien fördert, führt nicht notwendigerweise zu identischem Verhalten oder gleichen Einstellungen bei allen Individuen – aber zu einem allgemeinen Bewußtsein und einer größeren Einigkeit darin, daß es *Optionen* gibt. Die Wahlmöglichkeit, was Kleidung, Frisur, Sprachstil, Beruf und allgemeinem Lebensstil angeht, ist viel größer als bei traditionellen Gruppenbindungen. Ein anderes Ergebnis der „homogenisierenden" Informations-Ver-

* Obwohl die Korrelation zweier Ereignisse nicht beweist, daß es eine kausale Beziehung zwischen ihnen gibt, folgen die Bürgerrechtsbewegung und das Fernsehen einer sehr ähnlichen Wachstumskurve. Die Bürgerrechtsbewegung begann so recht erst in den frühen 50er Jahren, wuchs in den 60ern an Bedeutung und erreichte – zusammen mit der Black-Power-Bewegung – ihren Höhepunkt in den späten 60er Jahren. Das Fernsehen breitete sich in ähnlicher Weise aus. In den 50er Jahren war es nur in 9%, 1970 jedoch in 96% der amerikanischen Haushalte vorhanden.[3]

teilung ist daher die Entwicklung vieler neuer oberflächlicher und zeitgebundener Gruppierungen. Früher waren die Menschen in Gruppen eingeteilt, und jede Gruppe war relativ homogen hinsichtlich der sozialen Klasse, Rasse, der ethnischen Zugehörigkeit, Religion, Beschäftigung und Nachbarschaft; gegenwärtig bilden sich Gruppierungen auch auf der Grundlage, daß die Mitglieder ähnliche Kleidung tragen, ähnliche Sportarten ausüben, dieselbe Art von Computer besitzen, dieselbe Musik mögen oder in dieselbe Klasse gehen. Viele Subkulturen bilden sich heute auf der Basis ähnlicher Optionen. (Und viele „Minderheiten" bilden sich auf der Grundlage der gemeinsamen Überzeugung, ausgeschlossen zu sein von einigen oder allen allgemein zur Verfügung stehenden Optionen.)

Daß sich Gruppen aufgrund kurzer Begegnungen und oberflächlicher gemeinsamen Erfahrungen bilden, ist nicht neu. Das Neue an unseren gegenwärtigen sozialen Gruppen-Bildungen ist, daß solche oberflächlichen und zufälligen Erfahrungen zu teilen heute eine relativ größere soziale Bedeutung hat. Denn Menschen, die sich auf solche Weise begegnen, haben viel gemeinsam: Durch einen ähnlichen Medien-Konsum haben Beziehungen zwischen Menschen aus traditionell sehr verschiedenen Gruppen heute eine größere Chance, über die erste „Begegnung" hinaus zu dauern. Das einst typische Gefühl, daß man mit manchen Menschen, die man trifft, keine Langzeitbeziehungen aufrecht erhalten kann, weil „wir aus verschiedenen Welten stammen", ändert sich heute. Die *persönliche* Nichtübereinstimmung ist heute ein wichtigerer Grund, eine Beziehung zu beenden, als ein Konflikt in der Gruppen-Identität. Eine der gegenwärtigen Schwierigkeiten, Liebesbeziehungen und Ehen aufrechtzuerhalten – selbst unter Angehörigen der eigenen traditionellen Gruppe –, ist die, daß es heute den Anschein hat, als gebe es unendlich viele andere Menschen, mit denen man viel gemeinsam hat. Ironischerweise dauert die Liebe immer seltener „ewig", weil so viele Menschen die Kandidaten für ewige Liebe zu sein scheinen.

Gemeinsame Situationen zu durchleben, weckt in vielen früher getrennten Gruppen das Bedürfnis, einen einzigartigen „Bürger"-Status zu entwickeln, der allen gemeinsam ist. Auf die Dauer ist jedoch die „Gruppe", die durch gemeinsame elektronische Informationen geschaffen wird, zu groß, um die traditionelle Gruppen-Kohäsion aufrechtzuerhalten; sie umfaßt dann zu viele Menschen, um den Mitgliedern noch ein Gefühl der Besonderheit und Einzigartigkeit zu vermitteln. Außer in Metaphern ist es unmöglich, das ganze Land oder die Welt als die eigene „Nachbarschaft" oder das eigene „Dorf" zu betrachten. Untergruppen entwickeln sich oder existieren weiterhin aufgrund teilweise gemeinsamer Erfahrungen, aber ihre Grenzen werden dadurch aufgehoben, daß durch die elektronischen Medien Informationen für alle zugänglich sind. Tatsächlich müssen wir heute bewußt massive Anstrengungen unternehmen, um Unterscheidungen in den Gruppenidentitäten aufrechtzuerhalten, die wir früher als selbstverständlich betrachteten. Im Gegensatz zur öffentlichen Meinung ist die jüngst wieder so populäre Suche nach den eigenen „Wurzeln" und der ethnischen „Identität" vielleicht weniger das Anzeichen für eine wachsende Gruppenidentität im traditionellen Sinne, als ein Anzeichen für ihren Niedergang. Extrem starke Gruppenidentitäten sind unbewußt und intuitiv. Eine aktive Suche nach der Herkunft und dem Hintergrund der Gruppe oder der eigenen Person mag Zeichen einer bewußten Identitätskrise sein und für ein Gefühl stehen, entwurzelt zu sein.

Es gibt natürlich viele Gruppen, deren religiöse Traditionen und Überzeugungen sie resistent dagegen machen, ihr Verhalten zu verändern und neuen Situationen anzupassen. Es überrascht daher nicht, daß beispielsweise in den USA für fundamentalistische religiöse Gruppen diese Regel der sich schnell wandelnden Gruppenidentitäten nicht gilt und sie auch anderen sozialen Veränderungen ablehnend gegenüberstehen. Die schweigende Mehrheit hat sich erhoben und protestiert gegen die meisten Veränderungen, die in diesem Kapitel beschrieben werden, und sie nutzt die Radiowellen, um ihre Ansichten zu verbreiten. In einer Hinsicht hat sich jedoch selbst die amerikanische „Moral Majority" wie viele andere „Minderheiten" verhalten; denn sie hat gefordert, „die gleiche Chance" zu bekommen, die Gesetzgebung zu beeinflussen und ihre eigene, besondere Identität auf der gemeinsamen Bühne des Fernsehens auszudrücken. Wie Richard Viguerie in *The New Right: We're Ready to Lead* schreibt: „Die Liberalen beklagen sich heute über konservative Priester, die genau tun, was liberale Priester jahrzehntelang getan haben."[5]

Gruppen-Verhalten wird öffentlich gemacht

Die elektronischen Medien haben Teile des traditionellen Hintergrund-Verhaltens vieler Gruppen öffentlich zur Schau gestellt. Die früher nur Gruppenmitgliedern verfügbare Information ist jetzt auch für Außenseiter erhältlich. Wie vorhin beschrieben, besteht einer der wichtigsten Unterschiede zwischen elektronischen und gedruckten Informationen darin, daß elektronische Medien wie das Fernsehen „expressive“ Informationen präsentieren, die früher nur in persönlichen Begegnungen von Angesicht zu Angesicht erhältlich waren. Durch das Fernsehen hat jeder Bürger „Zugang“ zu den persönlichen Ausdrucksformen von Menschen überall im Land und auf der ganzen Welt. Durch die elektronischen Medien verlieren Gruppen ihren exklusiven Zugang zu Aspekten ihres eigenen „Hintergrundes“ und gewinnen Ansichten über den nicht-öffentlichen Hintergrund-Bereich anderer Gruppen.

Die offene Darstellung von Hintergrund-Verhalten anderer Gruppen kann zwei gegensätzliche Auswirkungen haben: Gruppen, die sehr bewundert wurden, verlieren vielleicht etwas von ihrem Glanz, wenn dargestellt wird, wie „gewöhnlich“ ihre Mitglieder sind. Und umgekehrt: früher verhaßte und gefürchtete Gruppen erscheinen weniger gefährlich und böse – weil ihre Mitglieder „menschlicher“ wirken.

Der Zugang zur *expressiven* Hintergrund-Information eines Feindes vermindert manchmal die Feindseligkeit ihm gegenüber, selbst wenn der Inhalt seiner *verbalen* Kommunikation ausdrücklich feindselig ist. Dieses Prinzip weist auf ein gemeinsames Element auffallender und anders nicht erklärbarer Einstellungsänderungen in der Öffentlichkeit hin. Wie der Historiker Erik Barnouw festgestellt hat, führte Nikita Chruschtschows Auftritt im amerikanischen Fernsehen in den späten 50er Jahren dazu, daß die antisowjetische Propaganda des US-Außenministeriums unterlaufen wurde, weil Chruschtschow so „menschlich“ wirkte. Die Fernseh-Übertragungen von Chruschtschows Reden zwangen die amerikanische Regierung zu einer Änderung ihrer Politik gegenüber der Sowjetunion – obwohl Chruschtschows *Worte* oft sehr antiamerikanisch klangen. „Mit seinen ausgebeulten Hosen, der ausgestreckten Hand, seiner jovialen Art sah er eher einem Handlungsreisenden ähnlich als einem geheimnisvollen Diktator.“[6]

Ähnlich haben die Fernsehübertragungen aus dem Vietnamkrieg möglicherweise den Kriegsbefürwortern einen doppelten Schlag versetzt: zum einen vermittelte das Fernsehen den Amerikanern einen intimen Blick auf den „Feind“, was zuvor niemals in diesem Ausmaß möglich gewesen war. Im Radio und in Zeitungsberichten bedeuten die Worte „Feind“ und „Freund“ oder „Kommunist“ und „Freiheitskämpfer“ jeweils einen unüberwindlichen Gegensatz. Im Fernsehen sahen jedoch unsere Freunde in Vietnam unseren Feinden sehr ähnlich. Das erschwerte es, eine traditionelle „sie oder wir“-Einstellung zum Vietnamkrieg aufrechtzuerhalten.

Zum anderen entlarvte das Fernsehen, was sich im Hintergrund *unserer* Armee und der Kriegsführung allgemein abspielte. Der Blick auf die chaotischen und blutigen Kriegsschauplätze schadete den Kriegstreibern vielleicht noch mehr. Die Kämpfe, die im Fernsehen zu sehen waren, sahen so ganz anders aus als ein Western mit John Wayne. Das Bild des Soldatenlebens, das die Fernsehkameras präsentierten, enthielt wenig Totale, zeigte wenig Feldbewegung oder „Handlung“. Da gab es keine „klaren“ Fronten, keinen Eindruck von „Fortschritten“ und „Erfolgen“. Statt verbaler Abstraktionen wie „schwere Auseinandersetzungen“ oder „Sieg“ oder „Kampf um die Demokratie“ (wie sie früher von Zeitungen und dem Rundfunk verbreitet wurden), gab es konkrete Bilder von verwundeten Soldaten und Zivilisten, schreienden Kindern, entlaubten Wäldern und entsetzten Flüchtlingen. Im Fernsehen bedeutete „ein Dorf von Kommunisten zu säubern“ oft, daß Leichen von jugendlichen Vietkong gezählt oder ein Dorf bis auf die Grundmauern niedergebrannt wurde. Dieser Wechsel von diskursiv zu präsentativ, von der Reportage über die „vordere Bühne“ zur Bloßstellung des „Hintergrunds“, hat sicher die Unzufriedenheit mit „unseren Jungs“ und mit der Art der Kriegsführung auf beiden Seiten verstärkt, sowohl bei den Falken wie bei den Tauben.[7] Einige wollten einen „normalen“ Krieg führen und Nordvietnam von der Landkarte bomben; andere wollten aufhören, sich in den „Bürgerkrieg“ in einem anderen Land einzumischen. Doch nachdem Vietnam längere Zeit im Fernsehen gezeigt wurde, waren immer weniger Menschen mit dem Kriegsverlauf einverstanden.*

Dieselbe Dynamik mag mitverantwortlich gewesen sein für die ambivalente amerikanische Reaktion, als 1979 Iraner die amerikanische Botschaft stürmten und US-Bürger als Geiseln nahmen. Denn zusätzlich zu der – wie erwartet – feindseligen patriotischen Reaktion, begannen einige Amerikaner eine seltsame Sympathie für die Iraner zu entwickeln. Das Ereignis führte zur ersten öffentlichen Diskussion über die Fehler der amerikanischen Außenpolitik im Iran (unter anderem erinnerte man sich an den Putsch gegen eine gewählte Regierung durch den von den USA unterstützten Schah). Ein prominenter Präsidentschaftskandidat meinte in dieser Diskussion, der verjagte Schah hätte „eines der gewalttätigsten Regime in der Geschichte der Menschheit“ errichtet und das iranische Volk um Milliarden-Beträge

* Das ist wahrscheinlich einer der Gründe, warum sowohl das britische wie das amerikanische Militär es nicht zuließen, daß ihre jüngsten Invasionen auf den Falklandinseln und Grenada mit Hilfe von Presse und Fernsehen dokumentiert werden konnten. Da „Hintergrund“-Bilder fehlten, konnten solche Aktionen einfach als „Rettungs-Missionen“ verkauft werden.

betrogen; eine zehnköpfige Delegation von Amerikanern, angeführt vom früheren Justizminister, übertrat bewußt Präsident Carters Verbot, in den Iran zu reisen, und nahm an einer Konferenz über iranische Anklagen gegen die Politik der Vereinigten Staaten teil.[8] Diese Aktionen wurden von vielen als Spaltung der amerikanischen Einheit verurteilt, doch sie waren wichtige Indikatoren dafür, daß auf ungewöhnliche Weise das traditionelle „sie oder wir"-Gefühl abhanden gekommen war. Und es gab andere Anzeichen der Sympathie. Amerikanische Schulkinder reagierten zum Beispiel positiv auf das Thema Iran, mitten in der Krise, indem sie eine Rekordanzahl von Brieffreundschaften mit Iranern wollten.[9] Die iranische Regierung wiederum machte ihren vielleicht größten taktischen Fehler, als sie später alle westlichen Journalisten auswies. Teufel lassen sich als Feind-Bilder leichter aus einer gewissen Entfernung aufbauen.

Von allen elektronischen Medien bietet das Fernsehen die größte Mischung früher privater und öffentlicher Bereiche. Rundfunk und Telefon stimulieren die visuelle Vorstellungskraft, aber sie liefern kein exaktes Bild von Menschen und Ereignissen. Das Fernsehen läßt uns Fremde wie intime Vertraute erleben. Da die Informationsumwelt, die ein neues Medium schafft, wahrscheinlich ihre größte Auswirkung auf jene hat, die in ihr aufwachsen, sollten wir erwarten, daß größere Umgruppierungen stattfinden, wenn die erste Fernseh-Generation erwachsen wird.*

Diese Analyse bietet eine neue Erklärung für die plötzlichen sozialen Explosionen, die in den späten 60er Jahren stattfanden und die bis heute unsere Kultur erschüttern. In den späten 60ern standen sich zwei aufeinanderfolgende Generationen gegenüber, doch sie waren Welten voneinander entfernt in ihren Vorstellungen darüber, wie soziale Rollen auszusehen haben und welches Gleichgewicht es zwischen öffentlichem und privatem Verhalten geben sollte.

Viele der ungewöhnlichen Erscheinungen der 60er Jahre können in Verbindung gebracht werden mit dem Einfluß traditionellen Hintergrund-Verhaltens auf den Bereich der „Bühne". Ein gemeinsames Thema zahlreicher sozialer Probleme, die breite gesellschaftliche Proteste auslösten, war die „Glaubwürdigkeits-Lücke". Diese „Lücke" mag mit dem Ungleichgewicht zwischen Bühnenverhalten und (neu gezeigtem) Hintergrund-Verhalten zusammenhängen. „Glaubwürdigkeit" erfordert Konsistenz aller *sichtbaren* Verhaltensweisen. Doch da alle Menschen verschiedene Verhaltensweisen in verschiedenen Lebens-Bereichen zeigen, und da das Fernsehen vorher getrennte Situationen mischt, hat die Fernseh-Generation die Generation ihrer Eltern dauernd bei etwas ertappt, das nach bewußter Täuschung, Unaufrichtigkeit und Doppelmoral aussah. Das hat dazu geführt, daß Eltern, Politiker und andere Autoritäten im allgemeinen immer weniger respektiert wurden. Wenn man heute die Berichte über Studentenunruhen liest, wird zwischen den Zeilen die Bedeutung des Fernsehens deutlich. Ein Bericht über die Tumulte an der Columbia University 1968 enthielt zum Beispiel folgende Reflexion:

„Die gegenwärtige Generation junger Menschen an unseren Universitäten ist die bestinformierte, die intelligenteste und die idealistischste, die dieses Land je gesehen hat. Das ist die Erfahrung von Lehrern überall.

Sie ist auch diejenige, die am sensibelsten ist für gesellschaftliche Themen, und die geschickteste beim politischen Taktieren...

Die Fähigkeiten heutiger Studenten, ihr soziales Gewissen und Bewußtsein, ihre politische Sensibilität und ihr ehrlicher Realismus sind eine Hauptursache der Studentenunruhen... Die heutigen Studenten nehmen die Ideale ernst, die ihnen in der Schule und Kirche und oft zu Hause beigebracht wurden, und dann sehen sie ein System, das diese Ideale im wirklichen Leben verleugnet. Rassische Ungerechtigkeit und der Krieg in Vietnam illustrieren für sie die Abweichung unserer Gesellschaft von ihren eigenen Idealen."[11]

Viele der in diesem Zitat angesprochenen Themen können mit dem Fernsehen in Verbindung gebracht werden („bestinformiert", „sensibel für gesellschaftliche Themen", „geschickt im politischen Taktieren", „ehrlicher Realismus", und „sie sehen ein System, das seine Ideale im wirklichen Leben verleugnet"). Das Fernsehen hat sowohl das soziale Bewußtsein wie das politische Gewissen geschärft. Es stellt die traditionellen Ideale den lebhaften Szenen rassistischer und kriegerischer Auseinandersetzungen gegenüber. Vielleicht wurde die junge Generation in den 60er Jahren als ungewöhnlich „idealistisch" wahrgenommen und nahm sich selbst so wahr;

* Welche Altersgruppe nun genau als „erste Fernseh-Generation" bezeichnet werden sollte, ist nicht eindeutig bestimmt. Ein vernünftiger Vorschlag aber ist der, die erste Altersgruppe zu nehmen, bei der es zumindest in der Hälfte aller amerikanischen Haushalte ein Fernsehgerät gab, und zwar, bevor die Kinder das Schulalter erreicht hatten und Schreiben und Lesen lernten – mit anderen Worten, die Altersgruppe, die 1953 etwa vier Jahre alt war (dem Jahr, in dem Haushalte mit Kindern unter fünf Jahren, die 50% Fernseh-Sättigungs-Grenze erreicht hatten[10]). Die erste Fernseh-Generation war demnach 1967 achtzehn Jahre alt, damals entstand die „Integrations-Bewegung", die sich intensiv für die Bürgerrechte für Farbige einsetzte, die „Studentenbewegung", breite Proteste gegen den Krieg und allgemein den traditionellen „American way of life".

aber das mag daran gelegen haben, daß ihnen mehr gezeigt wurde als früheren Generationen, und sie daher die Forderung erhoben, all das, was sie sahen, solle ins Lot gebracht werden und einen Sinn ergeben. Die auffällige Diskrepanz zwischen der sichtbaren sozialen Realität und den „offiziellen Werten" mag die Hauptquelle für den Moralismus und die utopische Politik der Protestierenden gewesen sein.

Diese Sichtweise der Themen „Glaubwürdigkeit" und „Konsistenz" macht den Slogan der 60er Jahre erklärbar, der in keinem anderen Kontext so viel Sinn macht: „Trau keinem über dreißig!" Er galt der älteren Generation als Beweis für die Kurzsichtigkeit und Unlogik der Studentenbewegung: Verstanden denn die jungen Leute, die diesen Satz skandierten, nicht, daß sie selbst bald über dreißig sein würden? Doch der Slogan hat sich vielleicht nur auf jene bezogen, die *zum damaligen Zeitpunkt* über dreißig waren. Jene Erwachsenen, die aus der Vor-Fernseh-Ära stammten,* jene die versuchten, klare Trennungen aufrechtzuerhalten zwischen traditionellem Hintergrund- und traditionellem Bühnen-Verhalten.

Die Aufhebung der Trennung zwischen Bühne und Hintergrund ist daher der gemeinsame Nenner für die politischen Aussagen der Protestgeneration und ihren Verhaltensstil. Die intensive Solidarität derer, die sich als Teil der sogenannten „Bewegung" empfanden, ergab sich daraus, daß plötzlich viele Informationen von vielen Menschen geteilt wurden, die früher nur zwischen Familienmitgliedern und nahen Freunden ausgetauscht worden waren. Was vielen „Insidern" gefiel, war die öffentliche Zurschaustellung von Merkmalen, die früher dem privaten Hintergrund-Bereich angehörten, wie informelle Kleidung, Obszönität, Nacktheit, die Zurschaustellung des eigenen emotionalen Innenlebens, und das Zugeben von „Betroffenheit". Plötzlich war der Intimbereich öffentlich. Die „Blumenkinder" gingen sozusagen in ihren Windeln auf die Straße und umarmten Fremde, als wären es ihre Brüder und Schwestern, die mit ihnen im Familienlaufstall spielten. Die Abscheu der „Außenseiter" gegenüber diesem Verhalten basierte auf derselben Dynamik: Daß Hintergrund-Verhalten auf die öffentliche „Bühne" geholt wurde, löste ihre Empörung aus. Denn wie Erving Goffman meint, gibt es eine starke Parallele zwischen Hintergrund-Verhalten und regressivem Verhalten. Tatsächlich könnte Goffmans allgemeine Beschreibung des angemessenen Hintergrund-Verhaltens, geschrieben in den 50er Jahren, als Beschreibung vieler der „schockierenden Verhaltensweisen" auf den Protestmärschen und in den Sit-Ins der späten 60er Jahre dienen: „Die Sprache hinter der Bühne schließt ein die Anrede mit dem Vornamen, gemeinsame Entscheidungen, Vulgarität, sexuelle Anspielungen, Nörgeln, Rauchen, zwanglose Kleidung, ‚schlampiges' Sitzen und Stehen, Verwendung von Dialekt oder Umgangssprache, Murmeln und Schreien, spielerische Aggression und ‚Neckereien', Rücksichtslosigkeit gegenüber anderen in kleineren, aber potentiell symbolischen Handlungen, ‚ordinäres' Verhalten wie Summen, Pfeifen, Kaugummi kauen, Rülpsen und Furzen".[12]

Goffman fragt sich, ob die Interaktionen im nichtöffentlichen Bereich eines Menschen es ihm erlauben zu regredieren, oder ob die klinische Definition von Regression in Wirklichkeit situativ definiert ist – das heißt, daß Regression nichts anderes ist als Hintergrund-Verhalten, das in bestimmten öffentlichen Situationen ausagiert wird, aus Motiven heraus, die sozial nicht sanktioniert sind. Wie dem auch sei, was Außenstehende bei Sit-Ins und Happenings sahen, war offensichtlich regressives Verhalten, scheinbar bezeichnend für einen Niedergang der Zivilisation, wie er mit der „neuen" Generation begann. Das Mißvergnügen und das Unbehagen vieler Bürger wurden verstärkt durch den mysteriösen Ursprung dieses neuen Verhaltens. Wie eine seltsame Seuche machte der neue Geist der 60er Jahre die Jugend respektlos.*

Die Beziehungen zwischen den Mitgliedern der „Bewegung" schienen den Insidern sehr natürlich, und die intensive negative Reaktion der Außenseiter bestärkte nur ihr „sie oder wir"-Gefühl, das als Basis für alle starken Gruppenbindungen dient. Die Insider teilten Essen, Geld, Auto, ihre Befürchtungen und Zuneigungen; die Außenseiter erschienen alt, kalt, spießig und gefühllos.

---

* Wer zum Beispiel 1967 einunddreißig Jahre alt war, der war 1954 – in dem ersten Jahr also, in dem mehr als die Hälfte der amerikanischen Haushalte ein eigenes Fernsehgerät besaß – schon 18 Jahre alt.

* Es ist wichtig, sich daran zu erinnern, daß es einen bedeutsamen Wandel im Stil und in der Rhetorik des Protests von der Mitte der 60er Jahre zu den späten 60er Jahren gab. Viele der Bürgerrechts-Demonstranten der späten 50er und frühen 60er Jahre trugen kurze Haare, Jackett und Krawatte und forderten, „die Neger" sollten ein Stück vom amerikanischen Kuchen bekommen. Die Proteste der späten 60er Jahre waren jedoch stimmungsmäßig viel mehr „Hintergrund-Verhalten"; die Demonstranten verlangten eine grundlegende Änderung des politischen Systems und der gesellschaftlichen Sensibilität Amerikas. Dieser Wandel stimmt mit unserer Analyse überein. Die früheren Demonstranten waren in ihrem „Verhaltensstil" schon vor der Fernseh-Ära geprägt worden. Der ganze Einfluß des Fernsehens wurde erst deutlich, als die jüngere Generation dieselben und andere Themen völlig anders behandelte.

Die *soziale* Bewegung der 60er Jahre war vielleicht aus diesem Grund ein direktes Ergebnis der neuen *Informations*-Bewegung. Die Menschen wußten jetzt mehr über das private Verhalten anderer, und sie hatten das Gefühl, sie könnten es sich leisten, die alten Masken fallen zu lassen und sich so zu verhalten, als ob sie alles über den oder die anderen wüßten.

In dieser Hinsicht waren die späten 70er und die 80er Jahre eine Fortsetzung und nicht eine Umkehr der 60er. Die ,,Gestalt" der 60er Jahre war vielleicht verschwommen, die utopische, politische und soziale Rhetorik verschwunden, doch die grundlegende situative Dynamik zwang die Leute weiterhin dazu, sich an das soziale Verhalten anderer anzupassen, um mit dem breiten Zugang zu Informationen Schritt halten zu können. Früheres Verhalten aus dem Hintergrund drängt weiterhin in den Vordergrund. Sit-ins, Parolen, Rufe nach Freiheit, Gleichheit und Gerechtigkeit gehören immer noch zum gesellschaftlichen Alltag, aber sie sind nicht länger schockierend, ja nicht einmal erstaunlich. Diese Taktiken werden heute von der Polizei, von Behinderten, Rechtsradikalen, Bauern, Homosexuellen und alten Menschen gleichermaßen verwendet. *Die* Bewegung ist tot; aber sie lebt in ihren zahlreichen Nachfolge-Bewegungen weiter. Heute gibt es nicht mehr die *eine,* wahre Konfrontations- (und Solidaritäts-)Linie. Es geht nicht mehr länger um jung oder alt, Sponties oder ,,Schweine", Hippies oder Spießer. Ein Reisender schrieb 1978:

,,Vorbei die Tage der 60er und frühen 70er Jahre, als langhaarige Durchreisende in Wyoming in ein Desinfektionsbad für Schafe geworfen oder in Georgia angeschossen wurden...

,Wenn Sie hier vor fünf Jahren entlanggekommen wären', sagte mir eine freundliche Hausfrau in Oklahoma, die mich zum Lunch einlud, ,hätten die Sie geschnappt und Ihnen die Haare geschnitten. Aber jetzt haben viele von denen selbst lange Haare'."[13]

Im Gegensatz zu zahlreichen Klagen oder hämischen Bemerkungen sind viele frühere Angehörige der Protestbewegung heute nicht resigniert oder etabliert; vielmehr wurden viele ,,schockierende Verhaltensweisen" und ,,unpatriotische Überzeugungen" in das System integriert. Die ,,Gegenkultur" der 60er Jahre war charakterisiert durch den Protest gegen den Krieg, Mißtrauen gegenüber Autoritäten, lockerer Sexualmoral und den Gebrauch illegaler Drogen. Viele dieser Verhaltensweisen und Überzeugungen sind heute in das Verhalten der amerikanischen Durchschnitts-Bevölkerung integriert.

Anfang 1967 dachten zum Beispiel nur 32% der Amerikaner, die USA hätten einen politischen Fehler begangen, als sie Truppen nach Vietnam schickten. Im Mai 1971 zeigten Umfragen, daß 62% mit der Antikriegsbewegung übereinstimmten.[14] 1978 war der Prozentsatz noch höher und das Gefühl noch stärker: 72% stimmten der Aussage zu: ,,Der Vietnahmkrieg war mehr als ein Fehler, er war zutiefst falsch und unmoralisch."[15]

1966 hatte nur etwa ein Viertel der Bevölkerung das Gefühl: ,,Die Menschen, die dieses Land regieren, kümmern sich nicht darum, was mit Leuten wie mir geschieht." 1967 hatte sich diese Zahl auf 60% erhöht. Von denjenigen, die 1958 befragt wurden, stimmten über 55% der Aussage zu: ,,Man kann der Regierung in Washington zutrauen, daß sie das Richtige tut." 1978 hatten nicht einmal mehr 30% ein ähnliches Vertrauen in Washington.[16]

1967 meinten 85% der Bevölkerung, daß vorehelicher Sex unmoralisch sei. 1979 waren nur noch 37% dieser Ansicht, und mehr als 50% der Befragten fanden, daß Menschen, die ohne Trauschein zusammenleben, ,,nicht unmoralisch" handeln.[17]

1962 hatten nur ein kleiner Prozentsatz der Bevölkerung (4%) jemals eine illegale Droge probiert. 1982 hatte etwa ein Drittel aller Amerikaner über zwölf Jahren Erfahrung mit Marihuana, Kokain, Heroin oder anderen illegalen Drogen.[18] Das Nationale Institut zur Untersuchung des Drogenmißbrauchs (National Institute on Drug Abuse) fand heraus, daß die erschreckend hohe Zahl von 66% der Schulabgänger von 1981 illegale Drogen probiert hatte.[19] Sehr aufschlußreich war auch ein Bericht in der Zeitschrift *Newsweek* über die ,,Explosion des Drogenmißbauchs am Arbeitsplatz durch angesehene Bürger und nach außen hin angepaßte Berufstätige", obwohl doch die Drogenkultur ursprünglich eine ,,drop-out"-Kultur war; und die *New York Times* beobachtete: ,,Die öffentliche Toleranz gegenüber dem Konsum illegaler Drogen steigt auf allen Ebenen der amerikanischen Gesellschaft an."[20]

Auf vielfältige Weise haben sich also die Bewegung und das Establishment in ein System des ,,mittleren Bereichs" integriert, das Elemente aus beiden Kulturen enthält. Die Rebellen der 60er Jahre streben heute nach politischen Mandaten, Richter und Manager rauchen Marihuana und schnupfen Kokain.

Schwarze werden in Hauptstädten wie Atlanta, Chicago, Philadelphia und Los Angeles zum Bürgermeister gewählt, und früher rassistische Politiker bitten Schwarze um Vergebung und Unterstützung. Das tiefe Mißtrauen gegen Regierung und Amts-Autoritäten, durch das die

Bewegung gekennzeichnet war, ist jetzt in fast allen Teilen der Bevölkerung verbreitet.*

Viele Elemente des „Rassismus" und „Imperialismus", die Gegenstand von Protesten waren, existieren unverändert fort, aber es hat eine deutliche Veränderung im offenen Verhalten gegeben und einen klaren Versuch, alle öffentlich sichtbaren Verhaltensweisen miteinander zu integrieren. Die Bilder von brutalen Polizisten in den Südstaaten, die Schwarze mit Feuerwehrschläuchen und Hunden attackieren, sind nicht länger auf unseren Fernsehschirmen zu sehen. Auch die Rufe „Tod den Schweinen" sind nicht länger zu hören. David Dellinger, einer der „Sieben gegen Chicago", der damals verurteilt wurde, weil er in Chicago als Rädelsführer Aufstände initiierte, ist heute immer noch in der ersten Reihe bei Demonstrationen. Aber heute entschuldigt sich Dellinger bei den Polizeibeamten, die ihn wegtragen, und er lächelt in die Kamera. Dellinger sagt: „Keiner nennt Polizisten jetzt noch ‚Schweine'. Heutzutage haben die Demonstranten oft ein freundliches Wort für die Polizisten und die Reaktion ist oft positiv."[22]

Mitte der 60er Jahre war die mittellange „Beatles-Frisur" Anlaß heftiger Auseinandersetzungen zwischen Jugendlichen und Erwachsenen (80% der Bevölkerung waren 1965 in einer Gallup-Umfrage der Ansicht, die Schulen sollten dafür sorgen, daß die Kinder anständig frisiert wären[23]). Heute beweist die „Punk"-Frisur und -Kleidung sowie die androgyne Erscheinung vieler Rockstars, wie weit Jugendliche gehen müssen, um noch „anders" auszusehen. Und die relativ gelassenen Reaktionen der älteren Generation zeigen, wie wenig sie sich heute noch von merkwürdiger Kleidung oder äußerer Erscheinung schockieren oder provozieren läßt. In den späten 60er Jahren waren langhaarige männliche Jugendliche oft Zielscheibe spöttischer Bemerkungen von so manchen Polizisten, Bauarbeitern und anderen „richtigen Männern" über die „unmännliche" und „dreckige" Erscheinung der „Gammler". Die Dinge haben sich gründlich geändert. In New York City beispielsweise beklagten sich kürzlich männliche Polizeibeamte im 44sten Distrikt der Bronx über den Mangel an Steckdosen für ihren Haarfön, und eine Reihe von ihnen tragen Ohrringe.[24]

Wenn die Angehörigen der heutigen jungen Generation apathisch erscheinen, dann nicht nur deshalb, weil *sie* anders sind als die „68er-Generation", sondern weil sich auch die Gesellschaft geändert hat. Als die große Konfrontation zwischen den Generationen verschwand, veränderten sich auch die gesellschaftlichen Ideale. Die meisten Proteste haben sich abgewandt von einem breiten Spektrum nationaler und internationaler Themen und sich in zwei verschiedene Richtungen bewegt. Eine Richtung ist das große globale Thema – nukleare Abrüstung –, das 1972 zur größten Demonstration in der amerikanischen Geschichte geführt hat.[25] Die andere Richtung geht auf konkrete, spezifische und oft lokale und selbstbezogene Themen.[26]

Die manifesten Emotionen und Ideale der 60er Jahre sind lange verschwunden, doch die zugrundeliegende soziale Dynamik ist immer noch wirksam: Eine massive Umgestaltung von Verhaltensweisen, um mit neuen Informationsmustern fertigzuwerden. Die dauernden Schwankungen im Gleichgewicht zwischen öffentlichen und privaten Gruppen-Bereichen hat zwei Auswirkungen auf die Verhaltensweisen von Gruppen. Als Resultat davon, daß Hintergrund-Verhalten durch die elektronischen Medien vermehrt ins Rampenlicht geholt wird, sind einige „private" Gruppen-Handlungen in einen „tieferen", noch unsichtbaren Hintergrund zurückgedrängt worden. Wenn Frauen beispielsweise Zugang zu früher ausschließlich männlichen Hintergrundbereichen erhalten, werden so manche Witze über Frauen gezwungenermaßen in noch isoliertere, ausschließlich männliche Situationen zurückgedrängt. Zur gleichen Zeit jedoch beginnen *Männer* tatsächlich, Frauen in den jetzt gemischten Situationen anders zu behandeln. Auf alle strukturellen Veränderungen in den Situationen folgen tendenziell wirkliche Veränderungen im Verhalten.

Das allgemein verstärkte Vorzeigen von Hintergrund-Verhalten und das Bewußtsein dafür führt bei vielen Gruppen zur Entwicklung neuer, alternativer Verhaltensweisen des „mittleren Bereichs". Das Verhalten in der neuen gemischten Situation entspricht weder dem früheren Bühnenverhalten noch dem früheren Hintergrund-Verhalten. Der Ku-Klux-Klan beispielsweise, sicherlich eine der extremsten sozialen Gruppen, hat kürzlich ein neues Image entwickelt. Der Großmeister einer ihrer Splittergruppen beispielsweise ist ein junger, sehr durchschnittlich aussehender Collegeabsolvent, der

---

* Gegenwärtig verweisen Trends nicht nur darauf, daß sich die politischen Vorstellungen von Radikalen und Konservativen vermischen, sondern auch darauf, daß Verhaltensweisen sich vermischen, die früher als typisch galten für unterschiedliche soziale Schichten. Vorehelicher Sex, uneheliche Geburten, „Ehe ohne Trauschein" und Drogenmißbrauch waren früher vor allen Dingen Erscheinungen der unteren sozioökonomischen Gesellschaftsschichten. Diese Verhaltensweisen haben sich jetzt auf allen Ebenen der Gesellschaft verbreitet. In den frühen 70er Jahren beispielsweise war es möglich, Unterschiede im Sexualverhalten von Jugendlichen aufgrund von Rasse, sozioökonomischem Status, Religion und Wohnort vorherzusagen. Am Ende des Jahrzehnts jedoch waren viele dieser Unterschiede verschwunden.[21]

rational und ruhig proklamiert, die weißen Amerikaner hätten das Recht, sich zu schützen. Der Ku-Klux-Klan, meint er, sei nur eine von vielen Menschenrechtsgruppen, die sich um ihre eigenen Interessen kümmern.[27]

Das schärfste Bewußtsein für die Hintergrund-Aktivitäten vieler Institutionen hat eine Veränderung in ihren Prozessen und Prozeduren erzwungen. Das *Marines*-Trainingsprogramm zum Beispiel hat die Brutalität im Ausbildungslager reduziert, und zwar deshalb, weil immer mehr Außenseiter zum Training der *Marines* Zugang bekommen haben, und weil die dort internierten Soldaten immer mehr Zugang zur Außenwelt haben.[28] Das Bemühen um einen einzigen verbindlichen Kodex von Moralvorstellungen hat sich über die Grenzen der Vereinigten Staaten hinaus verbreitet, zeigt sich in der gegenwärtigen Kontroverse über die angemessene Beachtung von „Menschenrechts"-Themen in der amerikanischen Außenpolitik und gilt sogar für Gruppen von Lebewesen, die nicht der menschlichen Spezies angehören (was sich in der weit verbreiteten „Betroffenheit" über die Behandlung von Tieren in Versuchslabors spiegelt[29]).

Gruppen-„Ver-Ortungen" werden unterminiert

Die elektronischen Medien hatten eine enorme Auswirkung auf die Gruppenidentität, indem sie die Beziehung zwischen physischem Ort und Informations-Zugang unterminierten. Viele Gruppen von Menschen – Frauen, Ghettobewohner, Gefangene, Kinder – waren einst „natürlicherweise" von einem Großteil der sozialen Information abgeschnitten und an bestimmten Orten isoliert. Die Identität und das Zusammengehörigkeits-Gefühl vieler Gruppierungen wurde gefördert durch die Tatsache, daß ihre Mitglieder „zusammen" isoliert waren, an denselben oder ähnlichen Orten: zu Hause oder in Büros, Ghettos oder Vorstädten, Gefängnissen oder Läden, Spielplätzen oder Bars. Diese physische Trennung bewirkte soziale Distanz, so lange, wie Ort und Situation eng miteinander verbunden waren. Jetzt führen jedoch die elektronischen Botschaften über Fernsehen, Telefon und Radio dazu, daß Orte „demokratisiert" und gleichgemacht werden, da Menschen dort einander erfahren und mitcinandcr interagieren können, trotz der physischen Isolation. Infolgedessen steht der physische Ort jetzt nur für eine bestimmte Art von Informationssystem, nur für eine bestimmte Art von gemeinsamer und besonderer Gruppenerfahrung. Die elektronischen Medien torpedieren die Gruppenidentitäten, die auf „gemeinsamer Präsenz" beruhen, und schaffen viele neue Zugangsformen, die wenig zu tun haben mit der früheren physischen Ver-Ortung.

Die elektronischen Medien wirken sich auf die Gruppenidentität aus, indem sie Menschen ihrer traditionellen Gruppenperspektiven entfremden. Eine gemeinsame physische Umgebung fördert eine gemeinsame Perspektive, die wiederum die Gruppensolidarität stärkt. Eine Veränderung der physischen Position führt allgemein zu einem Einstellungswandel. Ein bekanntes Beispiel ist die Veränderung in unserer Wahrnehmung einer Straße, wenn wir sie nicht mehr als Fußgänger, sondern als Autofahrer betrachten. Auf diesem Prinzip basiert die subtilste Technik der Kino-Verführung: Perspektiven- und Positionswechsel statt inhaltlicher Veränderung. In dem Film *Der Pate* (The Godfather) zum Beispiel werden wir nicht direkt aufgefordert, die Mitglieder der Mafiafamilie für „gute Menschen" zu halten; wir werden einfach in ihr Zuhause „versetzt" und betrachten die Welt mit ihren Augen. Als Konsequenz finden wir uns in der ungewöhnlichen Position wieder, die Kriminellen sympathisch zu finden und uns zu freuen, wenn Regierungsbeamte getötet werden. Ähnliche Techniken werden in Kriegsfilmen und Western verwendet, so daß die Zuschauer, unabhängig von der jeweiligen Handlung, dazu neigen,sich auf die Seite dessen zu schlagen, dessen Perspektive sie (per Kameratechnik) einnehmen.[30]

Indem das Fernsehen wirkliche und fiktive Ereignisse visuell darstellt, bietet es den meisten Mitgliedern unserer Gesellschaft eine verwirrende Vielfalt an Perspektiven. Unabhängig von dem physischen Ort, an dem sie sich befinden, und unabhängig von ihren traditionellen Gruppenbindungen erfahren die Leute, wie sich die Welt von anderen Orten aus ansieht, anfühlt und aus stets neuen Perspektiven betrachten läßt. Natürlich sind die Ansichten, die uns durch das Fernsehen vermittelt werden, verzerrt und unvollständig, meistens sind sie sogar bewußt aus politischen und ökonomischen Gründen einseitig ausgerichtet. Dennoch „entfernt" das Fernsehen die Zuschauer von ihren physischen Orten und bietet ihnen alternative Sichtweisen über andere Menschen und die physische Umwelt. Die „Sicht von Nirgendwo", die das Fernsehen erlaubt, war vielleicht ein Auslöser für die Arbeit solcher Gruppen wie Amnesty International, für das gestiegene ökologische Bewußtsein und für die wachsende Forderung nach nuklearer Abrüstung. Solche Themen erfordern einen „Überblick", ein Überschreiten traditioneller Gruppengrenzen und Bedürfnisse, wie sie jeweils am eigenen Ort entstanden waren.

Die Bedeutung der elektronischen Medien für die

Gruppenidentität ist vielleicht am deutlichsten in Großstädten erkennbar, in denen die traditionellen Bindungen an die Gemeinde oft schon schwach sind, die Leute nicht alle ihre Nachbarn kennen und auch nicht mit jedem von ihnen reden. Doch Kleinstädter erleben genauso einen Perspektivenwandel. Die Bindung an die Medien widerspricht den Bindungen an die Familie, die Kirche, die Schule und die Gemeinde. Die Medien schaffen neue „Gemeinden", und ein Großteil ihrer Inhalte wird von den meisten Menschen im Lande gemeinsam erlebt. Die Witze, Sprichwörter, Ausdrücke und Ereignisse, die man im Fernsehen hört und sieht, liefern Menschen überall im Land ein allgemeines „Erfahrungs"-Muster. Das, was die Soziologen als die „Verstädterung" Amerikas bezeichnen, betrifft also nicht nur das Wachstum der Städte, sondern auch die Entwicklung generell „großstädtischer" Einstellungen und Verhaltensweisen überall im Lande.[31] Die elektronischen Medien versammeln die Menschen – was die vermittelte Information angeht – an ein und demselben „Ort".

Daß regionale Unterschiede eingeebnet werden, ist natürlich eine relative Sache. Verschiedene Orte sind immer noch verschieden, aber sie sind nicht mehr so verschieden, wie sie einmal waren. Die psychologischen Unterschiede zwischen amerikanischen Bundesstaaten und Regionen waren einst sehr groß. Noch in den 40er Jahren war die eine Küste Amerikas in gewisser Weise ein Geheimnis für die andere. Eine Reise quer durch das Land war ein wahrer Aufbruch ins Unbekannte.[32] Doch das Fernsehen hat dieses Geheimnis großenteils gelüftet.

Schon der Telegraf begann die Kommunikationsgrenzen zwischen unterschiedlichen Orten einzureißen. Der Rundfunk verstärkte diese Entwicklung, indem er die Morsezeichen durch den Äther sandte statt durch Drähte, und später, indem er die menschliche Stimme hinzufügte. Doch das Radio *berichtete* nur verbal über Ereignisse in anderen Teilen der Welt oder des Landes. Die Information war immer noch deskriptiv und „aus zweiter Hand", eine linguistische Abstraktion. Das Radio lieferte „Wort-Bilder", aber die Bilder mußten in der Fantasie jedes Zuhörers neu gezeichnet werden. Es ist schwierig, sich etwas Neues und Geheimnisvolles vorzustellen, ohne es sich als eine Variation dessen auszumalen, was man schon gesehen hat. Mit dem Radio schafft sich jeder Zuhörer sein oder ihr eigenes, einzigartiges und subjektives Weltbild. Das Fernsehen dagegen erlaubt es den Zuschauern scheinbar, unterschiedliche Ereignisse und Orte „objektiv" zu erfahren.

Es ist symbolträchtig, daß, als Edward R. Murrows Radioprogramm „Hear It Now" zur Fernsehsendung „See It Now" wurde, die Premiere eine Schaltung zwischen Kalifornien und New York beinhaltete und die Zuschauer dabei die Golden Gate-Brücke und die Brooklyn-Brücke gleichzeitig auf einem geteilten Bildschirm sahen.[33] Mit dem Fernsehen begann die endgültige Entmystifikation „anderer" Teile des Landes.

Die elektronischen Medien sind natürlich nicht die einzigen Ursachen dafür, daß sich Situationen vermischen. Reisen, durch die große Entfernungen in kurzer Zeit überbrückt werden, die Massenfabrikation von Kleidung, Haushaltsgegenständen und anderen Produkten haben ebenfalls ihre Auswirkungen. Wie Daniel Boorstins Geschichte von Amerika nahelegt, ist die Entwicklung und Nutzung der elektronischen Medien möglicherweise nur Teil eines größeren Trends, das „Hier" und das „Dort" zu einem gemeinsamen „Ort" zu verschmelzen.[34] Doch die elektronischen Medien haben eine Wirkung, die in ihrer Intensität alle anderen Variablen übertrifft. Eine Reise ermöglicht es, von *Ort zu Ort* zu gelangen, identische Produkte verleihen *unterchiedlichen Orten* – oberflächlich betrachtet – dasselbe Aussehen. Diese Veränderungen betreffen die äußere Gestalt, nicht die erhältlichen Informationen. Die elektronischen Medien dagegen unterminieren die Bedeutung unterschiedlicher Orte: Es geht um die gemeinsame, besondere *Erfahrung*. „Bei" anderen Menschen zu sein, ist etwas ganz anderes, als dieselben Produkte zu verwenden oder dieselben Nahrungsmittel zu konsumieren.

Wer einen weit entfernten Ort aufsucht, muß sich normalerweise zumindest teilweise an den Verhaltensstil der dort lebenden Bevölkerung anpassen. Wenn ein Manager aus New York nach Kalifornien fliegt, um dort Vertragsverhandlungen abzuschließen, erwartet er beispielsweise, daß die Verhandlungen nach kalifornischer Art ablaufen. Doch die elektronischen Medien schaffen neue, ortsungebundene Situationen, die an keine traditionellen Verhaltensmuster geknüpft sind. Wenn sich Geschäftsleute aus New York und aus Kalifornien per Videokonferenz „treffen", besteht ihr Verhalten aus einer Mischung aus kalifornischem und New Yorker Stil, der beides und doch nichts davon ist.

Die vielen Millionen Zuschauer, die die Beerdigungsfeiern für John F. Kennedy, den Rücktritt Richard Nixons oder die Ermordung Anwar el Saddats im Fernsehen verfolgten, waren an einem „Ort", der überhaupt kein Ort ist. Ähnlich sind die Millionen von Amerikaner, die jeden Abend fernsehen (fast jeder Zweite im Land) und die Millionen, die jeden Tag bei der Arbeit oder beim Autofahren Radio hören (etwa 80% der Bevölkerung)[35] an einem „Ort", der nicht durch Wände, Straßen oder Nachbarschaften definiert wird, sondern durch eine alles durchdringende „Erfahrung". Wie benimmt man sich an solchen „Orten"? Die elektronischen Medien beeinflussen soziale Rollen, weil sie die traditionellen Kommunikationsnetze umgehen, die einst bestimmte Orte einzigartig machten. Mehr und mehr leben wir in einem nationalen (oder internationalen) Informationssystem statt in einer bestimmten Stadt.

Die „nationale Umarmung" des Fernsehens hat Auswirkungen auf lokale Medieninhalte und das lokale Verhalten. Der nationale Wetterbericht zum Beispiel wird heute sogar in lokalen Nachrichtensendungen ausgestrahlt. Und Katastrophen in einem anderen Bundesstaat erhalten oft mehr Aufmerksamkeit in den Regionalnachrichten und im zwischenmenschlichen Gespräch als ein Hausbrand in der eigenen Heimatstadt. Ein Ergebnis dieses nationalen und manchmal internationalen Blickwinkels ist, daß sich die totale Fremdheit des „Fremden" ebenso wie die besondere Bedeutung des Begriffs „Nachbar" – beides wichtige Elemente für das „sie oder wir"-Gefühl der Gruppenidentität – verändert haben.

Es fällt schwer, sich aus der metaphysischen Arena, die das Fernsehen schafft, zurückzuziehen. Als das Fernsehen noch in den Kinderschuhen steckte und die Sendungen oft von schlechter Qualität waren, war es vor allem den „Intellektuellen" peinlich zuzugeben, daß sie selbst einen Fernseher besaßen, geschweige denn, daß sie eine nennenswerte Zeit vor dem Fernseher verbrachten. Heute jedoch führt die Tatsache, daß das Fernsehen fast jedes amerikanische Heim bis zur Sättigungsgrenze durchdrungen hat, dazu, daß Fernsehgucken an Bedeutung gewonnen hat (und daher auch zahlreiche Rechtfertigungen bietet). Heutzutage fernzusehen bedeutet, sich in einen Teil der „amerikanischen Erfahrung" einzuklinken. Man kann populäre Programme sehen und dabei nicht nur die Sendung verfolgen, sondern auch das, was *andere* sehen. Beim Fernsehen sieht man zwar nicht unbedingt Amerika ins Auge, aber zumindest den Amerikanern über die Schulter – man sieht dabei das, was sie sehen.

Das heutige Fernsehen hat eine ähnliche soziale Funktion wie das Wetter: Keiner übernimmt Verantwortung dafür, oft ist es schlecht, aber fast jeder widmet ihm Aufmerksamkeit und betrachtet es als Grundlage gemeinsamer Erfahrung und als unerschöpfliches Gesprächsthema.

Die Leichtigkeit und Geschwindigkeit, mit der man sich in das nationale Fernsehforum einklinken oder per Telefon in Kontakt mit anderen Menschen treten kann, erschwert es vielen Leuten, sich an bestimmten Orten zu isolieren. Durch die elektronischen Medien ist man immer „erreichbar", andere sind immer „in der Nähe". Heutzutage „außer Reichweite" von irgend jemandem zu sein, ist anomal. Viele Leute nehmen jetzt tragbare Radios oder tragbare Fernsehgeräte mit, wenn sie in Urlaub fahren oder „sich zurückziehen"; und viele idyllisch gelegene Campingplätze betonen in ihren Anzeigen, daß sie über einen Fernsehraum und ein Telefon verfügen. Wenn jemand an einem (Ferien-)Ort lebt, an dem es kein Telefon gibt, wird das mittlerweile fast als eine Brüskierung von Freunden, Verwandten, Mitarbeitern und Kollegen betrachtet. Das Telefon abzustellen, wird schon teilweise als Zeichen äußerster Menschenverachtung interpretiert. Von den Angehörigen mancher Berufe wird erwartet, daß sie „Piepser" bei sich haben, durch die sie jederzeit, wo immer sie auch sind und was immer sie tun, erreichbar sind. Auf diese Weise werden viele traditionelle Eigenschaften eines „Ortes" (jedenfalls solche, die abhängig sind von der Isolation des Ortes) außer Kraft gesetzt. Tatsächlich haben die elektronischen Medien den Rückzug von Menschen an bestimmten Orten – etwa um in Ruhe nachdenken zu können – in Verruf gebracht. So etwas zu tun, erscheint heute unnatürlich, und wer sich derart verhält, gilt als „unzugänglich". Das mag teilweise erklären, warum Fernsehen und Telefon seit kurzem selbst in den Aufenthaltsräumen von Klöstern und sogar den Hallen der früher so schweigsamen Trappistenmönche Eingang gefunden haben.[36]

Die elektronischen Medien schaffen zwischenmenschliche Verbindungen, die mit anderen konkurrieren, welche durch lebendige Interaktion und bestimmte Orte herbeigeführt werden. Lebendige Begegnungen sind sicher „spezieller" und führen zu stärkeren und tieferen Beziehungen, aber ihre relative Anzahl nimmt ab. Viele geschäftliche, soziale und sogar intime (etwa Familien-) Begegnungen finden heute durch elektronische Medien statt. (Nach dem Motto: „Ein Ferngespräch ist die zweitbeste Art, dort zu sein".) Obwohl enge physische Bindungen „zu Hause" wichtig genug sind, so daß sie erfolgreich mit einer kleinen Zahl elektronischer Verbindungen konkurrieren können, beginnen doch die Kontakte durch Radio, Fernsehen und Telefon die persönliche Interaktion zahlenmäßig zu übertreffen. Tatsächlich „begegnen" sich viele Familien heute vor dem eingeschalteten Fernsehgerät. Ob die Medien tatsächlich die *Menge* an familiärer Interaktion beeinflußt haben, mag von geringerer Bedeutung sein als die Frage, ob sie vielleicht die *Einzigartigkeit* der häuslichen Begegnung verändert haben. Da viele elektronische Botschaften innerhalb eines Hauses simultan auch bei anderen Familien „ankommen", schwindet die gemeinsame, aber geheime Verhaltensweise der Familie als Einheit noch weiter. Die psychische Bindung eines Menschen an seine Kernfamilie wird geschwächt, wenn die Familienmitglieder eine Vielzahl von Informationen mit Freunden, Kollegen und Verwandten gleichzeitig teilen. Der allgemeine Hintergrund sozialer Erfahrung, wie ihn die elektronischen Medien liefern, schafft breiter gestreute (und daher weniger starke) Bindungen.

Die Bedeutung der elektronischen Medien für die Einzigartigkeit familiärer Interaktion legt nahe, daß sowohl die Vorliebe in den 60er Jahren für ein (Wohn-)Gemeinschaftsleben als auch der gegenwärtige Trend zum Einpersonen-Haushalt eine gemeinsame Ursache haben könnten.* Sowohl das Leben in einer Gemeinschaft wie das Alleinleben bedeuten einen Zusammenbruch traditioneller Familienbindungen; in beiden Fällen gibt es eine große Anzahl intimer Beziehungen zu anderen Menschen. In der Kommune-Bewegung wurden Fremde wie früher Familienangehörige behandelt; allein zu leben, bedeutet auch, Familienangehörige teilweise wie Fremde zu behandeln. In einer von elektronischen Medien durchdrungenen Gesellschaft ist es durchaus erklärlich, daß der Trend zum Einpersonen-Haushalt der stärkere von beiden Trends geworden ist. Allein zu leben, spiegelt physisch noch besser die Verbindungsmuster wider, die elektronisch geschaffen und gefördert werden. Wohngemeinschaften erfordern wie früher die Großfamilien, daß ihre Mitglieder untereinander tiefe, lange an einen bestimmten Ort gebundene Verpflichtungen eingehen und so zu einer stabilen Gruppe zusammenwachsen. Sowohl bei elektronischen Kommunikationen wie beim Alleinleben sind jedoch die Wahlmöglichkeiten, Verbindungen eingehen zu können, groß. Wie die elektronischen Interaktionen sich nicht nach Raum und Zeit richten, so nehmen heute auch viele direkte zwischenmenschliche Beziehungen einen flüchtigen und sporadischen Charakter an.

Die Integration sozialer Bereiche schafft nicht nur neue Orte, an denen die Menschen ihre alten Rollen ausagieren können; sie verändert auch die Rollen, die gespielt werden. Wenn Ort und Informationszugang nicht mehr miteinander verbunden sind, dann verschwinden allmählich die ortsspezifischen Verhaltensweisen und Aktivitäten. Die psychologische und soziale Distanz zwischen physischen Orten wandelt sich. Wer sich heute zum Beispiel „feinmacht", um ins Restaurant zu gehen oder sich für ein Rendez-vous „zurechtmacht", betrachtet das immer mehr als „Verkleiden" denn als Ausdruck persönlicher Identität. Überhaupt tragen immer weniger Menschen die einst als „angemessen" geltende Kleidung für ihre jeweilige Rolle an einem gegebenen Ort. Amerikanische Präsidenten tragen bei öffentlichen Auftritten Jeans, und Nonnen legen ihre Gewohnheiten und Rituale wie ihre traditionellen Gewänder an.

Wenn an verschiedenen Orten gleiche Informationen erhältlich sind, beginnen sich die sozialen Definitionen für unterschiedliche Orte zu mischen. In ein und demselben Gebäude kann es heute sowohl Fabriken wie Luxuswohnungen geben, weil der Ort viel weniger als früher mit der Gruppenidentität und der Interaktion zu tun hat. Der Arbeitsplatz vieler Menschen wird zunehmend zurück ins Haus verlegt, da berufliche Interaktionen und der Informations-Austausch heute weniger davon abhängig sind, daß Kollegen und Kunden physisch präsent sind. Wenn vormals getrennte Situationen kombiniert werden, mischen sich die früher getrennten Verhaltensmuster. Wer sich zu Hause ein Büro einrichtet, entwickelt häufig ein Bedürfnis, eine neue soziale Rolle einzunehmen, die weder „Angestellter im Büro" noch „Partner/Mutter (Vater) zu Hause" bedeutet.

Traditionell gründeten sich Gruppen auf der Basis langdauernder Beziehungen an einem Ort und auf gemeinsamen Erfahrungen. Fabrikarbeiter, Hausfrauen, Schulkinder und Kunden in einem Geschäft definierten sich oft nach der physisch definierten „ Gruppe": Die Fabrik, die Familie, die Schule, die Nachbarschaft. Probleme mit dem Vorarbeiter, Ehemann, Lehrer oder Geschäftsinhaber wurden früher als persönliche Probleme zwischen zwei einzelnen Menschen betrachtet. Heute jedoch wird durch die Medien eine „Sicht von oben" vermittelt, und die definiert viele Probleme um in „soziale Angelegenheiten" und in Auseinandersetzungen zwischen „gesellschaftlichen Gruppen". Wird einer schwarzen Frau heute die Beförderung verweigert, dann bringt man das heute mit der Frauendiskriminierung und/oder mit rassistischen Einstellungen ihrer Vorgesetzten in Verbindung; Ehe-Probleme werden oft daraufhin professionell begutachtet, ob hier „ein Fall von" körperlicher oder seelischer Mißhandlung vorliegt. Schulschwierigkeiten eines Kindes können vor Gericht in einem Rechtsstreit um Erziehungspraktiken enden; und ein Streit im Lebensmittelgeschäft wird vielleicht als „Verbraucher"-Problem betrachtet. Ich sage damit nicht, daß solche Interpretationen unbedingt falsch sind, nur, daß sie sicherlich *anders* sind. Diese Interaktionen finden weiterhin an bestimmten Orten statt, doch jetzt betrachtet man sie, als ob sie in einer viel größeren sozialen Arena stattfänden.

Viele heutige Gruppierungen bilden sich aufgrund einzelner oberflächlicher Merkmale ihrer Mitglieder und

* Zwischen 1960 und 1981 hat sich die Zahl der Singles in den Vereinigten Staaten fast verdreifacht. 1982, so berichtet das statistische Bundesamt der USA, bestand fast jeder vierte amerikanische Haushalt in den Vereinigten Staaten aus nur einer Person.[37]

weniger aufgrund eines engmaschigen Netzes komplizierter Interaktionen oder langer gemeinsamer Erfahrungen. Die gegenwärtigen Auseinandersetzungen um die Rechte der „Raucher" gegenüber den „Nichtrauchern"[38] zum Beispiel zeigen, wie weit sich viele heutige Gruppierungen von traditionellen ortsgebundenen Gruppen entfernt haben.

Die Darstellung der sozialen Rollen auf allen sozialen Ebenen verändert sich. Eine Polizeigewerkschaft, die „über die Medien" mit den Vertretern des Öffentlichen Dienstes verhandelt, kann zum Beispiel nicht länger ihr „Bühnen"-Image als Anwalt selbstloser „Freunde und Helfer" von ihren „Hintergrund"-Verhandlungen um mehr Krankengeld, Urlaubstage und höhere Gehälter trennen. Ähnlich war es, als die Debatte des US-Senats über den Panamakanal-Vertrag live im panamaischen Fernsehen übertragen wurde: Es kam zu einer Verbindung zwischen dem „Hintergrund" der inner-amerikanischen Verhandlungen und der „Bühne" der amerikanisch-panamaischen Beziehungen. Die Vereinigten Staaten konnten ihre internen Auseinandersetzungen nicht länger mit der gewohnten Intensität und Schärfe austragen, ohne die Bevölkerung Panamas zu beleidigen; noch konnten sie ein einheitliches, diplomatisches Auftreten Panama gegenüber zeigen, ohne ihre interne Debatte auf ein Minimum zu beschränken. Auf diese Weise führt die Auflösung von Gruppen-Verortungen zur Auflösung traditioneller Gruppenverhaltensweisen und zur Entstehung kompromißhafter Verhaltensmuster im „mittleren Bereich" oder „auf der Seitenbühne".

9
Neue Wege der Persönlichkeitsentwicklung

Sozialisationsstadien überlappen sich

Sozialisation beinhaltet den kontrollierten Zugang zur Information einer Gruppe. Je größer die Zahl getrennter sozialer Informationssysteme, desto größer die Möglichkeit, klare Sozialisationsstadien zu etablieren und aufrechtzuerhalten. Die Printmedien beispielsweise ermöglichen sorgfältig aufgebaute Sozialisationsstadien, etwa für Kinder, Einwanderer, Analphabeten und andere „Außenseiter". Wie bereits gezeigt wurde, erfordert die Komplexität der Printmedien schon deshalb eine lange Lernperiode, weil man erst einmal den Code verstehen muß, mit dem Informationen verschlüsselt werden. Das kleine Kind, der Analphabet und in gewisser Weise auch der Einwanderer sind daher von den meisten durch Printmedien verbreiteten Nachrichten ausgeschlossen. Außerdem können verschiedene Arten von Botschaften an Menschen unterschiedlicher Lesefähigkeit gerichtet werden. Die Printmedien kontrollieren so „automatisch", was Menschen lernen, und das Ausmaß und Tempo, in dem sie es lernen.

Bei den elektronischen Medien sind diese Sozialisationsstadien jedoch weniger deutlich voneinander getrennt. Anders als die Printmedien präsentiert das Fernsehen seine Inhalte so, daß nicht klar unterschieden werden kann zwischen der Information, die für die Vorschulkinder bestimmt ist und der für Sechstklässler oder für Erwachsene. Die Unterscheidungen im Fernsehen sind relativ vage. Tatsächlich werden viele Programme von allen Altersgruppen gesehen. 1980 gehörten beispielsweise solche Sendereihen wie „Dallas", „M.A.S.H." und die „Muppet-Show" zu den populärsten Sendungen in *jeder* amerikanischen Altersgruppe, einschließlich der Kinder von zwei bis elf Jahre.[1] Was das für die kindliche Entwicklung bedeutet, wird dann klar, wenn man sich vor Augen hält, daß die elfjährigen Kinder erst in die sechste Klasse gehen. Bücher und Unterrichtsmaterialien für Sechstklässler aber stellen das Erwachsenen-Leben sehr viel distanzierter und idealisierter dar als beispielsweise „Dallas" oder „M.A.S.H.".

Bücher haben einen eingebauten Zensor, das Fernsehen nicht. Während die Printmedien die Kinder von Erwachsenen und Kinder unterschiedlichster Altersgruppen voneinander trennen, unterwirft das Fernsehen alle Zuschauer einem gemeinsamen Informationssystem. Das Fernsehen hebt zwar nicht die Stadien des Lesenlernens auf, aber die fast totale Isolation unterschiedlicher Informationssysteme, wie sie die Printmedien herbeigeführt haben. Obwohl es sicherlich vieles gibt, was Kinder immer noch durch Bücher herausfinden müssen, bestimmt die Lesefähigkeit allein nicht länger die Reihenfolge, in der „Erwachsenen-Wissen" Kindern zugänglich ist. Ein Informationssystem ist nur so sicher wie seine kleinste Öffnung. Die Tür zur Buchinformation ist dick und nur schwer zu öffnen, das Fernsehen jedoch ist für Kinder wie ein übergroßes Schlüsseloch, durch das sie in die Erwachsenenwelt hineinsehen können.

Das Alter eines Kinder war früher eine wichtige Bestimmungsgröße dafür, was es wußte. Kinder aus unterschiedlichsten Gruppen wurden ähnlicher Information ausgesetzt, weil sie in derselben Alters-*Stufe* waren. Jetzt werden Kinder sozialen Informationen für „alle Altersstufen" ausgesetzt, und zwar durch die elektronischen Medien. Viel mehr als in einer von Printmedien beherrschten Kultur werden die Kinder jetzt auf ihre *individuelle* kognitive und soziale Entwicklung zurückgeworfen als Mittel, ihren sozialen Status zu erlangen. Eine strikt nach Alter gestaffelte Rollenzuschreibung und Wissensvermittlung scheint nicht länger angemessen oder notwendig zu sein.

Der Wandel in der Struktur von Informationssystemen erfaßt nicht nur Kinder, sondern Menschen aller Altersgruppen. Die physischen Eigenschaften von Printmedien, die Zugangsbedingungen und die „Torwächter" – wie Bibliothekare, Lehrer und Buchhändler – schränken den Zugang zu Informationen auf diejenigen ein, die jeweils für bestimmte Lebensstadien als „angemessen" bezeichnet werden. Ein 16jähriger Junge würde wahrscheinlich kein Buch über Säuglingspflege oder Altersprobleme kaufen, auch wenn er ein solches Buch wahrscheinlich ohne Schwierigkeit lesen könnte; eine jungverheiratete Frau würde vermutlich kein Buch über die Wechseljahre oder Scheidungsprobleme kaufen, und eine Urgroßmutter kein Buch über die neuesten Verhütungsmittel. Selbst wenn diese Menschen ein Buch über Probleme einer anderen Lebensphase lesen wollen, sind sie wahrscheinlich verlegen und wollen ihr Interesse der Buchhändlerin oder dem Bibliothekar gegenüber nicht zeigen. Die Lebensphasen werden stärker voneinander getrennt, wenn die Menschen durch die getrennten Informationssysteme der Printmedien voneinander isoliert gehalten werden. Auch jeder Beruf oder jede Fähigkeit, die aus Büchern erlernbar sind statt durch Beobachtung und Imitation, ist in Sozialisationsstadien gegliedert, durch die Schritt für Schritt gesteigerte Leseschwierigkeit und den Zwang, schwierigere Texte erst meistern zu müssen.

Bücher vermitteln ein breites Wissen, doch die isolierten Informationssysteme der Printmedien fördern auch oft die Inselhaftigkeit von Gedanken und Erfahrungen. Die elektronischen Medien stellen im Gegensatz dazu eine weniger selektive Informations-,,Kost" zusammen und trennen daher tendenziell die Wissensbereiche und -perspektiven verschiedener Altergruppen nicht voneinander. Jeder Fernsehzuschauer ist früher oder später auch Diskussionen ausgesetzt über Ehe, Unfruchtbarkeit, Scheidung, Wechseljahre, Kindesmißbrauch, Vergewaltigung, Alter, Krankheit und Tod. Viele der früher deutlichen Trennungen von Rechten und Verantwortlichkeiten je nach verschiedenen Lebensstadien werden tendenziell aufgehoben. Je mehr man über Menschen in einem anderen Lebensstadium lernt, desto mehr kann man sich Aspekte des dort gezeigten Verhaltens herausgreifen und in das eigene Verhaltensrepertoire übernehmen. Es erscheint folglich plötzlich weniger wichtig, sich ,,altersgemäß" oder dem jeweiligen Sozialisationsstadium entsprechend zu verhalten.

Der gesellschaftliche Druck in Richtung auf einen einheitlichen gesellschaftlichen Status unabhängig vom Alter war am deutlichsten zu beobachten in der ,,Studentenrevolte" der 60er Jahre. Die Kinder der Woodstock-Generation waren zugleich kindlicher und erwachsener als vorherige Generationen. Ihr manifester Verhaltensstil war frei und locker, lustbetont und egozentrisch. Sie hielten sich fern von traditionellen Erwachsenen-Werten und Verantwortlichkeiten. Doch zur gleichen Zeit waren sie zeitweise im höchsten Grade diszipliniert, sozial und intellektuell eingestellt und handelten nach klaren moralischen Prinzipien. Sie hörten die Musik, die für sie eine soziale ,,Botschaft" enthielt und entwarfen eine eigene altruistische Philosophie. Diese Kind-Erwachsenen konnten sich zu Tausenden zu improvisierten Kundgebungen zusammenfinden, ohne daß es zu Gewalttaten oder Streitigkeiten gekommen wäre. Während ihre Eltern und die Polizisten vor Wut kochten, konnten sie schweigend mit Kerzen in der Hand für den Frieden demonstrieren und so dokumentieren, daß Frieden tatsächlich möglich war.

Bob Dylan wurde zu einem Symbol für die Demonstranten der 60er Jahre, vielleicht weil seine frühen Songs und sein Gesangsstil ihn wie eine Mischung aus Kind und Erwachsenem erscheinen ließen. Er war jung, ärmlich gekleidet, sein Auftreten alles andere als intellektuell; doch er hatte die krächzende Stimme, die Sensibilität und Einsicht eines weisen alten Mannes.

Obwohl die manifesten sozialen Spannungen der 60er Jahre auf unüberbrückbare Differenzen zwischen den Generationen hinzuweisen schienen, bewirkte die diesen Spannungen innewohnende Dynamik, daß sich Verhaltensweisen vermischten, die vorher unterschiedlichen Lebensstadien zugeschrieben worden waren. Die Demonstranten zeigten, daß man praktisch *und* idealistisch, tollkühn *und* verantwortlich, Kind *und* Erwachsener zugleich sein kann.

Die Einebnung von Sozialisationsstadien setzt sich auch heute noch fort. Verglichen mit den 60er Jahren sind diese Veränderungen heute fast unsichtbar, weil sie so weit verbreitet sind. Das Verhalten von Erwachsenen und Kindern verschwimmt immer mehr ineinander. Die Revolution der Altergruppen breitet sich in beide Richtungen aus – mit der ,,Kinderrechtsbewegung" und der ,,Grauen Panther"-Bewegung. Sie wurde angefacht durch Forderungen nach einem sanfteren Umgang mit dem Neugeborenen,[2] und durch eine wachsende ,,Todes-Bewußtseins-Bewegung", die das Thema Tod und Sterben näher ins Zentrum des sozialen Bewußtseins rückt.[3] Zeitschriften wie *Newsweek* bringen Titelgeschichten wie ,,Alt werden, sich jung fühlen" und ,,Ein Superbaby großziehen"[4]. Die erste Story berichtet über alte Menschen, die bergsteigen und Marathon laufen; die zweite zeigt, wie schon Säuglinge und Kleinkinder Mathematik, Physik und Computersprache ,,lernen" können. Der vorgezogene Ruhestand, das vorverlegte Wahlalter und die Erweiterung der Rechte für Kinder sind Anzeichen dafür, wie stark der gesellschaftliche Schub ist in Richtung auf die Entwicklung eines einzigen, für alle Altergruppen geltenden Verhaltensstils und einer einheitlichen Rollendefinition.

Um diese Veränderungen zu verstehen, muß man sie als Teile eines Gesamtprozesses betrachten. Nur Einzelerscheinungen zu analysieren, lenkt ab von der Erkenntnis des allgemeinen Trends. Auf der Oberfläche mag es – wenn alte Menschen weiterhin in den Arbeitsprozeß integriert sind und an allen sozialen Aktivitäten teilnehmen – erscheinen, als ob es einen neuen Respekt für ältere Menschen gibt. Doch das ist ganz sicher nicht der Fall, jedenfalls nicht im traditionellen Sinne. Alte Menschen werden heute in der Regel nicht gerade als erfahrene Ratgeber geschätzt oder als besonders weise betrachtet; sie werden einfach als noch kompetent genug eingeschätzt, um in der universellen Rollenkategorie des „aktiven Bürgers" eingeschlossen zu bleiben. Alte Menschen werden in dem Maße respektiert, wie sie sich wie junge Leute verhalten können, wenn sie also „fit" bleiben, um zu arbeiten, an Sex Spaß zu haben, sportlich zu sein und sich selbst zu versorgen.

Je mehr die unterschiedlichen Lebensstufen homogenisiert werden, desto mehr bewegen sich die kontroversen „Integrations"-Themen in Richtung auf die sozialen Randgebiete. Abtreibung, Pflegefallskandale und die Bewegung „Recht auf Leben, Recht zu sterben" wurden in den USA zu den wichtigen politischen und sozialen Kontroversen, weil es hier um solche Menschen geht, die entweder noch nicht oder nicht länger in der Lage sind, „aktive Bürger" zu sein. So gibt es heftige Auseinandersetzungen über den angemessenen Status und die Rechte ungeborener Kinder, alter pflegebedürftiger Menschen und unheilbar Kranker. All diese Themen hängen vermutlich mit unserer zunehmenden Unfähigkeit zusammen, das Leben als gegliedert in klar markierte Stadien und Kategorien zu betrachten.

Der Zugang zum Hintergrund und das Verwischen von Rollen-Übergängen

Im allgemeinen lernen Menschen, die in eine Gruppe hineinwachsen, zunächst etwas über die Ideale der Gruppe (das heißt über deren „Bühnenverhalten"); anschließend erhalten sie umso mehr Zugang zum „Hintergrund-Bereich", je mehr sie „Vollmitglieder" werden. Durch die elektronischen Medien haben sich jedoch die Reihenfolge und die Menge an erhältlichen „Insider"-Informationen verändert. Die Gruppenanwärter lernen schon viel über das Hintergrundverhalten einer Gruppe, bevor sie Vollmitglied werden. Als Ergebnis davon werden die kontrollierten Stadien des Gruppen-Zugangs umgangen. Auf diese Weise verschwinden allmählich die traditionellen Rollen der Gruppenmitglieder und die Rollen der Gruppenanwärter, und es entstehen neue, synthetische Rollen.

Kinder zum Beispiel lernen durch die elektronischen Medien viel über das Erwachsenensein, mehr als früher durch die Printmedien. Tatsächlich ist das Fernsehen das erste Massenmedium, das kleinen Kindern einen ausführlichen Blick auf den „Hintergrund" ihrer Eltern gestattet. Doch den Kindern entstehen daraus keine besonderen Verpflichtungen den Erwachsenen gegenüber. Eine erste Folge dieser Entwicklung ist eine Revolte der Kinder gegen viele Erwachsenen-Rollen; eine weitere Folge ist das Gefühl der Erwachsenen, ihre traditionellen Erwachsenen-Verhaltensweisen nicht beibehalten zu können. Auf Dauer verändern sich sowohl die Erwachsenen- wie die Kinder-Rollen in Richtung auf einen „mittleren Bereich" – *eine* Rolle für alle Altersgruppen.

Durch die Printmedien bekamen die Kinder früher eine „Bühnen"-Ansicht des Erwachsenenlebens. Die Eltern und andere Erwachsene wurden dargestellt als allwissend, souverän, ruhig und überlegen. Die „Hintergrundbereiche" des Erwachsenseins – Zweifel, Ängste, Befürchtungen, Sexualverhalten, Streit, Krankheiten, kindische Impulse – wurden geheimgehalten. Kinder wurden auch „beschützt" vor dem Wissen um die Größe und Tiefe des Hintergrundbereiches. Sie blieben in dem Glauben, das Bühnenverhalten der Erwachsenen sei die einzige Wirklichkeit.

In einer von Printmedien beherrschten Kultur konnte dieses System leicht aufrechterhalten und gefördert werden. Die traditionellen Kinderbücher präsentieren stilisierte, idealisierte und stereotype Versionen des Erwachsenenverhaltens: Sieh, wie Mami das Essen kocht; sieh, wie Vater von der Arbeit heimkommt; sieh, wie George Washington niemals lügt. Mit anderen Worten, Kindern wurden die Verhaltensweisen und Eigenschaften gezeigt, die ihre Eltern und andere Erwachsene ihnen gegenüber gern an den Tag gelegt hätten. Wenn sie durch die verschiedenen Schulklassen aufsteigen und Zugang zu immer höheren Ebenen gedruckten Informationsmaterials erhielten, bekamen sie auch Zugang zu dem Erwachsenenleben hinter den Wunschbildern. Dieser *allmähliche* Zugang stützte die Rollentrennung zwischen Erwachsenen und Kindern. Zu dem Zeitpunkt, an dem die Jugendlichen in die meisten Erwachsenen-Geheimnisse eingeführt wurden, waren sie selbst schon so gut wie erwachsen und schützten ihrerseits jüngere Geschwister und Kinder vor dieser Information. Die Stadien der Lesefähigkeit ließ diese Aufteilung von Informationen „natürlich" und notwenig erscheinen.

Auf der anderen Seite schaffen selbst sehr traditionelle Fernsehprogramme – wie etwa die Komödien der 50er Jahre – eine ganz andere Informations-Umwelt. In vielen Fernsehsendungen werden Kinder aller Altersstufen gezeigt, wie sie einen Blick auf den „Hintergrund-Bereich" der Erwachsenen werfen. Diese Filme zeigen, wie Erwachsene sich für Elternrollen *vorbereiten* und sich von ihnen erholen. Sie zeigen den Kindern, wie sich Eltern verhalten, wenn sie *nicht* mit ihren Kindern zusammen sind. Auch das Hintergrund-Verhalten von Lehrern, Polizisten, Politikern und anderen erwachsenen Autoritäten wird detailliert dargestellt. Im Gegensatz zu Kindern, die durch Printmedien erzogen wurden, lernen die Fernsehkinder einiges über depressive Eltern und bestechliche Politiker, lange bevor sie überhaupt das idealisierte Rollenmodell dieser Erwachsenen zu Hause oder in der Schule lernen. Die Kinder bekommen mit, wenn und warum das Sozial- oder Gesundheitsamt Informationen verbreitet an Menschen, die zuviel trinken, an Eltern, die ein „Elternsorgentelefon" brauchen oder an alle, die Fragen über Geschlechtskrankheiten haben. (Tatsächlich suggerieren einige der Sendungen implizit, daß Kinder zuhause die Initiative ergreifen sollen – indem sie beispielsweise ihren Vater auffordern, mit dem Trinken aufzuhören).

Aus dieser Perspektive haben gerade viele Sendungen, die im allgemeinen aus der Diskussion über Fernsehen und Kinder ausgespart bleiben, weil man sie für „problemlos" hält, wahrscheinlich eine ungeheure Wirkung auf die Beziehung zwischen Erwachsenen und Kindern. Alle konventionellen, spannenden oder lustigen Serien, alle Nachrichtensendungen, Dokumentarfilme und Werbespots verraten Erwachsenen-Geheimnisse an Kinder. Zwar hat das meiste von dem, was im Fernsehen gezeigt wird, höchstens Unterhaltungs- aber kaum „Erziehungswert" im traditionellen Sinne. Aber Kinder erfahren viele Wahrheiten über die Struktur und den Inhalt des Erwachsenenverhaltens.

Auf ähnliche Weise beeinflussen die elektronischen Medien das Wissen von Einwanderern in die USA. Wer in ein Land einwandert, hat oft ein idealisiertes Bild von den Bürgern dieses Landes im Kopf. Das Fernsehen ändert dieses Bild. Bevor die Einwanderer die Sprache gut genug beherrschen, um Zeitungen oder Bücher zu lesen, werden sie statt mit idealistischen Vorstellungen über „Amerika, das Land der unbegrenzten Möglichkeiten" – mit Bildern über Rassenkämpfe, Kriminalität, politische Skandale oder Alkoholismus konfrontiert.

Ein Teil des Mysteriums jedes Sozialisationsprozesses ist die Überzeugung der Person, die durch diesen Prozeß hindurchgeht: „Wenn diese Erziehung abgeschlossen ist, werde ich ein anderer Mensch sein, eine Person mit besonderen Eigenschaften". Der Seminarist und der Medizinstudent behalten eine gewisse Ehrfurcht vor Priestern und Ärzten – bevor sie sehr eng und über lange Zeit mit ihnen zusammen arbeiten oder selbst welche werden. In Büchern sorgt die abstrakte, respektvolle Sprache dafür, daß Vertreter unterschiedlicher Berufe auf ein „standesgemäßes" Podest gestellt bleiben. „Richter", „Polizeibeamter", „Rechtsanwalt", „Arzt", „Priester", all das sind respektvolle Bezeichnungen. Im Fernsehen jedoch wird jeder dieser Berufe in Kriminalfilmen, in Nachrichtensendungen, Dokumentarfilmen und Talkshows nicht durch ein abstraktes Etikett, sondern durch einen konkreten Menschen repräsentiert – einen Menschen, den man oft in Nahaufnahme sieht, der vielleicht ein komisches Gesicht hat, eine große Nase, und der Dialekt redet. Nach vielen solcher Porträts verringert sich die Ehrfurcht, die wir für jene Menschen empfinden, die die Sozialisationsstadien, mit denen wir gerade beginnen oder über die wir uns Gedanken machen, schon hinter sich haben.

Manche Leute erscheinen vielleicht glaubhafter im Fernsehen als andere, aber die Glaubwürdigkeit ist nicht unbedingt mit traditionellen Sozialisationsstadien verbunden oder mit dem sozialen Status. Das Fernsehen zeigt die Gewöhnlichkeit fast jeder Person, die es seinem Publikum „zur Schau stellt". Und während diese Show in mancher Hinsicht beruhigend wirken kann, ist sie auch entmystifizierend und manchmal enttäuschend. Entweder sind uns die Leute, die wir in Großaufnahme im Fernsehen betrachten, sympathisch, oder wir können sie nicht leiden. Doch es ist schwer, sie noch als abstrakte Rollen-Spieler zu betrachten. Sie sind vor allem Menschen.

Die Tatsache, daß das Fernsehen Hintergrundinformationen über Rollenverhalten bietet, verändert die allgemeine Wahrnehmung von Sozialisationsstadien und persönlicher Identität. Wenn Menschen gerade nicht „auf der Bühne" vor ihrem wichtigsten Publikum agieren, distanzieren sie sich oft ausdrücklich von ihren Bühnenrollen.[5] Wenn sie beispielsweise unter Freunden oder in der Familie sind, dann machen sich Ärzte, Rechtsanwälte und Manager vielleicht über bestimmte Aspekte ihrer Rollen oder darüber lustig, wie ihr „Publikum" sie ernst nimmt. Da Fernsehspiele, Nachrichtensendungen und Talkshows viele gesellschaftliche Akteure präsentieren, die gerade nicht vor ihrem wichtigsten Publikum stehen, beginnen viele Aspekte dieses Hintergrundverhaltens hervorzutreten.

Natürlich werden Verhaltensweisen „aus dem tiefen Hintergrund" nur selten entlarvt. Wir sehen andere Menschen normalerweise nicht, wenn sie auf die Toilette gehen oder sich auf bestimmte Weise im Privatleben austoben. Da die Fernsehsendungen per se „öffentlich" sind, „schauspielern" die Akteure nach wie vor, doch sie sind auf einer anderen Bühne, und ihre Darbietung enthält viele Verhaltensweisen, die früher – in ihren traditionellen Rollen – Hintergrund-Verhalten waren.

Die Tatsache, daß die Zuschauer Einblick in den Hintergrund für viele verschiedene Rollen nehmen, hebt den Schleier der Geheimniskrämerei, von der ein Rollenwandel bislang umgeben war. Sowohl das Publikum wie die Darsteller sind davon betroffen; Inhaber unterschiedlicher Status-Positionen scheinen in den Augen der Bevölkerung nicht länger „anders" zu sein und empfinden sich selbst auch nicht mehr als „anders".

Aus all diesen Gründen erleben wir vielleicht heute das soziale Phänomen, daß viele Menschen oft in immer wieder andere Lebenstadien und Rollen schlüpfen: Ehe, Priesterschaft, Berufe und Beziehungen zu anderen Menschen sind heute keine „Schicksale" mehr, sondern zeitlich begrenzte Lebensphasen. Das Resultat dieser gesellschaftlichen Veränderung ist ein allgemeines, von immer mehr Menschen geteiltes Muster aus Sprache, Kleidung, Rechten, Rollen und Themen für alle Stadien und Arten von Sozialisation.

Die Sozialisations-Orte werden in ihrer Bedeutung geschwächt

Traditionell war jedes Sozialisationsstadium verbunden mit einer eigenen physischen Verortung. Kleine Kinder werden von einem Großteil der Erwachsenenwelt isoliert, indem sie zu Hause, im Kindergarten oder in der Schule unterrichtet und erzogen werden. In der Schule trennt man die Kinder verschiedener Altersstufen in verschiedene Informationswelten, indem man sie auf unterschiedliche Klassenräume oder Gebäude verteilt. Auch noch als Studenten sind die Heranwachsenden physisch isoliert von großen Teilen der Erwachsenenwelt. Die Bewegungen von einem Sozialisationstadium zum nächsten – Immatrikulation an einer Universität, Examen, Aufstieg im Beruf – bedeuten traditionell auch eine physische Bewegung hin zu einem jeweils neuen Ort. Der physische Zugang zum neuen Ort ist identisch mit dem Zugang zu Informationen, die in der neuen Umgebung erhältlich sind, und bedeutet zugleich eine Isolation von den Informationen und Erfahrungen, die in anderen Umgebungen „zu haben" sind.

Die elektronischen Medien jedoch umgehen die Isolation der Menschen an unterschiedlichen Orten und verwischen dadurch die Unterschiede zwischen Menschen in verschiedenen Sozialisationsstadien und -arten. Wenn Kinder zu Hause sind, werden sie zum Beispiel nicht mehr so vollständig von anderen Umwelten isoliert, wie es Kinder in einer Gesellschaft waren, in der die Printmedien vorherrschten. Tatsächlich haben die Kinder heute durch das Fernsehen einen *größeren* Zugang zu Informationen aus unterschiedlichen Regionen und Lebensbereichen als Erwachsene. Kleine Kinder waren früher fast vollständig von ihren Eltern und ihren Lehrern als Informanten abhängig. Heute jedoch helfen die Kinder oft den Erwachsenen, mit der Außenwelt in Verbindung zu bleiben.

Dadurch, daß sie Ort und Informationszugang trennen, haben die elektronischen Medien den sozialen Übergang von einer Rolle zur anderen vom entsprechenden physischen Übergang von einem Ort zum anderen getrennt. Die Vorstellung, daß es besondere Orte für besondere Lebensstadien geben sollte, schwindet; der Gedanke, eine Statusveränderung erfordere einen Ortswechsel, macht nicht mehr sonderlich viel Sinn. *Wo* man ist, hat heute wenig zu tun damit, *wer* man ist; denn der Ort, an dem man sich befindet, hat nur wenig damit zu tun, was man weiß und erfährt.[6]

Die Fähigkeit, das eigene Leben als eine Serie von Übergängen zu betrachten, erfordert eine „Sicht von oben", abgehoben von der Perspektive irgendeines besonderen Lebensstadiums. Wir sind nicht länger auf das Informationssystem des jeweiligen Sozialisationsstadiums beschränkt, in dem wir uns befinden. Das Fernsehen vermittelt uns allen ein besseres Gefühl dafür, wie es sich „anfühlt", in einem anderen Lebensstadium zu sein. Paradoxerweise sind die Menschen sich der Übergänge im Leben dadurch *bewußter,* weil das Lebensstadium weniger räumlich, weniger allumfassend ist.

Der Bedeutungsverlust sozialer Übergänge hat unsere Gesellschaft toleranter gegenüber widersprüchlichen sozialen Merkmalen werden lassen. „Im heiratsfähigen Alter" zu sein aber weiterhin ledig, in „wilder Ehe" zu leben, Sex ohne Liebe zu wollen oder schwanger zu heiraten – das alles sind nicht länger soziale Stigmata. Auch ist es heute keineswegs so ungewöhnlich wie früher, wenn ein Student nach dem Abschlußexamen als Hilfsarbeiter arbeitet. Selbst uneheliche Kinder haben faktisch eine besondere Legitimierung in den letzten Jahren erhalten: Sie sind jetzt in der Mehrzahl. Ein Beispiel: 1955 wurden in den USA nur 15% aller Babies von ledigen Müttern unter zwanzig Jahren geboren; 1977 betrug der Prozentsatz schon 44%. Schwangere Mädchen werden heute auch nicht mehr wie früher von der Schule verwiesen.[7] Die dramatische Veränderung unserer Einstellungen gegenüber sozialen Übergangsstadien läßt sich mit einem Blick auf die jüngste Vergangenheit bestätigen. 1968 beispielsweise machte eine Studentin, die unverheiratet mit einem Mann zusammenlebte, Schlagzeilen auf der Titelseite der *New York Times.*

10
Autoritäten werden in Frage gestellt

Situationen mit hohem und niedrigem Status vermischen sich

Autorität beruht auf Informationskontrolle. Ein hoher Status hängt normalerweise davon ab, welchen Zugang und welche Kontrolle man über die vorherrschenden Kommunikationskanäle der jeweiligen Zeit erhält. In *Preface to Plato* beschreibt Eric Havelock die Beziehung zwischen Kommunikation und Führerschaft in einer Gesellschaft, in der das wichtigste Kommunikationsmittel die mündliche Überlieferung ist. Havelock beschreibt die wesentliche Rolle der Poesie in der frühen griechischen Kultur und vertritt die Ansicht, daß die Führungsfiguren damals vor allem „jene waren, die ein besonders gutes Ohr und eine rhythmische Fähigkeit hatten, was sie demonstrieren mußten, indem sie in Hexametern sprachen. Der gute Schauspieler bei einem Bankett war nicht nur als Unterhalter geschätzt, sondern auch als natürlich begabte Führergestalt, denn er war – wie Achilles zum Beispiel – ein besonders guter ‚Geschichtenerzähler' ".[1] Ähnlich beschreibt Harold Innis, daß in Gesellschaften, die über „Schreiber" kommunizierten, diese Schreiber oft wie Könige behandelt wurden.[2]

Natürlich erreicht nicht jeder, der Zugang hat zu den wesentlichen Kommunikationsmedien einer Epoche, automatisch einen höheren Status, doch wer aufsteigen will, muß in der Regel solche Fähigkeiten beherrschen. Alle Veränderungen der Medien-Landschaft wirken daher sozialrevolutionär. Neue Vorstellungen über kommunikative Kompetenz und neue Anforderungen an die Informations-Kontrolle verändern tendenziell die politische und soziale Macht verschiedener Teile der Bevölkerung.

In einer von Printmedien beherrschten Gesellschaft findet die wesentliche Kommunikation durch das Lesen und Schreiben statt. Im Amerika des 19. Jahrhunderts lasen beispielsweise mehr Menschen, was ein Bundespolitiker zu sagen hatte, als daß sie ihn hörten und sahen. Die Leute blieben miteinander „in Verbindung", indem sie Zeitungen und Bücher lasen und Briefe schrieben. Der soziale und politische Status eines Menschen in einer solchen Gesellschaft hing im allgemeinen davon ab, wie weit man die Leiter der Lese- und Schreibfähigkeit hinaufgeklettert war. In einer von Printmedien abhängigen Gesellschaft war es undenkbar, daß Analphabeten an der Regierung beteiligt waren, da sie weder Zugang hatten zu dem öffentlichen Forum, das von Büchern und Zeitschriften geschaffen wurde, noch die notwendigen Fähigkeiten hatten, einen wesentlichen Beitrag zur Diskussion zu leisten.

Wie vorhin schon beschrieben, konzentrieren sich die elektronischen Medien auf die persönlichen Ausdrucksformen und erfordern nur minimale Ver- und Entschlüsselungsfähigkeiten. So verändern elektronische Medien die soziale Hierarchie in zweierlei Weise: Sie verändern die Anforderungen, die an Autoritätsfiguren und Menschen mit hohem Status gestellt werden, um sich an der Macht zu halten, und sie verändern das Gleichgewicht der Macht zwischen Führern und Gefolgschaft (weil die erforderlichen Führungs-Fähigkeiten weniger exklusiv und geheimnisvoll sind).

Heute müssen Autoritäten mehr als in der Vergangenheit „gut aussehen und überzeugend klingen" statt gut schreiben und argumentieren können. Aber diese Selbstdarstellung wird nicht auf die Weise gelernt, wie man Lesen und Schreiben lernt. Die notwendigen Fähigkeiten, um Botschaften in elektronischen Medien zu verschlüsseln, erfordern kein jahrelanges Training, und sie sind im allgemeinen durchaus für den „Durchschnitts"-Erwachsenen oder das Kind zugänglich. Der Reporter, der sich mit Kamera und Mikrofon „unters Volk" mischt, bekommt oft von Passanten Kommentare und Äußerungen zu hören, die mindestens ebenso eloquent sind wie die Statements von Politikern und anderen Persönlichkeiten des öffentlichen Lebens. Wenn Fernsehjournalisten das Beste ihrer Straßenbefragungen mit politischen Reden und Statements von „Experten" konterkarieren (die oft unbeholfen vom Blatt *abgelesen* werden), dann kann es sehr gut sein, daß die Autoritätsfiguren bei dem Vergleich schlechter abschneiden. Sie erscheinen oft steif, unnatürlich und manchmal unglaubwürdig.

Die elektronischen Medien bringen die traditionellen Autoritäten in mancher Hinsicht ins Hintertreffen. Die

Situation ist am deutlichsten auf solchen Medien-Bühnen zu erkennen wie Talkshows oder Radio- und Fernsehsendungen, in denen man anrufen kann und wo Autoren und Experten oft von geistreichen und schnell redenden Zuhörern oder Zuschauern ausgestochen werden. Nun sind die elektronischen Medien sicherlich nicht das Forum, auf dem Autoritäten gefordert werden, aber sie stellen doch die Verbindung her zwischen Menschen mit hohem Status und den Teilen der Bevölkerung, in denen sie Vertrauen und Respekt erwecken wollen. Dieselbe „Gleichmacherei" findet täglich beim Telefonieren statt – jeder kann mit jedem jederzeit sprechen. Telefongespräche umgehen sowohl die traditionellen Schreibfähigkeiten wie die traditionellen Hierarchien. Durch die elektronischen Medien werden viele Autoritäten, die früher gegenüber dem Durchschnittsbürger klar bevorteilt waren, ihm gleichgestellt oder verlieren sogar ihren Sonderstatus.

Vielleicht erklärt das, warum die Vorstellungen über Autorität sich in den späten 60er Jahren so drastisch verändert haben. Die Studenten überall im Lande und auf der ganzen Welt revoltierten gegen Autoritäten und verlangten eine stärkere Mitsprache in den Universitäten und Regierungen. Der populäre Songwriter Phil Ochs schrieb damals ein Lied über einen Studenten, der sich gegen die autoritäre College-Leitung wendet und erklärt „Wenn ich etwas zu *sagen* habe, Sir, dann sage ich es jetzt"; unbewußt hat Phil Ochs darauf hingewiesen, daß es wieder *orale* Formen des Diskurses gab in den Institutionen und politischen Aktionen: Die Beteiligung *aller,* unabhängig von der Ausbildung, spontane Aktion und Reaktion und eine antiautoritäre Grundeinstellung.

Die Proteste der 60er Jahre sind weitgehend verstummt. Doch nur aus dem Grund, weil es eine dramatische Veränderung in der Machtverteilung gab. Studenten *haben* heute mehr zu sagen in der Gesellschaft. Die meisten Universitäten in den USA beziehen heute die Bewertungen der Studenten über ihre Dozenten in ihrer Personalpolitik ein, etwa bei der Beförderung des Lehrpersonals; Studenten beteiligen sich an fast allen universitären Gremien, und sie können mitbestimmen, wo und wie sie leben.* An vielen Universitäten in den USA gibt es heute studentische Meinungsforschungsgruppen (Public Interest Research Groups), Studentenvertretungen und besondere Interessengruppen wie die Black Student Union (Schwarze Studenten-Vereinigung) und Uni-Frauengruppen. Während die Studentendemonstrationen im Stil der 60er Jahre fast (wenn auch nicht vollständig) verschwunden sind, betreiben heute wesentlich mehr Studenten gezielte Lobbypolitik oder prozessieren gegen die Universität.[5] Auf dem Höhepunkt der Aktivitäten in den 60er Jahren hatte die radikale Studentengruppe Students for a Democratic Society (SDS) in den USA nur 6.000 eingeschriebene Mitglieder und konnte in den ganzen Vereinigten Staaten lokal noch insgesamt 30.000 weitere Anhänger auf die Beine bringen. Wenig mehr als ein Jahrzehnt später hat allein eine Studentengruppe im Bundesstaat New York, die *New York Public Interest Research Group,* 125.000 zahlende Mitglieder.[6] Die relativ wenigen, großen sozialen Themen, die zu den Protesten in den 60er Jahren führten, wurden ersetzt durch viel zahlreichere lokale und selbstbezogene Themen, doch der Wandel vom Altruismus zum „Egoismus" der Studenten bedeutete keineswegs größere Passivität. Das *Engagement* der Studenten in der Gesellschaft ist immer noch groß, vielleicht sogar größer als in den 60er Jahren.[7]

Die elektronischen Medien verändern traditionelle Hierarchien, indem sie die Richtung und Muster des Informationsflusses beeinflussen. Eine Analogie aus dem Geschäftsleben soll verdeutlichen, was derzeit überall in unserer Gesellschaft geschieht: Wenn der Geschäftsführer eines Unternehmens eine Sekretärin oder den Hausmeister direkt darüber informiert, daß er eine Gehaltserhöhung bewilligt hat, oder wenn ein Bürobote die Erlaubnis bekommt, direkt zum Vorstandsvorsitzenden zu gehen, um sich dort über seine Arbeitsbedingungen zu beschweren, dann ist der Status aller dazwischenliegenden hierarchischen Positionen gefährdet. Wenn die Positionen in einer Hierarchie aufrechterhalten werden sollen, müssen die Informationen von oben kommen und nach unten weitergegeben werden. Das Schlimmste, was einem Manager in einem traditionellen Unternehmen passieren kann, ist, häufig von jemandem unter ihm oder auf der gleichen hierarchischen Ebene über wichtige Geschehnisse im Unternehmen informiert zu werden. Wenn Menschen in einer Hierarchie Information bekommen und geben, die sich nicht mehr an ein bestimmtes Muster oder eine Abfolge hält, dann löst sich die lineare Struktur der Hierarchie auf. In hohem Grade war dies die Auswirkung der elektronischen Medien auf viele unserer traditionellen hierarchischen Rollen.

Ich habe das Unternehmensbeispiel als Analogie für generelle Veränderungen in der Gesellschaft benutzt, aber da die Betriebe Teil unserer Gesellschaft sind, werden auch sie von den veränderten Informationsabläufen beeinflußt. Es gibt tendenziell eine Abkehr von den traditionellen hierarchischen Geheimnissen und Auto-

---

* Eine Untersuchung des Carnegie Council ergab vor kurzem, daß die Einstellungen der Studenten zu ihrer Rolle in den Universitätsgremien sich seit 1969 sehr wenig verändert hat. Allerdings gab es eine deutliche Zunahme des tatsächlichen Engagements der Studenten in den Universitätsgremien.[4]

ritätsfiguren. Neue Techniken der Unternehmensführung werden heute angewandt, etwa das „Matrix-Management" (in dem die Betriebsangehörigen mehr als einem Vorgesetzten gegenüber verantwortlich sind) und „Qualitäts-Kreise" (in denen Gruppen von Beschäftigten, die im selben Bereich arbeiten, sich regelmäßig treffen und über gemeinsame Probleme diskutieren – statt auf „Befehle von oben" zu warten und von ihnen abhängig zu sein).

Es ist wahrscheinlich kein Zufall, daß Unternehmen der *Elektronikindustrie* wie die Digital Equipment Corporation oder die Intel Corporation bei vielen dieser Innovationen eine führende Rolle spielten. In manchen Unternehmen der Hochtechnologie gibt es nur wenige private Büros oder Konferenzräume – wenn überhaupt –; viele Angestellte haben mehrere Vorgesetzte, denen sie Bericht erstatten, und die Aufträge werden oft von interdisziplinär arbeitenden „Teams" bearbeitet, die sich jeweils aus Angehörigen verschiedener Büros zusammensetzen. Es gibt oft eine beträchtliche „lokale Entscheidungsbefugnis", wobei verschiedene Zweige derselben Firma sehr unterschiedliche Entscheidungskriterien haben, und es gibt eine extrem hohe Mobilität (in jede Richtung – nicht nur die Hierarchieleiter *hinauf*), wobei sich die Angestellten oft selbst die Positionen aussuchen, die sie als nächstes einnehmen möchten. Sehr wichtig ist, daß viele dieser Veränderungen nicht nur das obere Management betreffen, sondern auch jene Ränge, die früher als „niedrige" Statuspositionen in einem Unternehmen betrachtet wurden. Viele „High-Tech"-Unternehmen ermutigen ihre Mitarbieter, sich an allen Ebenen der Entscheidungsfindung zu beteiligen. Den Gewerkschaften ist es daher bislang sehr schwer gefallen, die Arbeiter und Angestellten in der Computerindustrie zu „organisieren". Diese Arbeitnehmer nämlich haben nicht die übliche „sie oder wir"-Einstellung gegenüber ihren Arbeitgebern.[8]

Ein neuer Zugang zu Informationen, wie er von den elektronischen Medien ermöglicht wird, umgeht die traditionellen Zugänge und „Torwächter" und unterminiert die Statuspyramiden, die einst durch die Printmedien errichtet und aufrechterhalten wurden. Eltern, Lehrer, Ärzte, Unternehmensleiter, politische Führungsfiguren und Experten aller Art haben die Kontrolle verloren, die früher ihren traditionellen Status in einer Print-Gesellschaft ausmachte. Der Status vieler dieser Rollen ist daher gesunken.

Früher hatten Lehrer und Eltern fast die absolute Kontrolle über die soziale Information, die ein Kind erhielt. Das verlieh dem Sozialisationsprozeß viele Merkmale einer Hierarchie. Heute befinden sich diese Autoritäten oft in der Position, gesellschaftliche Informationen, die das Kind direkt durch das Fernsehen erhält, erklären oder darauf reagieren zu müssen. Die Versuche mancher Eltern, über Fernsehsendungen mit ihren Kindern zu diskutieren,[9] oder die mancher Lehrer, die Lehrpläne in den Schulen mit Beispielen aus Kindersendungen anzureichern[10], zeigen zwei Wege, auf denen Kinder „geführt" werden – indem die Erwachsenen so schnell wie möglich hinter ihnen herlaufen.

Der Kontrollverlust über die Richtung und Abfolge von Informationen hat auch dazu geführt, daß *politische* Statuspositionen eingeebnet wurden. Die alten, straff von oben nach unten organisierten Partei-„Apparate" haben zum Beispiel an Einfluß verloren, weil die Information nicht länger in einer gegebenen Abfolge die Parteihierarchie durchläuft. Außenseiter haben eine größere Chance als jemals zuvor, in allen Parteien die Wahlen zu gewinnen, weil sie die Parteikanäle umgehen und direkt durch Telefon, Radio oder Fernsehen die Wähler erreichen können. Auch „erbt" man nicht länger seine politische Parteizugehörigkeit sozusagen zusammen mit seiner Religion. Der Trend geht seit den frühen 70er Jahren dahin, themen- und interessenbezogene Politik einzelner Gruppen über die Parteipolitik zu stellen.[11]

Früher haben die Wähler die Politik den Politikern überlassen. Untersuchungen über Wahlverhalten in den 50er Jahren zeigen ein sehr stabiles Bild der politischen Landschaft: Ein Wähler fühlte sich damals lebenslang an eine politische Partei gebunden und war im großen und ganzen zufrieden mit dem politischen Meinungsbildungs-Prozeß. Die Befragungen ergaben auch, daß die meisten Wähler nur „ein wenig" politisch aktiv waren, daß sie sich „bemerkenswert unintellektuell" über politische Angelegenheiten äußerten und sehr wenig Konsistenz zeigten in ihren Einstellungen zu verschiedenen politischen Themen.[12]

Die Studien seit den 60er Jahren zeigen jedoch ein völlig anderes Bild: Die Wähler diskutierten immer intensiver über politische Themen mit und empfanden dennoch eine zunehmende Entfremdung, sowohl von den politischen Parteien wie vom gesamten politischen Entscheidungsprozeß.[13] In den 50er Jahren gab es einen deutlichen Unterschied zwischen der „Themen-Konsistenz" politischer „Eliten" (Leute, für die Politik eine Karriere bedeutete) und der Konsistenz von Einstellungen in der Masse der Bevölkerung. Später zeigten Befragungen jedoch, daß in der Mitte der 60er Jahre der durchschnittliche amerikanische Bürger ein in sich geschlosseneres politisches Weltbild hatte als die politische Elite von 1958. Außerdem korrelierten die veränderten Einstellungen der Wähler nicht mit ihrem Bildungs-Niveau. Während Wähler mit Collegeabschluß am ehesten ein in sich stimmiges politisches Weltbild hatten, trat – relativ betrachtet – der größte Fortschritt in der „intellektuellen politischen Bewertung" bei Menschen ein, die weniger als einen Highschool-Abschluß hatten.[14] Solche Veränderungen hatten möglicherweise mit den neuen Zugangsbedingungen zu politischen Informationen zu tun, die durch das Fernsehen geboten waren und die eine Entmystifizierung politischer Führungsfiguren und des politischen Rituals bewirkten.

Von allen sozialen Rollen sind die hierarchischen am meisten von einem veränderten Informationsfluß betroffen. Der Verlust an Informationskontrolle untergräbt die traditionelle Autorität von Führungsfiguren. Außerdem ruft eine Veränderung in der Hierarchie – da die Informationskontrolle eher ein *unterschwelliger* als ein ausdrücklicher Aspekt einer hohen Statusposition darstellt – Verwirrung und Verzweiflung hervor.

Wenn Menschen mit niedrigem Status nicht mehr über die Information verfügen, die ihre Position gestützt hat, liegt die Konsequenz auf der Hand. Wenn beispielsweise die Kundenliste eines Vertreters gestohlen wird, kann dies die Vernichtung seiner beruflichen Existenz bedeuten. Doch wie eben gezeigt, hängen hohe Statuspositionen teilweise davon ab, daß und wie sehr es gelingt, die Bedeutung der Informationskontrolle zu verbergen. Ein hoher Status wird oft nach außen hin so dargestellt, als beruhe er auf den angeborenen Persönlichkeitseigenschaften des jeweiligen Menschen, und vielleicht glaubt dieser selbst daran. Wenn Menschen mit hohem Status die Kontrolle über die Information verlieren, die ihren Status absicherte, dann werden alle davon Betroffenen wahrscheinlich den Eindruck haben, daß sich eine metaphysische Veränderung abgespielt hat, ein Verfall dieses Menschen und der Gesellschaft insgesamt. Ein Arzt, der nichts von der jüngsten Wunderheilung gehört hat, die sein Patient im Fernsehen gesehen hat,mag beim Patienten den Eindruck erwecken, er sei vielleicht gar kein guter Arzt – ja vielleicht seien Ärzte überhaupt nicht mehr so gut wie früher.

Daß plötzlich in den USA so viele berufliche und private „Vergehen" (einschließlich der von Lehrern und Eltern) publik gemacht werden, weist ebenso wie der erste Rücktritt eines Präsidenten in der amerikanischen Geschichte darauf hin, daß die Bevölkerung nach wie vor an die „Großartigkeit" bestimmter Rollen glaubt, aber fundamental von bestimmten Menschen enttäuscht ist, die diese Rollen ausüben. Und tatsächlich zeigten Gallup- und Harris-Umfragen vor kurzen, daß viele Menschen nach wie vor an soziale *Institutionen* glauben (wie etwa die höhere Schule, das Militär oder den Berufsstand der Ärzte), nicht jedoch an die *Menschen,* die diese Institutionen leiten. Zwischen 1966 und 1980 sank der Anteil der Bevölkerung, der Vertrauen in die Leitung von weiterführenden Schulen hatte, von 61% auf 33%. Der Glaube an die Qualitäten der Führer organisierter Religionsgemeinschaften sank von 41% auf 20%; das Zutrauen in die besonderen Fähigkeiten von Unternehmensleitungen fiel von 55% auf 19%, das in die militärische Führung von 61% auf 33%; und das Vertrauen in die Direktion medizinischer Institutionen erlebte einen Einbruch von 73% auf 30%.[15] Auf die Dauer führt die Enttäuschung über viele Autoritätsfiguren vielleicht zu einer neuen, weniger idealistischen, Vorstellung über die meisten gesellschaftlichen Institutionen.

Vor noch nicht allzu langer Zeit waren Informationen über Politiker und andere Autoritäten nur begrenzt erhältlich. Die Politiker mußten *handeln,* um eine Botschaft „rüberzubringen". Tatsächlich bestand die wichtigste Rolle der Werbung und von Öffentlichkeitsarbeit allgemein darin, Informationen in die Öffentlichkeit zu bringen. Die Absicht war, bestimmte Aspekte von Menschen, Institutionen, Ideen und Produkten sichtbar zu machen. Andere Aspekte blieben unsichtbar, indem sie einfach vernachlässigt wurden. Jetzt jedoch wird Öffentlichkeitsarbeit zunehmend zu einem Versuch, Informationen zurückzuhalten oder solchen Informationen entgegenzutreten, die bereits publik sind, wie beispielsweise in den Kampagnen der chemischen Industrie, der Erdölraffinerien, der Blei-Industrie usw. Politiker haben zunehmend den Eindruck, daß sie weniger Kontrolle darüber haben, welche Informationen über sie selbst und über politische Vorgänge im allgemeinen an die Öffentlichkeit gelangen. Sie stellen oft fest, daß sie bereits erhältliche Informationen kommentieren müssen, statt der Öffentlichkeit neue Dinge mitzuteilen.

Man hat sich schon an Klagen darüber gewöhnt, die Regierung der USA „manipuliere" seit der Präsidentschaft von John F. Kennedy in ihrer Informationspolitik. Tatsache ist jedoch, daß Nachrichten immer „manipuliert" werden. „Nachrichten" sind eine Kombination von Sein und Schein, von Fakten und Image, genau wie jede soziale Interaktion die Kontrolle darüber enthält, was eröffnet und was geheimgehalten wird. Was sich in der letzten Zeit verändert hat, ist nicht unbedingt der „wahre Inhalt" politischer Nachrichten, sondern die Kontrolle des Politikers über die Nachricht und seine Kontrolle darüber, wer die Nachricht kontrolliert. Uns ist heute die Manipulation der politischen Meinungsbildung in der Öffentlichkeit bewußter als früher.

Daß die Öffentlichkeit einen breiten Zugang zu Informationen hat, führt dazu, daß sie mehr Macht erhält (gegenüber den „Autoritäten"), und dies wiederum führt zu einem noch größeren Zugang zu Information usw. Als Reaktion auf den Druck von Interessengruppen hat die Regierung selbst Gesetze erlassen und verschärft, die die „Offenheit" und „Art der Verbreitung" von Informationen regeln. 1977 veröffentlichte das amerikanische *House Committee on Government Operations* einen „Führer", in dem erläutert wurde, wie man das 1966 erlassene „Gesetz über die Freiheit der Information" und das „Gesetz über die Privatfreiheit" von 1974 interpetieren sollte. Aus dem Führer sollte der Durchschnittsbürger „erfahren, was die Bundesregierung im allgemeinen tut und was sie über die Bürger als Einzelperson weiß". Der Führer ist in einfacher Sprache geschrieben und soll „die Arbeitsweise der Regierung transparenter machen".[16] Der Trend verstärkt sich, je mehr die Öffentlichkeit Zugang zu Regierungsakten fordert und je schwerer der Fortschritt in der Fotokopier- und Computer-Technik es macht, vertrauliche Papiere auf Dauer geheimzuhalten.

Daß immer mehr Informationen durch die elektronischen Medien fließen, hat zur Forderung geführt, alle Informationen – aus welcher Quelle oder in welcher Form auch immer – sollten jedem Durchschnittsbürger zugänglich sein. Eine hochspezialisierte Sprache oder Experten-„Chinesisch" wird heute allgemein abgelehnt. Die katholische Messe wird inzwischen in der jeweiligen Landessprache gelesen, Konsumenten fordern eine klarere sprachliche Abfassung von Verträgen. Die Führung von Unternehmen, politischen Parteien und religiösen Gemeinschaften müssen heute betonen, daß sie „offen" sind, um vertrauenswürdig zu erscheinen. In den letzten Jahren sind Fernsehkameras sowohl ins Weiße Haus wie in den Vatikan eingedrungen und haben deren Innenleben einer breiten Öffentlichkeit zugänglich gemacht.

Ironischerweise ist es jedoch so: Je mehr darüber herauskommt, was Autoritätsfiguren wissen und tun (und was nicht), desto weniger scheinen sie ihre Macht und Autorität zu verdienen. Vom Wissen des Arztes über körperliche Vorgänge bis zum besonderen Kontakt eines Monarchen zu Gott – ein hoher Status wird durch die besondere und exklusive Information geschützt, zu der nur die Person mit hohem Status Zugang hat. Wenn die Autoritätsfiguren erst einmal ihre Informationen „weitergeben", dann kann es sein, daß sich ihr Expertentum und ihr Status in nichts auflösen. Ein hoher Status, der nicht (oder nicht mehr) auf einem besonderen Zugang zu Informationen beruht, wird im allgemeinen bekämpft. Wenn führende Köpfe der Politik ihre Kontrolle über Informationen verlieren, müssen oft auch ihre Köpfe rollen.

Heute sind daher alle Führungsfiguren gezwungen, ein heikles Spiel zu spielen: Sie bemühen sich, offen zu erscheinen, und gleichzeitig, die Kontrolle über die Informationen zu behalten. Beide Präsidenten, Carter wie Reagan, haben sich bemüht, offen und „zugänglich" zu erscheinen, gleichzeitig haben sie jedoch hart daran gearbeitet, die „Lecks" im Weißen Haus zu finden und zu stopfen. Ironischerweise ist jedoch das Weiße Haus jetzt so undicht, daß es sogar Lecks darüber gibt, welche Versuche unternommen werden, Lecks zu stopfen. Im April 1983 berichtete *Newsweek* beispielsweise, daß sowohl die Lecks wie einige der Versuche, sie abzudichten, Teil einer kalkulierten und stillschweigend geduldeten Politik des Weißen Hauses sei, „die öffentliche Reaktion zu testen, (oft verschlüsselte) Signale an andere Spieler im politischen Prozeß zu senden, sich der Gunst der Presse zu versichern oder einfach, wie ein Vertreter des Weißen Hauses sagt ‚der Sache unseren Dreh zu geben' ".[17] Offenbar unfähig, den Informationsfluß zu stoppen, versuchen die Autoritäten also, diesen Fluß so gut zu kanalisieren und zu nutzen, wie sie können. Doch selbst diese Taktik ist zu einem Thema öffentlicher Diskussion geworden.

Der neue, relativ offene Informationsaustausch hat ein generelles Mißtrauen gegenüber Autoritäten in Amerika geschürt. Der *New York Times*-Reporter Richard Lyons bemerkt die Veränderung, kann sie aber nicht erklären:

„Die Amerikaner verschließen in zunehmender Zahl die Ohren vor den Äußerungen von Politikern und prominenten Wissenschaftlern. Viele rauchen weiterhin, weigern sich, den Gurt anzulegen, lassen ihre Kinder immer seltener impfen, protestieren gegen den Vorschlag, Saccharin zu verbieten, und glauben, daß Laetrile wirkungsvoll ist im Kampf gegen Krebs ...

Der Grund für diese öffentliche Anti-Haltung ist nicht genau bekannt, aber die gesammelten Meinungen von Umfrageinstituten und Sozialforschern weisen darauf hin, daß der Grund ein sich vertiefendes Mißtrauen gegen die Regierung im besonderen und Autorität im allgemeinen sein kann."[18]

Der neue, demokratisierte Zugang zu Informationen mag der Grund dafür sein, daß die Amerikaner heute einerseits sehr an Politik interessiert und doch gleichzeitig extrem unzufrieden sind mit den meisten Kandidaten und mit dem politischen Entscheidungsprozeß selbst. Da die Amerikaner ihren Glauben an entrückte Autoritäten verloren haben (die, was die über sie erhältlichen Informationen angeht, gar nicht länger so entrückt sind), gab es einen allgemeinen Trend in Richtung auf „Selbsthilfe" und stärkerer Partizipation an der lokalen und nationalen Politik. So gibt es eine wachsende Tendenz zu „Gesetzes- Wahlen", bei denen die Bürger anstelle ihrer Kandidaten die Gesetze per Volksentscheid verabschieden oder abschaffen.[20] Viele Bürger informieren sich dauernd über ihre „Rechte“ und suchen Schutz vor potentiellen Übergriffen seitens von Geschäftsleuten oder der Regierung. Und der allgemeine Trend zur „Gesundheits-Selbsthilfe“, die feministische Kritik an der medizinischen Standespolitik und Praxis, die Rückkehr des Hebammenwesens und die Zunahme „alternativer Geburtshilfezentren“ weisen daraufhin, daß auch die einst allmächtige Rolle des Arztes entmystifiziert wird.[21]

Der Hintergrund wird sichtbar und Autorität schwindet

Hierarchien werden nicht nur durch den Verlust an exklusiver Informationskontrolle, sondern auch durch das Vermischen von öffentlichen und privaten Situationen demontiert. Hierarchische Rollen hängen mehr als alle anderen davon ab, daß die Darsteller den Einblick in ihr persönliches Leben abschirmen. Wenn Personen mit hohem Status ihr Privatleben nicht trennen können von ihren Darstellungen „auf der Bühne“, dann erwecken sie in aller Regel den Anschein, eher durchschnittlich zu sein. Die elektronischen Medien unterminieren den traditionellen Status, indem sie Hintergrund-Verhalten zugänglicher machen und ein größeres soziales Bewußtsein dafür wecken.

Der gegenwärtige Trend zur Intimität mit unseren Führungsfiguren enthält einen fundamentalen Widerspruch. Indem wir uns den Wunsch erfüllen, großen Menschen „nahe“ zu sein oder uns ihre Größe zu bestätigen, indem wir sie immer wieder sehen wollen, zerstören wir gleichzeitig ihre Fähigkeit, die Rolle einer „großen Persönlichkeit“ zu spielen. „Größe“ manifestiert sich im Auftreten auf der Bühne und per Definition als Gegensatz zum Hintergrund-Verhalten. Im Privatleben sind sich alle Menschen recht ähnlich: Sie essen, sie verdauen, sie werden müde, sie schlafen, sie haben Geschlechtsverkehr, sie pflegen sich, sie haben Launen und sind mit sich selbst beschäftigt.

Es liegt ein Widerspruch darin, wie uns das Fernsehen unsere Politiker, Experten, Ärzte, Psychologen, Lehrer und andere Autoritäten in Großaufnahme nahebringt. Wenn wir unsere Führerfiguren in einer Vielfalt von Situationen und an vielen Orten sehen, dann können wir beobachten, wie gut sie in Interviews spontan reagieren, wie sie nach einem Arbeitstag oder im Laufe des Wahlkampfes müde werden – aber wir erfahren nicht nur mehr über sie selbst. Indem wir hinter die Maske der Akteure schauen, verändern wir auch die Rollen, die dargestellt und wahrgenommen werden können.

Auch der Fluß sozialer Information wird verändert. Er wird geradezu umgekehrt: Die Führungsfiguren hatten früher leichten Zugang zu anderen, waren aber in der Lage, den Zugang zu ihrer eigenen Person zu kontrollieren. Vor den 20er Jahren hatten die meisten Menschen nie die Stimme eines Präsidenten gehört oder irgendeinen direkten Beweis für seine Existenz oder für seine Persönlichkeit erhalten. Vor dem Ende der 40er Jahre verfügten nur wenige Reporter über ein tragbares Tonbandgerät, mit dessen Hilfe sie Zitate aus Interviews belegen konnten. (Bis dahin war es ein Leichtes für einen Präsidenten, ein Zitat zu dementieren.) Tatsächlich ist es erstaunlich, daß es der Presse erst mit dem Beginn der Präsidentschaft von Eisenhower erlaubt war, den Präsidenten direkt zu zitieren, ohne vorher seine Erlaubnis einzuholen.[22] Durch das Fernsehen hat „das Volk“ jetzt einen größeren Zugang zu den persönlichen expressiven Verhaltensweisen von Führungsfiguren, als diese ihrerseits Zugang haben zum Privatleben des einzelnen. Diese Umkehrung der Informations-Verhältnisse wird noch verstärkt durch die gegenwärtig erhobenen Forderungen nach „rückhaltloser Aufklärung“ über die Machenschaften der Politiker und die komplementäre Forderung der Öffentlichkeit, vor den Nachforschungen durch Regierungsbeamte geschützt zu werden und den Zugang der Regierung zu persönlichen Daten kontrollieren zu können.[23]

Die Ironie, die in den meisten Ausforschungen der Hintergrund-Aktivitäten steckt, war sehr deutlich erkennbar bei den Anhörungen des US-Senates zum Watergate-Skandal. Zu Beginn des Prozesses machten die Senatoren einen glänzenden Eindruck in ihrer offenbar gerechtfertigten Entrüstung über das Fehlverhalten „im Hintergrund“ des Weißen Hauses. Für viele Bürger waren diese Senatoren Amerikas neue Helden. Sie würden die Dinge ans Licht bringen und das Land mit fester Hand ehrlich und offen regieren. Doch als die Tage und Wochen verstrichen, forderte die zunehmende Selbstdarstellung der Senatoren in der Öffentlichkeit ihren Preis. Schließlich folgten auf die Watergate-Hearings einige Untersuchungen über die Abgeordneten des Kongresses. Wie die Journalistin Shana Alexander beobachtete, war das Rampenlicht zu hell für die Helden alten Stils:

„Washington hat keine Helden mehr. Nicht nur hat der sich ausbreitende Skandal die Führung in unserem Lande geschwächt, ... auch unsere Dauer-Bekanntschaft mit den Männern, die bei der Aufdeckung des Skandals ihre Arbeit taten, die zahlreichen Rechtsanwälte, Untersuchungsrichter und Mitglieder des Senatskomitees hat sie in weniger heroischem Licht erscheinen lassen ... Ich will mich nicht beklagen. Es ist nötig, Helden von Zeit zu Zeit vom Podest zu stürzen – ein Frühjahrsputz für den Verstand. Aber wir haben die Todeslinie in unserem nationalen Kardiogramm erreicht; der Puls ist ganz flach. Ein paar wenige Bewunderungs-Zuckungen erscheinen noch auf dem Bildschirm. Aber keine Helden.[24]"

Die Enthüllung über das Hintergrund-Verhalten unserer Autoritätsfiguren wirkt schockierend und läßt öffentliche Forderungen laut werden nach stärkerer Beachtung von Moral und Ethik. Die Veränderung in der *Struktur* der Informationsumwelt wird oft fälschlich für einen Wandel in der *Substanz* einzelner Persönlichkeiten und Charaktere gehalten. Auf die Dauer müssen wir entweder Distanz und Mystifizierung wieder einführen, oder viele vorher mit hohem Status versehene Rollen neu und wesentlich anspruchsloser definieren.

Die Trennung von Territorium und Status

Alle früheren Veränderungen der Medien-Landschaft betrafen Hierarchien insofern, als sie den Informationsfluß und die Kontrolle über Informationen veränderten. Doch die elektronischen Medien haben eine Wirkung auf Hierarchien, die es bei früheren Medien nicht gab: Sie umgehen die früher starke Verbindung zwischen hohem Status und Territorium. Früher war das Territorium, über das jemand herrschte, direkt mit seiner Autoritätsposition verbunden, nicht nur wegen des Reichtums und der Macht, die ein Landbesitz verkörperte, sondern auch, weil die Kontrolle eines Territoriums einst die Kontrolle über die im eigenen Territorium erhältliche Information beinhaltete und man den eigenen Besitz genauso als Schutzschild gegen die Nachforschungen anderer einsetzen und sich dahinter verstecken konnte. Ein sicheres Territorium ermöglichte private „Proben" und Entspannungspausen.

Isolierte Orte schützen Autorität nach wie vor, doch die elektronischen Medien umgehen jetzt eine Reihe von Statusmerkmalen des Territoriums. Die physische Position und die Territoriums-Kontrolle garantieren nicht länger gleichzeitig auch die so wichtige Informationskontrolle. Seit der Ermordung John F. Kennedys hält das Fernsehen zum Beispiel „Totenwache" – wie es makaber heißt – beim Präsidenten, damit dem Staatschef nichts geschieht, ohne daß die Medien voll dabei sind.[25] (Die wichtigste Aufzeichnung über die Ermordung John F. Kennedys war „nur" ein Amateurfilm.) Man beobachtet den Präsidenten jetzt, wo es nur geht. Ronald Reagans „Ferien" sind daher häufig weiterhin Bühnen-Auftritte, da er mit Teleobjektiven ausspioniert wird; manchmal empfindet er die Verpflichtung, in die weit entfernten Kameras zu winken, während er sich entspannt oder einen Ausritt unternimmt. Gleichgültig, was er tut, den Menschen im Land ist jetzt viel bewußter als früher, daß der Präsident nicht immer „an seinem Arbeitsplatz" ist.

Das Auseinanderfallen von physischer Kontrolle und Informationskontrolle betrifft alle Autoritätsfiguren, selbst jene, die nicht so öffentlich sichtbar sind wie der Präsident. Früher war ein eigenes Büro mit der Übersicht über einen Arbeitssaal ein wichtiges Symbol einer hohen Statusposition; heute jedoch wäre ein solches Büro bedeutungslos ohne ein Telefon (und zunehmend auch ohne einen On-line-Computer). Heute ist das Statussymbol eher das Ausmaß, in dem ein Angestellter Ferngespräche führen darf (und in jüngster Zeit: wieviel Informationen er mit seinem *Pass-word* aus dem Computer holen darf). Wer alles in Sicht- oder Reichweite ist, wird nicht länger primär durch die physische Verortung und Fortbewegung bestimmt. Ein Telefon oder ein Computer in einer Wellblech-Hütte oder dem Schlafzimmer eines Jugendlichen in einem Vorort-Ghetto funktioniert genauso gut wie ein Telefon oder Computer in der obersten Etage eines Unternehmens. Umgekehrt aber schützen Wände, Stacheldraht, Türen, Wachen und vorgelagerte Büros keinen Manager mehr davor, jederzeit *erreichbar* zu sein. Das Telefon umgeht physische Barrieren. Es ist zwar möglich, sich etwas abzuschotten, indem man eine Telefonistin oder einen Anrufbeantworter „vorschaltet", doch die dafür erforderliche Energie verweist darauf, daß ein neues Gleichgewicht der Macht eingetreten ist.

Daß tatsächlich ein neues Gleichgewicht der Informations-Kontrolle eingetreten ist, wird oft verschleiert durch die scheinbar ehrfurchtgebietende Macht mancher Menschen in Extrempositionen. Wie der Herausgeber der *Washington Post,* Ben Bradlee, beschreibt, war sein Freund John F. Kennedy sehr stolz darauf, daß die Telefonvermittlung im Weißen Haus jeden Menschen jederzeit überall aufspüren konnte.

„Einmal forderte er Tony [Bradlee's Frau] und Jackie und mich auf, einen Namen zu nennen, den die Leute in der Vermittlung nicht finden würden. Jackie schlug Truman Capote vor, weil der eine Geheimnummer hatte. Kennedy nahm den Hörer und sagte nur „Ja, hier ist der Präsident. Geben Sie mir bitte Truman Capote" – ohne irgendeine Zusatzinformation. Dreißig Minuten später war Capote am Telefon ... nicht von seinem Geheimanschluß in Brooklyn Heights aus, sondern bei einem Freund in Palm Springs, Kalifornien, der auch eine Geheimnummer hatte.[26]

Die Reichweite eines Präsidenten ist sehr groß. Doch er hat eher Zugang zu einer großen *Menge* an Informationen, als daß er ein qualitativ anderes *Ausmaß* an Wissen kontrollierte. Denn jeder Durchschnittsbürger mit einem Telefon in Reichweite kann es der Vermittlung im Weißen Haus weitgehend gleichtun. Die Fähigkeit, Capote innerhalb von dreißig Minuten an einem entfernten Ort aufzuspüren, ist weniger ein Zeichen für die große Macht des Präsidenten als für die Flexibilität und Reichweite elektronischer Medien, *die für jeden Mann und jede Frau im Land zugänglich sind.* Durch die elektronischen Medien ist die Macht des Präsidenten und anderer Autoritätsfiguren größer als früher – absolut gesehen. Relativ betrachtet hat sie abgenommen. Als Reisen der Schlüssel zu sozialem Wissen war, mußte selbst ein Präsident gelegentlich verreisen oder einen Boten schikken. Doch dieser nicht durch Medien vermittelte Zugang zu Informationen favorisierte dennoch größtenteils die Präsidenten und andere Personen mit hohem Status. Nur sie hatten die Mittel und die Zeit, häufig Zugang zu vielen weit entfernten Menschen zu bekommen. Der Durchschnittsbürger war in seinen alltäglichen Verpflichtungen gefangen. Durch die elektronischen Medien ist der Zugang zu Wissen für alle Menschen einfacher geworden, und der relative Vorteil hoher Statuspositionen wurde verringert.

Die Unfähigkeit von Menschen mit hohem Status, sich abzusondern, indem sie sich physisch isolieren, führt dazu, daß es unmöglich wird, die für sie angemessenen Situationen und Verhaltensweisen zu trennen. Heutzutage ist zum Beispiel das Spektrum von Verhaltensweisen, das ein Präsident an verschiedenen Orten zu verschiedenen Zeiten zeigen kann, begrenzt. Präsidenten haben größere Probleme damit, ihr Verhalten an „privaten" Orten vor der Öffentlichkeit zu verbergen, und das führt notwendigerweise zu einer Veränderung des Images, das sie in der Öffentlichkeit haben.

Je mehr die elektronischen Medien den Status von Führungsfiguren unterminieren, desto arroganter und überheblicher findet man deren Verhalten. Da sie nach der Aufdeckung von Machenschaften „im Hintergrund" der Macht mißtrauisch beobachtet werden, erweckt ihr zur Schau gestelltes Verhalten den Anschein, als seien sie *zu* selbstherrlich. Und so erheben viele Leute die Forderung nach noch größerer Informationskontrolle, um den „Machtmißbrauch" von Politikern zu bekämpfen.[27] Unsere Führer stehen jetzt dem Dilemma gegenüber, daß sie einen hohen Status erreichen und aufrechterhalten müssen, indem sie so tun, als ob sie „wie alle" seien, und doch werden sie kritisiert, wenn sie zu wenig Dynamik und Machtbewußtsein zeigen. Der Watergate-Skandal und die allgemeine „Vertrauenskrise" berühren also vielleicht kompliziertere ethische und philosophische Themen, als man gemeinhin vermutet.

Die abnehmende Bedeutung ortsgebundener Situationen wirkt sich direkt auf die linearen Kommunikationsstrukturen aus, die traditionell Hierarchien stützten. Internationale politische Informationen gelangen zum Beispiel nicht länger ausschließlich von den Bundespolitikern über die Lokalpolitiker zu den Bürgern; heute erreichen sie die Bürger oft direkt. Infolgedessen kennen viele Wähler nicht einmal mehr den Namen ihrer Gemeinderäte und Abgeordneten und würden „ihre" Volksvertreter nicht erkennen, wenn sie ihnen auf der Straße begegneten.

Häufig umgehen die elektronischen Medien nicht nur die Lokal- und Regional-Politiker, sondern auch die Bundesregierung. Früher sahen die Amerikaner zu ihrer Regierung auf, wenn sie politische Informationen über andere Länder haben wollten. Jetzt erreichen zahlreiche internationale Nachrichten die Bürger direkt. Das Radio konnte den Amerikanern die Briten näherbringen, weil sie eine gemeinsame Sprache sprechen, doch das Fernsehen kann uns sogar die Polen und Afghanen näherbringen. Während politische Faktoren häufig bestimmen, wieviel im Fernsehen über andere Völker zu sehen ist, hat die Form der Berichterstattung auch unser politisches Selbstverständnis verändert. Unter anderem fällt es uns jetzt leichter, „das Volk" von „der Regierung" zu unterscheiden. Manchmal sind wir sogar in der Lage, den Regierungschef von den Ideologien, die seine Regierung vertritt, zu unterscheiden und reagieren (positiv oder negativ) auf seine oder ihre Persönlichkeit. Das ist zum Beispiel der Fall gewesen bei Chruschtschow, Castro, Breschnew, Sadat, Begin oder Thatcher.

Zur Bestürzung erfahrener Diplomaten waren eine Reihe ausländischer Staatschefs und Bürger seit Chruschtschow in der Lage, das amerikanische Volk direkt zu erreichen, indem sie erfolgreich die meisten Kanäle der internationalen Diplomatie und der amerikanischen politischen Hierarchie umgingen.[28] Präsident Carter zum Beispiel gehörte zu den zahlreichen Amerikanern, die im Fernsehen Anwar el Sadats historische Reise nach Jerusalem verfolgten, und Präsident Reagan war zu beschäftigt – er leistete gerade seinen Amtseid –, um gemeinsam mit anderen Amerikanern die Fernsehübertragung von der Rückkehr der Geiseln aus dem Iran zu sehen. Amerikanische Politiker sind längst nicht mehr die einzigen, die dem Volk internationale Nachrichten überbringen; oft befinden sie sich sogar in der schwachen Position, den „Augenzeugen“ Ereignisse nachträglich zu kommentieren.

Die Bedeutung elektronischer Medien für die internationalen Beziehungen ist am besten sichtbar bei Auseinandersetzungen zwischen den Regierungen. Zu Beginn seiner Präsidentschaft griff Jimmy Carter Fidel Castro dafür an, daß er ein Massaker in Afrika unterstützt habe; Castro erwiderte darauf in einem Fernsehinterview mit Barbara Walters. Die Antwort wurde nicht durch amerikanische diplomatische Kanäle gefiltert. Und Carter blieb nichts anderes übrig, als die Antwort gemeinsam mit anderen Amerikanern im Fernsehen anzuschauen. Darüberhinaus spielten sich der amerikanische Angriff und die kubanische Reaktion im selben Medium ab. Beide Führer sprachen „direkt“ zum amerikanischen Volk, und beide Reden gingen scheinbar vom selben „Ort“ aus, kamen aus derselben „Distanz“. Die natürliche Tendenz, sich auf die Seite derjenigen zu stellen, die dieselbe „Position“ einnehmen, mußte sich also verändern. Mehr als in früheren Zeiten hatten die Amerikaner jetzt Gelegenheit, die „andere Seite“ zu hören und ihr Glauben zu schenken.

Wenn sich die Richtung der Information verändert, werden traditionelle Hierarchien und Verhandlungsformen umgangen. Die Situation erinnert an eine Episode in der Fernsehserie „Star Trek“ („Raumpatrouille“). Ein fremder Staatschef verlangt etwas von Captain Kirk und erscheint dabei auf dem Fernsehschirm des Raumschiffs. Kirk ist nicht von der Botschaft des fremden Wesens überzeugt, und so wendet sich der Fremde direkt an Kirks Crew (die ebenfalls Zugang zu der übermittelten Nachricht hat) und bittet *sie,* selbst eine Entscheidung zu treffen. Ob die Untergrabung von Autorität sich letztlich positiv oder negativ auswirkt, ist sicher strittig, doch man kann auf jeden Fall feststellen, daß Veränderungen in diese Richtung stattfinden.

Ironischerweise führen die elektronischen Medien, indem sie die örtlichen Mitglieder einer größeren Hierarchie umgehen, zu einer neuen Art lokaler Kontrolle. Die Leute haben weniger Ehrfurcht vor physisch weit entfernten Führern, zum Teil, weil sie diese Führer in Großaufnahme gesehen haben und diese nicht sonderlich vertrauenswürdig wirkten, zum Teil, weil viele Führungsfiguren einfach die für ihre Position unverzichtbare Informationskontrolle verloren haben. Infolgedessen sind viele Gemeinden dazu übergegangen, eine Dezentralisierung der Entscheidungsbefugnisse zu verlangen; sie wollen beispielsweise ihre Schulen und andere öffentliche Einrichtungen selbst kontrollieren. Die neue lokale Kontrolle unterscheidet sich jedoch stark von früheren Formen der Gemeindepolitik. Lokalpolitiker waren früher Stufen in einer linearen Hierarchie repräsentativer Demokratie. Die elektronischen Medien jedoch umgehen nicht nur viele der alten Kanäle, sie unterminieren auch das ganze System abgestufter Hierarchie und delegierter Autorität. Die elektronischen Medien haben ein neofeudales System lokalpolitischer Fürsten und Vasallen entstehen lassen, auf Kosten der relativen Macht und des Einflusses zentraler Autoritäten. Eine der Ironien des elektronischen Zeitalters ist, daß die neuen Medien eine vollständige zentralisierte Kontrolle technisch möglich, aber sozial unakzeptabel gemacht haben.

11
Wirkungs-Schleifen

Wie ich schon in der Einführung zu diesem Teil des Buches festgestellt habe, gibt es noch viele andere soziale Faktoren außer den neuen elektronischen Medien, die den hier diskutierten sozialen Wandel mit herbeiführen. Doch einige der Faktoren, die scheinbar unabhängig von den elektronischen Medien auf uns einwirken, stehen tatsächlich mit ihnen in enger Verbindung. Dieses Kapitel untersucht kurz drei wichtige Vorgänge, die oft wie spontane Entscheidungen von Einzelpersonen aussehen und unabhängig voneinander soziale Veränderungen hervorrufen: Veränderungen in den Vorstellungen über „angemessenes" Verhalten, in den Medieninhalten und den Zugangsregeln zu bestimmten Orten. Hier gehe ich der Behauptung nach, daß diese scheinbaren Ursachen sozialen Wandels selbst oft Reaktionen auf neue Situationen sind, wie sie die neuen Medien herbeiführen.

Ich bezeichne diese drei Variablen als „Wirkungs-Schleifen", und das aus zwei Gründen: 1. weil sie nicht nur auf Veränderungen in Medien reagieren, sondern die Auswirkungen neuer Medien ihrerseits verstärken; und 2. weil sie als „Feedback-Schleifen" fungieren, indem sie ein neues Gleichgewicht zwischen bestimmten Mustern des Informationsaustausches und anderen sozialen Konventionen herstellen; das heißt, diese drei Variablen verändern sich so, daß sie das gesellschaftliche System wieder in ein *strukturelles Gleichgewicht* bringen, gleichzeitig aber bewirken sie *fundamentalen gesellschaftlichen Wandel.*

Die Benimm-Schleife

Einer der Gründe warum es so schwer ist, die Beziehung zwischen elektronischen Medien und wesentlichen Verhaltensänderungen zu erkennen, ist, daß die elektronischen Medien nicht die einzigen gesellschaftlichen Institutionen sind, die Verhaltensänderungen hervorrufen. Alte Rollenstrukturen können auch durch neue Formen des Informationsaustausches in Frage gestellt werden, aber neue Rollenstrukturen können nie durch Medien erzeugt werden; sie müssen aus menschlichen Zusammenhängen heraus entstehen.

Wie Cooley, Mead und Goffman behaupten, können sich die Menschen ihr eigenes Verhalten „rückmelden", indem sie sich selbst als „soziale Objekte" betrachten, das heißt, indem sie sich so sehen, wie andere sie sehen würden. Neue Medien können sich darauf auswirken, wer vor wem wo und wann welche Rolle spielt und wie die Kontrolle über die erhältliche Information geregelt wird, doch die Darsteller und das Publikum bestehen aus Menschen, und Verhalten ist nach wie vor *sozial* definiert. Neue Medien können die Art und Weise beeinflussen, in der alte Verhaltensweisen gezeigt werden können, aber neue Rollen müssen in menschlicher Interaktion und Reaktion Gestalt annehmen.

Aus diesen Gründen werden die Auswirkungen von Medien oft übersehen, und Veränderungen im Sozialverhalten werden oft als spontane „Modernisierungen" betrachtet. Der Wandel in den Vorstellungen über „angemessenes" Verhalten und angemessene Rollen kann jedoch oft zurückgeführt werden auf strukturelle Veränderungen der sozialen Situationen. Wenn Männer und Frauen regelmäßig zusammen dieselben Fernsehprogramme sehen, dann vermindert sich ihre Fähigkeit, „Frauenthemen" von „Männerthemen" oder „Frauensprache" von „Männersprache" zu unterscheiden. Wenn einmal ein Großteil des sozialen Wissens von allen geteilt wird, dann beginnen Männer und Frauen dieselbe Sprache zu sprechen, dieselben Themen zu diskutieren und dieselben Rechte und Privilegien zu fordern. Dieses Verhalten wird möglich oder notwendig durch das Vorhandensein neuer Informationssysteme, doch es muß sich entwickeln und wird verstärkt durch zwischenmenschliche Interaktion. Auf diese Weise beeinflußt das Fernsehen nicht nur Verhaltensweisen und Wahrnehmungen jener, die sich dem Fernsehen nur *aussetzen* (d.h. sich berieseln lassen); es ändert auch die allgemeine Vorstellung von angemessenem Verhalten bei vielen Zuschauern, die gezielt fern*sehen.*

Solche Veränderungen spiegeln nicht nur den Zusammenbruch von Informationssystemen durch die elektronischen Medien wider, sondern verstärken ihn auch, indem sie die Ergebnisse solch veränderter Informationssysteme in zwischenmenschlichen und an bestimmte Orte gebundenen Situationen verbreiten. Ein einzelner

Klassenraum wird wahrscheinlich nicht elektronisch überwacht und ist vielleicht technisch nicht ausgerüstet, um beispielsweise Rundfunk- oder Fernsehsendungen empfangen zu können. Und doch können die neuen Informationswelten, innerhalb derer alle Teilnehmer *außerhalb* des Klassenraums leben, die traditionellen Rollenstrukturen und Ziele der Schule unterminieren. So wird möglicherweise die Geschichtsstunde in einer Grundschule über die Vorteile der Gewaltenteilung in einer Demokratie unterbrochen von einem Schüler, der detaillierte Kenntnisse über den jüngsten „Machtmißbrauch" des Präsidenten hat. Diese Informationen hat er vielleicht aus dem Fernsehen, und weil er noch jung ist, hätte er wahrscheinlich diese Art von Information nicht aus anderen Quellen beziehen können. Ein weiteres Beispiel: Zwei Jugendliche schockieren ihre Eltern mit ihrer „lockeren" Sprache und ihrer sexuellen Freizügigkeit. Die Verhaltensweisen des Schulkindes und der Jugendlichen spiegeln wider, wie sehr sich die von den elektronischen Medien geschaffenen Informationssysteme mischen. Neue Medien wirken sich daher möglicherweise auf Interaktionen an Orten aus, an denen die Medien selbst weder physisch noch gedanklich präsent sind.

Daß man sich traditionell auf den Medien*inhalt* beschränkt hat und nur untersuchte, ob und wie die Fernsehzuschauer beispielsweise diesen Inhalt imitieren, hat es erschwert, einmal einen Blick darauf zu werfen, ob neue Medien vielleicht Verhaltensweisen hervorbringen, die überhaupt nicht in Medien dargestellt werden. Was könnte zum Beispiel das Fernsehen damit zu tun haben, daß in gemischt-geschlechtlichen Gruppen bestimmte obszöne Ausdrücke häufiger geäußert werden? Solche Worte sind fast nie im Fernsehen zu hören. Die Tatsache, daß das Fernsehen allgemein den „Hintergrund" sozialer Interaktionen in aller Deutlichkeit zeigt, führt den Zuschauern vor Augen, daß es solches Hintergrund-Verhalten gibt, und vielleicht fasziniert sie das und sie wollen mehr davon sehen und genauso sein. Die offensichtliche „Heuchelei", die das Fernsehen zeigt, wenn es die Diskrepanzen zwischen dem Hintergrund- und dem Bühnenverhalten von Darstellern vorführt (die Frau, die so tut, als sei sie „schwer rumzukriegen", der Mann, der sich verhält, als sei er voller Selbstvertrauen, während er in Wirklichkeit Angst hat) ermutigt vielleicht die Zuschauer darin, einen eher konsistenten Stil für sich selbst zu entwickeln, der dem „mittleren Bereich" angehört und viele Worte und Handlungen aus ihrem *eigenen* Hintergrund-Verhalten einschließt – nicht unbedingt aus dem idealisierten und gereinigten Hintergrundverhalten, wie es im Fernsehen dargestellt wird.

Wenn sich soziale Informationssysteme mischen, werden früher als „tabu" behandelte Themen in die Auseinandersetzung zwischen Männern und Frauen, zwischen Eltern und Kind einbezogen; Personen des öffentlichen Lebens fügen persönliche Botschaften in ihre öffentlichen Ansprachen ein; und Lehrer diskutieren schon mit kleineren Schülern über Themen, die früher als unangemessen für diese Altersstufe oder sogar überhaupt für den Unterricht betrachtet worden wären (etwa Drogenmißbrauch und Kindesmißhandlung).

Unsere neuen Verhaltens- und Sprachmuster stellen nicht unbedingt einen Niedergang des guten Geschmacks und Benehmens dar. Sie entsprechen vielleicht eher einem *neuen* Sinn für angemessenes Benehmen, wie er aus solchen gemischten Situationen entsteht. Amy Vanderbilt schreibt dazu:

„In der heutigen Gesellschaft kann man über fast jedes Thema in der Welt diskutieren, wenn es einen Grund gibt, darüber zu diskutieren und wenn die Diskussion mit Geschmack und Diskretion stattfindet ... Die Welt hat sich sehr verändert ... (Frauen) können nicht länger erwarten, daß die Gespräche der Männer um sie herum auf Salonniveau gehalten werden ... Auch konventionelle Vertreter des guten Geschmacks haben absolut keine Hemmungen, solche Themen zu diskutieren wie Schwangerschaft, Abtreibung, Scheidung, Getrenntleben, politische oder andere Skandale ... Vor noch nicht allzu langer Zeit hätte man diese Dinge als sehr krasse Themen für gemischt-geschlechtliche Unterhaltungen betrachtet."[1]

Neue Medien beeinflussen daher nicht nur die Art, wie sich Menschen verhalten, sondern sie betreffen auch die Art und Weise, wie die Leute glauben, daß sie sich verhalten *sollten.* Wie weiter unten ausgeführt wird, verstärken solche Verhaltens- und Einstellungsänderungen die allgemeinen Auswirkungen der elektronischen Medien noch weiter, indem sie sich wieder in das System „einspeisen" als „auf den aktuellen Stand gebrachter" Inhalt der gemeinsamen Medienumgebung, und dadurch reißen sie die Barrieren zwischen privaten und öffentlichen Informationssystemen noch weiter ein.

Die Medieninhalts-Schleife

Die Veränderungen in der Struktur von Informationssystemen, wie sie von neuen Medien bewirkt werden, beeinflussen nicht nur Verhaltensweisen direkt, sondern haben auch einen Einfluß auf den Inhalt von Medien. Die Veränderungen im Medieninhalt und im sozialen Verhalten sind daher oft miteinander verbunden, nicht unbedingt, weil es zwischen ihnen eine ursächliche Beziehung gibt, sondern weil sie beide von demselben Faktor beeinflußt werden – der geänderten Struktur sozialer Situationen. Die Bedeutung elektronischer Medien für Informationssysteme führt zu verschiedenen Veränderungen im Medieninhalt.

Die Homogenisierung der Inhalte

Da alle gesellschaftlichen Gruppen durch die elektronischen Medien einem relativ ähnlichen Informationsmaterial ausgesetzt sind, beginnen die Programminhalte sich nach der Zusammensetzung der kombinierten Zuhörerschaften und der gemeinsamen Arena zu richten. Es werden immer weniger Unterscheidungen getroffen zwischen „Sendungen für Männer" und „Frauensendungen" oder zwischen „Erwachsenensendungen" und „Kinderprogrammen". Es erscheint nicht länger sinnvoll, getrennte Shows und Diskussionsthemen anzubieten, da jeder bereits einmal dem ganzen Spektrum sozialer Information ausgesetzt war. Selbst bei speziellen Kabelprogrammen beteiligen sich Frauen an Diskussionen über Automechanik, und Kinder legen sich mit ihren Eltern in Diskussionen über sexuelle Probleme an.[2]

Die gesellschaftliche Akzeptanz gemeinsamer Themen für Kinder und Erwachsene spiegelt sich zum Beispiel darin wider, daß der amerikanische Bundesgerichtshof 1976 das Konzept einer „Familienfernsehstunde" zurückwies, das darauf abzielte, Sex und Gewalt im Fernsehen während der frühen Abendstunden, wenn viele Kinder fernsehen, einzuschränken. David Rintels, damals Präsident des Schriftstellerverbandes der westlichen USA, erklärte, warum seine Vereinigung gegen besondere Kinderprogramme kämpfte. Implizit brachte er die Überzeugung zum Ausdruck, Kinder wüßten längst mehr über das Erwachsenenleben. Rintels stellte fest: „Ich glaube, es gibt heutzutage nichts im Fernsehen, das man sich nicht ohne Peinlichkeit ansehen kann, das gilt auch für Kinder; tatsächlich denke ich, daß das Gegenteil wahr ist: Das Fernsehen ist nicht ehrlich oder geradeheraus genug, was Sex angeht, und wir sollten fähig sein, viel tiefer in die ernsten sozialen und moralischen Fragen einzudringen, die mit Sex zusammenhängen, das könnte für uns alle nur eine Bereicherung sein."[3]

Die gemeinsame Fernsehumwelt führt zu neuen Programminhalten des „mittleren Bereiches". Der Fernsehinhalt hat sich so entwickelt, als ob man die Gästeliste auf einer Cocktailparty erweitert hätte um Menschen aller Altersgruppen, Klassen, Rassen, Religionen, Berufe und Völker. Kein Thema, von der Säuglingspflege bis zum Inzest ist tabu, doch bestimmte technische oder Fach-Diskussionen werden in besondere „Ecken" verbannt. Was den Humor angeht, so wird das Problem der „gemischten Gesellschaft" auf eine von zwei Weisen gelöst: Entweder werden nur solche Witze erzählt, die keine ethnische Gruppe oder andere Teile der Bevölkerung verletzen, oder umgekehrt, man erzählt solche Witze, die jeden gleichermaßen auf den Arm nehmen. Doch beide Taktiken sind Anpassungsleistungen an das gemischte Fernsehpublikum.

Neues Rollenverhalten wird als Programminhalt dargestellt

Die veränderten Gruppenidentitäten, Sozialisationsstadien und Hierarchien, wie sie von den neuen Informationssystemen verursacht sind, werden auch im Fernsehen dargestellt. Die neuen sozialen Verhaltensweisen werden zunächst in neuen Unterhaltungs-Shows, Dokumentarsendungen, Talkshows, Fernsehhearings und anderen Sendungen präsentiert. Danach folgen Spielfilme, die „auf dem laufenden" sind. Der „Aussteiger" oder die „befreite Frau" werden Charaktere in Komödien und Dramen. Trends wie Wohngemeinschaften oder Singles werden vorgestellt. Schließlich sieht man traditionelle Rollen in einer neuen Form des „mittleren Bereiches", konsistent mit der neuen Information über Rollen und Rollenverhalten im allgemeinen. Die Ärzte in M.A.S.H. reißen ihre Witze, während sie einen Patienten operieren. Und so vermischen sich, wie man zu sehen bekommt, die früheren Unterscheidungen zwischen öffentlichen und privaten Situationen und Verhaltensweisen.

Der Inhalt von Programmen wird der neuen Information angepaßt

Im Gegensatz zu Printmedien kann man im Fernsehen keine Kontrolle darüber ausüben, was „zum Ausdruck" gebracht wird – jedenfalls nicht im selben Moment, in dem es „kommuniziert" (gesendet) wird. In den Fernsehnachrichten zum Beispiel ist es unvermeidbar, eine Vielfalt persönlicher Ausdrucksformen den „objektiven Fakten" hinzuzufügen. Statt zu versuchen, diesen Aspekt der Nachrichtensendungen zu bekämpfen, haben deren Produzenten Teile des – ohnehin unwillkürlich gezeigten – „Hintergrunds" gezielt in die Nachrichten„show" selbst eingebaut.

Die Ausdrucksformen des „Hintergrunds" – persönliche Empfindungen, informelle Interaktion und spontane Witze – sind sogar ein wichtiger Teil der Sendung geworden. Ähnlich haben viele Quizsendungen und Talkshows im Fernsehen jeden Versuch aufgegeben, Mikrofone, Kameraleute, „Applaus"-Handzeichen und Hinweiskarten zu verstecken. Eine amerikanische Sendereihe, die vor kurzem und nur sehr kurze Zeit lief, ging so weit, die Sendung damit zu eröffnen und zu beschließen, daß die Zuschauer die Regieanweisungen an Kameraleute und andere Mitarbeiter hörten. Expressivität, „Persönlichkeit" und Hintergrund-Verhalten wurden zu unterschwelligen Themen so vieler Nachrichtensendungen, daß in den USA eine neue Sendung – „Entertainment Tonight" – sie zu *ausdrücklichen* Themen gemacht hat.

Fernseh-Übertragungen von sportlichen Wettkämpfen zeigen so viel „Hintergrund"-Emotionen gemeinsam mit den athletischen Leistungen, daß die gezeigten Gefühle allmählich in den Mittelpunkt der Sendung geraten. Man sieht beispielsweise, wie Athleten sich aufwärmen, wie nervös sie dabei sind; nach einem Fehlversuch sieht man, wie sie mißmutig ihre Trainingsanzüge wieder anziehen und man hört in Interviews, welche Überlegungen sie anstellen, warum es nicht geklappt hat. Die emotionalen Aspekte solcher Wettbewerbe sind sogar so wichtig geworden, daß gute „Darsteller" in einigen Sportsendungen schon die wirklichen Athleten ersetzt haben. Beispielsweise zeigt man immer wieder gern „Prominenten-Mannschaften" mit nur mäßig sportlichen Leistungen, die sich aber dafür sehr gut emotional äußern können.

Mißlungene Sätze und peinliche Verlegenheit waren einst das Verhängnis von Schauspielern und anderer öffentlicher Akteure. Doch solche Fehler sind heute so verbreitet und werden „live" gesendet vor Millionen von Zuschauern, daß sie Teil der Show selbst werden. Zunächst waren Jubiläumssendungen wie die der „Tonight"-Show den „Patzern" und den „schlimmsten Versprechern" gewidmet. Heute gibt es mehrere regelmäßige Fernsehsendungen, die Versprecher oder sonstwie mißlungenes Verhalten als Teil ihres wöchentlichen Unterhaltungsprogramms senden (in der Bundesrepublik zum Beispiel „Rudis Tagesshow"). Eine Folge dieser Veränderung in der grundsätzlichen Einstellung zu dem, was im Hintergrund sein oder bleiben sollte, ist jedoch, daß viele Politiker und Schauspieler fast nie „im Hintergrund" bleiben. Eine mißlungene Film-Einstellung kann beispielsweise als Teil einer Unterhaltungssendung zur Hauptsendezeit ausgestrahlt werden; die Abschrift einer Mikrofonprobe des Präsidenten vor einer Rede kann Gegenstand nationaler Entrüstung werden.[4] Da sie jetzt dieses mögliche Ergebnis ihres Verhaltens kennen, müssen die Personen des öffentlichen Lebens viele ihrer Proben „im Hintergrund" als indirekte Bühnenveranstaltungen betrachten. Wo genau die neue Grenze ist zwischen dem „wahren Hintergrund" und der „erweiterten Bühne", ist schwer zu sagen, aber solche Veränderungen im Medieninhalt (und im wirklichen Verhalten) kann man am besten verstehen, wenn man sie in Bezug zu den neuen sozialen Umwelten setzt, die durch die breite Nutzung der elektronischen Medien entstanden sind.

Die Printmedien benutzen elektronische Medien als Standard, an dem sie „angemessene" Inhalte messen

Ein Hinweis auf die Dominanz des Fernsehens in unserer Gesellschaft ist die Tatsache, daß die Printmedien oft der Art und Form von Informationen nacheifern, die das Fernsehen verbreitet. Die traditionell formelleren und abstrakteren Printmedien haben sich inzwischen den „privaten" Themen gewidmet. Neue Zeitschriften durchleuchten das Privatleben von Personen des öffentlichen Lebens. Zeitschriftenjournalisten haben sich einen persönlicheren und subjektiveren Stil zugelegt. Zeitungen beschreiben jetzt häufig Ereignisse auf eine Weise, die das, was man im Fernsehen gesehen und gehört hat, nachzuahmen scheint. Gedruckte Zitate enthalten heute mehr „Ähs" und „Hmms", grammatische oder andere Fehler bleiben heute öfter unverändert. Reportagen in den Printmedien enthalten heute mehr Berichte über Phänomene, die den meisten Menschen zum Zeitpunkt des tatsächlichen Ereignisses nicht bewußt waren oder unbeachtet blieben, aber all jenen deutlich vor Augen geführt wurde, die das Ereignis im Fernsehen verfolgten. Der Schweiß auf der Stirn eines Politikers, die Träne in einem Augenwinkel, ein nervöses Zwinkern – all das mag heute Teil der schriftlichen Beschreibung über einen Menschen werden – da das „Ereignis" jetzt so definiert wird, wie es im Fernsehen erschien. Von der schriftlichen Aufzeichnung allein wird es zukünftigen Generationen erscheinen, als ob nur in der zweiten Hälfte des 20. Jahrhunderts unsere Führungsfiguren mit physischen und verbalen Problemen zu kämpfen gehabt hätten.

Das unterschwellig enthüllende Fernsehinterview setzt jetzt die Standards für den Stil und Inhalt vieler gedruckter Interviews. In den frühen 70er Jahren zum Beispiel beobachtete Erving Goffman einen überraschenden Wandel im Gleichgewicht zwischen solchen Aussagen in gedruckten Interviews, die für die Aufzeichnung bestimmt waren, und solchen, die eher „nebenbei" gemacht wurden. Goffman nimmt an, daß früher ein großer Teil jeder Interaktion – auch mit einem Journalisten – nur für die Zeit und den Ort der Unterhaltung gedacht war und daß die Interviewten daher ihren Wort- und Handlungsfluß in zwei Ströme teilten: Einen „für die Aufzeichnung“ und einen „nebenher“. Doch „in den letzten fünf oder sechs Jahren ... dienten die Interviewer immer mehr als eine Art Monitor, der jetzt auch das aufzeichnet, was sie zwar mitbekommen, aber normalerweise herausgelassen hätten. Die Interviewten haben daher tatsächlich häufig hinterher den Eindruck, daß sie ausspioniert wurden.“[5] Goffman liefert keine Erklärung für diesen Wandel, doch die Vorstellung eines Reporters als „Monitor“ weist darauf hin, daß Zeitungsjournalisten heute versuchen, die „Stimmung“ eines Fernsehinterviews zu reproduzieren.

Die „Illusion von Intimität“, wie sie von elektronischen Medien erzeugt wird, hat nicht nur das gedruckte Interview verändert, sondern auch Biografien und Memoiren. Es erscheint heute viel akzeptabler, Biografien zu schreiben über das intime Leben großer Menschen, alte Geheimnisse zu verraten und ein Vertrauensverhältnis auszunutzen. Es ist sogar so, daß Memoiren *ohne* solche intime Enthüllungen über den Autor oder andere Leute heute prüde und unrealistisch erscheinen. Noch in den letzten Jahren haben bekannte Schauspielerinnen, Politiker oder deren Familienmitglieder enthüllende Berichte über den Hintergrund abgegeben, in denen häusliche Gewalt, Alkoholismus, Drogenabhängigkeit und sexuelle Leidenschaft ins Rampenlicht gezerrt wurden. Die Zeitschrift *Newsweek* kommentiert den Trend, ohne ihn zu erklären:

„In den späten 70er Jahren ist ‚Privatleben‘ ein Schimpfwort geworden ... ‚Ich gestehe alles‘, war früher das, worauf Verflossene zurückgriffen, deren Demütigungen genüßlich durch die Boulevardpresse gezogen wurden ...

Jetzt beteiligt sich jeder daran. Das Ausmaß an Offenheit variiert, doch das Ziel ist schließlich, den unersättlichen Hunger der Nation nach Enthüllungen intimer Details zu befriedigen.“ Im allgemeinen läßt das Fernsehen die traditionelle Trennungslinie zwischen Hintergrund und Bühne künstlich erscheinen. Was in einer von Printmedien beherrschten Kultur ein akzeptabler Buchinhalt war, das ist möglicherweise in einer elektronischen Kultur vollkommen unakzeptabel. In einer Printkultur können Kinderbücher jede Information über Erwachsenenverhalten enthalten, von der Erwachsene möchten, daß sie enthalten sein soll. Die Kinder können auf diese Weise ein idealisiertes und stereotypes Bild der Erwachsenenwelt und ein „klinisch reines“ Bild sozialer Realität vermittelt bekommen. Doch wenn erst viele „Erwachsenen-“Informationen für Kinder durch das Fernsehen erhältlich sind, erscheinen traditionelle Kinderbücher ausgesprochen langweilig. In den letzten Jahren hat sich daher der Inhalt von Kinderbüchern so verändert, daß Themen wie Sex und Drogen einbezogen wurden, die früher für Kinder tabu waren.

Ironischerweise scheinen die Printmedien, die ja dem Trend zur Enthüllung intimer Details der elektronischen Medien *folgen,* diesen Trend *anzuführen,* da die privatwirtschaftlich finanzierten (und weniger reglementierten) Bücher und Zeitschriften es erlauben, Verhalten zu enthüllen, das ganz tief im Hintergrund verborgen war. Wenn im Fernsehen das Dekolletée einer Schauspielerin gezeigt wird, zeigt eine Zeitschrift sie vielleicht vollständig nackt. Wenn der Rundfunk private und öffentliche Bereiche mischt und den Zuhörern suggeriert, die traditionelle Trennung zwischen privatem und öffentlichem Verhalten sei willkürlich und heuchlerisch, dann haben die Herausgeber und Redakteure von Büchern und Zeitschriften weniger Hemmungen, auch Tabuwörter in ihren Wortschatz aufzunehmen. Solche Veränderungen wirken zurück auf das System der Sendeanstalten, wenn die Veränderungen in Kinderbüchern, die neuen Bilder in Zeitschriften und andere neue Inhalte nun wieder zum Thema von Fernsehfeatures, Unterhaltungssendungen und Talkshows werden. Vor kurzem hat beispielsweise ein Fernseh-Reporter sowohl Pornofilm-Stars als auch Frauen interviewt, die ihren Job verloren haben, weil sie nackt in *Plaboy* posierten.

All diesen Veränderungen der Medien-Botschaften ist gemeinsam, daß die Struktur der Informationssysteme und ihr Inhalt eine kreis- und spiralförmige Beziehung zueinander eingehen. Jede wichtige Veränderung im generellen Muster des sozialen Informationsflusses beeinflußt den Inhalt aller Medien.

Die Ortszugangs-Schleife

Obwohl die elektronischen Medien die Beziehung zwischen sozialen Situationen und physischen Orten unterminieren, existieren getrennte Orte offensichtlich nach wie vor, und der Ort bleibt eine wichtige Bestimmungsgröße für viele Arten der Interaktion. Physische Interaktionen (vom Geschlechtsverkehr bis zum Mord) sind naturgemäß begrenzt, wenn sie über das Telefon, auch das Bildtelefon, stattfinden, und die „Gesellschaft“, die ein Radio, ein Fernsehen oder ein Computer bietet, kann auch als neue Form der Einzel-Haft betrachtet werden. Selbst wenn die Medien sehr viele Informationen liefern, die früher nur dadurch zu bekommen waren, daß man physisch präsent war, kann der physische Bewegungsspielraum dennoch nach wie vor begrenzt sein, unabhängig davon, wieviel Zugang man scheinbar zu anderen Menschen durch die Medien hat. Frauen teilen viel mehr

Informationen mit Männern und sind doch von bestimmten, rein männlichen Situationen nach wie vor ausgeschlossen. Gefangene können durch die Medien Kontakt zur Außenwelt bekommen und dennoch *im* Gefängnis bleiben; ein Kind sieht alle möglichen Orte der Welt und darf doch möglicherweise das Haus nicht verlassen. Die neue Freiheit, die nur durch den Informationszugang geliefert wird, ist daher sehr begrenzt.

Veränderungen in Informationssystemen werden in der Regel gefolgt von Veränderungen im Reiseverkehr und im Zugang zu Orten. Der veränderte Informationsfluß scheint ein Ungleichgewicht zu schaffen, eine Spannung zwischen dem gesteigerten Kenntnisstand von Menschen und ihrer immer noch begrenzten physischen Mobilität. Neue Regeln physischer Beweglichkeit und des Zugangs zu Orten werden daher entwickelt. Als Psychiatriepatienten und Gefangene mehr Informations-Zugang zur sozialen Welt „draußen" bekamen, haben sich prompt Konzepte von „offenen" Häusern und „Freigängern" entwickelt. Behinderte sind zunehmend in der Lage, ihre größere Umwelt zu beobachten und mit ihr zu interagieren, trotz ihrer physischen Isolation; sie haben daher verstärkt die Forderung erhoben, entsprechenden physischen Zugang zu Orten zu bekommen – durch die Veränderung von Parkplätzen, Treppen und Bürgersteigen. Wenn Leute in der Lage sind, mit ihren Fingern, Augen und Ohren via elektronischer Medien „spazieren zu gehen", erhält jeder Mensch in der Gesellschaft eine relativ gleichmäßige „Mobilität".

Die elektronischen Medien bieten früher isolierten Gruppen eine neue Beweglichkeit. Als ein Resultat davon erscheinen die Begrenzungen des physischen Zugangs, die einmal normal und notwendig schienen, heute willkürlich und reaktionär. Wenn einmal Frauen hunderte von Stunden lang Männer beobachtet haben, wie sie sich in rein männlichen Hintergrundsituationen im Fernsehen verhielten, scheint es nicht länger besonders sinnvoll, daß es Bars, Clubs und Jobs gibt, zu denen Frauen der Zugang verwehrt ist. Wenn Kinder erst einmal tausend Tote und Beerdigungen im Fernsehen gesehen haben, ist es nicht länger einzusehen, warum sie von einem Familienbegräbnis ausgeschlossen bleiben sollten.

Informationen über eine bestimmte Umgebung zu haben, heißt, teilweise „in" der Umgebung zu sein. Der Informationszugang öffnet aber auch die Tür zum physischen Zugang. Es überrascht daher nicht, daß eine der wichtigsten Formen des Protestes seit den 60er Jahren das „Sit-In" gewesen ist. Das Sit-In bedeutet heute häufig, eine Umgebung physisch in Besitz zu nehmen, die bereits durch den neuen Informations-Zugang entmystifiziert und „erobert" wurde.

Das Fernsehen entmystifiziert also nicht nur die Orte, die tatsächlich gezeigt werden, sondern erzeugt auch ein neues Gefühl für die Zugänglichkeit und Offenheit aller Orte. Da diese neue Einstellung in eine Hinwendung zu vielen physischen Orten mündet, wird ein Wandel in den Zugangsregeln den elektronischen Medien zurückgemeldet, indem verschiedene Orte im Fernsehen zum erstenmal gezeigt werden (das amerikanische Repräsentantenhaus, psychiatrische Kliniken, das Weiße Haus, Gerichtssäle, Ambulanzen, Sozialamtsstuben, der Vatikan usw). Und das wiederum verstärkt die Entmystifizierung von „Orten".

Das Argument, eine Homogenisierung von Informationen führe zu einem gleichmäßigen Zugang zu allen Orten für alle Menschen, erhält historisch einige Unterstützung aus der Tatsache, daß es – bevor sich die Printmedien in Westeuropa ausbreiteten – keine besondere Trennung von Klassen, Geschlechtern, Altersgruppen oder Aktivitäten in getrennten Räumen und Orten gab.[7] Der Privathaushalt war gleichzeitig Arbeitsstätte, die Räume hatten keine Sonderfunktion (mit Ausnahme der Küche), das Personal schlief und aß in denselben Räumen wie ihre Arbeitgeber und das Haus war relativ offen für Nachbarn und die Gemeinde. Die Spezialisierung von Räumen begann mit dem Entstehen der Mittelschicht und des Adels, die beiden Gesellschaftsschichten, die zuerst lesen und schreiben konnten. Diese Spezialisierung „befriedigte ein neues Bedürfnis nach Isolation"[8]. Vielleicht hing ein Teil dieses neuen Bedürfnisses nach Isolation und Alleinsein mit der Tendenz von Printmedien zusammen, sich auf „Zielgruppen" zu spezialisieren. Als die Printmedien es erst einmal bestimmten Gruppen erlaubten, mit Hilfe eines dieser Medien jeweils ihre „Privatgespräche" zu führen, brauchte man vielleicht getrennte physische Umgebungen, um ähnliche Trennungen auch in unmittelbaren Interaktionen aufrechtzuerhalten. Als die Bücher erst einmal Informationen lieferten, die nur Erwachsenen zugänglich waren, Kindern aber in der Regel nicht, empfanden die Erwachsenen vielleicht ein größeres Bedürfnis danach, ihre eigene Umgebung von der ihrer Kinder zu trennen. Als erst einmal Fürsten und Priester Ratgeber-Bücher lesen konnten (wie die von Machiavelli und Gracian darüber, wie sie sich ihrem „Publikum" präsentieren sollten), gab es vielleicht ein größeres Bedürfnis danach, mehr Distanz und Privatheit zu haben, sowohl dahingehend, sich über „Bühnenrollen" zu informieren, als auch, sie einzuüben und sich von ihnen zu erholen.

Viele der heutigen Veränderungen im Zugang zu physischen Orten haben etwas gemeinsam: Die Fusion von Arbeits- und Lebensbereichen, gemischt-geschlechtliche Schlafsäle, die Tendenz zu Großraumbüros, die Experimente mit Partnerbesuchen für Gefangene, die Verbreitung der Bewegung für Sterbekliniken (die Ärzte und Familie darin unterstützt, den Todkranken zu erlauben, zu Hause sterben zu können oder in einer Umgebung, die dem Zuhause ähnlich ist), die Liberalisierung der Besucherregelungen in vielen Krankenhäusern und die Rückkehr zum „Familien-Bett", in dem Eltern und Kinder zusammenschlafen[9] wie vor dem Zeitalter der Printmedien – all das weist daraufhin, wie sehr sich physische Situationen vermischen, um sich der Vermischung von sozialen Informationen anzupassen.

Ein weiterer potentieller Beweis für die neue Sicht physischer Orte als Ergebnis neuer Informationssysteme ist die Tatsache, daß in vielen Institutionen immer mehr rechtlich geregelt wird, während man früher die auftretenden Probleme unabhängig von Hausordnungen und Gesetzen gelöst hat. Kindergärten, Schulen, Gefängnisse, psychiatrische Einrichtungen und die Armee wurden in jüngster Zeit von Teilen der dort Untergebrachten angegriffen, die nicht zufrieden waren mit ihrer Behandlung.[10]

Früher fürchteten sich die Kinder vor entfernten abstrakten Autoritätsfiguren und manchmal wurde ihnen gedroht, „den Schutzmann" zu holen, um sie einzuschüchtern und ihr Verhalten unter Kontrolle zu halten. In den letzten Jahren hat sich das Blatt jedoch gewendet. In einer ganzen Reihe von Fällen haben sich Kinder – heute viel gescheiter, was die Arbeit der Polizei und was Recht und Ordnung angeht – an Polizeibeamte oder Rechtsanwälte gewendet, um vor ihren Eltern beschützt zu werden.

Indem sie allen Menschen einen größeren Zugang zu anderen Orten ermöglichen, entfernen die elektronischen Medien sie gleichzeitig sozial und psychologisch von den physischen Situationen, in denen sie sich befinden. Die Leichtigkeit, einen Ort via elektronischer Medien zu „verlassen", macht es Kindern, Angestellten, Gefangenen, Beamten und anderen leicht, die Informationskanäle und Hierarchien ihrer physischen Umwelt zu umgehen. Jeder kann eine Telefonzelle benutzen, um einen anonymen Anruf zu tätigen, der eine Autorität über irgendein Problem oder ein Fehlverhalten informiert. Da Eingeweihte nicht länger irgendwohin „gehen" müssen, um mit einem Außenseiter zu sprechen, kann heute viel mehr Information über private Gruppen, Interaktionen oder Probleme in die Öffentlichkeit „sickern". Gruppenmitglieder können „ausfallen", ohne je das Territorium der Gruppe zu verlassen, und sowohl laienhafte wie professionelle Nachforschungen können auf dem Gelände einer Institution getätigt werden, ohne daß man ihr je auch nur in die Nähe kommen müßte.

Die Flexibilität und Geschwindigkeit, mit der durch elektronische Medien „Reisen" in andere Regionen möglich sind, fördern einen Trend in Richtung auf Flexibilität und einen schnelleren Zugang zu physischen Orten. Durch Radio, Fernsehen und Telefon werden Botschaften vierundzwanzig Stunden am Tag, sieben Tage in der Woche gesendet. An einem Ort eingesperrt oder von ihm ausgeschlossen zu sein aufgrund eines „Planes" scheint heute willkürlicher und weniger akzeptabel zu sein als früher. Dies ist vielleicht ein Grund für den Trend zur Flexibilisierung der Arbeitszeit, die es Arbeitnehmern ermöglicht, ihre Arbeitsstunden pro Tag selbst zu bestimmen oder Teilzeitarbeit zu leisten. Auch sind in den USA mehr Geschäfte sonntags und die ganze Nacht über geöffnet.

Das allgemeine Bewußtsein dafür, daß durch die weit verbreitete Verwendung elektronischer Medien Situationen und Ort vollkommen „offen" sind, hat alle geschlossenen sozialen Systeme in Verruf gebracht. Geschlossene Gesellschaften erscheinen heute verdächtig, und die Mitgliedschaft in einem Club, der manche Menschen aufgrund eines sozialen Merkmals (Geschlecht, Rasse oder Religion) ausschließt, kann jemanden, der politisch Karriere machen will, als Fehlverhalten angelastet werden. In den letzten Jahren ist der Zugang zu früher ausschließlich Männern vorbehaltenen Bars und Clubs für Frauen geöffnet worden, und bei Sportveranstaltungen ist die Männer-Kabine für weibliche Reporter zugänglich geworden.

Ob solche Veränderungen gut oder schlecht sind, ist eine offene Frage, aber vielleicht sollten wir uns zunächst mehr mit ihren Ursachen und Auswirkungen beschäftigen.

Teil IV
Drei Dimensionen sozialen Wandels

Jedes der nächsten drei „Fallstudien"-Kapitel untersucht ein bestimmtes Beispiel für jede der allgemeinen Rollenkategorien, die wir bis dahin analysiert haben. Kapitel 11 untersucht die jüngsten Veränderungen in den Vorstellungen von Männlichkeit und Weiblichkeit (Gruppenidentität), Kapitel 12 geht dem Wandel in den Vorstellungen von Kindheit und Erwachsensein (Sozialisation) auf den Grund, und Kapitel 13 untersucht die sich ändernden Verhaltensweisen der nationalen politischen Führungsfiguren (Hierarchie).

Ich habe das Verhältnis zwischen Männern und Frauen aus verschiedenen Gründen für eine Fallstudie ausgewählt. Erstens sind Männer und Frauen die beiden größten menschlichen „Gruppen", und die Unterschiede und Ähnlichkeiten zwischen ihnen sind daher für jeden Menschen von Bedeutung. Zweitens ist die Frauenbewegung gegenwärtig die vorherrschende und umstrittenste „Integrations"-Bewegung. Am wichtigsten jedoch: Man betrachtete früher die Rollen von Männern und Frauen eher als biologisch denn als sozial bedingt. Wenn traditionelle Unterschiede in den Geschlechtsrollen nachweislich mit Unterschieden im Zugang zu sozialen Informationen verbunden sind, und wenn die gegenwärtige Vermischung von „männlichen" und „weiblichen" Verhaltensweisen in Beziehung gesetzt werden kann zu vermischten Informationssystemen, dann gibt es noch mehr Belege für das Argument, daß situative Veränderungen eine Auswirkung auf alle anderen Gruppen haben – Gruppen, von denen man stark annimmt, daß sie eher durch soziale (Religion, Klasse, Rasse, Nationalität, Beruf usw.) als durch biologische Faktoren bestimmt werden.

Ich habe die Rolle des Kindes und die des Erwachsenen ausgesucht für eine Fallstudie über Sozialisation, weil der Sozialisationsprozeß von der Kindheit zum Erwachsensein von jedem Menschen durchlebt wird. Und von allen Sozialisationsprozessen sind die Stadien der Kindheit am engsten mit „natürlichen" Stadien physiologischer und kognitiver Entwicklung verbunden. Ähnlich wie die Analyse von Männlichkeit und Weiblichkeit stellt die der kindlichen Sozialisation die größte Herausforderung an die hier präsentierte Theorie dar, verspricht entscheidende Beweise und hat Auswirkungen auf die Untersuchungen anderer Bereiche des Rollenwandels.

Die Rollen von Präsidenten und Präsidentschaftskandidaten habe ich deshalb für die Fallgeschichte über Hierarchien ausgewählt, weil in letzter Zeit dramatische Veränderungen im Wesen der amerikanischen Präsidentschaft stattgefunden haben: Auf den unvorhergesehenen Rücktritt eines amerikanischen Präsidenten folgte die Wahl eines politischen „Außenseiters"; und auf die folgte die Wahl eines ehemaligen Schauspielers. Unter anderem wird die Analyse demonstrieren, daß die „Glaubwürdigkeits"-Probleme und die besonderen Stilformen der letzten amerikanischen Präsidenten teilweise aufgrund neuer Medien-Umwelten entstanden sind, in denen die Nationalhelden heute ihre Rollen spielen müssen.

Diese drei Kapitel berühren eine Vielfalt kontroverser Themen, doch sie sind nicht als endgültige Äußerungen über die jeweiligen Themenbereiche gemeint. Vielmehr sollen sie einerseits die Plausibilität der allgemeinen Theorie des Rollenwandels demonstrieren, wie sie im vorherigen Teil des Buches entwickelt wurde, andererseits spezifische Fragen für eine weiterführende Analyse aufwerfen.

12
Männlichkeit und Weiblichkeit vermischen sich
Eine Fallstudie über veränderte Gruppen-Identitäten

Was wir heute erleben, kann man als die vielleicht letzte feministische Revolution bezeichnen. In der Vergangenheit gingen die Kämpfe um bestimmte Rechte und Freiheiten für Frauen – das Recht auf Eigentum, das Recht zu wählen, Geburtenkontrolle auszuüben, Zugang zu bestimmten Berufen zu bekommen usw. Doch heute bemüht sich die Bewegung um vollständige soziale und rechtliche Gleichheit mit Männern, tatsächlich geht es sogar um eine Veränderung oder Eliminierung der Trennungslinie zwischen Männlichkeit und Weiblichkeit. In Sprache, Kleidung, Ausbildung und im Berufsleben haben Frauen den schlichten Status von „Menschen" verlangt; sie wollen keine besondere Gruppe mehr sein.

Die Geschlechterstereotype – wie sie entstanden sind aufgrund vermuteter Unterschiede in der Emotionalität, Stabilität, Intelligenz, Rationalität und Aggressivität von Männern und Frauen – wurden an vielen Fronten kontrovers diskutiert.[1] Gegenwärtig weisen die Auseinandersetzungen ebenso wie einschlägige Forschungsergebnisse darauf hin, daß viele der traditionellen Verhaltensunterschiede zwischen Männern und Frauen willkürlich zustande gekommen sind, und zwar aufgrund der geschlechtsspezifischen Sozialisation, nicht aufgrund physiologischer Unterschiede – auch wenn natürlich offensichtlich einige biologische Unterschiede zwischen den Geschlechtern existieren. Was die Argumente und Forschungsergebnisse jedoch häufig eher verschleiern als erhellen, ist die Tatsache, daß die Revolution in den weiblichen und männlichen Rollen genau das ist, nämlich eine Veränderung von sozialen *Rollen,* nicht unbedingt eine Bewegung in Richtung größerer „Natürlichkeit".

Die Natur ist nie so eindeutig wie soziale Konventionen. Es gibt keine plötzliche Veränderung in unserer Physiologie am Tage unseres achtzehnten Geburtstages, doch der Tag signalisiert den Beginn unseres „Erwachsenseins". Alle Menschen sind verschieden hinsichtlich ihrer Größe, ihres Gewichts, ihrer Stärke, ihres Temperaments und ihrer angeborenen Intelligenz, und doch erklärt die amerikanische Unabhängigkeitserklärung alle Menschen für „gleich geschaffen". Soziale Konventionen führen uns häufig dazu, Ähnlichkeiten und Unterschiede zwischen den Menschen zu ignorieren oder sie zu verstärken. In diesem Sinne ist der neue Drang zur sozialen Gleichheit aller Männer und aller Frauen genau so willkürlich (und genau so plausibel) wie das alte System, das alle Männer von allen Frauen unterschied. Beide sind nichts weiter als soziale Konventionen, die komplizierten Wirklichkeiten übergestülpt werden.

Ob es nun so bedeutsame biologische Unterschiede gibt, die Männer „natürlicherweise" gesellschaftlich von Frauen trennen, ist irrelevant für diese Diskussion. Wenn Männer und Frauen biologisch verschieden sind, dann weist die gegenwärtige „Rollen-Vermischung" darauf hin, daß die Macht sozialer Kräfte größer ist als die biologischen Unterschiede. Wenn Männer und Frauen biologisch ähnlich sind, dann weisen die traditionell scharfen Unterscheidungen in ihren Verhaltensweisen auf die Möglichkeit hin, daß soziale Konventionen sich trotz der biologischen Realität behaupten können. Wie dem auch sei, die sozialen Konventionen scheinen die Biologie zu beherrschen, und diese Konventionen sind es daher wert, näher betrachtet zu werden.

Wenn auch viele von uns vielleicht das Gefühl haben, die Bewegung zur Gleichstellung der Geschlechter sei eine richtige und fortschrittliche Entwicklung, ist es dennoch legitim, die möglichen Gründe für diese Entwicklung und die Kräfte zu betrachten, welche die alten Unterschiede im Verhalten der Geschlechter aufrechterhalten haben. Dieses Kapitel beschreibt kurz die jüngsten Trends in Richtung auf die Vermischung von männlichen und weiblichen Rollen und geht dem Gedanken nach, daß die Veränderungen in den Vorstellungen über „angemessenes" Verhalten der Geschlechter etwas zu tun haben könnten mit der Vermischung männlicher und weiblicher Informationssysteme durch den weitverbreiteten Einsatz elektronischer Medien.

Feministische Kontinuitäten und Brüche

Die Vertreter einer sozialen Bewegung müssen häufig einen paradoxen Standpunkt einnehmen, was die Veränderungen angeht, für die sie kämpfen. Einerseits ist es ihnen wichtig, weitgehende Forderungen zu stellen in Richtung auf das Ziel der Bewegung, um möglichst viele Leute zu mobilisieren. Andererseits darf die Bewegung nicht zu revolutionär dargestellt werden, weil Bürgerinnen und Bürger sonst Angst bekommen, daß auch solche Aspekte ihres sozialen Lebens sich vollständig verändern werden, die sie gerne beibehalten würden, und sie statt dessen einer ungewissen Zukunft entgegengehen. Die Vertreter dieser Bewegungen lösen das Dilemma oft so, daß sie auf weitreichende soziale Veränderungen drängen und gleichzeitig ihr Bedürfnis nach diesen Veränderungen damit rechtfertigen, es handle sich um eine notwendige Korrektur: *weg* vom Abweichenden, hin zum „Normalen". Die Frauenbewegung bildet darin keine Ausnahme. Auch sie bezeichnet das alte Verhaltens- und Glaubenssystem als „restriktiv", „repressiv" und „sexistisch"; folgerichtig muß das Ziel der Bewegung – die Gleichstellung der Geschlechter – schlicht als „selbstverständlich" und „normal" erscheinen.

Die rhetorische Wendung, die Gleichheit der Geschlechter als „normal" zu bezeichnen, mag eine politische Notwendigkeit sein, sie vernachlässigt jedoch auf unzulässige Weise die Bedeutung der außergewöhnlichen wenn auch noch unvollständigen Veränderungen der Geschlechtsrollen in den letzten zwei Jahrzehnten.

Da es kein Bedürfnis danach gibt, das Auftreten „normaler" Phänomene zu untersuchen, blieben die Wurzeln der Frauenbewegung größtenteils im Dunkeln. Oder um es anders auszudrücken: Die „Ursachen" der Bewegung werden einfach damit erklärt, das alte System sei repressiv.[2]

Ein Großteil der feministischen Literatur geht davon aus, die Menschen hätten das alte System sicherlich als Abweichung vom Normalen erlebt, wenn sie diese Struktur nur *durchschaut* hätten (das heißt, wenn sie sich in Selbsterfahrung geübt hätten). Doch die Wahrheit ist, daß die alte soziale Ordnung sehr sorgfältig beobachtet, diskutiert – und in der Regel für gut befunden wurde. In einer Geschichte über die sich wandelnden Vorstellungen über „den angemessenen Platz von Frauen" im letzten Jahrhundert hat zum Beispiel Sheila Rothman festgestellt, daß die Auseinandersetzungen um eine Veränderung der Geschlechtsrollen, wie sie in den 60er und 70er Jahren stattfanden, „in auffallendem Kontrast stehen zur Harmonie, welche die Einstellungen und Praktiken in früheren Zeiten charakterisierten... Unsere Vorfahren sprachen genau da von gegenseitiger Abhängigkeit von Menschen (interdependence), wo wir Konkurrenz und Konflikte sehen".[3] Anthropologische und historische Belege weisen darauf hin, daß die Geschlechterdifferenzierung und -ungleichheit wahrscheinlich dauerhafte Bestandteile der meisten, wenn nicht aller Kulturen gewesen sind. Und Studien zeitgenössischer Kulturen legen nahe, daß die „sexuelle Asymmetrie gegenwärtig eine universelle Tatsache des menschlichen Soziallebens darstellt".[4]

Die neuen Vorstellungen von angemessenem Geschlechtsrollen-Verhalten sind nicht einfach aus einem *größeren* Bewußtsein entstanden, sondern aus einem *neuen* Bewußtsein und einem neuen Wertesystem. Und das Thema, um das es wirklich geht, wenn man nach den Wurzeln der neuen Frauenbewegung sucht, sollte nicht die Absurdität des alten Systems sein, sondern die neue „Brille", durch die alte Phänomene auf neue Art und Weise betrachtet werden.

Um den Frauen der gegenwärtigen Frauenbewegung ein größeres Gefühl dafür zu geben, daß sie in einer gewissen Tradition stehen, haben sich viele Feministinnen der Geschichtsforschung zugewandt und die schriftlichen Aufzeichnungen jener Frauen analysiert, die in der Vergangenheit über das Thema Gleichstellung der Frau geschrieben haben – Abigail Adams, Mary Wollstonecraft, Charlotte Perkins Gilman und andere. Auch die Suffragettenbewegung wird als Beweis für die Kontinuität feministischen Kampfes dargestellt.[5]

Es ergeben sich jedoch eine Reihe von Problemen, wenn man die heutige Frauenbewegung lediglich als Fortsetzung früherer feministischer Denkweisen betrachtet. Es ist immer möglich, in die Geschichte zurückzuschauen und Menschen zu finden, die als Vorfahren fast jeder sozialen Bewegung betrachtet werden können (genau so wie es oft möglich ist, „Ursachen" in unserer Kindheit zu finden für fast jede spätere Persönlichkeitsentwicklung). Die Ausdrucksformen feministischer Empfindungen in der Vergangenheit weisen jedoch nicht unbedingt auf eine *Kontinuität* einer feministischen *Bewegung* hin. Die früheren feministischen Schriftstellerinnen zum Beispiel waren *außergewöhnliche* Frauen, und als solche gaben sie nicht die Empfindungen der Durchschnittsfrauen ihrer Zeit wieder, noch waren sie in den meisten Fällen die Anführerinnen einer sozialen Bewegung.

Selbst die Suffragettenbewegung hatte weniger Ähnlichkeiten mit der gegenwärtigen Frauenbewegung, als man oft annimmt. Zu keinem Zeitpunkt gab es mehr als wenige tausend Aktivistinnen in der Bewegung. „Die große Mehrheit der Frauen wollte entweder nichts mit den Feministinnen zu tun haben oder betrachtete sie sogar als überflüssig und verbohrt."[6]* Selbst viele der Wahlrechtskämpferinnen hatten mit ihrem Kampf nicht die *Gleichberechtigung* im Sinn, sondern wollten damit erreichen, daß Frauen damit ihren *besonderen Status und ihre ganz eigenen moralischen Richtlinien* in das gesellschaftliche „Heim" einbringen könnten. Für viele war das Wahlrecht eine Ausweitung ihrer ehrenamtlichen Reform-Arbeit, die sie außerhalb des Hauses leisteten. Aus demselben Grund bekämpften andere das Wahlrecht für Frauen: aus Angst, es könnte die Trennung zwischen häuslichem und öffentlichem Leben aufheben.

Der Kampf um das Frauen-Wahlrecht war erbittert und dauerte über 70 Jahre – es war der längste Kampf für die Ausweitung eines Wahlrechtes in der amerikanischen Geschichte.[8] (Nur eine der 250 Frauen, die sich im Jahre 1848 in Seneca Falls trafen, um das gleiche Wahlrecht für Frauen zu fordern – Charlotte Woodward –, lebte lange genug, um einen Präsidenten der Vereinigten Staaten mitzuwählen.[9]) Und selbst als das Wahlrecht erkämpft war, konnte man mehr von einem Sieg für die ethnische, religiöse und rassische „Reinheit" sprechen als von einem Sieg für die Frauenemanzipation. Das Frauenwahlrecht wurde von etlichen Männern als konservative Maßnahme begrüßt, mit deren Hilfe es noch einmal gelungen sei, das weiße, angelsächsische Gesellschaftssystem abzuschirmen gegen den Ansturm männlicher Einwanderer und schwarzer Männer.[10] Und als das Wahlrecht einmal durchgesetzt war, gab es nur wenige Unterschiede im Wahlverhalten zwischen Frauen und Männern. Die „Stimme der Frauen" war im Grunde ein Echo der Stimmen der Männer in ihrem Leben. Einer der wenigen wichtigen Unterschiede zwischen dem Wahlverhalten von Männern und Frauen war der, daß Frauen – die Mehrheit der Bevölkerung – erst 36 Jahre, nachdem sie das Stimmrecht erlangt hatten, in ähnlicher Zahl zur Urne gingen wie Männer.[11]**

Als die Schlacht „gewonnen" war, wurden die Frauenstimmrechts-Organisationen aufgelöst, doch auf das Wahlrecht folgten keine wesentlichen Veränderungen in den Beziehungen zwischen Männern und Frauen. Es gab immer noch wenig berufstätige Frauen, etwa Ärztinnen oder Rechtsanwältinnen. Und viele Jahre erhielten nur relativ wenige Frauen eine Ausbildung, die über das hinausging, was sie zur Führung eines Haushalts brauchten. Es gab wenig, das die Ansicht in Frage stellte, Männer und Frauen seien sehr verschiedene Wesen mit verschiedenen Fähigkeiten und Bedürfnissen. Noch Mitte der 60er Jahre dieses Jahrhunderts trennten viele staatliche Schulen Mädchen und Jungen in einigen Fächern. Eine Bekannte hat mir zum Beispiel erzählt, daß im Jahre 1968 (sie war damals im sechsten Schuljahr) ihre Klasse regelmäßig einen Nachmittag die Woche geteilt wurde – die Jungen widmeten sich zusätzlichen naturwissenschaftlichen Projekten, die Mädchen nähten Schürzen. Selbst die Tatsache, daß Frauen in der ersten Hälfte des zwanzigsten Jahrhunderts in zunehmender Zahl ins Berufsleben eintraten, „hat der feministischen Zielsetzung unter Frauen kein neues Leben eingehaucht".[12] Mit Ausnahme der kleinen nationalen Frauenpartei gab es in den ganzen Vereinigten Staaten nicht eine einzige feministische Organisation im Zeitraum zwischen den 1920 und 1965; und „bis spät in die 60er Jahre hinein ... war ‚Feministin' ein Schimpfwort, mit einer ähnlichen Bedeutung wie ‚spätes Mädchen', ‚Blaustrumpf' oder ‚Männerhasserin' ".[13]

Ich will damit nicht sagen, daß alle Frauen früher voller Begeisterung die Rolle der Hausfrau und Mutter spielten, doch die meisten Frauen haben gegen ihren „besonderen Platz" in einer „Männerwelt" nicht aktiv gekämpft. In seiner umfassenden historischen Analyse der Rolle von Frauen in Amerika beschreibt Carl Degler die Frauenbewegung der 70er Jahre als Fortsetzung der „andauernden Spannungen" zwischen Frauen und der Familie. Doch Degler ist auch überrascht über die fehlende Kontinuität zwischen Gegenwart und Vergangenheit. In der Vergangenheit traten Veränderungen des Familienlebens mit „eiszeitlicher Langsamkeit" auf, doch die neue Frauenbewegung „hat in den 60er Jahren die Nation im Sturm erobert. Nur wenige Frauen oder Männer hätten das vorhergesehen oder es auch nur für möglich gehalten".[14] Sheila Rothman stellt fest: Obwohl es viele Auseinandersetzungen gab über die Definition von Weiblichkeit, zeige das neue feministische Ideal von Frauen als „Personen", die in vieler Hinsicht Männern ähnlich sind, keine besonderen Fähigkeiten besitzen und keines besonderen Schutzes bedürfen, „überraschend wenig Kontinuität mit einer feministischen Vergangenheit".[15] Doch ohne diese Kontinuität und ohne irgendeine solide politische Grundlage hat die gegenwärtige Frauenbewegung, wie Degler feststellt, „die ... Unterstützung der Massenme-

* Die heutige Frauenbewegung hat im Gegensatz dazu eine breite Verankerung in der Bevölkerung, viele unterschiedliche Organisationen und keine zentrale Leitung. Allein die National Organization of Women (NOW) in den USA hat nach eigenen Angaben eine zahlende Mitgliederschaft von 250.000 Männern und Frauen.[7]

** Interessanterweise wurde erstmals ein amerikanischer Präsident von gleich viel Frauen wie Männern in dem Jahr gewählt (1956), in dem das Fernsehen die 50%-Marke in amerikanischen Haushalten überschritten hatte.

dien, der akademischen Gemeinde, der Regierung und sogar der Wirtschaft erlangt", und zwar mit „bemerkenswerter Schnelligkeit".[16]

Wenn die heutige Frauenbewegung nicht nur eine Fortsetzung früherer Kämpfe ist, dann bleibt die Frage: Wie konnte solch eine revolutionäre Veränderung im sozialen Bewußtsein in so kurzer Zeit stattfinden? Warum wuchs und gedieh die Frauenbewegung nach Jahrhunderten der Unterdrückung und nur sporadischem Protest innerhalb einer einzigen Generation? Warum begannen sich nach vielen Veränderungen in der Vorstellung über die *Art* der Unterschiede zwischen Männern und Frauen, die Menschen sich tatsächlich die Frage zu stellen, ob *überhaupt* irgendwelche wesentlichen Unterschiede zwischen Männern und Frauen existierten? Und warum kam die aktivste Bewegung für eine gesellschaftliche Veränderung von den traditionell „passiven" Mitgliedern der Gesellschaft? Wie kam der Bewußtseinswandel bei Frauen zustande, und was hat diesen Wandel – nach einer Weile – auch für so viele Männer als sinnvoll erscheinen lassen?

Viele Feministinnen sind der Ansicht, die gegenwärtige feministische Revolution stehe in der Tradition vieler einzelner, mutiger Frauen, die sich aus ihrem häuslichen Gefängnis befreien konnten und sich einen Weg erkämpft haben – gegen alte Gewohnheiten, Repressionen und Traditionen – und einen Brückenkopf in der früher rein männlichen Welt gebildet haben. Diese Erklärung ist zwar attraktiv – der Stoff, aus dem Legenden sind –, doch sie ist unzureichend.

Eine Bewegung, die so komplex und vielschichtig ist wie die Frauenbewegung, kann sicherlich nicht auf eine einzelne Ursache zurückgeführt werden. Der Wandel in den männlichen und weiblichen Geschlechtsrollen ist durch viele gesellschaftliche Veränderungen bewirkt worden: Technologische Entwicklungen, die die Bedeutung physischer Kraft als Bestimmungsgröße für den sozialen Status verringert haben; Verbesserungen des Gesundheitssystems, welche die Geburt eines Kindes zu einer weniger lebensbedrohenden und einschneidenden Erfahrung machten; die „Automatisierung" vieler Bereiche der Hausarbeit; und Fortschritte in der Geburtenkontrolle.* In den letzten Jahren haben auch ökonomische Bedingungen, eine bessere Ausbildung und die hohe Scheidungsrate Frauen ermutigt, sich auf eigene Füße zu stellen und „sich auf sich selbst zu besinnen".

Ohne irgendeinen dieser Faktoren außer acht zu lassen, liefert die Theorie, wie sie in diesem Buch entwickelt wird, noch einen weiteren wichtigen Grund dafür, daß die sozialen Rollen von Männern und Frauen so sehr ineinander verschwimmen: Die Vermischung von männlichen und weiblichen Situationen oder „Informations-Systemen" durch die breite Nutzung elektronischer Medien, besonders des Fernsehens.

Wie in früheren Kapiteln herausgearbeitet, wird jede „Gruppen"-Identität gestützt durch die soziale Erfahrung, die die Mitglieder der Gruppe teilen und vor Außenseitern geheimhalten. Ein situativer Ansatz, den Wandel der Geschlechtsrollen zu analysieren, geht daher davon aus, daß die traditionellen Unterschiede zwischen Männern und Frauen zumindest teilweise dadurch aufrechterhalten wurden, daß der Zugang zu sozialen Situationen und den darin erhältlichen Informationen verschieden war. Die Trennung in männliche und weibliche Lebensbereiche ermöglichte die Sozialisation der Geschlechter in unterschiedliche Rollen.

Tatsächlich war die Trennung in Männer- und Frauen-Welten viele Generationen lang – anders als für die meisten Gruppen – eine ausdrücklich anerkannte und willkommene Doktrin, die „Doktrin der zwei Welten".[18] Dieser Doktrin lag die Idee zugrunde, die Natur habe Männer und Frauen so unterschiedlich ausgestattet, daß sie geistig und emotional in verschiedenen Welten lebten, daher für unterschiedliche Dinge verantwortlich seien und an unterschiedlichen Orten „ihren Platz" hätten. Der Platz der Frauen war die Familie und das Heim. Ihre Verantwortung war, fürsorglich zu sein, Kinder zu erziehen, das Haus zu hüten und den berufstätigen Ehemännern das Leben zu erleichtern. Ihre Rechte bestanden darin, den moralischen Kodex der Familie zu definieren, den Charakter der Kinder zu formen und das moralische Verhalten der Ehemänner in die „richtige" Richtung zu lenken. Die Männer andererseits mußten hinaus ins feindliche Leben – die Öffentlichkeit – und dort das Geld verdienen, um die Familie zu ernähren. Es

* Viele Leute, mit denen ich über den Wandel der Geschlechtsrollen gesprochen habe, führen ihn auf solche Faktoren zurück wie die Erfindung der „Pille" und der Säuglingsnahrung. Durch diese „technologischen Entwicklungen" sei die Mutterschaft nicht länger für die meisten sexuell aktiven Frauen ein unausweichliches Schicksal, und das Überleben des Kindes nach der Geburt hänge nicht länger von der physischen Anwesenheit der Mutter ab. Gleichzeitig jedoch haben besonders Feministinnen die potentiellen Gesundheitsgefahren der Pille und die Vorzüge des Stillens hervorgehoben. Sowohl die Pille wie die Säuglingsnahrung werden von Frauen aus der Frauenbewegung manchmal als Entwicklungen bezeichnet, die es Männern ermöglichen, sich den Körper von Frauen nach wie vor verfügbar zu machen, denn dadurch würden Frauen für Männer sexuell noch leichter „zu haben", und die Brüste der Frauen seien nur mehr reine Sexualobjekte, ohne jede biologische Funktion.[17] Der Feminismus gedeiht auch ohne eine der beiden Erfindungen.

gehörte zu ihren Rechten, frei zu reisen, den Wohnsitz der Familie zu bestimmen und alle öffentlichen Angelegenheiten, die das Heim betrafen, zu regeln. Die Frauen waren befreit von der Bürde des öffentlichen Lebens, die Männer befreit von der Bürde der Kindererziehung und der Hausarbeit.

Die Vorstellung von unterschiedlichen Welten wurde gestützt durch die Industrialisierung, die den Arbeitsplatz physisch aus dem Haus auslagerte und dadurch eine größere Trennung der männlichen und weiblichen Bereiche möglich machte. Unterschiede im Zugang zu physischen Orten förderten Unterschiede in der Perspektive, Wahrnehmung und Sensibilität. Das postindustrielle Informationszeitalter, das durch die elektronischen Medien einen besonderen Auftrieb bekam, integriert vielwieder die männliche und die weibliche Lebenssituation. Trotz seiner sexistischen Inhalte hebt das Fernsehen zum Beispiel die Trennung in männliche und weibliche Welten auf verschiedene Weise auf: Es vermischt die traditionell getrennten Informationssysteme der Geschlechter, verwischt die Trennungslinie zwischen öffentlichem und privatem Verhalten für jedes Geschlecht und unterminiert die Bedeutung der physischen Unterschiede als Bestimmungsgröße für die Geschlechtsunterschiede. Da die traditionellen Unterschiede zwischen den männlichen und weiblichen Rollen größtenteils durch die Andersartigkeit der sozialen Informationssysteme und dadurch gestützt wurden, daß die Frauen zu Hause isoliert waren, kann das Fernsehen eine Triebkraft sein, das geschlechtstypische Verhalten abzulegen.

Um die potentielle Auswirkung der elektronischen Medien auf das Bewußtsein von Frauen zu verstehen, müssen wir jedoch erst einmal genauer untersuchen, wie wichtig die Trennung der Lebenswelten von Männern und Frauen für die Aufrechterhaltung der traditionellen Rollenstrukturen war. Und da viele Feministinnen sicher zunächst sowohl dieser Sicht der Genese des modernen Feminismus als auch der dem Fernsehen dabei zugemessene Rolle mißtrauisch gegenüberstehen, enthält meine folgende Diskussion eine Neuinterpretation vieler Themen in der feministischen Literatur aus situationistischer Sicht. Die Arbeiten von Simone de Beauvoir, Betty Friedan, Germaine Greer, Shulamith Firestone und anderen beeinflußten die Frauenbewegung in ihren früheren Stadien. Ich hoffe, zeigen zu können, daß diese Literatur und die Analysen einer Anzahl feministischer Schülerinnen implizit mit der Variable „Zugang zu Informationen" umgehen und daher unbewußt die Mechanismen beschreiben, wie die Veränderung der Medien-Landschaft sich auf den Wandel der Geschlechtsrollen auswirkt.

Weiblichkeit und die Doktrin getrennter Welten

Das traditionelle Bild, Frauen seien empfindsam, ängstlich, emotional, weltfremd und schutzbedürftig, entstand mit der Isolation der Frauen vom männlichen Lebensbereich. Männer beschützten die Frauen vor der Außenwelt, indem sie sie von ihr ausschlossen. Die sozialen Unterschiede zwischen Männern und Frauen wurden nicht nur durch die einfache *Trennung* der Bereiche verstärkt – die alle Gruppenunterscheidungen charakterisiert –, sondern auch dadurch, daß die Männer zu einem *größeren* Teil der Welt Zugang hatten als Frauen. Traditionell waren Männer in der Lage, an fast alle Orte zu gehen, die Frauen aufsuchen konnten, aber Frauen waren umgekehrt meist nicht in der Lage, die Orte zu besuchen, an denen sich Männer aufhielten. Ärzte, die bei der Geburt von Kindern anwesend waren, Priester, die den Frauen die Sterbesakramente gaben, waren Männer. Die Frauen jedoch wurden im allgemeinen von allen Initiations-Riten der Männer und von detaillierten Informationen über den Inhalt vieler sozialer Rituale ausgeschlossen. Das Gleiche galt für viele rein männlich definierte Situationen wie den Berufsbereich, den Krieg oder den Sport. Doch die Männer hatten oft beliebig Zugang zur Küche und zum Haus ihrer Mütter, Ehefrauen und Schwestern. Die Privatsphäre der Frauen wurde von Männern oft verletzt. Da Männer zu verschiedenen sozialen Arenen Zugang hatten, konnten sie ein vielschichtiges soziales Ich entwickeln, ein Rollenverhalten in einer Situation einüben und sich von ihm in einer anderen Situation erholen und damit Distanz gewinnen von ihren Rollen. Männer konnten ihre Ziele und Überlegungen anderen Männern mitteilen. Die Isolation der Frauen im häuslichen Bereich erlaubte ihnen im Gegensatz dazu nur eine begrenzte Sicht auf die Gesellschaft und auf ihre eigenen Rollen und daher ein begrenzteres und widersprüchlicheres Selbstwertgefühl.

Die Anthropologin Michelle Zimbalist Rosaldo ist der Ansicht, daß der „Widerspruch zwischen häuslichen und öffentlichen Orientierungen ... den nötigen Rahmen liefert für eine Überprüfung der männlichen und weiblichen Rollen in jeder Gesellschaft".[19] Sie vertritt die Auffassung, die Isolation der Frauen vom öffentlichen Leben trenne sie auch von den öffentlichen Entscheidungsprozessen und ließe ihre Macht „im Hintergrund" geheimnisvoll, magisch und ungerechtfertigt erscheinen.

Die Beziehung zwischen der Isolation von Information und „Weiblichkeit" ist auch implizit in vielen populären Arbeiten von Feministinnen enthalten. In *Der weibliche*

Eunuch beispielsweise beschreibt Germaine Greer, was die Machtlosigkeit der Frau mit ihrer traditionellen Isolation zu tun hat.*

„Ihr Zurückweichen von der äußeren Realität wird verstärkt dadurch, daß sie bestraft wird, wenn sie aus eigenem Entschluß dorthin geht. Während kleine Jungen sich zu Cliquen und Banden zusammenschließen, welche die Gegend erforschen und unsicher machen, sitzt sie isoliert zu Hause und hört sich die Erzählungen über bösartige fremde Menschen „da draußen" an. Ihre Quasi-Einkerkerung wird damit gerechtfertigt, man müsse sie beschützen... Man lehrt sie, die Welt insgesamt zu fürchten und ihr mißtrauisch gegenüberzustehen – aus Gründen, die niemals klar dargelegt werden."[20]

Die Ausbildung von Männern und Frauen für die verschiedenen Rollen hängt von unterschiedlichen Sozialisationsumwelten ab. In *Das andere Geschlecht* vertritt Simone de Beauvoir die Ansicht, daß die Unterschiede im Verhalten beginnen, wenn die kleinen Jungen in die Welt der Männer hineingeworfen oder -gezogen und die Mädchen zu Hause zurückgelassen werden. Die Mädchen werden weiterhin zärtlich behandelt und dürfen im Bett ihrer Eltern schlafen, nachdem man ihren Brüdern diese Rechte längst nicht mehr zugesteht.

„Genau da erscheinen kleine Mädchen zum erstenmal als privilegierte Wesen... den Jungen verwehrt man nach und nach die Küsse und Zärtlichkeiten, an die sie gewöhnt waren. Das kleine Mädchen wird jedoch weiterhin geherzt, sie darf am Schürzenzipfel ihrer Mutter hängen, ihr Vater setzt sie sich aufs Knie und streichelt ihr Haar."[21]

Alle Kinder, so de Beauvoir, haben Angst davor, groß zu werden. Doch das „Privileg", das dem Mädchen zugestanden wird – ein Kind zu bleiben – behindert sie in ihrer zukünftigen Entwicklung. Sie ist verdammt, zuhause zu bleiben, während die Jungen gezogen, gedrängt werden, die Welt der Frauen zu verlassen. „Maurras erwähnt in seinen Memoiren, daß er eifersüchtig auf seinen jüngeren Bruder war, den seine Mutter und Großmutter verzärtelten. Eines Tages nahm sein Vater ihn bei der Hand, zog ihn aus dem Zimmer und sagte: ‚Wir sind Männer, laß uns weggehen von diesen Frauen'."[22]

Der Junge wird also – gleichgültig ob ihm die Trennung angenehm ist oder schwerfällt – sehr früh von der Welt der Frauen getrennt. Dafür erlebt er dann eine andere und größere Welt. Wie Charlotte Perkins Gilman schreibt:

„Tausende von Einflüssen erreichen ihn, die niemals zu ihr gelangen, gute und schlechte Einflüsse, die den Charakter bilden. Er erlebt weniger Klatsch, heimliches Herumspionieren oder Beschränkungen; er hat mehr Freiheiten bei Tageslicht und er allein hat jede Freiheit bei Dunkelheit."[23]

Die Welt „da draußen" ist die Männerwelt, und im Vergleich dazu wird die Frau verkrüppelt durch Unwissenheit und Furcht, die nicht ihrer Natur entstammen, sondern der Isolation und Geheimnistuerei. Die Feigheit der Frauen, meint Gilman, sei „eindeutig hausgemacht".

„Die Frauen der Wilden sind nicht schwach, Bäuerinnen sind nicht schwach... Die ans Haus gebundene Frau ist schwach, und so erginge es dem ans Haus gefesselten Mann. Und sie ist unwissend. Nicht unbedingt – wenigstens nicht heutzutage – unwissend, was Bücher angeht, sondern was das Leben allgemein anbetrifft."[24]

Gilman untersucht die Art und Weise, auf die physische Isolation zu einer verengten Weltsicht führt. Für sie ähnelt das Schicksal der Frauen der Erfahrung, auf einer kleinen Insel zu leben, durch die ein „inselhaftes Denken" entstünde.[25] Sie liefert auch implizite Beispiele für die Beziehung zwischen physischer Einschränkung und informativer Isolation. So meint sie zum Beispiel, die Isolation des Kindes innerhalb des Hauses werde dadurch vervollkommnet, daß es in beengende Kleidung gesteckt wird. In manchen Kulturen geht die Einengung der Frau so weit, daß die Füße verkrüppelt und die Gesichter verschleiert werden.[26]

Wenn sich Frauen nach einem Sinn ihres Lebens sehnen, wird zur Lösung ihrer körperlichen und geistigen „Probleme" oft verordnet, sie sollen sich „ausruhen". Im 19. Jahrhundert war beispielsweise die „Ruhekur" für Frauen ein „Mittel" gegen den Frust der isolierten Frau. Barbara Ehrenreich und Deirdre English beschreiben sie so:

„Die Ruhekur hängt zusammen mit den heute bekannten Techniken der Gehirnwäsche – totale Isolation und sensorische Deprivation. Für annähernd sechs Wochen mußte die Patientin auf dem Rücken in einem schwach beleuchteten Raum liegen. Sie durfte nicht lesen. War ihr Fall besonders schwer, durfte sie nicht einmal aufstehen, um auf die Toilette zu gehen. Sie durfte keinen Besuch empfangen und niemanden sehen außer der Krankenschwester und dem Arzt."[27]

Durch die allgemeine Isolation und Beschränkung wird die Frau auf dem Niveau eines Kindes gehalten. Sie ist in feinen Rüschenkleidern zu sehen. Sie wird ermutigt, launisch und verschlossen, emotional und irrational zu sein. Ihr Ehemann sorgt für sie wie einst ihr Vater. Der Mann kann der „Hausherr" sein, weil er allein das äußere

* Ich verwende das Präsens im Rest dieses Abschnittes, um mit der Wortwahl der feministischen Autorinnen mitzuhalten. Mein Argument ist jedoch, daß die Isolation, die sie beschreiben, teilweise der Vergangenheit angehört.

Territorium beherrscht, das der Frau unbekannt, gefährlich und verboten erscheint. Sie ist davon abhängig, daß er alle die Außenwelt betreffenden Dinge für sie regelt. Als Kind-Erwachsene wird sie mit Kosenamen belegt wie „Baby“, „Kleines“, „mein Mädchen“, „Süße“ oder „Mäuschen“, selbst von Männern, die genau so alt sind wie sie. Sie wird beschützt und ernährt wie eine Lieblingskatze oder ein Hund; wenn sie sich über ihre Behandlung beklagt, fühlt sich der Mann, der „Opfer“ für sie bringt und sie liebevoll umsorgt, betrogen. Wie könnte sie ohne *ihn* leben?! Und tatsächlich wie *könnte* sie in diesem System ohne ihn leben?

Frauen sind also deshalb „anders“, weil man ihnen nicht erlaubt, wie Männer zu sein und Zugang zur männlichen Öffentlichkeit zu bekommen. Doch diese Annahme geht davon aus, daß die Verhaltensweisen von Männern „normal“ und die von Frauen „defizitär“ sind. Die Anthropologin Nancy Chodorow schreibt, der Unterschied zwischen der männlichen und der weiblichen Sozialisation sei jedoch nicht ganz so einfach zu erklären. Da sowohl Mädchen wie Jungen von Frauen aufgezogen werden, verläuft ihre Sozialisation grundsätzlich asymmetrisch. Ein Mädchen wächst in dem Bewußtsein auf, einmal so werden wie ihre Mutter, die ständig zu Hause anwesend ist als Vorbild und Rollenmodell. Doch der Junge lernt, so zu werden wie sein Vater, eine relativ entfernte Figur, die viel Zeit außerhalb der Familie verbringt.[28]

Aufgrund des Ungleichgewichts in der Kindererziehung lehnen Jungen schließlich alle „weibischen“ Aspekte ihrer Persönlichkeit ab, während die Mädchen ihre möglichen „maskulinen“ Eigenschaften verleugnen lernen. Chodorow zeigt, wie Jungen ihre maskulinen Eigenschaften eher in Form abstrakter Regeln und Pflichten erleben, da sie die Männerwelt als Kind nicht aus erster Hand erfahren; Mädchen jedoch entwickeln ihre weiblichen Eigenschaften in konkreten, täglichen emotionalen Kontakten und Beziehungen. Um ein Mann zu werden, muß der kleine Junge mehr zurückweisen als in sich aufnehmen, da er mehr darüber erfährt, was er *nicht* ist, als was er *werden* soll. Der kleine Junge muß also durch eine „zweite Geburt“ in die männliche Welt hineinsozialisiert werden und seine Mutter ablehnen, ebenso wie sein gesamtes Zuhause und alle tiefen emotionalen Empfindungen und Beziehungen. Das Bedürfnis des Jungen, mit seinem Elternhaus zu brechen, um das Schicksal seines Geschlechtes zu erfüllen, führt – so Chodorow – dazu, daß er ruhelos und bindungsunfähig wird.

Das Mädchen neigt jedoch dazu, Empfindungen und Beziehungen ihr ganzes Leben lang stark zu betonen und dafür männliche Charakterzüge abzulehnen. Beide Geschlechter verlieren also durch den traditionellen Sozialisationsprozeß Teile des Spektrums menschlicher Gedanken, Empfindungen und Handlungsmöglichkeiten.

Michelle Rosaldo kommentiert Chodorows These so: Die relativ leichte Sozialisation der Mädchen sei für diese sowohl „eine Belastung wie ein Privileg“. Eine Belastung, weil die Mädchen Selbstzweifel und ein niedriges Selbstbewußtsein entwickeln, indem sie sich mit ihren Müttern identifizieren, die schwache Gestalten sind und von der Kultur allgemein abgewertet werden. „Zur gleichen Zeit empfinden sie den Prozeß des Erwachsenwerdens vielleicht durchaus als leicht, liebevoll und akzeptabel.“[29] Die Jungen dagegen stellen fest, daß ihr Status im Leben viel schwerer zu erreichen ist, daß sie kämpfen, miteinander konkurrieren und darum ringen müssen, „ein richtiger Mann zu sein“.

Die Trennung von Männern und Frauen in verschiedene Lebenswelten ermöglicht es ihnen, komplementäre Rollen zu spielen. Sie sind jeweils füreinander ein Geheimnis. „Was wollen die Frauen?“ fragte Sigmund Freud, einer der verständnisvollsten Männer seiner Zeit.[30] Es war eine Frage, die männliche Jugendliche auch noch in den 50er und 60er Jahren nur zu gut verstehen konnten. In der traditionell nach Geschlechtern getrennten Welt können Männer und Frauen die jeweiligen Erfahrungen des anderen Geschlechts nicht ganz verstehen, weil sie sie nicht „nachvollziehen“ können. Ihre Begegnungen gleichen Abenteuern und Expeditionen ins Ungewisse. Wie Greer feststellt, „sind die Sexualakte selbst Formen der Suche und Untersuchung wie der alte Euphemismus vom ‚wissenden Fleisch‘ verdeutlicht.“[31]

Das Geheimnis wird zur Essenz der Mann-Frau-Beziehung. Die Rituale des Flirtens und Werbens sollen Intimität herbeiführen, dienen aber auch oft dazu, das Geheimnisvolle am „Wesen“ des anderen Geschlechts zu erhalten oder zu verstärken.

Die Trennung zwischen Männern und Frauen unterstützt die Entwicklung unterschiedlicher männlicher und weiblicher „Tricks“ und Strategien, das andere Geschlecht zu beeindrucken und „herumzukriegen“. Männer diskutieren, wie sie Frauen für sich interessieren und verführen können; Frauen reden untereinander darüber, wie sie vermeiden können, verführt zu werden, wie sie es schaffen, den richtigen Mann zu heiraten oder bestimmte Aspekte ihres eigenen Lebens und ihrer Familie zu verschweigen, ohne daß die Männer es merken. Diese Trennung in soziale Welten erklärt die Entwicklung einer rein männlichen und einer rein weiblichen Weltanschauung; sie erklärt die Faszination für das jeweils „andere“ Geschlecht. Besonders Frauen bleiben ein

Geheimnis, da die weibliche Welt – anders als die männliche – dem öffentlichen Zugriff verborgen bleibt, verborgen auch vor dem öffentlichen Bildungswesen und vor der Geschichte.

Simone de Beauvoir ist der Ansicht, die Quintessenz der traditionellen weiblichen Rolle in der Gesellschaft sei „das andere". Eine Frau, zumindest eine „richtige" Frau, ist für Männer ein absolutes Rätsel. Alle Frauen, die Männer gut kennen, sind per Definition keine wirklichen Frauen. Eine Frau existiert durch ihre Fremdheit und Getrenntheit von Männern. Umgekehrt – sagt de Beauvoir – verehrt die Männerwelt sie und mystifiziert sie. Wenn die Frau einen Mann in der Ehe kennenlernt, verliert *er* – dieser spezifische Mann – zwar seine besondere Aura, „der Mann an sich jedoch bleibt nichtsdestoweniger die Wahrheit des Universums, die übergeordnete Autorität, der wunderbare Herr und Meister, das Auge, das Gebet, das Vergnügen, das Abenteuer, die Errettung; er verkörpert Transzendenz, er ist die Antwort auf jede Frage."[32]

Rosaldo ist ähnlicher Meinung: Die Fähigkeit der Männer, zu reisen und sich frei mit anderen Männern zuammenzuschließen, ermöglicht es ihnen, ihre Aktivitäten, ihre Emotionen und ihr Image unter Kontrolle zu behalten. „Da Männer anderswo sein können, können sie ‚heilig' sein; und indem sie bestimmte Arten von Intimität und von unmittelbarem Sich-Einlassen meiden, können sie ein Image und eine äußere Hülle aus Integrität und besonderem Wert entwickeln."[33] Eine Frau hat demgegenüber wenig Kontrolle darüber, mit wem sie zusammen ist; sie kann weder Privatheit noch Distanz erlangen und entwickelt daher ein Minderwertigkeitsgefühl; auch in den Augen der Gesellschaft ist sie „minderwertig". „Während Männer ihren Rang einnehmen aufgrund ausdrücklicher Leistung, werden die Unterschiede zwischen Frauen gewöhnlich als das Produkt ihrer einzigartigen Charakterzüge wie Temperament, Persönlichkeit und Auftreten betrachtet." Und – gibt Rosaldo zu bedenken – die Teilung der Welt in öffentlich und häuslich führt tatsächlich zu Unterschieden im Denken von Männern und Frauen. Da Frauen repetitive, intime Arbeiten ausführen, gleichgültig, wie ihre individuellen Interessen und Ziele aussehen, entwickeln sie bestimmte Arten zu sehen, zu fühlen und zu handeln, die ‚intuitiv' und unsystematisch erscheinen – und eine Sensibilität für andere Menschen, die es ihnen ermöglicht, zu überleben."[34] Männer schätzen auf der anderen Seite abstraktes, „rationales" Denken, das sich aus den Komplexitäten und Widersprüchlichkeiten des emotionalen und häuslichen Lebens zurückzieht.

Männer führen Tätigkeiten aus, die ihre biologischen Merkmale „transzendieren", doch Frauen sind beschäftigt mit der Geburt von Kindern, mit Stillen, mit Essenkochen und Saubermachen. Diese Spaltung der Aktivitäten, meint Sherry Ortner, sei der Grund dafür, daß es in vielen Kulturen heißt: „Das Weibliche verhält sich zum Männlichen wie die Natur zur Kultur."[35]

Die Spaltung häuslich-öffentlich kann daher als Grundlage für viele traditionellen Vorstellungen über Weiblichkeit betrachtet werden, einschließlich der angeblich „typisch weiblichen" Passivität, Beschränktheit, „Irrationalität", Intuition, Naturnähe, des „Rätsels Frau" und ihres geringen Selbstwertgefühls.

Die verschiedenen Erfahrungen von Männern und Frauen schaffen unterschiedliche Lebenssituationen für jedes Geschlecht und daher ein bestimmtes Mißtrauen und einen Neid auf *beiden* Seiten. Wie Rosaldo und andere Autorinnen feststellen, beneiden Männer unbewußt das reichhaltige emotionale Leben der Frauen und ihre sichere häusliche Existenz. Die Frauen wiederum beneiden die Männer um ihre Freiheit, sich „draußen" zu engagieren und ihre eigenen Pflichten und Abenteuer zu gestalten. Doch der Mann hat noch einen weiteren Vorteil. Wie Germaine Greer feststellt, gibt es für ihn Freundschaften und Bekanntschaften, die er nicht mit „ihr" teilen muß.

„Sie kann nicht Darts oder Fußball spielen, Bier trinken oder Karten dreschen. Ihr Mißtrauen gegenüber diesen Aktivitäten, ist nicht darin begründet, daß sie Angst hat, ihr Mann könne sie mit anderen Frauen in der Anwesenheit seiner Freunde betrügen. Sondern es ist das Bewußtsein, daß er diese Aktivitäten genießt und von ihnen auf eine Art und Weise abhängig ist, die mit ihr nichts zu tun hat."[36]

Der Mann weiß, daß er immer „nach Hause" kommen kann, wenn das Leben „da draußen" ihm zu viel wird. Tatsächlich ist die „Bühne" für das Verhalten von Frauen – das Zuhause – einer der „Hintergrund-Bereiche" für Männer, wo sie sich entspannen und ihre eigenen „Bühnenauftritte" proben.

„Jede Ehefrau muß mit dem Wissen leben, daß sie nichts weiter hat als ihr Zuhause und ihre Familie, während ihr Haus die ideale Basis ist, auf die sich ihr müder Krieger-Jäger zurückziehen und sich gehenlassen kann, wo er seine Wunden leckt, sich wäscht, um sich, ausgestattet mit frischer Kleidung und einem Pausenbrot, auf den nächsten Aufbruch vorzubereiten."[37]

Da viele Frauen den Hintergrund-Bereich ihres Mannes kennen, verliert das Bühnenverhalten der Männer viel von seiner Glaubwürdigkeit für Frauen. Aus ihrer Hintergrund-Perspektive finden Frauen es vielleicht amüsant, daß Männer ihr Verhalten ändern, sobald sie die öffentliche Bühne betreten. Shulamith Firestone stellt beispielsweise fest, daß Frauen ganz genau wissen, auf welche Weise Männer ihre privaten Bedürfnisse verleugnen, etwa ihr Bedürfnis nach Liebe. „Vielleicht erklärt dies die merkwürdige Verachtung, die Frauen so häufig für Männer empfinden (‚Männer sind so dumm'), da sie ihre Männer beobachten können, wie sie in der Welt da draußen posieren."[38]

Firestones Bemerkung weist auf eine andere wichtige Unterscheidung zwischen männlichen und weiblichen Situationen hin: Die Abgeschiedenheit der Frauen zu Hause hat ihnen kaum die Möglichkeit verschafft oder auch nur das Bedürfnis in ihnen geweckt, verschiedene soziale Rollen zu spielen. Frauen sind oder waren – anders als Männer – nicht in der Lage, „zu posieren". Die Trennungslinie zwischen dem Hintergrund von Frauen und ihrem Bühnenverhalten ist viel weniger klar gezogen als bei Männern. Die Bühne der Frauen – ihr Zuhause – ist ebenfalls ihr Hintergrund-Bereich. Und Frauen haben einen wahrhaft privaten Hintergrund nur, wenn sie allein sind, getrennt von Mann und Kindern. Traditionell haben Frauen sich nicht in viele persönliche und öffentliche Bereiche „aufgespalten".

Diese Unterschiede im Rollenverhalten von Männern und Frauen kann man aus einem der Kommentare von Germaine Greer über Geschlechtsrollen zwischen den Zeilen lesen:

„Männer verkrüppelten sich in unserer Kultur selbst, indem sie einen unmöglichen Standard für Integrität aufgestellt haben; Frauen bekamen nicht die Chance, sich auf diese Weise zu betrügen."[39]

Männer bezichtigen Frauen, öffentlich ihre Gefühle zur Schau zu stellen, und Frauen werfen den Männern ihr häufig „distanziertes" und „kaltes" Verhalten vor; beides hängt damit zusammen, daß die Trennungslinie zwischen den öffentlichen und den privaten Rollen für Männer anders gezogen ist als für Frauen.

Obwohl die spezielle Hintergrund-Perspektive von Frauen ihnen einige Einsichten vermittelt hat über die Verhaltensweisen von Männern, läßt ihre Isolation von der Außenwelt sie gleichzeitig schwach und ängstlich werden. Und ihre Schwäche ist doppelt groß, da Frauen – anders als andere „Klassen" und anders als Männer – sogar voneinander isoliert sind. Die Einsichten einer Frau angesichts ihrer Erfahrungen sind daher häufig persönliche Einsichten, die sie nur selten ihrer „Gruppe" mitteilen kann. Frauen, schreibt de Beauvoir, haben keine Geschichte, keine Religion und keinen gemeinsamen Ort, der ihnen ein Gefühl von Solidarität gibt. „Sie leben verstreut zwischen Männern, an bestimmte Männer gebunden durch Wohnsitz, Hausarbeit, ökonomische Lebensverhältnisse und sozialen Stand; sie sind diesen Männern – Vätern oder Ehemännern – fester verbunden als anderen Frauen."[40] Frauen der Mittelschicht, so de Beauvoir, neigen dazu, sich mehr mit Männern der Mittelschicht zu identifizieren als mit Frauen der Unterschicht, weiße Frauen identifizieren sich mehr mit weißen Männern als mit schwarzen Frauen.

Da eine Frau nur selten Kontakt mit anderen Frauen hat, erscheinen ihr andere Angehörige ihres Geschlechtes als Konkurrentinnen statt als Genossinnen. Ohne den Kontakt mit vielen anderen Frauen erfahren sie nicht einmal Genaueres über ihre eigenen biologischen und psychologischen Funktionen. Frauen sind für Männer ein Rätsel, wie Männer für Frauen ein Geheimnis sind, doch Frauen sind füreinander und sogar für sich selbst ebenfalls rätselhaft. Greer beobachtet, daß kleine Mädchen anders als kleine Jungs nicht ermutigt werden, ihren Körper zu erkunden oder die physiologischen Komponenten ihrer Sexualität kennenzulernen.[41]

Adrienne Rich beschreibt ihre und die Erfahrungen anderer Frauen – oder besser, ihren Mangel an Erfahrung – am Beispiel der Situation von Frauen, wenn sie ein Kind unter Vollnarkose gebären: „Keine von uns, glaube ich, hatte irgendwie das Gefühl, diese Erfahrung im Griff zu haben. Wir kannten unsere Körper nicht, wir waren im wesentlichen Frauen des 19. Jahrhunderts, jedenfalls was die Geburt von Kindern anging (aber auch sonst)."[42]

Von einer Frau wird erwartet, daß sie bestimmte Dinge nicht weiß und zu „unschuldig" ist, um bestimmte Dinge anzusprechen. Ihre Unschuld, was die „wirkliche Welt" angeht, gibt ihr das Recht, auf ein Podest hoch über Männer gestellt zu werden, aber nicht das Recht, von diesem Podest herab öffentlich zu sprechen.*

Als isoliertes Mitglied der „Hintergrund-Truppe" eines Mannes soll die Frau unterstützend, passiv und akzeptierend das größere Wissen und die größere Erfahrung ihres Ehemannes (und der Söhne) hinnehmen. Wie Adrienne Rich feststellt, geht eine Frau, die ihre Rolle ablehnt und der Meinung eines Mannes widerspricht, das Risiko ein, als „feindselig", „kastrierende Hure" oder „Hexe" bezeichnet zu werden. „Eine simple Tatsache, klar von einer Frau ausgesprochen, wird nicht selten

* Bevor Frauen in der Sklavenbefreiungsbewegung Mitte des 19. Jahrhunderts das Recht verlangten, gegen die Sklaverei sprechen zu dürfen, „war ... keine respektable Frau je auf einer Rednertribüne erschienen".[43] Auch dann verurteilte ein Hirtenbrief der Kongregationskirche die Schwestern Grimke wegen ihres „unnatürlichen" Verhaltens: „Die angemessenen Pflichten und der Einfluß von Frauen sind klar im Neuen Testament festgelegt. Diese Pflichten und jener Einfluß erfordern es, sich unaufdringlich und privat zu verhalten."[44]

betrachtet, als habe die Frau ein Schwert gezückt und ziele damit auf die Genitalien der Männer."[45] Charlotte Perkins Gilman beklagte die Tatsache, daß „ein Mann seine Worte sorgfältig wählen und eine ganz andere Sprache sprechen muß, wenn er mit einer Frau redet."[46]

Solche Unterscheidungen in männliche und weibliche Sprache basieren auf unterschiedlichen Weltanschauungen und Perspektiven. Die Frau wird beschützt vor der „dunklen Seite des Lebens". Shulamith Firestone ist der Ansicht, selbst wenn Frauen technisch über die Themen und Wortwahl der rein männlichen Welt Bescheid wüßten, hätte ihr Getrenntsein von dieser Welt ihnen traditionell nicht das „Recht" gegeben, solche Dinge auszusprechen. „Ein Mann darf blasphemisch sein, da es ihm gegeben ist zu verdammen – aber derselbe Fluch aus dem Munde einer Frau oder eines kleineren, das heißt unvollständigen ‚Mannes', dem die Welt noch nicht gehört, wird als anmaßend und daher unangemessen oder böse betrachtet."[47]

Doch was ist geschehen? Wie konnte es dazu kommen, daß plötzlich ein großer Teil der Frauen das Recht gefordert hat, die „Welt" in Besitz zu nehmen und über sie zu fluchen? Eine Antwort darauf ergibt sich aus der Theorie, wie sie hier in diesem Buch vertreten wird: Die elektronischen Kommunikationsmedien, besonders das Fernsehen, haben die Trennungslinien zwischen der männlichen und der weiblichen Welt beseitigt – und damit das, was die traditionellen Vorstellungen von „Weiblichkeit" aufrechterhielt.

Das Fernsehen und das feministische Bewußtsein

Viele feministische Autorinnen haben festgestellt, daß die meisten Frauen sich vor der Entstehung der heutigen Frauenbewegung nicht selbst als „Gruppe" verstanden haben. Sie sahen sich als Individuen oder Angehörige ihrer Familien. Jede Frau fühlte sich mit „ihrem" Mann verbunden. Jede Frau neigte dazu, ein Problem so zu betrachten, als habe es nur mit ihrer spezifischen Situation etwa zu tun und sei einzigartig. Ihre Problemlösungen bestanden darin, mit den Männern in ihrem Umfeld zu verhandeln. Berufstätige Frauen, so beobachtet Gloria Steinem, wurden „ermuntert zu glauben, daß sie nur dadurch Fortschritte machen könnten, daß sie sich nach oben hin orientieren, das heißt, sich dem mächtigsten verfügbaren Mann als Dienerin anbieten".[48] Frauen – so Steinem – dachten nicht im Traum daran, sich mit anderen Frauen und anderen „Außenseitergruppen" zusammenzutun, um irgendeine politische Veränderung herbeizuführen. Statt dessen sahen sie ihre individuellen Erfolgschancen darin, den „richtigen" Mann zu heiraten oder Alibifrauen in einer männlich dominierten Geschäftswelt zu sein.

In mancher Hinsicht ist die Vorstellung von Frauen als eine „Minderheit" eine seltsame und neue Idee. Wie Sheila Rothman feststellt, gibt es nur wenige theoretische oder politische Verbindungen zwischen der „Unterdrückung" weißer Mittelschichtsfrauen und der Unterdrückung von Schwarzen.[49] Janet Zollinger Giele weist marxistische Interpretationen des Frauenbefreiungskampfes zurück, da Frauen – im Gegensatz zu anderen Klassen – mit ihren „Unterdrückern" unter einem Dach lebten und daher von dem übergeordneten Status der Männer profitierten.[50] Rothman stellt fest: „Im 19. Jahrhundert und während des größten Teils des 20. Jahrhunderts schien es logisch und vernünftig, das Wohlergehen von Frauen direkt mit dem Wohlergehen ihrer Kinder, ihrer Familie und ihrer Gesellschaft in Verbindung zu bringen, und man nahm an, die wesentlichen Interessen der Frauen stimmten mit all diesen anderen Interessen überein".[51]

Steinem meint, der Feminismus sei nötig geworden, um „die Politik des Alltags und die gemeinsamen Interessen von Frauen als einer Kaste zu enthüllen".[52] Sie spricht zum Beispiel davon, wie langsam ihr selbst klar wurde, daß die Probleme, mit denen sie als Journalistin konfrontiert wurde, genau dieselben waren, die auch andere Frauen hatten. Sie erfuhr, sagt sie, „ein merkwürdiges Echo auf Erlebnisse, von denen ich dachte, sie seien einzigartig und nur ich hätte sie gemacht". „Tausende von Frauen", fährt sie fort, „wurden darin bestärkt, den Weg lebenslanger Veränderungen einzuschlagen, als sie hörten, daß ihre Erfahrungen als Ehefrauen, Mütter und frustrierte Berufstätige genau so auch von anderen Frauen beschrieben wurden."[53] Auch Betty Friedan stellt fest, daß Frauen früher, wenn sie einmal nicht das Gefühl empfanden, das sie hätten empfinden sollen, „jede von uns dachte, sie wäre am Durchdrehen".[54]

Doch Steinem und Friedan und andere Feministinnen beschreiben nicht, wie es der Frauenbewegung möglich wurde, die Beziehungen zwischen Männern und Frauen auf neue Weise zu betrachten. Wie und warum war diese Generation von Frauen in der Lage, ihre individuellen Probleme als die Probleme ihrer Geschlechtsgenossinnen wahrzunehmen? Wie konnte es geschehen, daß Frauen aufhörten, sich mit „ihrem" Mann zu identifizieren, der jeden Abend zur Tür hereinkam, und sie statt dessen begannen, sich mit anderen Frauen zu identifizieren, die isoliert in anderen Häusern „ihrer" Männer saßen? Welche neue Verbindung zwischen Frauen ermöglichte es ihnen plötzlich, sich selbst als „Außenseitergruppe" wahrzunehmen? Das deutliche Gefühl, eingesperrt zu sein, setzt nämlich voraus, daß man einmal „draußen war" und seine Situation „von außen" erlebt hat.

Ein unterschwelliges Thema vieler Beschreibungen über das Entstehen des feministischen Bewußtseins ist die plötzlich vorhandene Fähigkeit vieler Frauen, über ihre individuellen Probleme hinauszu„sehen" und einen Standpunkt „von außen" anzunehmen, ein gemeinsames Verständnis für die Probleme *aller* Frauen zu gewinnen und ein Gefühl dafür zu entwickeln, mit anderen Frauen „in Verbindung" zu stehen, aller physischen Barrieren zum Trotz. Barbara Ehrenreich und Deirdre English beschreiben die neue Perspektive der Feministinnen in den 60er Jahren:

„Wie die Männer ihrer Generation hatten sie über die idyllische Friedfertigkeit der Vororte hinaus*gesehen* in die Kriegszone an ihrem Rand – die Ghettoaufstände in den Städten, die Guerillakämpfe in der Dritten Welt ... unvermeidlich zogen sie eine Parallele zwischen Frauen und Schwarzen, zwischen Frauen und allen anderen ‚unterdrückten Menschen'."[55]

Ähnlich beschreibt Gloria Steinem das „Einreißen von Barrieren zwischen und unter Frauen"[56] und die Entstehung eines „psychischen Freiraumes"[57], mit dem die Tatsache überwunden wurde, daß Frauen kein eigenes Territorium für sich hatten. Elizabeth Janeway meint: „... eine plötzliche Erweiterung unserer Welt: Der Himmel über uns reißt auf, Licht strömt herein".[58]

Obwohl viele Feministinnen die Vorstellung, auf neue Art zu „sehen" und Grenzen und Hindernisse zu überwinden nur metaphorisch verwenden, passen ihre Beschreibungen genau darauf, was Frauen und andere gesellschaftliche Gruppen in den 60er Jahren tatsächlich *im Fernsehen* sahen, unabhängig davon, wo sie sich physisch befanden.

Vorher, isoliert von der Welt der Männer und voneinander, hatten Frauen „keine äußeren Standards, auf die sie sich beziehen konnten". „Für Frauen, die zu Hause sind, bedeutet der Verlust einer direkten Verbindung zur Außenwelt den Verlust kognitiven Wissens darüber, wie Dinge funktionieren und einen Verlust wirklicher Anforderungen, angesichts derer sie sich selbst beweisen könnten."[59] Als Ort, an dem Neuigkeiten ausgetauscht und Gespräche geführt werden können und der von beiden Geschlechtern benutzt wird, ändert das Fernsehen die Perspektive von Frauen. Das Fernsehen verschafft Frauen den Zugang zu dem, „was sich da draußen abspielt" und vermittelt Kenntnisse darüber „wie das alles funktioniert". Die gemeinsame Bühne des Fernsehens lädt auch ein zu einem öffentlichen Vergleich zwischen Frauen und Männern, weil beide Geschlechter auf ihr agieren. Und gemessen an den männlichen Standards, die das Fernsehen präsentiert, sind Frauen schwach, isoliert und relativ nutzlos. Wäre ein Mann in der Position der meisten weiblichen Fernsehcharaktere, würde er sich wahrscheinlich als „Versager" empfinden.

In *Der Weiblichkeitswahn* benennt Friedan jene seltsamen Gefühle, die Frauen beschlichen, wenn sie an den Konflikt dachten zwischen den Empfindungen, die sie gelernt hatten und ihrem neuen Unbehagen, daß etwas in ihrem Leben fehlte. Friedan schreibt von der „schizophrenen Spaltung" zwischen der idealen Situation, in der von Frauen angenommen wird, daß sie ihre Rollen als Frauen und Mütter spielen und glücklich allein zu Hause sind, und den tatsächlichen Gefühlen vieler Frauen, in einer Falle zu sitzen und unglücklich zu sein.[60] Der Vorstellung von einer Art „Persönlichkeits-Spaltung" liegt die völlig neue Wahrnehmung zugrunde, daß es eine größere Welt gab, aus der Frauen ausgeschlossen waren.

Von einer Frau – so Friedan – wurde angenommen, daß sie permanent glücklich sei und „orgiastische Erlebnisse beim Wachsen des Küchenbodens" habe.[61] Doch Frauen waren nicht glücklich – vielleicht war es gerade die Tatsache, daß diese „Instruktion", die ihnen in Frauenzeitschriften und Büchern vermittelt wurde, die anderen Informationsquellen so wichtig für sie machten, indem sie sie mit der Eröffnung neuer Möglichkeiten in Versuchung führten.

Friedan schreibt: Im Jahre 1960 hatten amerikanische Frauenzeitschriften die Frauen dargestellt als „jung und frivol, fast kindlich; locker und feminin, passiv; fröhlich und zufrieden in einer Welt aus Schlafzimmer und Küche, Sex, Babys und dem Rest des Hauses".[62] Im gleichen Jahr jedoch „brodelte das Problem, das keinen Namen hat, kochte über und durchbrach die begrenzten Vorstellungen der fröhlichen amerikanischen Hausfrau".[63] Was war das „Problem"? Warum kam es zum Siedepunkt? Friedan bietet dafür keine ausdrückliche Erklärung an, doch ihre Beschreibung der Diskrepanz zwischen den für Frauen als „angemessen" geltenden Rollen im Jahre 1960 und der Bandbreite an Ereignissen, die gleichzeitig in der Welt geschahen, verweisen auf die mögliche Rolle, die das Fernsehen bei diesem Ereignis spielte.

Friedan schreibt, das frivole Zeitschriftenbild von Frauen sei „im gleichen Jahr entworfen worden, in dem Castro eine Revolution in Kuba durchführte und Männer ausgebildet wurden, um in den Weltraum zu fliegen; in dem Jahr, in dem auf dem afrikanischen Kontinent neue Nationen entstanden und ein Flugzeug mit Überschallgeschwindigkeit die Gipfelkonferenz der Vereinten Nationen platzen ließ".[64] Ihre Liste ist lang und ihre Wut groß darüber, daß all diese Ereignisse Frauen angeblich nicht beträfen.

Interessanterweise ähnelt Friedans Liste der Ereignisse einer Chronik der Schlagzeilen von Fernsehnachrichten. Anders als viele Frauenzeitschriften oder die Frauenseite von Zeitungen brachte das Fernsehen dieselbe Information und dieselbe „Außenwelt" Männern *und* Frauen nahe. Und im Jahre 1960 besaßen bereits 90% aller amerikanischen Haushalte ein Fernsehgerät. Plötzlich gab es eine scharfe Diskrepanz zwischen dem traditionellen Bild, das Frauen über ihre „ganz besondere Art und ihrer eigenen Welt" in Frauenzeitschriften vermittelt bekamen und der größeren Sicht auf Weltereignisse, wie sie ihnen vom Fernsehen angeboten wurde.

Das Fernsehen bot Frauen zahlreiche Berichte über „Männer-Themen", die sie vielleicht nicht von sich aus gelesen hätten. Männer und Frauen sahen außerdem oft gemeinsam fern, so daß es beiden Gruppen unmöglich wurde, so zu tun, als wüßten sie von bestimmten Angelegenheiten in der Welt nichts. Eine Frau, die viele Stunden Nachrichten-Sendungen im Fernsehen gesehen hatte, konnte nun plötzlich wütend reagieren, wenn ihr Mann sagte „Du verstehst ja gar nichts von solchen Dingen". In diesem Sinn befreite das Fernsehen die Frauen aus der Informations-Isolation und säte damit die Unzufriedenheit, die in einer Revolte aufging.

In ihrer häuslichen Isolation entwickelten Frauen früher ihr „Wir"-Gefühl aus ihrer unmittelbaren physischen Umgebung heraus: „Wir", das waren sie, ihr Mann, ihre Kinder, ihre Nachbarn. Andere Männer und Frauen waren „sie". Da das Fernsehen den Frauen einen direkten Zugang zu einer größeren sozialen Umwelt verschafft (und sie wissen, daß sie ihn mit vielen Millionen anderer Frauen teilen), wird das alte Gefühl der Zugehörigkeit überdeckt von einer neuen Identifikation mit anderen, die gleichermaßen ausgeschlossen sind von der vollen Teilnahme an der jetzt wahrgenommenen größeren Umwelt.

Wie in Kapitel 3 dargestellt, sind die Vorstellungen darüber, was „Gleichheit" heißt, oft von der jeweiligen Situation abhängig – das heißt, wir erwarten, gleichgestellt zu sein mit den Menschen „in unserer Umgebung", aber wir verlangen nicht unbedingt dieselben Rechte wie Menschen in anderen Situationen. Wenn wir beispielsweise in ein Restaurant essen gehen und denselben Service und dasselbe Essen bekommen wie andere Menschen im Lokal, sind wir normalerweise zufrieden. Könnten wir aber durch eine größere Fensterscheibe sehen, daß es noch einen anderen Raum mit Menschen gibt, die sehr viel eleganter essen wie wir, und man würde uns erzählen, daß wir – aufgrund einer biologischen Eigenheit – nicht im zweiten Raum bedient würden, wären wir mit großer Wahrscheinlichkeit sehr wütend. Ähnlich mögen die Perspektiven einer männlichen Welt mit männlichen Themen und männlichen Abenteuern, wie sie im Fernsehen dargestellt werden und von denen Frauen ausgeschlossen sind, viel dazu beigetragen haben, daß Frauen sich plötzlich als „Minorität" wahrnahmen: eine Gruppe, die isoliert ist von einer Welt, die sie zwar sehen, aber nicht betreten kann. Die Tatsache, daß das Fernsehen ständig die öffentliche Männer-Welt zeigt, ermutigt Frauen, ihre Integration in alle öffentlichen Lebensbereiche zu verlangen.

Sexistischer Inhalt – emanzipierende Struktur

In den letzten fünfzehn Jahren haben Wissenschaftler umfangreiches Datenmaterial zusammengetragen über die stereotypen Bilder von Männern und Frauen, wie sie in der Fernsehunterhaltung und in den Werbespots gezeigt werden.[65] Viele Untersuchungen haben nachgewiesen, daß männliche Darsteller die weiblichen zahlenmäßig bei weitem übertreffen, in manchen Sendungen ist das Verhältnis 5:1. In vielen populären Abenteuerserien gibt es überhaupt keine weiblichen Hauptdarsteller. Die männlichen Charaktere sind meist interessanter und aufregender; sie stellen fast alle Berufstätigen, alle Helden und alle Kriminellen dar. Frauen werden im Gegensatz dazu so dargestellt, daß sie von Männern abhängig, weniger intelligent und kompetent und sehr viel emotionaler sind. Frauen werden auch als passiver und weniger erfolgreich beim Erreichen ihrer Ziele dargestellt. Die Vorurteile im Inhalt von Fernsehsendungen sind eindeutig dokumentiert worden in Erwachsenensendungen, Kinderprogrammen und sogar Nachrichtensendungen und Dokumentarfilmen. Es hat in den letzten Jahren in dieser Hinsicht zwar einige Verbesserungen gegeben, doch die Korrekturen sind nur minimal, und einige Kritiker sind sogar der Meinung, die Darstellung von Frauen habe sich eher verschlechtert als verbessert.[66]

Einige Medienforscher sind auch zu der Schlußfolgerung gekommen, daß die Art, wie Männer und Frauen im Fernsehen dargestellt werden, die Wahrnehmung von Kindern beeinflußt, und sie so „lernen" (im Sinne eines „heimlichen Lehrplans"), was angemessenes Geschlechtsrollen-Verhalten sei. In einer Untersuchung zum Beispiel haben Kinder, die Frauen im Fernsehen in traditionellen männlichen Rollen sahen, häufiger die Ansicht vertreten, diese Rollen seien „angemessen" für

Frauen, als Kinder, die ausschließlich Männer in diesen Rollen sahen.[67] Solche Studien lassen daher vermuten, daß der typisch sexistische Fernsehinhalt nicht nur den Vorurteilen gegenüber dem weiblichen Geschlecht entspricht, wie sie in unserer Kultur vorhanden sind, sondern diese Vorurteile auch aufrechterhält, indem sie an die nächste Generation weitergegeben werden. Nach der Veröffentlichung solcher Untersuchungsergebnisse wurden schwere Anklagen gegen das Fernsehen erhoben. Sie gipfelten darin, daß es einen massiven sexistischen Einfluß des Fernsehens gebe. Doch solche Folgerungen basieren auf vielen ungeprüften Annahmen. Die große Mehrheit dieser Studien sind einfach „Inhalts-Analysen", die die Zahl und Art männlicher und weiblicher Rollen im Fernsehen auszählen. In diesen Untersuchungen wird die *Wirkung* dieses Inhalts auf Verhalten überhaupt nicht untersucht. Es sei logisch, so vermuten viele Forscher, daß ein sexistischer Inhalt auch sexistisches Verhalten bei denjenigen verstärken wird, die sich so etwas ansehen.[68]

Weniger häufig sind experimentelle Studien, die Verhaltenseffekte untersuchen, doch aus einer Reihe von ethischen und praktischen Gründen haben die meisten von ihnen nur *unmittelbare* Reaktionen auf Fernsehinhalte untersucht, wie etwa die verbale Reaktion von Kindern darauf, welche Art von Verhalten „angemessen" für jedes Geschlecht sei, oder kindliche Entscheidungen für „geschlechtstypisches" Spielzeug.[69] Die Ergebnisse dieser Studien werden dann generalisiert und Schlußfolgerungen auf die Langzeiteffekte des Fernsehens gezogen.

Leider geht die Analyse der Wirkung von Fernsehsendungen auf die geschlechtsspezifische Sozialisation häufig nicht weit genug. Nur wenige Studien ziehen andere mögliche Auswirkungen sexistischen Inhalts außer der Imitation des dargestellten Verhaltens in Betracht. Kaum eine Untersuchung erwägt die Möglichkeit eines langfristigen Bumerangeffekts, der entsteht, wenn diese sexistischen Bilder nämlich *beiden* Geschlechtern im Fernsehen präsentiert werden. Ironischerweise geben viele Beobachter der sexistischen Fernsehinhalte ihrem Entsetzen darüber Ausdruck, welche Macht das Fernsehen habe, jungen Mädchen das Gefühl zu geben, „Bürger zweiter Klasse" zu sein[70], aber sie fragen nicht, wie es geschehen konnte, daß zur gleichen Zeit, als sich dieses mächtige sexistische Medium in ganz Amerika verbreitete, Frauen auf den Arbeitsmarkt drängten wie nie zuvor und gleiche Rechte verlangten.

Obwohl es sicherlich in gewisser Weise beleidigend (und langweilig) ist, diese stereotype Darstellung verschiedener sozialer Gruppen im Fernsehen zu verfolgen, ist überhaupt noch nicht bewiesen, ob diese Stereotypen im Fernsehen dazu führen, daß sie auf die abfärben, die so stereotyp dargestellt werden.

Zu erfahren, was andere als „angemessenes" Rollen-Verhalten ansehen, wirkt sich natürlich auf das eigene Verhalten aus. Der „durch Medien vermittelte verallgemeinerte Andere" trägt zu unserer Einschätzung bei, welche Aspekte unseres Verhaltens als normal und welche als abweichend betrachtet werden. Doch der Einfluß des Fernsehens auf Einstellungen und Verhalten ist wahrscheinlich viel komplexer und besteht nicht nur in der einfachen Reaktion, diesen Inhalt zu imitieren. Da wir alle die Helden unserer eigenen Abenteuer sind, identifizieren wir uns wahrscheinlich auch mit den Helden der Abenteuer, die wir im Fernsehen sehen. Auf lange Sicht werden sich vielleicht die Zuschauer mit den Fernseh-Figuren identifizieren, die erfolgreich sind und belohnt werden, anstatt mit solchen, mit denen sie nur einige äußere Merkmale gemeinsam haben. Indianer-Kinder, die typische Wild-West-Filme sehen, denken und handeln möglicherweise mit der Zeit wie Cowboys und nicht wie Indianer – selbst wenn sie lernen, daß man von Indianern „nicht erwartet", daß sie sich so verhalten. Ähnlich mag die stereotype Darstellung der Geschlechtsrollen im Fernsehen dazu führen, daß Frauen beginnen, „männliche" Verhaltensweisen in ihrem Alltag zu zeigen, auch wenn sie vielleicht gleichzeitig lernen, es sei „unangemessen" für Frauen, sich wie Männer zu verhalten.

Ein Maß für die langfristig wirkenden Sozialisationsmuster auf eine Gruppe ist der Zugang, den Kinder einer Gruppe zu den Erlebnissen, Abenteuern, Belohnungen und Bestrafungen *anderer* Gruppen haben. Um einen anderen Blickwinkel auf die Bedeutung des Fernsehens für das Geschlechtsrollenverhalten zu gewinnen, müssen wir *hinter* den Inhalt von Fernseh-Botschaften sehen und hinter das, was an kurzfristigen Imitations-Reaktionen auftritt. Wir müssen sehen lernen, wie das Fernsehen die traditionelle „situative Geographie" der Geschlechtsrollen-Sozialisation neu strukturiert.

Wie Nancy Chodorows Analyse der Geschlechtsrollen-Sozialisation nahelegt, ist es nicht nur der *Inhalt* der Geschlechtsrollen-„Instruktionen", der die Unterschiede zwischen „typisch männlichen" und „typisch weiblichen" Eigenschaften bestimmt. Die traditionelle *strukturelle* Asymmetrie eines Gesellschaftssystems, in dem sowohl Mädchen wie Jungen von Frauen erzogen werden, hat ebenfalls eine beträchtliche Wirkung.

Die Tatsache, daß in dieser Phase der Sozialisation die Männerwelt unsichtbar bleibt, beeinflußt die Attribute von Männlichkeit wie von Weiblichkeit. Das Mädchen hat kein anderes Modell, dem sie folgen kann, außer der Mutter. Dem Jungen wird gesagt, er solle wie sein Vater werden – ein Mann, den er nur relativ selten beobachten kann. Wenn Chodorow recht hat, verändert die Tatsache, daß das Fernsehen eine idealisierte Männerwelt in die häusliche Umwelt einführt, das traditionelle System in zweierlei Hinsicht: Es verschafft dem Mädchen ein anderes, „direktes" Rollenmodell, und es hebt die Abstraktion der Männerwelt für den Jungen auf. Einer solchen Welt ausgesetzt zu sein, neutralisiert möglicherweise einen Teil des alten Ungleichgewichts. Zum Beispiel zeigen einige Untersuchungen, daß Kinder solche Sendungen bevorzugen, die sich mit Charakteren ihres *eigenen* Geschlechts beschäftigen, doch diese Studien zeigen gleichzeitig, daß etwa ein Drittel der Szenen sich um das jeweils *andere* Geschlecht kreisen.[71] Anders als die meisten Mädchenbücher wie etwa *Heidi,* in denen die Hauptfiguren weiblich sind, bietet das Fernsehen den Mädchen viele männliche Rollenmodelle an, denen sie nacheifern können.

Der Fernsehinhalt mag tatsächlich in zwei entgegengesetzte Richtungen gleichzeitig wirken. Kurzfristig verstärkt er alte Stereotype, indem er Kindern noch mehr Modelle für sexistisches Verhalten anbietet. Auf Dauer jedoch könnte die Tatsache, daß Jungen *und* Mädchen weiblichen und männlichen Rollenmodellen ausgesetzt sind, die traditionellen Unterschiede verringern.

Untersuchungen über imitierendes Verhalten in direkter Interaktion stützen dieses Argument. Sie legen nahe, daß sowohl Jungen wie Mädchen das Verhalten solcher Modelle imitieren, die sie als mächtig und erfolgreich betrachten – unabhängig vom Geschlecht des jeweiligen Rollenmodells.[72] Da in Fernsehsendungen Männer häufiger als Frauen für ihr Verhalten belohnt werden, ist es sehr gut möglich, daß Mädchen beginnen, männliches Verhalten zu imitieren, weil sie das im Fernsehen häufiger belohnt sehen.

Andere Studien über „Modell-Lernen" verweisen auf eine etwas kompliziertere Beziehung zwischen männlichen Modellen und dem Verhalten von Mädchen, doch sie stützen auch die Theorie, daß das Fernsehen den Mädchen sowohl weibliche wie männliche *Verhaltensweisen* nahebringt, selbst wenn es ihnen die kulturelle *Einstellung* vermittelt, Mädchen sollten sich wie „richtige" Mädchen verhalten. Eine Studie, in der die Auswirkungen aggressiver Fernsehinhalte auf das (Imitations-)Verhalten untersucht wurde, hat zum Beispiel gezeigt, daß Jungen das Verhalten sehr viel häufiger imitieren als Mädchen – das heißt, genau so lange, *bis den Mädchen Belohnungen dafür angeboten werden, die Aggression zu imitieren.* Wenn es Mädchen klar wird, daß sie belohnt statt bestraft werden, wenn sie sich „wie Jungen verhalten", imitieren *beide* Geschlechter das gezeigte Verhalten.[73] Dieses Ergebnis läßt vermuten, daß das Fernsehen den Mädchen männliche Interaktionsstile beibringt, die sie später imitieren können, sobald sie es für angemessen halten, sich so zu verhalten.*

Da „Mädchenbücher" und „Jungenbücher" tendenziell unterschiedliche Inhalte und Themen enthalten, wurden die früher deutlich verschiedenen Sozialisationsmuster für Jungen und Mädchen durch diese Lektüre verstärkt. Da Männer bislang meist die Entscheidungen über Fernsehprogramme getroffen haben, entsprach der Inhalt tendenziell eher der männlicher Literatur, Phantasie und den männlichen Mythen. Doch dieser männliche Inhalt wirkt sich jetzt anders aus, weil er heute Mädchen ebenso zugänglich ist wie Jungen. Je mehr Informationen zwischen den Geschlechtern *geteilt* werden, unabhängig von ihrem spezifischen Inhalt, desto schwieriger ist es, traditionelle Unterscheidungen im Verhalten und in der Weltanschauung aufrechtzuerhalten.

Eine theatralische oder dramaturgische Analogie hilft zu erklären, wie dieselben Geschlechtsrollen-Instruktionen wie früher plötzlich anders wirken, in Abhängigkeit davon, wie sie übermittelt werden. Stellen Sie sich zwei kleine Kinder vor – sagen wir Bruder und Schwester –, die in einem „Spielzimmer" in der Mitte einer Bühne sitzen. Beide sind klein und fürchten sich, weil sie sich in einer neuen, seltsamen Umgebung befinden. Beide weinen. Doch dann kommen ihre Eltern auf die Bühne, trennen sie und nehmen sie mit in verschiedene Räume hinter der Bühne, um ihnen beizubringen, wie sie sich auf der Bühne angemessen für ihr Geschlecht verhalten sollen.

Der Junge bekommt von seinem Vater zu hören, daß er ein Mann sein muß, stark und kühn, und daß er seine schwache Schwester beschützen muß. In der anderen Ecke instruiert die Mutter das Mädchen, daß sie als Frau ihren Gefühlen freien Lauf lassen sollte und sich darauf verlassen kann, daß ihr Bruder sie trösten und beschützen werde. Nachdem das Mädchen und der Junge ihre Rollen ein paar Mal geübt haben, kehren sie auf die Bühne zurück.

---

* Betty Friedans *Weiblichkeitswahn* wird manchmal als „Ursache" der modernen Frauenbewegung betrachtet (Carl Degler nennt es „soziales Dynamit"). Die scheinbar explosive Reaktion auf die Veröffentlichung ihres Buches und der folgenden Arbeiten anderer feministischer Autorinnen war vielleicht eine Reaktion auf eine Botschaft, die letztlich zum Ausdruck brachte: Es *ist* legitim für Frauen, männliche Rollenmodelle zu imitieren – Modelle, die Frauen vorher im Fernsehen beobachtet hatten, aber von denen man ihnen sagte, sie seien für sie tabu.

Aller Wahrscheinlichkeit nach werden die Geschwister größtenteils den Instruktionen folgen, die sie bekommen haben. Der Junge findet, daß er tatsächlich stärker ist als seine gefühlvolle Schwester, da sie ja weiterhin weint und seine „Männlichkeit" zu brauchen und zu schätzen scheint. Das Mädchen findet, jawohl, Frauen sind schwächer, da sie sich fürchtet, ihr Bruder aber keine Angst oder Tränen zeigt, und sie tröstet. Da sie nicht gehört haben, welche Hinweise jeweils dem anderen gegeben wurden, und da sie nicht die Proben mitbekommen haben, die es brauchte, um diese Rollen zu meistern, betrachten sowohl der Junge als auch das Mädchen das jeweilige Verhalten des anderen als „natürlich".

Weiter: Wenn hinter der Bühne der Junge von seinem Vater erfährt, wie er Heizung und Licht ein- und ausschalten und wo und wie er etwas Geld verdienen kann, und die Mutter dem Mädchen zeigt, wie es das Haus sauber halten und das Essen kochen kann, dann empfinden beide noch mehr Ehrfurcht gegenüber den wundersamen Unterschieden zwischen sich selbst und dem „anderen".

Je isolierter jedes Geschlecht vom Hintergrundbereich des anderen ist, und je mehr Zweifel, Ängste, Proben und gelegentliche Ablehnungen einer Geschlechtsrolle vor dem anderen Geschlecht verborgen bleiben, desto mehr wird das andere Geschlecht mysteriös, unvorhersagbar, eben „anders" erscheinen.

Dieses Szenario ähnelt in groben Zügen der Struktur der Geschlechtsrollen-Sozialisation, die *vor* den elektronischen Medien existierte. Es gab natürlich einige Überlappungen, besonders bei Kindern, die Geschwister des anderen Geschlechts hatten (tatsächlich mag das der Grund dafür sein, warum uns – psychologisch betrachtet – getrenntgeschlechtliche Geschwister androgyner erscheinen als die gleichgeschlechtlichen[74]).

Doch was geschieht, wenn das Szenario auf der Bühne leicht verändert wird – was, wenn die Eltern auf die Bühne kämen und jede geschlechtstypische Instruktion vor *beiden* Kindern gäben? Was, wenn jedes Geschlecht beobachten könnte, wie das andere Fragen stellt oder den Anweisungen widerspricht?

Wie „selbstverständlich" wirkt das Verhalten des anderen Geschlechtes noch, wenn man die „Proben" und dann die „Aufführung" sieht? Die Kinder folgen zweifelsohne eine Zeitlang weiterhin den „Anordnungen" ihrer Eltern. Sie sind sich auch der Tatsache bewußt, daß es „so sein *sollte*", doch da beide Kinder jetzt dieselbe Information sehen und hören, weil beide dem Training hinter der Bühne und den Instruktionen für das andere Geschlecht beiwohnen (Mädchen sehen vielleicht, wie Jungen versuchen, ihre Tränen zurückzuhalten), werden sie allmählich – zumindest wahrscheinlich – die Rolle des anderen lediglich als Rolle betrachten, als etwas, das einem ihnen im Grunde ähnlichen menschlichen Wesen aufgezwungen wurde, um es als „anders" erscheinen zu lassen.

Und weiter: Wenn jedes Geschlecht die Instruktionen, die dem anderen Geschlecht gelten, mitbekommt und jetzt einiges über die „geheime" Information des anderen weiß, dann hat jedes Kind eine vorher nie gekannte Wahlmöglichkeit, einige der Eigenschaften der anderen Geschlechtsrolle in sich aufzunehmen. Und schließlich haben beide, weil sie dieselbe Information in aller Öffentlichkeit teilen, die Möglichkeit, ausdrücklich über die jeweiligen Instruktionen miteinander zu diskutieren. Zweifel und Bedürfnisse, die früher nur von Angehörigen des einen Geschlechts geäußert wurden, werden jetzt in Gegenwart von Vertretern des anderen Geschlechtes zum Ausdruck gebracht. Auf die Dauer führt die Tatsache, daß „sexistische" Instruktionen *gemeinsam* erlebt werden, dazu, daß beide Arten von Verhaltensweisen unterminiert werden und egalitärere Rollen entstehen.

Ähnlich hat das Fernsehen die Mystifikation „des Anderen" verringert. Indem wohl Jungen wie Mädchen, Männer wie Frauen in derselben Informations-Umgebung vereint sind, eröffnet sich die Möglichkeit, das Verhalten beider Geschlechter öffentlich zu untersuchen und zu analysieren. Da das Fernsehen die Isolation der Frauen in ihrer „weiblichen Welt" beendet, hat es die größte Wirkung auf das weibliche Rollenverständnis. Wenn Friedan zum Beispiel über die „schizophrene Spaltung" schreibt, die Frauen in den 60er Jahren empfunden haben, beschreibt sie vielleicht die Situation, der sich ein Mädchen in der oben geschilderten Szene gegenübersah: Die Mutter erzählt ihr auf der Bühne etwas über die Grenzen ihrer Rolle, aber sie bekommt genauso mit, wie ihr Vater ihrem Bruder von *seiner* Rolle, *seinen* Abenteuern, *seinen* Privilegien erzählt. Ironischerweise kann das Fernsehen – je „direktiver" und „instruktiver" es vom Inhalt ist, was die traditionelle Rollenteilung anbetrifft – dieselben Rollenstrukturen in der alltäglichen Interaktion außer Kraft setzen. Da das Fernsehen ein „Ort" öffentlicher Erfahrung ist, inszeniert ein sexistischer Fernsehinhalt möglicherweise seine eigene Zerstörung.[75]

In der Vergangenheit war jedes Geschlecht primär dem Bühnenverhalten des anderen Geschlechts ausgesetzt. Die Bühnen-Rollen von Männlichkeit und Weiblichkeit galten als die Realität. Doch Dutzende von populären Fernsehsendungen, von „Bezaubernde Jeannie" bis „Dallas", verschafften beiden Geschlechtern Ansichten von der „Seitenbühne" über jede Geschlechtsrolle. So ist es auch in vielen Werbespots: Sie zeigen etwa Männer, wie sie sich von einem Hintergrundbereich von Zweifeln und Befürchtungen auf die Bühne begeben, wo sie furchtlos maskulin agieren. Sie entlarven, wie Frauen untereinander ein Komplott schmieden, wie sie sich für Männer attraktiv machen und sie „einfangen" und wie sie ihre Aura „geheimnisvoller" Weiblichkeit verstärken können.

In gewisser Hinsicht ist jedes Geschlecht heute in der Lage, nicht nur heimlich das Verhalten des anderen „hinter der Bühne" zu belauschen, sondern es sogar mit vollem Wissen des anderen Geschlechts zu tun. Die Darstellung der traditionellen Rituale des Flirtens und der Ehemann-Ehefrau-Interaktion, die das Fernsehen zeigt, suggerierten den Zuschauern, dies seien die erwarteten kulturellen Normen. Doch die neue Sicht auf traditionelle Rollen läßt sie gleichzeitig irgendwie lächerlich erscheinen. Das Fernsehen strukturiert die Sozialisations-Umwelt und die Art und Weise neu, wie man dem anderen Geschlecht ausgesetzt wird, und ist schließlich viel wichtiger als der spezifische Inhalt der Sendungen. Das gemeinsame Forum des Fernsehens unterstützt die Befreiung von Männern und Frauen von alten Rollen, selbst wenn seine Botschaften konservativ oder reaktionär sind. Der gegenwärtige Trend in Richtung auf einen androgynen Verhaltensstil kann als eine Bewegung auf einen „mittleren Bereich" der Geschlechtsrollen betrachtet werden, der Aspekte der traditionellen Bühne und des traditionellen Hintergrundes beider Geschlechter verbindet.

Wenn ein Haus kein Heim ist (und kein Unternehmen)

Dies ist die wahre Natur des Heims – es ist der Ort des Friedens. . . Wenn es das nicht ist, ist es kein Heim; wenn die Ängste des äußeren Lebens in es eindringen und die wankelmütige, unbekannte, ungeliebte oder feindliche Außenwelt im Ehemann oder in der Ehefrau die Schwelle überschreiten kann, hört es auf, ein Heim zu sein; es ist dann nur ein Teil der Außenwelt, den man mit einem Dach bedeckt hat und in dem ein Feuer brennt.
John Ruskin, 1865[76]

Die Macht des Fernsehens, traditionelle Beziehungsmuster zwischen Männern und Frauen neu zu gestalten, wird deutlich in der romantischen Vorstellung des „Heims" als separater Welt, getrennt von der „feindlichen Außenwelt". Das Fernsehen und andere elektronische Medien bringen diese Welt ins Haus und verändern sowohl die öffentliche wie die häusliche Sphäre.

Durch das Fernsehen trennen die heimischen vier Wände die Welt der Frau nicht länger von der Männerwelt, das Privatleben nicht mehr von der öffentlichen Sphäre. Durch das Fernsehen kann sich die Frau plötzlich „einschalten". Im Fernsehen sind persönliche Ausdrucksformen in Großaufnahme zu sehen, und die Handlungen anderer Menschen werden öffentlich; politische Themen werden zu persönlichen Erfahrungen, weil sie ja zu Hause gemacht werden. Das Fernsehen ist vielleicht ein Auslöser gewesen für das Motto der Frauenbewegung: „Das Politische ist persönlich und das Persönliche politisch".[77]

Auch wenn viele Frauen weiterhin physisch isoliert zuhause sitzen, ermöglicht ihnen das Fernsehen, die Welt allgemein zu „beobachten" und zu „erfahren", einschließlich der Interaktionen und Verhaltenweisen von Männern untereinander. Durch die Großaufnahme im Fernsehen sehen Männer und Frauen in einem Monat viel mehr Angehörige des anderen Geschlechts „aus nächster Nähe" als frühere Generationen in ihrem ganzen Leben. Anders als Begegnungen von Angesicht zu Angesicht, bei denen ein ausführliches Betrachten des anderen als Einladung für weitere Intimität gedeutet werden konnte, ermöglichen es die Fernsehbilder, in ein anderes Gesicht „hineinzustarren" und es ebenso sorgfältig zu studieren wie den Körper und die Bewegungen des anderen Geschlechts. Das Fernsehen fördert eine Art leichter und unbeteiligter Intimität.

Die Bedeutung des Fernsehens für den Einstellungswandel der Geschlechter war weder unmittelbar noch total. Den größten Einfluß hatte es auf die „erste Fernseh-Generation" – jene Kinder, deren geschlechtsspezifische Erziehung Mitte der 50er Jahre gerade begonnen hatte und bei denen die Auswirkungen daher bis in die späten 60er Jahre nicht abzusehen waren. Außerdem mußte das neue Bewußtsein, das durch die „befreiten" situativen Strukturen des Fernsehens geweckt und gestützt wurde, mit vielen traditionellen Sozialisations-Instruktionen und Erfahrungen konkurrieren, dazu gehört auch der explizit sexistische Fernsehinhalt.

Wenn es wahr ist, daß das Fernsehen die männliche und weibliche Sicht der Gesellschaft ineinander verwoben hat, dann müssen „ältere" Medien, wie die Massenpresse, das Telefon, Kinos und das Radio ebenfalls bedeutsame Effekte gehabt haben. Doch das Fernsehen ist die kräftigste „Mischmaschine" männlicher und weiblicher Lebensbereiche. Anders als Kinofilme bringt das Fernsehen die Welt zu den Frauen, ohne die Frauen zuvor aus dem Haus herauszulocken. Und obwohl Zeitungen und Rundfunk schon begannen, die Männerwelt ins Haus zu bringen, und obwohl das Telefon Teile des Hauses in die Außenwelt hinaustransportierte, blieb diese Welt für die Frauen immer noch ein unbekanntes Terrain.

Manche Wissenschaftler haben die Ansicht vertreten, Krieg, Sport und Politik seien Orte männlicher Kameraderie und Verbrüderung und durch den Ausschluß von Frauen definiert.[78] Doch das Fernsehen entlarvt diese traditionell männlichen Bereiche für Frauen, und zwar so beiläufig und ohne jede Ankündigung, daß Frauen sich nicht dafür entscheiden müssen, einen Artikel oder ein Buch über diese Themen zu lesen, das Haus zu verlassen, um ein bestimmtes Ereignis zu verfolgen oder einen Film zu sehen; sie müssen nicht einmal aufhören, dabei traditionelle Hausarbeit zu erledigen. Anders als abstrakte Worte in Büchern, etwa „Sportsmann" oder „Tapferkeit", übermittelt das Fernsehen ein Bild der Männerwelt, das realistisch, gnadenlos und entlarvend ist. Tatsächlich unterstützt das Fernsehen vielleicht sogar das liberalisierende Potential früherer Medien. Wenn das Fernsehen einen Blick durch das Schlüsselloch in die Außenwelt erlaubt, können andere Medien anschließend dazu benutzt werden, die Tür ganz zu öffnen. Wenn das Fernsehen zunächst Bilder über Menschen und Orte liefert, über die man etwas im Radio hören und die man mit dem Telefon erreichen kann, dann können Frauen diese anderen Medien dazu benutzen, ein informatives Territorium zu schaffen, eine „psychische Arena", die sie mit anderen Frauen teilen. Und Bücher, Aufsätze und Artikel von und für Frauen werden „Orte", an denen sie das neue, erweiterte Bewußtsein über die Welt und die Rolle der Frauen in ihr miteinander diskutieren und erkunden können.

Da das Fernsehen die Trennung der Bereiche „Öffentlichkeit" und „Privatleben" aufhebt, indem es die Außenwelt ins Haus bringt, beeinflußt es zunächst die Art, wie Frauen die öffentliche Männerwelt und den Ort, den sie darin haben – oder nicht haben – wahrnehmen. Das Fernsehen besitzt für Frauen deshalb soviel Integrationskraft, weil es ihnen das öffentliche Leben auf eine ihnen vertraute Weise nahebringt; schließlich beschäftigen sich Frauen traditionell mit persönlichen Ausdrucksformen und Gefühlen.

Michelle Rosaldo und Louise Lamphere glauben, die typische Arbeitsteilung zwischen Männern und Frauen in allen bekannten Gesellschaften resultiere daraus, daß allein Frauen fähig sind, Kinder auszutragen und zu stillen.[79] Da eine Beteiligung an anderen Aufgaben sich nicht vereinbaren lasse mit Schwangerschaft und Kindererziehung, seien viele wichtige Aktivitäten ausschließlich von Männern übernommen worden. Je komplizierter jedenfalls die Gesellschaft und je größer die Trennung zwischen öffentlich und privat geworden ist, desto mehr wuchs die Verantwortung der Frauen für *alle* häuslichen Aufgaben, selbst jene, die weit über die biologische Notwendigkeit hinausgehen. Die Kinder-*Erziehung* ist zum Beispiel nicht ebenso biologisch bestimmt wie das *Austragen von Kindern,* doch wenn Frauen schon aus dem öffentlichen Leben verbannt sind, wird ihnen auch die volle Verantwortung für all jene Dinge übertragen, die Männer nicht erledigen können, wenn sie außer Haus arbeiten. Umgekehrt wird den Frauen die Verantwortung für alle Aufgaben entzogen, die nicht ans Haus gebunden sind.

In diesem Sinne befreit die Invasion der elektronischen Medien in die häusliche Sphäre nicht nur die Frauen von der Beschränkung ihres Wissens, sondern vereinigt auch tendenziell die öffentliche und die Privatsphäre wieder und fördert eine „situative Androgynie".

Männer sind jetzt in der Lage, an *Home*computern Informationen hinterherzu„jagen", und Frauen können Kinder stillen, während sie am Telefon ihrer Arbeit nachgehen. Und selbst wenn Männer und Frauen physisch getrennt in der Arbeits- und Familiensphäre bleiben, weil diese an verschiedenen Orten sind, schaffen elektronische Verbindungen ein größeres Gefühl dafür, in Informationen und Erfahrung vereint zu sein.

Die elektronischen Medien unterminieren die Abhängigkeit aller früheren Gesellschaften vom physischen Ort als primärer Bestimmungsgröße für den Zugang – oder Nicht-Zugang – zu anderen Menschen. Die neue Fähigkeit elektronischer Medien, sowohl die Arbeit wie auch das Zuhause zu verändern, beseitigt schließlich die scheinbare Notwendigkeit, öffentliche und private Bereiche zu trennen, und integriert Männer und Frauen wieder in eine gemeinsame Welt von Arbeit *und* Familie. Mit dem Ende der Verbindung von Ort und Situation können ein Mann und eine Frau physisch getrennt und doch sozial zusammen sein, oder umgekehrt: zusammen isoliert zu Hause sitzen und doch mit anderen gesellschaftlichen Bereichen in Kontakt sein. Durch Telefon, Radio, Fernsehen und Computer ist die häusliche Wohnung – das „Heim" – auf manche Weise ein Teil der größeren Welt geworden und wirklich nur ein Ort mit einem „Dach darüber und einem Feuer darin".

13

Kindheit und Erwachsensein vermischen sich Eine Fallstudie über den Wandel der Rollen-Übergänge

Im letzten halben Jahrhundert haben Psychologen unsere Kenntnisse über die physiologischen, kognitiven und linguistischen Stadien bereichert, die Kinder durchlaufen, bis sie erwachsen sind. Arnold Gesell, Jean Piaget, Erik Erikson, Jerome Bruner, Jerome Kagan und Lawrence Kohlberg sind nur einige der Wissenschaftler, die daran gearbeitet haben, den Verlauf menschlichen Wachstums und menschlicher Entwicklung nachzuzeichnen. Der größte Teil dieser Forschungsarbeiten hat gezeigt, daß die Unterschiede zwischen Kindern und Erwachsenen und die zwischen Kindern verschiedener Altersstufen nicht nur graduell sind, sondern sehr unähnliche Fähigkeiten und eine jeweils ganz andere Realitäts-Wahrnehmung beinhalten.

Diese Studien über die kindliche Entwicklung haben jedoch in der Regel nicht in Betracht gezogen, wie sehr sich die sozialen Abstufungen von „Kindheit" gegenwärtig verändern. Soziale Konventionen verändern sich üblicherweise gleichzeitig mit der Publikation und Popularisierung von Forschungsergebnissen. In diesem Fall steht jedoch die Veränderung merkwürdigerweise in direktem Gegensatz zu einer Flut solcher Forschungsergebnisse. Die psychologischen Studien verweisen auf die Notwendigkeit, Kinder ganz anders zu behandeln als Erwachsene, und doch geht gegenwärtig der Trend dahin, Kinder mehr wie „kleine Erwachsene" zu behandeln und Menschen aus verschiedenen Altersgruppen immer ähnlichere Rollen, Rechte und Verantwortlichkeiten zu geben als in der Vergangenheit.

Wir könnten diesen jüngsten Trend als das „Verschwinden der Kindheit" bezeichnen. Doch das wäre nur die halbe Wahrheit. Denn ohne eine klare Vorstellung von Kindheit gibt es keine klare Vorstellung vom Erwachsensein. Was sich in unserer Kultur momentan abspielt, ist, daß überall Kindheit und Erwachsensein ineinander verschwimmen und so einander immer ähnlicher werden. In diesem Kapitel werden die jüngsten Veränderungen in den sozialen Rollen von Kindern und Erwachsenen zusammengefaßt und anschließend die Möglichkeit untersucht, daß diese Veränderungen, zumindest teilweise, mit einer Veränderung der Kommunikationsmedien in Zusammenhang stehen könnten.

Das erwachsene Kind und der kindliche Erwachsene

In der ersten Hälfte des 20. Jahrhunderts wurde die Kindheit als eine Zeit der Unschuld und Abgeschiedenheit betrachtet. Das Kind wurde beschützt vor der häßlichen Realität des Lebens. Es wurde anders gekleidet als Erwachsene; es gab Worte und Themen – wie Geburt, Tod, Sex und Geld – die man als ungeeignet für Kinderohren betrachtete. Und es gab strikte lineare Altersstufen, die durch das Schulsystem unterstützt wurden, das bestimmte, was ein Kind zu einem gegebenen Alter zu wissen und zu tun hatte.

In den letzten dreißig Jahren hat es jedoch eine bemerkenswerte Veränderung im Bild und in den Rollen von Kindern gegeben. Die Kindheit als ein geschützter Lebensraum ist fast verschwunden. Heutzutage scheinen Kinder weniger „kindlich" zu sein. Sie sprechen mehr wie Erwachsene, kleiden sich mehr wie Erwachsene und verhalten sich mehr wie Erwachsene als früher. Das Umgekehrte ist jedoch ebenso wahr: Es gibt Anzeichen dafür, daß in den letzten zwanzig Jahren viele Erwachsene sich wie in die Jahre gekommene Kinder verhalten, kleiden und unterhalten. Sicherlich können sich nicht alle Kinder und Erwachsene gleich verhalten, aber es gibt mehr Ähnlichkeiten in ihrem Verhalten als in der Vergangenheit. Die traditionellen Trennungslinien sind verschwunden.

Eines der klarsten Anzeichen für Unterschiede im gesellschaftlichen Status sind Unterschiede im Auftreten und in der Kleidung. Der untergeordnete Status von Kindern hat sich früher einmal manifestiert in ihrer Kleidung – in kurzen Hosen, Matrosenanzügen oder T-Shirts mit Cartoon-Figuren. Bedeutsam war nicht so sehr *was* die Kinder trugen, sondern die Tatsache, daß die

Kinderkleidung anders war als die Kleidung von Erwachsenen.

Heute beweist jeder Spaziergang in einem Einkaufszentrum oder einem Park, daß die Zeiten unterschiedlicher Kleidung für verschiedene Altersgruppen vorbei sind. Genau wie Kinder sich manchmal in dreiteiligen Anzügen oder Modellkleider zwängen, so kleiden sich viele Erwachsene wie „große Kinder": In Jeans, Mickymouse- oder Superman-T-Shirts und Turnschuhen. Nicht nur tragen Alt und Jung die traditionelle Kleidung des jeweils anderen, es haben sich neue, „alterslose" Kleidungsstile entwickelt. Designerjeans werden zum Beispiel sowohl von jungen wie von alten Menschen getragen. Der Ausdruck „Designerjeans" wäre früher ein Widerspruch in sich gewesen; heute beschreibt er eine Synthese der seriell gefertigten Kinder-Kleidung mit der „High-Fashion"-Mode für Erwachsene. Manche Hersteller haben die Homogenisierung der Kleidung so weit getrieben, daß sie schon Windeln und -höschen aus Designerjeans entwickelt haben.

Die Gleichmacherei früher unterschiedlicher, altersbezogener Kleidung scheint nicht nur ein Oberflächenphänomen zu sein. Nicht nur die Kleidung sehr verschiedener sozialer Gruppen ist ähnlich geworden. Kinder und Erwachsene haben auch damit begonnen, sich ähnlich zu *verhalten.*

Selbst bei nur oberflächlicher Betrachtung steht heute fest, daß Haltung, Sitzpositionen und Gesten von Kindern und Erwachsenen sich einander angenähert haben. Es ist nicht länger ungewöhnlich, daß Erwachsene in aller Öffentlichkeit mit untergeschlagenen Beinen auf dem Boden sitzen oder sich „Kinderspielen" hingeben. Tatsächlich ist die jüngste Spielzeug-Generation – Video- und Computerspiele – bei Erwachsenen wie Kindern gleichermaßen beliebt.

Auch die Unterschiede in Sprache und Vokabular bei bestimmten Altersstufen sind dabei zu verschwinden. Viele umgangssprachliche Ausdrücke, Redensarten, Obszönitäten und grammatikalische Konstruktionen werden von einem breiten Spektrum von Altersgruppen geteilt. Kinder sprechen „erwachsener", und Erwachsene sprechen „kindlicher". Vielleicht noch wichtiger: Sie sprechen so in der Anwesenheit der jeweils anderen sozialen Gruppe. Der linguistische Beweis für die Autorität des Erwachsenen über das Kind kann kaum noch angetreten werden: Zunehmend nennen Kinder ihre Eltern und andere Erwachsene beim Vornamen. Es gibt immer weniger Themen, bei denen man sich allgemein einig ist, sie eigneten sich nicht für das Gespräch mit Kindern. Und in jedem Fall scheinen Kinder sich in sämtlichen Tabuthemen auszukennen, bevor diese Themen zu Hause oder in der Schule offiziell angesprochen werden. Sexualkunde und Drogenaufklärung zum Beispiel mußten immer dem tatsächlichen Kenntnisstand und den einschlägigen Erfahrungen – den Teenager-Schwangerschaften und dem Drogenmißbrauch unter Kindern – hinterherlaufen.* In den letzten Jahren wurden auch Alkoholismus, Abtreibung und Selbstmord zu „Kinder-Themen".[3]

Für Kinder war eine Geburt früher etwas Geheimnisvolles, irgendwie hatte sie etwas mit Störchen und Seerosen-Teichen zu tun. Jetzt jedoch sind einige Psychologen und viele populäre Geburts-Bücher der Ansicht, daß Kinder nicht von der Geburt jüngerer Geschwister ausgeschlossen werden, vielleicht sogar direkt dem Gebärvorgang beiwohnen sollten.[4]

Komplementäre Veränderungen hat es bei den Erwachsenen gegeben. Die Schulausbildung oder die Wahl des Berufsweges war früher vor allem ein Thema, das für die Heranwachsenden wichtig war, doch immer mehr Erwachsene nehmen jetzt an Programmen der Erwachsenenbildung teil, wechseln mehrmals in ihrem Leben den Beruf und beschäftigen sich mit ihren „Lebensstadien".

Auch das psychische Klima unter den Erwachsenen verändert sich. Die vieldiskutierten „Ego-Trips" der „Ich- Generation" zum Beispiel kann man als erwachsene Manifestationen des Egozentrismus betrachten, wie er gewöhnlich bei Kindern vorkommt. Tatsächlich zeigen Untersuchungen, daß das Verantwortungsgefühl von Erwachsenen für ihre Kinder abnimmt. Immer weniger

* In den 70er Jahren gab es eine deutliche Zunahme in der sexuellen Aktivität von Jugendlichen. Der dramatischste Anstieg war bei weißen Mädchen zwischen fünfzehn und siebzehn Jahren, deren sexuelle Aktivitäts-Rate sich in nur neun Jahren verdoppelte. Insgesamt stieg der Anteil sexuell aktiver, unverheirateter weiblicher Teenager in den 70er Jahren um zwei Drittel an. 1979 waren ungefähr 12 Millionen der 29 Millionen Teenager in den USA sexuell aktiv. Fast die Hälfte der 15-17jährigen Jungen und ein Drittel der 15-17jährigen Mädchen hatten schon Geschlechtsverkehr gehabt, ebenso wie annähernd eine Million der 13-14jährigen sexuell aktiv waren. Mehr als ein Zehntel aller jugendlichen Mädchen pro Jahr werden schwanger.[1] Ähnlich steil war der Anstieg im Drogengebrauch bei Teenagern. Zwischen 1972 und 1979 hat sich der Anteil der 12-17jährigen Marihuana- und Kokain-Konsumenten mehr als verdoppelt. 1981 berichtete das Nationale Institut gegen Drogenmißbrauch (National Institute for Drug Abuse), daß zwei Drittel der Schulabgänger der Highschools aus der Untersuchungsgruppe zugaben, wenigstens manchmal illegale Drogen probiert zu haben. In der Tat hatte mehr als die Hälfte Erfahrungen mit illegalen Drogen gesammelt, bevor sie die neunte Klasse beendet hatte! Ein Drittel der Drogenbenutzer rauchte lediglich Marihuana, aber 66% hatten auch andere Drogen probiert. Das Institut betrachtet dies als „vorsichtige" Schätzungen.[2]

Eltern sind bereit, für Kinder Opfer zu bringen oder sich Gedanken über die Zukunft ihrer Kinder und deren Pläne zu machen. Die Amerikaner räumen heute ihren Autos einen höheren Stellenwert ein als Kindern, wenn sie sagen sollen, was sie unter einem „guten Leben" verstehen.[5]

Während viele Menschen weiterhin alte Vorstellungen von Kindheit und Erwachsensein hegen, wurde die Aufhebung der unterschiedlichen Statuspositionen längst in der Unterhaltungsindustrie und in unseren Gesetzen dokumentiert.

Die Fernseh- und Filmrollen, die von Kindern und Erwachsenen gespielt werden, haben sich in den letzten vierzig Jahren markant verändert. Shirley Temple war lediglich ein niedliches und aufgewecktes Kind, doch die Kinderstars der 70er und 80er Jahre, wie etwa Brooke Shields, haben die Rollen von Erwachsenen gespielt, die in einem Kinderkörper gefangen sind. Umgekehrt ist es heute schon schwierig, traditionelle Erwachsenenfiguren in Filmen oder im Fernsehen anzutreffen. Im Zeitalter des „Anti-Helden" haben erwachsene Hauptfiguren – etwa solche, wie sie von Diane Keaton, Burt Reynolds oder Elliot Gould dargestellt werden – oft die Bedürfnisse und Emotionen großer Kinder. Nicht nur, daß Erwachsene heutzutage in den Kinofilmen oft von Kindern ausgestochen werden, es ist auch so, daß Kinder manchmal als reifer, sensibler und intelligenter dargestellt werden (etwa in *E.T.*).

Auch der gesetzliche Status von Kindern und Erwachsenen hat sich in den letzten Jahren verändert. 1967 zum Beispiel entschied der Oberste Gerichthof in USA, Kinder hätten das Recht, sich einen Anwalt zu nehmen, und erklärte, „daß weder Artikel vierzehn der Verfassung noch die Menschenrechtserklärung nur für Erwachsene allein gelten";[6] Daraufhin gab es eine Anzahl höchstrichterlicher Entscheidungen, die Kinder in vielen Bereichen mit den Erwachsenen rechtlich gleichsetzten.[7] In den letzten Jahren haben Minderjährige in einer ganzen Reihe von Fällen selbständig einen Anwalt aufgesucht, in der Absicht, ihre Eltern oder die Schulbehörde zu verklagen.[8]

Durch die wachsende Zahl von Minderjährigen, die von zu Hause weglaufen und nicht mehr zurückkehren wollen,[9] sehen sich die Gerichte oft gezwungen, zwischen den Rechten des Kindes und den Rechten der Erwachsenen abwägen zu müssen. Und die Waage der Gerechtigkeit schlägt neuerdings oft zugunsten der Kinder aus. In mehr als zwölf Bundesstaaten der USA können die Gerichte inzwischen Minderjährige zu Volljährigen „emanzipieren", damit diese unabhängig von den Entscheidungen ihrer Eltern ihren Aufenthalt bestimmen und Arbeit annehmen können. Der Staat Connecticut zum Beispiel ermöglicht es bereits 16jährigen, sich von ihren Eltern „scheiden zu lassen" und rechtlich als Erwachsene zu gelten.[10] In Kalifornien kann dieses Freiheitsrecht bereits im Alter von vierzehn Jahren in Anspruch genommen werden.[11]

Die rechtliche Bedeutung des Begriffes „Kind" mußte sich auch deshalb verändern, weil Kinder zunehmend „Erwachsenen"-Verbrechen begehen wie bewaffneten Raub, Vergewaltigung und Mord.* Infolgedessen haben viele Staaten der USA die Sonderbehandlung für Minderjährige abgeschafft. Im Jahre 1978 verabschiedete zum Beispiel der Staat New York ein Gesetz, das es ermöglicht, Mörder im Alter von über dreizehn Jahren wie Erwachsene zu verurteilen.[13] 1969 ratifizierte die amerikanische Anwaltsvereinigung einen neuen Verhaltens-Kodex für Jugendgerichte. Statt vor allem nach dem „Kindeswohl" zu urteilen – die ursprüngliche moralische Verpflichtung für das Jugendgerichtssystem –, schlug die Anwaltsvereinigung vor, Kinder sollten im Verhältnis zur Schwere ihrer Verbrechen bestraft werden.[14]

Die Vorstellungen der Öffentlichkeit über die Verantwortlichkeit der Erwachsenen für ihre eigenen Handlungen sind in den letzten Jahren ebenfalls immer verschwommener geworden. Die steigende Inanspruchnahme „*zeitweiliger* verminderter Zurechnungsfähigkeit" als Entschuldigung der Erwachsenen dafür, ein Verbrechen im Affekt begangen zu haben, weisen zum Beispiel darauf hin, welche Versuche „die Großen" unternehmen, ihre Temperamentsausbrüche zu legitimieren.**

Selbst wenn der legale Status von Kindern und Erwachsenen unberührt bleibt, haben Kinder sich vor Gericht, in medizinischen und in staatlichen Einrich-

---

* Die Verbrecherstatistik des FBI weist nach, daß 1951 Kinder unter fünfzehn Jahren nur zwei Promille aller wegen Mordes, vier Promille der wegen Raubes und nur ein Promille der wegen Vergewaltigung Angeklagten ausmachten. 1981 jedoch begingen Kinder unter fünfzehn Jahren 1% der Morde (ein Anstieg um über 500%), 7% der Raubüberfälle (ein Anstieg um 1750%) und 4% der Vergewaltigungen (ein 4000%iger Anstieg). Diese drastischen Sprünge in der Statistik wären weniger von Bedeutung, wenn der Anteil der unter 15jährigen in der Bevölkerung im Jahre 1981 um etliches höher gewesen wäre als 1951, aber das Gegenteil ist der Fall: Ihr Anteil fiel in diesen drei Jahrzehnten von 28% auf 23%.[12] Dieser deutliche Anstieg der Kinder-Kriminalität kann sicher teilweise einen Wandel in der *Berichterstattung* über Verbrechen zugeschrieben werden, aber auch ein solcher Wandel würde nur beweisen, daß sich die Vorstellung von „Kindheit" deutlich verändert hat.

** Einige Beispiele für „verminderte Zurechnungsfähigkeit" sind (in den USA) das „Vietnam-Streß-Syndrom", das „prämenstruelle Syndrom", das „mißhandelte-Frau-Syndrom", „Streß am Arbeitsplatz" und sogar „allgemeine soziale Lebensumstände" (wie etwa Armut).[15]

tungen einen neuen Respekt erworben. Gerichte sind heute viel eher bereit, die Meinung eines Kindes bei Sorgerechtsverfahren in Betracht zu ziehen, und bei Kindern wie Jugendlichen wird heute oft erst ihr Einverständnis eingeholt, bevor sie eine medizinische oder psychologische Behandlung erhalten.[16] Die neuen Einstellungen spiegeln sich wider in der Entscheidung der Stadt New York, zwei Waisenkinder – im Alter von 13 und 16 Jahren – als Vollmitglieder eines Arbeitskreises zu akzeptieren, der sich um die Verbesserung der Waisenfürsorge kümmern soll.[17] Es handelt sich hier offenbar um einen Trend weg von der traditionellen patriarchalischen Überzeugung, Erwachsene sollten immer wissen, was für ein Kind das Beste ist.

In manchen Kreisen der Bevölkerung werden Kinder heute als eine rechtlose „Minderheit" unter anderen betrachtet. Die Soziologin Elise Boulding etwa ist der Ansicht, die Kinderrechtsbewegung solle „in den allgemeinen Prozeß einbezogen werden, das Bewußtsein für menschliche Lebensbedingungen zu erhöhen".[18] Marian Wright Edelman, Direktor des Verteidigungsfonds für Kinder, schreibt: „Nach sieben Konferenzen im Weißen Haus, bei denen es um die Rechte der Kinder ging, und nach zahllosen Berichten und Reden über Kinderprobleme bleiben sie doch die ärmste, die unterrepräsentierteste und benachteiligste Gruppe in der amerikanischen Gesellschaft."[19]

Zwar wurde in letzter Zeit den Rechten von Kindern mehr Aufmerksamkeit geschenkt, und man hat sich dabei konzentriert auf das „Recht", nicht verhungern zu müssen oder geschlagen zu werden (das Kindes-*Wohl*), doch es gibt auch Vertreter der Kinderrechtsbewegung, die volle soziale, ökonomische und politische Teilnahme der Kinder an der Gesellschaft fordern (Kinder-*Befreiung*). Als Mitglied des letzten Lagers hat sich Richard Farson leidenschaftlich für das grundlegende „Menschenrecht" für Kinder und gegen die systematische Diskriminierung durch Erwachsene ausgesprochen.[20] Ähnlich hat der Erzieher John Holt in seinem Buch *Escape of Childhood* eine Art Kinderrechts-Charta entworfen. Er schlägt vor: Die „Rechte, Privilegien, Pflichten und Verantwortlichkeiten erwachsener Bürger sollten jedem jungen Menschen, gleich welchen Alters, *zugänglich* gemacht werden, der von ihnen Gebrauch machen will".[21] Die Rechte, die Holt aufzählt, umfassen das Recht zu wählen, zu arbeiten, eine Privatsphäre zu haben, ein Eigentum zu besitzen, Verträge zu unterzeichnen, Sexualpartner auszuwählen, zu reisen, ein eigenes Heim zu gründen und die eigenen Fürsorgepersonen auszuwählen.

Wenn diese vorgeschlagenen Veränderungen auch sehr (oder gar zu) weitgehend erscheinen, müssen wir dennoch anerkennen, daß sie ein Anzeichen sind für eine verbreitete Einstellungsänderung Kindern gegenüber. Die „Kinder-Errettungs-Bewegung" des 19. und frühen 20. Jahrhunderts war eine Separatistenbewegung, die sich um die „besonderen Bedürfnisse" von Kindern kümmerte und ihnen das „Recht auf Kindheit" garantieren wollte, doch gegenwärtig geht der Trend eher in die Richtung, die Welt der Kinder und die der Erwachsenen miteinander zu verschmelzen.[22] Tatsächlich haben sich die Beziehungen zwischen Eltern und Kindern schon dramatisch verändert. Kenneth Keniston, Direktor des Carnegie-Forschungsprojektes über Kinder, stellt fest: „Es hat sich offenbar schon ein größeres Gefühl für Parität bei Eltern und Kindern entwickelt. Es geht in den heutigen Familien demokratischer zu, und Eltern gestehen ihre Fehler und Unzulänglichkeiten ihren Kindern gegenüber eher ein. Die Einstellung ‚Eltern wissen immer alles besser', ist nicht mehr selbstverständlich."[23]

Ob diese Veränderungen bei Kindern und Erwachsenen gut oder schlecht sind, ist schwer zu beurteilen. Ob die „Flucht" der Kinder aus der Kindheit eher eine Befreiung oder eine Verirrung oder ein wenig von beidem ist, das läßt sich noch nicht absehen. Zum Glück oder Unglück existieren jedenfalls Kindheit und Erwachsenensein, wie sie früher einmal definiert wurden, nicht mehr.

Das Fernsehen und die Integration der Kinder

Wie in den vorangegangenen Kapiteln beschrieben, werden die Unterschiede im sozialen Status teilweise dadurch gestützt, daß man Menschen in verschiedene Informations-Welten trennt. Der Aufstieg von einem sozialen Status zum anderen beinhaltet im allgemeinen, die „Geheimnisse" des neuen Status zu erlernen und sich zu den Orten oder in Situationen zu begeben, an denen jene Information erhältlich ist.

Jeder Schritt im Sozialisationsprozeß von der Kindheit zum Erwachsensein bedeutet, sich neuem Wissen auszusetzen und kontinuierlich andere soziale Information auszublenden. Traditionell erzählen wir zum Beispiel Kindern im dritten Schuljahr Dinge, die wir Kindern aus dem zweiten Schuljahr vorenthalten, doch wir verschweigen den Drittklässlern nach wie vor einige Dinge, die wir ihnen erst sagen werden, wenn sie in die vierte Klasse kommen. Kinder klettern die Leiter zum Erwachsenen-Wissen langsam und Sprosse für Sprosse hinauf. Die kognitive Entwicklung eines Kindes hilft ihm beim

Klettern, aber sie ist nicht der einzige Faktor, der das Lernen des Kindes oder seinen sozialen Status beeinflußt. Ein anderer wichtiger Faktor ist die Menge und Art der Information, die Kindern verschiedener Altersgruppen zugänglich gemacht wird. Wenn eine Gesellschaft in der Lage ist, das, was die Menschen in verschiedenen Altersstufen wissen, in viele kleine Stufen aufzuteilen, dann wird sie auch viele Kindheitsstadien aufrechterhalten können. Und umgekehrt: Wenn eine Gesellschaft das, was die Menschen verschiedener Altersgruppen wissen sollen, nicht klar abgrenzt, gibt es weniger Sozialisationsstadien. Wenn wir immer der Meinung gewesen wären, daß beispielsweise Schüler der zweiten, dritten und vierten Klasse im gleichen Klassenraum unterrichtet werden sollten, dann hätten wir größere Schwierigkeiten gehabt, sie in drei verschiedene soziale Statusgruppen einzuteilen.

So betrachtet könnten die traditionellen Vorstellungen von der „Unschuld" der Kindheit damit zusammenhängen, daß man Kinder von sozialen Situationen oder von Informationssystemen der Erwachsenen ausschließt; und umgekehrt, daß die scheinbare „Allwissenheit" der Erwachsenen in den Augen der Kinder damit zusammenhängt, daß die Erwachsenen in der Lage sind, vor den Kindern Geheimnisse zu hüten und einen privaten „Hintergrund-Bereich" beizubehalten, wo sie ihre „Bühnen"-Rollen üben, ihre Befürchtungen, Zweifel, Ängste und ihr kindisches Verhalten verstecken und „privat" unter sich über Techniken der Kindererziehung diskutieren können. Wenn sich die unterschiedlichen Informationssysteme für Menschen verschiedener Altersstufen jedoch vermischen, dann verschwimmen auch die Unterschiede zwischen kindlichem und erwachsenem Verhalten.

Viele populäre und wissenschaftliche Analysen über das Fernsehen gehen von der grundlegenden Annahme aus, die Auswirkungen des Mediums auf Kinder seien vor allen Dingen davon abhängig, ob und wie sehr die Eltern das Fernsehverhalten ihrer Kinder überwachen und die Sender ihre Programme kindgerecht gestalten. All jene, die negative Auswirkungen des kindlichen Fernsehkonsums wahrnehmen, geben die Schuld den zu gleichgültigen oder zu großzügigen Eltern, die nicht darüber wachen, was ihre Kinder sehen, oder den rein ökonomisch ausgerichteten Sendeanstalten, die nicht willens sind, qualitativ gute Kindersendungen herzustellen.[24]

Dieser Analyse fehlt jedoch die Erkenntnis, daß das Fernsehen kein passiver Übermittler von Information ist, der gleichwertig oder austauschbar wäre mit früheren Kommunikationskanälen, wie etwa Büchern. Zwar hat eine inhaltliche Zensur offensichtlich Auswirkungen auf die Übermittlung, doch wirkt sie sich in verschiedenen Medien unterschiedlich aus. Auch wenn andere Bedingungen gleich sind, so trennen die Printmedien Kinder und Erwachsene in verschiedene „Leserschaften", das Fernsehen aber vereint sie wieder.

Wenn ich mich weiter unten auf die potentiellen Auswirkungen konzentriere, die ein Wandel von der „Buch-Situation" zur „Fernseh-Situation" hat, meine ich damit nicht, andere Erklärungen für die jüngsten Veränderungen in der Kindererziehung sollten außer acht gelassen oder Faktoren übersehen werden, die traditionell die Unterschiede zwischen Kindheit und Erwachsensein aufrechterhalten. Sicherlich tragen die wachsende Instabilität der Ehe, ökonomische Probleme und viele andere Faktoren zu den jüngsten Veränderungen bei; umgekehrt verändern und kanalisieren familiäre Traditionen, religiöse Überzeugungen, die Schule, die Schichtzugehörigkeit und der Wohnort die Vermischung alterstypischer Rollen. Ich hoffe lediglich, zeigen zu können, daß eine Veränderung in der Medien-Landschaft viel mehr mit allgemeinen Trends über die Vorstellung von Kindheit und Erwachsensein zu tun haben könnte, als man bislang angenommen hat.

In der Fernseh-Welt zu Hause

Was ein kleines Kind über die Welt wußte, wurde früher vor allem dadurch bestimmt, wo das Kind lebte und welchen Bewegungsspielraum es hatte. Der Zugang zur größeren Gesellschaft kam langsam zustande, mit der zunehmenden Fähigkeit, lesen und schreiben – und reisen zu können. Das Lesen ermöglichte den Informations-Zugang zur Welt; Reisen lieferten komplementär dazu die physische Zugangsmöglichkeit zu anderen Orten.

Die Familie wird oft dargestellt als „schützende" und „fürsorgliche" Umgebung. In den modernen Großstädten ist das familiäre Zuhause jedoch de facto auch eine Art Isolationszelle. Aus diesem Grund attackierte die frühe feministische Schriftstellerin Charlotte Perkins Gilman das „Heim" als Gefängnis, da es sowohl Kinder wie Frauen von der Außenwelt fernhielte.[25]

Selbst wer die traditionellen Aufgaben der Familie befürwortet, erkennt seine restriktiven Merkmale. In ihrem Buch *The Sociology of Childhood* stellen Oscar Ritchie und Marvin Koller fest, das Zuhause stelle die „kleine Welt" des Kindes dar, und die „Familie dient als Projektionsfläche für die Gesellschaft, die nur solche Teile der Kultur auswählt, die sie der Aufmerksamkeit für würdig hält".[26] Das Kleinkind kann zwar ganz bestimmte Wege außerhalb der Wohnung gehen – die

Großmutter besuchen zum Beispiel –, doch sein Leben ist auf die häusliche Wohnung und auf die Familie zentriert. Obwohl das Kind nicht vollständig von Informationen über die Außenwelt abgeschnitten ist, erhält es diese doch durch die Eltern und andere Erwachsenen gefiltert.

Da das Kind nur über ein begrenztes Wissen und begrenzte Erfahrungen verfügt – so Ritchie und Koller –, stehen Besucher oft im Mittelpunkt seiner Aufmerksamkeit. „Als eine Person, die außerhalb des kindlichen Zuhauses lebt, fungiert der Gast als Übermittler, er bringt in die Welt des Kindes neue Ideen und Informationen, neue und verschiedene Gelegenheiten für die Teilnahme an der Außenwelt – sozusagen aus zweiter Hand."[27]

Die Metapher des „Gastes", wie sie Ritchie und Koller verwenden, ist sehr interessant und aufschlußreich; tatsächlich enthüllt sie eine Schwäche in ihrer Beschreibung der Rolle der Familie und der häuslichen Umwelt in der Sozialisation. Da sie ihr Buch 1964 schrieben, sollten Ritchie und Koller eigentlich schon festgestellt haben, daß in über 90% der amerikanischen Haushalte die restriktive Umgebung, die sie beschreiben, schon längst umgeformt war durch einen neuen und sehr mächtigen „Gast" – das Fernsehen.

Ritchie und Koller stellen fest: „Weil die Eltern die Situation kontrollieren, ist die Beziehung zwischen Kind und Gast wahrscheinlich ein positiver Aspekt der Sozialisation."[28] Doch während der traditionelle Gast in die Familie eingeladen wird, unter der Kontrolle der Familie bleibt und als ein erwachsener Filter für kindliche Information dient, sind die Besucher, die sich durch das Fernsehgerät ins Wohnzimmer schleichen, oft ungeladene Gäste, die die Informations-Welt des Kindes erweitern, ohne daß die Eltern ganz damit einverstanden wären oder es vollständig kontrollieren könnten.

Die Auswirkung des Fernsehens auf die Neudefinition von „Zuhause" wird in dem vorherrschenden inhaltsorientierten Ansatz der Fernsehwirkungsforschung fast vergessen. Die Konzentration auf den Inhalt statt auf die Struktur der Situation hat eher verschleiert, auf welche Weise das Fernsehen die Filter der Erwachsenenautorität umgeht und die Bedeutung verringert, die die physische Isolation des Kindes in seinem Zuhause spielt. In mancher Hinsicht macht es wenig Unterschied, ob die Fernsehsendungen den Inhalt verstärken, daß „Erwachsene immer alles besser wissen" oder den Inhalt, daß „Erwachsene gar nicht immer alles besser wissen", oder ob ein Werbespot den Kindern erzählt, sie sollten ein Produkt selbst kaufen oder, sie sollten ihre Eltern bitten, es für sie mitzubringen. Denn unabhängig von den spezifischen Programm-Inhalten und der spezifischen Werbung hat sich der Informationsfluß in das kindliche Zuhause verändert.

Sicherlich bestimmen die Eltern heute immer noch einen Großteil der Atmosphäre in der Familie, doch das häusliche Leben ist nicht länger die Grundlage aller kindlicher Erfahrungen. Kinder, die eigene Fernsehgeräte haben, erhalten eine Perspektive „von außen", mit der sie familiäre Gewohnheiten, Überzeugungen und religiöse Praktiken beurteilen und bewerten können. Die Eltern konnten früher sehr leicht die Erziehung ihrer Kinder steuern, indem sie ihnen nur von solchen Dingen erzählten oder vorlasen, die sie ihre Kinder wissen lassen wollten; doch heute stehen die Eltern im Wettbewerb mit tausenden einander widerstreitenden Bilder und Vorstellungen, auf die sie wenig direkte Einflußmöglichkeiten haben. Als ein Ergebnis daraus werden die Machtbeziehungen innerhalb der Familie teilweise neu gestaltet. Den Einfluß der Eltern und des Familienlebens auf die Kinder kann man heute immer noch erkennen: Kinder unterscheiden sich immer noch deutlich durch Schichtzugehörigkeit, Religion und ethnischen Hintergrund voneinander. Doch die Familie hat nicht länger einen allmächtigen formenden Einfluß.

Da Kleinkinder noch nicht lesen können, waren sie früher auf die wenigen Informationsquellen angewiesen, die sie innerhalb der Wohnung oder in der unmittelbaren Umgebung zur Verfügung hatten: Bilder, Illustrationen, Ausblicke aus einem Fenster; und sie lernten nur das, was die Erwachsenen ihnen erklärten oder vorlasen. Das Fernsehen jedoch begleitet die Kinder auf Reisen kreuz und quer über den Erdball, bevor sie auch nur die Erlaubnis erhalten haben, eine Straße zu überqueren.

Es gibt kein „Kinderfernsehen"

Die Kompliziertheit der Schriftsprache schließt alle kleinen Kinder von der schriftlichen Kommunikation aus. In mancher Hinsicht schaffen die Printmedien „Orte", an denen Erwachsene unter sich kommunizieren können, ohne daß Kinder etwas davon mitbekommen. Durch Bücher können Erwachsene frei über Dinge diskutieren, die sie vielleicht vor ihren kleineren Kindern verborgen halten wollen. Und da das Lesen eine komplizierte Fähigkeit ist, die in Stadien gelernt wird, können die Erwachsenen die Information kontrollieren, die älteren Kindern zugänglich wird, indem sie den Schwierigkeitsgrad des Sprachstils variieren, in dem Bücher über verschiedene Themen geschrieben sind. Da Kinder einfache Kinderbücher lesen müssen, bevor sie komplizierte Erwachsenenbücher lesen können, ermöglichen die

Printmedien die Trennung von Kindern in verschiedene Altersstufen und verschiedene Informations-Welten.*

Die Schwierigkeitsgrade des Gedruckten dienen nicht nur dazu, Kinder von Erwachsenen-Situationen zu trennen, sondern auch dazu, Erwachsene von Kinder-Situationen zu isolieren. Kinder können zum Beispiel von „Erwachsenen"-Themen wie etwa Sex, Kriminalität und Tod einfach dadurch abgeschnitten werden, daß diese Information in langen schwierigen Worten und kompliziert geschriebenen Sätzen verschlüsselt wird. Zur gleichen Zeit jedoch macht die Schlichtheit der meisten Kinderbücher sie für Erwachsene uninteressant, und den meisten Erwachsenen wäre es peinlich, wenn man sie bei der Lektüre von Kinderbüchern sehen würde (tatsächlich besteht eine der größten Schwierigkeiten, erwachsenen Analphabeten das Lesen beizubringen, darin, angemessenen Lesestoff zu finden.) Kinder wissen gewöhnlich nicht, was Erwachsene gerade lesen, und Erwachsene (es sei denn, sie seien Lehrer oder Eltern, die Kindern gerade ein Buch vorlesen) wissen gewöhnlich nicht, was Kinder lesen. Mit den Printmedien wird eine Gesellschaft in viele verschiedene Informationssysteme aufgeteilt, basierend auf den Unterschieden im Lesestoff je nach Lese-Fähigkeit.

„Kinderbücher" sind daher aus zwei wichtigen Gründen ganz besondere Bücher: Sie sind die einzigen Bücher, die Kinder lesen können – und im allgemeinen lesen nur Kinder sie. In diesem Sinne ist die Kinderliteratur eine Art Informations-Ghetto, sowohl isoliert wie isolierend.

Es gibt im Fernsehen nichts, was einem Kinderbuch gliche. Der Zugang zum Fernseh-Inhalt ist nicht kompliziert verschlüsselt, kann also junge Zuschauer nicht ausschließen oder das Publikum in verschiedene Altersstufen trennen. Die Erwachsenensendungen bieten Kindern vielleicht Informationen, die sie nicht ganz verstehen, und Kindersendungen können kindspezifische Inhalte enthalten, doch der Verschlüsselungs-Code ist für jede Fernsehsendung ähnlich: Bilder und Töne. Anders als bei den Printmedien ähnelt die symbolische Form des Fernsehens den Dingen, die sie darstellt. Die Fernsehbilder sehen – wie alle Bilder – den wirklichen Objekten und Menschen ähnlich; das Fernsehen spricht zu uns in einer menschlichen Sprache.

Im Gegensatz zu Büchern gibt es bei Fernsehsendungen wenig „Voraussetzungen". Es gibt keine festgelegte Ordnung, in der die Sendungen angesehen werden müssen, da die meisten Programme dieselben Fähigkeiten fordern (oder gar keine). Man muß nicht die Nachrichten gesehen haben, bevor man sich „Sesamstraße" ansehen kann, man muß nicht die „Muppet-Show" verfolgen, bevor man „Dallas" versteht. Beim Fernsehen gibt es keinen Filter, der Kinder davor schützen kann, Erwachsenenprogrammen ausgesetzt zu sein, und es gibt keinen einfachen visuellen Stil, der Erwachsene verlegen macht oder langweilt, wenn sie Kinderprogramme sehen. Daher überrascht es nicht, daß Menschen aller Altersgruppen dieselben Sendungen sehen. Während die Welt der Kinderbücher inselhaft erscheint und Kindern eine idealisierte Sicht des Lebens vermittelt, zeigen die Fernsehnachrichten und Unterhaltungssendungen auch kleinen Kindern schon ausführlich in Bildern, wie Erwachsene lügen und betrügen, trinken und morden.

Die Art des Mediums ist natürlich nicht allein dafür verantwortlich, was die Zuschauer aus dem Fernsehen lernen. Die Einstellungen und Überzeugungen, die Erfahrungen, die kulturelle und religiöse Bildung und Intelligenz spielen eine Vermittlerrolle dabei, wie die einzelnen die übermittelten Informationen wahrnehmen und verarbeiten. Beim Kind ist ein sehr wichtiger Filter der jeweilige Stand seiner kognitiven Entwicklung. Jean Piaget hat gezeigt, daß das Denken von Kindern nicht einfach „schlechter" ist als das der Erwachsenen, sondern strukturell anders. Piaget hat eine Anzahl unterschiedlicher Stadien und Unterstadien kognitiver Entwicklung herausgearbeitet.

Als sie die Beziehung zwischen kognitiven Stadien und Medien-Verständnis untersuchten, haben Wissenschaftler herausgefunden, daß Kinder verschiedener Altersgruppen unterschiedliche Dinge wahrnehmen, wenn sie fernsehen. Sehr kleine Kinder haben Schwierigkeiten, dem Handlungsablauf zu folgen und zentrale Ereignisse von beiläufigen Geschehnissen zu unterscheiden. Kleinkinder haben zusätzlich Schwierigkeiten, Motive von

---

* Es gibt natürlich nichts an sich *Zwingendes* in Printmedien, das danach verlangt, Erwachsene sollten Kinderbücher dazu verwenden, Kinder von bestimmten Informationen auszuschließen. Es ist zum Beispiel möglich, in Kinderbüchern solche Sätze wie „Da ist Frau Schmidt, wie sie den Kindern Milch und Kuchen gibt" auszutauschen durch „Da ist Frau Schmidt, wie sie mit dem Milchmann ins Bett geht." Doch die Printmedien *erlauben* es den Erwachsenen zu kontrollieren, was und wieviel Kinder verschiedener Altersstufen über das Leben der Erwachsenen erfahren. Schon die oberflächliche Beobachtung sozialen Verhaltens legt nahe: Wenn Menschen den Zugang zu „privaten" Informationen kontrollieren *können*, tun sie es auch normalerweise. Wenn wir wissen, daß Geschäftsbesuch ins Haus steht, räumen wir gut auf. Wenn wir einen Familienkrach haben, teilen wir den gewöhnlich nicht den Nachbarn mit, es sei denn, sie werden ohnehin Ohrenzeugen. Wenn ein politischer oder privater Skandal vertuscht werden kann, wird er vertuscht. Auf diese Weise können die situativen Eigenschaften eines neuen Mediums mit den Grundregeln des Sozialverhaltens in Wechselwirkung treten, doch sie können auch die Art sozialer Interaktion verändern.

Konsequenzen, Ursachen von Auswirkungen und Phantasie von Realität zu unterscheiden.[29] Kinder – so legen diese Forschungsergebnisse nahe – müssen erst elf oder zwölf Jahre alt werden, bevor ihr Fernseh-Verständnis dem der Erwachsenen ähnelt. In dieser Hinsicht ist die Fähigkeit des Fernsehens, Kinder in die Erwachsenenwelt zu integrieren, am größten nach dem elften Lebensjahr (das sind aber immer noch viele Jahre, bevor sie traditionell den Status von „Erwachsenen" erhalten).

Was die Studien über das Fernseh-Verständnis von Kindern im allgemeinen jedoch übersehen haben, ist der Unterschied in den Auswirkungen *verschiedener* Medien auf die Erfahrung von Kindern aller Altersgruppen mit dem Sozialverhalten von Erwachsenen. Buchstäblich keine einzige Studie vergleicht die „oralen Kulturen", „Buch-Kulturen" und „Fernseh-Kulturen" dahingehend, welch unterschiedliches Wissen über das Erwachsenenleben Kinder daraus beziehen oder welche Veränderungen in den Vorstellungen über alters-angemessene Rollen daraus resultieren. Das Fernseh-Verhalten der Kinder ist ab dem Alter von elf Jahren dem der Erwachsenen sehr ähnlich, der Unterschied zwischen dem Zugang zu Informationen durch Bücher und dem durch das Fernsehen ist jedoch bei den jüngeren Altersgruppen am größten.*

Das Fernsehen kann vielleicht nicht die äußeren Grenzen der kognitiven Entwicklung eines Kindes überschreiten, doch anders als Printerzeugnisse zwingt es dem Kind auch keine sehr schwierige Entschlüsselungs-Aufgabe auf, die über seine Möglichkeiten zur kognitiven Informationsverarbeitung hinausgeht. Fernsehen und Bücherlesen sind keine gleichwertigen kognitiven Aufgaben. (Wenn wir ein siebenjähriges Kind finden würden, das niemals ferngesehen und noch nie ein Buch gelesen hat, und wenn wir das Kind beiden Medien einen Monat lang aussetzen und es dann mit durchschnittlichen siebenjährigen Lesern und Fernsehzuschauern vergleichen würden, wäre dieses Kind wahrscheinlich in seinen Fernsehfähigkeiten viel „normaler" als in seinen Lesefähigkeiten.) Während also Kinder unter elf oder zwölf Jahren vielleicht das Fernsehen nicht ganz wie die Erwachsenen verstehen, finden sie es doch durchaus „zugänglich" und faszinierend. Kinder zwischen zwei und fünf verbringen sehr wenig mit Büchern aber in den letzten Jahren haben sie in den USA im Durchschnitt 25 bis 35 Stunden in der Woche ferngesehen.[30]

Die Studie über kognitive Entwicklungsstadien und die über Medienumwelten sind zwei wichtige, doch unterschiedliche Ansätze. Genau so wie man die kognitiven Unterschiede zwischen Kindern verschiedener Altersgruppen unabhängig von deren Umgebung beobachten kann, so kann man die Auswirkungen verschiedener Medienumgebungen unabhängig vom kognitiven Entwicklungsstand des Medienkonsumenten untersuchen. (Idealerweise sollten diese beiden Ansätze in der Zukunft miteinander vereint werden.)

Es ist sogar möglich, daß manche der offensichtlichen Diskrepanzen zwischen Piagets ursprünglichen Befunden und vielen neueren Entdeckungen über die größeren kognitiven und sozialen Fähigkeiten bei Kindern in mancher Hinsicht mit dem Fernsehen zusammenhängen. Schließlich liefert das Fernsehen den Kindern ein reiches Spektrum neuer Hinweisreize und „sozialer Erfahrungen" und mag daher ihre kognitive und soziale Entwicklung beschleunigen.[31] Tatsächlich sind Vorschulkinder heute „klüger", was standardisierte Intelligenzmaße angeht, als sie vor fünfzig Jahren waren, und die Unterschiede wurden teilweise dem Fernsehen zugeschrieben.[32] Doch selbst wenn man annimmt, daß die kognitive Entwicklung von Kindern überhaupt nicht durch veränderte Medienumwelten hervorgerufen oder betroffen wird, ist es immer noch wichtig zu fragen, wie ihr soziales Wissen und ihr gesellschaftlicher Status dadurch beeinflußt werden, daß sie plötzlich einem ganzen Bündel von Informationen ausgesetzt werden, die sie durch die Brille ihrer kindlichen Wahrnehmung in sich aufnehmen.

Zwar gibt es viele Studien darüber, was Kinder von den Fernseh-Inhalten verstehen; diese Studien schildern auch einleuchtend, was Kinder am Fernsehen noch nicht ganz verstehen; dennoch haben sie übersehen, daß Kinder heute die Gelegenheit haben und sie wahrnehmen, sich mit Themen zu befassen, die früher größtenteils vor ihnen

---

* Eine Frage ist zum Beispiel, ob ein vollständiges und unmittelbares Verständnis des übermittelten Inhaltes notwendig ist, damit eine Erfahrung eine Langzeitwirkung auf das Verhalten und den sozialen Status hat. Wenn eine Person sich zum ersten Mal in einer neuen Umgebung umsieht, etwa in einer großen Stadt, dann werden sich die ersten Reisen in die Innenstadt in der Erinnerung als eine unzusammenhängende Abfolge von Autobahnabfahrten, Gegenden und Gebäuden darstellen. Es mag mehrere Monate oder sogar Jahre dauern, bevor diese Person alle Elemente in ihrer Perspektive zusammenfügen und so verstehen kann, auf welche Weise manche Dinge oder Ereignisse miteinander verbunden sind und was periphere von zentralen Ereignissen trennen kann. Doch wäre es daher richtig zu sagen, daß die ersten Ausflüge in die Innenstadt „keine Auswirkung" auf diesen Menschen haben, nur deshalb, weil er nicht „verstand", was er sah? Natürlich gründet sich das richtige Verständnis auf den vorherigen Erfahrungen und dem Teil-Verständnis. Auf ähnliche Weise ist vielleicht die Langzeitwirkung davon, daß Kinder einer neuen und seltsamen Welt durch das Fernsehen ausgesetzt werden, gar nicht meßbar mit Hilfe von Standardtests, die nur das Verständnis des Fernseh-Inhalts messen.

verborgen blieben. Dreijährige Fernsehzuschauer zum Beispiel sind zwar vielleicht nicht in der Lage zu erklären, *warum* bestimmte Leute in einem Film erschossen wurden, und sie können nicht unterscheiden, ob die Handlung real oder fiktiv ist. Doch die Dreijährigen werden durch das Fernsehen mit der Erschießung von Menschen konfrontiert, ebenso wie allen möglichen anderen „Erwachsenen"-Themen.*

Am Fernsehen ist nicht unbedingt die Tatsache revolutionär, daß es den Kindern die „Denk- und Handlungsweise der Erwachsenen" vermittelt, sondern daß es schon ganz kleinen Kindern ermöglicht, bei Interaktionen zwischen Erwachsenen „anwesend" zu sein. Die breite Nutzung des Fernsehens entspricht also einem breiten gesellschaftlichen Konsens, es ab sofort kleinen Kindern zu erlauben, bei Kriegen und Beerdigungen, Gerichtsprozessen und Verführungsszenen, kriminellen Handlungen und Cocktailparties anwesend zu sein. Kinder verstehen vielleicht nicht alles über Sex, Tod, Kriminalität und Geld, was ihnen im Fernsehen gezeigt wird. Oder sie verstehen diese Themen vielleicht nur auf kindliche Weise. Doch das Fernsehen zeigt ihnen nichtsdestoweniger viele Themen und Verhaltensweisen, die Erwachsenen mehrere Jahrhunderte lang vor ihnen verborgen haben. Das Fernsehen wirft die Kinder in eine komplizierte Erwachsenenwelt hinein und gibt ihnen Anstöße dafür, nach der Bedeutung von Handlungen und Worten zu fragen, über die sie ohne das Fernsehen nichts gehört oder gelesen hätten.

Die meisten Kinder sind nicht nur *fähig*, Erwachsenenprogramme zu sehen, sondern von Beginn des Fernsehzeitalters an haben Kinder Erwachsenensendungen auch anderen Programmen *vorgezogen*. Als das Fernsehen in die amerikanischen Haushalte eindrang, stellten Lehrer, Eltern und Forscher überrascht fest, daß Kinder offenbar die im Fernsehen gezeigten Opern und Theaterstücke mochten. Helen Parkhurst, Erzieherin und Gründerin der Dalton School, hat eine mögliche Erklärung dafür: „Was sie wirklich so neugierig macht, ist nicht das Theater, sondern die Erwachsenenwelt, wie sie im Theater zu sehen ist."[35]

Eine sehr sorgfältige und detaillierte Untersuchung in England zeigte in den 50er Jahren ähnliche Präferenzen bei Kindern für jedes Programm, das Aspekte der Erwachsenenwelt darstellte. Hilde Himmelweit und ihre Kollegen beobachteten, daß drei Viertel der befragten Kinder Erwachsenen-Programme als ihre Lieblingssendungen nannten. Andere Arten von Programmen – wie etwa Puppen-, Natur- und Tier-Sendungen sowie „Do-it-yourself"-Programme – waren bei ihnen nicht besonders populär.[36] Himmelweits Analyse über die Anziehungskraft des Fernsehens auf Kinder bestätigt die Ergebnisse von Parkhurst und verweist auf einen Grund, weshalb Kinder „Erwachsenen-Sendungen" bevorzugen: Das Fernsehen liefert Kindern die „Befriedigung, eingeweiht zu sein, hinter die Kulissen schauen zu können und etwas über die Welt und die Menschen zu erfahren".[37]

Untersuchungen aus der letzten Zeit ergeben genau das gleiche Muster: Kinder bevorzugen solche Sendungen, die eigentlich auf Erwachsene zielen, gegenüber solchen, die für Kinder gemacht werden. Eine ganze Reihe von Forschern verweist darauf, daß selbst die besten Kindersendungen nicht mit Erwachsenenprogrammen konkurrieren können.[38] Eine andere Studie aus jüngster Zeit kommt zu der Schlußfolgerung, daß es nicht funktioniert, eine besondere „Familien-Fernseh-Zeit" am frühen Abend einzurichten, weil die meisten Kinder weit über die Zeit des Vorabendprogramms hinaus aufbleiben und die „reiferen" Programme am späteren Abend genauso sehen.[39] Einer Schätzung zufolge sehen in den USA fünf bis sechs Millionen Kinder unter zwölf Jahren bis 23 Uhr fern, und zwei Millionen Kinder sitzen sogar um Mitternacht noch vor dem Fernseher.[40]

Es spricht also eher für die Hartnäckigkeit des Wunschdenkens, daß viele Eltern nach wie vor mehr „Kindersendungen" im Fernsehen wünschen oder sich auf die eher altersspezifischen Programme des Kabel- und Satellitenfernsehens oder Videokassetten freuen. Einfach nur Fernsehsendungen herzustellen, die vom *Inhalt* her traditionell für Kinder geeignet erscheinen, schafft kein eigenes Informationssystem für sie, das der isolierten Welt der Kinderliteratur entspräche. Es mag Kinderbücher und Erwachsenenbücher geben, doch es gibt kein Kinderfernsehen und Erwachsenenfernsehen. Es gibt einfach nur „Fernsehen".

Aus Kindermund

Die elektronischen Medien verschaffen Kindern nicht nur einen direkten Zugang zum Wissen der Erwachsenen, sondern bieten ihnen auch neue Möglichkeiten, selbst

---

* Ich kenne nicht eine einzige Untersuchung, die die Ansicht vertritt, Kinder unter drei Jahren könnten sich auf die Informationen, die sie im Fernsehen übermittelt bekommen, *gar keinen* Reim machen. Tatsächlich haben Untersuchungen, die nonverbale statt linguistische Tests verwandten, herausgefunden, daß schon Kleinstkinder durchaus überraschend viele Zusammenhänge im Fernsehen begreifen. In einer Studie etwa wurde festgestellt, daß die meisten Vorschulkinder richtig unterscheiden konnten zwischen Programmteilen und Werbesendungen, selbst wenn sie den Unterschied verbal nicht erklären konnten.[33] In einem anderen Forschungsprojekt zeigte sich, daß 75% der getesteten Zwei- bis Dreijährigen den Inhalt von Werbespots verstanden.[34]

Botschaften auszusenden und andere Kinder zu sehen und zu hören. Da Kinder kaum in der Lage sind, Bücher zu schreiben, stellen Bücher im allgemeinen die erwachsene Sicht von Kindern dar. Doch Kinder verfügen durchaus über die Fähigkeiten, die erforderlich sind, eine Botschaft durchs Telefon, Radio oder Fernsehen zu senden, und das ermöglicht ihnen, für sich selbst zu sprechen.

Bücher über Scheidung zum Beispiel beschreiben oft die Probleme, die Kinder von Geschiedenen haben. Im Fernsehen werden diese Kinder jedoch oft direkt interviewt, und unter den Zuschauern sitzen viele Kinder. Obwohl Kinder nicht direkt an der gedruckten Diskussion über Scheidungsverfahren teilnehmen können, erlauben das Fernsehen und das Radio es ihnen, zu Erwachsenen und anderen Kindern über solche Themen zu sprechen.

1982 veröffentlichte der Berufsverband amerikanischer Psychiater einen Bericht über die psychosozialen Aspekte nuklearer Technologie, einschließlich einer Studie über die Furcht von Kindern vor einem Atomkrieg.[41] Die Studie war zwar von Erwachsenen für Erwachsene *geschrieben*, doch eine Fernsehsendung im Juni 1982 in den USA brachte nicht nur ein Interview mit den beiden Psychiatern, die die Studie durchführten, sondern auch eine Befragung von Kindern über ihre Empfindungen. Außerdem sah man Videobänder von Diskussionsgruppen über einen möglichen Atomkrieg, in denen nur Kinder saßen und die von Kindern organisiert wurden; und man sah kleine Kinder, die Gedichte vorlasen, die sie über den Atomkrieg geschrieben hatten. Anders als die Printmedien machen die elektronischen Medien also den Kindern drängende soziale Probleme nicht nur bewußt, sie schließen Kinder auch in den allgemeinen Diskurs ein, der über solche Themen geführt wird.

Die meisten Menschen, die dieses Kapitel lesen, sind Erwachsene. Im Oktober 1982 wurde ich jedoch zum selben Thema in einer Radiosendung interviewt. Es war eine Sendung, die speziell für Kinder gemacht wird und alle Menschen, die in der Sendung anriefen, um mir Fragen zu stellen, waren zwischen zehn und zwölf Jahren alt.

Der große Unterschied zwischen den Verschlüsselungsmöglichkeiten der Printmedien und denen des Fernsehens ist klar erkennbar, wenn man die Organisationsstruktur einer kleineren amerikanischen Fernsehstation betrachtet; Channel 4 in Sun-Prairie, Wisconsin. Der Sender hat eine Belegschaft von 40 Kameraleuten, Regisseuren und Reportern beziehungsweise Moderatoren. Ein Dutzend Menschen gehören zum Programmkomitee, das entscheidet, was gesendet wird. So weit scheint nichts Ungewöhnliches an diesem Sender zu sein. Doch die 40 Mitglieder der Belegschaft sind ausnahmslos Kinder im Alter zwischen neun und vierzehn Jahren und sie unterhalten die kleine Kabelfernsehstation mit nur minimaler Unterstützung der Erwachsenen.[42] Viele ihrer Zuschauer sind natürlich Erwachsene.

Die elektronischen Medien wirken sich nicht nur auf die Kinder von heute aus; sie formen auch die Wahrnehmung zukünftiger Generationen darüber, was „Kindheit" ist. In ihren Reflexionen über die Geschichte der Kindheit schreibt Mary McLaughlin: „Die Realitäten des frühen Lebens müssen eine zum großen Teil verborgene Welt bleiben, die uns nur teilweise und indirekt zugänglich ist durch die Erinnerungen, Porträts und Fantasien jener, die nicht länger Kinder waren."[43] Oft versäumten es die Erwachsenen, etwas über die zeitgenössische Kindheit aufzuzeichnen. In seiner Studie über die vorindustrielle englische Gesellschaft bezweifelt Peter Laslett, ob wir jemals die Details der vorindustriellen Kinderfürsorge herausfinden können.[44] Ähnlich schreibt der Historiker James Ross: „Keine Kinderstimme erreicht uns direkt." Statt dessen „hören wir sie nur schwach und unvollständig durch die Medien jener, die ihr Leben bestimmen oder ihre Entwicklung beobachten".[45] Jetzt jedoch erlauben die elektronischen Medien es den Kindern, eigene Aufzeichnungen für die Zukunft zu machen.

Vielleicht ist es kein Zufall, daß die Geschichte der Kindheit sich als eigenes Forschungsgebiet erst in den letzten Jahrzehnten entwickelt hat. Die einzigartige Möglichkeit des Fernsehens, auszustrahlen, aufzuzeichnen und aufzubewahren, was Kinder reden und wie sie sich verhalten, macht uns plötzlich das Vakuum bewußt in unserem Wissen über die Kinder, die früher lebten.

Das Fernsehen als Tor zur Welt

Viele der dinglichen Eigenschaften von Büchern wirken wie ein Filter für die Information, die Kindern zugänglich gemacht wird. Jedes Buch ist ein einzelnes Objekt, das ein Kind individuell erwerben muß. Wenn das Kind dieses Buch nicht von seinen Eltern erhält, muß es das Haus verlassen und es kaufen oder ausleihen – gewöhnlich von einem Erwachsenen. Kindern werden besondere Bibliotheks-Ausweise ausgestellt, so daß sie Erwachsenenbücher nicht ausleihen können, und die Bücher der Erwachsenen werden oft in Regalen aufbewahrt, die sich außerhalb der Reichweite von Kindern befinden. Außerdem haben Kinder kaum Kenntnis davon, welche Bücher es überhaupt gibt oder wo sie sie bekommen können.

Die Tatsache, daß Kinder nur selten direkten Zugang zu Büchern haben oder sie für sich auswählen können, wurde auf schmerzliche Weise anhand eines mißlungenen Projekts deutlich: Margaret Mead und Martha Wolfenstein wollten 1950 eine neue Art von Kinderliteratur verfassen. Sie planten, Kinderbücher in modernem Stil zu schreiben, die die psychologischen Bedürfnisse von Kindern erfüllen und möglicherweise solche Probleme wie die Geschwisterrivalität auf neue Weise angehen können.

Mead und Wolfenstein fanden heraus, daß die Bücher, die den Kindern am meisten gefielen, für ihre Eltern vollkommen unakzeptabel waren. Mütter hatten zum Beispiel Einwände „gegen jede Darstellung, in der schwangere Frauen jemals müde oder schlecht gelaunt waren, sie wollten mehr darüber wissen, was die Mutter tun könnte, um das Kind auf das neue Baby vorzubereiten". Nach verschiedenen Versuchen einer Überarbeitung stellten Mead und Wolfenstein fest, daß sie keine Geschichten verfassen konnten, die sowohl die Bedürfnisse der Kinder wie die der Erwachsenen erfüllten. „Als wir die Geschichten nach diesen verschiedenen Bedingungen zu schreiben versuchten, wurde uns zunehmend klar, daß Fünfjährige schließlich keine Bücher kaufen können und daß die Bedürfnisse der Kinder und das, was sie bevorzugten, gefiltert war durch andere Menschen – Mütter, Väter, Großmütter, Tanten, Bibliothekare, Verleger, Buchladen-Kunden, Experten."[46] Das Projekt scheiterte.

Als individuelle Objekte können Bücher selektiv ausgewählt und selektiv Kindern gegeben werden. Doch der Fernsehinhalt ist viel schwieriger zu kontrollieren. Wenn ein Kind einmal Zugang zu *einem* Fernsehgerät hat, hat es den direkten Zugang zu allem, das durch das Fernsehen ins Haus kommt. Das Kind muß nirgendwo hingehen, um ein Fernsehprogramm zu finden, es braucht nicht einmal unbedingt einen Erwachsenen zu fragen, um das Programm sehen zu können. Während die Lesefähigkeit und die physischen Eigenschaften von Büchern „automatische" Zwänge darstellen, die eine minimale elterliche Intervention erfordern, müssen die Eltern schon aktiv und dauernd das Kind beobachten, um sein Fernsehverhalten „zensieren" zu können. Beim Fernsehen ist daher die wichtigste Entscheidung die, ob man ein Gerät anschaffen soll oder nicht, ob man die Kinder fast *allen* Angeboten des Fernsehens aussetzen soll oder *keinen*.

Da das Kind den Fernseher nicht nach Hause gebracht hat, hat es wenig Schuldgefühle beim Fernsehen. Wenn ein Kind einen Schund-Roman oder ein „schmutziges" Buch kauft und es nach Hause bringt, verbindet sich diese Handlung mit dem Inhalt der Bücher. Eine billige oder „schmutzige" Fernsehsendung zu sehen bedeutet lediglich, unschuldig etwas anzuschauen, das ohnehin ins Haus kommt (und das – aus der Perspektive des Kindes – implizit sanktioniert sein muß durch die Eltern, die das Fernsehgerät schließlich angeschafft haben, und durch die Gesellschaft insgesamt, die sich durch dieses Medium darstellt).

Ein Kinderbuch ist im gewissen Sinn ein „Gast" im Hause. Es kommt durch den Eingang, wird aufgenommen, irgendwo im Hause aufgewahrt und kann auch „Hausverbot" bekommen. Das Fernsehgerät ist demgegenüber wie ein neuer Hauseingang. Durch ihn hindurch kommen viele willkommene und unwillkommene Besucher: Lehrer, Präsidenten, Verkäufer, Polizeibeamte, Prostituierte, Mörder, Freunde und Fremde.

Jene Eltern, die die monumentale Aufgabe in Angriff nehmen, das Fernsehverhalten ihrer Kinder zu kontrollieren, sehen sich mindestens zwei großen Problemen gegenüber: Zum einen bedeutet das, einen moralischen Konflikt auszutragen: die Kinder zu beschützen oder es ihnen zu erlauben, so viel zu lernen, wie sie können. Früher mußten die Eltern die Kinder dazu anhalten, Lesen und Schreiben zu lernen. Und der Schutz vor Erwachsenen-Informationen war in Büchern automatisch gegeben durch die den Printmedien innewohnenden Eigenschaften. Heutzutage befinden sich die Eltern in der unbequemen Position, aktiv in den „Lern"-Prozeß ihrer Sprößlinge zu *intervenieren*. Die Eltern haben heute die undankbare Aufgabe, den Inhalt von Fernsehsendungen zu bewerten und zu entscheiden – oft unter unmittelbarem Druck der Kinder –, ob die Kinder „damit umgehen können".

Zum anderen dürfte es Eltern schwerfallen, das Fernsehverhalten ihrer Kinder zu kontrollieren, ohne ihren eigenen Fernsehkonsum zu überprüfen. Während ein Kind nur einen sehr begrenzten Zugang zu den Büchern und Zeitungen hat, die Erwachsene im selben Raum lesen, ist der Inhalt einer Fernsehsendung, die sich ein Erwachsener ansieht, für jedes sich am selben Ort befindende Kind zugänglich. Viele Kinder kriegen zum Beispiel die Nachrichten für Erwachsene deshalb mit, weil ihre Eltern während des Abendessens fernsehen.*

* Einer Studie zufolge sehen etwa 30% der Kinder im Alter zwischen drei und zehn Jahren „fast jeden Tag" Nachrichtensendungen.[47] Eine britische Untersuchung stellte fest, daß von einer befragten Gruppe von Kindern – obwohl sie wenig Interesse an Fernsehnachrichten hatten und ihnen offenbar nicht sonderlich viel Aufmerksamkeit schenkten – etwa die Hälfte trotzdem in der Lage war, bestimmte Themen aus den Nachrichten zu behalten, einschließlich Krisen, Brände, Unfälle und Bombenattentate in Nordirland.[48]

Um den Fernsehkonsum ihrer Kinder zu kontrollieren, müssen Eltern daher ihren eigenen Fernsehkonsum entweder begrenzen oder die Familie räumlich trennen. Die Situation ist noch komplizierter, wenn es mehrere Kinder verschiedenen Alters im Haushalt gibt.

Beim Bücherlesen kann eine Familie in einem einzigen Raum zusammenbleiben und doch in verschiedenen Informations-Welten getrennt sein. In Haushalten mit mehreren Fernsehgeräten können sich Kinder und Erwachsene in verschiedenen Räumen aufhalten und doch vereint sein in der gleichen Informations-Umwelt.

Das „Geheimnis der Geheimnisse" preisgeben

Bei der gedruckten Kommunikation ist es denkbar, daß es Bücher für Eltern gibt, in denen erörtert wird, welche Bücher für Kinder geeignet sind. Ein solches Buch-über-Bücher stellt eine Interaktion zwischen Erwachsenen dar, an der kleine Kinder nicht teilnehmen können. Außerdem wissen Kinder gewöhnlich nicht einmal von der Existenz solcher Bücher.

Mit Hilfe solcher privaten „Diskussionen" unter Erwachsenen wurden Kinder früher von bestimmten Themen abgeschirmt wie etwa Sex, Geld, Tod, Kriminalität und Drogen. Noch wichtiger jedoch: Man verbarg vor Kindern die Tatsache, daß man etwas vor ihnen zu verbergen hatte. Die Printmedien ermöglichten eine „Konspiration der Erwachsenen". Was ihr Wissen und Bewußtsein angeht, waren Kinder in der Position von jemandem, der hypnotisiert wird, um etwas zu vergessen, einschließlich der Tatsache, daß er hypnotisiert wird.

Auf das Fernsehen läßt sich das alles nicht anwenden. Sicher, im Fernsehen laufen auch Ratgebersendungen für Eltern. In Talkshows werden Kinderfernsehprogramme diskutiert, und in den USA gibt es warnende Hinweise am Beginn einiger Sendungen, daß sie vielleicht etwas enthalten, das „ungeeignet für Kinder unter 10 Jahren" sein könnte. Doch während so eine Sendung inhaltlich einem Elternratgeber-Buch gleichen mag, ist die Struktur der Kommunikations-Situation doch radikal anders. Die Fernsehdiskussionen und Warnungen sind Kindern genauso zugänglich wie Erwachsenen. Ironischerweise steigert ein solcher Ratschlag im Fernsehen das Interesse der Kinder an der folgenden Sendung. Selbst wenn solche Warnungen bei Eltern Gehör finden, und selbst wenn Eltern ihren Kindern bestimmte Sendungen verbieten, ist die elterliche Kontrolle doch geschwächt, weil sie *offen* ausgeübt wird, und weil sie in vielen Familien undurchführbar ist. Vielleicht sind das Gründe dafür, daß einschlägige Untersuchungen schon seit Jahrzehnten immer wieder feststellen, wie wenig Eltern Einfluß darauf haben, was ihre Kinder im Fernsehen sehen.[49]

Mit Hilfe von Büchern konnten die Erwachsenen früher Geheimnisse vor Kindern haben, und sie konnten auch die Tatsache, *daß* sie Geheimnisse hatten, geheim halten. Das Fernsehen entlarvt viele Erwachsenen-Geheimnisse, darunter auch das „Geheimnis, daß es Geheimnisse gibt".

Die Wichtigkeit des „Geheimnisses der Geheimnisse" in der Erwachsenen-Kind-Interaktion liegt vielen traditionellen Ratgeberbüchern für Eltern zugrunde. Eltern wurde beispielsweise geraten, sich vor einem „heimlichen Lächeln" zu hüten, während sie ihre Kinder zurechtweisen, weil sie dadurch zeigen würden, daß das Fehlverhalten ihres Kindes sie zum Teil amüsiert. Solch ein Lächeln würde alle Disziplinierungsversuche zunichte machen.[50] Ähnlich warnte ein Priester im 19. Jahrhundert:

„Eine Erzieherin kann gar nicht genug aufpassen, was sie in der Gegenwart von Kindern sagt oder tut, noch darf sie sich einbilden, daß Kinder immer Kleinkinder bleiben oder Wesen, die weniger lebendig sind als sie selbst, und die nicht mitbekommen, was vor ihren Augen geschieht. Gleichzeitig sollten *die Vorsichtsmaßnahmen so wenig wie möglich bemerkt werden, denn die Erzieherin wird am Ende versagen, wenn sie die Neugier weckt und den Kindern die Vorstellung vermittelt, daß es etwas gäbe, das enthüllt werden könnte.*[51]

Im allgemeinen ist es für die meisten Menschen sehr schwierig, ein Geheimnis zu bewahren, wenn erst einmal bekannt ist, daß es ein Geheimnis gibt. Aussagen wie „Ich darf dir das eigentlich nicht sagen" oder „Das ist ein Geheimnis" führen im allgemeinen nur dazu, daß man erst recht aufgefordert wird, das Geheimnis auszuplaudern. Das Wissen darum, daß ein Geheimnis existiert, ist das halbe Geheimnis. Dieses Prinzip brachte Norbert Wiener in einem Satz zum Ausdruck, der sich auf Amerikas „Fehler" bezog, die Existenz der Atombombe zu „verraten": „Es ist völlig zutreffend, daß das eine Geheimnis um die Atombombe, das man hätte hüten können, und das der Öffentlichkeit und allen potentiellen Feinden bereitwillig kundgetan wurde, das der Möglichkeit ihrer Konstruktion war."[52] Auf ähnliche Weise läßt sich sagen: Wenn das Fernsehen den Kindern erst einmal beigebracht hat, daß Erwachsene Geheimnisse vor Kindern haben, dann ist es von sekundärer Bedeutung, ob das Verhalten von Erwachsenen vollständig und sofort verstanden wird. Es ist gar nicht nötig, daß das Fernsehen *alle* Geheimnisse der Erwachsenenwelt entlarvt; die Kinder wissen schon eine ganze Menge über traditionelle

Erwachsenenrollen, wenn sie wissen, daß Erwachsene bewußt gegen sie konspirieren, um bestimmte Dinge vor ihnen zu verbergen.

Im Gegensatz zu vielen anderslautenden Behauptungen ist der Zugang von Kindern zur Erwachsenen-Information durch das Fernsehen nicht nur das Ergebnis einer Kluft zwischen elterlicher Autorität und Verantwortlichkeit. Die Printmedien liefern viele Filter und Kontrollmöglichkeiten, das Fernsehen nicht. Es spielt keine Rolle, was Eltern zu Hause tun, während der Fernseher läuft – es sei denn, sie entfernen den Fernsehapparat ganz aus der Wohnung –, die alte Informations-Umgebung kann nicht mehr wiederhergestellt werden (und selbst wenn das Fernsehgerät aus der Wohnung entfernt wird, bleiben noch die vielen anderen Geräte in den Wohnungen von Freunden und Verwandten).

Sicherlich, verschiedene Programme haben unterschiedliche Wirkungen, je nachdem, ob die Inhalte „konservativer" oder „progressiver" sind. Doch der Unterschied in der Wirkung ist nicht so groß oder so einfach zu bestimmen, wie man allgemein annimmt. Früher waren manche Fernsehsendungen konservativer als heutige Sendungen; doch jede Art von Programmen zeigt den Kindern schließlich, welche Schwächen und Zweifel die Erwachsenen haben.

Wie in Kapitel 9 dargelegt, entlarven auch traditionelle, konservative Programme wichtige Geheimnisse über die *Struktur* der Erwachsenen-Rollen. In Sendungen wie „Vater ist der Beste" werden Eltern gezeigt, die sich in Gegenwart der Kinder auf ganz bestimmte Weise verhalten, die aber ganz anders agieren, wenn sie allein sind. Die Eltern werden als souverän, überlegen und rational gezeigt, wenn sie mit Kindern sprechen, aber wenn sie allein sind, dann zeigen sie Zweifel und Ängste und machen sich große Sorgen darüber, „was mit den Kindern los ist".

Die Kinderbücher der Vergangenheit stellten im allgemeinen nur ein „Bühnen"-Bild des Erwachsenseins dar, doch selbst konservative Fernsehprogramme entlarven tendenziell den Blick auf die „Seitenbühne" oder den Hintergrund des Erwachsenseins. Diese Sicht schadet der traditionellen Erwachsenenrolle.

In einer Folge von „Vater ist der Beste" (Erstsendung in den USA: 20. November 1957) werden zum Beispiel die Kinder der Familie gezeigt, wie sie ihre Eltern über ihre Beziehung ausfragen. Sie fragen sich, ob ihre Eltern jemals streiten. Schließlich hätten sie ja nie einen Streit mitgekriegt. Doch als Mutter dann Vater bittet, ihr das Fahren beizubringen, wird den Kindern ein „Hintergrund-Streit" wie im „Bilderbuch" gezeigt... Mutter und Vater streiten also heftig auf ihrer ersten gemeinsamen Fahrt, aber schließlich reißen sie sich zusammen und sagen: „Laß' uns ein bißchen glücklicher aussehen, bevor wir vor die Kinder treten", dann gehen sie ins Haus und tun so, als sei nichts passiert. Am Ende der Folge jedoch erfahren die Zuschauer, daß die Fahrstunden nach wie vor schlecht verlaufen sind, und man sieht, wie die Eltern sich mitten im Wohnzimmer anschreien. Ohne daß sie es bemerkten, sind ihre drei Kinder die Treppe hinuntergeschlichen und werden Zeugen des ersten Streits zwischen ihren Eltern, den sie je gesehen haben.

Als sich Vater und Mutter umdrehen und die Kinder sehen, entsteht ein Moment peinlichen Schweigens. Doch dann fangen die Kinder an zu applaudieren, rufen „Großartige Show", „Gut gemacht". Und fragen: „Ihr habt nur so getan als ob Ihr streitet, und habt es für uns getan, nicht wahr?" Nach einem Moment des Zögerns „geben" die Eltern „zu", ja, sie hätten nur so getan als ob sie streiten. Alle lachen, und die Sendung ist zuende.

Während also die in traditionellen Fernsehsendungen *dargestellten* Kinder unschuldig und wohlbehütet sind, sehen die Kinder, die *zuschauen*, sowohl das versteckte Verhalten wie den Versuch, dieses Verhalten vor den Kindern zu verbergen. „Vater ist der Beste" zeigt den kindlichen Zuschauern zum Beispiel, wie Vater und Mutter ihr Verhalten manipulieren, um ihren Kindern gegenüber wirklich als „die Besten" dazustehen. Das Verhalten im entlarvten Hintergrundbereich der Erwachsenen ist vielleicht idealisiert, doch aus der Sicht der sozialen Dynamik ist der besondere *Inhalt* dieses Hintergrund-Verhaltens weniger bedeutsam als die Tatsache, daß der Hintergrund selbst in seiner *Existenz* entlarvt wird. Kindern wird in jedem Fall im Fernsehen gezeigt, daß Erwachsene „Rollen spielen", und zwar für Kinder. Dies ist eine dramatische Entdeckung, ja eine Enttäuschung. Die Kinder, die alt genug sind, um die grundlegende Täuschung zu erkennen, lernen daraus, daß das Verhalten von Erwachsenen ihnen gegenüber nicht unbedingt deren „wirkliches" oder einziges Verhalten ist.

Als Ergebnis eines solchen „Durchblicks" werden die Kinder Erwachsenen gegenüber mißtrauisch und sind weniger bereit, alles zu akzeptieren, was Erwachsene sagen oder tun. Umgekehrt fühlen sich die Erwachsenen durch das Fernsehen „entblößt", und auf die Dauer macht es möglicherweise nicht länger sehr viel Sinn, wenn sie versuchen, bestimmte Dinge vor den Kindern verborgen zu halten. Tatsächlich war traditionell das „Erwachsensein" etwas, das sich nicht lediglich daraus ergab, daß die Menschen älter wurden; es war ein Verhaltensstil, der teilweise durch einen großen Hintergrund-Bereich gestützt und bestärkt wurde. Erwachsene haben sich in bestimmten Situationen gelegentlich wie Kinder verhalten, aber selten *vor* den Kindern. Das Fernsehen zerrt nun viele kindische Verhaltensweisen der Erwachsenenrolle an die Öffentlichkeit. Es untergräbt sowohl die traditionelle Naivität der Kinder wie die allwissende Erwachsenenrolle und fördert die Entstehung eines „mittleren Bereichs", eines alterslosen Verhaltensstils.

Natürlich haben Kinder dadurch, daß sie auf engem Raum mit den Eltern zusammenleben, auch schon vor dem Fernseh-Zeitalter viele Hintergrundverhaltensweisen der Erwachsenen mitbekommen. Doch damals hatten kleine Kinder eine viel engere Perspektive, aus der sie das Verhalten der Erwachsenen beobachten, beurteilen und verstehen konnten. Wie viele Autobiografien zeigen, nahmen Kinder häufig das Verhalten ihrer Eltern als selbstverständlich wahr, bis irgendeine neue Erfahrung mit anderen Erwachsenen außerhalb des Hauses ihnen neue Einsichten in die Welt der Erwachsenen vermittelte. In einer Untersuchung über die Rolle des Gastes in der Familie, wie er in Autobiografien dargestellt wird, haben James Bossard und Eleanor Boll 1946 festgestellt, daß eine seiner Schlüsselfunktionen darin bestand, den Kindern die Widersprüchlichkeiten im Erwachsenenverhalten aufzuzeigen. „Kinder haben oft Gelegenheit, im engsten Kreise der Familie zu beobachten, daß Eltern nicht immer das tun, was sie sagen. Doch eine Zusammenkunft mehrerer Erwachsener kann die Möglichkeit vergrößern, solche Beobachtungen zu machen, wenn diese Erwachsenen untereinander vertraut und gesellig miteinander umgehen und die Anwesenheit der jüngeren Generation vollkommen vergessen."[53]*

Auch andere ungewöhnliche Umstände mögen dazu führen, daß Kinder zum erstenmal mit dem Hintergrundbereich des Erwachsenenlebens konfrontiert werden. Eine solche Situation beschrieb Anne Frank in ihrem Tagebuch über den Zweiten Weltkrieg. In der Zeit, als sich Anne vor den Nazis versteckte, mußte sie auf engstem Raum mit ihren Eltern, ihrer Schwester und einer anderen Familie leben. Die Erwachsenen konnten in dieser Situation viele ihrer Hintergrundverhaltensweisen nicht länger verbergen. Anne war schockiert von dem armseligen Verhalten, das die Erwachsenen an den Tag legten. Sie schrieb: „Warum streiten sich Erwachsene so schnell, so häufig und über so viele idiotische Sachen? Bisher dachte ich, daß nur Kinder sich so zanken und daß das aufhört, wenn man groß wird."[54] Annes Respekt vor den Erwachsenen wurde erschüttert. Doch sie hatte nur entdeckt, was die kindlichen Zuschauer in einer einzigen Folge von „Vater ist der Beste" entdeckten: daß Eltern sich streiten und daß sie versuchen, ihre Dummheiten und Schwächen vor ihren Kindern zu verbergen. Während also der manifeste Inhalt mancher Fernsehsendungen konservativ ist (Eltern haben immer Recht, Verbrecher werden immer gefangen, und alles endet immer glücklich), führt die latente Enthüllung der Erwachsenenrollen vielleicht tatsächlich dazu, daß die entsprechenden Verhaltensweisen „im wirklichen Leben" verändert werden.

Diese Analyse bietet eine neue Interpretationsmöglichkeit für den anscheinend so „radikalen" Inhalt vieler Fernsehsendungen der 70er und 80er Jahre. Ein Hauptunterschied ist der, daß die in diesen Sendungen dargestellten Eltern oft überhaupt keinen privaten Hintergrundbereich mehr haben. Es werden Mütter und Väter gezeigt, die *vor* ihren Kindern verwirrt, ärgerlich und ängstlich sind. Obwohl viele Zuschauer sich darüber aufregen, daß Erwachsene so gezeigt werden, bieten diese neuen Fernsehbilder der Erwachsenenwelt den *wirklichen* Kindern keinen größeren Zugang zu den Geheimnissen der Erwachsenen als die alten Bilder. Die Hauptveränderung liegt in den *fiktiven* kindlichen Charakteren, die heute nicht länger kindlich und unschuldig erscheinen. Die neue Darstellung der Erwachsenen-Kind-Interaktionen im Fernsehen stellt – obwohl sie häufig kritisiert wird – vielleicht eine Anpassung des Inhalts dar, um dem neuen Zugang zu sozialer Information zu entsprechen, der sich schon vorher durch frühere Fernsehprogramme ergab.

Gemischte Schulklassen

Anders als für die Familie gibt es für die Schule keine biologische oder natürliche Begründung. Zum großen Teil ist die Schule eine Institution der „Wissensvermittlung", und jede wichtige Veränderung in den Informationssystemen der Kultur hat daher eine große Wirkung auf ihre Funktion und Struktur.

* Ähnlich wie in der Beschreibung von Ritchie und Koller werden die meisten der „Gastfunktionen", die Bossard und Boll benannten, auch durch das Fernsehen vermittelt: Ein Außenseiter-Standard, an dem die elterlichen Verhaltensweisen gemessen werden können; ein Maß für den relativen Status der Familie; ein Anstieg im Bewußtsein des Kindes, was soziale Überzeugungen und Gepflogenheiten angeht; eine Quelle für das Erlernen der Regeln sozialen Verhaltens; ein Wandel in den Familienaktivitäten, die zu speziellen Privilegien für Kinder führen; und ein intellektueller Stimulus für Kinder, ein Anlaß, für Familienkonflikte und Spannungen und eine Quelle für Anekdoten und „Schlüssel-Begriffe" oder Redensarten, die in das „Erbe" der Familie aufgenommen werden.

In einer von Printmedien dominierten Gesellschaft ist die Schule eine doppelt mächtige Institution. Nicht nur, daß sie Kindern soziales Wissen vermittelt, sondern sie bringt ihnen auch die zentrale Fähigkeit bei, um an weitere Informationen heranzukommen: Lesen. In einer vorelektronischen Gesellschaft ist die Schule der wichtigste Kanal, durch den die Kinder aus den Begrenzungen der Familie hinaus und in die „große weite Welt" gelangen.

Als die Printmedien das wichtigste Mittel waren, durch das Kinder etwas über die Erwachsenenwelt erfuhren, konnten die Schulen davon ausgehen, daß das, was ein Kind wußte und lernen konnte, größtenteils dadurch bestimmt wurde, wie gut es lesen konnte; und wie gut ein Kind lesen konnte, korrelierte ungefähr mit dem Alter des Kindes. Es war daher ausgesprochen sinnvoll, die Schule in viele unterschiedliche Klassen aufzuteilen, basierend auf dem chronologischen Alter. Die Schulstruktur ist eng verbunden mit den Informations-Eigenschaften von Printmedien. Das Gedruckte erlaubt die Trennung und die Einteilung von Information. Viele getrennte Informations-Systeme entwickeln sich auf der Grundlage von Unterschieden in der Lesefähigkeit. Die erforderliche Einfachheit von Texten für sehr junge Leser bietet sich an für ritualisierte Aussagen, vereinfachte Gedanken und idealisierte Versionen des Erwachsenenlebens.

Die nach Alter strukturierte Schule gibt Kindern nicht nur in jeder Altersgruppe bestimmte Informationen, sondern hält auch ganz bewußt jeweils andere Informationen zurück; die Lehrpläne folgen einer Sequenz von Enthüllungen und daher einem bestimmten Muster, Geheimnisse zu bewahren. In den unteren Klassen werden grundlegende kulturelle Ideale und vereinfachte Konzepte der Rollen und sozialen Prozesse als Wirklichkeit dargestellt. In traditionellen Schulbüchern für junge Leser ist die Welt voller fröhlicher Eltern, die immer das Richtige tun, voller Politiker, die niemals lügen und voller sozialer Institutionen, die bewundernswerte Ziele haben und immer reibungslos funktionieren. Wenn Kinder die Leiter der Lesefähigkeit hinaufklettern, werden ihnen immer mehr Details geliefert. Schritt für Schritt werden die Mythen mit „Tatsachen" konfrontiert, und die unvermeidlichen Fehler im Menschen und im Gesellschaftssystem werden aufgedeckt.

In jedem neuen Lernstadium bekommt das Kind das Gefühl, „auf dem neuesten Stand des Wissens" zu sein. Die Erstklässler lernen Dinge, die den jüngeren Geschwistern zu Hause unbekannt sind; die Zweitklässler lernen Dinge, die ein Geheimnis sind für die Erstklässler und so weiter. Und in jedem neuen Schuljahr gibt es entsprechende Kommentare über die früheren. Die Schüler lachen nun darüber, wenn ihnen enthüllt wird, daß die netten Geschichten über George Washington nur dafür erfunden wurden, um sie kleinen Kindern zu erzählen. Und einige Jahre später amüsiert es sie, wenn sie erfahren, daß Washington ein miserabler General war, daß Thomas Jefferson Sklaven besaß, daß die Regierung von Präsident Grant im höchsten Grade korrupt war. Auf jeder neuen Stufe der Ausbildung lernen Kinder neue Geheimnisse – Geheimnisse, die vor kleineren Kindern noch bewahrt werden. In mancher Hinsicht erhält sich das nach Alter gestaffelte Schulsystem die Loyalität seiner Schüler, indem es sie dauernd auf ihre Altersgruppe beschränkt. Jedes Jahr ist eine Reise zu einem neuen Höhepunkt, der dem Gipfel des Erwachsenenlebens näher liegt. Jede Klasse bietet eine „erwachsenere" Perspektive auf das, was schon gelernt wurde. Zu dem Zeitpunkt, an dem die Schüler eine weiterführende Ausbildung beginnen, ist der Prozeß vielleicht vollständig selbst-reflexiv; die Rolle des Schulsystems und der Ausbildung selbst kann dann analysiert und kritisiert werden.

Obwohl wir gelernt haben, diese Struktur als genau die richtige Art zu betrachten, wie man Kinder unterrichten sollte, und wir sie sogar als „natürlich" ansehen, ist diese Alterseinteilung von Schülern noch eine relativ junge Erfindung. Im 16. Jahrhundert begannen einige Moralisten, sich über die gemischten Schulklassen zu beklagen, und Ende des 17. Jahrhunderts führten einige europäische Schulen nach Alter gestaffelte Klassen und entsprechende Lehrpläne ein.[55] Diese Praxis war jedoch weit davon entfernt, sich überall durchzusetzen; das geschah erst im 19. Jahrhundert. In seiner Untersuchung über amerikanische Internate stellt James McLachlan fest, daß noch im späten 18. Jahrhundert die Schüler aller Altersgruppen im selben Raum lernten. In einer Schule reichte die Altersspannweite von sechs bis 30 Jahren![56] John Sommerville betrachtet die Alterseinteilung bei Schülern als Teil der „Standardisierung der Kindheit" im 19. Jahrhundert, die eine unrealistische Stereotypisierung von Kindern und einen Mangel an Aufmerksamkeit für individuelle Unterschiede signalisierte.[57]

Selbst Beobachter, die diesem neuen Schulsystem aufgeschlossen oder sympathisierend und zustimmend gegenüberstanden, wie etwa Oscar Ritchie und Marvin Koller, stellen fest, der Klassenraum sei „ein Kontext", in dem die Schüler in „Schach gehalten" würden.[58] Das Kind wird in einen Raum mit einer großen Zahl Gleichaltriger gesperrt. Es gibt nur minimale Interaktion zwischen Kindern, die altersmäßig höchstens ein Jahr auseinanderliegen. Das Alters-Klassen-System verlangt nach Konsistenz zwischen chronologischem Alter und mentalem wie sozialem Wachstum. Das System fördert weder „ungewöhnliche" Langsamkeit noch Schnelligkeit. Die Kinder müssen strikten Regeln folgen; sie müssen Aufgaben lösen, die auch allen anderen im selben Klassenraum gestellt werden. Bewegungen im Raum und Unterhaltungen der Schüler werden strikt unterbunden. Statt bei den Eltern liegt die Autorität nun in Händen der Lehrer. Der Informationsfluß – besonders in den unteren Klassen – ist linear und eindimensional: die Information geht vom Lehrer auf die Schüler über.

Das Fernsehen jedoch umgeht diese lineare Sequenz. Anders als Bücher teilt das Fernsehen sein Publikum nicht in Menschen unterschiedlicher Altersgruppen ein und präsentiert Kindern die Informationen in keiner besonderen Reihenfolge. Beim Fernsehen gibt es keinen erkennbaren Lern-Fortschritt, der die Kinder die soziale Leiter hinaufsteigen ließe.

Der Zusammenbruch der alten Sequenz, in der Kinder Informationen über die Gesellschaft erhielten, führt zu einer neuen Weltanschauung. Durch die elektronischen Medien werden kleine Kinder Zeugen von „Tatsachen", die den sozialen Mythen und Idealen widersprechen, und das schon in einem Alter, bevor sie etwas über diese Mythen und Ideale in der Schule lernen. Die Kinder sehen gedemütigte Politiker, streikende Polizeibeamte und Lehrer; sie sehen Eltern, die angeklagt sind, weil sie ihre Kinder geschlagen haben. Durch die Fernsehnachrichten und Unterhaltungssendungen lernen die Kinder zu viel über das „wirkliche" Leben, als daß sie noch an die Ideale glauben könnten, welche die Lehrer ihnen beizubringen versuchen. Das Ergebnis ist nicht nur, daß sie schnell „groß werden", sondern auch, daß sie dabei ein Bild der Gesellschaft und der in ihr verteilten Rollen erhalten, das sich sehr stark von dem unterscheidet, das Kindern früherer Generationen vermittelt wurde.

Im traditionellen, auf Printmedien basierenden Schulsystem lernten die Kinder die Mythen und Ideale, bevor sie etwas über die Realität erfuhren. Die „Wahrheit" über die Gesellschaft widersprach den Mythen nicht unbedingt, sondern ließ sie in neuem Licht erscheinen. Mythen und Fakten waren zwei getrennte, aber gleichwertige Realitäten. Die eine war die Verkörperung sozialer Ideale, die andere das Ergebnis von Beobachtungen der sozialen Wirklichkeit. Sie waren komplementär: die Art, wie wir wollen, daß die Dinge sind – und die Art, wie Dinge häufig durch menschliche Schwächen geraten. Das erste war ein unsichtbares Modell für das zweite. Das Fernsehen zerstört einen Großteil dieser bipolaren Realität.

Als eine Folge des Fernsehens ist die Kontrolle des Lehrers über Informationen heute alles andere als absolut, und die Schulstruktur, nach der Informationen Schritt für Schritt an jede Altersgruppe weitergegeben wird, wird umgangen. Lehrer und Schulverwaltung können nicht länger von den Kindern erwarten, daß die sie als allwissende Autoritäten betrachten. Die Schulkinder wissen nicht nur einiges, wovon die Lehrer noch nie gehört haben, sondern wie bei allen Erwachsenen wurde auch das Bühnen-Verhalten der Erzieher durch das Fernsehen entmystifiziert. Was die Schule auch unternimmt, sie kann niemals wieder das Wissensmonopol zurückerhalten, das sie einmal besaß.

Aber auch ein Kind, das schon tausende von Stunden ferngesehen hat, bevor es eingeschult wird, muß immer noch vieles lernen. Die Lehrer können allerdings nicht länger davon ausgehen, daß ein Kind, das nicht lesen kann, überhaupt nichts weiß über „Erwachsenen"-Themen. Das Kind, das heute in die Schule kommt, verfügt schon über eine breite mosaikartige Kenntnis der gesamten Kultur. Die Schule muß dann immer noch Details nachreichen und falsche Wahrnehmungen korrigieren. Doch die Schule kann heute nicht mehr davon ausgehen, ihre Funktion bestehe darin, das Kind bei seinem langsamen Aufstieg, die Stufen der Lese- und Rechtschreibfähigkeit hinauf, zu begleiten, sozusagen von vollständiger Unwissenheit zur sozialen Erleuchtung. Wenn Kinder in der Schule heute oft ungeduldig wirken, dann häufig deswegen, weil die Schule ihnen nicht genug beibringt. Und es kann sein, daß die Praxis, Kinder nach Altersgruppen in eine Klasse zu stecken, nicht länger relevant ist, so wie er früher für ihre soziale Entwicklung relevant war. Die gegenwärtige Schwierigkeit, Schuldisziplin aufrechtzuerhalten und den Schülern Lesen und andere Fähigkeiten beizubringen, liegt vielleicht eher in der antiquierten *Struktur* der Schule, als in einem plötzlichen Wandel in den Basis-Fähigkeiten oder der Lernbereitschaft der Kinder.

Manche Lehrer begrüßen den Wissenszuwachs der Kinder, doch andere beklagen ihn. Ich kenne keine Untersuchungen zu diesem Thema, aber ich habe häufig gehört, wie Grundschullehrer sich darüber beklagen, daß ihre Schüler „zuviel wissen". Die Geschichtsstunde eines Lehrers über die „Größe des Präsidentenamtes" wurde von einem protestierenden Schüler unterbrochen: Er wisse aus dem Fernsehen, daß Präsident Nixon ein Gauner sei. Ein anderer Grundschullehrer beklagte sich bei mir, seine Schüler hätten den Wunsch geäußert, über den gerade im Fernsehen gesehenen Boxkampf zu diskutieren, bei dem ein junger koreanischer Boxer durch Knockout gestorben war – ein Thema, das er für ihre jungen Köpfe als zu „erwachsen" betrachtete. Und

Freunde von mir wurden von einem Lehrer angegriffen, weil ihre Tochter die Aufgabe, „eine Geschichte zu schreiben", so gelöst hatte, daß sie beschrieb, wie der Pressesprecher Reagans, James Brady, im Fernsehen gezeigt wurde, als er während des Attentats auf Ronald Reagan angeschossen wurde. Die traditionellen, nach Alter gruppierten Lehrpläne können solchem „fortgeschrittenem" Wissen der Schüler nicht begegnen.

Die beiden bekanntesten Reaktionen auf die Schul-Probleme zielen auf Oberflächensymptome statt auf die Ursachen:

Wenn Kinder nicht „altersgemäß" lesen und schreiben können, war eine Reaktion die, „zurück zu den Grundlagen (Back to Basics)" zu gehen und zu versuchen, noch einmal „von unten" anzufangen.

Wenn Kinder, die zu Hause eine Menge fernsehen, desinteressiert an der „Live-Darstellung" eines Lehrers erscheinen, haben manche Lehrer Videobänder und Filme in die Klasse mitgebracht, um das Interesse der Schüler zu gewinnen.

Keine der beiden Reaktionen paßt die Struktur der Schule an die neue Informations-Umwelt an. Die erste ignoriert den Wandel, die zweite liefert sich ihm aus.

Es ist offensichtlich einfacher, den Ursprung für die Probleme des Schulsystems herauszufinden, als einen brauchbaren Vorschlag für eine Lösung zu machen. Eine Möglichkeit besteht jedoch darin, daß die Schule das strikte Alterssystem aufgibt, das Kinder allein aufgrund ihres chronologischen Alters voneinander trennt. Die Beziehung zwischen chronologischem Alter und sozialem Wissen wurde schon durch das Fernsehen geschwächt, und die immer breitere Nutzung von Heimcomputern und anderen elektronischen Medien wird sie noch weiter schwächen.

Wie alle sozialen Gewohnheiten, die mehrere Generationen überdauern, erscheint uns die Altersgruppierung heute fast natürlich. Ein System sozialer Belohnungen und Bestrafungen wurde darum errichtet. Eltern sind hocherfreut, wenn ein Kind eine Klasse „überspringen" kann und zutiefst beschämt, wenn es „sitzenbleibt". Doch die soziale Informations-Umwelt, die zu diesem System geführt hat und es aufrecht erhält, wird jetzt durch die elektronischen Medien umgeformt. Es gibt keine Rechtfertigung mehr dafür, ein Kind von allen anderen Kindern zu isolieren, die ein paar Monate älter oder jünger sind. Und weiter: Selbst wenn man herausfände, daß Kinder in manchen Unterrichtsfächern noch nach Alter getrennt werden müssen (wie etwa im Fach Lesen) gibt es keinen Grund, warum die Schüler in allen möglichen Fächern nach ihrem chronologischen Alter aufgeteilt werden sollten, wie etwa bei Diskussionen über Politik, das Familienleben oder aktuelle Ereignisse.

Es gibt keine einfachen Antworten. Eins ist jedoch klar: Wenn die Schule überleben soll, muß sie weiterhin ein „Basis"-Wissen vermitteln. Sie muß den Schülern das Gefühl geben, daß sie erst aufgrund eines Schulbesuches „auf dem neuesten Stand des Wissens" sind. Die Schule muß sich an die neue Informations-Umwelt anpassen. Und sie darf nicht nur grollend akzeptieren, was Kinder außerhalb der Schule lernen. Sie muß ihnen *mehr* beibringen, als sie anderswo lernen können.

Das Lesen bleibt die Trumpfkarte der Schule. Schließlich ist die Fähigkeit zu Lesen – selbst wenn das Lesen nicht länger das *einzige* Mittel ist, Zugang zu indirekter Erfahrung zu bekommen – immer noch das Tor zur Welt der Philosophie, Wissenschaft und Poesie – Lesen und Schreiben eröffnet einen einzigartigen Weg zum Denken und Wissen. Wenn sich der Computer so weiterentwikkelt, wie bislang abzusehen, werden Lesen und Schreiben zu den Schlüsselfähigkeiten gehören, die man braucht, um Zugang zu elektronisch übermittelten Informationen zu bekommen. Doch die Kinder werden wenig Anreiz haben zu lesen, wenn die Bücher und Computerprogramme, die sie bekommen, ihnen weniger über die Welt erzählen, als sie schon wissen oder aus anderen Quellen erfahren.

Die andere potentielle Lösung für das Schulsystem ist, daß es seine Aufgabe darin sehen muß, solche Fähigkeiten und Erfahrungen zu fördern, die nicht von Kommunikationstechnologien vom Schreiben bis zum Computer, abhängen.[59] Dazu gehört die systematische Aneignung von Wissen, Interpretation, Kritik und die „Methodologien" des Lernens und Denkens. Und vor allem die Fähigkeit, mit anderen Menschen zu interagieren – zu sprechen, zuzuhören, zu argumentieren und zu diskutieren. Eine solche Fähigkeit würde sehr gefördert werden, wenn man Klassen zusammenstellt aus verschiedenen Altersgruppen und unterschiedlicher sozialer Herkunft, in denen die Schüler voneinander lernen könnten.

14
Der politische Held wird vom Sockel gestoßen
Eine Fallstudie über die Veränderung der Autoritäten

Als die Welt noch jung war und es Männer gab, die Göttern glichen, waren keine Reporter anwesend ... nur Dichter. – Dixon Wector[1]

In seinem Buch *The Growth of Presidential Power* (Wie die Macht der Präsidenten wuchs) schreibt William Goldsmith: „Nach fast zweihundert Jahren der Dynamik, wenn auch nicht kontinuierlichen Wachstums, ist die amerikanische Präsidentschaft heute in einer Art und in einem Ausmaß in echten Schwierigkeiten wie nie zuvor in ihrer turbulenten Geschichte."[2] Goldsmith schrieb diese Worte vor dem Hintergrund des Watergate-Skandales, doch unsere Führungskrise begann vor Watergate und dauert immer noch an.

Alle unsere Präsidenten in der letzten Zeit wurden von „Glaubwürdigkeits"-Problemen geplagt. Lyndon B. Johnson gab auf; Richard Nixon wurde mit Schimpf und Schande verjagt; Gerald Fords „Berufung" zur Präsidentschaft wurde später von den Wählern annulliert; Jimmy Carter erlitt eine erdrutschartige Niederlage, nachdem er den Rückhalt seiner eigenen Partei verloren hatte; und selbst die Beliebtheitskurve des vergleichsweise populären Ronald Reagan schwankte wie die seiner Vorgänger extrem auf und ab.[3]

Wir scheinen Schwierigkeiten dabei zu haben, Führungsfiguren mit Charisma zu finden, die außerdem kompetent und vertrauenswürdig sind. In dem Wunsch, zumindest eine der neueren politischen Führungsfiguren besonders hoch zu schätzen, haben viele Menschen heute vergessen, daß John F. Kennedy in seinen tausend Tagen im Amt viele Glaubwürdigkeitskrisen und viele Vorwürfe gegen sich überstehen mußte, darunter die einer manipulierten Informationspolitik.[4]

Während der Präsidentschaftskampagne 1980 analysierte die Zeitschrift *Newsweek* die aktuellen politischen Meinungsumfragen und kam zu der Schlußfolgerung: „Das vielleicht aufschlußreichste politische Ergebnis von allen ist das hohe Ausmaß an Abneigung, das die Wähler den meisten Kandidaten entgegenbringen."[5] Natürlich hat auch jedes Pferderennen einen Gewinner, und es spielt keine Rolle, wie uninteressant das Kandidatenfeld ist – die Wähler haben darin immer ihren Favoriten. Die Besessenheit, mit der Meinungsumfragen durchgeführt und vorbereitet werden, und die Art, wie aufmerksam verfolgt wird, wer gewinnt und wer verliert, verdeckt jedoch das grundlegende Problem: den Niedergang im Image der Führungsfiguren allgemein.

Es gibt mindestens zwei Wege, um das Image und die Rhetorik von Präsidenten zu untersuchen. Der eine ist, den Inhalt und die Form von Ansprachen, von Reden und Aktionen – mit anderen Worten, bestimmte Strategien und Entscheidungen – zu betrachten. Eine andere Methode ist, die Situation zu untersuchen, innerhalb der Präsidenten ihre Rollen spielen. Diese zweite Methode erfordert einen Perspektiven-Wechsel: weg von den spezifischen rhetorischen Strategien einzelner Politiker und hin zur allgemeinen Umwelt, die die Präsidenten umgibt und die daher die Umwelt für alle Kandidaten ist, die dieses Amt anstreben.

In diesem Kapitel verwende ich die letztere Methode, um die Ursachen der politischen Schwierigkeiten unserer jüngsten amerikanischen Politiker neu zu interpretieren und etwas Licht auf unsere „Führungsprobleme" allgemein zu werfen. Ich bin der Ansicht, daß der Image-Verlust des Präsidenten überraschend wenig zu tun hat mit einem Mangel an potentiellen Führungsfiguren, viel dagegen mit einer bestimmten Kommunikationsumwelt – einer Umwelt, welche die Fähigkeit der Politiker untergräbt, sich wie traditionelle „große Führer" zu verhalten, und die daher auch nicht länger als solche wahrgenommen werden.

Politische Bühnen und Stile vermischen sich

Vor der weitverbreiteten Nutzung elektronischer Medien dienten die Städte als Hintergrundbereiche für unsere Landespolitiker, dort konnten sie üben, wie sie sich auf der nationalen Bühne verhalten wollten. Als William Jennings Bryan seine wirkungsvolle „Goldkreuz"-Ansprache hielt, die ihm 1896 die Präsidentschaftskandidatur auf dem Demokratischen Kongress einbrachte, hatte er die Rede bereits viele Male in unterschiedlichen Teilen des Landes gehalten.[6]

Die legendäre Rhetorik Bryans und die blankpolierten Bilder vieler unserer politischen Helden wurden überhaupt erst möglich, weil die Politiker in der Lage waren, ihren öffentlichen Auftritt vielfach zu praktizieren und zu verbessern. Offensichtliche Fehler konnten auf ein kleines Publikum beschränkt bleiben, kleine Veränderungen getestet werden, an Reden und Auftritten konnte bis zur Perfektion gefeilt werden. Die Politiker waren in der Lage, viele unterschiedliche Menschen-Mengen an verschiedenen Tagen mit einer einzigen wohlplazierten Redewendung in Wallung zu versetzen. Bryan zum Beispiel liebte die Schlußzeile seiner Ansprache von 1896 („Du sollst diese Dornenkrone nicht auf die Stirn der Arbeiter drücken, Du sollst die Menschheit nicht an ein goldenes Kreuz schlagen") so sehr, daß er sie sogar sehr häufig in anderen Reden und Debatten verwendete. In seinen Memoiren schrieb Bryan, er habe sehr früh erkannt, daß diese Zeile „für die Entwicklung eines letzten Höhepunktes" geeignet war, und nachdem er sie auf kleineren öffentlichen Bühnen erprobt hatte, „hielt ich sie für eine passende Gelegenheit bereit".[7]

Heutzutage steht ein Politiker durch Radio und Fernsehen einem einzigen Publikum gegenüber. Wo immer er spricht, wendet er sich an Menschen überall im Lande. Die wichtigen Ansprachen können daher nicht vorher ausgetestet werden. Da sie nur einmal stattfinden, sind sie tendenziell relativ ungeschliffen und undramatisch. Geniale Sprüche werden entweder schnell konsumiert oder zu kraftlosen Klischees.*

Das Amerika des 19. Jahrhunderts bot vielfältige politische Bühnen, auf denen Politiker an Form und Substanz ihrer wichtigsten Ideen feilen konnten. Sie konnten auch die Grundzüge ihres politischen Programms mit leicht unterschiedlichen Versprechungen unterschiedlichen Zuhörergruppen vortragen. Da heutige Politiker so viele verschiedene Gruppen von Menschen zur gleichen Zeit ansprechen, haben sie große Probleme, sich spezifisch auszudrücken; und jeder Versprecher wird verbreitet und erhält eine ungeheure Bedeutung, da Millionen Menschen sein Zeuge geworden sind. Wissenschaftler, die den Wandel des rhetorischen Stils analysiert haben, ohne solch situative Veränderungen in Rechnung zu stellen, übersehen eine wichtige politische Variable.

Viele Amerikaner hoffen immer noch darauf, eine dynamische „große Führerfigur", der „starke Mann" alten Stils möge auftauchen. Doch die elektronischen Kommunikationsmedien machen es fast unmöglich, einen zu finden. Es herrscht kein Mangel an potentiellen Führungsfiguren, vielmehr ein Überfluß an Information über sie. Das Image des „großen Führers" hängt von Mystifikationen ab und davon, daß der öffentliche Eindruck dieses Politikers sorgfältig kontrolliert wird. Durch das Fernsehen sehen wir zu viel von unseren Politikern, und sie verlieren die Kontrolle über ihr Image und ihren Auftritt. Infolgedessen verlieren die politischen Führer ihre Aura und werden eher auf das Niveau eines Durchschnittmenschens herabgezogen.

Die Bedeutung elektronischer Medien für das Bühnenverhalten von Politikern kann man am besten verstehen, indem man es in Beziehung zu den Bühnenerfordernissen *jeder* sozialen Rolle setzt, wie sie in früheren Kapiteln beschrieben wurden. Unabhängig von Kompetenz und Bedürfnis gibt es eine zeitliche Begrenzung dafür, wie lange eine Person eine ideale Konzeption einer sozialen Rolle spielen kann. Alle Menschen müssen essen, schlafen und zur Toilette gehen. Alle Menschen brauchen Zeit, um über ihr soziales Verhalten nachzudenken, sich auf Begegnungen vorzubereiten und sich von ihnen zu erholen. Wir spielen außerdem *alle* verschiedene Rollen in unterschiedlichen Situationen. Ein Mann kann zum Beispiel Vater, Sohn, Ehemann, ehemaliger Kommilitone und Chef sein, er kann auch der Präsident der Vereinigten Staaten sein. Er muß jeweils verschiedene Aspekte seiner Persönlichkeit betonen, um in jeder dieser Rollen zu überzeugen. Die Darstellung sozialer Rollen ähnelt daher in mancher Weise einem Theaterstück auf verschiedenen Bühnen. Die Stärke und Klarheit eines bestimmten Auftritts auf der Bühne oder im „vorderen Bereich" hängt davon ab, wie gut es gelingt, das Publikum vom Hintergrund der Bühne oder dem „Hintergrund-Bereich" fernzuhalten. Proben, Pausen und Verhalten aus anderen Rollen müssen aus dem Rampenlicht herausgehalten werden. Das Bedürfnis danach, das eigene Hintergrundverhalten zu schützen, ist dann besonders stark, wenn Rollen zur Aufführung gebracht werden, die stark auf Mystifikationen beruhen und auf einer Aura

* Um den Erfordernissen häufiger Redetermine in Wahlkampagnen zu begegnen, müssen sich Politiker immer noch auf ihre „Basisrede" verlassen. Doch heute muß diese Rede bewußt unpolemisch gehalten werden, so daß ihre Elemente nicht von den Nachrichtenmedien aufgegriffen werden und jeder potentielle Zuhörer, der sie „live" erleben soll, sie schon vorher kennt. Politiker wie Journalisten beklagen sich über die gegenwärtige Situation. Die Reporter, die zum Beispiel den Kandidaten Carter begleiteten, beschwerten sich, er wiederhole sich immerzu und habe selten etwas Neues zu sagen; Carter beschwerte sich, seine spontanen Bemerkungen würden mit viel größerer Wahrscheinlichkeit in den Medien erscheinen als seine häufig wiederholten Grundgedanken.[8]

von Größe – Rollen, wie sie von den politischen Führungsfiguren dargestellt werden.

Doch die elektronischen Kommunikationsmedien haben die Grenzen zwischen dem Hintergrundbereich und dem Bühnenverhalten von Politikern aufgehoben. Das Auge der Kamera und das Ohr des Mikrofons haben viele Aspekte des Verhaltens von Politikern belauscht und diese Information an 225 Millionen Amerikaner übermittelt. Indem sie ihrem Publikum sowohl die traditionellen Bühnenaktivitäten wie das traditionelle Hintergrundverhalten dargeboten haben, konnten die Fernsehsendungen sozusagen eine Sicht auf die „Seitenbühne" oder den „mittleren Bereich" bieten. Wir sehen, wie sich Politiker vom Hintergrund auf die Bühne und zurück bewegen. Wir sehen wie sich Politiker einer Menschenmenge gegenüber verhalten und dann ihre Familie „ganz privat" begrüßen. Wir begegnen Kandidaten, die mit ihren Beratern konferieren und sitzen hinter ihnen, wenn sie Wahlversammlungen im Fernsehen verfolgen.

Per Definition wird das jetzt zur Schau gestellte „private" Verhalten nicht länger ein wirkliches Hintergrund-Verhalten sein, weil es ins Rampenlicht der Öffentlichkeit gezerrt wird. Doch es gibt auch keine rein traditionellen Bühnenauftritte mehr. Das früher übliche Gleichgewicht zwischen Probe und Auftritt wurde gestört. Durch die elektronische Veröffentlichung wurde die Freiheit der Politiker begrenzt, sich selbst von ihrem Publikum zu isolieren. Dadurch verlieren die Politiker nicht nur Teile ihres Privatlebens – eine Klage, die wir oft hören –, sondern, noch wichtiger, sie verlieren gleichzeitig ihre Fähigkeit, viele Facetten der hehren und mächtigen Rolle des traditionellen Führers auszuspielen. Denn wenn die Darsteller Teile ihrer Probezeit verlieren, bekommen ihre Auftritte natürlich immer stärker etwas Improvisiertes.

Die Seitenbühnen-Perspektive, wie sie das Fernsehen bietet, läßt normale Unterschiede im Verhalten als Beweis für Opportunismus oder Unehrlichkeit erscheinen. Wir alle verhalten uns in unterschiedlichen Situationen verschieden – je nachdem, wer anwesend ist und wer nicht. Doch wenn das Nachrichtenprogramm im Fernsehen einen Zusammenschnitt zeigt, dem zu entnehmen ist, daß ein Politiker unterschiedliche Dinge an unterschiedlichen Orten sagt und tut, dann kann es sein, daß der Politiker zumindest unentschlossen erscheint, wenn nicht sogar als „doppelbödig" oder „schillernd".

Die Umgestaltung der Politikerbühne verlangt, daß der politische Akteur sich in allen Bereichen, die zur Schau gestellt werden, konsistent verhält. Um dieser Anforderung gerecht zu werden, muß es ein neues politisches Verhalten im „mittleren Bereich" geben: Verhalten, das nicht mehr die extreme Formalität der früheren Bühnenverhaltensweisen besitzt, aber genau so wenig die extreme Informalität traditionellen Hintergrundverhaltens. Kluge Politiker machen das Beste aus der neuen Situation. Sie versuchen, ausgewählte positive Aspekte ihres Hintergrundes nach außen zu tragen, um sich auch als „Privatperson" in der Öffentlichkeit beliebt zu machen. Doch macht es einen Unterschied, ob man mit der neuen Situation *fertig wird,* oder ob man sie wirklich *kontrolliert.* Unabhängig davon, wie gut einzelne Politiker sich an ihre neue öffentliche Rolle gewöhnen, verändert sich das allgemeine Image der Führungsfiguren. Die neuen politischen Verhaltensweisen in der Öffentlichkeit bleiben ein Auftritt, doch sein Stil hat sich bedeutsam gewandelt.

Mystifikation und Ehrfurcht werden durch Distanz und begrenzten Zugang gestützt. Unsere neuen Medien entlarven zu oft zu viel, als daß die traditionellen Vorstellungen über politische Führungsfiguren weiter existieren könnten. Die Fernsehkamera dringt wie ein Spion in die Intimsphäre von Politikern ein. Sie beobachtet, wie sie schwitzen, belauert sie, wie sie bei ihren eigenen deplazierten Bemerkungen gequält ihr Gesicht verziehen. Sie zeichnet sie kühl auf, wie sie mit ihren Emotionen kämpfen. Die Kamera verringert die Distanz zwischen Publikum und Schauspieler. Die Redner-Tribüne erhob früher einen Politiker über die Menge – wörtlich wie symbolisch. Jetzt bringt die Kamera den Politiker so nahe, daß die Menschen ihn genau beobachten können. Und in diesem Sinne erniedrigt sie den Politiker auf das Niveau seines Publikums. Die Kamera übermittelt dem Publikum ein reiches Spektrum expressiver Informationen; sie weist auf die Sterblichkeit des Politikers hin und verändert die Bedeutung und Wirkung abstrakter und konzeptueller Rhetorik. Während die Rhetorik die Menschlichkeit transzendieren und nach dem Göttlichen greifen kann, liefert die intime, ausdrucks-starke Information häufig Hinweise auf Allzumenschliches. Kein Wunder, daß Politiker des alten Stils, die nach wie vor die großen Gesten einer anderen Ära lieben, heute wie Narren oder Betrüger wirken. Die Möglichkeit, jederzeit in Großaufnahme aufgenommen zu werden, zwingt viele Politiker dazu, so zu tun, als seien sie weniger als sie sind (und dadurch werden sie in sozialer Hinsicht tatsächlich „geringer").

Manche Menschen konnten schon früher einen Blick auf die „Seitenbühne" von Politikern werfen, bevor es das Fernsehen gab. Durch dauernde physische Nähe zum Beispiel sahen viele Reporter die Politiker in einer Vielfalt von Bühnenrollen und hatten einige oberflächliche Informationen über deren Hintergrundaktivitäten.

Doch die Beziehung zwischen Politikern und einigen Journalisten waren selbst eine private Hintergrund-Interaktion, die sich unterschied von dem, was in die Presse gelangte. Vor dem Fernsehzeitalter bestanden die meisten Nachrichten nicht aus Aufzeichnungen dieser persönlichen Hintergrundbeziehung, und es war darin nicht einmal etwas über die „Seitenbühne" zu lesen. Der Politiker konnte für die Presse immer unterscheiden, was aufgezeichnet wurde und was nicht, was zitiert werden sollte und was man einem „hohen Regierungsbeamten" zuschreiben sollte.[9] Selbst wenn die Journalisten und die Politiker also intime Freunde waren, so waren doch die veröffentlichten Nachrichten gewöhnlich unpersönliche soziale Kommunikationen. Die Printmedien können „darüber berichten", was an einem Ort geschieht und den Bericht an einen anderen Ort transportieren. Doch die Reportage ist keineswegs eine „Darstellung" der aktuellen ortsgebundenen Erfahrung. Die Zeitungsreporter, die Theodore Roosevelt interviewten, während er rasiert wurde, hatten ein Erlebnis, das nichts mit dem sich daraus ergebenden Reportagestil zu tun hatte. Denn private Interaktionen mit Reportern waren früher getrennt von den öffentlichen Kommunikationen, wie sie in Zeitungen erschienen; ein großer Teil der „Persönlichkeit" eines Politikers wurde vor dem Durchschnittsbürger sorgfältig geheim gehalten.

Die privaten Interaktionen zwischen Presse und Politikern finden weiterhin statt, doch die elektronischen Medien haben neue politische Situationen geschaffen, die die allgemeine „Distanz" zwischen Politiker und Wähler verändert haben. Durch die elektronischen Veröffentlichungen verlieren die Politiker einen großen Teil der Kontrolle über ihre Botschaften und Auftritte. Wenn sie darum bitten, die Kamera oder das Tonband abzustellen, dann scheinen sie etwas zu verbergen zu haben. Wenn die Kamera oder das Mikrofon aufnimmt, können die Politiker nicht länger ihre Interaktionen mit der Presse von der Interaktion mit der Öffentlichkeit trennen. Die Kamera zeichnet unbestechlich und unbarmherzig den Wutausbruch genau so auf wie das Zittern vor Kälte; mitleidslos beobachtet sie, wie unsere nationalen politischen Größen über Worte oder Treppenstufen stolpern. Und anders als die Aussage von Journalisten oder anderen Zeugen lassen sich Worte und Handlungen, die auf einem elektronischen Band gespeichert wurden, unmöglich leugnen. Während also Politiker versuchen, Einfluß auf den *Inhalt* der Medienveröffentlichung zu nehmen, wandelt die *Form* der Veröffentlichung selbst die Art ihres politischen Images.

Was das Fernsehen an Informationen präsentiert, kann nicht durch Manipulation, Erfahrung oder hochbezahlte Berater beeinflußt werden. Selbst ein Bühnenereignis, das durch Medien aufgezeichnet wird, entlarvt häufig mehr Persönliches als die schriftliche Aufzeichnung einer improvisierten Rede oder eines Interviews. Als Präsident Carter 1977 der amerikanischen Fernsehgesellschaft NBC erlaubte, einen Tag lang Kameras ins Weiße Haus zu stellen, konnte das Ergebnis nicht nach seinem Geschmack sein. Die *New York Times* berichtete:

„Mr. Carter ist ein Meister des kontrollierten Images, und er ist offensichtlich gut vorbereitet. Wenn er nicht gerade sein warmes Lächeln ausstrahlt, wirkt er beruhigend kühl in Streßsituationen. Doch die Kamera spürt ihn dabei auf, wie er jenen legendären Tick zeigt, jenes beruhigende Anzeigen für gewöhnliche Menschlichkeit. Sie findet seine Finger, wie sie nervös mit einer Büroklammer oder mit einem Kugelschreiber spielen. Sie fängt die kaum wahrnehmbare Muskelanspannung in seinem Gesicht ein, als man ihm eine wenig schmeichelhafte Zeitungsgeschichte über seinen Bruder zeigt."[10]

Einige Politiker haben natürlich ein besseres „Medienimage" als andere, doch nur wenige können ihr Image so leicht manipulieren, wie es Politiker noch zu Zeiten der Printmedien konnten. Die Art und das Ausmaß des Kontrollverlustes werden noch deutlicher, wenn man den Hintergrund und die „Bühne" nicht als sich gegenseitig ausschließende Regionen betrachtet. Die meisten Handlungen enthalten beide Arten von Verhaltensweisen. In vielen Situationen kann jemand zum Beispiel eine Rolle aus dem vorderen Bereich spielen, während er gleichzeitig verdeckte Hinweise an „Kameraden" im Hintergrund gibt (Grimassen, „verschlüsselte" Bemerkungen, hinter dem Rücken gekreuzte Finger usw. . . .). Wie in Kapitel 6 dargelegt, sind die Äußerungen eines Individuums – da Ausdrucksformen durchweg persönlich sind – eine Art weiterlaufende Hintergrund-Aktivität, die früher nur jenen zugänglich war, die sich in unmittelbarer physischer Nähe befanden. Auf diese Weise ist der Grad der Kontrolle über den Zugang zum Hintergrund nicht nur einfach alternativ – entweder Zugang oder kein Zugang –, sondern unendlich variabel. Jedes Kommunikationsmedium kann auf die persönlichen Eigenschaften hin analysiert werden, die es übermittelt, und auf jene, die es unterdrückt.

Printerzeugnisse zum Beispiel übermitteln Worte, aber keine Töne oder Gesichtsausdrücke; das Radio sendet Klänge und Worte, aber keine visuelle Information; das Fernsehen übermittelt das ganze audio-visuelle Spektrum verbaler, stimmlicher und gestischer Ausdrucksformen. In dieser Hinsicht bedeutet der Übergang vom Printmedium über das Radio zum Fernsehen einen immer kleiner werdenden Schutz für Hintergrundaktivitäten und ist mit einer steigenden Energieanstrengung verbunden, um einen bestimmten Eindruck kontrolliert zu hinterlassen. Außerdem legt Albert Mehrabians Formel für die relative Bedeutung einer Botschaft – 7% verbal, 38% stimmlich, 55% mimisch und gestisch[11] – nahe, daß die Veränderung der Medien-Landschaft nicht nur dazu führt, mehr zu entlarven, sondern auch mehr von diesem „Mehr". Vom gemalten Porträt zur Fotografie zum Film zur Fernseh-Großaufnahme lieferten die Medien ein immer häufiger wiederholbares, unmittelbares und daher weniger idealisiertes Image des Führers. „Größe" ist – im Wortsinn – attraktiv, sie schwindet jedoch, wenn das Bild des entfernten „Führers" immer mehr der Begegnung mit einem intimen Bekannten ähnelt.

Da Kameras immer leichter und kleiner werden, Mikrofone und Linsen immer sensibler, weicht die Unterscheidung zwischen öffentlichem und Privatleben immer mehr auf. Politiker brauchen ihre Tätigkeit nicht mehr zu unterbrechen, um für ein Bild zu posieren oder zu einem Mikrofon zu gehen. Infolgedessen fällt es Politikern immer schwerer, zwischen ihrem Verhalten in „wirklichen Situationen" und dem zu unterscheiden, wie sie sich für die und in den Medien präsentieren wollen. Das neue öffentliche Image von Politikern enthält daher viele Merkmale des früheren Hintergrundverhaltens des politischen Lebens; und viele früher informelle Interaktionen zwischen Politikern und ihren Familien, ihrem Beraterstab, Reportern und den Wählern wurden steifer und förmlicher, je mehr sie sich einem bundesweiten Publikum ausgesetzt sehen.*

Die meisten Politiker, sogar die Staatsoberhäupter, versuchen, weiterhin einen wirklich privaten Hintergrund-Bereich aufrechtzuerhalten, doch dieses Gebiet wird immer weiter in den Hintergrund gedrängt und sowohl räumlich als auch zeitlich immer kleiner.

Schrift und Druck verbergen nicht nur allgemeine Hintergrundaktionen und -verhaltensweisen, sie entlarven auch den Akt, ein „Image" und eine „Nachricht" herzustellen. Die Präsidenten hatten früher genug Zeit, um sorgfältig ihre Reden vorzubereiten. Auch scheinbar „spontane" Aussagen wurden vorher geprobt, oft mit Ratgebern und Familienmitgliedern. Verzögerungen, Unentschlossenheit und die Möglichkeit alternativer Lösungen für Probleme blieben in der unsichtbaren Hintergrundregion verborgen, die durch die Langsamkeit älterer Medien geschaffen wurde. Vor der Erfindung des Telegrafen brauchte ein Präsident zum Beispiel niemals mitten in der Nacht geweckt zu werden, um in einer Krise zu reagieren. Einige Stunden Aufschub bedeuteten wenig.

Die elektronischen Medien lassen jedoch nur sehr wenig Zeit für Vorbereitungen und Reaktionen im Hintergrund der politischen Bühne. Da Botschaften sofort quer über das Land und die Welt gesendet werden *können,* fällt es sofort auf, wenn ein Präsident sich nicht unmittelbar nach einem wichtigen Ereignis zu Wort meldet. Und in Pressekonferenzen, die vom Fernsehen übertragen werden, mögen sogar einige Sekunden des Nachdenkens bei einem Politiker als Zeichen von Unentschlossenheit, Schwäche oder Senilität gedeutet werden. Mehr und mehr sind die öffentlichen Botschaften, wie sie von Politikern ausgegeben werden, tatsächlich spontan.

Die Präsidenten finden es immer schwieriger, ihr Bedürfnis nach Freizeit und Beratung in der Vorbereitung öffentlicher Äußerungen zu verbergen. Sie müssen entweder den Entscheidungsprozeß aufdecken (indem sie sich an Ratgeber wenden oder indem sie sagen, daß sie mehr Zeit brauchen, um die Angelegenheit zu untersuchen), oder sie müssen sehr informelle improvisierte Kommentare abgeben, die natürlich nicht so ausgefeilt sein können wie vorbereitete Texte. Die neuen Medien verlangen, daß Politiker dauernd und ohne nachzudenken auf einem Hochseil balancieren und über Weltereignisse fachsim-

---

* Obwohl ich mich hier darauf konzentriere, wie die Medien-Umwelt die Wahl von Politikern formt und begrenzt, gibt es auch eine wichtige dritte Variable: Die Wahl von *Nachrichten-Institutionen,* die über Politik berichten. Wie Michael Schudson argumentiert hat, ist die journalistische Entscheidung, über die Politik des Präsidenten auf Kosten der Politik des Kongresses zu berichten, selbst ein wichtiges Merkmal des modernen politischen Rituals, und diese Entscheidung wurde viele Jahre vor dem Fernsehen getroffen.[12] Ohne die Bedeutung solcher Nachrichten-Konventionen herunterzuspielen, können wir doch analysieren, wie Veränderungen der Medien-Landschaft die journalistische Themenauswahl beeinflussen, genauso wie sie die Entscheidungen von Politikern beeinflussen. Die Geschwindigkeit und Reichweite des Telegrafen zum Beispiel setzte sowohl der Bühne für „bundesweite Nachrichten" als auch der für eine Darstellung des Privatlebens des Regierungsoberhauptes gewisse Grenzen. Der Telegraf ermöglichte, daß das ganze Land stündlich die Veränderungen im Gesundheitszustand von Präsident Garfield mitbekommen konnte, als er elf Wochen lang im Sterben lag, nachdem ihn die Kugel eines Attentäters niedergestreckt hatte; der Telegraf ermöglichte es auch, in „schockierender und plumper" Vollständigkeit über Präsident Clevelands Hochzeit und Flitterwochen zu berichten. Doch diese Ereignisse warfen nur Schatten voraus auf die Art, wie Präsidenten in Zukunft beobachtet werden würden; eine Observierung, die so recht erst mit Theodore Roosevelts Amtsantritt[13] begann und später verstärkt wurde durch die Möglichkeiten von Radio und Fernsehen. Idealerweise werden zukünftige Analysen die komplizierte Wechselwirkung aller dieser drei wichtigen Variablen in Betracht ziehen: die Medien-Landschaft, politiche Entscheidungen und die journalistische Berichterstattung.

peln. Auf jeder Seite lauern Gefahren: ein paar Sekunden Schweigen oder eine unbedachte Bemerkung können einen dramatischen Knick in der Beliebtheitskurve zur Folge haben.

Die veränderte politische Arena wirkt sich nicht nur auf die Wahrnehmung des Publikums aus, sondern auch auf die Reaktion von Politikern auf ihren eigenen Auftritt. In Begegnungen von Angesicht zu Angesicht bekommen wir nur dadurch einen Eindruck von unserem Verhalten, indem wir die Reaktionen des oder der anderen beobachten. Wir können uns nie so betrachten, wie andere uns sehen. In Videofilmen sind Politiker jedoch genau so zu sehen, wie die Fernsehzuschauer ihren öffentlichen Auftritt gesehen haben. In lebendigen Interaktionen wird die Nervosität und der Versprecher eines Redners gewöhnlich höflich ignoriert und daher auch vom Redner schnell vergessen. Durch das Fernsehen erhalten Politiker permanente Aufzeichnungen ihrer selbst, wie sie schwitzen, stammeln oder sich ängstlich die Lippen lecken. Das Fernsehen hat die Macht, in einem Politiker Selbstzweifel zu wecken und sein Selbstbild anzukratzen.

Solche Medien, die häufige Wiederholungen ermöglichen, entmystifizieren Führungsfiguren nicht nur für die Zeit, in der sie leben, sondern auch für die Geschichte. Nur wenige Nationalhelden werden in ihrem Leben dauernd beobachtet. Doch die weniger replikativen Medien machten es zumindest möglich, daß die Führungsfiguren nach ihrem Tode idealisiert wurden. Persönliche Eigenheiten und körperliche Fehler eines Präsidenten wurden mit seiner Leiche begraben, seine guten Taten und Leistungen überlebten. Wenn ein Präsident einmal starb, war alles, was von ihm blieb, für ihn schmeichelhaft: gemalte Porträts und schriftliche Aufzeichnungen seiner Reden. Ein ungewöhnlicher Sprachstil oder eine unattraktive Mimik wurden bald vergessen.

Hätten wir von Lincoln nur gemalte Porträts behalten, dann wäre seine Unscheinbarkeit mit der Zeit immer mehr in Vergessenheit geraten. Zur Lincoln-Legende gehört jedoch sein Image, er sei ein blendender Redner gewesen. Diese Legende kann aufrechtgehalten werden durch den *Mangel* an Aufzeichnungen seiner ungewöhnlich hohen, dünnen Stimme, die sogar noch höher wurde, wenn er nervös war. Ähnlich wird Thomas Jeffersons leichter Sprachfehler nur selten erwähnt.[14] Durch die neuen Medien werden die persönlichen Eigenschaften von Präsidenten jedoch konserviert und an die nächste Generation weitergegeben. Statt nur Zusammenfassungen und Sammlungen zu erben, werden zukünftige Generationen die Stilmerkmale früherer Präsidenten selbst beurteilen können. Sie werden sehen, wie Gerald Ford sein Gleichgewicht verliert, Carter unter Druck zu schwitzen beginnt und Reagan während einer Papstaudienz eindöst. Falsch ausgesprochene Worte, ein Zögern, Schwitzen und physische wie verbale Schwerfälligkeiten werden heute für alle Zeiten aufgezeichnet.

Bestimmte Ausdrucksformen sind Teil des gemeinsamen Verhaltensrepertoires aller Menschen; und wenn sie unter Kontrolle sind und nur kurz gezeigt werden, sind Botschaften des persönlichen Ausdrucks Anzeichen für die „Menschlichkeit" des „großen Führers". Doch wenn sie ihm dauernd unkontrolliert entschlüpfen, suggerieren sie, er – zu dem wir schließlich aufsehen – sei gar nicht so anders als wir selbst. Je intensiver wir nach Beweisen für Größe suchen, desto mehr entschwindet sie uns.

Es gibt heute ein Verlangen nach zwei Dingen: vollkommen „offene" Regierungen und starke Führerpersönlichkeiten. Selten ziehen wir in Betracht, daß beide Forderungen leider nicht miteinander zu vereinbaren sind. Wir wollen unsere Führer ständig beobachten und gleichzeitig wollen wir, daß sie uns inspirieren. Wir können nicht beides haben – sowohl Entlarvung *als auch* Mystifikation, die doch so nötig ist, um ein Image von „Größe" entstehen zu lassen. Die nach Watergate zu beobachtende Faszination der Öffentlichkeit für Enthüllungen aller Art war nicht begleitet von einer intelligenten Überlegung dahingehend, was wir wohl unvermeidlich in den Schränken aller politischen Führungsfiguren finden werden. Die Nähe, die elektronische Medien fördern, läßt nur zu leicht Verachtung aufkommen.

Das politische Ritual als politische Realität

Zum größten Teil ist soziales Verhalten ritueller Natur. Rechtsanwälte, Ärzte, Richter, Lehrer, Eltern, Studenten und andere soziale Akteure versuchen im allgemeinen, ein symbolisch angemessenes Verhalten zur Schau zu stellen. Dabei besteht die Substanz oder „Wirklichkeit" ihrer *sozialen* Existenz in ihrem Kommunikationsmuster, ihren Aktionen und ihren Ausdrucksformen. Wenn die Kommunikationsmittel und das Forum der Interaktion sich wandeln, dann muß das auch für die dargestellten „Charaktere" gelten.

Die neuen Situationen, die von den elektronischen Medien geschaffen werden, haben eine enorme Auswirkung auf die Politiker, und das aus zwei Gründen: 1. Die politischen Akteure bringen ihre Darstellung direkter und exklusiver durch die dominanten Kommunikationsmedien an ihre Adressaten als die Durchschnittsbürger; und 2. das politische Drama ist noch ritualisierter als das alltägliche Sozialverhalten. Ein *einziger* unangemessener Akt kann einen politischen Darsteller disqualifizieren und ihn daran hindern, das Ziel seiner Darstellung zu erreichen. Als Edmund Muskie in aller Öffentlichkeit in Tränen ausbrach, Thomas Eagelton psychische Schwierigkeiten zugab und Earl Butz einen rassistischen Witz erzählte, waren das entscheidende politische Fehler, die ihr Schicksal besiegelten.

Das veränderte Image politischer Führer ist also viel mehr als ein oberflächlicher Stilwandel. Die politische Realität und das politische Ritual sind eng miteinander verwoben. Wie Ferdinand Mount in *The Theatre of Politics* (Das Theater der Politik) feststellt, ist „die Vorstellung, es gäbe eine *reale* (effiziente, nützliche) Politik, die nur verdeckt sei durch ein *unwirkliches* (oberflächliches) Täuschungs-Manöver, selbst eine der größten Täuschungen unserer Zeit".[15]

W. Lance Bennett ist der Ansicht, daß politische Kampagnen zwei miteinander verquickten Zwecken dienen. Das eine ist das pragmatische, kurzfristige Bedürfnis des Politikers, gewählt zu werden. Politiker tun und sagen deshalb Dinge, die sie ihrem Ziel mit größter Wahrscheinlichkeit näherbringen. Doch Bennett ist auch der Ansicht, daß die andere und vielleicht wichtigere Funktion von Wahlkampagnen eine Art soziales Ritual ist: „Eine Projektionsfläche zu bieten, an der die Öffentlichkeit ihre Spannungszustände aus- und abarbeiten kann und durch die sie ihr Bedürfnis nach Sicherheit, Ordnung, Führung und Kontrolle über die Zukunft ausleben kann." Die Wahl, so Bennett, funktioniere „als ein kulturelles Drama großen Ausmaßes – ein so bekanntes, doch so tief verwurzeltes Drama, das wir es immer noch großartig finden und ihm unsere volle Aufmerksamkeit schenken, obwohl die meisten von uns ihre einzelnen Akte und jede Zeile in- und auswendig kennen".[16]

Bennett behauptet, es scheine zwar einfacher zu sein, die pragmatischen und die rituellen Elemente des Diskurses in einer Wahlkampagne unabhängig voneinander zu untersuchen, in Wirklichkeit aber sei es unmöglich, sie überhaupt voneinander zu trennen. Sein Argument ist: Das pragmatische Ziel, gewählt zu werden, wird gestützt durch angemessen ausgeübte rituelle Handlungen; und die rituelle Funktion ihrerseits wird durch eine pragmatische Ansprache erfüllt. Es gibt – so Bennett – eine „kulturelle Logik", die beide Funktionen miteinander verbindet. „Es ist die Art von Logik, welche die Teilnehmer an jedem etablierten kulturellen Ritual dazu führt, sich auf die Weise zu verhalten, daß sie sowohl ein praktisches Ziel verfolgen als auch wichtige Prinzipien, Werte und Identitätsvorstellungen der Gemeinschaft bestätigen."[17]

Politiker diskutieren sehr gern über das politische Ritual. Tatsächlich gehört es aber genauso zu diesem Ritual, daß die ritualisierte Natur der Politik geleugnet wird. „Die Wahrheit sagen", „über Sachfragen reden, statt Imagepflege zu betreiben" - das sind selbst wichtige und immer wiederholte Themen des politischen Dramas.

Selbst jene Reporter, die angeblich nur „über" Politik berichten, werden oft in die Aufführung hineingezogen und Teil des ritualisierten Dramas, genau wie Sportkommentatoren oft Teil des Sportrituals werden. Sowohl Politiker als auch Sportjournalisten sprechen von „Spitzenreitern", von einem „unbeschriebenen Blatt", von fairen Verlierern und bescheidenen Gewinnern. Auf solche Weise tragen Reporter oft dazu bei, die Mythen sozialer Rituale eher aufrechtzuerhalten als sie abzuschaffen oder zu erklären.

Während die Politiker und Journalisten oft von einem Unterschied zwischen politischer Wirklichkeit und politischem Image sprechen, zeigt eine sorgfältige Untersuchung der Wahlreden und politischen Handlungen, daß es schon einige Kunstfertigkeit braucht, um auch nur das Image von „Ehrlichkeit" zu schaffen, und daß häufig das „Nur-über-Sachfragen-Reden" selbst ein Image ist. Da Politik ein inszeniertes Ritual darstellt, ist es schließlich unmöglich, den reellen Anteil von der schlichten Schauspielerei zu trennen.

Zwei Wissenschaftler, die sich mit politischer Kommunikation beschäftigt haben, Dan Hahn und Ruth Gonchar, stellten fest, daß die Öffentlichkeit zwar die Vorstellung des Images zurückweist zugunsten von „Sachlichkeit", doch Umfrageergebnisse zeigen, daß über 40% der Wähler *am stärksten* beeinflußt werden durch die Persönlichkeitseigenschaften von Kandidaten.[18] Ähnlich hat Fred Greenstein herausgefunden, daß die positiven und negativen Ansichten der Menschen über Präsidenten gewöhnlich in Begriffen ausgedrückt werden, die auf das persönliche Image des Präsidenten hinweisen, statt auf seine politischen Positionen.[19]

Hahn und Gonchar illustrieren die Macht des Images in der Politik anhand der beiden Präsidenten Kennedy und Johnson. „Der zum Märtyrer stilisierte Kennedy wird verehrt; an Präsident Johnson erinnert man sich, wenn überhaupt, mit Feindseligkeit. Niemand würde die Ansicht vertreten, daß beide ein ähnliches Image hätten. Was die Menschen dabei vergessen, ist die bemerkenswerte Ähnlichkeit dieser beiden Männer hinsichtlich ihrer Ansichten zu bestimmten politischen Themen."[20]

Ein noch stärkerer Beweis für den Vorrang des Images über das Thema in der Politik ist der oft merkwürdige Umgang der Wähler mit ihrer Erst- und Zweitstimme. Hahn und Gonchar weisen nach, daß 1968 die „Zweitstimme von Robert Kennedys weißen Anhängern nicht dem Liberalen McCarthy galt, sondern dem Konservativen Wallace, während die Wallace-Unterstützer ihre Zweitstimme eher Kennedy gaben als dem konservativen Gouverneur Granigan". In den Vorwahlen von 1972 zogen Wallace und McGovern dieselben Wähler aus der Kategorie „entfremdete untere Mittelschicht" an. Die Reihenfolge, in der sie bei verschiedenen Vorwahlen abschnitten, so Hahn und Gonchar, wurde „mehr dadurch diktiert, inwieweit jeder in der Lage war, sich selbst zum Gegner des Establishments zu stilisieren, als durch die Lösungen, die jeder vorschlug, um das Establishment zu entmachten".[21]

Hahn und Gonchar sind der Ansicht, daß Politiker, die einfache Bilder ablehnen und versuchen, die komplizierte Wirklichkeit zum Ausdruck zu bringen, oft darunter zu leiden haben. Ironischerweise erwecken Redner, die versuchen, sich sachlich zum Thema zu äußern, den Eindruck, als ob sie das Gegenteil täten. Hahn und Gonchar stellen fest: Schon bevor Muskie aus dem Präsidentschaftswahlkampf herausfiel, beklagten sich selbst seine Ratgeber darüber, daß er nicht „über die Themen spricht". Doch die Analyse von Muskies Reden, wie sie Hahn und Gonchar durchgeführt haben, weisen darauf hin, daß Muskies Kampagne vielleicht sogar *zu* themenorientiert war. Statt sich wenige Themen herauszusuchen und seine Argumente dazu immer und immer wieder in einfachen Begriffen vorzubringen, sprach Muskie über viele Themen in ausführlicher Länge und Tiefe. Hahn und Gonchar kommen zu dem Schluß, daß Muskie teilweise deshalb verlor, „weil er nicht mit einzelnen Themen in Verbindung gebracht wurde, das heißt, weil sein *Image* durch den Mangel an Vereinfachungen und Wiederholungen unscharf war".[22]

Die politische Wirklichkeit beruht auf dem politischen Image. Letztlich, so Hahn und Gonchar, kann es auch gar nicht anders sein. „Wirkliche" Themen, haben sie festgestellt, sind gewöhnlich nicht die Substanz nationaler politischer Kampagnen, da wirklich wichtige Themen selten zur „angemessenen" Zeit auftauchen (das heißt rechtzeitig vor den Wahlen), und sie oft zu komplex sind, um sie kurz darstellen und schnell verstehen zu können.

Michael Novak geht in *Choosing Our King* (Wie wir unseren König wählen) dem Gedanken nach, es sei ebenso paradox wie zwecklos, zu versuchen, das Image zugunsten der „Wirklichkeit" zu ignorieren. George McGovern, so beobachtete er, „bewarb sich um das Amt als ein Mann der Aufrichtigkeit, ein Politiker anders als andere Politiker, eine Person, die sich um das Image nicht scherte. *Das* war sein Image". Novak argumentiert, es sei unmöglich für einen Politiker, *kein* Image zu haben.

Weiter stellt Novak fest, es sei naiv und heuchlerisch, vorzutäuschen, nicht von einem Image abhängig zu sein. Ein öffentliches Amt sei von Natur aus „liturgisch". „Eine Person des öffentlichen Lebens handelt nicht nur als Privatperson, sollte nicht so handeln und darf gar nicht so handeln. Sie handelt hauptsächlich und vielleicht ausschließlich als Inhaber eines öffentlichen Amtes, Repräsentant des Volkes in einer Rolle, die durch Gesetz und Tradition gekennzeichnet ist."[23]

Ein politisches Image ist jedoch nicht nur eine Maske, hinter der sich das „wahre Ich" des Politikers verbirgt. Hahn und Gonchar sind der Ansicht, das politische Image sei enger mit dem Politiker verbunden als abstrakte „Sachlichkeit". Ein Image beruhe zumindest auf tatsächlichen Persönlichkeitseigenschaften (wie etwa Rigidität und Selbstgerechtigkeit bei den Präsidenten Wilson und Nixon). Ein themenbezogener Standpunkt ist im Gegensatz dazu oft eine leicht manipulierbare verbale Pose.

Michael Novak ist ähnlicher Ansicht: Obwohl politische Rollen durch „Gesetz und Tradition" bestimmt seien, müßten die einzelnen Politiker die Rolle ihres Amtes mit Leben, das heißt: mit ihrer Persönlichkeit, erfüllen. „Jeder Amtsinhaber kann daraus Möglichkeiten ableiten, die vorher nicht verwirklicht werden konnten." Die Führungsrolle formt und begrenzt das Verhalten des Politikers, doch seine Rolle und seine Persönlichkeit müssen miteinander nicht in Konflikt stehen. Tatsächlich betrachtet Novak das öffentliche politische Ritual als einzigartige Möglichkeit, die seine „Persönlichkeit kanalisiert, vertieft, im gewöhnlichen Sinne erfüllt, ihr ein Betätigungsfeld und Form verleiht".[24]

In der Politik sind also Image und Realität zwei Seiten derselben Medaille. Die „Größe" der politischen Führungsfiguren beruht darauf, wie gut sie ihre rituelle Rolle spielen. Das *Bedürfnis* nach einem „Auftritt" ist kein Unterscheidungskriterium zwischen einem ehrlichen und einem unehrlichen Politiker. Wir müssen uns gegen skrupellose Politiker wehren, die mit ihrem Auftritt keine wirkliche innere Verpflichtung verbinden, doch wir müssen uns auch darüber im klaren sein, daß *alle* Politiker Stil- und Imagefragen beachten müssen.

Wenn ich die Bedeutung der Medien für politische Auftritte diskutiere, will ich damit nicht sagen, es sei notwendig, den „Wirklichkeits-Koeffizienten" der Politik irgendwie zu verändern. Es gibt keinen erkennbaren Trend von Wahrheit zur Künstlichkeit oder von der Künstlichkeit zur Wahrheit. Aber es gibt einen Wandel im Stil des „wirklichen, doch zur Schau gestellten" politischen Dramas. Es gibt einen bedeutsamen Wandel in der Art des Images, das ein Politiker abgeben kann.

Und dieser Stilwandel ist das Ergebnis neuer Auftrittsbedingungen, wie sie durch die elektronischen Medien geschaffen werden.

Große Auftritte erfordern die perfekte Bühne

Da politische Kompetenz eng mit Image, Stil und Auftritt verbunden ist, haben die Merkmale der politischen „Bühne" eine große Auswirkung auf das politische Ritual. Vor dem Aufkommen der elektronischen Medien war der Präsident eine entfernte Figur, zugänglich nur für einen kleinen Teil der Bevölkerung. Seine Unzugänglichkeit ermöglichte es beispielsweise George Washington, einer breiten Kritik wegen seiner „schrecklichen Redeweise" zu entgehen. Und um sich stärker auf seine „begnadete Feder" als auf seine „schwache Stimme und schüchterne Art" verlassen zu können, war Thomas Jefferson nicht einmal zugänglich für den Kongreß. Er übermittelte seine Botschaften schriftlich an das Parlament, wo sie von einem Angestellten verlesen wurden.[25]

Die nichtelektronische Kommunikations-Umwelt bevorteilte Menschen, denen es gelang, kraftvoll und entschlossen zu wirken, und zwar *auf gewisse Distanz.* Der genaue Gesichtsausdruck und die Verhaltensweisen im Detail spielten kaum eine Rolle. Selbst bei Wahlkampagnen und Reisen sah man Präsidenten nur selten lange oder nahe genug, um sie genau beobachten zu können. Und Reporter waren bis ins zwanzigste Jahrhundert hinein gewöhnlich im Weißen Haus nicht zugelassen.[26]

In seinem Buch *Presidential Greatness* rechnet Thomas Bailey auf ungewöhnliche Weise auf, was einen Präsidenten „groß" macht. Es ist ungewöhnlich, weil Bailey neben den herkömmlichen „Leistungs"-Bilanzen des jeweiligen Präsidenten solche Variablen analysiert wie Religion, Name, Aussehen, Größe, Alter, Ehe-Stand, Sprachstil und sogar Zeitpunkt des Todes. Bailey erkennt an, daß viele dieser Variablen offensichtlich „irrelevant, ohne Konsequenzen und zufällig" erscheinen, doch sein historischer Blick auf die Präsidentschaft zeigt, daß diese Merkmale viel zu tun hatten mit dem Ruf und dem politischen Erfolg der Präsidenten. Bailey analysiert die Ursachen politischer Erfolge und des Ruhmes der Präsidenten in Beziehung zu den Umfragen des Historikers Arthur Schlesinger Sr.[27] Ohne die Begriffe zu verwenden, behandeln viele von Baileys Beobachtungen implizitit die „öffentlichen Auftritte" und das „Bühnen-Verhalten" der Präsidenten.

Es überrascht zum Beispiel nicht, daß, bis auf einen, die „besten" sechs Präsidenten, laut Umfrage-Ergebnisse von Schlesinger, große und eindrucksvolle Männer waren. Washington war über einen Meter achtzig groß; Lincoln ebenfalls. Bailey weist darauf hin, daß die Menschen früher im Durchschnitt viel kleiner waren, und daß ein ein Meter achtzig großer Mensch zu Washingtons und Lincolns Zeiten „seine Begleiter turmhoch überragte". Außerdem waren Washington und Lincoln, die gewöhnlich als die größten amerikanischen Präsidenten betrachtet werden, „mit großer Wahrscheinlichkeit die zwei stärksten. Washington konnte mit seinen Fingern Nüsse knacken; Lincoln war als Jugendlicher in seiner Gemeinde Meister im Gewichtheben". Wenn ein Politiker klein war, – so Bailey –, hinderte ihn das zwar nicht daran, ein „großer" Präsident zu werden, doch es war ein Handicap für ihn. Tatsächlich rangieren fünf der sechs körperlich kleinsten Präsidenten nicht höher als „durchschnittlich" in der zweiten Umfrage von Schlesinger.[28]

Die Größe und Stärke früherer Präsidenten machten sie zu imposanten Figuren – aber nur auf Entfernung. Auf großen weißen Pferden müssen sie wie Götter ausgesehen haben; bei näherer Betrachtung gab es zahlreiche Beweise für ihre Sterblichkeit. Washington hatte tiefe Pockennarben und ein schlecht sitzendes Gebiß. Der von Sommersprossen übersäte Jefferson war im William and Mary College zum „reizlosesten" Studenten gewählt worden. Lincoln ging „gebeugt und watschelnd" und war so häßlich, daß er selbst über seine äußere Erscheinung Witze riß. Theodore Roosevelt „schielte, war kurzsichtig" und hatte ein „Pferdegebiß".[29] Von ihrer äußeren Erscheinung her wären viele unserer früher „großen" Präsidenten nicht geeignet für die Fernseh-Politik.

Bailey betrachtet die alte, nicht-elektronische Bühne als idealen Standard und kritisiert die neue Fernsehbühne dafür, daß sie potentiell große Führungsfiguren ausschließt. „Wir kommen zu dem erschreckenden Schluß, daß drei der größten Präsidenten nicht darauf hoffen könnten, überhaupt als Kandidaten ernannt zu werden, wenn sie hier, heute und in ihrer besten Zeit unter uns wären."[30]

Es ist wahrscheinlich, daß einige unserer größten Präsidenten heute eine schlechte Figur machen würden, aber umgekehrt kann nicht bezweifelt werden, daß viele potentiell große Menschen in der Vergangenheit niemals für die Präsidentschaft in Frage gekommen waren, weil sie nicht die physischen Eigenschaften besaßen, die sie für die *alte* Kommunikations-Umwelt geeignet erscheinen ließen.

Interessanterweise war er der erste „große" Präsident, der unter einem Meter achtzig groß war: Woodrow Wilson, der zu Beginn des Film-Zeitalters lebte. Die

Körpergröße eines Akteurs ist im Film weniger wichtig als in der Wirklichkeit. Viele bekannte Filmgrößen waren ebenfalls kleiner als eins achtzig. Bei Nahaufnahmen spielt die Körpergröße ohnehin kaum eine Rolle, und die Kamera kann so postiert werden, daß sie dem Betrachter das Gefühl gibt, zu einem Menschen „aufzusehen", unabhängig von dessen wirklicher Größe.

Eine wichtige Rolle für den Stil und die Dynamik eines Präsidenten spielt das spezifische Medium, durch das er sich der Öffentlichkeit mitteilt. Die Filmkamera erlaubte es einem kleinen Wilson, groß zu erscheinen, genauso wie das Radio es dem behinderten Roosevelt ermöglichte, kraftvoll zu klingen und das Fernsehen den jungen Kennedy selbstsicher und erfahren aussehen ließ. Auf gewisse Weise ist jedes Medium ähnlich: eine bestimmte Art von Theaterbühne, die jeweils „angemessene" Darsteller und Stilformen erfordert (und ermöglicht). Wie ein kleiner Seminarraum einen anderen pädagogischen Stil erfordert als ein großer Vorlesungssaal, so muß sich der Stil von Politikern ändern, wenn sich die Medien-Landschaft verändert. Einige Politiker können von einer Umgebung in die andere übergehen (so wie manche Dozenten sowohl Erfahrung mit Vorlesungen als auch mit Seminaren haben), doch viele andere können das nicht. Eine Veränderung der Medien-Landschaft führt gewöhnlich zu einem Wechsel der Art von Politikern, die verheißungsvolle Kandidaten oder erfolgreiche Präsidenten werden können.

Roosevelt war im Radio ein suggestiver Redner. Er hätte viel größere Schwierigkeiten gehabt, das Bild eines mächtigen Führers der Nation im Fernsehen abzugeben, wo seine Gehbehinderung nicht zu übersehen gewesen wäre. Nixon war ebenfalls ein sehr wirkungsvoller Rundfunk-Agitator, aber er hatte viele Probleme mit dem Fernsehen. Wenn die Kamera lief, machte er den Eindruck, als sei ihm das unbehaglich. Wer die Nixon-Kennedy-Debatten im Fernsehen gesehen hat, konnte Kennedys Sieg vorhersagen, während damals viele, die die Debatte am Radio verfolgten, überzeugt waren, Nixon hätte die Nase vorn.[31] Ein und derselbe politische Auftritt – präsentiert in verschiedenen Medien – hat sehr unterschiedliche Wirkungen.

Kennedys Sprachstil war genau auf das Fernsehen zugeschnitten, doch in einer anderen politischen Arena hätte er vielleicht nicht so überzeugend gewirkt. Theodore Sorensen schrieb: „Kennedys Stil war ideal für dieses Medium. Seine schnörkellose, direkte Art, sein Mangel an dramatischer Gestik, sein etwas schüchterner, aber ernster Charme wären allesamt vielleicht eher Hindernisse für einen erfolgreichen Auftritt auf der Rednertribüne gewesen, doch sie waren genau richtig für den Auftritt im Wohnzimmer."[32] David Halberstam meinte unumwunden: „Das Fernsehen liebte ihn, er und die Kamera waren füreinander geschaffen".[33] Kennedy selbst führte seinen Erfolg auf das Fernsehen zurück.[34] Seltsamerweise zeigte John F. Kennedys jüngerer Bruder Edward einen Wahlkampfstil, der eher für große politische Veranstaltungen als für die Großaufnahme im Fernsehen geeignet war. Sein dramatischer Stil ließ ihn im Fernsehen oft arrogant, übereifrig oder sogar fanatisch erscheinen.[35]

Es gibt viele Parallelen zwischen dem Schicksal von Schauspielern und dem von Politikern. Manche großen Bühnenschauspieler scheinen im Fernsehen auf dümmliche Art überzuagieren; und viele Fernsehschauspieler sind umgekehrt nicht in der Lage, so artikuliert zu spielen, um auf einer Theaterbühne Erfolg zu haben. Nur wenige Stummfilmstars waren in der Lage, den Übergang zum Tonfilm zu schaffen, viele verschwanden von der Bildfläche, weil ihre Stimme nicht „reichte". Sowohl „gute" als auch „schlechte" Schauspieler und Politiker werden von der Veränderung der Medien-Landschaft betroffen.

Die Bedeutung solcher Veränderungen entgeht uns oft, weil alle Schauspieler und Politiker, die nicht ein Minimum an Kompetenz in der neuen Umgebung beweisen, sofort verschwinden; das Publikum aber wendet seine Aufmerksamkeit dem Besten der Übriggebliebenen zu. Wir können also zwar die relative Qualität der Medienauftritte gegenwärtig prominenter nationaler Politiker bewerten, doch die besten Beispiele für die Wirkung der Medien wären jene potentiellen Führungsfiguren, die wir *nicht* mehr zu Gesicht bekommen. Zwar spielen die Strategien und Stile einzelner Politiker immer noch eine wichtige Rolle, doch ein neuer Ton wird durch die neue politische Kommunikationsumwelt eingeführt.

Dieser Aspekt der Bedeutung von Medien für die Politik wird von vielen Massenkommunikationsforschern übersehen. Wilbur Schramm zum Beispiel weist McLuhans Vorstellung rundweg zurück, das Medium habe eine Wirkung, ganz unabhängig von der Botschaft, die es aussendet. Als Beleg für seine These verwendet er das Beispiel von Menschen, die erfahren, daß John F. Kennedy ermordet wurde: Er ist der Ansicht, die Reaktion der Bevölkerung wäre die gleiche gewesen, unabhängig davon, ob sie die schreckliche Nachricht durch das Fernsehen, den Rundfunk, durch Printerzeugnisse oder von Mund zu Mund erfahren hätte.[36] Das ist zweifellos richtig. Doch Schramm zitiert Belege für die Auswirkungen einer *spezifischen* Botschaft über einen *besonderen* Politiker und beschränkt sich damit auf ein Niveau der Kommunikation, das nicht als Beweis für die größere Bedeutung des Mediums für Botschaften und

Politiker im allgemeinen herhalten kann. Was Schramm übersieht, ist die Tatsache, daß der junge katholische Kennedy ohne das Fernsehen wahrscheinlich gar nicht erst zum Präsidenten gewählt worden wäre. Außerdem übersieht er, daß die starke emotionale Reaktion auf Kennedys Tod eng mit der „Intimität" zusammenhing, die Kennedy und seine Familie mit den Menschen überall in der Welt verband – eine Intimität, die ausschließlich vom Fernsehen geschaffen worden war.

Die „politischen Bühnen" sind am besten erkennbar, wenn ein Kandidat entweder deren Regeln verletzt oder sein Verhalten extrem überzieht. Adlai Stevenson zum Beispiel hat die Regeln der Fernsehbühne niemals richtig beherrscht. Er hatte Schwierigkeiten damit, sich in seinen Reden so kurz zu fassen, daß er mit der gekauften Fernsehzeit auskam. „Oft wurde der Gouverneur, als die Zeit um war, einfach abgeschnitten, bevor er zum Höhepunkt und zu den auf die Wähler gemünzten Schlußfolgerungen gekommen war. Die Reporter gewöhnten sich nur zu gut an den Anblick, wie Gouverneur Stevenson redete und redete, während es auf dem Bildschirm dunkel wurde."[37] Roosevelt dagegen beherrschte sein Medium, das Radio, meisterhaft. Theodore White berichtet:

„Freunde erinnern sich noch daran, wie er eines abends im Radio in der Wahlkampagne von 1944 Thomas E. Dewey austrickste und sich darüber hinterher diebisch freute. Roosevelt hatte eine Viertelstunde für eine Radioansprache bei NBC gebucht; sein Rivale buchte die folgenden fünfzehn Minuten, um Roosevelts Zuhörerschaft für seine Rede zu gewinnen. Doch Roosevelt sprach nur genau vierzehn Minuten – und dann ließ er eine ganze Minute bezahlter Zeit in tödlichem Schweigen verrinnen. Die Zuhörer drehten wie verrückt an ihren Geräten und suchten den Sender auf anderen Wellenlängen; und die Millionen, die beim Herumsuchen einen anderen Sender fanden, waren einfach nicht mehr da, als der republikanische Kandidat Dewey mit seiner Rede begann."[38]

Obwohl die „Bühneneigenschaften" der Politik sich in solchen Extremen am deutlichsten zeigen, sind sie in jeder Handlung und in jeder Bewegung eines Präsidenten gegenwärtig. Mit den Jahren haben die Präsidenten sich darauf eingestellt. Sie „machen" Nachrichten, um dauernd von sich hören zu lassen; sie geben Bulletins zeitlich so heraus, daß sie sich nach den Terminplänen und Ferien der Korrespondenten richten; sie kreisen über Flughäfen, um sicherzustellen, daß das Fernsehen zur rechten Zeit am Landeplatz ist; sie sorgen dafür, daß ihre Ratgeber die richtigen Telefonanrufe zur richtigen Zeit machen und präsentieren dramatische Ultimaten, denen erfolgreiche Geheimverhandlungen vorausgingen.[39] „Das Medium ist so wichtig für einen Präsidenten", schreibt Joseph Califano, „daß er oft mindestens genau so viel Zeit damit verbringt, herauszufinden, wie das Medium auf die eine oder die andere Art und Weise reagieren wird, und diese Reaktion so weit wie möglich zu manipulieren, wie er aufbringt, einen politischen Gedanken oder eine Handlung auszuarbeiten". Timing und Stil sind Merkmale *aller* sozialen Auftritte. Wie könnten wir von einer Person erwarten, ein hohes Amt zu erlangen und dort zu bleiben, ohne eine bestimmte „Technik" anzuwenden?

„Präsident Eisenhower wurde von vielen in dieser Hinsicht als naiv betrachtet, als politischer Amateur, doch er wußte genau, was er tat. Ich erinnere mich daran, daß ich einmal bei ihm war, als er darauf wartete, auf einen Platz in einer Stadt in Lateinamerika hinauszutreten. Jemand kam herein und sagte ‚Mister President, die Menge ist bereit für Sie'.

Er atmete tief durch und sagte, indem er seine Arme in die berühmte Pose reckte: ‚O.k., dann laß' uns gehen, laß' sie einen Sieg erleben'. Da war die Geste, die jeder als fast heilig betrachtete, doch Ike wußte, was sie bedeutete – es war eine sehr effektive, dramatische Technik."[41]

Alle unsere Präsidenten sind in gewissem Maße auf die besonderen Bühneneigenschaften ihrer Zeit eingegangen. Im Gegensatz zu den Argumenten von Thomas Bailey *eliminieren* die neuen elektronischen Politiker-Bühnen nicht nur potentiell kompetente Präsidentschaftskandidaten; sie *ermöglichen* es andererseits auch einer neuen Gruppe von Darstellern, sich um die politische Rolle zu bewerben. Der Trend geht weg von abstrakter „Kommunikation" und hin zu persönlichem Image und „Ausdruck". Während wir vielleicht, objektiv betracht, keine schlechtere politische Elite bekommen, so ist sie doch subjektiv „geringer". Das neue Image unserer Führer ist ganz klar das von fehlbaren menschlichen Wesen und nicht von entrückten Helden.

Von „privat-öffentlich" zu „öffentlich-öffentlich"

Selbst jene Aspekte politischen Verhaltens, die immer „öffentliche Handlungen" waren – Pressekonferenzen, Ansprachen im Parlament, Interviews und politische Umgangsformen – wurden durch die Anwesenheit der Fernsehkameras verändert. Das Schema öffentlich-privat ist tatsächlich zu einfach, um die Bedeutung elektronischer Medien angemessen zu beschreiben. Das Fernsehen greift bereits öffentliche Ereignisse auf und macht sie noch öffentlicher. Vielleicht sollten wir unterscheiden zwischen „privat-öffentlichen" Ereignissen und „öffentlich-öffentlichen". Mit „privat-öffentlich" meine ich solche Ereignisse, die öffentliche Handlungen enthalten, doch isoliert sind in einem besonderen Raum-Zeit-Rahmen und daher größtenteils für die nicht physisch Anwesenden unzugänglich sind. Mit „öffentlich-öffentlich" meine ich solche Ereignisse, die jenseits des Raum-Zeit-Rahmens durch die elektronischen Medien transportiert werden und daher für fast jeden zugänglich sind.

Es ist ein großer Unterschied, ob man Berichte über das öffentliche Auftreten eines Politikers aus zweiter Hand erhält, oder ob man diese Ereignisse scheinbar direkt durch die elektronischen Medien miterlebt. Dieser Unterschied wirkt sich auf das politische Verhalten aus. Pressekonferenzen zum Beispiel verlangen von einem Politiker immer ein Bühnenverhalten; früher waren sie jedoch oft auch in gewissem Ausmaß Hintergrund-Interaktionen zwischen Politikern und Reportern. Merriman Smith, der lange aus dem Weißen Haus berichtete, beschreibt, daß Pressekonferenzen ganz anders waren, bevor sie „keimfrei gemacht wurden für das starrende Auge der Fernsehkamera":

„Pressekonferenzen waren damals eine Art Duell, in dem der Präsident und die Reporter wirklich die Schwerter kreuzten. Der verbale Austausch konnte richtig wütend werden, so als Franklin D. Roosevelt einen Reporter aufforderte: ‚Stellen sie sich in die Ecke', weil er eine dumme Frage gestellt habe, und es konnte zu denkwürdigen Ereignissen kommen, so als eine Frau, die sich als Journalistin ausgegeben hatte, plötzlich aufstand und eine flammende Rede hielt und schließlich aus dem Amtszimmer des Präsidenten getragen werden mußte."[58]

Roosevelts Pressesprecher Stephen Early unterbrach manchmal den Präsidenten während der Pressekonferenzen, wenn er dachte, daß Roosevelt in Schwierigkeiten geraten würde. „Er flüsterte dem Präsidenten etwas ins Ohr, und dann breitete Roosevelt seine Arme in einer Geste der Hilflosigkeit aus und sagte: ‚Tja, Stephen sagt, daß ich mich irre, daß es nicht so passiert ist. Ich muß Stephens Version akzeptieren. Er meint ...'[59] Doch solche Ereignisse blieben gewöhnlich vor der Öffentlichkeit verborgen.

Die Live-Übertragungen von Pressekonferenzen haben das Verhältnis zwischen Präsident und Presse neu gestaltet. Reporter beklagen sich, daß keine harten Fragen mehr gestellt werden können und in der Regel keine detaillierte Zusatzinformation mehr erhältlich ist. Die Journalisten wurden von ihrer Sonderrolle im Präsidenten-Drama entbunden. Doch Präsidenten können auch die Kontrolle über das Geschehen verlieren. Einst verlangten die Präsidenten Harding, Coolidge und Hoover, Fragen sollten vorher eingereicht werden; und sie beantworteten nur solche Fragen, die sie ausgewählt hatten. Sie übten Druck auf die Presse aus, die unbeantworteten Fragen nicht in ihren Zeitungsberichten zu erwähnen.[60] Während seiner ganzen Amtszeit hielt Roosevelt das traditionelle Verbot unautorisierter direkter Zitate aufrecht („Communiqué-Stil"), und erst mitten in Eisenhowers erster Amtszeit wurde es den Presse-Vertretern erlaubt, regelmäßig Pressekonferenzen zu filmen; so konnte der „Ausdruck" eines Präsidenten eingefangen und übermittelt werden, während er gefragt wurde.[61] John F. Kennedy tat den letzten Schritt und erlaubte Live-Übertragungen seiner Pressekonferenzen.[62]

Für den Präsidenten beinhalten die live übertragenen Pressekonferenzen neue Möglichkeiten und neue Probleme. Auf der einen Seite ermöglichen sie es ihm, für die Presse zugänglich zu *erscheinen,* während er sie tatsächlich umgeht und sich direkt ans Volk wendet. Zur gleichen Zeit ist der Präsident jedoch einer neuen Gefahr ausgesetzt. Wie ein Stuntman, der einen besonders gewagten Auftritt absolviert, kann der Präsident die Nation mit einer glänzenden Reaktion begeistern, aber auch hart auf die Nase fallen. Falsche Aussagen, Zögern, Ausflüchte, eine falsche Aussprache von Begriffen oder Anzeichen von Nervosität können dem Image des Präsidenten schaden.

Eine andere privat-öffentliche Arena, die durch das Fernsehen öffentlich-öffentlich geworden ist, ist das Repräsentantenhaus. Was sich darin abspielt, war früher nur denjenigen voll zugänglich, die physisch anwesend waren. Der offizielle *Kongreß-Report* enthält keine expressive Information. Ein Politiker mag ein Statement abgelesen haben und sich dabei furchtbar aufgeregt haben oder erschöpft gewesen sein, eine unangenehm hohe oder wohltönende Stimme gehabt haben, ein Lispeln oder das Flair eines Shakespeare-Schauspielers – der *Kongreß-Report* enthält nur die diskursiven verbalen Botschaften. Mit dem gedruckten Wort können Politiker mit der *Stimme* (das heißt der Sprache) eines Königs oder eines einfachen Mannes sprechen, und sie können leicht ihren „Ton" und „Ausdruck" wählen. Die Fernsehbotschaften des Präsidenten sind jedoch nicht so leicht gezielt herzustellen, und wenn sie einmal aufgezeichnet sind, macht ihre nichtlineare, ganzheitliche Art sie im Schriftlichen uninteressant zu lesen. Die Kameras im Repräsentantenhaus zielt meist auf das Podium, als ob sie kein unangemessenes Verhalten im „Publikum" oder leere Sitze zeigen wollten; die Kongreß-Arena wurde dennoch umgestaltet. Die Fernsehkamera fängt den intimen persönlichen Stil des Politikers ein: jeden Versprecher, jedes nervöse Zittern in der Stimme, den müden Gesichtsausdruck, die Körperhaltung und jede Falte im Anzug.

Weil die Kongreß-Sitzungen traditionell privat-öffentliche Ereignisse waren, hatten die Mitglieder des Kongresses früher eine sehr große Kontrolle über den Inhalt des gedruckten *Kongreß-Reports* – dieser Report war tatsächlich eine notorisch unzutreffende Schilderung dessen, was sich tatsächlich im Repräsentantenhaus zutrug. Bestimmte Redebeiträge wurden ergänzt, zusammengefaßt und grundsätzlich redigiert, bevor sie im *Report* erschienen. Da die aktuellen Ereignisse jedoch „verschwanden", waren die Diskrepanzen zwischen den Ereignissen und den schriftlichen Aufzeichnungen zum größten Teil nicht nachweisbar. Es gab nur *eine* öffentliche Version der Vorgänge. Jetzt, wo die Ereignisse so, wie sie ablaufen, aufgezeichnet und auf Videoband festgehalten (und verkauft) werden, können die beiden Aufzeichnungen des Kongresses – Videoband und Printerzeugnisse – miteinander verglichen werden. Die Abgeordneten haben es nun schwerer, ihre Statements für den *Kongreß-Report* zu redigieren und auszubessern.

Politische Interviews sind per Definition politische Handlungen. Doch ohne die elektronischen Medien sind sie auch eine persönliche und private Interaktion zwischen Politiker und Journalist. In Interviews, die später gedruckt werden, können Politiker ihre Unterhaltung mit den Reportern von ihren für die Veröffentlichung bestimmten Äußerungen trennen. Das Fernsehinterview vermischt jedoch die Interaktion Politiker-Report und die Interaktion Politiker-Öffentlichkeit und verlangt einen neuen Verhaltensstil, der weder private Konversation noch öffentliche Proklamation ist.

Die Umgebung für Fernsehinterviews ist oft ein angeblicher oder tatsächlicher Wohnraum. Das „Fernseh-Wohnzimmer" ist ein angemessenes Symbol für den Wandel von privat-öffentlich zu öffentlich-öffentlich. Denn das Wohnzimmer ist ein „Bühnen"-Bereich für die Gäste des Hauses, aber ein „Hintergrund"-Bereich für jene, die nicht eingeladen sind. Das Geschehen, das sich in einem Wohnzimmer abspielt, zu übertragen, bringt die Außenwelt auf die häusliche „Bühne", doch das Fernsehinterview bleibt ein öffentlicher Lauschangriff auf ein persönliches Gespräch. Selbst das Wissen, von Millionen Menschen gehört zu werden, ändert nichts an der Tatsache, daß die gesprochenen Worte und das gezeigte Verhalten zum größten Teil intim sind.

Im Fernsehinterview sind sich Interviewer und Interviewter physisch nahe. Wie der Anthropologe Edward Hall argumentiert, wird der Ton der Konvervation, der Gesichtsausdruck und die Wortwahl oft durch die physische Distanz zwischen Menschen bestimmt.[64] Es ist genau so schwierig, eine flammende Rede zu halten, während man nur einen Meter von seinem Publikum entfernt steht, wie mit einem geliebten Menschen aus einer Distanz von zehn Metern über intime Dinge zu sprechen. Das Fernsehinterview wendet sich für gewöhnlich ab von der wörtlichen Rede und vom Gedankenaustausch und bekommt immer mehr den Charakter eines Schwätzchens über den Zaun, enthält also immer mehr persönlich-private Stilelemente.

1973 wurde der neue Vizepräsident Gerald Ford *mitsamt seiner Familie in seinem Haus* von einem der bekanntesten amerikanischen Talkmaster, Dick Cavett, interviewt. Aus der Art, wie Cavett seine Fragen stellte, konnte die amerikanische Öffentlichkeit ein wenig vom Privatleben der Familie erfahren und ein bißchen über Gerald Fords Unwissenheit über Rockgruppen.

Selbst in dem relativ formell gehaltenen „Abschieds-Interview" der Fords mit Barbara Walters sprachen die beiden Fords über Brustamputation und die Einsamkeit im Weißen Haus. Frau Walters recherchierte und lieferte die ersten Fernsehbilder über die „Privatwohnungen der First Family".

In ihrem unmittelbar nach der Wahl 1976 aufgenommenen Interview mit Mr. und Mrs. Carter stellte Barbara Walters intime Fragen über deren Ehe, über Liebesbriefe, Babys, Schwiegermütterprobleme, ärgerliche Angewohnheiten und Einzel- oder Doppelbetten im Weißen Haus. Die Carters beantworteten sie alle.

Viele von uns sind gleichzeitig amüsiert und verwirrt, wenn sie diese Interviews sehen. Einerseits empfinden wir so etwas wie Ehrfurcht. Wir finden es positiv, dadurch einer „großen Persönlichkeit" nähergekommen zu sein. Zunächst scheinen die Fragen auf merkwürdige Weise angemessen zu sein – das, was wir vielleicht schon immer hätten wissen wollen, wenn wir eine Persönlichkeit des öffentlichen Lebens kennengelernt hätten. Andererseits ist an dem, was wir sehen und hören, etwas Ärgerliches: Unsere Führungsfiguren scheinen nicht so groß zu sein, wie wir sie gerne hätten. Der generelle Eindruck ist: es sind „ganz gewöhnliche Menschen".*

* Zu Beginn dieses Jahrhunderts äußerte der Engländer Lord Bryce die Ansicht, daß die Amerikaner aus einer Reihe von Gründen davor zurückschreckten, ihre bedeutendsten Staatsmänner zur Präsidentschaft zu nominieren und zu wählen. Die Amerikaner, sagte er, zögen die „sicheren" Kandidaten vor, die wenige Bewunderer hätten, aber auch weniger Feinde, und die den Durchschnittswähler nicht einschüchterten.[65] Bryce's Äußerung wird manchmal zitiert, um nahezulegen, daß unsere gegenwärtige „Führungskrise" nur eine Fortsetzung eines lang anhaltenden Trends ist. Doch wer der Ansicht

Parteitage, die im Fernsehen übertragen werden, sind eine Show, an der sich die Auswirkungen der elektronischen Medien auf die Politik deutlich zeigen. Parteitage sind heute eine Art „Veranstaltung auf der Seitenbühne" geworden, weder öffentlich noch privat. Sie haben daher aufgehört, ihrer alten Funktion der Parteidiskussion und -einigung zu dienen, und sie versagen auch in ihrem Versuch, das Vertrauen der Wähler zu gewinnen.

Sig Mickelson, früherer Chef der CBS-Nachrichtenabteilung, beschrieb einen dieser „Fernseh-Parteitage":

„Der Parteitag gleicht einem chaotischen, außer Kontrolle geratenen Zirkus; die Bedeutung des politischen Entscheidungsprozesses spiegelt er nicht wider. Die Öffentlichkeit reagiert mit Zynismus, wenn sie sieht, wie ihr Präsidentschaftskandidat auf eine solch unkoordinierte Weise von einer Mischung aus offensichtlichen Despoten und überalterten Jugendlichen gewählt wird, die in absonderlichen Kostümen vorbeiziehen. Das Ganze sieht gelegentlich wie eine Persiflage aus."[66]

Der neue Informationsfluß auf den Parteitagen dient als Analogie für die Art, wie hierarchische Strukturen durch die elektronischen Medien unterminiert werden. Douglas Cater berichtet folgendes Beispiel vom explosiven Parteitag der Demokraten 1968:

„Auf einmal brach die Hölle los im Rund, dort, wo die Abgeordneten von Wisconsin saßen. Und sofort schwenkten die Fernsehkameras und eilten die Reporter mit ihren Walkie-Talkies dorthin. Plötzlich erkannte die ganze zusehende Nation die Ursache der Aufregung, während der Redner, Karl Albert, der Vorsitzende des Parteitages, davon noch keine Ahnung hatte. Doch Albert mußte entscheiden, was jetzt zu tun sei. In einer Art Mikrokosmos wurde man hier Zeuge, wie durch ein solch ungeheures Kommunikationssystem jede Leitungsfunktion torpediert werden kann."[67]

Indem die elektronischen Medien versuchen, ihrem Publikum zu zeigen, was sich „wirklich" abspielt, verändern sie oft das, was sich abspielt. Es gibt hier eine Parallele zur veränderten Rolle des Schiedsrichters bei Sportveranstaltungen, seit es Zeitlupenwiederholungen gibt. Die neue Richtung des Informationsflusses untergräbt die Autorität und entzieht den Entscheidungsträgern die Kontrolle über die Situation.

Die Tatsache, daß Parteitage ursprünglich dafür vorgesehen waren, privat-öffentliche Veranstaltungen zu sein, wird dadurch belegt, daß die Anwesenheit von Reportern als störend empfunden wird. Tatsächlich werden Reporter oft feindselig empfangen. 1984 zum Beispiel wurde der Journalist John Chancellor auf dem Parteitag der Republikaner mit Gewalt aus dem Saal entfernt. Beim Parteitag der Demokraten 1968 wurden seine Kollegen Mike Wallace hinausgeworfen und Dan Rather von einem Sicherheitsbeamten niedergeschlagen, als er versuchte, ein Interview zu bekommen. Beim Republikanischen Parteitag 1976 bat Gerald Ford am Ende des Abends Ronald Reagan überraschend, er möge zum Podium kommen. Ein Reporter eilte zu Reagan, um ihn nach seinen „Gefühlen" zu fragen. Doch dieser Moment war nicht vorhersehbar gewesen, er war also auch nicht geprobt worden, und so gab es kein fertiges Statement oder Gefühl, das Reagan hätte äußern können. Der Reporter wurde schnell beiseitegeschoben, und Reagans Berater scharten sich in einem engen Kreis um ihren Kandidaten, in dem verzweifelten Versuch, einen Hintergrund-Bereich (und damit Zeit) zu gewinnen.

In den privat-öffentlichen Pressekonferenzen, Parlamentsdebatten, politischen Interviews und Parteitagen der Vergangenheit blieben die Fehler eines Politikers, seine Gespräche mit Beratern, sein Zögern, seine persönlichen Ausdrucksformen einer größeren Öffentlichkeit verborgen. Durch die Fernsehübertragung, die sowohl unmittelbar als auch dauerhaft ist, haben politische Führer nicht länger die Gelegenheit, ihre menschlichen Regungen oder ihr Bedürfnis nach einer „Aus-Zeit" und nach Beratung zu verstecken.

Erving Goffman beschreibt, wie Verhaltensweisen, die für die Aufführung einer Rolle notwendig sind, manchmals geopfert werden müssen, um den *Eindruck* zu vermitteln, die Rolle angemessen oder richtig zu spielen. Ein Schiedsrichter müsse zum Beispiel oft den Augenblick des Nachdenkens, den er braucht, um sich einer Entscheidung sicher zu sein, aufgeben und sofort handeln, um sicher zu *erscheinen.*[68] Doch Politiker spielen ein Spiel mit größerem persönlichen und sozialen Risiko. Wenn heute Politiker versuchen, bestimmte Aussagen zu machen, ohne sich vorher beraten zu haben, müssen sie oft Äußerungen wieder zurücknehmen, was für ihr Image schädlich ist. Eine Alternative liegt darin, die Willkürlichkeit dieses Entscheidungsprozesses und die Offenheit für die Ideen anderer zu betonen – und damit aus der Not eine Tugend zu machen. Doch das ist nur ein Kompromiß; und er schadet dem Image einer Autoritätsfigur.

In der neuen Kommunikationsumwelt verlieren viele Politiker beide Möglichkeiten: Wenn sie versuchen, ihre

---

ist, daß sich „nichts verändert hat", hat den bedeutenden qualitativen Wandel im Image von Präsidenten nicht erfaßt. In der Vergangenheit ermöglichten Distanz und Mystifikation oft, daß der Mann Präsident wurde, der seine „Gewöhnlichkeit" überwinden und als eine „große Führungspersönlichkeit" in Erscheinung treten konnte. Heute geht es uns so: Je länger wir einen Präsidenten beobachten, desto gewöhnlicher erscheint er uns.

alte Rolle der standfesten und sicheren Führungsfigur zu spielen, läuft das dem Informationsbedürfnis der Öffentlichkeit zuwider. Wenn sie sich ganz der Öffentlichkeit preisgeben, entmystifizieren sie sich in ihrer Führungsrolle. Die neue Art der politischen Arena kann man daher als gemeinsames Problem scheinbar so verschiedener Präsidenten betrachten wie Richard Nixon und Jimmy Carter.

Watergate und „Cartergate"

Die meiste Zeit seiner politischen Karriere war Richard Nixon geplagt von der für jeden Fernsehzuschauer offensichtlichen Diskrepanz zwischen seinen verbalen Botschaften und seinem nonverbalen Stil. Er galt allgemein als guter Redner und als exzellenter Debattierer, daher war er „live" und im Radio sehr erfolgreich. Doch im Fernsehen merkte man ihm seine Vorbehalte gegen Kameras deutlich an, und er machte immer einen angespannten Eindruck. Seine verbalen Argumente verfehlten oft ihre Wirkung, weil man sehen konnte, wie er gleichzeitig die Faust ballte, sein Blick unstet umherirrte und sein Gesichtsausdruck haßerfüllt war.

Aufgrund seines Stils (und auch wegen einiger Intrigen gegen politische Gegner) nannte man ihn „Tricky Dick" und spielte auf seine Glaubwürdigkeit an mit Fragen wie „Würden sie von diesem Mann einen Gebrauchtwagen kaufen?" Ob ein Wähler Richard Nixon vertraute, schien oft davon abzuhängen, ob er eher seiner Rhetorik oder seiner Körpersprache Aufmerksamkeit schenkte.

Nach seinen Imageproblemen in den 1960 übertragenen Fernseh-Debatten lernte Nixon dazu. Tatsächlich mag sogar ein Grund dafür, daß Nixon 1968 ins Weiße Haus einzog, seine Entscheidung gewesen sein, in den meisten seiner Wahlkampf-Werbesendungen nicht zu *erscheinen;* man hörte nur seine Stimme; so präsentierten diese Werbespots Nixons „Radiostimme", die einer Bildfolge unterlegt wurde. Als er jedoch einmal im Amt war, wuchs die Diskrepanz zwischen seinen öffentlichen Äußerungen und seinem persönlichen Stil noch mehr.

Präsident Nixon war das archetypische Opfer der neuen Politik des „mittleren Bereiches". Er versuchte ein „großer Führer" alten Stils zu sein und ignorierte dabei die neue Kommunikationsumwelt, in die die Präsidentschaft eingebettet ist. Was Nixon letztlich scheitern ließ, waren die offensichtlichen Unvereinbarkeiten zwischen seinem Verhalten auf der Bühne und dem im Hintergrund. Nixon war sich seiner Kontrolle über den „Hintergrundbereich" – sein nicht-öffentliches Leben – so sicher, daß er sogar seine Privatgespräche aufzeichnete, die einen völlig anderen Inhalt hatten als seine öffentlichen Aussagen im Fernsehen. Die Tonbänder bestätigten, was viele Menschen über Nixon schon aus dessen „Ausrutschern" im Fernsehen und seinem störenden nonverbalen Stil geschlossen hatten. Nixon hatte sich öffentlich als große Führungspersönlichkeit stilisiert und versichert, er würde Recht und Ordnung schaffen; sein Hintergrundverhalten jedoch entlarvte seine Kleinkariertheit und seine Gaunermentalität.

Die Grenzlinie zwischen Hintergrund- und Bühnen-Verhalten ist ein Grundthema des Watergate-Skandals, das selten ausdrücklich genannt oder diskutiert wird. Statt dessen konzentrierten sich die Diskussionen über Watergate sowohl in der Öffentlichkeit als auch in der Wissenschaft auf die rechtliche und moralische Thematik. In einer zweitausend Seiten umfassenden Geschichtsdokumentation der amerikanischen Präsidentschaft hat William Goldsmith zum Beispiel die Bedeutung von Watergate so zusammengefaßt:

„Es hat auch in der Vergangenheit schon Präsidentschaftsskandale und glanzlose Staatsoberhäupter gegeben, doch dieses Land hat nie eine ähnliche Abwertung des Weißen Hauses erlebt, wie wir es in den letzten Jahren *miterleben* mußten. Die amerikanischen Präsidenten haben der Nation auf bewundernswerte, manchmal sogar brillante Weise im Laufe der fast 200jährigen Geschichte dieses Amtes gedient. Es gab eine Ebbe und eine Flut der Macht, wie es einen Aufstieg und Fall besonders talentierter Führer gegeben hat... Doch in der ganzen Zeit hat kein Präsident die Privilegien seines Amtes so *klar mißbraucht* wie Richard Milhouse Nixon. Es wird nicht leicht sein, sich von dieser Erfahrung zu erholen."[69]

Der Bezug auf das *persönliche Erleben* und den *klaren Mißbrauch* in diesem Zitat lassen ein paar unbequeme Fragen auftauchen: War Nixons Verhalten wirklich so ungewöhnlich? Oder war es die „Klarheit" dieser Handlungen, das heißt ihre Entlarvung für die Öffentlichkeit, die sie so ungewöhnlich und so unakzeptabel erscheinen ließ?

Nixon behauptete zum Beispiel, sein Verhalten wäre keineswegs untypisch gewesen. Diese Aussage kann man auf zweierlei Weise interpretieren: 1. daß viele andere Präsidenten „korrupt" waren (eine armselige Entschuldigung) oder 2. daß alle Präsidenten – die guten und die schlechten – sich auf eine Art und Weise privat verhalten müssen, die ihrer öffentlich proklamierten Moral und Anständigkeit widersprechen muß (ein intelligenteres Argument).

Es wurden viele Theorien vorgebracht, warum Richard Nixon die ihn belastenden Tonbänder nicht vernichtete: um sich vor der Geschichte zu rechtfertigen, aus Steuergründen, wegen psychischer Probleme.[70] Eine Möglichkeit, die im allgemeinen unbeachtet blieb, ist die, daß Nixon diese Bänder gar nicht so schlimm fand. Das mag absurd erscheinen, doch als Nixon 1977 von dem Reporter David Frost gefragt wurde, warum er die Bänder nicht gelöscht habe, wies er darauf hin, daß er, als er sie im Juni 1973 zum ersten Mal abhörte, nichts „für mich Abträgliches" darin entdeckte.[71]

Nixons offensichtlich groteske Behauptung, er habe nichts für ihn Schädliches auf den Bändern entdeckt, ergibt einen gewissen Sinn, wenn wir überlegen, daß Nixon die Bänder als Privatangelegenheit betrachtete, sie also mit „Hintergrund-Ohren" abhörte. Das heißt, die Bänder müssen für ihn „normal" geklungen haben, weil die Sprache, die dort gesprochen wurde, keineswegs ungewöhnlich war für Hintergrund-Unterhaltungen zwischen Kollegen oder Freunden.

Nixons Situation kann man vergleichen mit der einer Gruppe von männlichen Schülern, die in ihrem Umkleideraum sitzen und sich obszöne Witze erzählen und mit sexuellen Abenteuern prahlen, sich über die körperlichen Vorzüge oder Nachteile von Lehrern, der Direktorin und von Mitschülerinnen unterhalten und Pläne schmieden, wie sie den Schulbetrieb lahmlegen können. Würden die Schüler ihre Umkleideraum-Unterhaltung aufzeichnen und später abhören, dann würden sie sich vielleicht immer noch darüber amüsieren und sich gegenseitig auf die Schulter klopfen wegen besonders schlagfertiger oder herrlich obszöner Bemerkungen. Doch wenn man dasselbe Band ihren Lehrern, Eltern oder Freunden des anderen Geschlechts vorspielen würde, wäre die Reaktion wahrscheinlich ganz anders. Nixon mag vielleicht sogar fälschlich davon ausgegangen sein, daß sein „normaler Hintergrund-Sprachstil" ihn in der Bevölkerung beliebt machen, einen menschlicheren Nixon zeigen würde (genau so wie ein Schüler vielleicht irrtümlich glaubt, seine Freundin werde den Stil der Männergespräche über Frauen toll finden). Statt dessen mußte Nixon feststellen, daß seine Privat-Unterhaltungen behandelt wurden, als seien sie die schockierenden öffentlichen Äußerungen eines Psychotikers.

Tatsächlich ist das Entsetzen, das republikanische Journalisten empfanden, als sie zum erstenmal eine Abschrift der „Watergate-Tonbänder" lasen, dem Abscheu sehr ähnlich, den manchmal Frauen empfinden, wenn sie ein Männergespräch über Frauen mithören. William Randolph Hearst, Jr. Chefredakteur der *Hearst Newspapers* schrieb:

„Präsident Richard M. Nixon hat es mir unmöglich gemacht, weiterhin zu glauben, was er über sich selbst im Watergate-Durcheinander behauptet.

... Der Punkt ist, daß jene schändlichen Bänder einen Mann entlarven, der ausschließlich damit beschäftigt ist, auf die billigste und fadenscheinigste Art einen öffentlichen Schein aufrechtzuerhalten und dabei jegliche Moral mißachtet...

Mit den Jahren habe ich eine ganze Reihe von Präsidenten kennengelernt, und ich bin mir sehr der oft skrupellosen – ja beklagenswerten – Handlungen bewußt geworden, die durch ihre ehrfurchtgebietende Macht notwendig wurden. Doch ich habe niemals etwas so Skrupelloses, Beklagenswertes und ethisch nicht zu Vertretendes gehört wie die Gespräche auf jenen Bändern des Weißen Hauses... Für Lincoln, für Ike und für die meisten unserer Präsidenten mußte das Weiße Haus genau das sein – ein Haus absoluter Integrität, sowohl in Wirklichkeit als auch in seiner Erscheinung nach außen hin."[72]

Ähnlich schreibt die feministische Schriftstellerin Shulamith Firestone:

„Ein Männergespräch zu belauschen ist ein traumatischer Schock für jede Frau: Also war sie die ganze Zeit nichts weiter als ‚Arsch', ‚Fleisch', ‚Fotze', oder ‚die Dingsda', die aufs Kreuz gelegt wurde, oder die ‚Zicke'; ‚Hure' oder ‚Schnalle', von der Geld, Liebe oder Sex ergaunert wurde. Endlich zu begreifen, daß sie nicht nur nicht anders ist als andere Frauen, sondern vollkommen ununterscheidbar, bedeutet nicht nur einen harten Schlag, sondern die totale Vernichtung."[73]

Es scheint merkwürdig, daß ein erfahrener Politiker wie Richard Nixon die Schockwellen nicht vorausberechnen konnte, die die Veröffentlichung der Bänder auslösen würde, doch offensichtlich sah er sie nicht voraus. *Newsweek* berichtete: „Die traurige Ironie daran war, daß er selbst (die Krise) zugespitzt hat, aufgrund der gigantischen Fehlkalkulation – der Veröffentlichung ... der Abschriften einiger seiner geheimen Watergate-Bänder."[74] Ebenso erstaunlich ist, daß es in einer Zusammenfassung des Weißen Hauses, die den Abschriften vorangestellt wurde, heißt: „In den vielen tausend gesprochenen Worten – selbst wenn sie oft unklar und mehrdeutig sind – taucht nicht ein einziger Hinweis darauf auf, daß der Präsident der Vereinigten Staaten an einem kriminellen Plan beteiligt gewesen wäre, die Arbeit der Justiz zu behindern."[75]

Offensichtlich betrachteten Richard Nixon und sein Stab die Abschriften als „juristisch relevante Dokumente", sie sahen sie auf *Worte* durch, die illegale Handlungen entlarvt hätten. Vielleicht sahen sie sogar in den „unklaren und mehrdeutigen" Unterhaltungen einen Anhaltspunkt, der ein Gericht dazu bewegen könnte, „nicht schuldig" zu urteilen. Was sie übersahen, war der für einen Präsidenten unangemessene „Verhaltens-*Stil*. Nixons Beraterstab konzentrierte sich zum Beispiel nur auf Worte und zensierte den Inhalt, in dem man derbe Ausdrücke und Flüche löschte, doch man konnte damit nicht den Schock auslöschen, den viele Menschen empfanden, als sie mitbekamen, daß es Flüche zu löschen *gab*. Es ist dieser Schock über den Stil, der im Wortgebrauch von William Randolph Hearst erkennbar ist, etwa „schändlich", „billigste", „fadenscheinigste" und „Schein aufrechterhalten".

Nixon hatte sich in der Öffentlichkeit als eine ganzheitliche Person dargestellt; die Bänder entlarvten, daß es da noch eine ganz andere Seite in ihm gab.

„Für viele Leser der Tonbandabschriften war er farblos und unentschlossen, ein vollkommen anderer Nixon als der überragende Held seiner Memoiren *Six crises*.

Die Leser suchten vergeblich danach, daß der Präsident sich über das Wohlergehen des Landes oder die Rechtmäßigkeit seiner Watergate-Handlungen Gedanken gemacht hätte. Vor den Abschriften war er oft als disziplinierter, entschlossener Mann erschienen; doch jetzt erlebte man ihn, wie er die Kontrolle über Ereignisse und Personen verlor und Stunden damit verbrachte, sich vor einer Entscheidung zu drücken."[76]

Der „Wahrheitsgehalt" von Hintergrund-Verhaltensweisen ist jedoch fraglich und flüchtig; sie vorschnell zu verurteilen, ist ausgesprochen unklug. *Alle* Menschen zeigen Verhaltensweisen, die zu ihren Bühnenrollen im Widerspruch stehen. Viele gute Ärzte, Rechtsanwälte, Priester, Professoren und Präsidenten sagen und tun privat Dinge, die sie in Ungnade fallen ließen, würden sie als öffentliche Äußerungen und Handlungen beurteilt. Gibt es zum Beispiel irgend jemanden, der nicht manchmal „unkonzentriert und unentschlossen" ist? Selbst die ehrlichsten und moralisch integersten Menschen würden wahrscheinlich Schaden nehmen, wenn Mitschnitte ihrer Privatgespräche veröffentlicht würden. Die Verurteilung Nixons in der *Chicago Tribune* träfe fast jeden Menschen, dessen Hintergrund-Interaktionen öffentlicher Beurteilung ausgesetzt würden: „Er ist unschlüssig. Er ist banal. Er will geführt werden. Er zeigt beschämende Wissenslükken."[77]

Nixon ist ein sehr problematisches Beispiel für die hier vorgenommene Analyse, da es so schwer ist, situationsspezifische Faktoren von der moralischen Beurteilung zu trennen. Nixon bleibt für viele eine solch verächtliche Figur, daß es schwerfällt nachzuvollziehen, daß das peinliche Verhör, dem Nixon unterzogen wurde, wahrscheinlich das Verhalten jedes unserer Präsidenten diskreditiert hätte. Das soll Nixons Verhalten nicht entschuldigen; aber es geht darum, die Dynamik eines Glaubwürdigkeitsproblems zu erklären, die das Image moralisch integrer wie unmoralischer Darsteller gleichermaßen beschädigt.

Tatsächlich hatte Nixon vielleicht sogar Recht mit seiner Behauptung, daß er nur tat, was viele andere Präsidenten getan haben. Es gibt zahlreiche Belege dafür, daß viele Präsidenten – auch die „guten" – durchaus gelegentlich fluchten oder die Öffentlichkeit und den Kongreß belogen.[78] In mancher Hinsicht resultiert also Nixons politischer Niedergang daher, daß er die neue Informations-Umwelt nicht richtig einschätzte. Sein „normales" privates Verhalten wurde öffentlich. Er war ein schlechter Darsteller, und in dem Ausmaß, wie die Präsidentschaft auf dem „Stil" und der Darstellung beruht, war er ein „schlechter" Präsident.

Ist die Öffentlichkeit jetzt irgendwie klüger? Die Amerikaner waren schockiert über Nixons Versuch, das Privatleben anderer Menschen auszuspionieren, doch man fand nur deshalb überhaupt heraus, daß diese Handlungen stattfanden, weil Nixons Privatleben selbst ausspioniert wurde. Unmittelbar nach der Veröffentlichung der Abschriften durch das Weiße Haus wurde sogar die Forderung erhoben, die Bänder selbst sollten auf Langspielplatte veröffentlicht werden.[79]

Die Einstellung der Journalisten und vieler Wissenschaftler kann man auch in Frage stellen. Was gab David Frost das Recht, Abschriften von Gesprächen aus dem „Oval Office" zu benutzen, um Nixons Motive und Absichten als Präsident zu hinterfragen? Mit anderen Worten: Sollten „Hintergrund-Gespräche" überhaupt analysiert und beurteilt werden, als wären sie öffentliche Aussagen? Könnte der Ruf irgendeines Politikers (oder Rechtsanwaltes, Arztes oder Lehrers, oder sogar eines Fernsehreporters) solchen Fragen standhalten? Und haben viele Wissenschaftler und Journalisten recht, wenn sie annehmen, daß das Grundproblem der Präsidentschaft heutzutage darin besteht, daß der Kongreß und die Öffentlichkeit nicht *genug* Information über den Präsidenten und die Arbeitsweise seines Beraterstabes haben?[80]

Das heutige Gefühl, „nicht alles zu wissen" und „Ehrlichkeit um jeden Preis" zu wollen, geht leider nicht einher mit intelligenten Überlegungen dahingehend, was hinter den öffentlichen Masken aller großen Persönlichkeiten steckt. Wie Goffman in bezug auf hierarchische Mystifikationen schreibt: „Das wahre Geheimnis hinter dem Geheimnis ist, daß es in Wirklichkeit gar kein Geheimnis gibt."[81]

Unsere neu gefundene Fähigkeit, uns Einblicke in den Hintergrund des Politikerlebens zu verschaffen, ist in der amerikanischen Nation zumindest teilweise verantwortlich für die moralische Empörung angesichts dessen, was wir dort vorfinden. Denn was wir in Hintergrundbereichen finden, hängt mit unserem naiven Glauben an das Wesen von Autorität zusammen. Wir wollen Unfähigkeit und skrupellose Unehrlichkeit entlarven. Doch was wir oft als Beweis für Inkompetenz und Unehrlichkeit nehmen, sind nur die Proben, die für alle öffentlichen Auftritte notwendig sind.

Schwierige Fragen bleiben dennoch unbeantwortet: Wann kommt die Entlarvung der sozialen Wahrheit gleich? Wo ist die Trennungslinie zwischen ehrlichen öffentlichen „Auftritten" und unehrlichen? Und vor allem: Können wir gleichzeitig „große Führungspersönlichkeiten" und „Informationsfreiheit" haben? Die Präsidentschaft von Jimmy Carter gibt darauf eine vorläufige Antwort: Nein.

Am zweiten November 1976 wählten die Amerikaner den ersten „Präsidenten des mittleren Bereiches". Es ist schwierig zu sagen, ob Carter und seine Ratgeber sich über die neue Politik „auf der Seitenbühne" bewußt waren, doch Carters Verhalten als Kandidat und als neuer Präsident war sicherlich sorgfältig auf die neue politische Arena zugeschnitten.

Indem er das Image und die Position eines „Außenseiters" wahrte, gewann Carter einen deutlichen Vorteil vor anderen führenden Mitbewerbern um die Präsidentschaft. Als „Neuling" und „Fremder" war er nicht in Zusammenhang zu bringen mit den vielen Bühnen-Hintergrund-Widersprüchen, die den Glauben an die „alten Kämpen" beider Parteien erschüttert hatten.

In seiner Kampagne stellte sich Carter selbst als geistiger Erbe Harry Trumans dar – eines Präsidenten, der auf der Bühne *und* im Hintergrundbereich konsistent gehandelt haben soll. Carter bemühte sich sehr darum, sich niemals selbst zu widersprechen. Seine Botschaft war überall im Lande fast dieselbe. Es war nicht unbedingt eine besonders großartige Botschaft, im Grunde sagte er nicht mehr und nicht weniger als: „Vertraut mir nur".* (Fast jedesmal, wenn er deutlicher wurde, geriet er unter Beschuß.[83]) Und es war im Grunde diese Bitte um Vertrauen, die ihm half, die Nominierung der Demokraten zu gewinnen und später die Präsidentschaft. *Newsweek* beobachtete:

„Kein Kandidat seit Wendell Willkie 1940 hatte mit einer knapperen öffentlichen Mehrheit gewonnen, kein Demokrat seit John W. Davis 1924 wurde aus dem Privatleben heraus nominiert; keiner aus dem tiefen Süden seit Zachary Taylor 1848 war von einer der beiden großen Parteien für die Präsidentschaft vorgeschlagen worden. Und keine moderne politische Gestalt außer Ike (Eisenhower) hat sich als Kandidat so vollständig auf persönliches Vertrauen und so wenig auf programmatische Aussagen verlassen. Carter *hatte* ein Programm, aber er hat es in einem Ausmaß verschwommen erscheinen lassen, daß sogar ein Angehöriger seines Beraterstabes in seiner ersten Amtszeit zumindest den Anschein von Substanz erbat. Was Carter statt dessen anbot, war seine eigene Person, achtzehn knochenzermürbende Stunden am Tag zur Schau gestellt, und sein absichtlich schwammiges Versprechen einer Regierung, die so gut sei wie das amerikanische Volk."[84]

Als er verstand, wie sehr er im Rampenlicht bleiben mußte, wählte Carter ein Verhalten, das er durchhalten konnte. Carter scheute vor der traditionellen Rolle des dynamischen und kraftvollen Führers zurück. Er sprach gewöhnlich leise und langsam. Sein Ton und sein Benehmen waren mehr für das sensible Mikrofon und die Großaufnahme geschaffen als für ein „Live-Publikum", das er oft gleichzeitig ansprechen mußte. David Halberstam notierte, daß Carter „mehr als jeder anderer Kandidat in diesem Jahr die modernen Kommunikationsmittel erfaßt, die nationale Stimmung erspürt und sich ihnen angepaßt hat... Immer wieder, wenn ich ihn im Fernsehen sah, war ich beeindruckt von seinem Sinn für das richtige Timing, seinem Gespür dafür, die Situation unter Kontrolle zu behalten: mit sehr leiser, weicher Stimme in äußerst niedriger Dezibelzahl, all das in scharfem Gegensatz zu den anderen Kandidaten."[85]

Carters öffentliche Äußerungen enthielten zahlreiche vorsichtige und relativierende Begriffe. Er sagte oft: „Wir werden sehen" oder „Ich denke". Er erwähnte seine persönlichen Grenzen. In einer Wahlansprache vor dem Cleveland City Club im April 1976 sagte er zum Beispiel:

„Ich behaupte nicht, alle Antworten zu kennen. Ich suche selbst immer noch nach vielen Antworten... Ich betrachte mich nicht als die bestqualifizierte Person in diesem Land. Ich bin sicher, es gibt viele unter ihnen, die intelligenter und besser ausgebildet sind, die vielleicht bessere Manager sind, als ich es als Präsident je sein würde. Ich möchte all denjenigen meinen persönlichen

---

* Selbst in Carters stark redigiertem und selektivem Buch der Ansprachen: *„A Government as Good as Its People"* (Eine Regierung ist so gut wie ihr Volk), das weniger als 40 seiner 2.100 Wahlkampfreden während der Präsidentschaftskampagne enthält – erscheint die folgende Aussage (oder ihr Zitat) dreimal innerhalb von zwölf Seiten: „Es gibt eine Reihe von Dingen, die ich nicht tun würde, nur um gewählt zu werden. Ich würde nicht lügen. Ich würde mich nicht mißverständlich äußern. Ich würde Vertrauen nicht enttäuschen. Ich würde kein strittiges Thema vermeiden. Wenn ich irgendetwas davon tun sollte, dann unterstützen Sie mich nicht, dann hätte ich es nicht verdient, dieses Land zu regieren."[82]

Dank aussprechen, die sich dieses Jahr nicht der Kandidatur gestellt haben."[86]

Carter betonte, daß er sich auf Ratgeber und auf sein Kabinett verließ, und daß er dem Vizepräsidenten eine neue, aufgewertete Rolle zuschreiben, ihn tatsächlich zum Assistenz-Präsidenten machen würde.[87] Er versprach, die Exekutive für die Überprüfung durch die Öffentlichkeit zugänglich zu machen:

„Jedesmal, wenn wir in den letzten Jahren einen schweren Fehler begangen haben, dann deshalb, weil das amerikanische Volk vom politischen Prozeß durch Geheimniskrämerei, durch irreführende Äußerungen, manchmal durch regelrechte Lügen ausgeschlossen war."[88] Er versprach, die Nation niemals zu belügen.

Der herrische Richard Milhouse Nixon hat in der Öffentlichkeit eine saubere Sprache gesprochen und privat geflucht; der leise Jimmy (nicht James Earl) Carter versuchte, ein Bild von sich zu entwerfen, das nie zerstört werden konnte, gleichgültig was die Medien über ihn veröffentlichen würden.* Er hoffte, wie er sagte, „eine intime persönliche Beziehung" mit dem amerikanischen Volk aufzubauen.[89] Carter reklamierte für sich selbst wenige ungewöhnliche Eigenschaften, abgesehen von einem starken Glauben an Gott und der Bereitschaft, hart zu arbeiten. In seiner Antrittsrede sagte er dem Volk: „Eure Kraft kann meine Schwäche ausgleichen, und Eure Weisheit kann meine Fehler kleinhalten."[90]

Eine Reihe von Carters ersten Amtshandlungen als Präsident waren symbolisch für die neue Politik auf der Seitenbühne:

- Er hielt seine „Antrittsrede an das Volk" und lud das ganze Land ein, an seiner Politik teilzunehmen;

* Es gab zwar einige Aufregung über ein Interview, das Carter während des Wahlkampfes dem *Playboy* gab und in dem er einige vulgäre Ausdrücke benutzte. Doch ihn selbst schien die Veröffentlichung nie besonders zu ärgern, und es ist sogar möglich, daß sie Teil einer größeren Strategie war. Im Nachhinein ist es sogar typisch für seine Konsistenz – die Homogenisierung von Hintergrund und Vordergrund durch die sorgfältige Auswahl religiöser Antworten. Sicher hat Carter manchmal Lust (hat die nicht jeder?), aber er würde doch niemals Dummheiten machen, wenn Jesus zusieht! Vielleicht noch wichtiger war, daß Carter, obwohl er selbst religiös war, in dem Interview zum Ausdruck brachte, daß er den Amerikanern keine puritanischen Standards aufzwingen würde. Das mag erklären, warum Carter selbst nach der Wahl nicht versuchte, das Interview in Vergessenheit geraten zu lassen. Tatsächlich ließ er sogar einen in der Öffentlichkeit nicht umstrittenen Teil des Interviews in seinem Buch *A Government as Good as Its People* abdrucken, versehen mit einer Einleitung, in der er auf den Aufruhr Bezug nahm, den seine Wortwahl, etwa „bumsen" und „beischlafen", hervorrief.

- Er trug bei seiner Amtsübernahme einen gewöhnlichen Geschäftsanzug statt den traditionellen Gehrock und Zylinder, und ging zu Fuß die Pennsylvania-Avenue hinunter, statt im Wagen zu fahren;
- Er trug in der Öffentlichkeit Jeans und Gummistiefel;
- Er übernachtete oft privat, wenn er durchs Land reiste;
- Er schrieb seine Tochter Amy in eine integrierte Gesamtschule ein;
- Er hatte seine eigene Live-Show im Fernsehen, in der die Leute ihn anrufen konnten und er Fragen „aus dem Volk" beantwortete;
- In seiner ersten Präsidentschaftsansprache, die vom Fernsehen übertragen wurde, trug er einen Pullover und sprach „direkt" aus einem Sessel, ohne sich hinter einem Distanz wahrenden Schreibtisch zu verstecken;
- Er legte (zunächst) Wert darauf, sein Gepäck selbst zu tragen;
- Er strich den Fahrdienst von Haus zu Haus für den größten Teil des Mitarbeiterstabs im Weißen Haus;
- Er schaffte die meisten Fernsehgeräte im Weißen Haus ab – und auch die Position des „Hof-Fotografen";
- Er verbot sogar eine Zeitlang die Präsidentschaftshymmne „Hail to the Chief".*

* Es gibt einige auffällige Parallelen zwischen dem Image des Weißen Hauses und dem des Vatikans in den 70er Jahren. Sowohl die kurze, nur 34 Tage dauernde Amtszeit von Papst Johannes Paul I. 1978 als auch die gegenwärtige Amtszeit von Johannes Paul II. verweisen auf ein neues Papsttum, das einen Stil des mittleren Bereiches aufweist. An Johannes Paul I. erinnert man sich am meisten wegen seines „stets bereiten Lächelns, einer nicht zu unterdrückenden Neigung zu lachen, Witze zu machen und seinem fast zwanghaften Bedürfnis, jeden zu umarmen, dem er begegnete." Eine seiner ersten Neuerungen war ein neuer, intimer Stil bei öffentlichen Auftritten. Er gab das unpersönliche päpstliche „Wir" auf zugunsten des „Ich", weigerte sich, die Papsttiara zu tragen, gab öffentlich zu, daß er nichts über die öffentliche Wirkung des Heiligen Stuhls wußte, vermied es, vorbereitete Texte zu verlesen und sprach in umgangssprachlichen Metaphern. (Bei einer Gelegenheit zum Beispiel verglich er Gott mit einem Autoverkäufer und sprach von Sündern als jenen, die Champagner und Marmelade in ihren Motor kippen und sich anschließend darüber beklagen, daß ihr Auto „im Graben landet".) Und bei seinen regelmäßigen Mittwochsaudienzen *ging* er bescheiden zu seinem Thron, statt sich dort hintragen zu lassen.[91] Die römischen Kardinäle wählten einen ganz anderen, aber ebenfalls recht geselligen, Nachfolger – den ersten nicht-italienischen Papst seit 1523. Johannes Paul II. setzte die intime und bescheidene Art seines Vorgängers fort. Er brach mit der Tradition, indem er sich direkt an die ihn begrüßende Menge wandte, *bevor* er seinen ersten Papstsegen erteilte. Eine seiner ersten Audienzen wurde Journalisten gewährt. Innerhalb weniger Tage „setzte er den Stil eines Papsttums fest, das weniger formal und für das Volk und die Kameras zugänglicher war als jeder andere päpstliche Stil in den fast 2000 Jahren der Kirchengeschichte".[92]

Alle diese Handlungen sollten die Abgehobenheit der Macht verringern, und sie schienen darauf abzuzielen, eine Konsistenz zwischen allen Informationen zu erzeugen, aus denen sich heute unser Image eines Präsidenten zusammensetzt. Doch während Carter versuchte, das Präsidentschaftsverhalten neu zu gestalten, damit es dem Amt entsprach, das von außen einzusehen war, kamen von zwei Seiten Probleme auf ihn zu. Zum einen mochten viele Menschen es nicht, daß er sein „Amt klein machte" und so wenig Dynamik und Machtverhalten an den Tag legte. Gleichzeitig jedoch schien das Ausmaß an Aufmerksamkeit, das dem Präsidenten galt, zu groß, selbst für Carters bescheidenen Stil und „direkten" Zugang zur Öffentlichkeit. Unmittelbar nach seiner Wahl wurde sein designierter Generalstaatsanwalt deswegen angegriffen, weil er Mitglied in Clubs war, in denen Rassentrennung praktiziert wurde.[93] Dann unterminierte der Skandal um Bert Lance die Glaubwürdigkeit des Weißen Hauses.[94] 1978 publizierte ein Männermagazin eine Serie von „Exposés" unter dem Titel „Cartergate", eines davon nannte sich „Die ersten hundert Lügen von Jimmy Carter".[95] (Die Illustration zeigte ein Bild von Carter mit einer Axt neben hundert gefällten Kirschbäumen.) Später in seiner Amtszeit wurden Carters fragwürdige Verbindungen zu Libyen und sein Verhalten in der Krise scharf kritisiert.

Es gab also viele Hinweise darauf, daß Jimmy Carter einen ernsthaften Versuch unternahm, den Stil seines Auftrittes mit den Erfordernissen der neuen politischen Arena in Einklang zu bringen. Doch sein knapper Sieg und die negative Reaktion auf seinen „unpräsidentschaftsgemäßen" Stil verweisen darauf, daß es der Öffentlichkeit unbehaglich wurde, nur einen „guten Mann" als Führer zu haben.

Als seine Wiederwahl anstand, sah es danach aus, daß Carter auf jeden Fall verlieren würde, gleichgültig, was er täte. Er wurde ernsthaft herausgefordert durch andere Kandidaten, sogar innerhalb seiner eigenen Partei. Angesichts seiner eigenen, immer breiter werdenden „Glaubwürdigkeits-Lücke", begann Carter in seinem Stil schwankend zu werden. Er griff zurück auf Techniken „machtbewußter" Präsidenten. Nach vielen Versprechungen einer „offenen" Amtsführung ging das Weiße Haus noch unter Carter dazu über, den unautorisierten Informationsfluß zu stoppen und neue Sicherheitsbestimmungen herauszugeben, die noch einen Schritt über das „Top Secret" hinausgingen. Ironischerweise nannte die gleiche Regierung, die versprochen hatte, die Präsidentschaft von Feudal-Attitüden zu befreien, den neuen Geheimstatus „Royal" (königlich).[96]

Da er offensichtlich gescheitert war mit seiner Offenheit und Zugänglichkeit, schien Carter das Geiseldrama im Iran als Vorwand zu benutzen, sich selbst von der Öffentlichkeit und den Medien zu isolieren. Seine „Rosengarten-Strategie" begann, der arroganten Isolationspolitik von Johnson und Nixon zu ähneln.

Herausgefordert durch Edward Kennedy und Ronald Reagan, wurde Carter immer lauter und aggressiver. Wenn Kennedy ihm entgegenträte, sagte er, würde er ihm „den Arsch versohlen".[97] Carter ging dann zu Frontalangriffen auf Ronald Reagan über. Er warf Ronald Reagan Rassismus und Kriegshetze vor und meinte: „Reagan ist nicht der Mann, dem man die Angelegenheiten dieser Nation anvertrauen könnte." Diese Angriffe erfreuten offensichtlich Reagans Lager, weil sie Carter „gemein" erscheinen ließen und es Reagan ermöglichten, bescheiden, nachsichtig und „staatsmännisch" aufzutreten. In einer privaten Botschaft an Carter warnte der Ratgeber des Präsidenten, Hamilton Jordan, daß die Unterstützung für Carter als „netten" Mann mit „guten Absichten" dabei war, stark abzubröckeln. „Dies ist das erste Mal, daß ‚Persönlichkeits-Eigenschaften' nicht die grundlegende Stärke unserer Seite ist."[98] Einen Monat vor der Wahl wies eine Umfrage der Fernsehgesellschaft ABC darauf hin, daß doppelt so viele Menschen wie noch im Jahr zuvor der Meinung waren, „Präsident Carter ist kein Mann hoher Integrität".[99] Mit Carters unbewußter Unterstützung konnte Reagan ihn „aus-cartern"; das heißt, er war in der Lage, mehr dieses sanften Stils des mittleren Bereichs zu präsentieren, der Carter von anderen Kandidaten 1976 unterschieden hatte.

In der entscheidenden Image-Schlacht – den Carter-Reagan-Debatten – spielte Carter den Nixon für Reagans Kennedy-Rolle. Carter war „tough", angespannt und humorlos. Er sprühte vor Fakten und Zahlen. Reagan war ruhig, bescheiden und erzählte Anekdoten. Er kicherte. Offensichtlich guter Laune, tadelte er Carter dafür, die Tatsachen zu verdrehen: „Da haben wir es ja schon wieder, Herr Präsident." Die Debatten brachten die öffentlich geäußerten Befürchtungen zum Schweigen, Reagan sei ein Verrückter, der die Vereinigten Staaten in einen weltweiten Krieg stürzen werde.[100]

Wenn Carters Stilwandel überhaupt etwas bewirkt hat, dann hat er ihm geschadet. Die Wahl endete mit einem erdrutschartigen Sieg für Reagan.

Die Präsidentschaft im Fernsehen: Reagan und was danach kommt

Nixon, Carter und Reagan sind sehr verschiedene Männer mit unterschiedlichen Persönlichkeiten und Programmen, unterschiedlichen Stärken und Schwächen. Ihre Wahl ins Weiße Haus war größtenteils abhängig von ihren jeweiligen Strategien, ihrem persönlichen Stil und den speziellen Bedürfnissen und Sorgen des amerikanischen Volkes. Doch alle drei Präsidenten haben eines gemeinsam: Die neue Kommunikationsumwelt, gefördert durch die elektronischen Medien.

Nixon und Carter liefen, als sie das Staatsschiff lenkten, in demselben Wasser auf Grund, doch an unterschiedlichen Riffen. Die Aufgabe folgender Präsidenten ist es, die Untiefen der neuen Kommunikationsumwelt zu erforschen und dabei beide Klippen zu umschiffen. Diese Analyse handelt nicht von Gewinnern oder Verlierern, sondern von der Art und Weise, wie das Spiel der Politik heutzutage gespielt werden muß. Die neuen Regeln können manche Mitbewerber ausschalten und anderen das Mitspielen ermöglichen, doch die Regeln legen nicht fest, wer der Gewinner sein wird.

In der Vergangenheit waren alle, die sich um die Präsidentenschaft bewarben, in der Position von Rednern in einer großen Arena: Sie mußten ihre Stimme erheben und ihre Arme schwenken, um auch von den Zuhörern in der letzten Reihe gesehen und gehört zu werden. Doch sie hatten auch die Zeit und das Privatleben, um sich sorgfältig auf ihre dramatischen öffentlichen Auftritte vorzubereiten. Heutzutage müssen sich alle politischen Bewerber mit den Zwängen und Erfordernissen einer neuen, ,,engeren" und persönlicheren Umwelt zurechtzufinden. Sie werden näher in Augenschein genommen und stehen dauernd unter Beobachtung. Die elektronischen Medien schaffen ein neues Problem für alle Präsidenten: Die Schwierigkeit, gleichzeitig ,,intim" und ,,präsidentengemäß" zu handeln, ,,zugänglich" zu sein und ,,über den Dingen zu stehen".

Wie sehr das Fernsehen die politische Arena neu gestaltet, das Bedürfnis nach einem angemessenen Stil des mittleren Bereiches erhöht und andere Aspekte, etwa Ausbildung und besondere Kenntnisse, in ihrer Bedeutung verringert hat, wird durch die Wahl eines professionellen Schauspielers zum Präsidenten deutlich – eines Mannes, der jahrzehntelange Erfahrung als öffentlicher Darsteller hatte. Wenn Nixon die These und Carter die Antithese war, dann ist Reagan die Synthese. Er ist ein Mann, der sagt, er werde ,,hart verhandeln", es aber auf eine sanfte und volkstümliche Weise tut. Er scheint sich in einer Unzahl von Verkleidungen wohl zu fühlen, vom Smoking bis zum Cowboy-Dress, und in einer großen Bandbreite von Aktivitäten zu glänzen, vom Ballsaal-Tanzen bis zum Gärtnern. Er ist zum Teil wie Nixon, zum Teil wie Carter, ein ,,machtbewußter" Präsident, der sein Holz selbst hackt. Anders als Nixon scheint Reagan ein ,,netter Mensch" zu sein; anders als Carter nährt er die romantische Vorstellung von Amerikas Macht und Herrlichkeit.

Reagans Stil ist noch mehr auf der ,,Seitenbühne" angesiedelt als der von Jimmy Carter. Reagan ,,nimmt Stellung", aber er macht es mit lässiger Schlichtheit; seine Ansprachen sind voll von Anekdoten und Zitaten aus Briefen, die ihm Kinder und einfache Bürger geschrieben haben. Wie Carter vermeidet er die traditionelle rhetorische Brillanz zugunsten einer einfachen Sprache des amerikanischen Jungen, doch er und seine Frau haben einen ,,Oberschichts-Stil" ins Weiße Haus zurückgebracht, der während der Carterzeit abgeschafft war. Reagan hat versucht, einen persönlichen Stil der Zugänglichkeit und Offenheit zu zeigen, aber er hat den Trend auch umgekehrt, die Vorgänge im Weißen Haus allzu durchsichtig zu machen und Regierungsdokumente der Öffentlichkeit zur Verfügung zu stellen. Er hat versucht, das Durchsickern von Nachrichten an die Presse zu verhindern durch Geheimverträge, Lügendetektortests und ein strengeres Einstufungssystem für Regierungsdokumente.[101]

Reagan hatte mehr Erfolg als die meisten Präsidenten der jüngeren Zeit dabei, die Reaktion auf seine Persönlichkeit von der Reaktion auf seine politischen Handlungen zu trennen. Wie der *Boston Globe* beobachtete: ,,Selbst Ronald Reagans schärfste Kritiker haben fast jedem Vorwurf einige positive Bemerkungen über die verbindliche und liebenswerte Art des Präsidenten hinzugefügt."[102]

Obwohl Reagans ,,liebenswürdiger" Stil ihn weniger angreifbarer gemacht hat als seine zwölf Vorgänger, forderte die enge Beobachtung des Präsidenten durch die Medien doch auch ihren Preis. In Reportagen wurde sein ,,distanzierter Managementstil", seine zahlreichen Urlaube (fast 16 Wochen während seiner ersten zwanzig Monate im Amt), seine wenigen Arbeitsstunden und seine Vorliebe für Nickerchen am Nachmittag geschildert. Viele seiner im Fernsehen übertragenen Pressekonferenzen enthielten eine Menge Falschaussagen, unkluge Antworten und Behauptungen, die er nicht mit Fakten belegen konnte. Außer der Einbuße an Glaubwürdigkeit wurde Reagan eine ,,Artikulationslücke" vorgeworfen. Und es wurde sein Unvermögen deutlich, auf die Fragen der Reporter konzentriert zu antworten. Er wurde von manchen ein „liebenswerter Dummkopf“ genannt.[103]

Reagan hat sich selbst so stilisiert, als halte er den Niedergang der Präsidentschaft auf, doch das stimmt nicht: Er ist in Wirklichkeit Teil dieses Niedergangs. Tatsächlich hat er ihn sogar auf manche Weise bewußt gefördert. Denn eine weitere Ungereimtheit von Reagans Präsidentschaft ist die, daß dieser selbsternannte „starke Mann“ die Bevölkerung einer starken zentralen Führung entfremdet. Sein „neuer Föderalismus“ bedeutet eine Abkehr von einer mächtigen Zentralregierung, hin zu einer dezentralisierten Herrschaft, wie sie in den frühen Tagen der Republik herbeigesehnt wurde. Reagan sprach zum Beispiel 1982 in einer Rede vor Gouverneuren in Baltimore davon, den zehnten Zusatzartikel zur Verfassung „wieder in Kraft zu setzen“, der den einzelnen Bundesstaaten eine größere Macht verleiht: „Zum erstenmal nach allzulanger Zeit wird die Bundesregierung ihre Grenzen anerkennen: Was ihre Aufgabe ist, wie breit sie sich machen darf und wieviel Macht sie für sich beanspruchen kann. Mit Ihrer Hilfe werden wir die Macht den Gemeinden zurückgeben.“[104] Paradoxerweise hat Reagan sich selbst als eine zentrale Autorität stilisiert, die man unterstützen müsse, wenn man zentraler Autorität mißtraut.

Einer der Gründe, warum wir unseren Glauben an mächtige zentrale Führungsfiguren verloren haben, mag der sein, daß die neue Kommunikationsumwelt, gekoppelt mit unseren Erwartungen an das Amt, einen Präsidenten vor unlösbare Aufgaben stellt. Indem sie immer mehr enthüllen, erfordern die neuen Medien mehr Manipulation und Kontrolle aufseiten der Beobachteten. Und doch entlarven sie so viel, daß sie auch das *Bedürfnis* des Präsidenten nach Kontrolle und interner Beratung sichtbar machen. Als ein Ergebnis davon wurde die Bevölkerung immer zynischer, was die Präsidentschaft angeht, je mehr sie sich der Manipulation von Symbolen und Bildern sowie der Art, wie der Eindruck von Persönlichkeit hergestellt wird, bewußt wird. Die neuen Medien stellen den Politiker vor ein Dilemma: Sie verlangen nach einer sauberen Aufführung durch einen professionellen Schauspieler, und lassen gleichzeitig dessen Auftritt als Schmierenkomödie erscheinen.

Reagans Selbstdarstellungs-Erfolge enthalten eine besondere Ironie. Reagan ist der „große Kommunikator“ genannt worden, weil er angeblich die Medien so meisterhaft beherrscht. Doch die Öffentlichkeit ist nicht einfach nur das Publikum für Reagans Bühnenauftritt. Die Berichte von Journalisten und sogar die „Seitenbühnen“-Anweisungen von Reagans eigenen Ratgebern belegen die Versuche des Präsidenten, ein bestimmtes Image und bestimmte Eindrücke auf der Bühne *herzustellen.* Wenn Reagan eine fast nur von Schwarzen besuchte Schule besucht, erfahren wir, daß es nur ein symbolischer Besuch ist, der den Eindruck verwischen soll, daß er sich wenig um das Wohlergehen der Schwarzen kümmert. Wenn Reagan das Trainingslager der Olympia-Mannschaft besucht, hören wir, daß dieses „Medienereignis“ es ihm ermöglicht, in sportlicher Kleidung fotografiert zu werden und so seine Gesundheit und Kraft zur Schau zu stellen. Seine Reisen werden als „Fototermine“ beschrieben und seine „Bilderbuchdiplomatie“ wird als ein „ausgelebter Männertraum“ geschildert. Wir kennen das Make-up des Obersten Schauspielers, seine Haarfärbemittel und seine Hörhilfe. Wir erfahren etwas über seine Techniken, wie man Reporterfragen ausweicht. Es ist ein zweifelhaftes Kompliment für Reagan, dafür gelobt zu werden, daß er eine „fehlerfreie Ansprache“ hielt, deren letzte Fassung (von jemand anderem geschrieben) ihm nur siebzehn Minuten zuvor ausgehändigt worden war.[105]

Wenn durch bestimmte Techniken Ehrfurcht und Mystifikation hergestellt werden und diese Techniken dann der Öffentlichkeit erklärt werden, wird diese Mystifikation unterminiert. George Reedy meint dazu:

„Das Problem bei allen öffentlichkeitswirksamen Techniken..., menschliches Verhalten zu manipulieren ist, daß sie, sobald sie bekannt werden, außer Kraft gesetzt werden... Wenn sie zum allgemeinen Gesprächsthema werden, haben die Leute den Eindruck, daß sie verschaukelt werden. Es hat ein vorzügliches Beispiel für diesen Prozeß in den ersten fünf Monaten nach Präsident Nixons Amtsübernahme gegeben. Tag für Tag sah und las ich in einem Bericht nach dem anderen, wie seine Helfer sich selbst zu ihrer hervorragenden PR-Arbeit gratulierten, mit der sie Präsident Nixon an die Macht gebracht hätten. Nun, die offensichtliche Reaktion darauf ist: Wenn die Leute beginnen, über die PR-Techniken eines Mannes zu reden, dann hat er keine.“[106]

Daß Reagans Stil in der Öffentlichkeit anerkannt wurde, mag mit der Bereitschaft zusammenhängen, einen Blick von der Seitenbühne auf die Präsidentschaft zu tolerieren. In den 50er Jahren gab es noch einigen Theaterdonner, als Dwight D. Eisenhower – ein Kriegsheld – das Bedürfnis empfand, einen Hollywoodschauspieler anzuheuern, der ihm Ratschläge für seine Fernsehauftritte geben sollte. Doch heute akzeptieren die Amerikaner, daß der Präsident selbst ein fähiger Schauspieler sein muß und daß er die Rolle eines Präsidenten *spielen* muß, statt nur einfach ein Präsident *zu sein.* Während Reagans erste Amtszeit von Regierungsskandalen, peinlichen Augenblicken, politischen Fehlern und

Glaubwürdigkeitsproblemen überschattet wurde – mehr als die Amtszeit jedes anderen Präsidenten – hat er sich konsistent so *verhalten,* als sei nichts Schlimmes passiert – und die Öffentlichkeit hat ihm genau das erlaubt. In der Folge verschiedener peinlicher Auftritte des Präsidenten scheinen viele Amerikaner eine pragmatische Haltung eingenommen zu haben. Sie akzeptieren den Stil als Substanz, jedenfalls so lange, bis eine bessere Alternative auftaucht.

Reagans Erfolg im Vergleich zu Nixon und Carter sollte daher nicht verwechselt werden mit einer Aufwertung der Präsidentschaft als solcher. Tatsächlich ist – bei der Unterscheidung zwischen „Kommunikation" und „Ausdruck", wie sie in Kapitel 6 getroffen wird – das Etikett „großer *Kommunikator"* irreführend. Nur einige Menschen verfolgen Ronald Reagans Ansprachen oder lesen seine Bücher. Reagan ist jedoch ein *„ausdrucksstarker"* Präsident. Selbst wenn er einer Reporterfrage ausweicht, wirkt er aufmerksam, lächelt oder winkt in die Menge; selbst wenn er einen peinlichen Witz macht oder einen Satz formuliert, der weder Anfang, Mitte noch Ende hat, scheint er „ein netter Mensch" zu sein. Reagans Mitteilungen sind oft banal, manchmal unverständlich, aber sie werden häufig mit einer Stimme vorgetragen, in denen Emotionen mitschwingen, das Auge wirkt trauerumflort, oder ein Lächeln umspielt seine Lippen – die ganze Mimik ist perfekt *getimed* und koordiniert. Reagans meisterhafte Ausdrucks-Weise ist – abgesehen von anderen fraglichen Qualitäten – die Basis dafür, daß er sowohl von den Medien positiv wahrgenommen wird (als guter Manipulator) als auch dafür, daß er als „liebenswerter Dummkopf" abgewertet wird. Reagans zahlreiche expressive Erfolge und häufige kommunikative Fehler erklären, warum Umfragen zufolge überraschend viele Menschen Ronald Reagan „mögen", gleichzeitig aber mit seiner Politik nicht einverstanden, oft sogar davon überzeugt sind, daß er die Nation einem Krieg näherbringt, und in Frage stellen, ob er die Aktivitäten seiner eigenen Regierung noch unter Kontrolle hat. Insoweit hat eine eindeutige Mehrheit der Befragten die Vorstellung zurückgewiesen, Reagan sei ein Mann von „außergewöhnlichen Qualitäten".[107] Es ist nicht peinlich, Ronald Reagan zu beobachten, aber er ist alles andere als eine ehrfurchtgebietende Autoritätsfigur, die an große Präsidenten der Vergangenheit erinnert.

Ob gut oder schlecht – die heutigen Präsidenten und Präsidentschaftskandidaten werden nach den Standards dessen, was „gutes Fernsehen" sein soll beurteilt: Sind sie lebhaft und humorvoll? Ist es angenehm, ihre Mimik zu betrachten? Sind sie schlagfertig, das heißt, können sie spontane Bemerkungen machen, ohne viel nachzudenken oder über Worte zu stolpern? Können sie ihre Worte und Ausdrucksweisen nach den Erfordernissen der Kamera und des Mikrofons richten, statt nach denen einer großen Menschenmenge?

Das Fernsehen hat uns dazu aufgestachelt, Kandidaten zu nominieren, die – wie Jimmy Carter, Ronald Reagan und Walter Mondale – vermeiden, wie „große Führungspersönlichkeiten" aufzutreten, und die statt dessen einen lockeren „Seitenbühnen-" oder „mittleren Bereichs"-Stil haben, der es zuläßt, daß sie häufig und lange der Öffentlichkeit zur Schau gestellt werden. Und obwohl sicherlich jemand die nächste Präsidentschaftswahl gewinnen wird, hat die Institution der Präsidentschaft viel von ihrem Glanz verloren. Wir hungern immer noch nach etwas mehr.

Teil V
Zusammenfassung

15
Woher kommen wir, wohin gehen wir?

Der Verlust des Orts-Sinns

Für Amerikaner war die zweite Hälfte des 20. Jahrhunderts gekennzeichnet durch eine ungewöhnliche Anzahl sozialer Veränderungen. Unterprivilegierte forderten gleiche Rechte. Ein großer Teil der politischen Elite zeigte sich geschwächt oder versank in Bedeutungslosigkeit, und viele sozial dazwischenliegende Gruppierungen suchten nach einer neuen Identität.

Vielleicht noch verunsichernder als die Dimensionen des sozialen Wandels war ihre scheinbare Ungleichzeitigkeit, ja Zufälligkeit. Wo ist da der rote Faden? Gerade haben wir noch friedliche Bürgerrechtsdemonstrationen erlebt, schon folgen gewaltsame Aufstände und Vandalismus. Wir haben gesehen, wie die Bevölkerung durch staatliche Institutionen terrorisiert wurde, und wie sich das plötzlich umkehrte und ein Präsident von Volk und Presse buchstäblich zur Strecke gebracht wurde. In schnellem Wechsel erlebten die Amerikaner die Verlagerung der Macht auf die lokale Ebene, dann wieder die Arroganz der Zentralmacht, dann Aufrüstung, dann die Bewegung für das „Nucleare Freeze", das Einfrieren der Aufrüstung.

Manche Beobachter haben die Aufstände der 60er Jahre als historischen Irrtum abgetan und hämisch auf frühere Hippies verwiesen, die ihre Locken abschnitten und Angehörige der materialistischen Mittelschicht geworden sind. In Wirklichkeit hat sich nichts geändert, scheinen sie damit sagen zu wollen. Dabei übersehen sie jedoch, daß Polizisten und Geschäftsleute heute lange Haare haben, daß konservative Farmer vor dem Kapitol (angeregt durch die Sponties?) rabiat demonstrieren, daß Rollstuhl-Sit-ins von Behinderten initiiert werden, daß Gerichte darüber befinden müssen, ob den Indianern ihr Land wiedergegeben wird, und daß es hunderte von anderen kleinen und großen Veränderungen im Verhalten und den Einstellungen der Amerikaner gegeben hat. Was bedeutet das alles? Sind wir Zeuge eines andauernden sozialen Wandels und permanenter Verwirrung? Oder gibt es einen zentralen Mechanismus, der das soziale Gleichgewicht hin- und herpendeln läßt?

Gesellschaftliche Veränderungen sind immer zu komplex, um sie auf eine einzige Ursache oder einen bestimmten dynamischen Prozeß zurückzuführen. Doch die hier vorgetragene Theorie behauptet, daß es einen gemeinsamen Nenner gibt, der viele der scheinbar so unterschiedlichen Phänomene verbindet: Eine Veränderung des „Orts-Sinns". Der Ausdruck ist ein kniffliges – wenn auch sehr ernsthaftes – Wortspiel. Es ist knifflig, weil der Begriff „Sinn" und das Wort „Ort" jeweils zwei verschiedene Bedeutungen haben: „Sinn" bezieht sich sowohl auf Wahrnehmungen wie auf Logik; „Ort" bedeutet sowohl soziale Position als auch physische Befindlichkeit. Das Wortspiel ist ernsthaft, weil jede dieser vier Bedeutungen ein wichtiges Konzept der Theorie darstellt. Ihre Kombination bildet die Grundlage für die zwei wichtigsten Argumente in diesem Buch: 1. Soziale Rollen (das heißt, der soziale „Ort") können nur in Begriffen von sozialen Situationen verstanden werden, die bis vor kurzem an physische Orte gebunden waren; und 2. Die Logik situativen Verhaltens hat viel mit den Mustern des Informationsflusses zu tun, daß heißt mit den menschlichen Sinnen und ihren technologischen Erweiterungen. Die Weiterentwicklung der Medien hat die Logik der sozialen Ordnung verändert, indem die Beziehung zwischen physischem Ort und sozialem Ort umgestaltet wurde und die Art und Weise, wie wir soziale Informationen übermitteln und erhalten, sich gewandelt hat.

Ich habe in diesem Buch die Meinung vertreten, daß die elektronischen Medien, insbesondere das Fernsehen, eine ungeheure Auswirkung auf den Ortssinn haben. Sie haben vorher getrennte soziale Situationen kombiniert, die Trennungslinie zwischen privatem und öffentlichem Verhalten zugunsten des privaten verschoben und die Beziehung zwischen sozialen Situationen und physischen Orten geschwächt. Die Logik der situativen Verhaltensmuster in einer printorientierten Gesellschaft hat sich daher radikal umgekehrt. Viele Amerikaner wissen vielleicht heute nicht mehr, „wo ihr Ort ist", weil die traditionellen Wesensmerkmale des „Ortes" durch die elektronischen Medien aufgespalten wurden.

Wo immer man heute ist – zuhause, bei der Arbeit oder in einem Auto – man kann sich einschalten und mit anderen Menschen in Kontakt treten.

Die größte Auswirkung hatte dieser Wandel auf solche gesellschaftlichen Gruppen, die wir früher danach definiert haben, daß sie physisch an bestimmten Orten isoliert waren – Küchen, Spielplätze, Gefängnisse, Klöster usw. Doch die veränderte Beziehung zwischen physischem und sozialem Ort hat fast jede soziale Rolle verändert. Unsere Welt mag plötzlich vielen Menschen sinnlos erscheinen, weil sie zum ersten Mal in der neueren Geschichte fast ohne jeden Ort ist.

Die Intensität der Veränderungen, insbesondere in den letzten dreißig Jahren, hängt vielleicht mit der einzigartigen Macht des Fernsehens zusammen, die Trennung zwischen „Hier" und „Dort", „Live" und „Aufgezeichnet", „Persönlich" und „Öffentlich" aufzuheben. Mehr als jedes andere elektronische Medium hat das Fernsehen die Tendenz, uns in Themen einzubeziehen, von denen wir früher dachten, daß sie uns „nichts angehen"; es läßt uns in die Gesichter von Mördern und Präsidenten sehen und macht physische Barrieren und Übergänge relativ bedeutungslos, wenn es um den Zugang zu sozialen Informationen geht. Das Fernsehen hat die Auswirkungen früherer elektronischer Medien verstärkt, indem es uns ein besseres Bild der Orte liefert, die wir durch das Radio erleben und durch das Telefon erreichen.

Die sozialen Bewegungen und Unruhen seit den späten 50er Jahren waren – so behauptet die hier vorgetragene Theorie – vielleicht Anpassungsleistungen im Verhalten, in den Einstellungen und Gesetzen, um mit und in diesen neuen sozialen Umwelten zurechtzukommen. Ein Großteil der traditionellen Unterscheidungen zwischen verschiedenen Gruppen, zwischen Menschen in verschiedenen Stadien der Sozialisation und zwischen Übergeordneten und Untergebenen basierten auf den Mustern des Informationsflusses einer Gesellschaft, in der die Printmedien dominierten. Das neue und „seltsame" Verhalten vieler einzelner Menschen oder ganze Gesellschaftsschichten könnte das Resultat einer ständigen Vermischung früher verschiedener sozialer Umwelten sein.

Das Fernsehen half dabei, den unterwürfigen Neger in den stolzen Schwarzen zu verwandeln, das „Fräulein" zur „Frau", das Kind in ein „menschliches Wesen" mit natürlichen Rechten. Das Fernsehen hat die Entstehung und den gesellschaftlichen Aufstieg hunderter von „Minderheiten" gefördert: von Menschen, die – indem sie eine größere Umwelt wahrnehmen – sich selbst als ungerechterweise isoliert und abgeschoben betrachten. Das Fernsehen hat behinderten Menschen eine gewisse Macht verliehen und sie aus ihrem Ghetto befreit, indem es ihnen trotz ihrer physischen Isolation Zugang zu gesellschaftlich relevanten Informationen verschaffte. Das Fernsehen hat den Frauen eine Sicht „nach draußen" vermittelt und ihnen damit das Gefühl gegeben, im Haus eingesperrt zu sein. Das Fernsehen hat Autoritäten geschwächt, indem es die Distanz und das Geheimnis zerstört hat, die früher deren Aura und Prestige gefördert hatten. Und das Fernsehen war in der Lage, das alles zu tun, ohne daß die Behinderten ihren Rollstuhl verlassen mußten, ohne daß die Hausfrau aufhören mußte, das Mittagessen zu kochen, und ohne zu verlangen, daß der Durchschnittsbürger aus seinem Fernsehsessel aufstand.

Indem es getrennte gesellschaftliche Gruppen miteinander ins Gespräch brachte, hat das Fernsehen jedes beliebige Thema zum interessanten Gesprächsstoff für fast jeden Bürger gemacht. Viele vorher private und isolierte Verhaltensweisen wurden auf die große öffentliche Bühne gebracht. Als Resultat wurden Handlungen, die früher in ihrer Wirkung davon abhingen, daß sie aus großer Distanz oder Isolation wahrgenommen wurden, völlig unwirksam gemacht, und Darstellungen, die auf langen und sorgfältigen Proben beruhten, wurden aus dem sozialen Repertoire gestrichen. Die erweiterte öffentliche Bühne ermöglicht fast jedem eine neue Perspektive, aus der er die Umwelt betrachten kann, und so bekommt jeder Mensch ein anderes Bild von sich selbst zurückgespiegelt.

Unsere Ärzte, unsere Polizisten, unsere Präsidenten, unsere Geheimagenten, unsere Eltern, unsere Kinder und unsere Freunde – wir alle spielen unsere Rollen auf neuen Bühnen, die neue Darstellungsformen erfordern.

Indem es ehemalige Hintergrundbereiche dem Publikum öffentlich vorführt, hat das Fernsehen als ein Instrument der Entmystifizierung gewirkt. Es hat zu einem Niedergang im Image und Prestige politischer Führungsfiguren geführt, hat den Kindern die Geheimnisse der Erwachsenenwelt verraten und den Frauen die Männerwelt enthüllt. Wenn diese Analyse stimmt, dann überrascht es nicht, daß die breite Ablehnung der traditionellen Rollen von Kind und Erwachsenem, Mann und Frau, Führer und Anhängerschaft in den späten 60er Jahren begonnen hat – bei der ersten Generation von Amerikanern, die dem Fernsehen ausgesetzt war, lange bevor sie lesen konnte. In der gemeinsamen Fernsehumwelt wissen Frauen und Männer, Kinder und Erwachsene, Geführte und Führer jetzt eine ganze Menge über das Verhalten und die sozialen Kenntnisse der jeweils anderen – sogar zu viel, als daß sie die traditionellen komplementären Rollen von Unschuld versus Allwissenheit noch spielen könnten.

Ein weiteres Thema, das dieses Buch durchzieht, ist die Neuinterpretion der Ursachen und der Bedeutung der sozialen Unruhen in den 60er Jahren. Ich habe hier eine neue Erklärung dafür vorgeschlagen, was an diesem Jahrzehnt so einzigartig war: die Aufhebung der Trennung früher separater sozialer Arenen und die Entstehung einer einzigen großen Bühne, die zu einer moralischen Neubewertung sozialen und politischen Verhaltens führte. Die heutigen sozialen Ereignisse sind – zu diesem Ergebnis komme ich in meiner Analyse – im allgemeinen eher eine Fortsetzung als eine Umkehr vieler Trends, die in den 60er Jahren begannen. Der manifeste Inhalt der Rhetorik und der Handlungen jener Zeit mögen der Vergangenheit angehören, doch die latente Struktur der Verhaltensänderungen und der vermischten Situationen existiert und wandelt sich weiter.

„Die 60er Jahre" waren zugleich weniger und mehr, als man von ihnen behauptet hat. Im Gegensatz zu dem, was viele der am Protest Beteiligten damals dachten, haben die 60er Jahre keine weltweite Utopie Wirklichkeit werden lassen, keine universelle Freiheit, Gleichheit und Frieden gebracht. Aber ebenso wenig waren sie, wie manche behaupten, nur eine vorübergehende, seltsame Erscheinung, „Schall und Rauch". Die sozialen Explosionen der 60er Jahre markierten den Übergang zwischen zwei Bereichen von sozialem Verhalten; das Leben der Menschen und der Charakter von Nationen wurden dauerhaft und grundlegend geändert. Das Verhalten, das man als abweichend und revolutionär betrachtete, hat sich durch die älteren Generationen hindurch und in das gesamte Gesellschaftssystem Amerikas verbreitet. Die Veränderungen stehen zwar nicht in Übereinstimmung mit den Idealen und dem moralischen Impetus „der Bewegung", doch sie sind Anpassungsleistungen gewesen an denselben Wandel der sozialen Arenen, der zu weitverbreitetem Dissens und Protest geführt hatte.

Die Öffnung von geschlossenen Situationen ist eine Umkehrung eines mehrere hundert Jahre alten Trends. Wie Michel Foucault so brillant in *Disziplin und Strafe* vorgetragen hat, verdichteten sich die Membranen um die Gefängnisse, die Krankenhäuser, die Kasernen, die Fabriken und die Schulen mehrere jahrhundertelang. Foucault beschreibt, wie Menschen immer mehr an verschiedenen Orten isoliert wurden, um sie zu Gruppen mit jeweils einzigartigen Identitäten zu formen („Schüler", „Arbeiter", „Gefangene", „Geisteskranke" etc.). Die einzelnen Gruppenmitglieder waren in dieser Hinsicht austauschbare Teile. Und selbst die jeweilige Identität der Gruppe wurde subsumiert unter das größere soziale System konsistenter, linear verbundener und hierarchisch arrangierter Einheiten.[1] Doch Foucault nahm die heutige Gegenbewegung nicht wahr. Die alte soziale Ordnung hielt die Menschen in ihren „besonderen Bereichen" getrennt, um die Individuen zu Elementen einer größeren sozialen Maschinerie gleichzuschalten, doch der gegenwärtige Trend geht in Richtung auf die Integration aller Gruppen in einen gemeinsamen Bereich und ist mit einer neuen Erkenntnis über die besonderen Bedürfnisse und Eigenschaften einzelner Menschen verbunden.

Das Leben im 19. Jahrhundert enthielt zahlreiche isolierte Situationen und hielt eine Vielzahl isolierter Verhaltensweisen und Einstellungen aufrecht. Die gegenwärtige Vermischung von Situationen ist nicht nur die Summe all dessen, was wir vorher hatten, sondern führt zu neuen, synthetischen Verhaltensweisen, die qualitativ anders sind als alle vorherigen. Wenn wir die Hochzeit unserer Tochter feiern und es die einzige „Erfahrung" des Tages ist, dann mag unsere Freude unbändig sein. Doch wenn wir auf unserem Weg zur Hochzeit im Radio von einem verheerenden Erdbeben hören oder von dem Tod eines populären Quizmasters oder der Ermordung eines Politikers, dann verlieren wir nicht nur einerseits unsere Fähigkeit, uns voll und ganz zu freuen, sondern andererseits auch unsere Fähigkeit, tief zu trauern. Die elektronische Kombination vieler unterschiedlicher Interaktionsstile aus getrennten Bereichen führt zu neuen Verhaltensweisen des „mittleren Bereichs", die zwar Elemente früher getrennter Rollen enthalten, doch selbst auch neue Verhaltensmuster darstellen, die mit neuen Erfahrungen und Emotionen einhergehen.

Vorbei ist es daher mit den „speziellen" Verhaltensweisen vieler Menschen, jene, die früher einhergingen mit getrennten und isolierten Interaktionen. Vorbei ist die große Emphase, die leidenschaftliche überwältigende Liebe, der grenzenlose Haß, die dramatischen Flüche und das überschwengliche Lob. Unbändige Freude und grenzenloses Unglück können nicht am selben Ort zur gleichen Zeit existieren. Wenn sich die Situationen vermischen, verschmilzt das heiße Erröten und der eisige Blick zu einem „coolen" Gesichtsausdruck, der dem mittleren Bereich angehört. Der Unterschied zwischen der Wirklichkeit getrennter Situationen gegenüber der Realität von Verhaltensweisen in gemischten Situationen ist genauso groß wie der Unterschied zwischen der Vorstellung des 19. Jahrhunderts, daß ein Mann eine tugendhafte Ehefrau und eine Mätresse haben kann, und die Vorstellung des 20. Jahrhunderts von „offenen" oder „wilden" Ehen, Partnertausch und serieller Monogamie. Das viktorianische Zeitalter – der Höhepunkt der von

Printmedien beherrschten Kultur – war eine Zeit der „Geheimnisse". Die Menschen waren fasziniert von den zahlreichen Schichten und Tiefen des Lebens: Geheimtüren, Skelette im Schrank, Masken über Masken. Doch die Faszination verleitete die Menschen im viktorianischen Zeitalter nicht dazu, die Geheimnisse zu lüften und sie damit zu zerstören, sondern man förderte sie statt dessen, als natürlichen Bestandteil der gesellschaftlichen Ordnung. Die Skelette sollten im Schrank bleiben, Geschlechtsverkehr sich hinter geschlossenen Türen abspielen (damit man ihn vielleicht durch Schlüssellöcher beobachten konnte), und skandalöse Handlungen mußten vor neugierigen Blicken geschützt bleiben. Die seltenen Eröffnungen und Entdeckungen waren faszinierend – und implizite Hinweise auf die grenzenlose, noch unentdeckte Wirklichkeit.[2]

Unser eigenes Zeitalter ist demgegenüber vom Kult der Enthüllungen fasziniert. Tatsächlich scheint uns der *Akt* der Enthüllung selbst mehr zu erregen als der Inhalt der enthüllten Geheimnisse. Dadurch, daß dauernd Schichten sozialen Verhaltens aufgedeckt werden, ist der „Skandal" und die Entlarvung des „tiefen dunklen Geheimnisses" zum alltäglichen Ereignis geworden. Ironischerweise ist das, was aus den Schränken hervorgezerrt wird, scheinbar grandiose oder gruselige Geheimnisse enthält, letztlich die „Banalität" von allem und jedem. Das Ungewöhnliche wird gewöhnlich: Berühmte Stars mißbrauchen ihre Kinder, Präsidenten haben Hämorrhoiden, Päpste leiden unter Depressionen, Parlamentsabgeordnete gehen mit ihren Sekretärinnen ins Bett.

Immer noch hungern wir nach Helden, und vielleicht ist unsere Suche nach dem, was hinter den sozialen Masken steckt, erfüllt von der Hoffnung, einfach Menschen zu endecken, deren Privatleben so bewundernswert ist wie ihr öffentliches. Doch da die meisten Menschen, die Überragendes in unserer Kultur leisten, zu lange unter schärfster Beobachtung stehen, um in unseren Augen „sauber" zu bleiben, haben wir auch damit begonnen, uns auf Menschen zu konzentrieren, die eine einzige großartige Geste machen oder eine einzige mutige Tat tun, die sich nicht in Frage stellen läßt. Unsere neuen Helden sind Männer und Frauen wie Lenny Skutnik, der vor den Fernsehkameras ins eisige Wasser sprang, um Überlebende eines Flugzeugabsturzes zu finden, oder Reginald Andrews, der einem blinden Mann das Leben rettete, als er ihn von den Gleisen der New Yorker U-Bahn zog. Beide Männer wurden vom Präsidenten der Vereinigten Staaten als Helden geehrt.[3] Wir können solche isolierten heroischen Handlungen bewundern; die Vergangenheit und Zukunft solcher Helden bleibt glücklicherweise irrelevant und unsichtbar.

Obwohl ich mich in diesem Buch auf den *Wandel* konzentriert habe, bin ich mir doch bewußt, daß hinter vielen offensichtlichen sozialen Veränderungen der größte Teil unserer sozialen Ordnung unberührt bleibt. Es gibt weiterhin viele Unterschiede hinsichtlich der Gruppenidentität, unterschiedliche Stadien der Sozialisation und verschiedene hierarchische Ränge trotz des Trends, alle gleich zu machen. (Und nachdem der Pulverdampf revolutionärer Vermischungen unserer sozialen Rollen verraucht ist, werden wir wahrscheinlich auch viele Unterschiede zwischen uns neu entdecken.) Und weiter: Während die elektronischen Medien viele soziale Situationen vermischt haben, sind doch unmittelbare physische Anwesenheit und die gegenseitige Beobachtung immer noch die wichtigsten Mittel, soziale Erfahrungen zu machen. Und unabhängig vom Zugang zu den Medien sind das Leben in einem Ghetto, in einer Gefängniszelle oder einem Mittelschichts-Vorort sicherlich keine „gleichwertigen" sozialen Erfahrungen. Nichtsdestoweniger haben sich die Rollen und Orte dramatisch verändert und die Analyse, wie und warum sie sich verändert haben, hilft uns dabei, viele soziale Erscheinungen zu erklären, die auf andere Art nicht so leicht erklärbar wären. Wenn auch die Vermischung von Lebensbereichen durch die elektronischen Medien nicht jedem Menschen dasselbe Wissen und dieselbe Weisheit vermittelt hat, so wurde doch die Mystifikation anderer Menschen und anderer Ort brüchig. Die Printmedien existieren immer noch und enthalten viele Geheimnisse, die jenen vorbehalten sind, die sie beherrschen; doch viele „Geheimnisse, wie man ein Geheimnis hütet" wurden in aller Öffentlichkeit enthüllt.

Die gewandelten Vorstellungen über Geheimnisse und Orte, über Geschlechtertrennung, die Unschuld eines Kindes und über Autoritäten kann man alle bei einem einzigen sozialen Ereignis beobachten: Der Geburt eines neuen menschlichen Wesens. Vor noch nicht allzu langer Zeit war diese soziale Szene durch voneinander stark isolierte Umwelten gekennzeichnet. Schwangere Frauen mußten sich aus der Öffentlichkeit entfernen. Ehemänner hatten mit der Schwangerschaft wenig zu tun. Wenn es dann „soweit war", ging der Vater nervös in einem vom Kreißsaal isolierten Wartezimmer auf und ab; die werdende Mutter wurde durch Medikamente aus der Geburtssituation „entfernt"; kleine Kinder durften nicht ins Krankenhaus und wurden oft noch weiter isoliert, indem man ihnen bewußt vorenthielt, was Schwangerschaft und Geburt überhaupt war. Die Macht über die Geburtssituation lag in den Händen allmächtiger Ärzte, deren Autorität es ihnen erlaubte, Natur und Neugier und Mutterliebe außer acht zu lassen, wenn sie das unter

Drogen gesetzte Kind aus dem Bauch der Mutter in einen kalten, gekachelten Kreißsaal zerrten.

Heute hat sich das Bild stark verändert. Schwangerschaft und Geburt sind „Familienangelegenheiten" geworden; Väter und Kinder sind oft voll daran beteiligt. Einer neuen Grammatik zufolge heißt es: *„Wir* sind schwanger", und es ist heute durchaus üblich, daß Väter und Mütter „Geburtsvorbereitungskurse" gemeinsam besuchen, und daß Väter bei der Entbindung anwesend sind und der Mutter helfen.[4] Schon zweijährige Geschwister können einbezogen werden, indem sie besondere „Geschwister-Vorbereitungskurse" absolvieren, das Krankenhaus besuchen und in manchen Fällen sogar bei der Entbindung selbst anwesend sind.[5]

Immer stärker sehen sich Ärzte und Krankenschwestern mehr als „Pädagogen" denn als „Autoritäten";[6] man erwartet von der Familie, daß *sie* die letzte Entscheidung über die Einzelheiten der Geburt trifft. Als Reaktion auf Krankenhäuser und auf medizinisches Personal, die den Familien nicht erlauben wollen, ihre eigenen „Geburts-Bedingungen" zu bestimmen, entscheiden sich viele Mittelschichtsfamilien für Hausgeburt mit Hebammen. Andere gehen in „alternative Geburtskliniken", eine Mischung aus Krankenhaus und Hotel. Doch der wichtigste Trend geht dahin, daß die allgemeinen Krankenhäuser die Unterschiede zwischen Kreißsaal und häuslichem Schlafzimmer verwischen. Viele Krankenhäuser haben besondere „Geburtszimmer" eingerichtet, die dem heimischen Schlafzimmer ähnlich sehen sollen. Manche haben Doppelbetten, Blumentapeten, Teppiche und Sessel. Die technische Ausrüstung für die Geburt ist vorhanden, doch sie wird, bis sie gebraucht wird, außer Sichtweite gehalten.[7] Die „Besonderheit" des Ortes, an dem die Geburt heute stattfindet, wird weiter vermindert durch den immer populäreren Trend, die Geburt zu fotografieren, zu filmen oder auf Video aufzunehmen – so daß die Erfahrung aus der Klinik „mitgenommen" wird und man sie mit den Freunden, der Familie und vielleicht sogar später dem Kind selbst teilen kann.

Ordnung, nicht Chaos

Die hier vorgenommene Analyse geht davon aus, daß die neue soziale Ordnung tatsächlich eine neue *Ordnung* ist, und nicht eine zufällige oder chaotische Variation des alten sozialen Systems.

Sicherlich sind die alten Strukturen zusammengebrochen, doch ein neues Verständnis der Beziehung zwischen Situationen und Verhaltensweisen legt nahe, daß es Perioden und Gründe für die Veränderung und für die neuen Strukturen gibt. Darüber hinaus weisen Richtung und Art der Veränderung klar darauf hin, daß die alten Konventionen keine „natürliche" oder „gottgegebene" soziale Ordnung waren, sondern auf willkürlichen Unterscheidungen zwischen sozialen Situationen basierten – Unterscheidungen, die zumindest teilweise durch Merkmale der Print-Kultur gefördert wurden. Tatsächlich wurden viele der sich derzeit wandelnden Rollen und Institutionen in der gleichen Zeit gebildet oder in ihrem Wesen gestärkt, als immer mehr Menschen Lesen und Schreiben lernten und sich die Printerzeugnisse in der jeweiligen Muttersprache verbreiteten.

Die relativ isolierte Kleinfamilie mit einer stark dominierenden Ehemann-Vater-Figur und einer gehorsamen und unterwürfigen Ehefrau entstand zunächst in England im 16. und 17. Jahrhundert, nachdem ein Jahrtausend lang die Familie als Gemeinschaft von Verwandten existiert hatte. Ähnlich entwickelte sich die Vorstellung vom Kind als schwachem, schutzbedürftigem Wesen, das besonderer Aufmerksamkeit und Instruktion bedarf, zuerst im 16. Jahrhundert bei den Schichten, die lesen und schreiben konnten, und erreichte ihren Höhepunkt im 19. Jahrhundert, als die Schriftkultur und das Schulwesen sich auch in den unteren Schichten durchgesetzt hatte. Und auch die Vorstellung eines abgehobenen mächtigen Führers entwickelte sich im 16. und 17. Jahrhundert. Vor dem 16. Jahrhundert war das soziale Leben sehr viel stärker lokal begrenzt und beruhte mehr auf der Gemeinschaft in der Gemeinde.

Die neuen Beziehungen waren auf jeden Fall zunächst feindlicher Natur: grausame, autoritäre, patriarchalische Herrschaft über Frauen, ein starkes Bedürfnis danach, den Willen der Kinder zu brechen, und absolute Kontrolle gottgleicher Monarchen über ihre Untertanen. Später jedoch wurden diese Beziehungen mehr von Zuwendung bestimmt: Ehen gründeten auf gegenseitiger Zuneigung und Respekt, man sorgte sich liebevoll um die Kinder, und die absolute Monarchie verschwand zugunsten der repräsentativen Demokratie. Doch selbst dieses zweite Stadium war charakterisiert durch „getrennte und ungleiche" Status-Situationen. Gegenwärtig erleben wir eine auffällige Umkehr solcher Trennungen dahingehend, daß sich die Rechte und Rollen von Ehemännern und Ehefrauen, von Kindern und Erwachsenen vermischen, und daß die Idee der „dezentralen politischen Kontrolle durch die Gemeinde" wieder auflebt.

Während also von den Rollenveränderungen, die ich hier beschrieben habe, oft die eine als Ursache für die andere betrachtet wird, geht meine Analyse davon aus, daß sie *alle* möglicherweise von ähnlichen Kräften beeinflußt worden sind. Die Isolation der Frauen im häuslichen Bereich wird manchmal als Ursache für ihr intensives Interesse an den Bedürfnissen und dem Schutz der Kinder betrachtet; und manchmal wird die neue Vorstellung über das Wesen der Kinder als Ursache für die neue Ideologie häuslicher Weiblichkeit angesehen. Umgekehrt machen viele Konservative heute die berufstätigen Mütter und die Frauenbewegung dafür verantwortlich, daß die „Unschuld der Kindheit" verlorengegangen sei. Doch die hier vertretene Theorie weist darauf hin, daß sowohl die Entstehung als auch der Niedergang der Kindheit ebenso wie die Einschränkung und das Wiedererstarken der Rechte der Frauen und ihre Beteiligung am öffentlichen Leben eng verbunden sind mit wesentlichen Veränderungen in der Kommunikationstechnologie der jeweiligen Zeit. Die Alphabetisierung mit ihrer Betonung auf hierarchiesches und folgerichtiges Denken unterstützt die lineare Hierarchie der Herrschaft, mit Gottvater an der Spitze, über einen starken, zentralen, nationalen Führer bis zum Vater, der für seine Frau und für seine Kinder der „Gott" war. Das immer abhängigere lese- und schreibunfähige Kind wurde der Fürsorge einer kaum mit diesen Fähigkeiten vertrauten Frau überlassen.[8] Seit die neuen Kommunikationsmittel die Hierarchie und das sequentielle Denken durcheinanderbrachten, werden wir Zeugen einer Neu-Integration vieler vorher strikt getrennter sozialer Rollen.

Die neuen Informationssysteme, die durch die Alphabetisierung entstanden, schufen eine Distanz zwischen Männern und Frauen, Erwachsenen und Kindern, Führern und dem gemeinen Volk. Die Printmedien förderten die Entstehung von „Verhaltens-Instruktionen" für Fürsten und Priester (wie sie etwa Machiavelli und Gracian geschrieben haben) und führten zur Publikation vieler Benimm-Handbücher, die Menschen verschiedener Altersgruppen und jeweils eines Geschlechts zur Zielgruppe hatten.

Das 16. Jahrhundert erlebte auch einen deutlichen Sinneswandel, was den „richtigen Ort" und das richtige Ausmaß an „Durchlässigkeit" des häuslichen Bereichs anging. Historiker haben festgestellt, daß es im Übergang zwischen dem vormodernen und dem modernen Zeitalter einen neuen Sinn für „Grenzen" gab, die das Öffentliche und das Private, das Häusliche und das Politische, die Familie und die Gemeinschaft voneinander trennten.[9] In unserer Zeit stellen wir eine drastische Umkehr dieses Trends fest.

So wie im späten Mittelalter die Macht eines Ehemanns über seine Frau dadurch geschmälert wurde, daß der häusliche Bereich von außen einsehbar und zugänglich war, so erlebt die Vorstellung von der „väterlichen Gewalt" eines Mannes in der letzten Zeit einen Niedergang. Denn gleichgültig, wie sehr die Privatwohnung von anderen Wohnungen und anderen Menschen isoliert ist – die Telefonseelsorge, der Notruf für vergewaltigte Frauen, ein Rechtsanwalt und die Polizei befinden sich nur wenige Fingerbewegungen entfernt. Da Telefone, Radios, Fernseher und Computer die Privatwohnung immer mehr mit der Außenwelt verbinden, vermischen sich von außen aufgezwungene Verhaltensnormen immer stärker mit denen, die innerhalb der häuslichen Gemeinschaft gelten. Das Wohnzimmer, die Küche und das Schlafzimmer werden in den größeren öffentlichen Bereich integriert. Die Politisierung des Persönlichen hat Hausarbeit als „unbezahlte Arbeit" umdefiniert, für die eine Frau in einem Scheidungsverfahren einen „Lohn" verlangen kann. Ähnlich ist es mit der Vorstellung von der „Vergewaltigung in der Ehe", auch sie verweist auf die Vermischung zwischen öffentlichen und privaten Bereichen. Was mehrere Jahrhunderte lang als die rechtmäßige „Züchtigung" einer Frau durch ihren Mann oder einfach als „eheliche Pflicht" der Frau galt, vor allem wenn es in der Privatsphäre der eigenen Wohnung geschah, wird heute als krimineller Mißbrauch verstanden. Und jüngst hat eine kriminologische Studie über Fälschungen, Diebstählen und Anschläge die folgenden Arten von „kriminellen Handlungen" untersucht:

Wenn ein Kind die Unterschrift eines Elternteils auf einem Dokument fälscht, wenn ein Kind Geld aus dem Portemonnaie seiner Mutter stiehlt, und wenn ein Bruder seine Schwester während eines Familienstreits schlägt.[10]

Dies sind nur einige der zahlreichen Hinweise dafür, daß Handlungen und Ereignisse immer weniger nach dem besonderen physischen Bereich beurteilt werden, in dem sie stattfinden.

Jäger und Sammler im Informations-Zeitalter

In dem Ausmaß, in dem die elektronischen Medien viele früher getrennte Lebensbereiche wieder vereinigen, kehren wir vielleicht zu einer noch älteren Gesellschaftsform zurück als der des späten Mittelalters. Viele der Merkmale unseres „Informationszeitalters" lassen uns der primitivsten sozialen und politischen Gesellschaftsform ähnlich werden: der Jäger- und Sammler-Gesellschaft. Als Nomaden haben Jäger und Sammler keine enge Beziehung zum Territorium. Auch sie haben wenig „Orts-Sinn", bestimmte Aktivitäten und Verhaltensweisen sind nicht eng an bestimmte physische Bereiche gebunden.[11]

Das Fehlen von Grenzen sowohl in der Gesellschaft der Jäger und Sammler als auch in der elektronischen Gesellschaft führt zu vielen verblüffenden Parallelen. Von allen bekannten Gesellschaftsformen vor unserer eigenen war die der Jäger und Sammler am stärksten egalitär ausgerichtet, was die Rollen von Männern und Frauen, Kindern und Erwachsenen, Führern und Gefolgschaft angeht.[12] Die Schwierigkeit, sich an „vielen getrennten Orten" oder in unterschiedlichen sozialen Bereichen zurechtzufinden, führt dazu, daß sich jeder in die Angelegenheiten der anderen einmischen muß.

Obwohl es zwischen Männern und Frauen der Jäger- und Sammler-Kultur gewöhnlich eine Arbeitsteilung gibt, ist sie nicht so scharf wie in Agrargesellschaften, und wer die Arbeit des anderen Geschlechts verrichtet, wird dafür nicht abgewertet. In vielen Jäger- und Sammler-Gesellschaften übernehmen Frauen eine aktive Rolle, für den Lebensunterhalt der Familie zu sorgen, Kindererziehung wird als Verantwortungsbereich der ganzen Gemeinschaft betrachtet, und sowohl von Männern als auch von Frauen wird erwartet, daß sie sanft, umgänglich und nicht konkurrenzorientiert sind.[13] Aufgrund der Unmöglichkeit, die häusliche Sphäre von der öffentlichen zu trennen, können Männer in Jäger- und Sammler-Gesellschaften keine Aura und keine Distanz aufbauen, und Frauen sind an öffentlichen Entscheidungen beteiligt.[14] Wie in unserer eigenen Gesellschaft schlichtet die Gemeinschaft in Jäger- und Sammler-Kulturen oft private Streitigkeiten zwischen Ehemann und Ehefrau.[15]

Aufgrund der Offenheit aller Lebensbereiche sind die Kinder der Jäger und Sammler nicht scharf in Alters- oder Geschlechts-Gruppen getrennt, und sie werden auch gewöhnlich nicht isoliert von den Aktivitäten der Erwachsenen. Sexuelle Spiele sind bei Kindern und Jugendlichen üblich und schließen manchmal den Geschlechtsverkehr ein.[16] Wie viele der heutigen Eltern betonen die Jäger und Sammler, daß Kinder sich auf sich selbst verlassen müssen, statt Erwachsenen zu gehorchen, und sie wenden gewöhnlich keine körperlichen Strafen an.[17]

In den Jäger- und Sammler-Gesellschaften finden Spiel und Arbeit oft im selben Bereich statt und enthalten ähnliche Aktivitäten. Kinder beobachten und spielen während der Arbeit des Jagens und Sammelns.[18] Ähnlich haben sich Arbeit und Spiel auch in unserem elektronischen Zeitalter zu vermischen begonnen. Sowohl Kinder als auch Erwachsene verbringen heute viele Stunden in der Woche vor dem Bildschirm eines Terminals, wo Videospiele und elektronische Arbeitsanweisungen einander abwechseln. Und weiter: Wie die jungen Computer-„Hacker" demonstriert haben, findet das Kinderspiel heute oft im selben öffentlichen Bereich statt wie die Arbeit ihrer Eltern – im Dschungel nationaler und internationaler Informations-Netzwerke.

Da die Führer in Jäger- und Sammler-Gesellschaften sich nicht von denen entfernen können, die sie führen, muß ein Führungsanspruch – in dem Ausmaß, wie er überhaupt existiert – eher durch Überredung und Überzeugung als durch Zwang umgesetzt werden. Der Führer kann sich nicht „absetzen"; er muß seine Autorität dadurch gewinnen, daß er „das beste Beispiel gibt, indem er am härtesten arbeitet und am meisten mit den anderen teilt".[19] Für Jäger und Sammler ist wie für uns eine Demonstration von Herrschaft oft eher eine Bürde als ein Privileg. In beiden Gesellschaften erwartet man selbst von anerkannten Führungsfiguren nicht, daß sie Entscheidungen allein treffen oder sie denen aufzwingen, die nicht damit einverstanden sind.

Es gibte viele Ähnlichkeiten zwischen den Normen von Jägern und Sammlern und unseren neu entwickelten Verhaltensmustern. In beiden Formen sozialer Organisation basiert die Ehe oft auf gegenseitiger Zuneigung statt auf Verwandtschaftsbeziehungen, die Ehen werden leicht arrangiert und schnell beendet, und vorehelicher Sex und serielle Monogamie sind verbreitet. Genau wie Frauen heutzutage immer häufiger ihren Mädchennamen nach der Ehe behalten, so erkennen die Jäger und Sammler oft die Verwandschaft durch die Familie sowohl der Mütter als auch der Väter an.[20] Und verglichen mit anderen Formen sozialer Organisation, haben sowohl wir als auch die Jäger und Sammler nur wenige komplizierte oder langdauernde Initiationsriten.[21]*

Eine Möglichkeit, uns selbst zu charakterisieren, ist also die, uns als „Jäger und Sammler im Informationszeitalter" zu betrachten. Unser gemeinsames Interaktionsfeld ist eher nach Information als physisch gegliedert, doch es bringt ähnliche Schwierigkeiten mit sich, klar zwischen Geschlecht, Alter und hierarchischem Status zu unterscheiden. Wir lösen uns weitgehend aus der Abhängigkeit früherer Generationen von physischen

* Wenn die normalerweise nomadischen Jäger und Sammler seßhaft werden und sich an bestimmte Orte binden, verlieren sie viele ihrer Merkmale: Die Autonomie der Frauen sowie ihre Mobilität und ihr Einfluß nehmen deutlich ab; die Arbeit wird viel deutlicher geschlechtstypisch geprägt; die Sozialisationserfahrung von Jungen und Mädchen werden immer unähnlicher; die Männer versammeln sich in gesonderten Räumen im Dorf, um dort ihre Politik zu machen; und es gibt mehr geschlechtsspezifische Trennungen im Haushalt und ein größeres Privatleben.[22]

Orten als wichtigste Bestimmungsgröße für den Zugang zu Menschen und Informationen. Anders als Stämme mit besonderen Hütten und geheiligten Orten, Männerbereichen und Frauenbereichen, Erwachsenengebieten und Kinderspielplätzen ist unsere Kultur im wesentlichen ortsungebunden strukturiert.

Unser fortgeschrittener technologischer Status erlaubt es uns, statt Nahrung Informationen zu jagen und zu sammeln. Wie die Jäger und Sammler, die ganz selbstverständlich davon ausgehen, daß es „da draußen" genug Nahrung für alle gibt, und die daher nur eben gerade genug jagen und sammeln, wie sie sofort konsumieren wollen, werden wir immer mehr zu einer „Informationsgesellschaft mit Subsistenzwirtschaft". Statt uns damit zu beschäftigen, Wissen in unserem Gedächtnis oder in unseren Wohnungen für lange Zeit zu speichern, beginnen viele von uns zu glauben, daß es „da draußen" Informationen zur Genüge gibt und also einzelne Menschen sich nicht die Mühe machen brauchen, sie zu speichern.

Unsere Kinder singen „We don't need no education"[23], und viele Wissenschaftler geben sich nicht länger damit ab, die langen linearen Argumente zu sammeln und in ihrem Kopf zu speichern, die im Zeitalter der Printmedien neue Endeckungen mit alten verbunden haben und in die Zukunft wiesen. Statt dessen wird der Computer immer stärker zum unendlichen Dschungel aus Bits und „Datenbröckchen" (allerdings ein Dschungel, der von uns geschaffen und gehegt wird). Wir jagen hinter Daten her, sammeln und analysieren sie, wenn uns der Appetit auf Korrelationen überkommt. Die gefundenen Verbindungen werden oft sofort konsumiert und verdaut, ohne sie gewissenhaft mit anderen Wissensbeständen oder Gedanken zu verbinden.

Die Vorstellung, daß wir zu einer primitiven Ära oder auch selbst nur zu einer Ära vor dem Printzeitalter in Westeuropa „zurückkehren", ist natürlich zu vereinfacht, aus mehreren Gründen. Anders als die prämodernen Zivilisationen bleiben wir stark von der Schriftkultur abhängig, und zwar sowohl in unserer Art, wie wir Informationen sammeln, als auch in unserer Denkweise. Das elektronische Zeitalter ist der „Printkultur" entwachsen und enthält doch noch viele ihrer Züge.[24] Unterschiede in der Fähigkeit, lesen und schreiben zu können, trennen daher weiterhin Kinder von Erwachsenen und teilen Menschen in verschiedene soziale Kategorien ein. Unsere weniger exklusive Abhängigkeit vom Gedruckten und von Literatur hat jedoch die sozialen Unterschiede zwischen Menschen in verschiedenen Stadien der Lese- und Rechtschreibfähigkeit verringert. Wir gehen also eher spiralförmig vorwärts, als in einem Kreis zurück. Wir gewinnen einige Eigenschaften der prämodernen Welt zurück, während wir in Richtung auf eine neue Grenze vorstoßen.

Gut oder schlecht ? – Wirklich oder unwirklich?

Manche Menschen mißverstehen jede Diskussion über den „Zusammenbruch zwischenmenschlicher Grenzen" als Prophezeiung einer utopischen Gesellschaft der Harmonie und Einheit. Doch das war hier kein Thema. Ich stimme Lewis Mumfords 1934 getroffenen Aussage zu, daß die Menschen „dazu neigen, mehr aus der Distanz sozialisiert zu werden als in ihrem unmittelbaren, begrenzten und lokalen Bereich: Ihr zwischenmenschlicher Verkehr gedeiht manchmal am besten – wie der Tauschhandel zwischen wilden Völkern –, wenn keine Gruppe sichtbar für die andere ist".[25]

Wenn Menschen dieselbe Umwelt miteinander teilen, nehmen sie häufig mehr Unterschiede untereinander wahr, als wenn sie weit entfernt voneinander leben. Familienangehörige, die zusammenleben und grundlegend ähnliche Erfahrungen machen, streiten oft über kleine Unterschiede in ihrem Verhalten und in ihren Einstellungen. Doch wenn ein Kind von zu Hause weggeht und in eine ganz andere Umgebung eintritt, dort einen Lebensstil annimmt, der sich tatsächlich sehr von den Wertvorstellungen und Handlungen seiner Eltern unterscheidet, dann macht die *Distanz* zwischen dem Zuhause der Eltern und dem des Kindes es den Familienangehörigen oft möglich, sehr gut miteinander auszukommen.

In derselben Umwelt zusammenzuleben, macht Familienangehörige einander ähnlicher, als wenn sie getrennt leben, doch *Unterschiede zwischen Menschen sind oft am besten zu sehen, wenn die Unterschiede am wenigsten präsent sind und am meisten präsent, wenn sie am wenigsten zu sehen sind.* Aus dem gleichen Grund ist die neue Informationsumwelt, die den ganzen Globus umfaßt, nicht notwendigerweise friedvoller oder harmonischer als eine sich zankende Familie – doch wie eine große Familie befinden wir uns alle in einer ähnlichen Umwelt, und unser Grad an gegenseitiger Abhängigkeit ist höher, als er jemals zuvor war.

Zwar sind viele Regionen der Erde für uns „wissensmäßig" weit entfernt, und politische und ökonomische Faktoren filtern viele uns im Prinzip zugängliche Botschaften aus unseren Informationskanälen aus; dennoch sind wir einem überwältigenden Spektrum an Informationen von überall her ausgesetzt. Leider führt die Betrachtung von Massakern, Hungersnöten und Unterdrückung nicht unbedingt zu aktiven Versuchen, die Dinge zum Besseren zu wenden. Warum nicht? Verglichen mit der informativ beschränkten Vergangenheit ist vielleicht die Tatsache, Schrecken und Skandalen und Massakern *ausgesetzt* zu sein, selbst von gewisser Symbolkraft. Wir bekommen oft das Gefühl, wenn einfach nur über ein schreckliches Ereignis berichtet wird, dann wird das schon zu seinem Ende führen. *Irgend jemand* wird sicherlich etwas dagegen tun![26] In vielen Fällen hat ein Einstellungswandel die Handlung und die Veröffentlichung von Meinungsumfragen die Demonstration ersetzt. Jetzt, wo unsere Medien immer mehr Probleme überall auf der Welt aufdecken und sie in unser Bewußtsein rücken, ist es dem einzelnen Menschen unmöglich geworden, alle Themen in sich aufzunehmen oder darauf zu reagieren. Wenn eine arme Frau an Ihre Haustür klopft, während sie gerade zu Mittag essen, dann laden Sie sie vielleicht ein, mitzuessen; wenn ein paar Minuten später ein gestrandeter Autofahrer bei ihnen anklopft, werden sie wahrscheinlich nichts dagegen haben, daß er Ihr Telefon benutzt, um einen Pannendienst anzurufen. Doch wenn zwanzig oder hundert hungrige, müde oder auf andere Weise bedürftige Menschen Ihre Straße entlang wandern, dann könnte es sein, daß Sie – *dieselbe mitempfindende Person* – Ihre Tür verbarrikadieren.

Wir sind uns immer stärker der Probleme anderer Menschen bewußt, doch gleichzeitig haben wir Angst davor, sie könnten unsere persönliche Energiequelle anzapfen. Wenn alle Probleme relativ gleich dringlich erscheinen, überrascht es nicht, daß viele Menschen dazu übergehen, sich der „Nummer eins" zuzuwenden – sich selbst. In diesem Sinne ist der heutige Egoismus vielleicht das logische Endergebnis des erweiterten Bewußtseins über die Welt und ihre Probleme, desselben Bewußtseins, das die Jugend in den 60er Jahren moralisch so aufbrachte und zum politischen Protest führte.

Als ich unsere neuen Situationen und Verhaltensweisen beschrieb, habe ich versucht, jedes Werturteil über den geschilderten gesellschaftlichen Wandel zu vermeiden. Ich habe das nicht nur aus dem gewöhnlich vorgebrachten Grund gemacht, daß eine objektive Analyse gründlicher sein kann und sollte, bevor man die Brille der Bewertung aufsetzt, sondern auch, weil die Vorstellung von Moral und Ethik auch durch situative Variablen verändert wird.

In einer ganz bestimmten Situation loben wir vielleicht einen Menschen dafür, daß er einem verletzten streunenden Hund hilft. Doch wenn in einer anderen Situation sowohl ein hungriges Kind als auch ein hungriger Hund auf Hilfe warten, sind wir entrüstet über eine Person, die das Kind übersieht und den Hund füttert. Doch wir kommen wohl kaum auf die Idee, den Menschen in der ersten Situation dafür zu verurteilen, daß er die Straßen und Situationen meidet, wo hungrige Kinder leben. Wir bewerten Handlungen nach den Grenzen und Definitionen von Situationen. Die meisten Verhaltensweisen, selbst das Töten, sind sozial und religiös sanktioniert, wenn sie in dem angemessenen sozialen Kontext ausgeführt werden („Krieg" oder „Exekution" zum Beispiel). Sowohl in der Fortpflanzung wie in der Pornografie sind oft ähnliche *Verhaltensweisen* beteiligt, doch sie geschehen in verschiedenen *Situationen*. Die Moral vieler Handlungen hängt davon ab, wo, wann und vor wem das Verhalten gezeigt wird. Wenn die Medien die Grenzen von Situationen verändern, dann sind oft auch die Wertsysteme betroffen.

Dennoch liefert dieses Buch auch denjenigen, die gerne den Wert der neuen sozialen Ordnung im Vergleich zur alten einschätzen möchten, einige vorsichtige allgemeine Richtlinien. Indem ich eine Beziehung hergestellt habe zwischen Medien, Situationen und Verhalten, habe ich behauptet, daß wir nicht die alten Rollenstrukturen beibehalten und gleichzeitig die elektronischen Medien nutzen können. Den Inhalt elektronischer Medien zu kontrollieren, bedeutet zum Beispiel nicht, daß es möglich wäre, alte Formen sozialer Organisation aufrechtzuerhalten. Selbst konservative Inhalte sind vielleicht revolutionär, wenn sie auf neue Art und Weise verbreitet werden.

Und weiter: indem diese Theorie einen einzigen Prozeß skizziert, der sich auf viele unterschiedliche soziale Phänomene auswirkt, verweist sie darauf, daß es unmöglich ist, nur *einige* Kräfte zum sozialen Wandel – der durch die elektronischen Medien hervorgerufen wird – zu nutzen, ohne *alle* oder zumindest die meisten dieser Kräfte wirksam werden zu lassen. Da die Auswirkungen alle untereinander verbunden und weit verbreitet sind, können wir sie nicht selegieren. Wir können uns die Nutzung neuer Medien nicht vorher aussuchen – etwa danach, ob die Medien die alten Ziele anstreben –, ohne auch das soziale System zu verändern, aus dem sich diese Ziele entwickelten. Wir können zum Beispiel nicht „der Frau einen Fernseher kaufen", um etwas gegen ihre Langeweile bei der Hausarbeit zu tun, ohne gleichzeitig ihr Gefühl für ihren Platz in der Welt zu verändern. Wir können das Fernsehen nicht dazu benutzen, unsere Kinder zu „erziehen", ohne gleichzeitig die Funktion des Lesens sowie die Struktur der Familie und der Schule zu verändern. Wenn wir die „Sesamstraße" einschalten, um das Lerntempo der Kinder zu erhöhen, erleichtern wir ihnen damit auch den Zugang zu wirklichen Straßen und manchmal vielleicht zur wirklichen Straßenkriminalität. Wir können durch die Medien nicht ein intimes Verhältnis zu unseren politischen Führungsfiguren herstellen, in der Hoffnung, näher an ihre Größe heranzukommen, ohne unseren Glauben an Helden zu verlieren. Und wenn wir die Medien dazu einsetzen, viele unterschiedliche Gruppen etwas übereinander erfahren zu lassen, dann verändern wir auch ihre soziale Zugehörigkeit und die Definition von Gruppenidentität. Jedes Urteil über die neue Gesellschaft im Vergleich zur alten muß daher mit großer Vorsicht gefällt werden. Wir können bestimmte Dinge selektiv verurteilen oder begrüßen, aber manche Teile der neuen Umgebung als schädlich und andere als sinnvoll zu betrachten, hieße die vereinte Dynamik des sozialen Wandels falsch einzuschätzen. Sowohl die Dinge, die wir mögen, als auch jene, die wir an der neuen Umwelt gar nicht leiden können, sind Bestandteile desselben Prozesses. Wenn wir zum Beispiel die Extreme vieler situationsspezifischer Verhaltensweisen des 19. Jahrhunderts ablegen, dann verlieren wir nicht nur viel von unserem „feinen" Benehmen und die ruhigen „zivilisierten" Clubs, sondern auch die Extreme der Armut und Vernachlässigung. Wenn wir die neue soziale Ordnung ganz genau mit der alten vergleichen wollen, müssen wir beide Systeme als Ganzes beurteilen und insgesamt bewerten. Die neue Umwelt ist aus sich heraus weder besser noch schlechter als die alte, sie ist nicht wirklicher oder irrealer – obwohl es entsprechende Behauptungen gibt.

Viele Menschen haben den Eindruck, daß sie aufgehört haben, „Rollen zu spielen", daß sie sich jetzt „natürlich" verhalten und „sie selbst sind". Zur gleichen Zeit sind viele Menschen sich der „Künstlichkeit" von Rollen bewußt geworden, die *andere* spielen, etwa Politiker, Werbemanager und PR-Fachleute. Und so wurden sie mißtrauischer gegenüber dem, was Daniel Boorstin „Pseudo-Ereignisse" genannt hat – Ereignisse die einfach deshalb geschaffen wurden, damit die Medien über sie berichten können.[27]

Doch beide Ansichten gehen am Kern der Sache vorbei. Soziales Verhalten basiert weiterhin darauf, einen bestimmten Eindruck hervorrufen zu wollen und anderes zu verbergen, sich hier so und dort anders zu verhalten. Was anders ist, das ist die Anzahl unterschiedlicher sozialer Situationen. Die neue „Offenheit" mag weniger auf einem grundlegend neuen Gefühl für „Ehrlichkeit" beruhen, als auf fortgesetzten Versuchen, offensichtliche Diskrepanzen und Unvereinbarkeiten zu vermeiden. Viele Menschen „enthüllen" Teile ihrer selbst, die früher verborgen blieben, weil es heute schwieriger ist, solche Hintergrundinformation geheimzuhalten. Über viele der am meisten im Rampenlicht stehenden Darsteller – Präsidenten und andere „Persönlichkeiten" – sind jedoch die Enthüllungen so umfangreich, ihr Verhalten so allgemein zugänglich, daß selbst das einfachste geprobte Verhalten oder ein leichter Stilwandel von einem Ort zum anderen schon als „Täuschungsmanöver" erscheint.

Im Gegensatz zu Boorstins Analyse von „Pseudo-Ereignissen" mag die Bedeutung der elektronischen Medien darin liegen, daß die Planung und die Proben der „Medienereignisse" nicht so einfach verborgen werden können, wie die Planung von zwischenmenschlichen Begegnungen. Ein Politiker kann zum Beispiel seine Wahlkampf-Strategien nicht so leicht verbergen wie ein durchschnittlicher Manager die Einflüsterungen seines Partners oder Friseurs. Elektronische Medien können die generelle „Pseudohaftigkeit" von Ereignissen eher darstellen als sie schaffen. Boorstin und andere reagieren mehr auf die neue *Sichtbarkeit* der Darstellung als auf die neue Darstellung selbst.

Indem sie die Hintergrundbereiche des Lebens ins grelle Rampenlicht rücken, haben die elektronischen Medien es erschwert, traditionelle, offizielle Rollen zu spielen. Die gezeigten Verhaltensweisen sind immer noch „Rollen", obwohl sie neu entworfen wurden, um neuen Bühnenanforderungen gerecht zu werden. Und obwohl „richtiges Benehmen" in einigen Kreisen als passé gilt, enthalten all unsere Erwartungen an (und Enttäuschungen über) die Handlungen anderer nach wie vor implizite „Benimmregeln".

Und eine der neuen Verhaltensregeln lautet, daß wir nicht länger bestimmte traditionelle, offizielle Rollen spielen sollten. Wie Richard Sennett es in *Verfall und Ende des Öffentlichen Lebens* beschrieben hat, haben wir das Gefühl für „Distanz" verloren, durch das früher ein Großteil des sozialen Lebens charakterisiert war. „Die herrschende Überzeugung ist heute, daß zwischenmenschliche Nähe an sich moralisch gut sei."[28]

Die „gegenseitige Informalität" unserer Zeit hat zwei Seiten. Man könnte sagen, daß den Menschen heute *erlaubt* wird, die formelle Kommunikation aufzugeben, man könnte aber auch sagen, daß sie heute *gezwungen* sind, sie aufzugeben. In jedem Fall bleibt die Beziehung zwischen dem Zugang zu Information und Formalität erhalten. In sozialen Beziehungen scheinen Formalität und Intimität sich gegenseitig an jedem gegebenen Ort und jeder gegebenen Zeit auszuschließen. So wie Formalität eine Barriere für Intimität ist, so ist Intimität ein Hindernis für Formalität.

Welches „1984“?

Wir haben heute das Zeitalter von George Orwells düsterer Prophezeiung erreicht. Und es gibt viele scheinbare Ähnlichkeiten zwischen Orwells „*1984*“ und unserer Zeit. Unsere Regierung betrachtet die Welt als in zwei Supermächte aufgespalten, das Gute steht dem „Reich des Bösen“ gegenüber. Unsere scheinbar unvermeidbaren Auseinandersetzungen mit „Dem Feind“ dienen als Rationalisierung für einen Großteil unserer Innen- und Außenpolitik. Auch sprachlich befinden wir uns im Krieg. Unsere Handlungen sind immer „defensiv“, „ihre“ sind immer „aggressiv“. Unsere Interventionen sind „Rettungsmissionen, um den Frieden zu erhalten“; ihre sind „Invasionen mit dem Ziel, den Willen des Volkes zu brechen“. Unsere Wirtschaftshilfe für unterentwickelte Länder ist „humanitär“; ihre ist „ein reiner Propagandatrick“. Unausdenkbar schreckliche Todeswaffen werden wohlwollend „friedenserhaltend“ genannt, während viele Menschen, die wirklich gerne den Frieden erhalten wollen, des Landesverrats verdächtigt werden.

Viele Leute folgern aus solchen Beobachtungen, daß die Entwicklung der elektronischen Medien die Verwirklichung eines Orwellschen Alptraums herbeizwingt. Die Evolution immer intelligenterer Überwachungstechniken und der Niedergang des Privatlebens werden als konkrete Beweise für ein totalitäres Regime betrachtet, wie es Orwell beschrieb. Doch diese technologischen Entwicklungen sind vielleicht tatsächlich eher Anzeichen für einen Trend in die entgegengesetzte Richtung.

Orwell lieferte die Version einer Gesellschaft, in der der Große Bruder alle überwacht, selbst aber unsichtbar bleibt. Orwell stellte sich eine „innerparteiliche“ Elite vor, die beobachtet, doch unbeobachtbar ist. Die Partei verlangt und erhält totale Loyalität und unbedingten Gehorsam. Ein solches System ist in einem elektronischen Zeitalter zwar vorstellbar, doch wenn die neuen Technologien irgendeine „ihnen innewohnende Einseitigkeit“ haben, dann mag es die sein, *gegen* solch ein streng hierarchisch geordnetes System zu arbeiten.

Wie in den Kapiteln 4 und 10 beschrieben, sind „Autorität“ und „Führung“ etwas anderes als „reine Macht“, da sie von der Darstellungsweise und der persönlichen Anziehungskraft abhängen. Man kann nicht andere führen und zu sich aufsehen lassen, wenn man nicht gesehen werden kann. Doch einer der merkwürdigen Widersprüche unseres Zeitalters ist der, daß jede Person, die ins Rampenlicht der Medien tritt und versucht, überall im Land sichtbar zu werden, dabei *zu* sichtbar wird, zu sehr herausgestellt und daher entmystifiziert wird. Die elektronischen Medien können von den Politikern dazu verwendet werden, Privatbürger auszuspionieren, doch wenn ein elektronisches Medium wie das Fernsehen von Führern als Mittel der Kommunikation mit dem Volk benutzt wird, dann ist die Einseitigkeit des Mediums in Bezug auf die Darstellung persönlichen Ausdrucks auch dazu geeignet, den Bürgern zu ermöglichen, die offiziellen Gestalten „auszuspionieren“.

Damit überhaupt eine Hierarchie existieren kann, muß es mehr Gefolgsleute als Führer geben. In einem Zeitalter, in dem es leicht ist, mit anderen gemeinsam Zugang zu Informationen über alle möglichen Menschen zu bekommen, mag ein Führer in der Lage sein, tausende von Anhängern genau zu beobachten, doch die Tausende von Gefolgsleuten können ihren Führer sogar noch genauer beobachten. Die einfache Mathematik der Hierarchie verweist auf die Wahrscheinlichkeit, daß die Statuspyramide in einem elektronischen Zeitalter unterminiert wird.

Die elektronischen Medien schwächen Autorität nicht nur, sondern sie erlauben es auch allen, die auf den unteren Sprossen der Hierarchieleiter stehen, Zugang zu vielen Informationen zu bekommen, und sie bieten immer mehr Möglichkeiten, daß Information horizontal auf gleicher Ebene geteilt wird. Das Telefon und der Computer zum Beispiel ermöglichen es den Menschen, miteinander zu kommunizieren, ohne bestimmte offizielle „Kanäle“ zu benutzen, in denen ihre Mitteilungen zensiert werden könnten. Solch horizontaler Informationsfluß ist ein anderes wichtiges Abschreckungs-Mittel für eine totalitäre zentrale Führung.

Es gibt gar keinen Zweifel daran, daß neue Technologien – wie die alten – von schlechten Regierungen für schlechte Zwecke eingesetzt werden können. Und wenn einmal eine totalitäre Regierung existiert, kann sie den Informationsfluß stoppen oder kontrollieren. Doch die Annahme, daß die neuen Medien oder der „Mangel an Privatheit“, den sie fördern, aus sich selbst heraus autoritäre Hierarchien unterstützen könne, beruht auf einem Mißverständnis der Beziehung zwischen Privatheit und Hierarchie. Denn es sind Privatheit und Distanz, die eine starke zentrale Autorität stützen. Unsere Vorstellungen vom Privatleben haben erst eine sehr kurze Geschichte in der westlichen Zivilisation; und wie wir von Studien über Jäger- und Sammler-Gesellschaften und die Kultur in Westeuropa vor dem Zeitalter der Printmedien wissen, führt ein Mangel an Privatheit dazu, große Unterschiede im Status eher zu schwächen als zu stützen. Es ist derjenige, der versucht, abseits oder über den Dingen zu stehen – nicht der Durchschnittsbürger –, der am meisten

Schaden nimmt aufgrund des fehlenden Privatlebens. Es mag uns zwar ästhetisch unbehaglich sein, wenn wir an vollständigen und offenen Zugang zu allen möglichen Informationen denken, doch wenn alle anderen Dinge gleichgehalten werden, dann würde ein solcher Zugang Hierarchien eher einebnen als sie errichten.

Es gibt auch heute immer noch viele „ungewöhnliche" Menschen mit besonderen Kenntnissen und spezieller Ausbildung, doch der Durchschnittsmensch weiß jetzt mehr darüber, was diese besonderen Individuen wissen – und es ist ihm bewußt, daß es sich auch bei Menschen mit hohem Status um „Menschen wie du und ich" handelt. Wir sind uns der vielen Dinge bewußt, die diese Leute *nicht* wissen und *nicht* tun können.

Wir werden Zeugen einer politischen Revolution enormen Ausmaßes, einer Revolution, die verdeckt wird durch die Konventionen unserer Sprache und durch unsere traditionellen Ideale. Wir bewegen uns weg von einer repräsentativen Demokratie, in der de facto die herrschende Elite das Sagen hat, hin zu einer Regierung direkter Partizipation mit gewählten „Verwaltungsbeamten". Der Wandel ist jedoch schwer zu beobachten, weil wir beide Systeme als „Demokratie" bezeichnen und weil das neue System viele einst unerreichbare Ideale verwirklicht, wie die, daß es sich bei den Politikern tatsächlich um die ersten „Diener des Volkes" handelt und daß es eine „Regierung durch und für das Volk" gibt. Die Wirklichkeit bleibt jedoch nicht dieselbe, wenn ein Ideal Wirklichkeit wird.

Die elektronischen Medien enthalten das Potential, eine Regierung durch direkten Volksentscheid zu bilden, und da es immer mehr Fernsehshows gibt, in der das Publikum direkt auf das Geschehen im Studio einwirken kann, steht zu erwarten, daß wir auch ein politisches System nach diesem Modell bekommen könnten, in der die Akteure während der Show von der Bühne per Zuschauerabstimmung entfernt werden können. (Eine freundliche Metapher für dieses System ist das griechische Forum.) Die neuen Technologien enthalten das Potential, daß wir der partizipatorischen Demokratie so nahe kommen wie noch niemals zuvor – mit all den sich daraus ergebenden Problemen und Möglichkeiten. Selbst wenn dieses System sich durchsetzt, müssen wir unsere Vorstellung von Autorität neu überdenken, wenn wir das System als das betrachten wollen, was es ist. Denn wer auch immer von uns in die Fußstapfen der Führerfiguren vor uns treten wird – er wird uns enttäuschen müssen, angesichts unserer vagen, aber glorreichen Erinnerungen, etwa an solche Präsidenten wie Washington, Jefferson und Lincoln; und jeder Schritt, den wir unwissend tun, jede kleine Entfernung von der Mehrheits-„Abstimmung" in einer nationalen Umfrage wird als Arroganz der Macht betrachtet werden.

Das abnehmende Vertrauen und der geringer werdende Glaube an Autoritäten ist paradox und enthält einige Gefahrenmomente. Das enorme Wachstum der Waffentechnologie und die immer schnellere Verbreitung globaler Kommunikation haben dazu geführt, daß die Macht der Herrscher einzelner Länder größer geworden ist, auch wenn unser Glauben an Regierungen und Führungsfiguren abgenommen hat. Unsere letzten Präsidenten hatten die Macht, die ganze Welt zu zerstören, aber nicht die Autorität, die Mehrheit der Bevölkerung zu überzeugen, daß sie ihre Arbeit kompetent tun. Es gibt immer die Gefahr, daß Herrscher ihre massive kriegerische Macht einsetzen, um das Volk hinter sich zu sammeln – oder als eine Entschuldigung für Geheimnistuerei und Zensur.

Unsere ständig komplexer werdende technologische und soziale Welt hat dazu geführt, daß wir uns mehr und stärker auf „Experten-Informationen" verlassen müssen, doch da wir immer mehr festgestellt haben, daß „Experten" menschliche Wesen sind, die auch ihre Fehler haben, glauben wir immer weniger an sie als Menschen. Der Wandel in unserer Vorstellung von Führern und Experten hat in uns ein Mißtrauen gegenüber jeglicher Macht geweckt, doch auch zu einer scheinbar ohnmächtigen Abhängigkeit von jenen geführt, denen wir so wenig vertrauen.

Das Vakuum in unserem sichtbaren Autoritätsbereich kann *unsichtbaren* Männern und Frauen unangemessene Macht verleihen, die große und nationale und multinationale Unternehmen leiten. Anders als Regierungen erheben Wirtschaftsunternehmen keinen Anspruch darauf, „offen" zu sein. Der ökonomische Wettbewerb gründet sich sogar auf der Tradition der Wahrung von Unternehmensgeheimnissen. Ein Manager, der sich weigert, ein Interview zu geben, wird keineswegs so mißtrauisch beäugt wie ein Regierungschef, der sich weigert, mit Pressevertretern zu sprechen. Wir sollten daher argwöhnisch die immer komplizierter werdenden Beteiligungen vieler Unternehmen an universitärer Forschung, an der Regierung und allen Formen nationaler und internationaler Kommunikationstechnologien – von Verlagen bis zur Satellitentechnik – beobachten.

Es gibt auch eine sichtbare Klasse von „Autoritäten", die durch ihre einzigartige Position in unserer Gesellschaft Ausnahmen für das Gesetz schwindender Autorität geworden sind. Diese Menschen haben kontrollierten Zugang zum Volk *und* kontrollierte Auftrittsmöglichkeiten behalten. Es sind die Nachrichtenredakteure, -reporter und -moderatoren, deren tägliche Auftritte stark kontrolliert und durchgestylt sind. Die Nachrichtensendungen des Fernsehens zeigen in der Regel keine Ausschnitte aus anderen Nachrichtensendungen – oder deren Reporter. Wenige Augenblicke können genügen, um das Image von „Größe“ bei unseren Führungsfiguren zu ruinieren; etwa wenn ein Präsident gezeigt wird, der beim Skifahren hinfällt, beim Joggen zusammenbricht oder sich auf verhängnisvolle Weise verspricht. Doch es gibt nur sehr selten, wenn überhaupt, irgendwelche bewußten „Fernseh-Enthüllungen“ über die Stars der Nachrichtensendungen, wie sie stolpern, fluchen oder aus der Rolle fallen. Solche Konventionen halten die Fiktion aufrecht, daß die selektiv gezeigten Aspekte der Persönlichkeit von Nachrichtenreportern und -moderatoren repräsentativ sind für ihre ganze Persönlichkeit. Diese Situation mag erklären, warum Walter Cronkite als der „vertrauenswürdigste Mann Amerikas“ bezeichnet und als geeigneter Kandidat für die Vize-Präsidentschaft betrachtet wurde. Bisher haben wir Glück gehabt, daß die Gilde der Elektronik-Journalisten Männer und Frauen angezogen hat, die nicht den Anschein erwecken, als würden sie diese „Macht“ mißbrauchen wollen – Cronkite zum Beispiel hat oft den Eindruck gemacht, als sei er über diese Macht besorgt und als sei sie ihm peinlich.

Doch wir müssen uns der neuen Bühnenauftritts-Bedingungen, die unser Vertrauen in Journalisten vielleicht verstärken, bewußt sein, weil sie gleichzeitig unseren Glauben an die Gerechtigkeit des politischen Entscheidungs-Prozesses schwächen.

Neue Generationen elektronischer Medien

Viele der jüngsten Medienentwicklungen werden wahrscheinlich einige der von mir beschriebenen Trends sowohl verstärken als auch verlangsamen. Es gibt immer mehr Informationsquellen, vom Walkman, mit dessen Hilfe man sich mitten in überfüllten Räumen eine Privatsphäre schaffen kann, bis hin zu Satelliten, die den Globus mit einem Netz von Informationskanälen überziehen. Solche Entwicklungen splitten das Massenpublikum auf und wandeln die Welt der „Sender“, wie wir sie bisher als selbstverständlich betrachtet haben, großenteils um. Doch wie ich in Kapitel 4 argumentiert habe, bedeuten diese neuen Aufteilungen keine Rückkehr zu den*selben* Gruppenunterschieden, wie wir sie im Zeitalter der Printmedien kannten, und die neuen Aufteilungen zerstören die Möglichkeit eines Mediums wie des Fernsehens, Millionen von Menschen bei einem einzigen Ereignis zu ein und demselben Zeitpunkt zu vereinen. So wird es solche Erscheinungen kaum noch geben wie die, daß jeden Abend in den USA fast die halbe Nation drei Fernsehprogramme betrachtet.

Die wachsende Bedeutung des Computers für Arbeit und Freizeit bringt ebenfalls viele Veränderungen mit sich. In mancher Hinsicht ist der Computer eine Kreuzung zwischen Buch und Fernsehen. Wenn der Computer sich weiterhin stark auf „Gedrucktes“ verläßt, so verstärkt er die Hierarchieebenen, wie sie mit dem Schreiben und Lesen verbunden waren. Außerdem ist das Computerprogrammieren selbst ein neuer „Code“, eine Verschlüsselungs- und Entschlüsselungstechnik, die beherrscht werden muß. Im allgemeinen braucht man eine gewisse Ausbildung (und Geld), um an die ausgeklügelten und sich dauernd ausweitenden Hardware- und Software-Kapazitäten heranzukommen; und das schafft neue, voneinander getrennte Gruppen, neue Sozialisationsstadien und neue Ebenen des Expertentums und der Autorität.

Doch die Auswirkungen des Computers auf Gruppenidentität, Sozialisation und Hierarchie sind nicht eindimensional. Obwohl dem Computer unterstellt werden könnte, er würde viele unterschiedliche Informationssysteme wieder neu errichten, ist seine langfristige Wirkung doch eher die Vermischung verschiedener Informationssysteme und Erfahrungen. Da die Kosten für Hardware und Software dauernd sinken und die Programme immer „benutzerfreundlicher“ werden, kann der Computer den Zugang zu Informationen weiter demokratisieren. So wie das Auto eine komplexere und teurere Technologie erfordert als die „Technologie“ von Pferd und Kutsche, jedoch eine größere Mobilität erlaubt, und zwar auch solchen Menschen, die überhaupt nichts von Automechanik verstehen, so basiert der „benutzerfreundliche“ Computer auf hochspezialisierten Kenntnissen, die auch dem unspezialisierten Benutzer eine immer größere Informations-Mobilität verschafft. Große Unternehmen und Regierungen machen immer stärker Gebrauch von Computern, viel mehr als der Durchschnittsbürger, und doch wird die *Kluft* zwischen den „Mächtigen“ und den „Untertanen“ immer geringer. (Und natürlich arbeiten viele „Durchschnittsbürger“ in Unternehmen und haben dort Zugang zu Computern.) Die jugendlichen „Hacker“, die jüngst ihre billigen Computer dazu benutzt haben, in ein Multimillionendollar-Unternehmen und das Verteidigungsministerium „einzubrechen“, haben gezeigt, daß Computer nicht nur die bestehende Macht verstärken können, sondern sie auch anfälliger machen.[29]

An der Oberfläche scheint die Komplexität der Computer Kinder und Erwachsene weiter voneinander zu trennen, da Kinder jetzt erst eine neue Leiter erklimmen müssen, bevor sie erwachsen werden. Doch die Geschwindigkeit, in der viele kleine Kinder die Arbeitsweise von Computern verstehen und beherrschen lernen, sollte uns dazu veranlassen, uns einige ernste Fragen zu stellen über die Auswirkungen des Computers auf die Interaktion zwischen Erwachsenen und Kindern und auf die Stadien des Lernens. Selbst wenn der Computer nur eingesetzt wird, um gedruckte Informationen zu speichern, scheinen die Kinder ein „Gefühl" für den Computer zu entwickeln, das ihr Alter weit übersteigt (mit Alter meinen wir gewöhnlich das „Lese-Alter").[30] An einem Computer zu arbeiten, ist viel schwieriger als fernzusehen, doch die Abfolge, in der man lernt, einen Computer zu beherrschen, scheint nicht dieselbe Abfolge zu sein, in der man sich gedrucktes Material aneignet. Wie Seymour Papert so überzeugend argumentiert hat: Selbst „Programmieren" ist nicht notwendigerweise eine komplizierte Fähigkeit der Erwachsenen, schon kleine Kinder können das genau so gut und sogar besser als ihre Eltern.[31]

Die Tatsache, daß der Computer andere Fähigkeiten verlangt als Lesen zu können, wird in den Anwendungsbereichen des Computers besonders deutlich, die nicht linguistisch aufgebaut sind, wie etwa komplizierte Videospiele, die das ganze Land (und die ganze Welt) überschwemmen. Wie das Fernsehen trennen die Videospiele ihr „Publikum" nicht in verschiedene Altersgruppen. Menschen unterschiedlichen Alters spielen die gleichen Spiele. Alter und traditionelle Ausbildung haben keine direkte Auswirkung auf die Fähigkeit, mit Computern zu spielen. Tatsächlich beherrschen schon viele kleine Kinder Spiele, die ihre Eltern nicht einmal verstehen. Viele Videospiele erfordern parallele Handlungsstränge, immer größere Geschwindigkeit und eine immer größere Steigerung der Geschwindigkeit. Diese Aspekte sind solchen Menschen, die in einer Welt des Lesens aufgewachsen sind, wo immer nur ein Ding gleichzeitig und eins nach dem anderen getan wird und in der es genug Zeit zum Nachdenken gibt, vollkommen fremd.

Die elektronischen Medien wurden von vielen Kritikern für das jüngst in den USA festgestellte Absinken des durchschnittlichen IQs verantwortlich gemacht. Dabei wurde jedoch die Möglichkeit außer acht gelassen, daß die elektronischen Medien die Entwicklung anderer Arten von „Intelligenz" fördern könnten, von denen wir jetzt noch nicht einmal wissen, wie wir sie benennen oder messen sollen. Traditionell versuchen wir zum Beispiel, komplexe Probleme, wie die Ursachen von Krankheiten oder Kriminalität, zu lösen, indem wir sorgfältig eine Gruppe von Variablen nach der anderen *isolieren* und nach einfachen mechanischen Verbindungen zwischen Ursachen und Auswirkungen suchen. Für viele ist das die einzige Möglichkeit, bestimmte Phänomene „logisch" zu analysieren. Solche Techniken funktionieren gut, wenn man Schach spielen will, aber sie sind bei Videospielen schlecht zu gebrauchen. Es ist möglich, daß Video- und Computerspiele unseren Kindern eine ganz andere Art zu denken beibringen, die beispielsweise die Integration vieler Variablen und sich überlappender Denk- und Handlungsstränge gleichzeitig erfordern. Bislang war das Beste, was Kritiker den Videospielen an Auswirkung zubilligen mochten, daß sie dazu beitragen würden, die „Auge-Hand-Koordinationsfähigkeit" zu entwickeln, es ist jedoch auch vorstellbar, daß die Videospiel-Cracks tatsächlich eines Tages komplexe Methoden der Krebsbehandlung entwickeln.

In einer von den Printmedien beherrschten Gesellschaft führt die abgestufte Komplexität der gedruckten Daten und die sehr stark in Gruppen aufgeteilte Leserschaft dazu, daß „Experten" (die jeweils in einem Bereich „top" sind) und „Spezialisten" (Menschen, deren Kenntnisse sich auf enge, spezialisierte Themenbereiche beziehen) sehr hoch eingeschätzt werden. Es ist sogar so: je besser ausgebildet jemand in einer Printmedien-Gesellschaft ist, je mehr er oder sie sich *in* einer gegebenen Art von Literatur auskennt, desto mehr bleiben ihm oder ihr andere Wissensbereiche verschlossen. Viele traditionelle Disziplinen sind in diesem Sinne nicht nur Bereiche strukturierten Wissens, sondern auch Systeme organisierten Unwissens. Die Fähigkeit eines Spezialisten ist von einer bestimmten Situation abhängig. Der Schlüssel dazu, ein „Experte" zu sein, ist nicht, „alles zu lernen", sondern die Größe einer „Wissenssituation" so weit zu reduzieren, bis man in der Lage ist, alles, was sie dann noch enthält, zu meistern.

In einer elektronischen Gesellschaft sind jedoch alle Wissensbereiche für alle Menschen gleichmäßig zugänglich. Während solche Bereiche, besonders wenn sie im Radio und Fernsehen präsentiert werden, eher „Bewußtsein" als „Verständnis" vermitteln, bewirken sie, daß der Status von Autoritäten, deren Wissen und Fähigkeiten nur auf isolierten Kommunikationsnetzen beruhen, abgebaut wird. Experten und Spezialisten haben weiterhin ein spezialisierteres Wissen als der Durchschnittsbürger, doch das neue Forum, das die „neuen" Medien schaffen, beeinflußt unsere Bewertung solch spezialisierten Wissens. Da wir uns jetzt der vielen Bereiche „bewußt" sind, in denen ein Spezialist jeweils nichts weiß, schätzen wir plötzlich wieder den „Generalisten", der in der Renaissance so viel galt. Auf der einen Seite erwarten wir, daß kein Thema so kompliziert ist, daß es nicht erklärt werden kann (zumindest in ungefähren Begriffen), und zwar selbst dem ungebildetsten Menschen; umgekehrt wird keine Autorität oder keine Führungsfigur respektiert, bevor sie nicht den Anschein erweckt, über ein „generelles" soziales Wissen zu verfügen. Ironischerweise sind wir zunehmend abhängig von spezialisiertem Wissen, doch wir haben immer weniger Respekt vor solchem Wissen, wenn es in einem Vakuum präsentiert wird.

In einer Hinsicht bedeutet die neue Vorstellung von „Klugheit" eine Auflösung des Wissens, so daß es sich im Fernsehen und im Radio „gut darstellen" läßt. Doch in anderer Hinsicht bieten die elektronischen Medien die Möglichkeit, das Wissen und Verständnis unserer Kultur zu bereichern. Die Mittel, Informationen zu sammeln und durch elektronische Medien zu verbreiten, erscheinen zunächst unverbunden und desorganisiert. Doch diese Wahrnehmung basiert wahrscheinlich auf einem Vorurteil aus der Printmedien-Gesellschaft. Die elektronischen Medien vermischen ja viele früher getrennte Wissenssituationen und lassen daher die Grenzen zwischen verschiedenen Disziplinen verschwinden, eröffnen neue Dialogformen und fördern die Entwicklung interdisziplinärer Untersuchungsbereiche.

Auch in dieser Hinsicht ist die Bedeutung von Fernsehen und Rundfunk klein im Vergleich zu den potentiellen Langzeiteffekten des Computers. Zum heutigen Zeitpunkt müssen die Menschen sich erst einmal auf den Computer verlassen, um Daten in ihren spezialisierten Arbeitsfeldern oder für ihr Hobby zu sammeln, überhaupt Zugang zu ihnen zu bekommen und sie dann zu analysieren. Doch anders als Bücher (in denen man oft „bibliografisch" durch ein bestimmtes Wissensgebiet hüpft, auf der Suche nach relevanten „Quellen") gibt der Computer potentiell allen gleichmäßig Zugang zu Daten aus *allen* Bereichen des Wissens. Es mag bald jedem Menschen mit einem Telefon und einem tragbaren Terminal möglich sein, zu jedem Buch jeder Universitäts-Bibliothek, jedem Artikel in jeder Zeitschrift und zu allen Daten Zugang zu haben, die in einer zentralen Forschungsstelle gespeichert sind. Durch ein Computersuchprogramm kann jede Erwähnung eines Themas (oder einer Verbindung von Themen) lokalisiert werden. Mit einer solchen überwältigenden Vielfalt zugänglicher Daten mag sich ein neues „Spezialistentum" entwickeln: die Fähigkeit, Muster und Zwischenbeziehungen zwischen verschiedenen Arten von Daten zu erkennen, unabhängig von deren Ursprungs-„Feld". Der sich daraus ergebende „Spezialist für's Generalisieren" wäre jemand, der nicht alles über jedes „weiß", sondern der weiß, wer etwas weiß, wo und wie man an Wissen herankommt und wie man verschiedene Fragen aus unterschiedlichen Bereichen miteinander verbinden kann. Diese Person, die „fast nichts über fast alles" weiß, könnte jene Spezialisten ausgleichen, die in unserer immer spezialisierteren Welt „fast alles über fast nichts" wissen.

So mag zwar der Computer, oberflächlich betrachtet, eine neue Hierarchie etablieren. „Oben" ist, wer Zugang zu komplexen Programmierfähigkeiten und Informationen hat. „Intelligenz"-Unterschiede entstehen aufgrund der Kosten für Hardware und Software, doch viele Eigenschaften des Computers werden die Vermischung von Informationssystemen fördern. Solange wir nicht aufhören, Telefone, Radios und Fernsehgeräte zu benutzen, wird außerdem die Verbreitung von Computern und anderen neuen Medien nicht dazu führen, wieder Distanzen und Hierarchien zu errichten, die früher in einer von Printmedien beherrschten Kultur existierten.[34]

Außerdem ist es überhaupt noch nicht klar, ob der Computer der Zukunft so stark wie bisher von abstrakten geschriebenen Symbolen abhängig sein wird. Die immer breitere Anwendung interaktiver Computer-Grafik und die neue Computer-Generation, die in der Lage ist, die menschliche Sprache zu verstehen und „anzuwenden", weisen darauf hin, daß die Fähigkeit, Lesen und Schreiben zu können, bald ebenso irrelevant ist für die Benutzung von Computern und computergestützter Maschinen, wie für die Benutzung von Fernsehgeräten und Automobilen. Ob wir solch eine „Degradierung" des Lesens und Schreibens positiv bewerten oder sie verurteilen sollten, ist die Frage. Aber eines ist auf jeden Fall klar: Eine solche Entwicklung würde noch mehr Menschen verschiedener Altersgruppen und Ausbildungsgrade integrieren.

Unabhängig davon, welchen Weg die Evolution des Computers einschlagen wird – den diskursiven oder den präsentativen –, der Computer und andere neue Technologien fördern sicherlich den wichtigsten Unterschied zwischen elektronischen und allen vorherigen Arten von Kommunikation: Sie schwächen die Beziehung zwischen sozialem Ort und physischem Ort. Jeder Personalcomputer kann heute in jede Leitung zu einem Zentralcomputer „eingespeist" oder an jeden anderen Personalcomputer angeschlossen werden – und das allein mit Hilfe des überall verbreiteten Telefonsystems. Der Computer stimuliert die Integration verschiedener Technologien – Fernsehen, Telefon, Audio-, Video-Rekorder, Satelliten und Drucker – in ein großes Informations-Netzwerk. Je mehr Arbeit und Spiel in unserer Gesellschaft „informativ" statt „materiell" wird, desto schneller und nachhaltiger werden Unterschiede zwischen „Hier" und „Dort" abgebaut, und desto stärker übernehmen wir die Rolle von Jägern und Sammlern im Informationszeitalter.

Kontrollieren oder kontrolliert werden?

Oberflächlich betrachtet könnte die in diesem Buch vorgestellte Theorie als Teil einer „deterministischen" Philosophie erscheinen. Manche mögen meine Analyse falsch deuten, so als ob ich sagen wollte, wir seien nur Statisten in einem Drama, auf dessen Drehbuch und Regie wir keinen Einfluß hätten. Das ist nicht meine Absicht. Ich bin jedoch der Überzeugung, daß wir in eine physische und soziale Welt hineingeboren werden, in der es sowohl Freiheiten als auch Zwänge gibt. Wir suchen uns zwar beispielsweise unsere Freunde aus, aber wir können uns unsere Eltern nicht aussuchen. Außerdem ist klar, daß wir keinem Menschen persönlich begegnen können, der nicht mehr lebt oder noch nicht lebt; und wenn wir heiraten, müssen wir uns aus der kleinen Gruppe der lebenden Menschen, die wir zufällig treffen, den Richtigen oder die Richtige aussuchen. Wir können nicht ohne Nahrung, Wärme und Schlaf auskommen, obwohl wir wählen können, was wir essen und wo wir schlafen. Da wir nicht physisch an zwei Orten gleichzeitig sein können, sind selbst unsere Entscheidungen, wohin wir gehen und was wir tun, unsichtbar „begrenzt". Und wir werden letztlich sterben (auch wenn wir manchmal entscheiden können, wie und wann wir sterben). Wer die menschlichen Lebensbedingungen untersucht, kann sich daher entscheiden, ob er sich auf die Grenzen oder die möglichen Freiheiten konzentrieren will. Genau wie jene, die die Wahlmöglichkeiten untersuchen, oft die Zwänge als gegeben betrachten, habe ich mir ausgesucht, nur eine Variable des gesellschaftlichen Zwanges zu untersuchen, während ich individuelle und Gruppen-Freiheiten als gegeben vorausgesetzt habe.

Auf vielfältige Weise läuft meine Arbeit parallel zu der von Anthropologen und Psychologen, die die Auswirkungen zwischenmenschlicher Distanz und architektonischer Designs auf den Stil und die Art sozialer Interaktionen untersucht haben.[35] Flughafenhallen mit langen Reihen von Plastikstühlen, die an den Boden geschraubt sind, fördern offensichtlich eine andere Art von Interaktion als Hallen mit weichen Sesseln, die locker kreisförmig arrangiert sind. Ähnlich meine ich: Wenn man einmal ein Medium erfunden hat und es nutzt, dann wirkt es sich so auf uns aus, daß es unsere zwischenmenschliche Interaktion neu gestaltet, jedenfalls die Interaktion, die durch dieses Medium stattfindet. Wir können bestimmte Rollen nicht spielen, bevor die Bühnen für solche Rollen existieren.

Von solchen Analysen der Struktur zwischenmenschlicher Interaktionen bleibt eine Vielzahl individueller und Gruppenfreiheiten unberührt. *Einzelne Menschen,* die sich in bestimmten physischen oder durch Medien geschaffene Umwelten verhalten, haben immer noch ein breites Spektrum an Wahlmöglichkeiten innerhalb der allgemeinen Zwänge. Sie mögen sich „angemessen" nach ihrem jeweils unterschiedlichen persönlichen Stil verhalten; oder sie entscheiden sich vielleicht dafür, die sozialen Hinweise zu ignorieren und sich bewußt „daneben" zu benehmen – vorausgesetzt, sie sind bereit, die sozialen Konsequenzen zu tragen. Und schließlich können sie die Situation verlassen, in der sie sich unbehaglich fühlen, oder ihr so weit wie möglich aus dem Weg gehen. Was *Gruppen* angeht, so ist die Situation noch weniger deterministisch. Denn *wir* gestalten und benutzen unsere Zimmer, Gebäude, Medien, Rituale und andere soziale Umwelten. Wir können sie neu gestalten, verlassen oder ihre Verwendung ändern.

Letztlich wird die vielleicht deterministischste Perspektive unbewußt von jenen eingenommen, die sich weigern, unsere größte Freiheit zu nutzen – unsere Fähigkeit, nachzudenken und den Dingen auf den Grund zu gehen und damit auf die gesellschaftlichen Faktoren, die Verhalten bestimmen, Einfluß zu nehmen. Wir erhalten uns nicht dadurch die Möglichkeit der freien Wahl, daß wir uns weigern, solche Zusammenhänge zu sehen und zu untersuchen. Wir verzichten oft auf Möglichkeiten, auf unser eigenes Leben Einfluß zu nehmen, wenn wir nicht genau sehen wollen, wie die von uns gestaltete Umwelt auf uns zurückwirkt.

Anmerkungen*

Einleitung

1 *American Telephone and Telegraph,* 1981, S. 87, berichtet, daß 96 von 100 amerikanischen Haushalten über einen Telefon-Hauptanschluß verfügen. In 98 Prozent aller amerikanischen Haushalte steht mindestens ein Fernsehgerät. Seit 1962 liegt die Rate über 90 Prozent (Nielsen, 1977, S. 5).
2 Hiebert et al., 1982, S. 10.
3 Martin Mayer, 1977, S. 238, berichtet, daß selbst arme Menschen die allgemeine gesellschaftliche Ansicht teilen, das Telefon vergrößere ihre „persönliche Reichweite"; daher bevorzugen sie einen pauschalen Telefontarif, bei dem die Anzahl oder Länge der Telefongespräche keine Rolle spielen – selbst wenn dieser Pauschaltarif sie mehr kostet als einer, der die tatsächliche Nutzung in Rechnung stellt.
4 A.C. Nielsen, 1983, S. 6.
5 Präsident Johnson benutzte zum ersten Mal drei nebeneinandergestellte Fernsehapparate mit Fernbedienung, so daß er die Sendungen aller drei großen Fernsehgesellschaften gleichzeitig verfolgen konnte (Culbert, 1981, S. 218).
6 Unter dem Titel „Inside Looking Out" veröffentlichte das *Time-Magazine* im September 1982 ein Foto, das Charles Manson in seiner Gefängniszelle beim Fernsehen zeigte (1982, S. 54-55).
7 Meyrowitz, 1974. Zum theoretischen Teil der Studie siehe ausführlich: Meyrowitz, 1979.

Kapitel 1

1 Goffman, 1967, S. 3.

Kapitel 2

1 Siehe Comstock und Fisher, 1975, und Murray, 1980.
2 Eine zusammenfassende Schilderung der Entwicklung der Massenkommunikationsforschung bringen DeFleur und Ball-Rokeach, 1982, S. 143-198.
3 Siehe zum Beispiel Gerbner und Gross, 1976.
4 Die Untersuchungen zum „Belohnungseffekt" *(gratification)* begannen in den vierziger Jahren, wurden aber erst in den sechziger Jahren ausgeweitet und in der Öffentlichkeit bekannt. Siehe Katz et al., 1974, Elliott, 1974.
5 Siehe zum Beispiel Barnouw, 1978; Epstein, 1973; Gans, 1979; Gitlin, 1980 und 1983.
6 Eine spezielle Art und Weise, Fragen zum Thema Medien zu kategorisieren und eine Erörterung der Metaphern, mit denen sich verschiedene Typen solcher Fragen umschreiben lassen, schildert Meyrowitz, 1980.
7 Meine Erörterung der Theorie von Innis beruht auf seinen 1964 und 1972 erschienenen Arbeiten. Zur weiteren Diskussion über Innis' Werk, siehe Melody et al., 1981, und Kuhns, 1971.
8 Meine Erörterung über das Werk von McLuhan beruht vor allem auf seinen beiden besten Medien-Büchern: McLuhan, 1962, (deutsch 1968a) und 1964 (deutsch 1968b).
9 Carothers, 1959; Goody und Watt, 1963; Havelock, 1963; Luria, 1976; Ong, 1967, 1971, 1982. Eine Sammlung von Fallstudien über die Auswirkungen der Alphabetisierung in früheren Gesellschaftssystemen findet sich in Goody, 1968.
10 Chaytor, 1966; Eisenstein, 1979.
11 Boorstin, 1973, S. 307-410; Boorstin, 1978; Carpenter, 1973; Carpenter und Heyman, 1970; Ong, 1967, S. 17-110, 259-262, 287-324; Ong, 1977, S. 82-91, 305-341, Ong, 1982, S. 79-81; 135-138; Schwartz, 1974.
12 In *The Republic of Technology* (Die technologische Republik) entwirft Boorstin ein sehr positives Bild des technologischen Wandels, ganz im Gegensatz zu der kritischen Haltung, die er in seinem bekannt gewordenen früheren Buch *The Image* (Das Bild) eingenommen hat. Im dritten Teil dieser Trilogie, *The Americans,* schildert Boorstin die Rolle der Medien neutral, als „Demokratisierung der Erfahrung" (307-410).
13 Ogburn, 1964, S. 86-95.
14 Havelock, 1963, S. 46.
15 Eine ausgezeichnete Schilderung des Zusammenwirkens alter und neuer Medien bietet Ong, 1977, S. 82-91.

* Die Abkürzungen der Literaturangaben beziehen sich auf die Bibliographie.

16 „Conversation with Marshall McLuhan", 1977, S. 62-63.
17 McLuhan, 1968b, S. 9.
18 McLuhan, 1968b, S. 10-11.
19 McLuhan behauptet, seine Äußerungen über Massenmedien seien eher „Sondierungen" als vollständige Analysen, eher Explorationen als Erklärungen. Er vertritt die Ansicht, er und Innis weigerten sich deshalb, einen festen „Standpunkt" einzunehmen, weil eine solch traditionelle, lineare Perspektive den Zugang zu neuen Erkenntnissen eher verstelle.
20 Eine Zusammenstellung größtenteils ärgerlicher Kritiken findet sich in Raymond Rosenthal, 1968.
21 Ein Ausschnitt aus dem *United Artist*-Film ist abgedruckt in „Conversation with Marshall McLuhan", 1977, S. 57.
22 Thomas bezieht sich in einer Reihe von Arbeiten auf diese Idee. Siehe zum Beispiel Thomas und Thomas, 1928, S. 572.
23 Berger und Luckmann, 1980, S. 20.
24 Thomas (1925, S. 41-69) hat das Konzept von der „Definition der Situation" schon früh entworfen. Zur Darstellung des Konzepts in jüngerer Zeit siehe Ball, 1972; Forgas, 1979; Goffman, 1959, und McHugh, 1968.
25 Goffman, 1974, deutsch 1977.
26 Shatz und Gelman, 1973.
27 Goffman, 1971, S. 335-390.
28 Hall, 1959 schildert viele gute Beispiele fehlinterpretierter Situations-Definitionen in Begegnungen von Angehörigen verschiedener Kulturen.
29 Goffman, 1963, S. 7.
30 Berger und Luckmann, 1980, S. 49ff. beschreiben, wie sich bestimmte Definitionen von Situationen „verdichten" und „verhärten", wenn sie von einer Generation zur anderen weitergegeben werden. Sie nennen das den Prozeß der „Institutionalisierung".
31 Siehe zum Beispiel Rosenthal und Rosnow, 1969 und 1975.
32 Rosnow, 1983, S. 333. Siehe auch Rosnow, 1981.
33 Wichtige Literaturübersichten dazu finden sich in Argyle et al., 1981; Forgas, 1979; Furnham und Argyle, 1981.
34 Endler, Hunt und Rosenstein, 1962; Mischel, 1968.
35 Haney et al., 1973.
36 Siehe zum Beispiel Giles und Powesland, 1975; Gregory und Caroll, 1978; Hymes, 1967.
37 Einen Überblick über diese Literatur bieten Furnham und Argyle, 1981, S. xli-xliii.
38 Furnham und Argyle (1981, S. xix-xx) geben einen Überblick über die Forschungsliteratur zum Thema „situativ definierte Fähigkeiten".
39 Garfinkel, 1967.
40 Harré und Secord, 1973.
41 Furnham und Argyle, 1981, S. xxiii. Zur Diskussion über die Frage, was als Einheit für die psychologische Forschung genommen werden könnte, siehe die Übersichtsarbeit von Pervin (1978a, S. 3-27) zur Person-Situations-Debatte.
42 Goffmans Theater-Modell ist dargestellt in Goffman, 1983.
43 Nigro und Neisser, 1983.
44 Berger, 1963, S. 98.
45 „Lost Identity", 1982.
46 „Playboy Interview: Patricia Hearst", 1982, S. 92.
47 Zur Kritik an Goffmans Werk, es leugne die persönliche Identität, siehe Sennett, 1977, S. 35-36; zur Ansicht, Goffman feiere das Selbst, siehe Freidson, 1983.
48 William James, 1890, und George Herbert Mead, 1973, betrachteten beispielsweise das Selbst als in zwei Teile gespalten: ein soziales ICH (me) und ein persönliches, spontanes „Ich" (I) (die ungefähr Freuds Überich und Es entsprechen). Der Theater-Ansatz neigt jedoch dazu, das ICH zu betonen, und das „Ich" herunterzuspielen.
49 Forgas, 1979, S. 7.
50 Forgas, 1979, S. 7.
51 Furnham und Argyle, 1981, S. xxii, stellen zum Beispiel fest, es existierten in der Sozialpsychologie „keine theoretischen Modelle darüber, wie Situationen wirken und aus welchen Bestandteilen sie zusammengesetzt sind".
52 Ditton, 1980, enthält eine Sammlung von Aufsätzen über die Bedeutung von Goffmans Werk; außerdem Hinweise auf den eigentümlichen Stil Goffmans und die Schwierigkeiten, allgemeine Prinzipien aus seinen Arbeiten abzuleiten.
53 Goffman beschreibt in seinen Arbeiten generell mehr die Interaktion von Angesicht zu Angesicht als die über Medien vermittelten Interaktionen. Er konzentriert sich ausdrücklich auf solche Informationen, die von den „nackten Sinnen", nicht von künstlichen Sinnen aufgenommen werden (siehe z.B. 1963, S. 14-15).

Kapitel 3

1 Goffman, 1983, S. 99, Hervorhebung vom Autor.
2 Barker, 1968, S. 11, Hervorhebung vom Autor.
3 Zitiert in Furnham und Argyle, 1981, S. xvi, Hervorhebung vom Autor.
4 Zur Auswirkung der Wohnungseinrichtung auf das Verhalten siehe Hall, 1966, und Sommer, 1969.
5 Siehe zum Beispiel Meyrowitz, 1974; Meyrowitz, 1979; Levinson, 1979.
6 Zur Kontroverse über „situative Ethik" (die jedoch um eine etwas andere Definition von „Situation" geführt wurde), siehe Fletcher, 1966; welche Kontroverse Fletchers Forderung nach einem nicht-universellen moralischen Maßstab auslöste, dazu Cox, 1968.

7 Goffman behielt existierende Definitionen meist eher bei, als daß er sich um neue bemüht hätte, siehe dazu Goffman, 1983, S. 153-215. Mit wenigen Ausnahmen gilt das auch für Goffmans übriges Werk.
8 McLuhan, 1968b.
9 Stokely Carmichaels rhetorische Strategien und Widersprüche haben Brockriede und Scott, 1972, beschrieben und analysiert.
10 Read, 1974.
11 Bronislaw Malinowski, 1931, S. 629-630.
12 Eisenhowers vom Fernsehen aufgenommenes „Kabinett-Treffen" beschreibt Mickelson, 1972, S. 42.

Kapitel 4

1 Greer, 1972, S. 243.
2 de Beauvoir, 1968.
3 Im amerikanischen Bürgerkrieg und im Ersten Weltkrieg gab es viele Berichte über kameradschaftliche Begegnungen zwischen feindlichen Soldaten. In einer bewegenden Romanschilderung von Remarque (1929, S. 218-229) wird deutlich, wie die Nahkampf-Situation zur Identifikation mit dem feindlichen Soldaten führen kann.
4 Cooley, 1964; Mead, 1934.
5 Siehe zum Beispiel Hearst und Moscow, 1982, und: „Playboy Interview: Patricia Hearst", 1982. Siehe auch Gelman, 1984, der den Fall eines entführten Jungen schildert, der seinen Entführer mit „Dad" anredete. Auch nachdem er mehrere Jahre später entkommen war, schützte der Junge seinen Entführer, indem er der Polizei erzählte, der Mann sei nett zu ihm gewesen, obwohl er in Wirklichkeit von ihm sexuell mißbraucht und seelisch gequält worden war.
6 Goffman, 1983, S. 73-97.
7 Firestone, 1975, S. 120.
8 Ich verwende den Begriff „Bezugsgruppe" hier in der allgemeinen Bedeutung: jede Gruppe, in die ein Individuum hinein-sozialisiert wird.
9 van Gennep, 1960, S. 65.
10 Montagu, 1981, S. 121. In Kapitel 13 dieses Buches wird eine ähnliche Diskussion über den „Mythos des Alters-Determinismus" geführt.
11 Montagu, 1981, S. 123-124.
12 Bossard, 1953, S. 273.
13 Duncan, 1962, S. 255.
14 Duncan, 1962
15 Edelman, 1964, S. 73.
16 Hannah Arendt (1968, S. 92-93) stellte fest: „Da Autorität immer Gehorsam fordert, wird sie gewöhnlich für eine Art Macht oder Gewalt gehalten. Doch Autorität schließt die Anwendung äußerer Mittel des Zwanges aus; wo Zwang nötig ist, hat Autorität versagt."
17 Steinberg, 1974, S. 261.
18 Innis, 1972.
19 Zitiert in Duncan, 1962, S. 218.
20 Machiavelli, 1952, S. 94.
21 Duncan, 1962, S. 134.
22 Mehrabian, 1971, S. 5 und 31.

Teil II

1 Innis, 1964; Eisenstein, 1979.
2 Einige interessante Hypothesen über die Auswirkung elektronischer Medien in Ländern der dritten Welt enthalten Carpenter, 1973, und Ong, 1967, S. 256-258.

Kapitel 5

1 Zur wirtschaftlichen Lage der Sendeanstalten und den Auswirkungen der ökonomischen Struktur auf die Inhalte der Sendungen siehe Barnouw, 1978; Gitlin, 1983; Mankiewicz und Swerdlow, 1979.
2 Meine Darstellung der Bedeutung und Auswirkungen unterschiedlicher Schriftsysteme beruht auf Havelock, 1976.
3 Die Schwierigkeiten und die „Unnatürlichkeit" des Lesens waren den Menschen bewußter, als Lesen und Schreiben noch nicht als selbstverständliche Tugenden angesehen wurden; siehe dazu Cressy, 1980, S. 19-41. White und White, 1980, betonen, daß Lesen und Schreiben nicht nur kognitive Fähigkeiten erfordern, sondern auch präzise Augen- und Handbewegungen, und daß man deshalb kleine Kinder sehr große Buchstaben malen und entziffern läßt.
4 Eric Havelock, 1976, S. 46.
5 Fields, 1982; Kozol, 1979; Wellborn, 1982.
6 Nielsen, 1983, S. 9.
7 Literaturübersichten zum Nachweis der willkürlichen Festlegung von Fernseh- und Filmkonventionen und damit auch von erforderlichen Lernschritten, sie zu beherrschen, finden sich in Massaris und Sarett, 1981, und Noble, 1975.
8 Meyrowitz 1974 und 1979.
9 Dondis, 1973.
10 Nielsen, 1981, S. 14-15.
11 Eisenstein, 1979, S. 432.
12 McLuhan, 1968a. Zur genaueren Diskussion über diesen Punkt siehe Carothers, 1959; Havelock, 1963; und Ong, 1967, 1977 und 1982.
13 Diese Zahlen wurden extrapoliert aus Gallup, 1972; Nielsen, 1983, und Roper, 1983.
14 Mankiewicz und Swerdlow, 1979, S. 88-89.
15 Television Audience Assessment, 1983.
16 Goodhart et al., 1975, S. 15-17; 55-57; Barwise et al., 1982.
17 Roszak, 1968, S. 261.

18 „Falwell Says", 1981.
19 Goodhart et al., 1975, S. 130f..
20 Howitt, 1982, S. 146.
21 Waters and Carter, 1978.
22 Daisy Maryles, Chefredakteurin, *Publishers Weekly*, persönliche Mitteilung, November 1983.
23 In einer persönlichen Mitteilung im März 1984 erzählte Larry Hyams, Chef der Abteilung Zuschauerforschung bei der Fernsehgesellschaft ABC folgende Beispiele: Die US-Serien mit der höchsten Einschaltquote, „A-Team" und „Dallas", erreichten 40 beziehungsweise 37 Millionen Zuschauer; „Trapper John", an Nummer 30 der Serien-Hitliste, erreicht eine Einschaltquote von 23 Millionen Zuschauern pro Folge; die sehr gering bewertete Show „It's Not Easy" zog „nur" 15 Millionen Zuschauer pro Folge an und wurde zusammen mit einer Reihe anderer Sendungen, die größere Einschaltquoten hatten, abgesetzt.
24 „Why ‚Roots' Hit Home", 1977, S. 69, listet die Verkaufszahlen des Bestsellers „Vom Winde verweht" auf; Christopher, 1976, berichtet über die Schätzungen der Einschaltquoten bei der NBC-Serie.
25 Waters und Cater, 1978.
26 Victoria Cherney, Lektorat, Verlag Doubleday & Co., persönliche Mitteilung, November 1983. Von *Roots* wurden über zweieinhalb Millionen Hardcover-Exemplare und über zwei Millionen Taschenbuch-Ausgaben verkauft – und damit wurden nur etwa zwei Prozent der amerikanischen Bevölkerung erreicht.
27 Gallup, 1972, S. 900, 1286, 1293-1294.
28 Forkan, 1983.
29 Joanne Aidala, Verkaufsberaterin für Kabelfernseh-Programme, New York, persönliche Mitteilung, September 1983. Die Ergebnisse beruhen auf Interviews mit 20.000 Menschen, die landesweit befragt wurden.
30 In mancher Hinsicht überrascht diese Zahl weniger als die der männlichen Zuschauer von „Frauensendungen": nicht nur, weil mehr Frauen zu Hause erreicht werden können, sondern auch weil – wie in Anmerkung 1 erwähnt – weibliche Zuschauer vielen Werbefachleuten als „wertvollere" Zuschauer gelten und die Sender oft daran interessiert sind, ihre Programme für sie attraktiv zu machen.
31 Handler, 1983.
32 Handler, 1983.
33 Roper, 1983.
34 Murray, 1980, S. 25.
35 Goodhart et al., 1975, S. 131, treiben diese Argumentation noch weiter, indem sie behaupten, daß die Zuschauer tendenziell nur solche Fernsehsendungen sehen, die *nicht* von ihren besonderen Interessen handeln.
36 Mankiewicz und Swerdlow, 1979, S. 97.
37 Meines Wissens haben die Studien über die Angewohnheiten der Zuschauer, Sendungen auf Video aufzuzeichnen, diese Frage nicht direkt untersucht, doch die Daten scheinen darauf hinzuweisen, daß es vielen Zuschauern gleichgültig ist, ob sie eine Sendung „direkt" sehen, solange sie sie sehen können, während (oder innerhalb weniger Tage nachdem) „alle anderen" sie gesehen haben.
38 Nielsen-Statistiken über Haushalte mit Kabelfernseh-Nutzung zeigen, daß die Zuschauer von Kabelprogrammen deshalb nicht aufhören, Sendungen der traditionellen Sender zu sehen. Sie sehen die Kabelfernseh-Sendungen *zusätzlich* („Nielsen Gets", 1980, S. 27).

Kapitel 6

1 Goffman, 1969.
2 Langer, 1957.
3 Watzlawick et al., 1969.
4 Watzlawick et al., 1969, S. 66.
5 Salomon, 1979, S. 67-68.
6 Gazzaniga, 1970.
7 Reedy, 1977, S. 3.
8 Alpern et al., 1981, S. 31.
9 Mehrabian, 1971, S. 44.
10 Steinzor, 1950.
11 Siehe zum Beispiel das Foto in *Newsweek*, 27. September 1976, S. 35.
12 Cornwell, 1965, S. 70-72.
13 Gallup-Report Nr. 199, April 1982, S. 21 und 31.
14 Clymer, 1982.
15 Norback und Norback, 1980, S. 336.
16 Die Abschrift der „CBS Evening News with Walter Cronkite" vom 25. Oktober 1972 wurde vom Special Projects Department der *CBS News* vorbereitet. Die zitierten Zeitungsartikel sind Lewis, 1972, und De Onis, 1972.
17 Ekman und Friesen, 1969, S. 52.
18 Chambers, 1983.
19 Roper, 1983.
20 Watzlawick et al., 1969, S. 64.
21 Ekman und Friesen, 1969, S. 50.
22 Sancton, 1982, S. 16.
23 Hinweise auf diesen Trend geben Cressy, 1980, Greven, 1970; Laslett, 1965; Shorter, 1975; und Stone, 1977. Der Ausdruck „die Welt, die wir verloren haben" spielt an auf den Titel von Laslett, 1965.
24 Einige Hinweise darauf, welch große Rolle das Fernsehen bei dem Attentatsversuch spielte, geben Walters et al., 1981. Zum Nachweis, daß das Fernsehen auch bei Zeitungen einen „Schub" bewirkt, schneller Beurteilungen der Lage zu veröffentlichen, siehe Schardt et al., 1980.

25 Waters et al., 1981, S. 104.
26 Mathews, 1981, S. 35-36.
27 Waters et al., 1981, S. 105.

Kapitel 7

1 Genesis, Kapitel 18, Vers 10-15.
2 Settel, 1967, S. 17.
3 Eine Ausnahme war das System der Signalmast-Stationen, wie es etwa fünfzig Jahre vor Morses Telegrafen von Claude Chappe entwickelt wurde. Die „Arme" des Signalmasten wurden in unterschiedliche Positionen gebracht, um unterschiedliche Buchstaben darzustellen. Doch der Signalmast war nur ein primitiver Vorläufer des Telegrafen. Die Übermittlung von Botschaften war immer noch von der „gewöhnlichen" Sinneswahrnehmung abhängig (die Arme waren lang genug, um auch von der fünf Meilen entfernten nächsten Station aus sichtbar zu sein).
4 Das Ausmaß, in dem Medien in Gefängnissen zugänglich sind, schwankt von einem amerikanischen Bundesstaat zum anderen und von Gefängnis zu Gefängnis; und offenbar gibt es keine Vergleichsstudien über die Auswirkungen der so verschiedenen Medien-Nutzung in amerikanischen Gefängnissen.
5 Hendrick, 1977, S. 5.
6 Board of Institutional Ministry, 1978.
7 Horton und Wohl, 1956, S. 215.
8 Gross und Jeffries-Fox, 1978, S. 247.
9 Horton und Wohl, 1956, S. 223.
10 Levy, 1979.
11 Candice Leonard, persönliche Mitteilung, Dezember 1980.
12 Mathews et al., 1980. Wie Lennon spielte Chapman Gitarre und heiratete eine Japanerin. Chapman tippte außerdem Lennons Namen über den seinen auf seinem Firmen-Ausweis.
13 „Hinckley's Last Love Letter", 1981.
14 Levonson, 1979.
15 Cornwell, 1965, S. 18.
16 „Playboy Interview: Barbara Streisand", 1977, S. 81.

Teil III

1 Bogart, 1956, S. 10.

Kapitel 8

1 Ein früher Artikel über „Frauen als Minderheit" war zum Beispiel Hacker, 1951.
2 Siehe etwa Francke und Stadtman, 1975.
3 Die bedeutende Rolle des Fernsehens in der Bürgerrechtsbewegung der USA ist ein implizites Thema in Sitkoff, 1981.
4 In seiner Studie über die Trobriand-Inselbewohner stellte Malinowski fest, daß es bei ihnen keine organisierte Reaktion auf abweichendes Verhalten gab, es sei denn, dieses Verhalten wurde *in der Öffentlichkeit* gezeigt.
5 Viguerie, 1981, S. 132.
6 Barnouw, 1970, S. 118.
7 Michael Mandelbaum, 1982, vertritt in einem Artikel in *Daedalus* die Ansicht, die allgemeine Überzeugung bei Politikern, Journalisten und in der Öffentlichkeit, die Vietnamkriegs-Proteste und die amerikanische Niederlage seien in gewisser Weise durch die Fernsehberichterstattung gefördert worden, sei absolut falsch. Die Amerikaner seien im Grunde immer schon Pazifisten gewesen; die – in Meinungsumfragen festgestellte – Opposition gegen den Vietnamkrieg sei nicht größer gewesen als die Opposition gegen andere Kriege, etwa den Koreakrieg.
8 US-Senator Edward Kennedy verurteilte den Schah und dessen Regime (Newfield, 1979). Der frühere Generalstaatsanwalt Ramsey Clark führte die amerikanische Delegation an, der auch drei kirchliche Würdenträger und ein Nobelpreisträger angehörten (Gwertzman, 1980).
9 „Wanted: A Pen Pal", 1980.
10 Bogard, 1956, S. 15.
11 Brisis at Columbia, 1968, S. 4.
12 Goffman, 1983, S. 117f.
13 Moore, 1978.
14 Braestrup, 1977, S. 698-699.
15 Rielly, 1979, S. 79.
16 Yankelowich, 1981, S. 95.
17 Yankelovich, 1981, S. 94 und 96.
18 Collins, 1983.
19 Johnston et al., 1981, S. 13.
20 Brecher et al., 1983, S. 52; Collins, 1983.
21 Alan Guttmacher Institut, 1981, S. 9.
22 Keerdoja et al., 1983.
23 Gallup, 1972, S. 1965.
24 Carmody, 1983.
25 Starr et al., 1982, S. 41.
26 Kleiman, 1978.
27 Williams et al, 1976; Williams et al., 1977.
28 Siehe zum Beispiel Fraker et al., 1976.
29 Siehe zum Beispiel Gwynne und Begley, 1978, und Walter Goodman, 1982.
30 Meyrowitz, 1979, S. 71-72. Ein jüngeres Beispiel einer „störenden Identifikation" ist für viele Amerikaner der Film „Das Boot", in dem die Erlebnisse einer deutschen U-Boot-Besatzung im Zweiten Weltkrieg geschildert wird. Ganz im Gegensatz zu so gut wie *allen* amerikanischen Filmen über den Zweiten Weltkrieg sind „wir" hier die Deutschen, und die Briten und Amerikaner sind „sie".
31 Siehe zum Beispiel Popenoe, 1980, S. 513-514.
32 Ein Klassiker unter den Hörspiel-Thrillern, Orson

Wells' „The Hitchhiker" von 1942, beginnt damit, daß die Hauptfigur seiner Mutter erklärt, daß ihre Befürchtungen über seine geplante Reise von New York nach Kalifornien unbegründet sei; das Drama endet damit, daß es eine Reise fast in den Wahnsinn wird, vom normalen Leben weg in eine Art Fegefeuer. Interessanterweise besteht seine einzige Hoffnung, bei Verstand zu bleiben, darin, daß das Telefon ihn mit seiner bekannten Welt in Verbindung bringen wird – der Wohnung seiner Mutter.

33 Barnouw, 1970, S. 45.
34 Boorstin, 1973, S. 307-410.
35 Nielsen, 1984, S. 10; Arbiton, 1982, S. 6.
36 Seit der „Erneuerungs-Bewegung", wie sie vom zweiten Vatikanischen Konzil in den 60er Jahren in Gang gesetzt wurde, haben die elektronischen Medien in atemberaubendem Tempo in der Welt der Nonnen und Mönche Einzug gehalten. Obwohl die Mediennutzung je nach Kloster verschieden ist, haben doch die meisten Nonnen heute einen relativ freien Zugang zu Radio, Telefon und Fernsehen.
37 U.S. Bureau of the Censuses, 1982, S. 44.
38 Siehe zum Beispiel Langway et al., 1983b.

Kapitel 9

1 Nielsen, 1981, S. 14-15.
2 Siehe zum Beispiel Anderson, 1978; Leboyer, 1975.
3 Siehe zum Beispiel Kübler-Ross, 1969, und Woodward et al., 1978a.
4 Gelman, 1982; Langway et al., 1983a.
5 Siehe Goffman, 1961, S. 85-152; Goffman geht darin dem Gedanken nach, daß ein Akteur selbst „in" einer Rolle sich verpflichtet fühlt, sich von ihr in gewisser Weise zu distanzieren.
6 Glick und Spanier, 1980. Sozialwissenschaftler müßten nach ihrer Ansicht dazu übergehen, das Zusammenleben unverheirateter Paare „weniger als alternativen ‚Lebensstil' denn als normative Erscheinung zu begreifen" (S. 287).
7 Fürstenberg et al., 1981, S. 2. Die Forscher stellen auch fest, daß fast 60 Prozent der von Minderjährigen geborenen Kinder unehelich zur Welt kommen.

Kapitel 10

1 Havelock, 1963, S. 126.
2 Innis, 1972, S. 17.
3 Aus „I'm Gonna Say It Now" von Phil Ochs, Barricade Music Co., 1965, Hervorhebung vom Autor.
4 Levine, 1980, S. 53.
5 Levine, 1980, S. 39-58.
6 Levine, 1980, S. 45-46.
7 Levine, 1980, S. 39-58.
8 Grove, 1983.
9 Messaris und Sarett, 1981.
10 Goldsen, 1978, S. 345-348.
11 Herbers, 1978, Schlesinger, 1973, S. 209 und White, 1982.
12 Nie et al., 1976.
13 Nie et al., 1976.
14 Nie et al., 1976, S. 148-149.
15 Shaver, 1980, S. 46.
16 Binder, 1977.
17 Morganthau, DeFrank und Clift, 1983, S. 23.
18 Lyons, 1977.
19 Stuart, 1977.
20 Ledbetter, 1977.
21 Zur Diskussion um Anstieg und Fall des Ansehens von Ärzten in Amerika siehe Starr, 1982. Zum feministischen Widerstand gegen das traditionelle männliche Medizin-Establishment siehe The Boston Women's Health Collective, 1976. Ein populäres Kinderbuch, das die Entmystifizierung der Ärzteschaft widerspiegelt, ist Hotchner, 1979.
22 Cornwell, 1965, S. 187. Halberstam, 1980, S. 21 führt ein witziges Beispiel von Roosevelt an, wie er einmal ein blasphmisches Zitat dementierte, das *Time* von ihm veröffentlicht hatte.
23 Charlton, 1977.
24 Alexander, 1974.
25 Mankiewicz und Swerdlow, 1979, S. 108.
26 Bradlee, 1975, S. 106-107.
27 Siehe zum Beispiel die Diskussion zwischen William Goldsmith, Arthur Schlesinger Jr. und Leon Friedman in Goldsmith, 1974, S. 2127-2144; 2216-2226.
28 Barnouw, 1970, S. 119 schildert die frühe Sorge über den Wandel von traditioneller Diplomatie zur Medienwirksamkeit zur öffentlichen Meinung.

Kapitel 11

1 Vanderbilt, 1970, S. 28-29.
2 Der frauenorientierte Kabelfernsehsender *Hearst/ABC* sendet zum Beispiel eine Serie mit dem Titel „Lucille's Auto-Klinik". *Nickelodeon* („der erste Kanal für Kinder") hat eine Sendung namens „Livewire" im Programm, in der Kinder untereinander zum Beispiel über Drogen und die Schwierigkeiten diskutieren, mit Eltern über Sex zu sprechen.
3 Rintels, 1976.
4 „Banter Before the End", 1982, brachte einen (im Nachrichtenmagazin *Newsweek* abgedruckten) Auszug aus Richard Nixons „inoffiziellen Kommentaren" kurz vor seiner Rücktritts-Ansprache.
5 Goffman, 1982.
6 Clemons et al., 1979, S. 51.

7 Ariès, 1962, S. 393-399; Stone, 1977, S. 253-256.
8 Ariès, 1962, S. 399.
9 Wie ein Ehebett vor einigen hundert Jahren aussah und benutzt wurde, siehe Stone, 1977, S. 253-256. Joblin, 1981, beschreibt dessen Wiederkehr.
10 Footlick, 1977, und Lieberman, 1981.

Kapitel 12

1 Rohrbaugh, 1979; Teitelbaum, 1976; und Weitz, 1977.
2 Indirekt behandelt ein Großteil der feministischen Literatur dieses Thema, etwa Firestone, 1975, Friedan, 1970, und Greer, 1972.
3 Rothman, 1978, S. 3-4.
4 Rosaldo und Lamphere, 1974, S. 3.
5 Siehe zum Beispiel Rossi, 1973.
6 Degler, 1980, S. 306.
7 Lauretta Santelik, Assistentin der Präsidentin der National Organization for Women, persönliche Mitteilung, Juli 1983.
8 Degler, 1980, S. 360.
9 Millett, 1974, S. 113.
10 Grimes, 1967.
11 Degler, 1980, S. 356.
12 Degler, 1980, S. 439.
13 Degler, 1980, S. 439. Degler bemerkt, daß selbst Betty Friedans „Weiblichkeitswahn" sorgfältig die traditionellen, abstrakten Argumente für die Gleichheit der Geschlechter vermeidet und ihr Anliegen an keiner Stelle als „feministisch" bezeichnet.
14 Degler, 1980, S. vii; 127; 436.
15 Rothman, 1978, S. 231.
16 Degler, 1980, S. 445.
17 Siehe zum Beispiel das Buch des Boston Women's Health Book Collective, 1976, S. 181-196 und 337-361; dort greifen die Frauen das männliche Medizin-Establishment wegen seiner mangelnden Sensibilität gegenüber Frauen an und stellen die möglichen Gefahren der Medizin-Technologie und von Medikamenten heraus – einschließlich die der „Pille".
18 Siehe zum Beispiel Degler, 1980, S. 26-29.
19 Rosaldo, 1974, S. 24.
20 Greer, 1972.
21 de Bauvoir, 1968.
22 de Bauvoir, 1968.
23 Gilman, 1972, S. 253-254.
24 Gilman, 1972, S. 169.
25 Gilman, 1972, S. 274.
26 Gilman, 1972, S. 239-241; 34.
27 Ehrenreich und English, 1978, S. 118.
28 Chodorow, 1974.
29 Rosaldo, 1974, S. 25-26.
30 Aus einem Brief an seine Freundin Marie Bonaparte, zitiert in Jones, 1955, S. 421.
31 Greer, 1972.
32 de Beauvoir, 1968.
33 Rosaldo, 1974, S. 29-30.
34 Rosaldo, 1974, S. 29-30.
35 Ortner, 1974.
36 Greer, 1972, S. 247.
37 Greer, 1972, S. 247.
38 Firestone, 1970, S. 142.
39 Greer, 1972, S. 32.
40 de Beauvoir, 1968.
41 Greer, 1972, S. 32.
42 Rich, 1977, S. 172.
43 Degler, 1980, S. 304.
44 Zitiert in Rich, 1977, S. 53.
45 Rich, 1977, S. 212-213.
46 Gilman, 1972, S. 276.
47 Firestone, 1970.
48 Steinem, 1980, S. 11.
49 Rothman, 1978, S. 231-232.
50 Giele, 1978, S. 3-4.
51 Rothman, 1978, S. 3-4.
52 Steinem, 1980, S. 11.
53 Steinem, 1980, S. 11.
54 Friedan, 1977.
55 Ehrenreich und English, 1978, S. 283-284, Hervorhebung vom Autor.
56 Steinem, 1980, S. 19.
57 Steinem, 1980, S. 25.
58 Janeway, 1971, S. 172-173.
59 Janeway, 1971, S. 172-173.
60 Friedan, 1970.
61 Friedan, 1970, S. 9.
62 Friedan, 1970, S. 38.
63 Friedan, 1970, S. 25.
64 Friedan, 1970, S. 39.
65 Literaturübersichtsarbeiten zur Darstellung der Geschlechter im Fernsehen sind: US Dept. of Health & Human Services 1982; Pogrebin, 1981; Tuchman et al., 1978.
66 Siehe zum Beispiel Gerbner, 1978.
67 Zum Überblick und zur Erörterung einiger hier relevanter Studien siehe Sprafkin und Liebert, 1978.
68 U.S. Dept. of Health & Human Services, 1982, S. 54 sind ein Beleg dafür, wie die einfache Beobachtung des Medieninhalts schon mit dem vermuteten Effekt gleichgesetzt wird.
69 Cobb et al., 1982.
70 Dominick und Rauch, 1972, und Tuchman et al., 1978. Die Vorstellung, daß das Fernsehen (mit Hilfe des Werbefernsehens) die Frauen in „Bürger zweiter Klasse" verwandelt, hat Anne Tolstoi Foster zum ersten Mal zum Ausdruck gebracht; Dominick und Rauch zitieren sie als Teil der Begründung für ihre Studie.
71 Sprafkin und Liebert, 1978, S. 235-237.
72 Rohrbaugh, 1979, S. 137-146.

73 Bandura, 1965.
74 Gersoni-Stavn, 1974, S. xvii.
75 Siehe Firestone, 1970.
76 Zitiert in Millett, S. 138-139.
77 Siehe McWilliams, 1974.
78 Siehe zum Beispiel Tiger, 1969.
79 Rosaldo und Lamphere, 1974, S. 4.

Kapitel 13

1 Alan Guttmacher Institute, 1981, S. 4, 7, 9.
2 National Institut on Drug Abuse, 1980, S. 6; Johnston et al., 1981, S. 13-14.
3 In den USA stellte das Nationale Institut gegen Drogenmißbrauch fest, daß 93% der Highschool-Abgänger schon Erfahrung mit Alkohol hatten, 87% hatten im letzten Jahr Alkohol getrunken.
4 Hotchner, 1979, S. 269-272.
5 Watts, 1981.
6 Stier, 1978, S. 48.
7 Kihss, 1978; Stier, 1978.
8 Footlick et al., 1977.
9 Nach vorsichtigen Schätzungen laufen jedes Jahr mehr als eine Million Kinder im Alter von 10 bis 17 Jahren in den USA von zu Hause fort, auch wenn etwa 90 Prozent davon innerhalb von achtundvierzig Stunden wieder nach Hause zurückkehren. (Langway et al., 1982).
10 Langway et al., 1982.
11 Blackburn, 1980.
12 Diese Statistiken wurden zusammengestellt aus Unterlagen des FBI von 1951 und 1981, sowie aus Daten des amerikanischen Statistischen Bundesamtes von 1951 und 1982.
13 Castillo, 1981; Greenhouse, 1979.
14 Greenhouse, 1979.
15 Gaylin, 1982, S. 245-271.
16 Stier, 1978, S. 49.
17 Kihss, 1979.
18 Boulding, 1977, S. 39.
19 Edelman, 1978, S. 16.
20 Farson, 1974, S. 1.
21 Holt, 1974, S. 18.
22 Siehe Takanishi, 1978, der einen kurzen Abriß der „Kinderrechts-Bewegung" gibt.
23 Aus dem Interview „More Rights for Children", 1977.
24 Siehe zum Beispiel Leifer et al., 1974; Tannenbaum und Gibson, 1980.
25 Gilman, 1972, S. 75.
26 Ritchie und Koller, 1964, S. 86 und 109.
27 Ritchie und Koller, 1964, S. 103.
28 Ritchie und Koller, 1964, S. d105.
29 Murray, 1980; Noble, 1975; Wackman und Wartella, 1977; Wartella, 1979; Winick und Winick, 1979.
30 Siehe Nielsen, 1980, 1981, 1982 und 1983.
31 Salomon, 1979.
32 Terman und Merrill, 1973, S. 360.
33 Butter et al., 1981.
34 Donohue et al., 1980.
35 Zitiert in Shayon, 1951, S. 27.
36 Himmelweit et al., 1958, S. 27.
37 Himmelweit et al., 1958, S. 13.
38 Webster und Coscarelli, 1979.
39 Mohr, 1979a.
40 Mankiewicz und Swerdlow, 1979, S. 87.
41 Beardslee und Mack, 1982.
42 Pick, 1981.
43 McLaughlin, 1974, S. 101.
44 Laslett, 1965, S. 104.
45 Ross, 1974, S. 183.
46 Mead, 1955, S. 454-455.
47 Atikin, 1978.
48 Howitt, 1982, S. 43-44.
49 Himmelweit et al., 1958, S. 378; Leifer et al., 1974, S. 237; Mohr, 1979b; Tannenbaum und Gibson, 1980, S. 203.
50 Wolfenstein, 1955, S. 148.
51 Zitiert in Sunley, 1955, S. 158-159, Hervorhebung vom Autor. Das Buch des Reverend Thomas Searle wurde 1834 zum ersten Mal veröffentlicht.
52 Wiener, 1967, S. 170.
53 Bossard und Boll, 1947, S. 196.
54 Frank, 1953, S. 29.
55 Sommerville, 1982, S. 190.
56 McLachlan, 1970, S. 42.
57 Sommerville, 1982, S. 189-208.
58 Ritchie und Koller, 1964, S. 113.
59 McLuhan, 1968b, ist der Auffassung, man solle Erziehung „anerkennen als zivile Verteidigung gegen den Fallout der Medien".

Kapitel 14

1 Wector, 1972, S. 4.
2 Goldsmith, 1974, S. 2055.
3 Als Reagan seine Präsidentschaft antrat, stimmten 51 Prozent der Bevölkerung ihm zu. Der Prozentsatz stieg auf 68 Prozent im Mai 1981. Dann sank die Zustimmung auf 49 Prozent im Januar 1982, auf 44 Prozent im Juni 1982, und auf 35 Prozent im Januar 1983. Dann stieg die Rate der Zustimmungen im restlichen Jahr bis auf den Höhepunkt von 54 Prozent im Dezember an (Gallup Report Nr. 219, Dezember 1983, S. 18).
4 Califano, 1975, S. 112; Small, 1972, S. 104.
5 Alpern, 1980, S. 29.
6 Bryan und Bryan, 1971, S. 110; Werner 1929, S. 56.
7 Bryan und Bryan, 1971, S. 103.
8 Siehe zum Beispiel Carter, 1977, S. 8.

9 Siehe Cornwell, 1965, der ausführlich schildert, wie viele amerikanische Präsidenten den Nachrichtenfluß manipuliert und kontrolliert haben.
10 O'Connor, 1977.
11 Mehrabian, 1971, S. 43.
12 Schudson, 1982.
13 Cornwell, 1965, S. 13.
14 Barton, 1930, S. 80, beschreibt Lincolns ungewöhnliche Stimme; Bailey 1966, S. 162 schildert Jeffersons Sprachbehinderung.
15 Mount, 1973, S. 8.
16 Bennett, 1977, S. 219-220.
17 Bennett, 1977, S. 220.
18 Hahn und Gonchar, 1972.
19 Greenstein, 1969, S. 291.
20 Hahn und Gonchar, 1972, S. 57.
21 Hahn und Gonchar, 1972, S. 57.
22 Hahn und Gonchar, 1972, S. 58.
23 Novak, 1974, S. 48-51.
24 Novak, 1974, S. 51.
25 Bailey, 1966, S. 198-202.
26 Wie Cornwell, 1965, S. 17 feststellt, war der erste amerikanische Präsident, der den Reportern einen Raum im Weißen Haus zuwies, Theodore Roosevelt.
27 Der angesehene Harvard-Professor bat Historiker, Politologen und andere Experten 1948 und 1962, ihre Ansichten über die „Größe" amerikanischer Präsidenten zu äußern. An der ersten Umfrage beteiligten sich 55, an der zweiten 75 Personen. Die Experten sollten bei jedem Präsidenten einschätzen, ob er „Groß", „Recht groß", „Durchschnittlich", „Unterdurchschnittlich" oder ein „Versager" gewesen war.
28 Bailey, 1966, S. 68-69.
29 Bailey, 1966, S. 69-70.
30 Bailey, 1966, S. 206.
31 Mickelson, 1972, S. 207.
32 Sorenson, 1965, S. 195.
33 Halberstam, 1980, S. 444.
34 Bailey, 1966, S. 205.
35 Kennedys schriller Stil bewog den *Boston Globe* dazu, auf der Titelseite zu fragen: „Warum schreit der Mann im Fernsehen immer so?" (Oliphant, 1980).
36 Schramm, 1973, S. 128.
37 Mickelson, 1972, S. 105.
38 White, 1973, S. 250.
39 Bailey, 1966, S. 140; Califano, 1975, S. 112-121; Cornwell, 1965, S. 76.
40 Califano, 1975, S. 102.
41 Smith, 1972, S. 30.
42 Bailey, 1966, S. 70-71.
43 Bailey, 1966, S. 71.
44 Bailey, 1966, S. 341; Cornier, 1966, S. 29.
45 Bailey, 1966, S. 71.
46 Halberstam, 1980, S. 21.
47 Hiebert et al., 1982, S. 388.
48 Cornwell, 1965, S. 218-220; Small, 1972, S. 93ff.
49 Smith, 1972, S. 30.
50 Cornwell, 1965, S. 218-220; Small, S. 93ff.
51 Bailey, 1966, S. 50, 155-156; Nevins, 1932, S. 162-169.
52 Nevins, 1932, S. 529.
53 Nevins, 1932, S. 532.
54 Nevins, 1932, S. 533.
55 Ford, 1978, S. 4.
56 Altman, 1977.
57 Die wichtigste Arbeit über Cleveland ist die Biographie von Nevins, 1932, für die Nevins den Pulitzer Preis bekam.
58 Smith, 1972, S. 61.
59 Smith, 1972, S. 96.
60 Cornwell, 1965, S. 61-114.
61 Cornwell, 1965; S. 147, 187.
62 Cornwell, 1965, S. 187-188.
63 Garay, 1981.
64 Hall, 1966.
65 Bryce, 1906, S. 78-85.
66 Mickelson, 1972, S. 235.
67 Cater, 1975, S. 4.
68 Goffman, 1983, S. 31.
69 Goldsmith, 1974, S. 2055-2056.
70 Siehe zum Beispiel Lukas, 1976, S. 374, 385; und Rothenberg, 1975.
71 „Excerpts from Interview", 1977.
72 Zitiert in „Thunder from the Heartland", 1974, S. 25.
73 Firestone, 1975, S. 142.
74 „Will Nixon Resign", 1974, S. 22.
75 Zitiert in Johnson, 1974, S. xvii.
76 Whitman, 1974, S. 10-11.
77 Zitiert in „Thunder from the Heartland", 1974, S. 24.
78 Siehe zum Beispiel Bailey, 1966; Cornwell, 1965; Evans und Myers, 1974; Heath, 1975 und Schlesinger, 1973.
79 Oelsner, 1977.
80 Goldsmith, 1974, S. 2126-2144; 2216-2226.
81 Goffman, 1983.
82 Carter, 1977, S. 56, 63 und 67.
83 Siehe zum Beispiel Carter, 1977, S. 78.
84 Goldman, 1976, S. 22.
85 Halberstam, 1976.
86 McMorrow, 1976.
87 Mathews und Doyle, 1977, S. 16.
88 McMorrow, 1976.
89 Carter, 1977, S. 9.
90 Carter, 1977, S. 260.
91 Woodward, Sciolino und Matthews, 1978.
92 Wuint, 1979, S. 5; Woodward et al., 1978b.
93 Alpern, 1977.
94 Stelle et al., 1977.
95 Karpel, 1978.
96 Burt, 1980.
97 „I'll Whip His Ass", 1979.

98 Jordan, 1982, S. 306-309; 347-351; White, 1982, S. 388-390.
99 Jordan, 1982, S. 351.
100 White, 1982, S. 404-405.
101 Strasser et al., 1983.
102 „Who is Ronald Reagan", 1984. Siehe Clymer, 1982, der über eine Untersuchung berichtet, nach der 30 Prozent der Befragten Reagans Politik nicht billigten, ihn aber „persönlich" sympathisch fanden.
103 Beck und Clift, 1981; Lerner et al., 1983; Mc Grath et al., 1981; McGrath et al., 1982; und Wilkie, 1982.
104 „Excerpts from Reagan Address", 1982.
105 Einige Beschreibungen über Reagans „Seitenbühnen"-Verhalten finden sich in Morganthau et al., 1984; Shapiro et al., 1983; und Strasser et al., 1984.
106 Reedy, 1973, S. 45.
107 Im August 1983 stellte das demoskopische Institut Gallup zum Beispiel fest, daß nur 35 Prozent der Befragten den Eindruck hatten, Reagan sei „eine Person mit außergewöhnlichen Fähigkeiten" (das war derselbe Prozentsatz wie 1980), nur 33 Prozent meinten „dem Mann kann man trauen", nur 23 Prozent dachten „er steht dem Bürger zur Seite", und nur 21 Prozent fanden, „er kümmert sich um die Probleme der Armen". Doch 50 Prozent betrachten ihn als „sympathische Person" (Gallup Report Nr. 217, Oktober 1983). Im Dezember 1983 hatte Reagan die höchste Rate allgemeiner Zustimmung in zwei Jahren erreicht (54 Prozent), doch nur 46 Prozent waren mit seiner Außenpolitik einverstanden, nur 48 Prozent mit seiner Wirtschaftspolitik; nur 35 Prozent stimmten seiner Politik im Libanon und Mittelamerika zu, und nur 28 Prozent hatten das Gefühl, seine Politik bringe uns dem Frieden näher. (Gallup Report Nr. 219, Dezember 1983).

Kapitel 15

1 Foucault, 1977.
2 Reed, 1975.
3 Goldman et al., 1982; Fritz 1983.
4 In neunzig Prozent aller amerikanischen Krankenhäuser ist es heute Vätern erlaubt, bei der Geburt dabei zu sein, und 80 Prozent der Väter nehmen diese Möglichkeit auch wahr. Die Zahl der bei der Entbindung anwesenden Väter verdoppelte sich innerhalb von zehn Jahren; vor 25 Jahren lag sie noch bei Null. (James A. Levine, Direktor des „Vaterschafts-Projekts" am Bank Street College of Education, persönliche Mitteilung, März 1984.)
5 Nancy Goodman, 1982; Hotchner, 1979.
6 Persönliche Mitteilung, März 1984 von Dr. William McNary, Associate Dean der Boston University Medical School.
7 Gorvine, 1982; Hotchner, 1979; Pillitteri, 1981; und Van Dyke, 1980.
8 Kuhn, 1947, stellte in ihrer Untersuchung über die Kindererziehung in New England fest, daß die Erkenntnis, das Kind sei ein besonderes Wesen, das besonderer Fürsorge bedürfe, der Erkenntnis der Bedeutung von Frauen und von Mutterschaft vorausging.
9 Shorter, 1975, S. 5 und 22; Stone, 1977, S. 4-6.
10 Lincoln und Straus, in Druck.
11 Lee und Devore, 1968, S. 3.
12 O'Kelly, 1980, S. 74-106.
13 O'Kelly, 1980, S. 82-100. Siehe auch Draper, 1975, S. 74-94; Goodale, 1971, S. 151-153 und 332-338; Marshall, 1976, S. 175-176; Turnbull, 1961, S. 154; und Friedl, 1975, S. 18-19.
14 Rosaldo, 1974, S. 39.
15 O'Kelly, 1980, S. 96. Siehe auch Marshall, 1976, S. 96, 130, 314 und 318; und Turnbull, 1961, S. 128-129.
16 O'Kelly, 1980, S. 97-101.
17 O'Kelly, 1980, S. 98.
18 Siehe zum Beispiel Goodale, 1971, S. 151-153; Marshall, 1976, S. 96, 130, 314 und 318; und Turnbull, 1961, S. 128-129.
19 O'Kelly, 1980, S. 77-78. Siehe auch Friedl, 1975, S. 31, und Turnbull, 1961, S. 124-125.
20 O'Kelly, 1980, S. 78-102. Siehe auch Friedl, 1975, S. 23; Draper, 1975, S. 92; Goodale, 1971, S. 335; Marshall, 1976, S. 261; und Turnbull, 1961, S. 127-128.
21 Friedl, 1975, S. 30.
22 Draper, 1975.
23 Aus „Another Brick in the Wall" (Part II), Text von Roger Waters, Pink Floyd Music Publishers, 1979. Dieser Song war 1980 vier Wochen lang die Nummer eins und stand bei den populärsten Liedern des Jahres an fünfter Stelle.
24 Ong, 1977, S. 82-91.
25 Mumford, 1963, S. 240.
26 Die Untätigkeit, die oft aus der Betrachtung „wirklicher" Horror-Meldungen im Fernsehen resultiert, mag mit den Ergebnissen der „Bystander"-Forschung zusammenhängen. Dieses sozialpsychologische Forschungsgebiet beschäftigt sich mit dem Phänomen, daß Menschen *umso weniger* bereit sind, zu helfen, je mehr Menschen bei einem Ereignis, das nach Eingreifen verlangt – etwa ein Verbrechen oder ein Unfall – um sie herum stehen. Je kleiner die Zahl der Anwesenden, desto *eher* wird jemand helfen. Hilgard et al., 1979, S. 520-523.
27 Boorstin, 1962.
28 Sennett, 1983.
29 Marbach et al., 1983.

30 Papert, 1980, und Golden, 1982.
31 Papert, 1980.
32 Mankiewicz und Swerdlow, 1979, S. 211-217.
33 Daß ein Computer es ermöglicht, viele Variablen gleichzeitig in ihrer Veränderung zu betrachten, ist schon daraus offensichtlich, daß es erst mit Hilfe seines Einsatzes möglich war, „Multivarianz-Analysen" durchzuführen, die es Wissenschaftlern erlauben, die Interaktion vieler Variablen zu analysieren.
34 Einer der Gründe dafür, daß das Fortbestehen von Büchern nicht die Existenz des Fernsehens gefährdet, wohl aber das Fernsehen die „Schrift-Merkmale" des Computers in Frage stellt, ist die Tatsache, daß die Distanz zwischen zwei Rollen nur so lang ist wie der kürzeste Informationskanal zwischen ihnen.
35 Sommer, 1969, und Hall, 1966.

Bibliographie

„Adults Are Failing, Not the Children." *USA Today,* 27 Feb., 1984.

Alexander, Shana. „I'd Wondered What Became of Sally." *Newsweek,* 21 Jan. 1974, p. 32.

Allen, Charles, L. „Photographing the TV Audience." *Journal of Advertising Research,* 5, No. 1 (1965), 2-8.

Alpern, David M. „Clubs: The Ins and Outs." *Newsweek,* 10 Jan. 1977, pp. 18-19.

Alpern, David M. „A Newsweek Poll on the Issues." *Newsweek,* 3 March 1980, pp. 27-29.

Alpern, David M. et al. „The President's Men." *Newsweek,* 20 April 1981, pp. 27-32.

Altman, Lawrence K. „Navy Confirms Johnson Had Surgery for Skin Cancer." *The New York Times,* 29 June 1977.

American Psychological Association. *Publication Manual of the American Psychological Association.* 3rd ed. Washington, D.C.: American Psychological Association, 1983.

American Telephone and Telegraph. *The World's Telephones.* Morris Plains, NJ: AT & T Long Lines, 1981.

Anderson, Susan Heller. „A Plea for Gentleness to the Newborn." *The New York Times,* 21 Jan. 1978.

The Arbitron Company. *Home Video Cassette Recorders: Ounership/Usage,* 1978 New York: The Arbitron Co., 1979.

Arbitron Ratings Company. *Radio Today.* New York: Arbitron Ratings Co., 1982.

Arendt, Hannah. *Between Past and Future: Eight Exercises in Political Thought.* Rev. ed. New York: Viking, 1968.

Argyle, Michael, Adrian Furnham, and Jean Ann Graham. *Social Situations.* Cambridge: Cambridge Univ. Press, 1981.

Ariès, Philippe. *Centuries of Childhood: A Social History of Family Life.* Trans. Robert Baldick. New York: Vintage, 1962. (French edition, 1960)

Atkin, Charles. „Broadcast News Programming and the Child Audience." *Journal of Broadcasting,* 22 (1978), 47-61.

Atkinson, Jeff. „Criteria for Deciding Child Custody in the Trial and Appellate Courts." *Family Law Quarterly,* 18 (1984), 1-42.

Babbie, Earl, R. *Society by Agreement: An Introduction to Sociology.* Belmont, CA: Wadsworth, 1977.

Bailey, Thomas, A. *Presidential Greatness: The Image and the Man from George Washington to the President.* New York: Appleton-Century, 1966.

Balkin, Richard. *A Writer's Guide to Book Publishing.* New York: Hawthorn, 1977.

Ball, Donald W. „The Definition of Situation: Some Theoretical and Methodological Consequences of Talking W.I. Thomas Seriously." *Journal for the Theory of Social Behavior,* 2 (1972), 61-82.

Bandura, Albert. „Influence of Model's Reinforcement Contingencies on the Acquisition of Imitative Responses" *Journal of Personality and Social Psychology,* 1 (1965), 589-595.

„Banter Before the End." *Newsweek,* 14 June 1982, p. 27.

Banton, Michael. *Roles: An Introduction to the Study of Social Relations.* New York: Basic Books, 1965.

Barker, Roger G. *Ecological Psychology: Concepts and Methods for Studying the Environment of Human Behavior.* Stanford, CA: Stanford Univ. Press, 1968.

Barnouw, Erik. *The Image Empire: A History of Broadcasting in the United States, Vol. 3 – From 1953.* New York: Oxford Univ. Press, 1970.

Barnouw, Erik. *The Sponsor: Notes on a Modern Potentate.* New York: Oxford Univ. Press, 1978.

Barton, William E. *Lincoln at Gettysburg.* Indianapolis: Bobbs-Merrill, 1930.

Barwise, T.P., A.S.C. Ehrenberg, and G.J. Goodhart. „Glued to the Box?: Patterns of TV Repeat-Viewing." *Journal of Communication,* 32, No. 4 (1982), 22-29.

Beardslee, William, and John Mack. „The Impact on Children and Adolescents of Nuclear Developments," In *Psychosocial Aspects of Nuclear Developments.* Task Force Report No. 20. Washington, D.C.: American Psychiatric Association, 1982, pp. 64-93.

Bechtel, Robert B., Clark Achelpohl, and Roger Akers. „Correlates Between Observed Behavior and Questionnaire Responses on Television Viewing." In *Television and Social Behavior, Vol. 4., Television in Day-to-Day Life: Patterns of Use.* Ed. Eli A. Rubinstein, George A. Comstock, and John P. Murray. Washington, D.C.: National Institute of Mental Health, 1972, pp. 274-344.

Beck, Melinda, and Eleanor Clift. „Reagan's Articulation Gap." *Newsweek,* 29 June 1981, p. 20.

Bedell, Sally. „Study for TV Industry Says Viewers Are Watching Less." *The New York Times,* 18 April 1983.

Bennett, W. Lance. „The Ritualistic and Pragmatic Bases of Political Campaign Discourse." *The Quarterly Journal of Speech,* 63 (1977), 219-238.

Berger, Peter, L. *Invitation to Sociology: A Humanistic Perspective.* New York: Anchor, 1963.

Berger, Peter L., Luckmann, Thomas: *Die gesellschaftliche Konstruktion der Wirklichkeit* (am.: *The Social Construction of Reality).* Frankfurt: Fischer, 1980 (deutsche Erstveröffentlichung: S. Fischer, 1969).

Biddle, Bruce *J. Role Theory: Expectations, Identities, and Behaviors.* New York: Academic, 1979.

Biddle, Bruce J., and Edwin J. Thomas, eds. *Role Theory: Concepts and Research.* New York: Wiley, 1966.

Bierstedt, Robert. *The Social Order.* 4rth Ed. New York: McGraw-Hill, 1974.

Binder, David. „Guide Tells Citizens How to Gain Access to U.S. Data." *The New York Times,* 4 Nov. 1977.

Blackburn, Mark. „Teen-Agers Leave Home – Legally." *New York Times,* 20 Feb. 1980.

Blume, Judy. *Superfudge.* New York: Dutton, 1980.

Board of Institutional Ministry. *The Prisoner's Yellow Pages.* 2nd ed. Los Angeles: Universal Press. 1978.

Bogart, Leo. *The Age of Television.* New York: Frederick Ungar, 1956.

Boorstin, Daniel J. *The Image: Or What Happened to the American Dream.* New York: Atheneum, 1962.

Boorstin, Daniel J. *The Americans: The Democratic Experience.* New York: Random House, 1973.

Boorstin, Daniel J. *The Republik of Technology: Reflections on Our Future Community.* New York: Harper & Row, 1978.

Bossard, James H.S. *Parent and Child: Studies in Family Behavior.* Philadelphia: Univ. of Pennsylvania Press, 1953.

Bossard, James H.S., and Eleanor S. Boll. „The Role of the Guest: A Study in Child Development." *American Sociological Review,* 12 (1947), 192-201.

The Boston Women's Health Book Collective. *Our Bodies, Ourselves: A Book By and For Women.* 2nd ed. New York: Simon & Schuster, 1976.

Boulding, Elise. „Children's Rights." *Society,* Nov./Dec. 1977, pp. 39-43.

Bradbury, Ray. *The Illustrated Man.* New York: Doubleday, 1951.

Bradlee, Benjamin C. *Conversations with Kennedy.* New York: Norton, 1975.

Braestrup, Peter. *Big Story: How the American Press and Television Reported and Interpreted the Crisis of Tet 1968 in Vietnam and Washington, Vol. 1.* Boulder, CO: Westview, 1977.

Brecher, John, et. al. „Taking Drugs on the Job." *Newsweek,* 22 Aug. 1983, pp. 52-55; 57-60.

Brim, Orville G., Jr., and Jerome Kagan, eds. *Constancy and Change in Human Development.* Cambridge: Harvard Univ. Press, 1980.

Broadhurst, Allan R., and Donald K. Darnell. „An Introduction to Cybernetics and Information Theory." In *Foundations of Communication Theory.* Ed. Kenneth K. Sereno and C. David Mortensen. New York: Harper & Row, 1970, pp. 59-72.

Brockriede, Wayne, and Robert L. Scott. „Stokely Carmichael: Two Speeches on Black Power." In *Language, Communication, and Rhetoric in Black America.* Ed. Arthur L. Smith. New York: Harper & Row, 1972, pp. 176-194.

Bryan, William Jennings, and Mary Baird Bryan. *The Memoirs of William Jennings Bryan, Vol. I.* Rpt. of 1925 edition. Port Washington, NY: Kennikat, 1971.

Bryce, James. *The American Commonwealth.* New York: Macmillan, 1906.

Burt, Richard. „Administration Tightening System of Keeping National Secrets Secret." *The New York Times,* 7 Sept. 1980.

Buss, Allan R. „The Trait-Situation Controversy and the Concept of Interaction." In *The Psychology of Social Situations: Selected Readings.* Ed. Adrian Furnham and Michael Argyle. Oxford: Pergamon, 1981, pp. 227-234.

Butter, Eliot J., et al. „Discrimination of Television Programs and Commercials by Preschool Children." *Journal of Advertising Research,* 21, No. 2 (1981), 53-56.

Califano, Joseph A., Jr. *A Presidential Nation.* New York: Norton, 1975.

Carmody, Deirdre. „Head of Barnard Asks Parents of Defiant Girl for their Views." *The New York Times,* 19 April 1968.

Carmody, Deirdre. „City's Police Dept. Getting ‚New Breed' of Young Officers." *The New York Times,* 8 May 1983.

Carothers, J.C. „Culture, Psychiatry, and the Written Word." *Psychiatry,* 22 (1959), 307-320.

Carpenter, Edmund. *Oh, What a Blow That Phantom Gave Me!* New York: Holt, Rinehart & Winston, 1973.

Carpenter, Edmund, and Ken Heyman. *They Became What They Beheld.* New York: Outerbridge & Dienstfrey/Ballantine, 1970.

Carter, Jimmy. *A Government as Good as Its People.* New York: Simon & Schuster, 1977.

Castillo, Angel. „Juvenile Offenders in Court: The Debate Over Treatment." *The New York Times,* 24 July 1981.

Cater, Douglass. „Introduction: Television and Thinking People." In *Television as a Social Force: New Approaches to TV Criticism.* Ed. Douglass Cater and Richard Adler. New York: Praeger, 1975, pp. 1-7.

Chambers, Marcia. „Videotaped Confessions Raising Conviction Rate." *The New York Times,* 5 June 1983.

Charlton, Linda. „Stern Plan to Guard Privacy Is Expected." *The New York Times,* 15 May 1977.

Chaytor, H.J. *From Script to Print: An Introduction to Medieval Vernacular Literature.* Rpt. of 1945 edition. London: Sidgwick & Jackson, 1966.

Chodorow, Nancy. „Family Structure and Feminine Personality." In *Woman, Culture, and Society.* Ed.

Michelle Zimbalist Rosaldo and Louise Lamphere. Stanford, CA: Stanford Univ. Press, 1974, pp. 43-66.
Christopher, Maurine. „Jimmy & Rhett Help NBC Top Nielsen Ratings.“ *Advertising Age,* 15 Nov. 1976, p. 2.
Clemons, Walter, Martin Kasindorf, and Maggie Malone. „Telling All.“ *Newsweek,* 15 Jan. 1979, pp. 50-56.
Clymer, Adam. „Poll Finds Reagan Popularity Rating Misleading.“ *The New York Times,* 31 Jan., 1982.
Cobb, Nancy J., Judith Stevens-Long, and Steven Goldstein. „The Influence of Televised Models on Toy Preference in Children.“ *Sex Roles,* 8 (1982), 1075-1080.
Collins, Glenn. „U.S. Social Tolerance of Drugs Found on Rise.“ *The New York Times,* 21 March 1983.
Comstock, George, and Marilyn Fisher. *Television and Human Behavior: A Guide to the Pertinent Scientific Literature.* Santa Monica, CA: Rand, 1975.
„Conservation with Marshall McLuhan.“ *Videography,* October 1977, pp. 30; 57; 59-60; 62-67.
Cooley, Charles Horton. *Human Nature and the Social Order.* Rev. ed. New York: Schocken, 1964. (originally published in 1922)
Cormier, Frank. *Presidents Are People Too.* Washington, D.C.: Public Affairs Press, 1966.
Cornwell, Elmer E. Jr. *Presidential Leadership of Public Opinion.* Bloomington: Indiana Univ. Press, 1965.
Coulson, Margaret A. „Role: Redundant Concept in Sociology? Some Educational Considerations.“ In *Role.* Ed. J.A. Jackson. Cambridge: Cambridge Univ. Press, 1972, pp. 107-128.
Cox, Harvey, ed. *The Situation Ethics Debate.* Philadelphia: Westminster, 1968.
Cressy, David. *Literacy and the Social Order: Reading and Writing in Tudor and Stuart England.* Cambridge: Cambridge Univ. Press, 1980.
Crisis at Columbia: *Report of the Fact-Finding Commission Appointed to Investigate the Disturbances at Columbia University in April and May 1968.* New York: Vintage, 1968.
Culbert, David. „Johnson and the Media.“ In *Exploring the Johnson Years.* Ed. Robert A. Divine. Austin, TX: Univ. of Texas Press, 1981, pp. 214-250.
Czitrom, Daniel, J. *Media and the American Mind: From Morse to McLuhan.* Chapel Hill: Univ. of North Carolina Press, 1982.
Dale, Edgar. *Children's Attendance at Motion Pictures.* New York: Mcmillan, 1935.
de Beauvoir, Simone: *Das andere Geschlecht. Sitte und Sexus der Frau* (franz.: Le Deuxième Sexe). Reinbek: Rowohlt, 1968 (deutsche Erstveröffentlichung Rowohlt, 1951).
DeFleur, Melvin L., and Sandra Ball-Rokeach. *Theories of Mass Communication. 4th ed. New York:* Longman, 1982.
Degler, Carl N. *At Odds: Women and the Family in America from the Revolution to the Present.* New York: Oxford Univ. Press, 1980.
Demos, John. A *Little Commonwealth: Family Life in Plymouth Colony.* London: Oxford Univ. Press, 1970.
de Onis, Juan. „Letter-Bombs Injure Arabs.“ *The New York Times,* 26 Oct. 1972.
Ditton, Jason, ed. *The View from Goffman.* New York: St. Martin's, 1980.
Dominick, Joseph R. and Gail Rauch. „The Image of Women in Network TV Commercials.“ *Journal of Broadcasting,* 16 (1972), 259-265.
Dondis, Donis A. *A Primer of Visual Literacy.* Cambridge, MA: The MIT Press, 1973.
Donohue, Thomas R., Lucy L. Henke, and William A. Donohue. „Do Kids Know What TV Commercials Intend?“ *Journal of Advertising Research,* 20, No. 5 (1980), 51-57.
Draper, Patricia. „Kung Women: Contrasts in Sexual Egalitarianism in Foraging and Sedentary Contexts.“ In *Toward an Anthropology of Women.* Ed. Rayna R. Reiter. New York: Monthly Review Press, 1975, pp. 77-109.
Dubé, W.F. „U.S. Medical School Enrollment, 1969-70 Through 1973-74.“ *Journal of Medical Education.* 49 (1974), 302-307.
Duncan, Hugh Dalziel. *Communication and Social Order.* New York: Bedminster, 1962.
Edelman, Marian Wright. „In Defense of Children's Rights.“ *Current,* April 1978, pp. 16-20.
Edelman, Murray. *The Symbolic Uses of Politics.* Urbana, IL: Univ. of Illinois Press, 1964.
Ehrenreich, Barbara, and Deirdre English. *For Her Own Good: 150 Years of the Experts' Advice to Women.* New York: Anchor, 1978.
Eisenstein, Elizabeth L. *The Printing Press as an Agent of Chance: Communications and Cultural Transformations in Early Modern Europe.* 2 Vols. New York: Cambridge Univ. Press, 1979.
Ekman, Paul, and Wallace V. Friesen. „The Repertoire of Nonverbal Behavior: Categories, Origins, Usage, and Coding.“ *Semiotica,* 1, No. 1 (1969), 49-98.
Elkind, David. *The Hurried Child: Growing Up Too Fast Too Soon.* Reading, MA: Addison-Wesley, 1981.
Elliott, Philip. „Uses and Gratifications Research: A Critique and a Sociological Alternative.“ In *The Uses of Mass Communications: Current Perspectives on Gratifications Research.* Ed. Jay G. Blumler and Elihu Katz. Beverly Hills, CA: Sage, 1974, pp. 58-67.
Endler, Norman S., J. McV Hunt, and Alvin J. Rosenstein.“ An S-R Inventory of Anxiousness.“ *Psychological Monographs,* 76, No. 17 (1962), 1-33.
Epstein, Edward Jay. *News from Nowhere.* New York: Random House, 1973.
Epstein, Louis M. *Sex Laws and Customs in Judaism.* New York: Ktav, 1967. (Erstveröffentlichung 1948)
Evans, Les, and Allen Myers. *Watergate and the Myth of American Democracy.* New York: Pathfinder, 1974.

„Excerpts from Interview with Nixon About Watergate Tapes and Other Issues." *The New York Times,* 4 Sept. 1977.
„Excerpts from Reagan Address to County Officials'-Meeting." *The New York Times,* 14 July 1982.
„Falwell Says He Will Press $ 10 Million Penthouse Suit." *The New York Times,* 5 Feb. 1981.
Farson, Richard. *Birthrights.* New York: Macmillan, 1974.
Federal Bureau of Investigation. *Uniform Crime Reports for the United States and Its Possessions.* Washington, D.C.: Department of Justice, 1951.
Federal Bureau of Investigation. *Uniform Crime Reports for the United States.* Washington, D.C.: Department of Justice, 1981.
Fields, Howard. „U.S. Agency to Coordinate Attack on Illiteracy." *Publishers Weekly,* 22 Oct. 1982, pp. 14 and 16.
Firestone, Shulamith: *Frauenbefreiung und sexuelle Revolution* (am.: *The Dialectic of Sex).* Frankfurt: Fischer, 1975.
Fletcher, Joseph. *Situation Ethics: The New Morality.* Philadelphia: Westminster, 1966.
Footlick, Jerrold K. „Too Much Law?" *Newsweek,* 10 Jan. 1977, pp. 42-47.
Footlick, Jerrold K., Susan Agrest, and Janet Huck. „Kids in Mental Hospitals." *Newsweek,* 12 Dec. 1977, pp. 116-117.
Ford, Gerald R. „Every Mistake a Headline." *TV Guide,* 29 April 1978, pp. 2-4; 7.
Forgas, Joseph, P., *Social Episodes: The Study of Interaction Routines.* London: Academic, 1979.
Forkan, James P. „CBS Regains Some Wind." *Advertising Age,* 7 March 1983, p. 2.
Foster, Henry H., Jr., and Doris Jonas Freed. *Current Developments in Child Custody.* New York: Law Journal Seminars-Press, 1978.
Foucault, Michel. *Discipline and Punish: The Birth of the Prison.* Trans. Alan Sheridan. New York: Pantheon, 1977. (Französische Orginalausgabe, 1975)
Fraker, Susan, et al. „The Marines Face Life." *Newsweek,* 10 May 1976, p. 46.
Francke, Linda Bird, and Nancy Stadtman. „Adoptees Unite." *Newsweek,* 28 April 1975, p. 86.
Frank, Anne, *Anne Frank: The Diary of a Young Girl.* New York: Pocket Books, 1953 (Erstveröffentlichung 1947)
Freidson, Eliot. „Celebrating Erving Goffman." *Contemporary Sociology,* 12 (1983), 359-362.
Freud, Sigmund. *New Introductory Lectures on Psychoanalysis.* Trans. and Ed. James Strachey. New York: Norton, 1965. (Deutsche Originalausgabe, 1933)
Friedan, Betty: *Der Weiblichkeitswahn oder die Selbstbefreiung der Frau* (am.: *The Feminine Mystique).* Reinbek: Rowohlt, 1970 (Deutsche Erstveröffentlichung Rowohlt, 1966).
Friedan, Betty: *Der zweite Schritt* (am.: *The Second Stage).* Reinbek: Rowohlt, 1982.
Friedl, Ernestine. *Women and Men: An Antropologist's View.* New York: Holt, Rinehart & Winston, 1975.
Friedrich, Otto. „What Do Babies Know?" *Time,* 15 Aug. 1983, pp. 52-59.
Fritz, Sara. „Hello, This Is Ronald Reagan – Yes, Really." *U.S. News & World Report.* 21 March 1983, p. 48.
Furnham, Adrian, and Michael Argyle, eds. *The Psychology of Social Situations: Selected Readings.* Oxford: Pergamon, 1981.
Furstenberg, Frank F., Jr., Richard Lincoln, and Jane Menken, eds. *Teenage Sexuality, Pregnancy, and Childbearing.* Philadelphia: Univ. of Pennsylvania Press, 1981.
Gallup, George H. *The Gallup Poll: Public Opinion 1935-1971.* New York: Random House, 1972.
Gallup Organization. *The Gallup Report.* Princeton, NJ: The Gallup Poll. (Published monthly since 1965.)
Gans, Herbert., *Deciding What's News.* New York: Pantheon, 1979.
Garay, Ronald. „Congressional Television vs. the *Congressional Record:* What Congress Says and What Congress Means." *The Quarterly Journal of Speech,* 67 (1981), 193-198.
Garfinkel, Harold. *Studies in Ethnomethodology.* Englewood Cliffs, NJ: Prentice-Hall, 1967.
Gaylin, Willard. *The Killing of Bonnie Garland: A Question of Justice.* New York: Simon & Schuster, 1982.
Gazzaniga, Michael S. *The Bisected Brain.* New York: Appleton-Century-Crofts, 1970.
Geertz, Clifford. *The Interpretation of Cultures.* New York: Basic Books, 1973.
Gelman, David. „Growing Old, Feeling Young." *Newsweek,* 1 Nov. 1982, pp. 56-60.
Gelman, David. „A Stranger Comes Home." *Newsweek,* 19 March 1984, p. 82.
Gelman, David, et al. „How Men Are Changing." *Newsweek,* 16 Jan. 1978, pp. 52-56; 59-61.
Gelman, David, et al. „The Games Teen-Agers Play." *Newsweek,* 1 Sept. 1980, pp. 48-53.
Gelman, Rochel. „Preschool Thought." In *Contemporary Readings in Child Psychology.* Ed. E. Mavis Hetherington and Ross D. Parke. New York: McGraw-Hill, 1981, pp. 159-165.
Gerbner, George. „The Dynamics of Cultural Resistance." In *Hearth and Home: Images of Women in the Mass Media.* Ed. Gaye Tuchman, Arlene Kaplan Daniels, and James Benét. New York: Oxford Univ. Press, 1978, pp. 46-50.
Gerbner, George, and Larry Gross, „Living with Television: The Violence Profile." *Journal of Communication,* 26, Nov. 2 (1976), 173-199.

Gergen, Kenneth, J. *Toward Transformation in Social Knowledge.* New York: Springer Verlag, 1982.
Gersoni-Stavn, Diane, ed. *Sexism and Youth.* New York: Bowker, 1974.
Giele, Janet, Zollinger. *Women and the Future: Changing Sex Roles in Modern America.* New York: Free Press, 1978.
Gilder, George F. *Sexual Suicide.* Rev. ed. New York: Bantam, 1975.
Giles, Howard, and Peter F. Powesland. *Speech Style and Social Evaluation.* London: Academic, 1975.
Gilman, Charlotte Perkins. *The Home: Its Work and Influence.* Rpt. of 1903 edition. Urbana, IL: Univ. of Illinois Press, 1972.
Gitlin, Todd. *The Whole World Is Watching: Mass Media in the Making and Unmaking of the New Left.* Berkeley: Univ. of California Press, 1980.
Gitlin, Todd. *Inside Prime Time.* New York: Pantheon, 1983.
Glick, Paul C., and Graham B. Spanier. „Married and Unmarried Cohabitation in the United States." *Journal of Marriage and the Family,* 42 (1980), 19-30.
Goffman, Erving. *Encounters: Two Studies in the Sociology of Interaction.* Indianapolis: Bobbs-Merrill, 1961.
Goffman, Erving. *Behavior in Public Press: Notes on the Social Organization of Gatherings.* New York: Free Press, 1963.
Goffman, Erving. *Interaction Ritual.* New York: Anchor, 1967.
Goffman, Erving. *Strategic Interaction.* Philadelphia: Univ. of Pennsylvania Press, 1969.
Goffman, Erving: *Rahmen-Analyse* (am.: *Frame Analysis). Ein Versuch über die Organisation von Alltagserfahrungen.* Frankfurt: Suhrkamp, 1980 (deutsche Erstveröffentlichung Suhrkamp, 1977).
Goffman, Erving. *Forms of Talk.* Philadelphia: Univ. of Pennsylvania Press, 1981.
Goffman Erving: *Das Individuum im öffentlichen Austausch*(am.: *Relations in Public).* Frankfurt: Suhrkamp, 1982 (deutsche Erstveröffentlichung Suhrkamp, 1974.)
Goffman, Erving: *Wir alle spielen Theater* (am.: *The Presentation of Self in Everyday Life).* München: Piper, 1983 (deutsche Erstveröffentlichung Piper, 1969).
Golden, Frederick. „Here Come the Microkids." *Time,* 3 May 1982, pp. 50-56.
Goldman, Peter. „Sizing Up Carter." *Newsweek,* 13 Sept. 1976, pp. 22-27; 29; 30; 33-34; 36; 41; 44; 49-50; 52; 57; 59; 60; 63-65.
Goldman, Peter, et al. „The Reagan Gamble." *Newsweek,* 8 Feb. 1982, pp. 24-27.
Goldsen, Rose, K. *The Show and Tell Machine: How Television Works and Works You Over.* New York: Dell, 1978.
Goldsmith, William M. *The Growth of Presidential Power: A Documented History.* 3 Vols. New York: Chelsea House, 1974.
Goleman, Daniel. „The Aging Mind Proves Capable of Lifelong Growth." *The New York Times,* 21 Feb. 1984.
Goodale, Jane C. *Tiwi Wives: A Study of the Women of Melville Island, North Australia.* Seattle: Univ. of Washington Press, 1971.
Goodhart, G.J., A. S. C. Ehrenberg, and M. A. Collins. *The Television Audience: Patterns of Viewing.* Farnborough, England: Saxon House, 1975.
Goodman, Nancy T. „Children Are Family, Too!" *Nursing Management,* June 1982, pp. 52-54.
Goodman, Walter. „Of Mice, Monkeys and Men." *Newsweek,* 9 Aug. 1982, p. 61.
Goody, Jack, ed. *Literacy in Traditional Societies.* Cambridge: Cambridge Univ. Press, 1968.
Goody, Jack, and Ian Watt. „The Consequences of Literacy." *Comparative Studies in Society and History,* 5 (1963), 304-345.
Gorvine, Beverly, et al. *Health Care of Women: Labor and Delivery.* Belmont, CA: Wadsworth, 1982.
Greenhouse, Linda. „Pragmatism Brings Changes in the Juvenile Justice System." *The New York Times,* 18 Feb. 1979.
Greenstein, Fred. „Popular Images of the President." In *The Presidency.* Ed. Aaron Wildavsky. Boston: Little, Brown & Co., 1969, pp. 287-296.
Greer, Germaine. *The Female Eunuch.* New York: Bantam, 1972.
Gregory, Michael, and Susanne Carroll. *Language and Situation: Language Varieties and Their Social Contexts.* London: Routledge & Kegan Paul, 1978.
Gremillion, David H. „The Child Visitor: A Hospital Hazard?" *Forum on Medicine,* Sept. 1980, pp. 566-567.
Greven, Philip J., Jr. *Four Generations: Population, Land, and Family in Colonial Andover, Massachusetts.* Ithaca, NY: Cornell Univ. Press, 1970.
Grimes, Alan P. *The Puritan Ethic and Woman Suffrage.* New York: Oxford Univ. Press, 1967.
Gross, Larry, and Suzanne Jeffries-Fox. „What Do You Want to Be When You Grow Up, Little Girl?" In *Hearth and Home: Images of Women in the Mass Media.* Ed. Gaye Tuchman, Arlene Kaplan Daniels, and James Benét. New York: Oxford Univ. Press, 1978, pp. 240-265.
Grove, Andrew S. „Breaking the Chains of Command." *Newsweek,* 3 Oct. 1983, p. 23.
The Alan Guttmacher Institute. *Teenage Pregnancy: The Problem That Hasn't Gone Away.* New York: Alan Guttmacher Institute, 1981.
Gwertzman, Bernard. „Ramsey Clark Mission Tests Law." *The New York Times,* 3 June 1980.
Gwynne, Peter, and Sharon Begley. „Animals in the Lab." *Newsweek,* 27 March 1978, pp. 84-85.

Hacker, Helen M. „Women as a Minority Group." *Social Forces,* 30 (1951), 60-69.
Hahn, Dan F., and Ruth M. Gonchar. „Political Myth: The Image and the Issue." *Today's Speech,* 20, No. 3 (1972), 57-65.
Halberstam, David. „The Coming of Carter." *Newsweek,* 19 July 1976, p. 11.
Halberstam, David. *The Powers That Be.* New York: Dell, 1980.
Hall, Edward. *The Silent Language.* New York: Doubleday, 1959.
Hall, Edward. *The Hidden Dimension.* New York: Doubleday, 1966.
Hall, Elizabeth. „Acting One's Age: New Rules for Old – Bernice Neugarten Interviewed." *Psychology Today,* April 1980, pp. 66; 68; 70; 72; 74; 77-78; 80.
Handler, David. „Now the Playmates Move – But will America Pay to Watch?" *TV Guide,* 25 June 1983, pp. 45-48.
Haney, Craig, Curtis Banks, and Philip Zimbardo. „Interpersonal Dynamics in a Simulated Prison." *International Journal of Criminology and Penology,* 69 (1973), 69-97.
Harré, Rom, and Paul F. Secord. *The Explanation of Social Behaviour.* Totowa, NJ: Littlefield, Adams & Co., 1973.
Harris, Louis. „Public Support for ERA Soars as Ratification Deadline Nears." *The Harris Survey,* 6 May 1982.
Havelock, Eric A. *Preface to Plato.* Cambridge, Harvard Univ. Press, 1963.
Havelock, Eric A. *Origins of Western Literacy.* Toronto: Ontario Institute for Studies in Education, 1976.
Hayes, Donald S., and Dana W. Birnbaum. „Preschoolers' Retention of Televised Events: Is a Picture Worth a Thousand Words." *Developmental Psychology,* 16 (1980), 410-416.
Hearst, Patricia Campbell, with Alvin Moscow. *Every Secret Thing.* New York: Doubleday, 1982.
Heath, Jim F. *Decade of Disillusionment: The Kennedy-Johnson Years.* Bloomington: Indiana Univ. Press, 1975.
Hendrick, Grant H. „When Television is a School for Criminals." *TV Guide,* 29 Jan. 1977, pp. 4-10.
Herbers, John. „Interest Groups Gaining Influence at the Expense of National Parties." *The New York Times,* 26 March 1978.
Hiebert, Ray E., Donald F. Ungurait, and Thomas W. Bohn. *Mass Media III: An Introduction to Modern Communication.* New York: Longman, 1982.
Hilgard, Ernest R., Rita L. Atkinson, and Richard C. Atkinson. *Introduction to Psychology.* 7th ed. New York: Harcourt Brace Jovanovich, 1979.
Himmelweit, Hilde T., A.N. Oppenheim, and Pamela Vince. *Television and the Child: An Empirical Study of the Effect of Television on the Young.* London: Oxford Univ. Press, 1958.
„Hinckley's Last Love Letter," *Newsweek,* 13 April 1981, p. 35.
Holt, John. *Escape from Childhood.* New York: Dutton, 1974.
Horton, Donald, and R. Richard Wohl. „Mass Communication and Para-Social Interaction: Observations on Intimacy at a Distance." *Psychiatry,* 19 (1956), 215-229.
Hotchner, Tracy. *Pregnancy and Childbirth: A Complete Guide to a New Life.* New York: Avon, 1979.
Hoult, Thomas Ford, ed. *Dictionary of Modern Sociology.* Totowa, NJ: Littlefield, Adams & Co., 1969.
Howitt, Dennis. *The Mass Media and Social Problems.* Oxford: Pergamon, 1982.
Hughes, Michael, and Walter R. Gove. „Living Alone, Social Integration, and Mental Health." *American Journal of Sociology,* 87, No. 1 (1981), 48-74.
Hunt, David. *Parents and Children in History: The Psychology of Family Life in Early Modern France.* New York: Basic Books, 1970.
Hymes, Dell. „Models of the Interaction of Language and Social Setting." *Journal of Social Issues,* 23, No. 2 (1967), 8-28.
„I'll Whip His Ass." *Newsweek,* 25 June 1979, p. 40.
Innis, Harold A. *The Bias of Communication.* Rpt. of 1951 edition with new introduction by Marshall McLuhan. Toronto: Univ. of Toronto Press, 1964.
Innis, Harold. A. *Empire and Communication.* Rev. ed. Toronto: Univ. of Toronto Press, 1972.
„Inside Looking Out". *Time.* 13 Sept. 1982, pp. 42-55.
Jackson, J.A., ed. *Role.* Cambridge: Cambridge Univ. Press, 1972.
James, William. *The Principles of Psychology, Vol. 1.* New York: Henry Holt, 1890.
Janeway, Elizabeth. *Man's World, Woman's Place: A Study in Social Mythology.* New York: Dell, 1971.
Janeway, Elizabeth. *Between Myth and Morning: Women Awakening.* New York: Morrow, 1974.
Joblin, Judith. „The Family Bed." *Parents,* March 1981, pp. 57-61.
Johnson, Haynes. „Initial Reaction on Hill Divided Along Party Lines." In *The Presidential Transcripts. With Commentary by the Staff of* The Washington Post. New York: Dell, 1974, pp. xvii-xix.
Johnston, Lloyd D., Jerald G. Bachman, and Patrick M. O'Malley. *Student Drug Use in America, 1975-1981.* Rockville, MD: Department of Health and Human Services, 1981.
Jones, Ernest. *The Life and Work of Sigmund Freud, Vol. 2.: Years of Maturity, 1901-1919.* New York: Basic Books, 1955.
Jordan, Hamilton. *Crisis: The Last Year of the Carter Presidency.* New York: Putnam's, 1982.

Karpel, Craig S. „Cartergate V: The First Hundred Lies of Jimmy Carter.“ *Penthouse,* April 1978, pp. 52-58; 164-170; 174-181.

Katz, Elihu, Jay G. Blumler, and Michael Gurevitch. „Utilization of Mass Communication by the Individual.“ In *The Uses of Mass Communications: Current Perspectives on Gratifications Research.* Ed. Jay G. Blumler and Elihu Katz. Beverly Hills, CA: Sage, 1974, pp. 19-32.

Keerdoja, Eileen, Ron Moreau, and Jerry Buckley. „David Dellinger's Life of Protest.“ *Newsweek,* 11 July 1983, p. 9.

Kessen, William. „The American Child and Other Cultural Inventions.“ *American Psychologist,* Oct. 1979, pp. 815-820.

Kett, Joseph F. „Growing Up in Rural New England, 1800-1840.“ In *Anonymous Americans: Explorations in Nineteenth-Century Social History.* Ed. Tamara K. Hareven. Englewood Cliffs, NJ: Prentice-Hall, 1971, pp. 1-16.

Kett, Joseh F. „Curing the Disease of Precocity.“ In *Turning Points: Historical and Sociological Essays on the Family.* (Supplement to Vol. 84 of the *American Journal of Sociology.)* Ed. John Demos and Sarane Spence Boocock. Chicago: Univ. of Chicago Press, 1978, pp. S183-S211.

Kiefer, Monica. *American Children Through Their Books: 1700-1835.* Philadelphia: Univ. of Pennsylvania Press, 1948.

Kihss, Peter. „A Manual Warns Social Workers of Extension of Children's Rights.“ *The New York Times,* 2 July 1978.

Kihss, Peter. „2 Children in Foster Care Named to City Panel to Improve System.“ *The New York Times,* 11 June 1979.

Kleiman, Carol. „Our Fortune 200.“ *Ms.* Aug. 1982, p. 45.

Kleiman, Dena. „Reopening of ‚People's Firehouse‘ Is Celebrated.“ *The New York Times,* 18 June 1978.

Kozol, Jonathan. „Operation Illiteracy.“ *The New York Times,* 5 March, 1979.

Kübler-Ross, Elisabeth. *On Death and Dying.* New York: Macmillan, 1969.

Kuhn, Anne L. *The Mother's Role in Childhood Education: New England Concepts, 1830-1860.* New Haven, CT: Yale Univ. Press, 1947.

Kuhns, William. *The Post-Industrial Prophets: Interpretations of Technology.* New York: Harper & Row, 1971.

Langer, Susanne K. *Philosophy in a New Key: A Study in the Symbolism of Reason, Rite, and Art.* 3rd ed. Cambridge: Harvard Univ. Press, 1957.

Langway, Lynn, et al. „A Nation of Runaway Kids.“ *Newsweek,* 18 Oct. 1982, pp. 97-98.

Langway, Lynn, et al. „Bringing Up Superbaby.“ *Newsweek,* 28 March 1983, pp. 62-68. (a)

Langway, Lynn, et al. „Showdown on Smoking.“ *Newsweek,* 6 June 1983, pp. 60-63; 67. (b)

Laslett, Peter. *The World We Have Lost.* New York: Scribner's, 1965.

Lazarsfeld, Paul F., and Robert K. Merton. „Mass Communication, Popular Taste, and Organized Social Action.“ In *The Process and Effects of Mass Communication.* Rev. ed. Ed. Wilbur Schramm and Donald F. Roberts. Urbana: Univ. of Illinois Press, 1971, pp. 554-578.

Leboyer, Frederick. *Birth Without Violence.* New York: Knopf, 1975. (Französische Orginalausgabe, 1974).

Ledbetter, Les. „More and More, Voters Write Law.“ *The New York Times,* 30 Oct. 1977.

Lee, Richard B., and Irven DeVore, eds. *Man the Hunter.* Chicago: Aldine, 1968.

Leifer, Aimee Dorr, Neal J. Gordon, and Sherryl Browne Graves. „Children's Television: More Than Mere Entertainment.“ *Harvard Educational Review,* 44 (1974), 213-245.

Lerner, Michael A., Eleanor Clift, and Thomas M. DeFrank. „Presidential Fatigue?“ *Newsweek,* 16 May 1983, p. 30.

Levine, Arthur. *When Dreams and Heroes Died: A Portrait of Today's College Student.* San Francisco: Jossey-Bass, 1980.

Levine, Suzanne and Harriet Lyons, eds. *The Decade of Women: A Ms. History of the Seventies in Words and Pictures.* New York: Paragon, 1980.

Levinson, Daniel J., et al. *The Seasons of a Man's Life.* New York: Knopf, 1978.

Levinson, Paul. „Human Replay: A Theory of the Evolution of Media.“ Diss. New York Univ. 1979.

Levinson, Paul. „What Technology Can Teach Philosophy: Ruminations Along Kantian/Popperian Lines.“ In *In Pursuit of Truth: Essays on the Philosophy of Karl Popper.* Ed. Paul Levinson. Atlantic Highlands, NJ: Humanities, 1982, pp. 157-175.

Levy, Mark R. „Watching TV News as Para-Social Interaction.“ *Journal of Broadcasting,* 23 (1979), 69-80.

Levy, Mark R. „The Time-Shifting Use of Home Video Recorders.“ *Journal of Broadcasting,* 27 (1983), 263-268.

Lewis, Flora. „U.S. Is Said to Agree with Hanoi on Framework of a Cease-Fire; North Vietnam Discloses Plan.“ *The New York Times,* 26 Oct. 1972.

Lieberman, Jethro K. *The Litigious Society.* New York: Basic Books, 1981.

Lincoln, Alan, and Murray A. Straus. *Crime and the Family.* Springfield, IL: Charles C. Thomas, forthcoming.

„Lost Identity.“ *Time,* 26 April 1982, p. 24.

Lukas, J. Anthony. *Nightmare: The Underside of the Nixon Years.* New York: Viking, 1976.

Luria, A.R. *Cognitive Development: Its Cultural and*

Social Foundations. Trans. Martin Lopez-Morillas and Lynn Solotaroff. Ed. Michael Cole. Cambridge: Harvard University Press, 1976. (Russische Orginalausgabe, 1974).

Lyman, Stanford M., and Marvin B. Scott. *A Sociology of the Absurd.* New York: Appleton-Century-Crofts, 1970.

Lyons, Richard D. ,,Refusal of Many to Heed Government Health Advice is Linked to Growing Distrust of Authority.“ *The New York Times,* 12 June 1977.

McAnany, Emile G., Jorge Schnitman, and Noreene Janus, eds. *Communication and Social Structure: Critical Studies in Mass Media Research.* New York: Praeger, 1981.

McGinley, Phyllis. *Sixpence in Her Shoe.* New York: Mcmillan, 1964.

McGrath, Peter, Thomas M. DeFrank, and Eleanor Clift. ,,A Disengaged Presidency.“ *Newsweek,* 7 Sept. 1981, pp. 21-23.

McGrath, Peter, Eleanor Clift, and Thomas M. DeFrank. ,,20 Months, 12 Vacations.“ *Newsweek,* 6 Sept. 1982, p. 18.

Machiavelli, Niccolò. *The Prince.* Trans. Lluigi Ricci. Rev. E. R. P. Vincent New York: New American Library, 1952. (Italian edition, 1532).

McHugh, Peter. *Defining the Situation: The Organization of Meaning in Social Interaction.* Indianapolis: Bobbs-Merrill, 1968.

McLachlan, James. *American Boarding Schools: A Historical Study.* New York: Scribner's, 1970.

McLaughlin, Mary Martin. ,,Survivors and Surrogates: Children and Parents from the Ninth to the Thirteenth Centuries.“ In *The History of Childhood.* Ed. Lloyd deMause. New York: Psychohistory Press, 1974, pp. 101-181.

McLuhan, Marshall: *Die Gutenberg-Galaxis* (am.: *The Gutenberg-Galaxy).* Düsseldorf: Econ, 1968 a.

McLuhan, Marshall: *Die magischen Kanäle* (am.: *Understanding Media).* Düsseldorf: Econ, 1968 b.

McLuhan, Marshall, and Barrington Nevitt. *Take Today: The Executive as Dropout.* New York: Harcourt Brace Jovanovich, 1972.

McMorrow, Fred. *Jimmy: The Candidacy of Carter.* New York: Whirlwind, 1976.

McWilliams, Nancy. ,,Contemporary Feminism, Consciousness-Raising, and Changing Views of the Political.“ In *Women in Politics.* Ed. Jane L. Jaquette. New York: Wiley, 1974, pp. 157-170.

Maeroff, Gene I. ,,Diplomas May Be Earned By Excellence at Real Life.“ *The New York Times,* 13 March 1977.

Magnusson, David, ed. *Toward a Psychology of Situations: An Interactional Perspective.* Hillsdale, NJ: Erlbaum, 1981.

Malinowski, Bronislaw. ,,Culture.“ *Encyclopaedia of the Social Sciences,* Vol. 4 (1931), 621-646.

Mandelbaum, Michael. ,,Vietnam: The Television War.“ *Daedalus,* 111, No. 4 (1982), 157-169.

Mankiewicz, Frank, and Joel Swerdlow. *Remote Control: Television and the Manipulation of American Life.* New York: Ballantine, 1979.

Marbach, William, et al. ,,Beware: Hackers at Play.“ *Newsweek,* 5 Sept. 1983, pp. 42-46; 48.

Marks, Jane. ,,Welcome Mat in the Maternity Ward.“ *McCall's,* Aug. 1978, p. 68.

Marshall, Lorna. *The Kung of Nyae Nyae.* Cambridge: Harvard Univ. Press, 1976.

Mast, Gerald. *A Short History of the Movies.* 3rd ed. Indianapolis: Bobbs-Merrill, 1981.

Mathews, Tom. ,,Reagan's Close Call.“ *Newsweek,* 13 April 1981, pp. 31-38.

Mathews, Tom, and James Doyle. ,,Fritz and Company.“ *Newsweek,* 10 Jan. 1977, pp. 16-17.

Mathews, Tom, et al. ,,Lennon's Alter Ego.“ *Newsweek,* 22 Dec. 1980, pp. 34-35.

Mayer, Martin. ,,The Telephone and the Uses of Time.“ In *The Social Impact of the Telephone.* Ed. Ithiel de Sola Pool. Cambridge, MA: MIT Press, 1977, pp. 225-245.

Mead, George H.: *Geist, Identität und Gesellschaft* (am.: *Mind, Self and Society).* Frankfurt: Suhrkamp, 1973 (deutsche Erstveröffentlichung Suhrkamp, 1968).

Mead, Margaret. ,,Implications of Insight-II.“ In *Childhood in Contemporary Cultures.* Eds. Margaret Mead and Martha Wolfenstein. Chicago: Univ. of Chicago Press, 1955, pp. 449-461.

Mead, Margaret. *Culture and Commitment: A Study of the Generation Gap.* Garden City, NY: Doubleday, 1970.

Mead, Margaret: *Mann und Weib. Das Verhältnis der Geschlechter in einer sich wandelnden Welt* (am.: *Male and Female).* Reinbek: Rowohlt, 1985.

Mehrabian, Albert. *Silent Messages.* Belmont, CA: Wadsworth, 1971.

Melody, William H., Liora Salter, and Paul Heyer, eds. *Culture, Communication, and Dependency: The Tradition of H. A. Innis.* Norwood, NJ: Ablex, 1981.

Merton, Robert K. *Social Theory and Social Structure.* Rev. ed. New York: Free Press, 1968.

Messaris, Paul, and Carla Sarett. ,,On the Consequences of Television-Related Parent-Child Interaction.“ *Human Communication Research,* 7 (1981), 226-244.

Meyrowitz, Joshua. ,,The Relationship of Interpersonal Distances to Television Shot Selection.“ Masters Thesis, Queens College 1974. (ERIC: ED 210 734).

Meyrowitz, Joshua. ,,Television and Interpersonal Behavior: Codes of Perception and Response.“ In *Inter/Media: Interpersonal Communication in a Media World.* Ed. Gary Gumpert and Robert Cathcart. New York: Oxford Univ. Press, 1979, pp. 56-76.

Meyrowitz, Joshua. ,,Analyzing Media: Metaphors as Methodologies.“ Paper presented at the New England

Conference on Teaching Students to Think, Amherst, MA, November 1980. (ERIC: ED 206 030).
Mickelson, Sig. *The Electric Mirror: Politics in an Age of Television.* New York: Dodd, Mead & Co., 1972.
Millett, Kate: *Sexus und Herrschaft* (am.: *Sexual Politics).* München: Deutscher Taschenbuch Verlag, 1974 (deutsche Erstveröffentlichung Desch, München).
Mischel, Walter. *Personality and Assessment.* New York: Wiley, 1968.
Mohr, Phillip J. „Efficacy of the Family Viewing Concept: A Test of Assumptions.“ *Central States Speech Journal,* 30 (1979), 342-351. (a)
Mohr, Phillip J. „Parental Guidance of Children's Viewing of Evening Television Programs.“ *Journal of Broadcasting,* 23 (1979), 213-228. (b)
Monahan, John, and Laurens Walker. *Social Science in Law: Cases, Materials and Problems.* Mineola, NY: Foundation, forthcoming.
Montagu, Ashley. *Growing Young.* New York: McGraw-Hill, 1981.
Montgomery, Paul L. „Throngs Fill Manhattan in Arms Protest.“ *The New York Times,* 13 June 1982.
Moore, Gray. „What America is Really Like.“ *Newsweek,* 10 April 1978, p. 23.
Moore, Wilbert E. *Social Change.* 2nd ed. Englewood Cliffs, NJ: Prentice-Hall, 1974.
„More Rights for Children: What an Expert Says.“ *U.S. News & World Report,* 31 Oct. 1977, p. 33.
Morganthau, Tom, Eleanor Clift, and Thomas M. DeFrank. „Master of the Media.“ *Newsweek,* 18 June 1984, p. 25.
Morganthau, Tom, Thomas M. DeFrank, and Eleanor Clift. „The Leaks at the White House.“ *Newsweek,* 4 April 1983, pp. 23; 27.
Mount, Ferdinand. *The Theatre of Politics.* New York: Schocken, 1973.
Mumford, Lewis. *Technics and Civilization.* New York: Harcourt, Brace & World, 1963. (originally published in 1934).
Murray, John P. *Television and Youth: 25 Years of Research and Controversy.* Boys Town, NB: Boys Town Center for the Study of Youth Development, 1980.
National Institute on Drug Abuse. *Excerpts from the National Survey on Drug Abuse: 1979.* Rockville, MD: Department of Health and Human Services, 1980.
Neiman, Lionel J., and James W. Hughes. „The Problem of the Concept of Role: A Re-Survey of the Literature.“ *Social Forces,* 30 (1951), 141-149.
Neugarten, Bernice L. „Age Destinctions and Their Social Functions.“ *Chicago Kent Law Review,* 57 (1981), 809-825.
Nevins, Allan. *Grover Cleveland: A Study in Courage.* New York: Dodd, Mead & Co., 1932.
Newfield, Jack. „The Media: Kennedy Obsession and Carter Protection.“ *The Village Voice,* 31 Dec. 1979, pp. 15-17.
Nie, Norman H., Sidney Verba, and John R. Petrocik. *The Changing American Voter.* Cambridge: Harvard Univ. Press, 1976.
A.C. Nielsen, *Nielsen Report on Television.* Northbrook, IL: A.C. Nielsen Co. (Jedes Jahr erscheint eine neue Ausgabe.)
„Nielsen Gets First Good Grip on Cable and Viewing Levels.“ *Broadcasting Age.* 4 Aug. 1980, pp. 27-28.
Nigro, Georgia, and Ulric Neisser. „Point of View in Personal Memories.“ *Cognitive Psychology,* 15 (1983), 467-482.
Noble, Grant. *Children in Front of the Small Screen.* Beverly Hills, CA: Sage, 1975.
Norback, Craig T., and Peter G. Norback, eds. *TV Guide Almanac.* New York: Ballantine, 1980.
Novak, Michael. *Choosing Our King: Powerful Symbols in Presidential Politics.* New York: Macmillan, 1974.
Oakley, Ann. *Sex, Gender and Society.* New York: Harper & Row, 1972.
O'Connor, John J. „TV: A Full Day at the White House.“ *The New York Times,* 14 April 1977.
Oelsner, Lesley. „High Court Upholds U.S. Control Over Papers and Tapes of Nixon.“ *The New York Times,* 29 June 1977.
Ogburn, William F. *On Culture and Social Change: Selected Papers.* Ed. Otis Dudley Duncan. Chicago: Univ. of Chicago Press, 1964.
O'Kelly, Charlotte G. *Women and Men in Society.* New York: Van Nostrand, 1980.
Oliphant, Thomas. „Why Is That Man on the Television Always Shouting?“ *The Boston Globe,* 2 May 1980.
O'Neill, Lois Decker, ed. *The Women's Book of World Records and Achievements.* New York: Anchor, 1979.
Ong, Walter J. *The Presence of the Word: Some Prolegomena for Cultural and Religious History.* New Haven, CT: Yale Univ. Press, 1967.
Ong, Walter J. *Rhetoric, Romance, and Technology: Studies in the Interaction of Expression and Culture.* Ithaca, NY: 1971.
Ong, Walter, J. *Interfaces of the Word: Studies in the Evolution of Consciousness and Culture.* Ithaca, NY: Cornell Univ. Press, 1977.
Ong, Walter J. *Orality and Literacy: The Technologizing of the Word.* New York: Methuen, 1982.
Ortner, Sherry B. „Is Female to Male as Nature is to Culture?“ In *Woman, Culture, and Society.* Ed. Michelle Zimbalist Rosaldo and Louise Lamphere. Stanford, CA: Stanford Univ. Press, 1974, pp. 67-87.
Papert, Seymour. *Mindstorms: Children, Computers, and Powerful Ideas.* New York: Basic Books, 1980.
Parsons, Talcott. *Essays in Sociological Theory.* Rev. ed. New York: Free Press, 1954.
Parsons, Talcott, and Robert F. Bales. *Family, Socialization and Interaction Process.* Glencoe, IL: Free Press, 1955.

Pauly, David, and Nadine Joseph. ,,High Tech's Challenge.“ *Newsweek,* 5 Sept. 1983, p. 53.

Pervin, Lawrence A. *Current Controversies and Issues in Personality.* New York: Wiley, 1978. (a)

Pervin, Lawrence A. ,,Definitions, Measurements, and Classifications of Stimuli, Situations, and Environments.“ *Human Ecology,* 6 (1978), 71-105. (b)

Pick, Grant. ,,The Anchorboy Falls Off His Chair, the Anchorgirl Shoots Spitballs.“ *TV Guide,* 14 Nov. 1981, pp. 45-46.

Pillitteri, Adele. *Maternal-Newborn Nursing: Care of the Growing Family.* 2nd ed. Boston: Little, Brown & Co., 1981.

,,Playboy Interview: Barbra Streisand.“ *Playboy,* October 1977, pp. 79-82; 87-92; 95-98; 100; 102; 104; 106-107; 193-194; 197-200.

,,Playboy Interview: Marshall McLuhan.“ *Playboy,* March 1969, 53-54; 56; 59-62; 64-66; 68; 70; 72; 74; 158.

,,Playboy Interview: Patricia Hearst.“ *Playboy,* March 1982, 69-70; 74; 76; 84; 86; 88-89; 91-93; 96; 98; 100.

Progrebin, Letty Cottin. *Growing Up Free: Raising Your Child in the 1980s.* New York: Bantam, 1981.

Popenoe, David. *Sociology.* 4rth. ed. Englewood Cliffs. NJ: Prentice-Hall, 1980.

Popper, Karl. *The Poverty of Historicism.* Beacon, 1957.

Postman, Neil. *Teaching as a Conserving Activity.* New York: Delacorte, 1979.

Postman, Neil. *The Disappearance of Childhood.* New York: Delacorte, 1982.

,,The Private Life of Gwyned Filling.“ *Life,* 3 May 1948, pp. 103-114.

Purcell, Susan Kaufman. ,,Ideology and the Law: Sexism and Supreme Court Decisions.“ In *Women in Politics.* Ed. Jane L. Jaquette. New York: Wiley, 1974, pp. 131-154.

Quint, Bert. ,,Television and the Pope – A Perfect Match.“ *TV Guide,* 29 Sept. 1979, pp. 4-6; 8.

Read, Piers Paul. *Alive: The Story of the Andes Survivors.* Philadelphia: J.B. Lippincott, 1974.

Reed, John R. *Victorian Conventions.* Athens, OH: Ohio Univ. Press, 1975.

Reedy, George E. *The Presidency in Flux.* New York: Columbia Univ. Press, 1973.

Reedy, George E. ,,A Symbol is Worth More Than a Thousand Words.“ *TV Guide,* 31 Dec. 1977, pp. 2-5.

Remarque, Erich Maria. *All Quiet on the Western Front.* Trans. A. W. Wheen. Boston: Little, Brown & Co., 1929. (Deutsche Orginalausgabe: Im Westen nichts Neues, 1928).

Rich, Adrienne. *Of Woman Born: Motherhood as Experience and Institution.* New York: Bantam, 1977.

Rielly, John E. ,,The American Mood: A Foreign Policy of Self-Interest.“ *Foreign Policy,* 34 (1979), 74-86.

Riley, Matilda White. ,,Aging, Social Change, and the Power of Ideas.“ *Daedalus,* 107, No. 4 (1978), 39-52.

Rintels, David W. ,,Why We Fought the Family Viewing Hour.“ *The New York Times,* 21 Nov. 1976.

Ritchie, Oscar W., and Marvin R. Koller. *Sociology of Childhood.* New York: Appleton-Century-Crofts, 1964.

Rivard, Kathy. ,,One Way to Head Off Sibling Rivalry: Involve Brothers and Sisters in Birth.“ (Associated Press) *Fosters Daily Democrat,* 11 Aug. 1980.

Rohrbaugh, Joanna Bunker. *Women: Psychology's Puzzle.* New York: Basic Books, 1979.

Roper Organization. *Trends in Attitudes Toward Television and Other Media: A Twenty-Four Year Review.* New York: Television Information Office, 1983.

Rosaldo, Michelle Zimbalist. ,,Woman, Culture, and Society: A Theoretical Overview.“ In *Woman, Culture, and Society.* Ed. Michelle Zimbalist Rosaldo and Louise Lamphere. Stanford, CA: Stanford Univ. Press, 1974, pp. 17-42.

Rosaldo, Michelle Zimbalist, and Louise Lamphere, eds. *Woman, Culture, and Society.* Stanford, CA: Stanford Univ. Press, 1974.

Rosenthal, Raymond, ed. *McLuhan: Pro and Con.* New York: Funk & Wagnalls, 1968.

Rosenthal, Robert, and Ralph L. Rosnow, eds. *Artifact in Behavioral Research.* New York: Academic, 1969.

Rosenthal, Robert, and Ralph L. Rosnow, eds. *The Volunteer Subject.* New York: Wiley-Interscience, 1975.

Rosnow, Ralph L. *Paradigms in Transition: The Methodology of Social Inquiry.* New York: Oxford Univ. Press, 1981.

Rosnow, Ralph L. ,,Von Osten's Horse, Hamlet's Question, and the Mechanistic View of Causality: Implications for a Post-Crisis Social Psychology.“ *The Journal of Mind and Behavior,* 4 (1983), 319-337.

Ross, James Bruce. ,,The Middle Class Child in Urban Italy, Fourteenth to Early Sixteenth Century.“ In *The History of Childhood.* Ed. Lloyd deMause. New York: Psychohistory Press, 1974, pp. 183-228.

Rossi, Alice S., ed. *The Feminist Papers: From Adams to de Beauvoir.* New York: Columbia Univ. Press, 1973.

Roszak, Theodore. ,,The Summa Popologica of Marshall McLuhan.“ In *McLuhan: Pro and Con.* Ed. Raymond Rosenthal. New York: Funk & Wagnalls, 1968, pp. 257-269.

Rothenberg, Alan. B. ,,Why Nixon Taped Himself: Infantile Fantasies Behind Watergate.“ *The Psychoanalytic Review,* 62, No. 2 (1975), 201-223.

Rothman, Sheila M. *Woman's Proper Place: A History of Changing Ideals and Practices, 1870 to the Present.* New York: Basic Books, 1978.

Salomon, Gavriel. *Interaction of Media, Cognition, and Learning: An Exploration of How Symbolic Forms Cultivate Mental Skills and Affect Knowledge Acquisition.* San Francisco: Jossey-Bass, 1979.

Sancton, Thomas A. „He Dared to Hope.“ *Time,* 4 Jan. 1982, pp. 13-20; 22-26.
Schardt, Arlie et al. „TV's Rush to Judgment.“ *Newsweek,* 28 July 1980, pp. 72; 75.
Schlesinger, Arthur M., Jr. *The Imperial Presidency.* Boston: Houghton-Mifflin, 1973.
Schofield, R.S. „The Measurement of Literacy in Pre-Industrial England.“ In *Literacy in Traditional Societies.* Ed. Jack Goody. Cambridge: Cambridge Univ. Press, 1968, pp. 311-325.
Schramm, Wilbur. *Men, Messages and Media: A Look at Human Communication.* New York: Harper & Row, 1973.
Schramm, Wilbur, and Donald F. Roberts, eds. *The Process and Effects of Mass Communication.* Rev. ed. Urbana: Univ. of Illinois Press, 1971.
Schudson, Michael. „The Politics of Narrative Form: The Emergence of News Conventions in Print and Television.“ *Daedalus,* 111, No. 4 (1982), 97-112.
Schwartz, Tony. *The Responsive Chord.* Garden City, NY: Anchor, 1974.
Sennett, Richard: *Verfall und Ende des öffentlichen Lebens. Die Tyrannei der Intimität.* Frankfurt: S. Fischer, 1983.
Settel, Irving. *A Pictorial History of Radio.* New York: Grosset & Dunlap, 1967.
Shapiro, Walter, et al. „Testing Time: ‚Reagan Was Reagan.‘“ *Newsweek,* 7 Nov. 1983, pp. 80 and 82.
Shatz, Marilyn. „The Relationship between Cognitive Processes and the Development of Communication Skills.“ In *Nebraska Symposium on Motivation, 1977: Social Cognitive Development.* Ed. Charles Blake Keasey. Lincoln: Univ. of Nebraska Press, 1977, pp. 1-42.
Shatz, Marilyn, and Rochel Gelman. „The Development of Communication Skills: Modifications in the Speech of Young Children as a Function of Listener.“ *Monographs of the Society for Research in Child Development,* Serial No. 152, Vol. 38, No. 5 (October 1973).
Shaver, Phillip. „The Public Distrust.“ *Psychology Today,* Oct. 1980, pp. 44; 46; 48-49; 102.
Shayon, Robert Lewis. *Television and Our Children.* New York: Longmans, Green & Co., 1951.
Sheehy, Gail. *Passages: Predictable Crises of Adult Life.* New York: Dutton, 1976.
Shorter, Edward. *The Making of the Modern Family.* New York: Basic Books, 1975.
Siegel, Linda S. „The Relationship of Language and Thought in the Preoperational Child: A Reconsideration of Nonverbal Alternatives to Piagetian Tasks.“ In *Alternatives to Piaget: Critical Essays on the Theory.* Ed. Linda S. Siegel and Charles J. Brainerd. New York: Academic, 1978, pp. 43-68.
Siegel, Linda S., and Charles J. Brainerd, eds. *Alternatives to Piaget: Critical Essays on the Theory.* New York: Academic, 1978.
Sitkoff, Harvard. *The Struggle for Black Equality: 1954-1980.* New York: Hill & Wang, 1981.
Slack, Jennifer Daryl, and Martin Allor. „On the Political and Epistemological Constituents of Critical Communication Research.“ *Journal of Communication,* 33, No. 3 (1983), 208-218.
Small, William J. *Political Power and the Press.* New York: Norton, 1972.
Smith, Timothy G., ed. *Merriman Smith's Book of Presidents: A White House Memoir.* New York: Norton, 1972.
Sommer, Robert. *Personal Space: The Behavioral of Design.* Englewood Cliffs, NJ: Prentice-Hall, 1969.
Sommerville, C. John. *The Rise and Fall of Childhood.* Beverly Hills, CA: Sage, 1982.
Sorensen, Theodore C. *Kennedy.* New York: Harper & Row, 1965.
Spanier, Graham B. „Married and Unmarried Cohabitation in the United States: 1980.“ *Journal of Marriage and the Family,* 45 (1983), 277-288.
Spencer, Metta. *Foundations of Modern Sociology.* 2nd ed. Englewood Cliffs, NJ: Prentice-Hall, 1979.
Sprafkin, Joyce N., and Robert M. Liebert. „Sex-Typing and Children's Television Preferences.“ In *Hearth and Home: Images of Women in the Mass Media.* Ed. Gaye Tuchman, Arlene Kaplan Daniels, and James Benét. New York: Oxford Univ. Press, 1978, pp. 228-239.
Starr, Bernard D., and Marcella Bakur Weiner. *The Starr-Weiner Report on Sex and Sexuality in the Mature Years.* New York: McGraw-Hill, 1981.
Starr, Mark, John Carey, and Madlyn Resener. „Give Peace a Chance.“ *Newsweek,* 21 June 1982, pp. 40-41.
Starr, Paul. *The Social Transformation of American Medicine.* New York: Basic Books, 1982.
Steele, Richard, et al. „What Damage to Carter.“ *Newsweek,* 19 Sept. 1977, pp. 24-27; 29-30; 35.
Steinberg, S.H. *Five Hundred Years of Printing.* 3rd ed. Rev. James Moran. Middlesex, England: Penguin, 1974.
Steinem, Gloria. „Introduction“. In *Decade of Women: A Ms. History of the Seventies in Words and Pictures.* Ed. Suzanne Levine and Harriet Lyons. New York: Paragon, 1980, pp. 7; 9; 11; 13; 15; 17; 19; 21; 23; 25.
Steinzor, Bernard. „The Spatial Factor in Face to Face Discussion Groups.“ *Journal of Abnormal and Social Psychology,* 45 (1950), 552-555.
Stier, Serena. „Children's Rights and Society's Duties.“ *Journal of Social Issues,* 34, No. 2 (1978), 46-58.
Stone, Lawrence. *The Family, Sex, and Marriage in England 1500-1800.* New York: Harper & Row, 1977.
Strasser, Steven, et al. „Reagan's Secrecy Campaign.“ *Newsweek,* 26 Sept. 1983, p. 38.
Strasser, Steven, John Walcott, and Thomas M. DeFrank. „Reagan and China: Afterglow.“ *Newsweek,* 14 May 1984, pp. 22-23.

Stuart, Reginald. „Cleveland to Use Questionnaires to Determine Obscenity Standard.“ *The New York Times,* 13 June 1977.

Sunley, Robert. „Early Nineteenth-Century American Literature on Child Rearing.“ In *Childhood in Contemporary Cultures.* Ed. Margaret Mead and Martha Wolfenstein. Chicago: Univ. of Chicago Press, 1955, pp. 150-167.

Takanishi, Ruby. „Childhood as a Social Issue: Historical Roots of Contemporary Child Advocacy Movements.“ *Journal of Social Issues,* 34, No. 2 (1978), 8-28.

Tannenbaum, Percy H., and Wendy A. Gibson. „The Political Enrivonment for Change.“ In *Children and the Faces of Television: Teaching, Violence, Selling.* Ed. Edward L. Palmer, and Aimée Dorr. New York: Academic, 1980, pp. 201-218.

Teitelbaum, Michael S., ed. *Sex Differences: Social and Biological Perspectives.* New York: Anchor, 1976.

Television Audience Assessment, Inc. *Executive Summary: The Audience Rates Television.* Cambridge, MA: Television Audience Assessment, 1983.

Terman, Lewis M., and Maud A. Merrill. *Stanford-Binet Intelligence Scale: Manual for Third Revision, Form L-M.* Boston: Houghton Mifflin, 1973.

Thomae-Forgues, Maria E., and Xenia Tonesk. „Datagram: 1979-80 Enrollment in U.S. Medical Schools.“ *Journal of Medical Education,* 55 (1980), 1042-1044.

Thomas, William I. *The Unadjusted Girl: With Cases and Standpoint for Behavior Analysis.* Boston: Little, Brown, & Co., 1925.

Thomas, William I., and Dorothy Swaine Thomas. *The Child In America: Behavior Problems and Programs.* New York: Knopf, 1928.

„Thunder from the Heartland.“ *Newsweek,* 20 May 1974, pp. 24-25.

Tiger, Lionel. *Men in Groups.* New York: Random House, 1969.

Townley, Rod. „The Mystery of the Unloved Channel Lock.“ *TV Guide,* 27 Nov. 1982, pp. 33-34.

Tuchman, Gaye, Arlene Kaplan Daniels, and James Benét, eds. *Hearth and Home: Images of Women in the Mass Media.* New York: Oxford Univ. Press, 1978.

Turnbull, Colin M. *The Forest People.* New York: Simon & Schuster, 1961.

U.S. Bureau of the Census. *Statistical Abstract of the United States: 1951.* 72nd Ed. Washington, D.C.: U.S. Government Printing Office, 1951.

U.S. Bureau of the Census. *Statistical Abstract of the United States: 1982-83.* 103rd Ed. Washington, D.C.: U.S. Government Printing Office, 1982.

U.S. Department of Health and Human Services. *Television and Behavior: Ten Years of Scientific Progress and Implications for the Eighties.* Rockville, MD: National Institute of Mental Health, 1982.

U.S. Department of Health, Education, and Welfare. *Higher Education Guidelines, Executive Order 11246.* Washington, D.C.: Department of Health, Education, and Welfare, 1972.

Vanderbilt, Amy. *Amy Vanderbilt's Everyday Etiquette.* 2nd rev. ed. New York: Bantam, 1970.

Van Dyke, Charlotte. „Family-Centered Health Care Recognizes Needs of Patients, Families, Employees.“ *Hospital Progress,* Aug. 1980, pp. 54-57; 68.

van Gennep, Arnold. *The Rites of Passage.* Trans. Monika B. Vizedom and Gabrielle L. Caffee. Chicago: Univ. of Chicago Press, 1960. (French edition, 1909)

Vetterling-Braggin, Mary, ed. *„Femininity," „Masculinity", and „Androgyny": A Modern Philosophical Discussion.* Totowa, NJ: Littlefield, Adams & Co., 1982.

Viguerie, Richard, A. *The New Right: We're Ready to Lead.* Rev. ed. Falls Church, VA: 1981.

Wackman, Daniel B., and Ellen Wartella. „A Review of Cognitive Development Theory and Research and the Implication for Research on Children's Responses to Television.“ *Communication Research,* 4, No. 2 (1977), 203-224.

„Wanted: A Pen Pal for the Ayatollah.“ *Newsweek,* 15 Sept. 1980, pp. 97 and 99.

Warren, Mary Anne. „Is Androgyny the Answer to Sexual Stereotyping?“ In *„Femininity," „Masculinity," and „Androgyny": A Modern Philosophical Discussion.* Ed. Mary Vetterling-Braggin. Totowa, NJ: Littlefield, Adams & Co., 1982, pp. 170-186.

Wartella, Ellen, ed. *Children Communicating: Media and Development of Thought, Speech, Understanding.* Beverly Hills, CA: Sage, 1979.

Waters, Harry F., and Betsy Carter. „Holocaust‘ Fallout.“ *Newsweek,* 1 May 1978. p. 72

Waters, Harry F., et al. „TV News Under the Gun.“ *Newsweek,* 13 April 1981, pp. 104; 107.

Watson, Russell, et al. „A Death in Rome.“ *Newsweek,* 9 Oct. 1978, pp. 70; 74-76.

Watts, William. „The Future Can Fend for Itself.“ *Psychology Today,* Sept. 1981, pp. 36-48.

Watzlawick, Paul, Beavin, Janet H., Jackson, Don D.: *Menschliche Kommunikation* (am.: *Pragmatics of Human Communication).* Bern: Huber, 1969.

Webster, James G., and William C. Coscarelli. „The Relative Appeal to Children of Adult vs. Children's Television Programming.“ *Journal of Broadcasting,* 23 (1979), 437-451.

Wector, Dixon. *The Hero in America: A Chronicle of Hero-Worship.* New York: Scribner's, 1972. (originally published in 1941)

Weitz, Shirley. *Sex Roles: Biological, Psychological, and Social Foundations.* New York: Oxford Univ. Press, 1977.

Wellborn, Stanley N. „Ahead: A Nation of Illiterates?“ *U.S. News & World Report,* 17 May 1982, pp. 53-56.

Werner, Morris R. *Bryan.* New York: Harcourt, Brace & Co., 1929.
White, Sheldon, and Barbara Notkin White. *Childhood: Pathways of Discovery.* London: Harper & Row, 1980.
White, Theodore H. *The Making of the President 1972.* New York: Atheneum, 1973.
White, Theodore H. *America in Search of Itself: The Making of the President 1965-1980.* New York: Harper & Row, 1982.
Whitman, Alden. „Who and What is Richard Nixon?" In *The End of a Presidency.* Ed. staff of *The New York Times.* New York: Holt, Rinehart & Winston, 1974, pp. 9-21.
„Who Is Ronald Reagan?" *The Boston Globe,* 11 April 1984.
„Why ‚Roots' Hit Home." *Time,* 14 Feb. 1977, pp. 69-71.
Wiener, Norbert. *The Human Use of Human Beings: Cybernetics and Society.* New York: Avon, 1967. (originally published in 1950)
Wilkie, Curtis. „Reagan in Control, Advisers Emphasize." *The Boston Globe,* 27 March 1982.
Williams, Dennis A., Eleanor Clift, and William Schmidt. „The Klan Also Rises." *Newsweek,* 12 Jan. 1976, pp. 33-34.
Williams, Dennis A., Lea Donosky, and Martin Kasindorf. „The Great White Hope." *Newsweek,* 14 Nov. 1977, p. 45.
Williams, Raymond. *Television: Technology and Cultural Form.* New York: Schocken, 1975.
„Will Nixon Resign." *Newsweek,* 20 May 1974, pp. 22-28; 31; 34; 38; 43.
Winick, Mariann Pezzella, and Charles Winick. *The Television Experience: What Children See.* Beverly Hills, CA: Sage, 1979.
Winn, Marie. *Children Without Childhood.* New York: Pantheon, 1983.
Wishy, Bernard. *The Child and the Republic: The Dawn of Modern American Child Nurture.* Philadelphia: Univ. of Pennsylvania Press, 1968.
Wohlwill, Joachim F. „The Age Variable in Psychological Research." *Psychological Review,* 77 (1970), 49-64.
Wolfenstein, Martha. „Introduction to Part Three." In *Childhood in Contemporary Cultures.* Ed. Margaret Mead and Martha Wolfenstein. Chicago: Univ. of Chicago Press, 1955, pp. 145-149.
Woodward, Kenneth L., Elaine Sciolino, and Christopher Matthews. „The 34 Days of John Paul I." *Newsweek,* 9 Oct. 1978, pp. 72-73.
Woodward, Kenneth L., et al. „Living With Dying." *Newsweek,* 1 May 1978, pp. 52-56; 61. (a)
Woodward, Kenneth L., et al. „A Pope From Poland." *Newsweek,* 30 Oct. 1978, pp. 78-82. (b)
Yankelovich, Daniel. *New Rules: Searching for Self-Fulfillment in a World Turned Upside Down.* New York: Random House, 1981.
„Your Number, Please." *Corrections Compendium,* 3, No. 9 (April 1979), 1-3.

INDEX

F

G

H

I

J

K